KB218977

에듀윌과 함께 시작하면,
당신도 합격할 수 있습니다!

자소서와 면접, NCS와 직무적성검사의 차이점이 궁금한
취준을 처음 접하는 취린이

대학 졸업을 앞두고 취업을 위해 바쁜 시간을 쪼개며
채용시험을 준비하는 취준생

내가 하고 싶은 일을 다시 찾기 위해
회사생활과 병행하며 재취업을 준비하는 이직러

누구나 합격할 수 있습니다.
이루겠다는 '목표' 하나면 충분합니다.

마지막 페이지를 덮으면,

에듀윌과 함께
취업 합격이 시작됩니다.

eduwill

누적 판매량 242만 부 돌파
베스트셀러 1위 3,615회 달성

공기업 NCS | 100% 찐기출 수록!

NCS 통합 기본서/실전모의고사
피듈형 | 행과연형 | 휴노형 봉투모의고사

매1N
매1N Ver.2

한국철도공사 | 부산교통공사
서울교통공사 | 국민건강보험공단
한국수력원자력+5대 발전회사

한국전력공사 | 한국가스공사
한국수자원공사 | 한국수력원자력
한국토지주택공사 | 한국도로공사

NCS 10개 영역 기출 600제
NCS 6대 출제사 찐기출문제집

대기업 인적성 | 온라인 시험도 완벽 대비!

20대기업 인적성 통합 기본서

GSAT 삼성직무적성검사
통합 기본서 | 실전모의고사

LG그룹 온라인 인적성검사

SKCT SK그룹 종합역량검사
포스코 | 현대자동차/기아

농협은행
지역농협

영역별 & 전공

공기업 사무직 통합전공 800제
전기끝장 시리즈 ①, ②

이해황 독해력 강화의 기술
PSAT형 NCS 수문끝

취업상식 1위!

공기업기출 일반상식

기출 금융경제 상식

언론사 기출 최신 일반상식

* 에듀윌 취업 교재 누적 판매량 합산 기준(2012.05.14~2024.10.31)
* 온라인 4대 서점(YES24, 교보문고, 알라딘, 인터파크) 일간/주간/월간 13개 베스트셀러 합산 기준(2016.01.01~2024.11.05 공기업 NCS/직무적성/일반상식/시사상식/ROTC/군간부 교재, e-book 포함)
* YES24 각 카테고리별 일간/주간/월간 베스트셀러 기록

더 많은
에듀윌 취업 교재

취업 대세 에듀윌!
Why 에듀윌 취업 교재

기출맛집 에듀윌!
100% 찐기출복원 수록

주요 공·대기업 기출복원 문제 수록
과목별 최신 기출부터 기출변형 문제 연습으로 단기 취업 성공!

공·대기업 온라인모의고사
+ 성적분석 서비스

실제 온라인 시험과 동일한 환경 구성
대기업 교재 기준 전 회차 온라인 시험 제공으로 실전 완벽 대비

합격을 위한
부가 자료

교재 연계 무료 특강
+ 교재 맞춤형 부가학습자료 특별 제공!

취업 교육 1위
에듀윌 취업 무료 혜택

교재 연계 강의

- 교재 연계 NCS 최신 기출복원 모의고사
  & 기출유형 문제풀이 무료특강(4강)
- NCS 주요 영역 문제풀이 무료특강(19강)

※ 2025년 3월 28일에 오픈될 예정이며, 강의
  명과 강의 오픈 일자는 변경될 수 있습니다.
※ 무료 특강 이벤트는 예고 없이 변동 또는
  종료될 수 있습니다.

교재 연계
강의
바로가기

교재 연계 부가학습자료

다운로드 방법

STEP 1	STEP 2	STEP 3
에듀윌 도서몰 (book.eduwill. net) 로그인	도서자료실 → 부가학습자료 클릭	[2025 최신판 국민건강보험공단 실전모의고사] 검색

- 반기별 업데이트! 최신개정 핵심법률(국민건강보험법/노인
  장기요양보험법) 요약노트(PDF)
- NCS 의사소통능력 워밍업 모의고사(PDF)
- 인성검사·면접 대비 가이드(PDF)
- NCS 주요 영역 256제(PDF)

온라인모의고사
& 성적분석 서비스

참여 방법

하기 QR 코드로 응시링크 접속	해당 온라인 모의고사 [신청하기] 클릭 후 로그인	대상 교재 내 응시코드 입력 후 [응시하기] 클릭

※ '온라인모의고사 & 성적분석' 서비스는 교재
  마다 제공 여부가 다를 수 있으니, 교재 뒷
  면 구매자 특별혜택을 확인해 주시기 바
  랍니다.

온라인
모의고사
신청

모바일 OMR
자동채점 & 성적분석 서비스

실시간 성적분석 방법

STEP 1	STEP 2	STEP 3
QR 코드 스캔	모바일 OMR 입력	자동채점 & 성적분석표 확인

※ 혜택 대상 교재는 본문 내 QR 코드를 제공하고 있으며, 교재별 서비스 유무
  는 다를 수 있습니다.
※ 응시내역 통합조회
  에듀윌 문풀훈련소 → 상단 '교재풀이' 클릭 → 메뉴에서 응시확인

에듀윌이
너를
지지할게
ENERGY

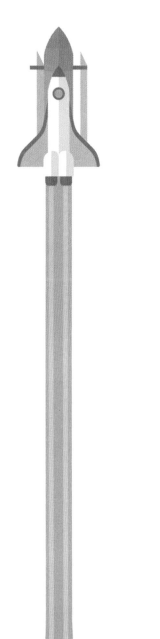

시작하라.

그 자체가 천재성이고,
힘이며, 마력이다.

– 요한 볼프강 폰 괴테(Johann Wolfgang von Goethe)

최신판

에듀윌 공기업
국민건강보험공단
NCS + 법률 실전모의고사

채용정보

01 채용 일정

구분		공고일	채용인원	접수기간	필기시험	필기발표
2025년	상반기	2025.02.20.(목)	448명	2025.02.25.(화)~ 03.06.(목) 17:00	2025.04.12.(토)	2025.04.18.(금)
2024년	하반기	2024.08.14.(수)	450명	2024.08.19.(월)~ 08.28.(수) 17:00	2024.10.05.(토)	2024.10.11.(금)
	상반기	2024.03.13.(수)	445명	2024.03.18.(월)~ 03.27.(수) 17:00	2024.04.27.(토)	2024.05.03.(금)

02 응시 자격

※ 2025년 상반기 채용공고 기준으로, 상세 채용공고 확인 필수

직렬	응시 자격요건(접수마감일 기준)
행정직	• 6급가: 해당사항 없음 • 6급나: 최종학력이 고등학교 졸업인 사람('25.2월 졸업예정자 포함)
건강직	다음 면허(자격증) 중 하나 이상 소지한 사람 – 간호사, 방사선사, 임상병리사, 영양사, 건강운동관리사, 보건교육사(2급 이상)
요양직	다음 면허(자격증) 중 하나 이상 소지한 사람 – 간호사, 물리치료사, 작업치료사, 사회복지사(2급 이상)
기술직	다음 자격증 중 하나 이상 소지한 사람 • 건축: 건축기사, 실내건축기사 • 전기: 전기기사, 전기공사기사 • 안전: 산업안전기사
전산직	다음 면허(자격증) 중 하나 이상 소지한 사람 – 정보처리기사, 전자계산기기사, 정보통신기사

03 채용 절차

※ 2025년 상반기 채용공고 기준으로, 상세 채용공고 확인 필수

채용 공고
홈페이지에 게시된 채용사이트를 통해 온라인 접수만 가능

➡

서류 전형(7배수)
자격요건 확인 및 직무능력중심 평가항목별 정량 · 정성평가

➡

필기 전형(2.5배수)
NCS 직업기초능력 및 직무시험(국민건강보험법/ 노인장기요양보험법) 출제

➡

인성검사 / 증빙 전형
• 인성검사: 필기 합격자 전원 온라인 진행
• 증빙 전형: 입사지원서 허위 기재 및 오기재 여부 확인

➡

면접 전형
경험행동면접(BEI) + 상황면접(SI) + 토론면접(GD)

➡

최종 합격
수습임용(3개월) 후 수습평가 결과에 따라 정규직 임용

최신 필기시험 구성 및 출제경향

04 2024년 필기시험 정보

❶ NCS 직업기초능력은 **영역 구분 없이** 하나의 문제지로 출제되었으며, **60분 동안 풀이해야 함**

직렬	시험내용	총 문항 수
행정직, 건강직, 요양직, 기술직	• 직업기초능력 응용모듈 60문항 (의사소통 20문항, 수리 20문항, 문제해결 20문항)	60문항
전산직	• 직업기초능력 응용모듈 15문항 (의사소통 5문항, 수리 5문항, 문제해결 5문항) • 전산개발 기초능력(C언어, JAVA, SQL) 35문항	50문항

❷ 직무시험은 **20분 동안** 관련 **법률 20문항**을 풀이해야 함
- 행정직, 건강직, 기술직, 전산직: 국민건강보험법(시행령 및 시행규칙 제외)
- 요양직: 노인장기요양보험법(시행령 및 시행규칙 제외)

❸ 상반기와 하반기 모두 직렬에 관계없이 오전(10:00~11:30)에 시험을 진행함

제1과목 NCS 기반 직업기초능력	직무시험 준비시간	제2과목 직무시험(법률)
60분	10분	20분

❹ 오답인 경우에도 감점은 없으며, **과목당 40% 이상, 전 과목 총점의 60% 이상**을 득점한 사람 중 고득점자 순으로 합격함

05 2024년 필기시험 출제영역별 출제경향

출제영역	출제경향
의사소통능력	대부분 왼쪽 페이지에 지문이 나오고 오른쪽 페이지에 2~3문항이 나와 함께 펼쳐 볼 수 있는 형태로 출제되었다. 지문의 길이는 2023년에 비해 조금 짧아져 문제지의 한 면을 넘기지 않는 경우가 대부분이었으나, 가독성이 떨어지는 문항이 일부 있었다는 후기가 많았다. (소)제목/주제, 일치/불일치, 접속어, 흐름상 문장 삭제, 문단배열 등 다양한 유형이 나왔다. 난이도는 흐름상 문장 삭제 유형을 제외하면, 모두 평이하게 출제되었다. 지문의 내용은 대부분 국민건강보험공단 관련 보도자료, 정책 또는 건강/질병 관련 지식 등에 관한 것이었다.
수리능력	하나의 자료에 2~3문항이 연계된 형태로 출제되었다. 응용수리 유형은 나오지 않았고, 표와 그래프를 토대로 풀이하는 자료이해, 자료계산, 자료변환 등의 자료해석 유형으로만 출제되었다. 증감률, 대소 비교, 표 빈칸에 들어갈 값 구하기, 잘못 나타낸 그래프 고르기 등 다양한 세부유형이 평이한 난이도로 출제되었다. 증감률을 구하는 선택지가 큰 비중을 차지하여 상당 시간이 소요되었던 2023년에 비해, 단순 비교/계산이 많았고 계산되는 숫자들도 깔끔하게 나오는 편이었다는 평이다.
문제해결능력	하나의 자료에 2~3문항이 연계된 형태로 출제되었다. 국민건강보험공단의 사업 내용이나 보도자료 등을 활용한 다양한 자료를 제시하였다. 자료를 바탕으로 작성된 2차 자료를 알맞게 구성하기, 공고문에 따라 올바른 대상자를 고르기 등이 출제되었다. 길이가 긴 지문을 동반한 의사소통능력에 가까워 보이는 문항이 다수 등장하였고, 다소 복잡한 계산이 요구되어 수리능력에 가까워 보이는 문항도 일부 출제되었다. 함정이 있는 선택지는 거의 없었으나, 자료의 길이와 계산 문제의 압박으로 시간 분배에 어려움을 호소하는 수험생들이 많았다.

교재 구성

최신 출제경향을 완벽 반영하여 구성한 실전모의고사

NCS 기출복원 모의고사 2회분 + 실전모의고사 2회분

2024년 4월/10월에 시행된 필기시험의 NCS 기출복원 모의고사와 최신 출제 난이도 및 유형을 반영한 NCS 실전모의고사를 제공하여 실전 대비를 완벽하게 할 수 있도록 하였다. 고난도 실전모의고사도 1회분 포함하여 시험의 난이도가 높은 경우까지 대비할 수 있도록 하였다.

법률 기출복원 모의고사 4회분 + 연습문제 100제

2024년과 2023년 4월/10월에 시행된 필기시험의 기출 키워드 및 유형을 바탕으로 복원한 법률 모의고사를 수록하여 실전과 같이 연습할 수 있도록 하였다. 또한 국민건강보험법과 노인장기요양보험법의 연습문제를 50문항씩 제공하여 빈출되는 핵심 개념을 충분히 연습할 수 있도록 하였다.

■ 모바일 OMR 채점 서비스 제공

법률별(국민건강보험법·노인장기요양보험법) 수험생들이 모의고사 회차당 수록되어 있는 QR코드를 통해 접속하여 점수 및 타 수험생들과의 비교 데이터를 확인할 수 있도록 모바일 OMR 채점 및 성적분석 서비스를 제공하였다.

전 문항 상세한 해설이 담긴 정답과 해설

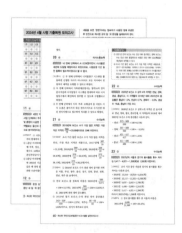

QUICK해설

학습한 문제 중 아는 문제의 경우, 정답과 정답에 대한 핵심 해설이 담긴 QUICK해설을 빠르게 확인하여 넘어갈 수 있도록 구성하였다.

상세해설·오답풀이

수험생들이 어려운 문항까지 확실하게 파악할 수 있도록 상세한 해설과 오답풀이를 제공함으로써 오답인 이유까지 완벽하게 이해할 수 있도록 하였다.

차례

모바일
OMR 채점 서비스

정답만 입력하면
채점에서 성적분석까지 한 번에 쫙!

실전모의고사					
번호	**정답 체크**				
01	①	②	❸	④	⑤
02	①	②	③	❹	⑤
03	①	②	③	④	❺
04	①	❷	③	④	⑤
05	❶	②	③	④	⑤
06	❶	②	③	④	⑤
07					

☑ [QR 코드 인식 ▶ 모바일 OMR]에 정답 입력

☑ 실시간 정답 및 영역별 백분율 점수 위치 확인

☑ 취약 영역 및 유형 심층 분석

※ 유효기간: 2026년 5월 31일

▶ 국민건강보험법

eduwill.kr/b66p

▶ 노인장기요양보험법

eduwill.kr/S66p

국민건강보험공단
NCS+법률 실전모의고사

2024년 4월 시행
기출복원 모의고사

시험 구성 및 유의사항

• **2024년 기준 국민건강보험공단 필기시험은 다음과 같이 출제되었습니다.**

구분		문항 수	시간	비고
직업기초능력 응용모듈	의사소통능력	20문항	60분	객관식 사지선다형
	수리능력	20문항		
	문제해결능력	20문항		
직무시험(법률)	국민건강보험법(행정직/건강직/전산직)	20문항	20분	
	노인장기요양보험법(요양직)	20문항	20분	

※ 단, 전산직의 경우 직업기초능력 응용모듈 15문항 + 전산개발 기초능력 35문항 + 국민건강보험법 20문항으로 출제되었음

• **지원하시는 직렬에 따라 모의고사를 다음과 같이 활용하시기를 권장합니다.**
  – 행정직/건강직/전산직(기술직): NCS + 쉬는 시간 10분 + '국민건강보험법' 학습
  – 요양직: NCS + 쉬는 시간 10분 + '노인장기요양보험법' 학습

직업기초능력 응용모듈

정답과 해설 P.2

[01~02] 다음 글을 읽고 이어지는 질문에 답하시오.

지난해 장애인 건강주치의 시범사업에 0.3%의 장애인만 참여하고, 시범사업 활동 주치의는 10명 중 3명 수준에 불과한 것으로 나타났다. 특히 일부 지역은 단 한 명의 주치의만 활동하고 있어 개선이 시급한 것으로 분석됐다. 장애인 건강주치의 시범사업이란 중증장애인이 자신의 거주 지역이나 이용하던 의료기관의 의사 1인을 일반건강관리 의사 또는 주장애관리 의사로 선택해 만성질환(일반건강관리), 장애 관련 건강상태(주장애관리)를 지속적으로 관리받는 사업으로, 지난 2018년부터 현재까지 3단계에 걸쳐 시행 중에 있다. 2018년 5월부터 2020년 5월까지 1단계 시범사업이 진행됐고, 2020년 6월부터 2021년 8월까지 2단계 시범사업, 2021년 9월부터 현재까지 3단계 시범사업 추진 중에 있다. 3단계 시범사업부터는 주장애관리에 지적, 정신, 자폐성 장애가 추가됐으며 방문진료 횟수도 18회로 확대되고 만성질환 질환별 검사비의 본인부담금이 면제됐다.

보건복지부로부터 제출받은 '최근 5년간 장애인 건강주치의 사업현황'에 따르면 장애인 주치의 시범사업에 대한 최근 5년간 연도별 투입예산을 보면 2018년 4천 8백만 원에서 2022년 10억 3천 2백만 원으로 984억 원 증가했다. 누적액으로는 30억 6천만 원 수준이다.(㉠) 또한 현재 최근 5년간 전국 중증장애인 수는 연간 98만 명 수준으로 집계되고 있었다. 지역별로는 2022년도 기준 경기가 215,402명으로 제일 많았고 서울 147,334명, 경남 70,985명 순으로 상위 3개 지역이 집계됐고, 세종이 4,804명으로 가장 적었다.(㉡) 최근 5년간 서비스 이용 현황을 보면 2022년 기준 2,546명의 장애인이 이용했고 이는 같은 해 전체 중증장애인 98만 3,298명 중 0.3%에 불과한 수준이었다.

사업 초기인 2018년에는 391명이 이용하다가 2022년에는 2,546명으로 서비스 이용자 수가 551% 증가했고, 일반건강관리가 전체 서비스 이용 중 최대 83% 이상을 차지했으며 통합관리, 주장애관리가 그 뒤를 이었다.(㉢) 또한 서비스 유형 중에서는 주장애관리 서비스의 이용률이 1단계 170%에서 2단계 42%, 3단계 39.6%로 가장 빠르게 감소했다.

(㉣) 이어서 장애 유형별 등록 현황을 보면 지체장애가 1단계 36.2% 2단계에서 31.2%로 가장 높은 등록 비중을 차지했고 3단계부터는 지적장애가 28.1%로 가장 많이 등록됐다. 다음으로는 뇌병변장애, 시각장애, 신장장애, 자폐성장애 순이었다. 특히 3단계 시범사업부터는 자폐성장애와 정신장애, 지적장애가 주장애관리에 추가되었으나 등록 실적이 미비한 것으로 분석돼 원인 파악이 시급한 것으로 파악됐다. 다음으로 최근 5년간 등록·활동 주치의 현황에 따르면 사업이 진행될수록 등록 주치의 대비 활동 주치의 비율이 1단계 15.2%, 2단계 19.4%, 3단계 30.2%로 점차 증가하고 있었지만 아직 10명 중 3명 수준에 불과했다.

지역별로는 1단계 사업에서 대구, 세종, 전남은 단 한 명도 활동한 주치의가 없었으며, 부산, 광주, 울산, 충남, 전북, 경남은 단 1명의 주치의만 활동한 것으로 파악됐다. 2단계 사업에서는 울산, 세종, 전북, 전남이, 3단계 사업에서는 울산과 세종에서 단 1명의 주치의만 활동한 것으로 파악됐다. 특히 울산과 세종은 사업 단계마다 주치의 활동이 1명에 불과하여 원인 파악 및 충원이 시급한 것으로 분석됐다.

01

주어진 글의 내용과 일치하지 <u>않는</u> 것을 고르면?

① 건강주치의 시범사업은 2018년부터 현재까지 3단계에 걸쳐 시행 중에 있다.

② 3단계 시범사업부터는 주장애관리에 지적, 정신, 자폐성 장애가 추가되었다.

③ 최근 5년간 서비스 이용 현황을 보면 같은 해 전체 중증장애인 중 0.3%에 불과한 수준이다.

④ 지역별로는 울산과 전북은 원인 파악 및 충원이 시급한 것으로 분석되었다.

02

주어진 글의 흐름상 [보기]의 문장이 삽입될 가장 적절한 위치를 고르면?

┌─ 보기 ├─

한편 장애인 주치의 시범사업 단계별로 등록·이용 현황을 보면 1단계에서는 서비스 등록 대비 이용률이 137%였으나 2단계에서는 88.7%, 3단계에서는 85%로 실제 이용률이 점차 감소하고 있었다.

① ㉠   ② ㉡   ③ ㉢   ④ ㉣

국민건강보험공단이 건강보험 빅데이터의 활용성을 확대하기 위해 서비스를 대폭 개선한다. 현재 국민건강보험법 및 기타 법령 등에 의거해 수집·축적된 데이터는 보건의료 연구 활성화 지원 목적으로 비식별 조치해 제공되고 있다. 최근 데이터 3법 개정에 따라 보건 의료분야 연구 및 산업계 등에서 과학적 연구를 위한 건강보험 빅데이터 개방 요구가 증가하고 있는 상황이다.

실제로 건강보험공단의 빅데이터 제공 건수는 2015년 201건 → 2018년 802건 → 2020년 871건 → 2022년 1181건으로 점차 늘어나고 있다. 따라서 건강보험공단은 사용자의 편의성을 강화하고, 다양한 영역에서 활용할 수 있는 분석 서비스 확대에 집중하고 있다. 건강보험공단의 '건강보험 빅데이터 수요 급증에 따른 정보기반 확대 구축 사업'은 고품질 데이터의 생산·제공 및 편리하고 효율적인 서비스 제공을 위한 기능 개선이 주 목적이다. 이를 위해 건강보험공단은 건강보험 빅데이터 홈페이지를 고도화한다. 연구분석 계정 40개, 룸 100개 증설 등 연구환경 구성, 룸 관리 현황 제공(원격, 리서치포함, 홈페이지) 등을 개선하고, 시스템 H/W 와 S/W를 도입할 예정이다. (㉠) 자료 공유 사용자와 관리자의 홈페이지를 고도화해, 편의성을 높인다는 계획이다.

건강보험공단 빅데이터 운영실 빅데이터기반부 관계자는 "고품질의 데이터 생산·제공으로 건강보험 빅데이터의 활용성이 확대될 것이다. 효율적인 분석센터 시스템 구축으로 연구분석 이용자의 편의성 개선도 기대한다."고 말했다. 또한 건강보험공단은 가명정보 결합 포털시스템의 기능을 개선한다. 결합데이터를 이용한 연구 활성화를 위해 안전한 연구 환경이 더욱 요구되는 시대다. (㉡) 가명정보 결합 관련 법령·고시 등이 지속적으로 개정됨에 따라, 사용자·관리자의 편리하고 효율적인 이용을 위한 포털·솔루션 개선이 필요했다. 건강보험공단은 대용량 자료를 취급하는 결합·비식별 데이터 특성을 고려해, 솔루션 기능 개선을 통한 업무 처리 속도 향상을 목표로 했다. 이에 건강보험공단은 결합전문기관 신청·심의 업무지원을 위한 사용자·관리자 포털 기능을 보완한다.

구체적으로는 대용량 자료 처리 효율화를 위한 결합·비식별 솔루션 기능 및 KISA(한국인터넷진흥원) 가명정보 결합 종합지원시스템과 연계 체계 기능을 정비한다. 건강보험공단 빅데이터 운영실 관계자는 "솔루션 활용을 극대화하면 대용량 자료 처리 속도가 향상될 것이다. (㉢) 결합 데이터를 안전하고 편리하게 처리하게 되면 업무 능률도 올라갈 것"이라며 "결합신청 접수창구인 KISA와의 결합 정보 자동연계로 결합 업무 시간단축 및 사용자·업무담당자 업무 효율성도 제고할 계획"이라고 말했다. 의료지도·의료이용지표 및 통계 업무도 손을 본다. 의료지도 및 의료이용지표의 서비스 중복 제공에 따라, 제공 방법 일원화를 통한 효율적 관리가 목적이다. 무엇보다 최근 민간개방 요구 증가의 대응 방안의 일환으로 활용도 높은 정보의 공개 항목 확대 및 맞춤형 정보 제공이 강조되고 있다. 다양한 영역에서 활용할 수 있는 특성화 지표 제공을 통해, 건강보험공단은 보건의료 빅데이터 전문기관으로서의 위상을 확립하겠다고 밝혔다.

건강보험공단 빅데이터 운영실 관계자는 "의료지도 및 의료이용지표 서비스의 차별성 강화로 보건의료 빅데이터 전문기관으로 위상을 강화하려 한다. 그리고 지역 간 의료 격차를 해소할 계획이다"라며 "사용자 중심의 효율적인 시각화 시스템을 통해 사용자의 편의성을 높이고, 골목 단위의 지도와 건강정보 연계를 통한 다양한 공공서비스 발굴·개발에 활용하겠다."고 말했다.

03

주어진 글의 제목으로 가장 적절한 것을 고르면?

① 건강보험 빅데이터 활용 확대, 서비스 대폭 개선 예고
② 건강보험 빅데이터 활용 감소, 서비스 대폭 개선 예고
③ 건강보험 빅데이터 이대로 괜찮은가?
④ 건강보험 빅데이터 사용 방법 및 주의 사항

04

주어진 글의 빈칸 ㉠～㉢에 들어갈 말을 바르게 짝지은 것을 고르면?

	㉠	㉡	㉢
①	이외에도	특히	또한
②	또한	그러므로	한편
③	이외에도	특히	결국
④	이외에도	특히	이에 반해

고혈압, 당뇨병과 같은 만성질환은 인구의 고령화와 함께 그 유병률이 증가하고 있으며, 질병 부담의 많은 부분을 차지하고 있다. 최근 조사에 따르면 비감염성질환 진료비는 전체 진료비의 84.2%에 달했으며, 그 규모는 44.7조 원 수준이다.

(㉠) 재난적 의료비 발생 가구 중 만성질환인 고혈압 및 당뇨 환자가 속한 가구가 전체의 32%를 차지하는 등 만성질환이 국민건강보험 재정 및 환자들에게 큰 부담임을 확인할 수 있다. 우리나라 만성질환 유병현황을 살펴보면, 고혈압성 질환이 환자가 가장 많았으며, 신경계 질환, 정신행동 장애, 당뇨병 순으로 조사되었다. 이들 만성질환의 유병률 증가 추세를 살펴봤을 때, 고령화 사회로 진입하고 있는 우리나라에서는 건강보험 재정에서의 만성질환 질병부담 역시 커질 것으로 예상된다.

(㉡) 만성질환의 특성상 질환자들은 의약품을 장기간 복용해야 하는데, 평균수명이 늘어나면서 복용기간이 더욱더 장기화되고 있으며, 연령이 증가할수록 복합질환의 발생률이 높아 의약품 또한 여러 가지를 복용하게 되기 때문이다. 최근 수행된 국내 노인실태 조사에서 전체 노인 중 89.5%가 만성질환자라고 응답하였고, 세 가지 이상의 만성질환을 앓는 노인은 전체의 51%를 차지했다. 이 중 80~84세의 노인에서는 5개 이상의 처방 의약품을 복용하는 비율이 46.0%에 육박하였다.

(㉢) 우리나라처럼 단골의료기관, 주치의 제도가 발달하지 않은 경우 환자는 여러 의료기관 및 약국을 방문해 의약품을 처방받고 복용할 소지가 있다. 다제약물을 복용하는 환자는 복잡한 복용법으로 인해 복약순응도가 떨어지며, 약물 상호작용 및 부작용 발생 위험이 커진다. 다제약물 복용은 그 자체로 낮은 신체 기능 및 인지 기능과 연관성이 있으며, 높은 보건의료 비용 지출로 이어지기도 한다.

(㉣) 다제약물 복용 환자의 건강성과를 개선하고 질병 부담을 줄이기 위해서는, 복용 약물의 적절성을 통합적으로 검토하여 부작용 발생 여부를 파악하고 교육할 필요가 있다. 해외에서 수행된 가정방문 약물 중재 연구에 따르면, 약물 관련 문제는 크게 처방 중복, 약제 상호작용, 약제 비용, 약제의 부적절한 사용, 그리고 약제를 적정 수준 이하로 복용함(복약순응도) 등으로 나누어진다. 유럽, 미국, 호주, 캐나다, 일본 등에서는 이미 다제약물을 복용하는 만성질환자를 대상으로 약국 또는 가정 방문을 통해 약물 검토 서비스를 수행하고 있다. 호주에서는 일반 처방의와 약사의 협업으로 Home Medication Review(HMR)와 같은 가정방문형 약물검토 프로그램을 시행하고 있다. 해당 사업은 처방의가 HMR 서비스를 약사에게 의뢰하는 방식으로 수행되며, 결과적으로 약물 관련 문제가 개선되는 등 긍정적인 연구 결과를 보인 바 있다. 국내에서는 건강 고위험군 의료 수급권자들을 대상으로 방문 약물상담 교육을 시행한 결과가 발표된 바 있으며, 5차에 걸친 상담 결과 약물인지도, 복약순응도, 약물지식에 개선을 보인 것으로 나타났다.

05

주어진 글의 내용으로 보도자료를 작성할 때, 추가해야 할 내용으로 적절하지 <u>않은</u> 것을 고르면?

① 전체 진료비에서 감염성질환 진료비의 비율 통계
② 연령대별로 발병률이 높은 만성질환의 순위 비교표
③ 최근 3년간 우리나라 만성질환 유병현황 및 만성질환의 유병률 추세
④ 외국의 가정방문형 약물검토 프로그램에 대해 간략하게 설명하는 내용

06

주어진 글의 빈칸 ㉠~㉣에 들어갈 말을 바르게 짝지은 것을 고르면?

	㉠	㉡	㉢	㉣
①	그런데	따라서	반면	그럼에도 불구하고
②	아울러	마침	또한	그러나
③	그리고	왜냐하면	특히	따라서
④	그래서	이유인즉	하물며	반면

[07~08] 다음 글을 읽고 이어지는 질문에 답하시오.

　노인장기요양보험 제도는 고령이나 노인성 질병 등으로 목욕이나 집안일 등 일상생활을 혼자서 수행하기 어려운 사람들에게 신체활동 또는 가사활동 지원 등의 장기요양급여를 제공하는 사회보험제도이다. 이 제도는 노인의 건강과 생활 안정을 도모하고 가족의 부담을 덜어주는 목적을 가지고 2008년에 도입되어 시행하고 있다. 가입 대상은 65세 이상의 노인이거나 65세 미만이지만 치매, 뇌혈관성 질환, 파킨슨병 등 노인장기요양보험법 시행령으로 정하는 노인성질환을 가진 사람으로서 장기요양등급판정위원회(국민건강보험공단)에서 1~5등급 및 인지지원등급을 판정받은 사람이다. 가입자는 매달 보험료를 납부하며, 보험료는 소득에 따라 차등 부과된다. 또한, 요양이 필요한 정도를 평가하기 위해 장기요양인정 조사를 실시하며, 이를 통해 등급이 결정된다. 등급은 1등급부터 5등급까지 나뉘며, 등급에 따라 제공되는 급여의 종류와 양이 달라진다.

　장기요양급여는 여러 형태로 제공되며 가장 대표적인 형태는 시설급여이다. 시설급여는 노인요양시설 및 노인요양공동생활가정에서 여러 서비스를 받을 수 있는 급여로, 노인요양시설에서는 장기간 입소한 수급자에게 신체활동 지원 및 심신기능의 유지·향상을 위한 교육·훈련 등을 제공하며, 노인요양공동생활가정에서는 장기간 입소한 수급자에게 가정과 같은 주거여건에서 신체활동 지원 및 심신기능의 유지·향상을 위한 교육·훈련 등을 제공한다. 대상자들은 시설급여를 통해 요양시설에서의 생활과 다양한 돌봄 서비스를 통해 신체적, 정서적 지원을 받을 수 있으며, 장기요양급여비용의 100분의 20을 본인이 부담한다.

　또 다른 대표적인 형태는 재가급여이다. 재가급여는 가정에서 요양 서비스를 받는 형태로, 방문요양, 방문목욕, 방문간호, 주·야간보호, 단기보호 등 여러 세부 서비스가 포함된다. 방문요양은 장기요양요원이 수급자의 가정 등을 방문하여 신체활동 및 가사활동 등을 지원하는 서비스이고, 방문간호는 장기요양요원인 간호사 등이 의사, 한의사 또는 치과의사의 지시서에 따라 수급자의 가정 등을 방문하여 간호, 진료의 보조, 요양에 관한 상담 또는 구강위생 등을 제공하는 서비스이다. 주·야간보호는 수급자를 하루 중 일정한 시간 동안 장기요양기관에 보호하여 신체활동 지원 및 심신기능의 유지·향상을 위한 교육·훈련 등을 제공받을 수 있도록 하는 서비스이며, 단기보호는 가족이 일시적으로 요양을 제공할 수 없는 경우 수급자를 월 9일 이내(2017년 12월 31일 이전에 지정을 받은 장기요양기관 또는 설치 신고를 한 재가장기요양기관의 경우 월 15일 이내) 범위 안에서 일정 기간 동안 장기요양기관에 보호하여 신체활동 지원 및 심신기능의 유지·향상을 위한 교육·훈련 등을 제공받는 서비스이다.

　이 외에 특별현금급여는 장기요양급여를 받을 수 있는 대상자에게 제공되는 현금 지원으로, 이 급여는 수급자가 자율적으로 필요한 서비스를 선택하여 이용할 수 있도록 돕는 목적을 가지고 있다. 즉, 수급자는 가족이나 개인이 요양 서비스를 직접 선택하고 제공할 수 있는 유연성을 가지게 된다. 이로 인해 수급자는 자신의 생활 환경에 맞는 맞춤형 돌봄을 받을 수 있다. 또한, 치매 및 중증 장애인을 위한 특별한 서비스도 제공되며, 이 경우 추가적인 지원이 포함된다. 노인장기요양보험 제도는 노인의 삶의 질을 향상시키고 가족의 돌봄 부담을 경감시키는 중요한 역할을 하고 있으며, 이를 통해 보다 많은 노인이 안정적인 환경에서 필요한 요양을 받을 수 있도록 지원하고 있다.

07

주어진 글의 주제로 가장 적절한 것을 고르면?

① 노인장기요양보험 제도의 개요와 기능
② 노인요양시설 및 노인요양공동생활가정의 운영 방식
③ 재가급여 요양 서비스의 종류
④ 노인장기요양보험 제도 신청 대상

08

주어진 글을 읽고 답변할 수 없는 질문을 고르면?

① 장기요양급여의 주요 형태는 무엇인가?
② 재가급여 서비스 이용자의 본인부담금은 얼마인가?
③ 노인장기요양보험 제도의 가입 대상자는 어떤 조건을 충족해야 하는가?
④ 노인장기요양보험 제도의 주요 목적은 무엇인가?

[가] 일반적으로 언어장애라는 용어는 좁은 의미의 언어장애와 말 장애를 모두 뜻하기도 한다. 세분해 보면 언어장애란 상대방의 말이 잘 이해되지 않거나, 하고 싶은 말의 단어가 잘 생각이 나지 않거나, 단어의 의미를 어떻게 조합해야 할지 모르는 등 문법의 문제가 있거나, 맥락과 상황에 맞지 않는 말을 하는 경우를 뜻한다. (㉠) 말 장애는 의사소통하는 데 필요한 언어 소리를 만들거나 형성하는 데 문제가 있는 상태를 한다. 언어장애의 종류에는 실어증, 조음장애, 말실행증이 있다.

[나] 실어증이란 언어를 통한 의사소통의 장애 중 하나로 언어중추에 손상을 입었을 때 나타나며, 말하기, 듣고 이해하기, 읽기 쓰기 등을 통한 의사소통 능력이 떨어지는 장애이다. 주로 뇌경색, 뇌손상 등 후천적 원인에 기인한다. (㉡) 뇌종양, 뇌의 감염 질환도 원인이 될 수 있다. 증상은 뇌의 손상 부위에 따라 다양한데, 크게 유창성 실어증과 비유창성 실어증으로 나눌 수 있다. 말하기, 쓰기 등의 기능은 비교적 보존되는 경우 유창성 실어증, 스스로 말하기, 쓰기 등의 기능에 장애가 있으면 비유창성 실어증이라고 한다.

　　실어증을 진단할 때는 언어평가를 시행해 언어장애가 있는지 알아내고, 언어장애가 있다면 그 정도와 유형을 정확하게 평가하여 추후 언어재활치료에 의해 호전된 정도를 평가하고 예후를 예측할 수 있다. 평가 방법으로는 한국판 웨스턴 실어증 검사, 한국판 보스턴 이름대기 검사 등 종합검사를 시행하는 것이 보통이지만, 우선 실어증 여부를 평가해 종합검사 대상인지를 알기 위한 실어증 신경언어장애 선별검사, 한국판 프렌차이 실어증 선별검사 등의 간편 검사도 있다.

[다] 조음장애는 단어를 정상적으로 또렷하게 발음하는 능력을 상실한 상태를 뜻한다. 자음이나 모음의 발음이 부정확하거나 과장되어 상대방이 알아듣기 어려울 수 있지만 언어 이해와 따라 말하기, 스스로 말하기 등이 가능하다는 것이 실어증과의 차이이다.

　　조음장애는 근육 운동을 제어하는 뇌의 영역인 소뇌, 기저핵, 뇌간 등이나 조음기관을 지배하는 신경 또는 근육에 병변이 있는 경우에 발생하며, 원인 질환으로는 퇴행성 질환(근위축성 측삭 경화증, 파킨슨병, 헌팅턴병 등), 다발 경화증, 두부 손상, 뇌종양, 뇌졸중 및 라임병 같은 감염성 질환이 있다. 이런 병변이 있을 때 조음기관의 근육 약화 혹은 마비로 인해 호흡, 발성, 공명 등에 영향을 주어 정상적인 말의 속도, 강도, 시간, 정확성에 문제가 나타난다. 뇌손상 후의 조음장애는 실어증과 함께 나타나거나 단독으로 나타날 수 있다.

　　조음장애의 증상은 호흡, 발음, 운율, 콧소리, 목소리의 이상 등 다양하다. (㉢) 짧고 얕은 호흡, 들이마시거나 내쉴 때의 억압, 자음 또는 모음의 부정확성, 어눌한 발음, 짧고 빠른 말, 리듬이나 강세가 없는 말, 지나친 콧소리 또는 줄어든 콧소리, 쉰 목소리, 쥐어짜는 듯한 소리, 작은 소리 등이 있다.

　　조음장애의 평가는 조음능력 평가를 통해 수행한다. 모음연장평가('아', '이', '우'와 같은 모음을 가능한 길게 발성하게 한 후 최대발성지속시간을 측정), 교대운동속도(Alternate Motion Rate, AMR) 및 일련운동속도(Sequential Motion Rate, SMR) 측정, '퍼', '터', '커'를 될 수 있는 대로 빠르고 규칙적으로 반복하게 한 후 '퍼, 터, 커, 퍼, 터, 커'를 빠르고 규칙적으로 반복하게 하는 등의 방법이 있다. 우리말 조음-음운평가(U-TAP) 등 표준화된 도구를 이용해 낱말이나 문장을 말할 때 자음정확도와 명료도를 평가할 수 있다.

[라] 말실행증이란 의도하는 바를 행동으로 옮기고자 할 때 계획된 대로 프로그래밍되지 않아 생기는 행동장애이다. 말실행증은 후천적인 뇌손상으로 인해 근육 약화 없이 조음기관의 위치를 프로그램하는 데 어려움이 있거나 일련의 연속적인 조음운동을 체계적으로 수행하는 데 장애를 보이는 상태이다. 말실행증은 주로 뇌졸중 후에 뇌의 보조운동영역(Supplementary Motor Area, SMA)이나 뇌섬(Insula)의 병변에 의해 나타날 수 있다.

말실행증은 오류가 일관성이 없고 변동적인 것이 특징이다. 일, 이, 삼, 사, 오 등의 숫자를 세거나 애국가처럼 여러 번 반복해 머리에 잘 저장되어 있는 정보는 큰 어려움 없이 말할 수 있으나 '어제 무슨 일을 하셨나요?' 등 갑작스러운 질문에 생각해 대답하는 발화에는 어려움을 겪으며, 입술을 끊임없이 움직이면서 어디에 혀를 두어야 할지, 입술 모양을 어떻게 해야 할지 등 정확한 조음 위치를 계속 탐색한다.

말실행증만을 평가하기는 어려운데, 교대운동속도(Alternate Motion Rate, AMR) 및 일련운동속도(Sequential Motion Rate, SMR)를 측정하고, 자동말과 명제말의 어려움 정도를 비교 평가하고, 단어 따라 말하기 중 단어 길이를 늘려가며 오류 정도를 평가한다. (②) 말실행증 환자는 실어증이 동반될 수 있으므로 그 영향을 충분히 고려하면서 치료해야 한다. 말실행증은 조음과 운율(prosody)의 장애이므로 조음 오류의 양상과 조음 정확도를 파악한 후 집중적인 반복학습으로 말 산출 운동을 실행하면서, 스스로 자신의 말소리를 듣고 오류를 수정하는 한편 조음 정확도를 지적해 수정하도록 해야 한다.

09
다음 중 [가]~[라]의 소제목으로 적절하지 <u>않은</u> 것을 고르면?

① [가]: 언어장애의 정의
② [나]: 실어증의 정의 및 특징
③ [다]: 조음장애의 정의 및 특징
④ [라]: 말실행증의 정의 및 특징

10
주어진 글을 읽고 추론한 내용으로 적절하지 <u>않은</u> 것을 고르면?

① 실어증은 언어 중추 손상이 주요 원인인데, 뇌의 손상 여부에 따라 종류가 나누어진다.
② 실어증을 진단할 때는 언어평가를 우선적으로 실시해야 한다.
③ 뇌손상 후의 조음장애는 실어증과 같이 나타나는 경우도 있다.
④ 말실행증은 조음 위치의 오류에 의해서 발생하며 변동적인 것이 특징이다.

11
주어진 글의 빈칸 ㉠~㉣에 들어갈 접속어 중 그 의미가 비슷한 것끼리 묶은 것을 고르면?

① ㉠, ㉡   ② ㉠, ㉢   ③ ㉡, ㉢   ④ ㉢, ㉣

[12~14] 다음 자료를 보고 이어지는 질문에 답하시오.

찾아가는 금연클리닉(이동 금연클리닉)

1. 개요
   - 전문가의 금연상담서비스를 이용하고 싶으나 보건소에 내소하기 힘든 학생, 직장인, 노인 등을 대상으로 체계적인 금연서비스 제공 필요
   - ㉠ 금연을 원하는 대상자의 시간과 거리의 제약을 없애고, 보다 많은 흡연자들이 금연상담서비스를 이용할 수 있도록 찾아가는 금연클리닉 운영

2. 운영
   - 지방자치단체의 장은 지역 내 금연을 희망하여 금연클리닉 서비스를 제공받고자 희망하는 기업, 마을, 경로당, 단체를 대상으로 찾아가는 금연클리닉 운영
   - 대상: 금연분위기를 조성하고자 하는 기업, 마을, 학교, 단체의 장이 신청하거나, 접근성 등을 고려하여 지자체에서 판단하여 대상을 선정
     ※ 청소년 보호시설 등 청소년, 대학생 대상 이동금연클리닉 운영 확대
     ※ ㉡ 대상자 발굴 시 지역금연지원센터의 생활터 금연환경 조성 사업과 중복 시행되지 않도록 사전 협의 및 조정 필요
     ※ 효과적인 서비스 제공 및 지역 내 금연사업 거버넌스 구축을 위해 협업 가능
   - 선정: 금연상담사 수 및 보건소와의 접근성, 수혜자 수 등을 고려하여 사업규모를 결정
     ※기업, 단체 등이 참여시 해당 단체의 지원방안을 반드시 확인

   > [지원 예시]
   > - 금연기업 선포 및 담당자 선정
   > - 인사상 인센티브 또는 성과평가 시 가점 부여
   > - ㉢ 성공유인을 위한 포상금 또는 물품(여행) 지급
   > - 학점 인정 및 벌점 삭감 등 학교 내 성공 포상 등

   - 제공서비스
     - 정기적으로 대상지를 방문하여 금연상담서비스 제공
     - 금연클리닉 기본 프로그램을 기본으로 활용하되, 신청기관의 사정 등을 고려하여 상호 협의하여 프로그램 등을 변경 가능
       ※ 적어도 주1회, 3개월 이상 추진
     - 대상자 등록카드 및 상담일지는 '금연서비스 통합정보시스템'에 입력
     - ㉣ 추진 결과에 대하여 시·군·구에 환류하여 개선하고, 보건복지부 보고 실시

3. 서비스 종결처리 및 평가
   - 종결처리
     - 정상종결: 최종 상담까지 서비스를 제공하여 금연시작일로부터 6개월(24주) 동안 금연에 성공한 경우
     - 중간종결: 서비스를 받는 도중에 본인이 서비스를 받지 않겠다는 의사를 밝힌 경우로, 타지역으로 이사, 질병 및 사망, 금연거부, 금연실패 등의 사유로 중간종결

- 서비스 만족도 평가방법
  - 서비스 이용에 대한 만족도 평가는 한국건강증진개발원이 전문 조사기관에 의뢰하여 실시 예정
  - 대상: 이동 금연클리닉 서비스 이용자 중 개인정보 제3자 제공 동의자
    ※ 금연상담사는 만족도 조사의 취지를 설명하고 대상자의 개인정보가 만족도 조사를 위해 사용될 예정이며, 외부 유출 또는 다른 목적으로 쓰이지 않음을 충분히 설명
  - 방법: 전화설문조사
- 평가결과의 반영: 연말에 실시되는 이용자 만족도 조사의 결과를 통해 서비스 향상을 위하여 결과를 공유하고 차기년도 사업에 반영

12

주어진 자료의 내용과 일치하는 것을 고르면?

① 찾아가는 금연클리닉은 학생, 직장인, 노인이 직접 개별적으로 신청하여 이용할 수 있다.
② 보건소에 가깝고 흡연자가 많은 단체일수록 찾아가는 금연클리닉의 대상으로 선정될 가능성이 높다.
③ 해당 사업에 선정되면 금연클리닉 기본 프로그램 바탕으로 최소 12회의 금연상담서비스를 제공받게 된다.
④ 해당 서비스 이용자들을 대상으로 한국건강증진개발원의 금연상담사가 유선상으로 서비스 만족도를 조사할 예정이다.

13

주어진 자료를 바탕으로 '이동 금연클리닉' 카드 뉴스를 제작하기 위해 직원들이 나눈 대화가 다음 [보기]와 같을 때, 4명 중 잘못된 발언을 한 사람은 누구인지 고르면?

┤ 보기 ├

A: "첫 번째 카드에는 '금연 전문가가 직접 찾아갑니다.'라는 문구를 크게 넣는 것이 좋겠습니다."
B: "금연 성공 시 해당 단체에 포상금을 제공할 예정임을 강조하면 홍보효과가 더 클 것입니다."
C: "일반기업 뿐만 아니라 마을, 경로당, 학교까지도 해당 단체의 장이 신청하면 사업의 대상으로 선정될 수 있음을 이미지로 제시하여 이해를 도와야겠습니다."
D: "사업에 참여하는 금연상담사의 이력을 포함하고, 그들이 제공하는 서비스를 핵심내용으로 다루면서 금연에 성공한 건강한 신체를 시각화한다면 사람들이 더 많은 관심을 가질 것입니다."

① A   ② B   ③ C   ④ D

14

주어진 자료의 흐름상 ㉠~㉣ 중 삭제되어야 할 문장을 고르면?

① ㉠   ② ㉡   ③ ㉢   ④ ㉣

[15~17] 다음 글을 읽고 이어지는 질문에 답하시오.

　대분류, 중분류, 소분류, 세분류는 여러 가지 정보나 데이터를 체계적으로 정리하고 분류하는 데 중요한 개념이다. 이러한 분류 체계는 다양한 분야에서 활용되며, 특히 도서관, 데이터베이스, 생물학적 분류 등에서 그 중요성이 두드러진다. 각 분류 단계는 특정한 기준에 따라 정보를 그룹화하여, 사용자가 필요한 정보를 보다 쉽게 찾고 이해할 수 있도록 도우며, 의료, 영양, 운동 등 다양한 건강관련 분야에서도 활용되고 있다.

　먼저 대분류는 가장 넓은 범위의 분류로, 주제나 개념을 크게 나누는 역할을 한다. 예를 들어 건강 관련 정보에서는 '신체 건강', '정신 건강', '영양'과 같은 대분류가 존재할 수 있다. 이러한 대분류는 사용자가 관심 있는 분야를 빠르게 파악할 수 있도록 도움을 줄 뿐만 아니라 정보나 데이터의 기본적인 틀을 제공하며, 이후의 세부 분류가 이루어질 수 있는 기초를 마련한다. 중분류는 대분류에서 좀 더 세부적인 주제로 나누는 단계이다. 예를 들어, '신체 건강'이라는 대분류 아래에는 '심혈관 건강', '면역 체계', '근골격계 건강'과 같은 중분류가 있을 수 있다. 중분류는 대분류의 범위를 좁혀, 특정 분야에 대한 보다 구체적인 정보를 제공한다. (㉠) 이 단계에서 사용자는 자신이 원하는 주제를 더욱 명확히 정의할 수 있다.

　소분류는 중분류에서 더욱 세부적인 주제로 나누는 단계로, 특정 분야의 세부 사항이나 주제를 다룬다. 예를 들어, '심혈관 건강'이라는 중분류 아래에는 '고혈압', '심장병', '콜레스테롤 관리'와 같은 소분류가 존재할 수 있다. 이와 같이 소분류는 중분류에서 더욱 세부적인 주제로 나누는 단계로, 특정 분야의 세부 사항이나 주제를 다루므로 특정 분야의 문제에 대한 깊이 있는 이해를 가능하게 하며, 건강관련 분야에서는 질병의 예방이나 치료에 있어 필수적인 정보를 제공한다. 마지막으로 세분류는 소분류에서 더욱 구체적인 항목이나 주제를 나누는 단계이다. 이는 특정한 연구 주제나 사례를 다루는 데 유용하다. 예를 들어, '고혈압'이라는 소분류 아래에는 '약물 치료', '식이요법', '운동 요법'과 같은 세분류가 있을 수 있다. 세분류는 특정한 문제를 해결하거나 깊이 있는 연구를 진행하는 데 필수적인 정보를 제공하며, 정보의 체계적인 정리를 통해 사용자가 원하는 데이터를 더욱 쉽게 찾을 수 있도록 돕는다. 이러한 분류 체계는 정보의 효율적인 관리와 활용을 가능하게 하여, 다양한 분야에서 중요한 역할을 한다.

　(㉡) 대분류, 중분류, 소분류, 세분류와 같은 체계적인 분류 체계를 구축하여 정보를 정리하는 것 외에도 정보를 체계적으로 정리하는 방법에는 여러 가지가 있다. 대표적으로는 정보를 데이터베이스에 저장하여 관리하는 방법이다. 데이터베이스는 정보를 구조화하여 검색과 접근을 용이하게 하며, 필요한 정보를 신속하게 찾을 수 있도록 도움을 주기 때문에 각 정보에 태그나 키워드를 부여하여 관리하면 데이터베이스를 통해 사용자가 특정 키워드를 입력하여 관련된 정보를 빠르게 찾을 수 있다. (㉢) 시각적 도구를 활용하는 것도 유용하다. 인포그래픽, 차트, 다이어그램 등을 사용하여 정보를 시각적으로 표현하면 복잡한 정보를 간단하게 전달할 수 있다. 이러한 방법들을 통해 여러 가지 정보나 데이터를 체계적으로 정리하면 개인이나 기관이 필요한 정보를 보다 쉽게 찾고 활용할 수 있으므로 다양한 방법을 통해 정보와 데이터를 정리해 나아가는 것이 중요하다.

15

주어진 글의 주제로 가장 적절한 것을 고르면?

① 정보 기술의 발전과 혁신
② 건강 정보의 역할
③ 정보의 체계적 분류와 관리
④ 데이터베이스를 활용한 정보 관리

16

주어진 글을 읽고 추론한 내용으로 가장 적절하지 <u>않은</u> 것을 고르면?

① '자연과학'의 대분류 아래에는 '물리학'과 같은 중분류가 있을 수 있다.
② 다이어그램은 정보를 표현할 수 있는 시각적 도구 중 하나이다.
③ 정보에 키워드를 부여하여 관리할 경우 사용자가 키워드로 정보를 검색할 수 있다.
④ 건강 정보의 체계적인 분류는 질병의 예방, 치료, 관리 등 여러 측면에서 중요한 역할을 한다.

17

주어진 글의 빈칸 ㉠~㉢에 들어갈 접속어를 바르게 짝지은 것을 고르면?

	㉠	㉡	㉢
①	그리고	그런데	단
②	그리고	그러므로	이밖에
③	따라서	그러나	그리고
④	따라서	반면	또한

[18~20] 다음 글을 읽고 이어지는 질문에 답하시오.

> 고령화가 심화됨에 따라 장기요양서비스의 중요성이 더욱 커지고 있다. 장기요양서비스는 노인이나 신체적·인지적 기능 저하로 인해 일상생활 수행이 어려운 사람들에게 제공되는 돌봄 서비스로, 국민건강보험공단이 운영하는 노인장기요양보험제도를 통해 지원된다. 이는 고령자뿐만 아니라 노인성 질환을 앓고 있는 사람들에게 필수적인 사회적 안전망 역할을 한다.
>
> 장기요양서비스는 제공 방식과 지원 내용에 따라 여러 영역으로 나뉘며, 재가 서비스와 시설 서비스로 크게 구분된다. 재가 서비스는 노인이 거주하는 가정에서 돌봄을 받도록 지원하는 서비스로, 방문요양, 방문간호, 방문목욕, 주·야간보호, 단기보호, 복지용구 지원등의 항목이 포함된다. 따라서 가정 내에서 일상생활을 유지하며 가족과 함께 생활할 수 있다는 장점이 있지만, 보호자의 돌봄 부담이 완전히 해소되지는 않는다는 한계가 있다.
>
> (㉠) 시설 서비스는 요양시설에 입소하여 24시간 돌봄 서비스를 제공받는 방식이다. 중증 노인성 질환을 앓고 있거나 보호자의 지속적인 돌봄이 어려운 경우에 주로 이용된다. 시설 서비스는 의사, 간호사, 요양보호사 등 전문 인력이 협력하여 의료적 지원과 생활 지원을 동시에 제공하며, 전문적인 돌봄을 받을 수 있다는 장점이 있다. (㉡) 새로운 환경에 적응해야 하는 부담이 있을 수 있으며, 가족과의 물리적 거리가 멀어질 가능성이 있다.
>
> 장기요양서비스를 이용하려면 일정한 신청 자격을 충족해야 한다. 만 65세 이상 노인이거나, 만 65세 미만이라도 치매, 뇌졸중 등의 노인성 질환을 앓고 있는 경우 신청할 수 있다. 신청자는 노인장기요양보험 등급 판정을 받아야 하며, 신체 및 인지 기능 상태를 평가한 후 등급이 부여된다. 등급은 1등급부터 5등급까지 세분화되며, 등급이 높을수록 더 많은 지원을 받을 수 있다.
>
> 최근에는 장기요양서비스의 질적 향상을 위해 지역사회 중심의 통합 돌봄 모델이 확대되고 있다. 이는 의료, 재활, 생활 지원을 연계하여 수급자가 필요로 하는 다양한 서비스를 효과적으로 받을 수 있도록 설계된 체계이다. (㉢) 기술 발전에 따라 원격 돌봄, 스마트 헬스케어 시스템 등의 새로운 돌봄 방식이 도입되고 있다. 앞으로는 이러한 맞춤형 지원 체계를 더욱 강화하고, 서비스 접근성을 높이기 위한 정책적 노력이 필요할 것으로 보인다.

18

주어진 글의 주제로 가장 적절한 것을 고르면?

① 장기요양서비스의 유형과 이용 자격
② 고령화 사회에서 돌봄 서비스의 필요성
③ 노인장기요양보험과 일반 건강보험의 차이
④ 시설 서비스와 재가 서비스의 우수성

19

주어진 글에 따를 때, 장기요양서비스 신청 대상이 될 수 <u>없는</u> 사람을 고르면?

① 67세인 A씨는 뇌졸중으로 거동이 불편해 장기요양서비스 신청을 고려 중이다.

② 63세인 B씨는 당뇨병과 고혈압이 있으며 피로감을 자주 느끼지만 보행 장애는 없다.

③ 58세인 C씨는 치매를 앓고 있으며 보호자의 도움 없이 일상생활이 어렵다.

④ 72세인 D씨는 근력이 약해졌지만 신체 활동에 큰 제한이 없어 혼자 생활한다.

20

주어진 글의 빈칸 ㉠~㉢에 들어갈 접속어를 바르게 짝지은 것을 고르면?

	㉠	㉡	㉢
①	그러므로	따라서	하지만
②	단	이밖에	하지만
③	반면	그러나	또한
④	하지만	그러므로	또한

[21~22] 다음은 2022년 전국 보건기관(보건소, 보건지소, 보건진료소) 현황 및 인력현황에 관한 자료이다. 이를 바탕으로 이어지는 질문에 답하시오.(단, 2022년 전국 보건소, 보건지소, 보건진료소는 총 3,500개이다.)

[그래프] 2022년 전국 보건기관(보건소, 보건지소, 보건진료소) 현황

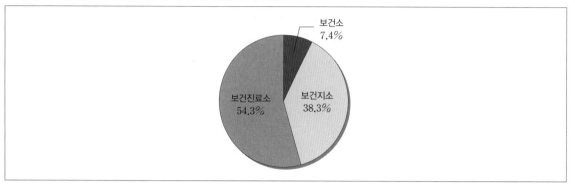

[표] 2022년 전국 보건기관(보건소, 보건지소, 보건진료소) 인력현황 및 의사 수 (단위: 명)

구분	보건소		보건지소 및 보건진료소	
	전체 인력	의사	전체 인력	의사
서울특별시	3,924	156	280	12
부산광역시	1,250	30	115	10
대구광역시	680	22	52	4
인천광역시	868	13	224	32
광주광역시	477	9	82	0
대전광역시	327	5	28	2
울산광역시	345	10	48	8
세종특별자치시	63	0	50	9
경기도	3,740	80	640	92
강원특별자치도	1,072	42	451	92
충청북도	883	18	462	88
충청남도	1,254	33	687	134
전라북도	987	50	628	120
전라남도	1,122	33	1,116	216
경상북도	1,548	54	930	180
경상남도	1,600	36	717	140
제주특별자치도	220	9	90	16
총계	20,360	600	6,600	1,155

21

주어진 자료에 대한 설명으로 옳지 <u>않은</u> 것을 고르면?

① 전국 보건소는 259개이다.
② 전국 보건진료소는 보건지소보다 560개 많다.
③ 전국 보건소 1개당 의사는 약 2.5명이다.
④ 전국 보건기관 1개당 인력은 약 7.7명이다.

22

주어진 자료에 대한 [보기]의 설명 중 옳은 것을 모두 고르면?

┤ 보기 ├─

㉠ 전국 보건소 중에서 의사 수가 가장 많은 지역은 전체 인력도 가장 많다.
㉡ 전국 보건소에서 전체 인력이 많은 지역일수록 의사 수도 많다.
㉢ 전국 보건지소 및 보건진료소 전체 인력 대비 총 의사 수의 비중은 17.5%이다.
㉣ 지역별 보건소 전체 인력 대비 보건지소 및 보건진료소 전체 인력의 비중은 서울특별시가 가장 크다.

① ㉠, ㉢   ② ㉠, ㉣   ③ ㉡, ㉢   ④ ㉡, ㉣

[23~24] 다음은 20XX년 20~30대 성별 및 국가별 BMI와 평균체중에 관한 자료이다. 이를 바탕으로 이어지는 질문에 답하시오.

[표] 20XX년 20~30대 성별 및 국가별 BMI와 평균체중

성별	국가별	20~24세		25~29세		30~34세		35~39세	
		BMI (kg/㎡)	평균체중 (kg)	BMI (kg/㎡)	평균체중 (kg)	BMI (kg/㎡)	평균체중 (kg)	BMI (kg/㎡)	평균체중 (kg)
남자	한국	24	72	24	74	25	76	25	75
	중국	22	64	23	67	24	68	24	68
	일본	22	65	23	67	23	68	23	69
여자	한국	21	56	21	56	21	55	22	56
	중국	21	52	21	54	22	55	23	56
	일본	20	51	20	51	20	51	21	52

※ BMI = 평균체중 ÷ (평균신장 × 평균신장)

23

주어진 자료에 대한 설명으로 옳은 것을 고르면?

① 각 연령대에서 BMI는 남자와 여자 모두 한국이 가장 크다.

② BMI가 클수록 평균체중도 크다.

③ 20~24세 남자 평균신장은 한국이 가장 크다.

④ 30~34세 여자 평균신장은 일본이 가장 작다.

24

다음 중 주어진 자료를 바탕으로 나타낸 그래프로 옳은 것을 고르면?

① 국가별 20~24세의 평균체중 및 BMI

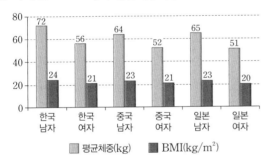

② 중국의 20~24세 평균체중 대비 중국의 연령대별 평균체중 증감폭 (단위: kg)

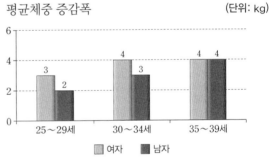

③ 연령대별 일본 여자의 BMI 대비 한국과 중국 여자의 BMI 증감률 (단위: %)

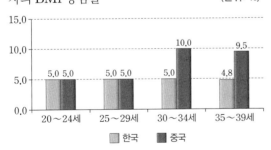

④ 한국, 중국, 일본 남자의 연령대별 평균체중의 평균 (단위: kg)

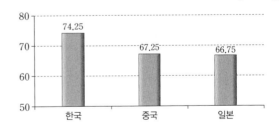

[25~26] 다음은 연도별·성별·연령대별 의료용 마약류 처방 현황에 관한 자료이다. 이를 바탕으로 이어지는 질문에 답하시오.

[표1] 연도별·연령대별 의료용 마약류 처방 환자 수

(단위: 천 명)

구분	2020년	2021년	2022년	2023년
소계	17,500	18,550	19,383	19,737
10대 이하	556	570	613	623
20대	1,435	1,472	1,457	1,395
30대	2,287	2,376	2,429	2,466
40대	3,362	3,778	3,864	3,884
50대	3,684	3,908	4,084	4,180
60대	3,277	3,527	3,736	3,893
70대	1,899	1,950	2,042	2,103
80대 이상	1,000	969	1,158	1,193

[표2] 연도별·성별·연령대별 의료용 마약류 처방 현황

(단위: 천 건, 천 개)

구분		2020년		2021년		2022년		2023년	
		처방건수	처방량	처방건수	처방량	처방건수	처방량	처방건수	처방량
합계	소계	99,671	1,747,193	103,124	1,825,112	102,110	1,869,896	103,080	1,889,350
남자	소계	42,143	638,626	43,788	672,545	43,492	692,680	44,434	711,456
	10대 이하	1,276	23,143	1,401	27,024	1,539	31,846	1,676	37,611
	20대	2,334	42,638	2,469	47,740	2,476	50,294	2,477	51,667
	30대	3,355	57,215	3,533	61,598	3,540	64,874	3,656	67,588
	40대	5,995	89,452	6,243	93,466	6,122	95,326	6,120	96,435
	50대	9,028	126,282	9,129	128,780	8,768	128,759	8,852	129,898
	60대	9,598	136,158	10,259	146,272	10,215	149,643	10,497	153,165
	70대	6,789	106,280	6,831	106,427	6,769	106,838	6,933	108,052
	80대 이상	3,768	57,458	3,923	61,238	4,063	65,100	4,223	67,040
여자	소계	57,528	1,108,567	59,336	1,152,567	58,618	1,177,216	58,646	1,177,894
	10대 이하	979	12,811	1,102	15,255	1,171	17,470	1,246	19,708
	20대	3,907	88,666	4,111	95,230	3,979	95,769	3,797	90,469
	30대	6,121	153,119	6,241	153,506	6,130	153,606	6,061	149,044
	40대	8,493	191,714	8,850	198,101	8,839	205,320	8,798	204,572
	50대	10,240	188,868	10,416	193,578	10,156	197,110	10,269	200,822
	60대	10,598	186,318	11,461	201,316	11,414	206,661	11,524	209,090
	70대	8,840	158,301	8,805	159,141	8,579	158,960	8,551	159,089
	80대 이상	8,350	128,770	8,350	136,440	8,350	142,320	8,400	145,100

25

주어진 자료를 바탕으로 할 때, 다음 [보기]의 빈칸 A에 들어갈 값을 고르면?

┤ 보기 ├

2020년 의료용 마약류 처방 환자 중 남자와 여자의 비가 3:4이고, 2022년 의료용 마약류 처방 환자 중 남자와 여자의 비가 31:40이라고 할 때, 2022년 의료용 마약류를 처방받은 여자 환자는 2020년보다 (A)천 명 증가했다고 한다.

① 852   ② 920   ③ 985   ④ 1,040

26

주어진 자료에 대한 설명으로 옳은 것을 고르면?

① 전체 처방건수와 처방량은 매해 꾸준히 증가한다.
② 전 연령대에서 처방건수가 증가하면 처방량도 증가한다.
③ 2020년 대비 2023년 20대 이하의 의료용 마약류 처방 환자 증가율은 1% 미만이다.
④ 2023년 의료용 마약류 처방 환자 1명당 처방량은 30대보다 40대가 더 많다.

[27~28] 다음은 K추출물이 포함된 의약품의 연도별 및 품목별 판매 현황에 관한 자료이다. 이를 바탕으로 이어지는 질문에 답하시오.

[그래프1] K추출물이 포함된 의약품의 연도별 및 품목별 총 판매량 (단위: 백 개)

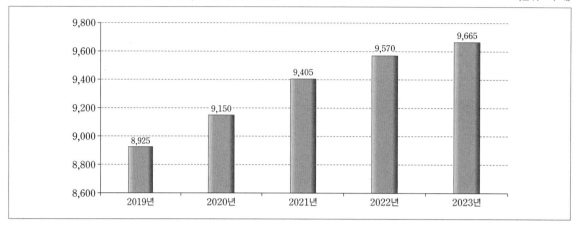

[그래프2] K추출물이 포함된 의약품의 연도별 및 품목별 판매율 (단위: %)

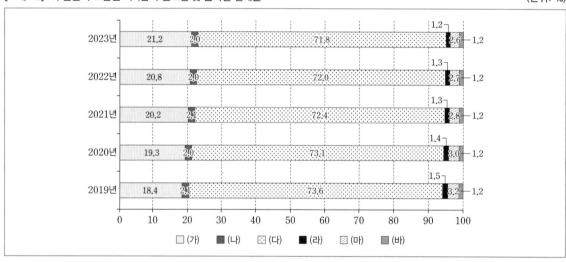

27

주어진 자료에 대한 설명으로 옳은 것을 고르면?

① 2019~2023년 동안 의약품 (바)의 판매량은 동일하다.
② 2020년 의약품 (가)의 판매율은 전년 대비 0.9% 증가했다.
③ 2021년 의약품 (다)의 판매량은 (다)를 제외한 다른 의약품의 판매량보다 421,344개 많다.
④ 2023년 의약품 (나)의 판매량은 2022년 의약품 (나)의 판매량 대비 190개 감소했다.

28

2019년 대비 2023년 의약품 (가)의 판매량의 증감률을 고르면?(단, 소수점 둘째 자리에서 반올림한다.)

① 2.8% 증가
② 10.3% 감소
③ 18.1% 감소
④ 24.8% 증가

[29~31] 다음은 연도별 건강보험 적용인구 현황에 관한 자료이다. 이를 바탕으로 이어지는 질문에 답하시오.

[표] 연도별 건강보험 적용인구 현황

구분		건강보험 적용인구 소계 (명)	직장				지역	
			사업장수 (개)	총가입자수 (명)	가입자수 (명)	피부양자수 (명)	가입자수 (명)	세대수 (세대)
2020년	총합계	51,344,938	1,915,760	37,149,795	18,542,657	18,607,138	14,195,143	8,589,611
	서울특별시	9,602,088	463,036	6,921,362	(A)	3,189,720	(다)	1,669,601
2021년	총합계	51,412,137	2,005,320	37,179,823	19,089,710	18,090,113	14,232,314	8,816,767
	서울특별시	(가)	479,195	6,864,947	3,813,832	3,051,115	2,658,173	1,701,628
2022년	총합계	51,409,978	2,051,980	36,632,790	19,593,873	(B)	(라)	9,314,231
	서울특별시	9,496,371	487,282	6,760,408	3,895,558	2,864,850	2,735,963	1,778,735
2023년	총합계	(나)	2,052,570	36,364,546	19,833,664	16,530,882	15,088,509	9,584,349
	서울특별시	9,468,103	482,733	(C)	3,922,631	2,773,707	2,771,765	1,814,620

※ 직장 건강보험에서 총가입자수＝가입자수＋피부양자수

29

주어진 자료에서 A+B+C의 값을 고르면?

① 27,466,897명   ② 27,965,003명   ③ 30,213,712명   ④ 30,832,290명

30

주어진 자료에 대한 설명으로 옳은 것을 [보기]에서 모두 고르면?

┌─ 보기 ┤

ㄱ 2023년 서울특별시를 제외한 다른 지역의 건강보험 적용인구는 2021년보다 증가했다.

ㄴ 2022년 전국에서 직장 건강보험에 가입된 사업장 수는 전년 대비 약 5% 증가했다.

ㄷ 2020년 대비 2023년 전국 건강보험 적용인구 중 서울특별시의 가입율은 감소했다.

ㄹ 2020년 대비 2023년 전국에서 지역 건강보험의 세대당 가입자 수는 감소했다.

① ㄱ, ㄷ   ② ㄱ, ㄴ, ㄷ   ③ ㄱ, ㄷ, ㄹ   ④ ㄴ, ㄷ, ㄹ

31

주어진 자료를 바탕으로 나타낸 그래프로 옳지 않은 것을 고르면?

① 전국 건강보험 적용인구의 전년 대비 증감량
(단위: 명)

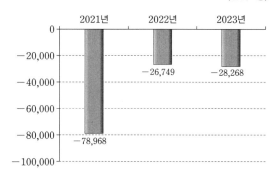

② 서울특별시 건강보험 적용인구의 전년 대비 증감량
(단위: 명)

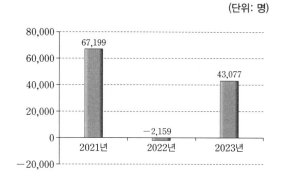

③ 전국 지역 건강보험 적용인구의 전년 대비 증감량
(단위: 명)

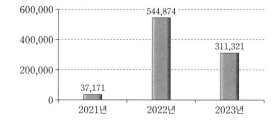

④ 서울특별시 지역 건강보험 적용인구의 전년 대비 증감량
(단위: 명)

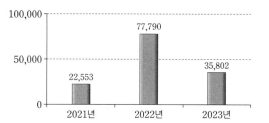

[32~34] 다음은 장기요양 신청 대상자의 성별·등급별 판정 현황에 관한 자료이다. 이를 바탕으로 이어지는 질문에 답하시오.

[표] 장기요양 신청 대상자 성별 현황 (단위: 명)

구분	2011년	2015년	2019년	2023년
남자	131,141	168,515	259,524	363,214
여자	347,305	462,242	669,479	875,281

[그래프] 장기요양 신청 대상자 등급별 현황 (단위: 명)

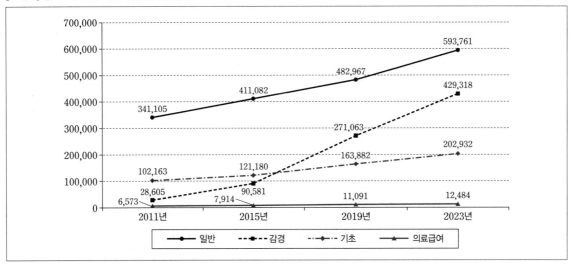

※ 장기요양 신청 대상자의 등급은 일반, 감경, 의료급여, 기초로 분류됨

32

주어진 자료에 대한 설명으로 옳은 것을 고르면?

① 2023년 장기요양 신청 대상자 중 남자는 여자의 40% 미만이다.

② 2023년 장기요양 신청 대상자는 2019년 대비 30만 명 이상 증가했다.

③ 2023년 장기요양 신청 대상자는 2011년 대비 3배 이상 증가했다.

④ 2011~2023년의 12년 동안 장기요양 신청 대상자 중 여자는 연평균 41,998명 증가했다.

33

주어진 자료에 대한 설명으로 옳지 <u>않은</u> 것을 고르면?

① 2023년 장기요양 신청 대상자의 등급별 현황에서 2011년 대비 증가폭이 가장 큰 것은 감경대상자 등급이다.

② 장기요양 신청 대상자 중 일반대상자 등급이 전체 대상자의 50%를 넘지 못한 해는 2023년뿐이다.

③ 장기요양 신청 대상자 중 일반대상자 등급이 의료급여대상자 등급의 50배 이상인 해는 2015년뿐이다.

④ 2023년 장기요양 신청 대상자가 2011년의 두 배 이상 증가한 것은 감경대상자 등급뿐이다.

34

다음 [조건]을 이용하여 A의 값을 고르면?

┤ 조건 ├

• 2023년 의료급여대상자 등급에서 남자와 여자의 비가 1:3이다.

• 2023년 감경대상자 등급에서 남자와 여자의 비가 1:2이다.

• 2023년 일반대상자 등급과 기초대상자 등급의 여자는 A명이다.

① 579,706   ② 520,230   ③ 481,417   ④ 449,328

[35~37] 다음은 연도별 장기이식 수혜자 및 장기기증자 현황에 관한 자료이다. 이를 바탕으로 이어지는 질문에 답하시오.

[표1] 연도별 장기이식 수혜자 및 장기기증자 현황   (단위: 명)

구분		2021년	2022년	2023년
장기이식 수혜자	계	4,434	3,794	4,009
	뇌사	1,478	1,355	1,706
	생존	2,956	2,439	2,303
장기기증자	계	3,094	2,905	2,898
	뇌사	442	415	483
	생존	2,652	2,490	2,415

[표2] 연도별 · 연령별 뇌사 장기이식 수혜자 및 뇌사 장기기증자 현황   (단위: 명)

구분	뇌사 장기이식 수혜자			뇌사 장기기증자		
	2021년	2022년	2023년	2021년	2022년	2023년
1세 미만	4	5	1	—	2	1
1~5세	8	18	14	2	2	3
6~10세	12	10	7	4	5	—
11~18세	39	23	34	18	8	9
19~34세	75	70	82	56	81	97
35~49세	( )	323	( )	106	98	118
50~64세	761	( )	883	186	155	174
65~74세	203	224	269	55	46	61
75세 이상	2	10	19	15	18	20

35

주어진 자료에 대한 설명으로 옳은 것을 고르면?

① 장기기증자가 감소하면 장기이식 수혜자도 감소한다.
② 장기이식 수혜자가 가장 적은 해에 생존 장기이식 수혜자도 가장 적다.
③ 뇌사 장기이식 수혜자와 생존 장기이식 수혜자의 비가 가장 큰 해는 2023년이다.
④ 2021년과 2022년 뇌사 장기기증자와 생존 장기기증자의 비는 같다.

36

35~49세 뇌사 장기기증자 대비 뇌사 장기이식 수혜자의 비가 2021년 1:A, 2022년 1:B, 2023년 1:C라고 할 때, A~C의 대소 관계를 고르면?

① A<B<C   ② B<A<C   ③ B<C<A   ④ C<B<A

37

주어진 자료를 바탕으로 나타낸 그래프로 옳지 <u>않은</u> 것을 고르면?

① 연도별 50~64세 뇌사 장기이식 수혜자

② 연도별 50대 이상 뇌사기증자

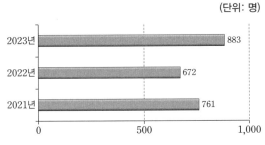

③ 2021년 장기이식 수혜자 뇌사 및 생존자 비중

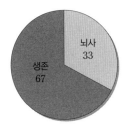

④ 연도별 (생존 장기이식 수혜자)―(생존 장기기증자)의 수

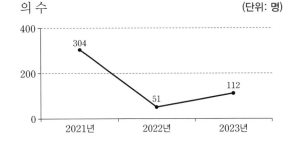

[38~40] 다음은 코로나19를 제외한 등급별 및 월별 법정 감염병 신고 현황에 관한 자료이다. 이를 바탕으로 이어지는 질문에 답하시오.

[표] 등급별 법정 감염병 신고 현황   (단위: 백 건)

연도	등급	전국	서울
2020년	1급	0	0
	2급	668	115
	3급	184	21
2021년	1급	0	0
	2급	623	120
	3급	180	20
2022년	1급	0	0
	2급	550	130
	3급	207	18
2023년	1급	0	0
	2급	760	160
	3급	167	16

[그래프] 월별 법정 감염병 신고 현황   (단위: 백 건)

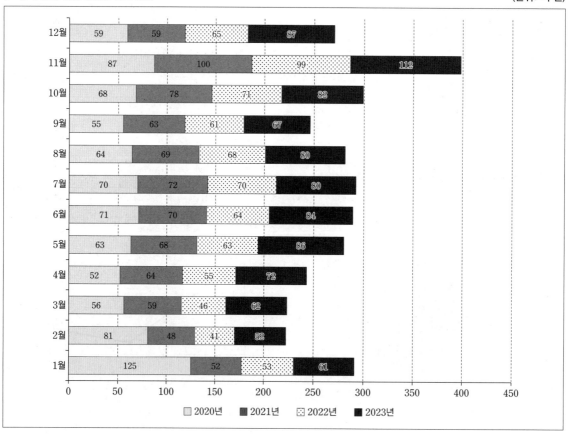

38

주어진 자료에 대한 설명으로 옳은 것을 고르면?

① 전국의 2급 법정 감염병의 전년 대비 증감추이는 서울과 같다.
② 전국의 2022년 3급 법정 감염병은 전년 대비 27건 감소했다.
③ 전국의 2023년 2급 법정 감염병은 전년 대비 약 38% 감소되다.
④ 서울의 2023년 3급 법정 감염병은 2020년 대비 약 20% 감소했다.

39

법정 감염병 신고 건수가 가장 많았던 월의 신고 건수는 해당 연도의 법정 감염병 신고 건수의 몇 %인지 고르면?

① 12.0%   ② 12.1%   ③ 14.2%   ④ 14.7%

40

주어진 자료를 바탕으로 나타낸 그래프로 옳은 것을 고르면?

① 서울 2급 법정 감염병 신고 건수의 연도별 비중   ② 2023년 2급 법정 감염병 신고 건수의 서울과 그 외 지역의 비중

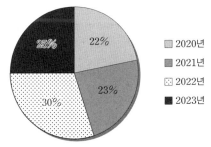

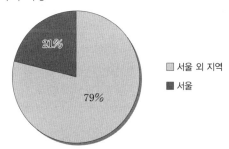

③ 2021년 서울 법정 감염병 신고 건수의 등급별 비중   ④ 2분기 법정 감염병 신고 건수의 연도별 비중

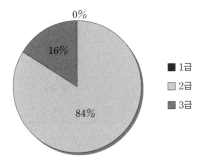

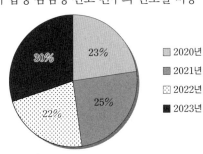

[41~42] 다음은 장기요양급여 제공기준 및 급여비용 산정방법에 관한 자료이다. 이를 바탕으로 이어지는 질문에 답하시오.

제18조(방문요양 급여비용) 방문요양 급여비용은 1회 방문당 급여제공시간에 따라 다음과 같다.

분류번호	분류	금액(원)
가-1	30분 이상	16,630
가-2	60분 이상	24,120
가-3	90분 이상	32,510
가-4	120분 이상	41,380
가-5	150분 이상	48,250
가-6	180분 이상	54,320
가-7	210분 이상	60,530
가-8	240분 이상	66,770

제19조(방문요양 급여비용 산정방법) ① 식사도움, 외출시 동행 등이 필요한 경우 동일 수급자에 대하여 '가-1'부터 '가-6'까지의 급여비용을 1일 3회까지 산정할 수 있다. 이 경우 급여제공기록지에 수급자 등의 동의 내용과 요청사유를 기재하여야 하며, 방문간격은 2시간 이상이어야 하고, 방문간격이 2시간 미만인 경우 각 급여제공시간을 합산하여 1회로 산정한다.

제19조의2(방문요양급여 중증 수급자 가산) ① 요양보호사가 1등급 또는 2등급 수급자에게 방문요양을 1회 180분 이상 제공하는 경우 수급자 1인당 일 3,000원을 가산한다.

제20조의 3. 「관공서의 공휴일에 관한 규정」제2조제1호에 따른 일요일(이하 "일요일"이라 한다)에 급여를 제공한 경우 제18조 및 제28조의 표에 따른 급여비용의 30%를 가산한다.

제21조(원거리교통비용) ① 방문요양 및 방문간호급여의 원거리교통비용은 제22조의 원거리 교통비용 적용대상 수급자의 실 거주지부터 운영중인 가장 가까운 방문요양 및 방문간호기관까지의 거리에 따라 다음의 표와 같이 방문당 산정한다. 다만, 수급자를 방문한 종사자가 수급자와 가족이거나 5km 미만의 거리에 거주하고 있는 경우에는 산정하지 아니한다.

분류번호	분류	금액(원)
거-1	5km 이상 10km 미만	3,400
거-2	10km 이상 15km 미만	5,100
거-3	15km 이상 20km 미만	6,800
거-4	20km 이상 25km 미만	8,500
거-5	25km 이상 30km 미만	10,200
거-6	30km 이상 35km 미만	11,900
거-7	35km 이상	13,600

② 장기요양기관의 장은 제22조의 원거리 교통비용 적용대상 수급자를 방문하여 방문요양 및 방문간호 급여를 제공한 장기요양요원 및 제57조제2항 각 호에 따른 급여관리 업무를 수행하는 사회복지사 등에게 제1항의 원거리 교통비용을 지급하여야 한다.

41

주어진 자료에 대한 설명으로 옳지 <u>않은</u> 것을 고르면?

① 1회 방문당 급여제공시간은 30분 단위로 분류된다.

② 방문간격이 2시간 미만일 경우 급여제공시간이 제외된다.

③ 일요일에 급여 제공시 30% 가산하여 지급한다.

④ 5km 이상부터 원거리 교통비를 지급한다.

42

다음 방문요양기록을 보고 총급여비용 지급액으로 알맞은 것을 고르면?(단, 원단위는 반올림하여 지급한다.)

[방문요양기록]
• 요일: 일요일
  – 9:00~9:30 식사도움
  – 12:00~13:00 공원산책
  – 18:00~18:30 식사도움
  – 20:00~20:30 목욕도움
• 이동거리: 22km

① 64,870원   ② 73,370원   ③ 84,330원   ④ 92,830원

□ 추진 배경 및 목적
- 국제의료사업 활성화를 위하여 해외 현지 법, 제도 등 국제의료사업 분야 민간 전문가를 활용, 국가·분야별 맞춤형 컨설팅 확대를 지원하기 위함
- 법·제도, 경영지원과 더불어 환자유치, 의료기기, ICT, 해외홍보, 해외시장 조사·마케팅, 입지분석 등 연관산업 분야 전문가 확대를 통해 국제의료사업에 실질적인 도움을 제공하고자 함

□ 위촉 내용
- (대상) 국제의료사업 관련 국내외 분야별 및 권역별 전문가
  - 분야: 일자리, 사업화, 금융·투자, 법·제도, 조세, 인프라, 경영지원 및 환자유치, 의료ICT, 홍보
  - 권역: 동북아시아, 중동아시아, 아프리카
- (활동내용) 의료해외진출 및 외국인환자유치 관련 전문 컨설팅 제공
  - 컨설팅 수요 희망기관 대상 맞춤형 컨설팅
  - 국제의료 전략 세미나 강연 및 현장 컨설팅
  - 국제의료사업 관련 전략 수립 자문, 정보공유(기고문) 등

□ 위촉 기간
- 위촉일로부터 2026년 08월 31일까지
  ※ 임기 말 수행 결과 및 만족도 평가를 통해 차후 임기 연장 가능

□ 운영 일정
- '24.8월 모집공고 및 '24년 8월 말 심의, 9월 위촉 예정

공고 및 서류 접수 (이메일 접수)		서류 심의 (진흥원)		전문위원 위촉 (진흥원)
'24.8.5.~8.23. (3주간)	▷	'24. 8월 말	▷	'24. 9월 중

□ 선정 계획
- 제출된 서류에 대해 전문성, 직무적합도, 지원동기 및 성실성에 대한 종합 심의를 통해 최종적으로 위촉 함
  - 항목별 검토 후 종합점수가 70점 이상인 지원자 중, 총점의 고득점 순에 의하여 선정
  ※ 동점자의 경우 자격증보유자가 선정됨.

전문성(60점)	직무적합도(20점)	지원동기 및 성실성(20점)
① 학위(학·석·박사) 및 자격증 ② 분야적격성 및 결격 사유 ③ 분야별·지역별 실무경력 ④ 의료진출 관련 주요 실적	① 주요 경력과 지원 분야 직무의 연계성 ② 지원 분야에 대한 전문 지식	① 지원동기 및 참여 목적의 건전성 ② 적극적 직무수행의지

43

주어진 자료에 대한 [보기]의 설명 중 옳은 것을 모두 고르면?

┌─ 보기 ───┐
│ ㄱ. 전세계 모든 지역에서 활동하는 전문위원을 모집한다.   │
│ ㄴ. 2026년 8월31일까지만 위촉가능하다.   │
│ ㄷ. 항목별 종합점수가 70점 이상인 지원자만 합격할 수 있다.   │
└──┘

① ㄱ   ② ㄷ   ③ ㄱ, ㄷ   ④ ㄴ, ㄷ

44

주어진 자료를 근거로 할 때, 다음 평가표에 따라 위촉될 지원자 1명을 고르면?

(단위: 점)

지원자	전문성	직무적합도	지원동기 및 현황	자격증보유여부
가	48	16	16	×
나	52	14	14	○
다	50	16	12	○
라	54	16	10	×

① 가   ② 나   ③ 다   ④ 라

[45~46] 다음은 코로나19 감염관리수당 지급지침의 일부이다. 이를 바탕으로 이어지는 질문에 답하시오.

○ 개요: 이 지침은 코로나19 환자 입원·치료 업무에 종사하는 보건의료인력 등에게 수당을 지급하기 위하여 필요한 사항 규정을 목적으로 함

○ 지급대상: 코로나19 환자 입원·치료를 위해 보건복지부(중수본)에서 지정한 ① 중증 병상 ② 준-중증 병상 ③ 중등증 병상에서 근무하는 보건의료인력 및 보건의료기관종사자(의료기관 원소속 근무 인력 및 간접고용 근로자 대상이며, '코로나19 중앙사고수습본부'에서 파견한 인력은 제외함)
 • 중증병상: 코로나19 확진 중환자를 치료할 수 있는 장비·시설 또는 인력 등이 갖추어져 있고, 중환자가 즉시 입원 가능하여 '코로나19-중앙사고수습본부'에서 지정·운영되는 병상
 • 준-중증병상: 중환자로 갈 가능성이 높거나 또는 중환자 가운데 증상이 개선됐으나 일반병실로 바로 가기 어려운 환자를 위해 '코로나19-중앙사고수습본부'에서 지정·운영되는 병상
 • 중등증병상: 중등증의 코로나19 감염환자(중증은 아니나 입원치료가 필요한 환자)를 치료하기 위하여 '코로나19-중앙사고수습본부'에서 지정하는 병상

○ 지급원칙
 • 코로나19 감염환자 접촉빈도 및 병원체 위험 노출 정도 등을 고려하여 직종별 일 단가지급 * 토, 일, 국가공휴일에 근무시 일 지급액의 0.5배 추가지급
 • 실제 근로를 제공한 일수에 한하여 지급, off 및 연차 사용 등으로 근무하지 않은 경우 지급 불가
 • 국가 또는 지자체 공무원의 코로나19 관련 수당 등과 중복지급 불가 * 국립병원, 경찰병원, 국군병원 등은 별도 공무원 수당 적용으로 감염관리수당 지급 제외

○ 지급대상 분류 및 금액

구 분	대 상	일 지급액
보건의료인력 중 코로나19 환자의 수술, 회복, 치료, 간호 등을 위해 직접 대면하여 상시적으로 근무하는 사람 – 중증병상, 준중증병상, 중등증병상에서 근무하는 사람	의사 간호사	50,000원
보건의료인력 중 코로나19 환자의 수술, 회복, 치료, 간호 등을 위해 직접 대면하지만, 간헐적으로 업무를 수행하는 사람	의사 간호사	30,000원
코로나19 확진환자를 접촉하거나 병원체에 노출되는 위험업무에 근무하는 사람 – 중증병상, 준중증병상, 중등증병상에서 근무하는 간호조무사 – 감염관리실 근무 보건의료인력 – 코로나19 환자 검체 채취 임상병리사	간호사 간호조무사 방사선사 임상병리사 응급구조사 요양보호사 등	

중증병상, 준중증병상, 중등증병상 선제격리구역(응급실 음압병실 등)에서 근무하는 사람('22.1.1~5.31)	의사 간호사 간호조무사 등	20,000원
코로나19 환자를 직접 치료하거나 간호하지는 않지만 상시 접촉하는 업무에 종사하여 감염이나 위험에 노출 우려가 있는 사람 – 보건의료기관 종사자 중 코로나19 환자 관련 직·간접적으로 지원 업무를 수행하는 사람	이송요원 청소인력 소독·방역인력 폐기물 처리인력 시설 보수인력 병동 보조인력 등	

45
주어진 자료를 바탕으로 옳지 않은 것을 고르면?

① 코로나19 감염관리수당은 보건의료인력 및 보건의료기관 종사자에게 지급된다.
② 코로나19 감염관리수당은 국가 또는 지자체 공무원의 코로나19 관련 수당 등과 중복지급이 불가하다.
③ 준–중증병상이란 코로나19 감염환자 중 중증은 아니나 입원치료가 필요한 환자를 치료하기 위한 병상이다.
④ 코로나19 감염관리수당 지급대상에 코로나19 중앙사고수습본부의 파견인력은 제외된다.

46
다음 [표]는 인원별 주간 근무실적 나타낸 것이다. 이를 바탕으로 주간 감염관리수당 지급액이 알맞게 지급되지 않은 것을 고르면?

[표] 인원별 주간 근무실적

구분	일	월	화	수	목	금	토
의사	대면진료	대면진료	연차	대면진료	음압병실 근무	대면진료	휴무
간호사	휴무	대면간호	감염관리실 근무	음압병실 근무	휴무	대면간호	음압병실 근무
간호조무사	휴무	감염관리실 근무	중증병상 간호	중증병상 간호	중증병상 간호	음압병실 근무	휴무
이송요원	이송	이송	휴무	휴무	이송	이송	이송

① 의사 – 240,000원
② 간호사 – 180,000원
③ 간호조무사 – 140,000원
④ 이송요원 – 120,000원

[47~48] 다음은 국민건강보험법 시행규칙의 일부이다. 이를 바탕으로 이어지는 질문에 답하시오.

제2조(피부양자 자격의 인정기준 등) ① 「국민건강보험법」(이하 "법"이라 한다) 제5조제2항에 따른 피부양자 자격의 인정기준은 다음 각 호의 요건을 모두 충족하는 것으로 한다.

1. 별표 1에 따른 부양요건에 해당할 것
2. 별표 1의 2에 따른 소득 및 재산요건에 해당할 것

② 피부양자는 다음 각 호의 어느 하나에 해당하는 날에 그 자격을 취득한다.

1. 신생아의 경우: 출생한 날
2. 직장가입자의 자격 취득일 또는 가입자의 자격 변동일부터 90일 이내에 피부양자의 자격취득 신고를 한 경우: 직장가입자의 자격 취득일 또는 해당 가입자의 자격 변동일
3. 직장가입자의 자격 취득일 또는 가입자의 자격 변동일부터 90일을 넘겨 피부양자 자격취득 신고를 한 경우: 법 제13조에 따른 국민건강보험공단(이하 "공단"이라 한다)에 별지 제1호서식의 피부양자 자격(취득·상실) 신고서를 제출한 날. 다만, 천재지변, 질병·사고 등 공단이 정하는 본인의 책임이 없는 부득이한 사유로 90일을 넘겨 피부양자 자격취득 신고를 한 경우에는 직장가입자의 자격 취득일 또는 가입자의 자격 변동일로 한다.

[별표 1] 피부양자 자격의 인정기준 중 부양요건

가입자와의 관계	부양요건
1. 배우자	부양 인정
2. 부모인 직계존속	부양 인정
3. 자녀인 직계비속	부양 인정
4. 조부모·외조부모 이상인 직계존속	부양 인정
5. 손·외손 이하인 직계비속	부모가 없거나, 아버지 또는 어머니가 있어도 보수 또는 소득이 없는 경우 부양 인정
6. 직계비속의 배우자	부양 인정
7. 배우자의 부모인 직계존속	부양 인정
8. 배우자의 조부모·외조부모 이상인 직계존속	부양 인정
9. 배우자의 직계비속	미혼인 경우 부양 인정. 다만, 보수 또는 소득이 없는 경우 부양 인정
10. 다음 각 목의 어느 하나에 해당하는 형제·자매 가. 30세 미만 나. 65세 이상	미혼으로 부모가 없거나, 있어도 부모가 보수 또는 소득이 없는 경우 부양 인정. 다만, 보수 또는 소득이 없는 경우 부양 인정

[별표 1의 2] 피부양자 자격의 인정기준 중 소득 및 재산요건

직장가입자의 피부양자가 되려는 사람은 다음 각 목에서 정하는 소득요건을 모두 충족하여야 한다.

가. 영 제41조제1항 각 호에 따른 소득의 합계액이 연간 2천만원 이하일 것
나. 영 제41조제1항제3호의 사업소득(이하 이 표에서 "사업소득"이라 한다)이 없을 것. 다만, 피부양자가 되려는 사람이 다음의 어느 하나에 해당하고, 사업소득의 합계액이 연간 500만 원 이하인 경우에는 사업소득이 없는 것으로 본다.

47
주어진 자료를 바탕으로 옳지 <u>않은</u> 것을 고르면?

① 피부양자 자격이 인정받으려면 부양조건과 소득 및 재산조건을 모두 충족해야한다.
② 피부양자의 소득 합계액은 연간 2천만 원이하여야 한다.
③ 피부양자의 소득이 사업소득일 경우 연간 500만 원 이하면 사업소득이 없는 것으로 간주한다.
④ 피부양자 자격취득을 신고한 경우 가입자의 자격 변동일로 한다.

48
주어진 자료를 바탕으로 피부양자의 부양요건에 해당하지 <u>않는</u> 경우를 고르면?(단, 모두 소득 및 재산요건은 충족한다.)

① 가입자의 배우자
② 가입자의 미혼 외손 직계비속
③ 배우자의 미혼 직계비속
④ 소득이 없는 노부부와 살고 있는 67세의 형제

[49~51] 다음은 재난적의료비 지원사업에 관한 자료이다. 이를 바탕으로 이어지는 질문에 답하시오.

1. 지원대상

질환, 소득, 재산, 의료비부담수준 기준이 충족된 자

① 대상질환: 입원, 외래 구분 없이 모든 질환 합산 지원

② 소득기준: 가구 소득이 기준중위소득 100%(소득하위 50%) 이하 중심

※ 가구원수별 건강보험료를 기준으로 소득구간(기준중위소득 등)별 의료비부담 수준 확인

※ 가구원은 환자 기준 주민등록표(등본)를 기준으로 생계, 주거를 같이 하는 자

소득구간	인원수	보험료(원)		
		직장	지역	혼합
기준 중위소득 85% 초과 100% 이하	1인	79,240	20,460	79,850
	2인	132,130	75,770	130,910
	3인	167,880	125,950	169,860
	4인	205,290	159,280	208,160
	5인	239,080	199,020	243,100

※ 보험료는 세대별 합산하며, 동일 세대에 직장 및 지역가입자가 존재할 경우 혼합보험료로 판단

※ 건강보험료는 직장가입자는 산정보험료 기준이고, 지역가입자는 부과보험료 기준

※ 노인장기요양보험료를 제외한 금액임

③ 재산기준: 지원대상자가 속한 가구의 재산 과세표준액이 7억 원 이하

④ 의료비 부담수준: 가구의 소득 구간별 본인이 부담한 의료비 총액이 기준금액 초과 시 지원

소득 수준	의료비 부담 수준	지원 비율
기초생활수급자, 차상위계층	본인부담의료비 총액이 80만 원 초과	80%
기준 중위소득 50% 이하	1인 가구: 본인부담의료비 총액이 120만 원 초과	70%
	2인 가구 이상: 본인부담의료비 총액이 160만 원 초과	
기준 중위소득 50% 초과 100% 이하	본인부담의료비 총액이 연소득 10% 초과	60%
기준 중위소득 100% 초과 200% 이하	본인부담의료비 총액이 연소득 20% 초과	50%

2. 지원대상 예시

① 직장가입자 1인가구의 월 건강보험료가 79,240원 이하인 기준 중위소득 100% 이하 가구는 지원제외항목을 차감한 본인부담의료비가 260만 원 초과 발생 시 지원대상입니다.

② 지역가입자와 직장가입자로 구성된 2인가구의 월 건강보험료 합산이 112,770원 이하인 기준 중위소득 85% 이하 가구는 지원제외항목을 차감한 본인부담의료비가 370만 원 초과 발생 시 지원대상입니다.

③ 기초생활수급자, 차상위계층은 월 건강보험료 관계없이 지원제외항목 차감한 본인부담의료비가 80만 원 초과 발생 시 지원대상입니다.

3. 지원 범위

① 지원금액: 연간 5천만 원 한도 내 지원(단, 지원기준에 따라 산정한 금액이 10만 원 미만인 경우 지원하지 않음)

② 지원수준: 소득기준에 따라 지원제외항목을 차감한 본인부담의료비의 50~80% 차등 적용

③ 지원일수: 최종 진료일 이전 1년 이내 진료 건 중 입원 외래 진료일수의 합이 연간 180일

49

주어진 자료를 보고 파악한 건강보험공단 지원대상 기준에 대해 옳지 <u>않은</u> 것을 고르면?

① 소득기준은 가구 소득이 기준 중위소득 100% 이하일 때 지원대상이 될 수 있다.

② 재산기준은 가구의 재산 과세표준액이 7억 원 이하여야 한다.

③ 모든 가구는 본인부담의료비가 100만 원을 초과할 경우 지원받을 수 있다.

④ 대상 질환에는 입원과 외래 모두 포함된다.

50

기준 중위소득이 50% 이하인 2인 가구 A씨의 본인부담의료비 총액이 200만 원일 때, A씨가 지원받을 수 있는 금액은 얼마인지 고르면?

① 100만 원   ② 120만 원   ③ 140만 원   ④ 160만 원

51

기준 중위소득 100% 이하의 3인 가구 직장가입자 H씨의 연소득은 5,000만 원이며, 본인부담의료비는 720만 원이다. 이때 H씨가 납부하는 보험료와 지원받을 수 있는 의료비 금액을 알맞게 짝지은 것을 고르면?

① 125,950원 — 288만 원

② 169,860원 — 300만 원

③ 167,880원 — 432만 원

④ 167,880원 — 500만 원

[52~54] 다음은 외국인근로자 등 의료지원 사업에 관한 자료이다. 이를 바탕으로 이어지는 질문에 답하시오.

---

1. 지원 대상

　가. 노숙인
　　• 일정한 주거 없이 상당한 기간 거리에서 생활하고 있는 자로 현재 노숙인 쉼터에 입소한 상태에 있는 자는 제외

　나. 외국인근로자 및 그 자녀와 배우자(외국인)
　　• 외국인근로자는 대한민국의 국적을 가지지 아니한 자로서 국내에 소재하고 있는 사업장에서 임금을 목적으로 근로를 제공한 사실이 있거나 근로하고 있는 자를 말함
　　• 외국인근로자의 자녀는 상기 외국인근로자의 자녀로서 만 18세 미만인 자를 말함
　　• 외국인근로자의 배우자(외국인)는 상기 외국인근로자의 배우자로 임신 중인 자에 한함

　다. 국적 취득 전 결혼이민자 및 그 자녀
　　• 국적 취득 전 결혼이민자는 한국인 배우자와 혼인(사실 혼 제외)한 상태에 있는 자로 다른 법 등의 국적 취득 제한요건으로 인하거나 현재 한국 국적을 취득하지 못한 외국 국적자를 말함
　　• 국적 취득 전 결혼이민자의 자녀는 상기 결혼이민자의 자녀로서 만 18세 미만인 자를 말함

　라. 난민 등 및 그 자녀
　　• 난민인정을 받은 자, 난민인정을 신청한 자(소송 중인 자 포함) 및 인도적인 사유로 체류허가를 받은 자를 말함
　　• 난민 등의 자녀는 상기 난민 등의 자녀로서 만 18세 미만인 자를 말함

2. 지원 범위

　입원 및 수술(당일 외래 수술 포함)
　※ 단, 국가 5대암 수술의 경우 우선대상자로 선정함

3. 지원 비용

　입원부터 퇴원까지 발생한 총 진료비의 90%를 지원하고 10%는 본인부담하며, 1회당 500만 원 범위 내에서 지원(1회당 한도를 초과할 경우 한도를 제외한 나머지를 자기부담금으로 한다.)
　※ 단, 식대는 80% 지원하고 20% 본인부담

4. 적용 수가: 의료급여 수가를 적용
　※ 단, 3인실 이하 병상 이용에 따라 추가 부담되는 입원료 등의 비급여 항목은 100분의 100 본인부담

5. 지원 횟수: 연간 지원 3회
　※ 단, 국가 5대 암수술의 경우 연간 지원횟수 제한 없지만 3회 초과시 자기부담금 비율은 20%임

52

주어진 자료에 따를 때, 다음과 같은 국내에 거주하는 외국인 중 의료혜택을 받을 수 없는 경우에 해당하는 것을 고르면?

① 만 18세 미만인 난민의 자녀
② 한국인 배우자와 결혼한 상태의 국적 취득 전 외국인
③ 소송 중인 난민인정 신청자
④ 일정한 주거 없이 거리에서 생활하는 외국인

53

지원대상자가 수술로 인해 총 200만 원의 진료비가 발생했고, 3인 이하 병상을 이용하여 추가 부담되는 입원료는 50만 원이 발생했다. 식대 50만 원을 포함했을 때 지원금과 본인부담금을 알맞게 짝지은 것을 고르면?

	지원금	본인부담금
①	200만 원	60만 원
②	200만 원	80만 원
③	220만 원	60만 원
④	220만 원	80만 원

54

국가 5대 암수술 내역이 있는 다음 환자들의 자기부담금을 알맞게 짝지은 것을 고르면?

[표] 환자별 의료지원 사업 관련 수술 정보

환자	총 비용	이전 지원횟수
A	380만 원	2회
B	460만 원	4회
C	840만 원	3회
D	1,080만 원	2회

① A — 76만 원
② B — 160만 원
③ C — 340만 원
④ D — 864만 원

[55~57] 다음은 본인부담상한제에 관한 자료이다. 이를 바탕으로 이어지는 질문에 답하시오.

□ 본인부담상한제란?

　과도한 의료비로 인한 가계 부담을 덜어주기 위하여 가입자가 부담한 1년간 본인 일부부담금(비급여, 선별급여 등 제외하고 환자 본인이 부담하는 의료비)이 개인별 본인부담상한액을 초과하는 경우 초과금액은 건강보험공단에서 부담하는 제도

[표] 연도별 본인부담상한액 현황 　　　　　　　　　　　　　　　　　　　　　　　　　　(단위: 만 원)

구분	연평균 건강보험료 분위(저소득 → 고소득)						
	1분위	2~3분위	4~5분위	6~7분위	8분위	9분위	10분위
2018년	80	100	150	260	313	418	523
(요양병원 120일 초과입원)	124	155	208				
2019년	81	101	152	280	350	430	580
(요양병원 120일 초과입원)	125	157	211				
2020년	81	101	152	281	351	431	582
(요양병원 120일 초과입원)	125	157	211				
2021년	81	101	152	282	352	433	584
(요양병원 120일 초과입원)	125	157	212				
2022년	83	103	155	289	360	443	598
(요양병원 120일 초과입원)	128	160	217				
2023년	87	108	162	303	414	497	780
(요양병원 120일 초과입원)	134	168	227	375	538	646	1,014
2024년	87	108	167	313	428	514	808
(요양병원 120일 초과입원)	138	174	235	388	557	669	1,050

○ 개인별로 연간 누적 본인일부부담금이 최고상한액('23년 기준 780만 원)을 초과할 경우 매월 초과금액을 계산하여 지급

[표] 2023년 소득분위별 본인부담상한액 및 월별 기준보험료

소득분위별 본인부담상한액		본인부담상한액 월별 기준보험료	
소득분위	본인부담상한액	직장가입자	지역가입자
1분위	87만 원 (134만 원)	56,330원 이하	12,840원 이하
2~3분위	108만 원 (168만 원)	56,330원 초과 80,510원 이하	12,840원 초과 19,780원 이하
4~5분위	162만 원 (227만 원)	80,510원 초과 106,750원 이하	19,780원 초과 38,930원 이하
6~7분위	303만 원 (375만 원)	106,750원 초과 154,120원 이하	38,930원 초과 103,580원 이하
8분위	414만 원 (538만 원)	154,120원 초과 194,500원 이하	103,580원 초과 142,650원 이하
9분위	497만 원 (646만 원)	194,500원 초과 265,900원 이하	142,650원 초과 223,930원 이하
10분위	780만 원 (1,014만 원)	265,900원 초과	223,930원 초과

※ ( )은 요양병원 120일 초과 입원한 경우의 본인부담상한액임

55

다음 중 본인부담상한제에 대한 설명으로 옳지 <u>않은</u> 것을 고르면?

① 과도한 의료비 부담을 줄이기 위해 마련된 제도이다.

② 1년간 본인 일부 부담금을 모두 건강보험공단이 부담한다.

③ 상한액은 소득분위별, 요양병원 120일 초과입원으로 구분되어있다.

④ 23년 기준 780만 원을 초과하는 본인일부부담금의 경우 매월 초과금액을 계산하여 지급한다.

56

2023년 월별 기준보험료가 20만 원에 해당하는 지역가입자가 요양병원에 130일 동안 입원하면서 본인 부담금으로 900만 원을 지출했다. 이 경우 건강보험공단에서 지급받을 금액을 고르면?

① 154만 원   ② 204만 원   ③ 254만 원   ④ 304만 원

57

2023년에 소득 3분위에 해당하는 지역가입자가 2024년에는 소득 5분위에 해당하는 직장가입자가 되었다. 이 가입자가 2023년과 2024년에 각각 통원 의료비로 300만 원을 지출했다고 할 때, 전년 대비 본인부담상한액 증가율과 건강보험공단에서 부담하는 금액의 감소율을 알맞게 짝지은 것을 고르면?(단, 소수점 둘째 자리에서 반올림한다.)

① 50% ─ 28.1%   ② 50% ─ 32.5%   ③ 60% ─ 28.1%   ④ 60% ─ 32.5%

[58~60] 다음은 의료 해외진출 및 외국인환자 유치 지원 사업에 관한 자료이다. 이를 바탕으로 이어지는 질문에 답하시오.

□ 위기를 기회로, 글로벌 헬스케어 시장에서의 대한민국 영향력 확대
- 2023년 국내 제약바이오 기업은 1조 원 이상 규모의 기술 수출(플랫폼 이전 포함) 3건을 비롯한, 총 20건의 기술수출(약 8조원 규모) 성과
- 2022년 국내 의약품, 의료기기, 화장품 시장 규모·수출 규모 모두 크게 성장
  - (의약품) 2022 국내 시장규모 29조 8,595억 원(전년 대비 17.6% 상승), 수출규모 10.5조 원(최근 5년 연평균 19.4% 성장)
  - (의료기기) 2022 국내 시장규모 11조 8,781억 원(전년 대비 23.1% 상승), 수출규모 10.1조 원(최근 5년 연평균 26.5% 성장)
  - (화장품) 2022 국내 시장규모 118억 달러(전년 대비 4.3% 상승), 수출규모 79.5억 달러(최근 5년 연평균 6.1% 성장)

□ 글로벌 헬스케어 산업에서 입증된 세계적인 수준의 의료기술 및 의료 인프라 보유
- 상대적 5년 암 생존율, 장기이식 성공률은 세계 최고 수준
  - 한국의 상대적 5년 암 생존율(2017~2021): 갑상선암 (100.1%), 전립선암 (96.0%), 유방암(93.8%), 신장암(86.4%), 위암(77.9%), 대장암(74.3%)

□ 실적 및 목표
- 한국의료 이용 선호도 제고를 통한 2024년 외국인환자 수 70만 명 달성
  - 외국인환자 수: '22년 25만 명 → '23년 60만 명 → '24년 70만 명(목표치)
- 지속적인 의료 해외진출 추진 및 확대를 통한 2024년 의료 해외진출 50건 달성
  - 의료 해외진출 건수: '22년 37건 → '23년 42건 → '24년 50건(목표) → '26년 60건(목표) → '27년 70건(목표)

[표] 2023년 연령별 외국인환자 유치 실적 (단위: 명)

20대 미만	20대	30대	40대	50대	60대	합계
25,419	205,549	175,228	88,427	61,433	43,594	599,650

□ 의료 해외진출 및 외국인환자 유치 지원을 위한 통합고시
1. "유치 수수료"란 외국인환자 유치의료기관이 「의료 해외진출 및 외국인환자 유치 지원에 관한 법률」 제2조제3호에 의한 '외국인환자 유치' 행위에 대한 대가로 외국인환자유치사업자에 지불하는 비용을 말한다. 다만, 통역, 교통, 관광, 숙박 등의 비의료서비스에 대한 대가로 지불하는 비용은 제외한다.
2. "총 진료비"란 의료기관이 의료서비스에 대하여 외국인환자에게 청구하는총금액으로 기본진료료(진찰료, 입원료 등), 건강검진료, 검사료, 영상진단및 방사선치료료, 투약 및 조제료, 주사료, 마취료, 이학요법료, 정신요법료, 처치 및 수술료, 치과 처치·수술료, 한방 검사료, 한방 시술 및 처치료, 전혈 및 혈액성분제제료, 입원환자 식대, 치과의 보철료, 약제, 치료재료등을 포함한 비용을 말한다. 다만, 부가가치세는 제외한다.
3. "수수료율"이란 총 진료비에서 수수료가 차지하는 비율을 말한다.

제2장 외국인환자 적정 유치 수수료율

제3조(적정 유치 수수료율의 범위) 「의료해외진출법」제9조제2항에 따른 외국인환자 유치 수수료율은 유치의료
   기관 종별에 따라 다음 각호를 초과하지 않는 범위 내에서 외국인환자 유치의료기관과 외국인환자유치사업
   자간의 자율계약에 따라 정할 수 있으며, 부가가치세는 별도로 할 수 있다.
   1. 상급종합병원: 15%
   2. 종합병원 · 병원: 20%
   3. 의원: 30%

58

주어진 자료를 바탕으로 옳지 <u>않은</u> 것을 고르면?

① 2022년 국내 시장규모가 가장 많이 증가한 분야는 의료기기이다.
② 2024년 외국인환자 수의 목표 증가율은 전년 대비 15% 이상이다.
③ 총 진료비에 외국인환자가 사용하는 모든 비용이 포함된다.
④ 외국인환자 최대 적정 유치 수수료율이 가장 높은 기관은 의원이다.

59

주어진 자료를 바탕으로 4개 기관에서 다음 [표]와 같이 수수료율을 책정했다. 어느 외국인환자 유치비용이 500만 원일 때, 기관별 수수료로 옳지 <u>않은</u> 것을 고르면?

[표] 기관별 수수료율

구분	A의원	B상급종합병원	C종합병원	D의원
수수료율	24%	15%	20%	30%

※ 수수료율이 25% 이하인 기관만 수수료의 10%에 부가가치세를 적용함

① A의원 − 132만 원
② B상급종합병원 − 82만 5천 원
③ C종합병원 − 110만 원
④ D의원 − 165만 원

60

2023년 연령별 외국인환자 유치비중으로 옳지 <u>않은</u> 것을 고르면?(단, 소수점 둘째 자리에서 반올림한다.)

① 20대 − 33.3%   ② 30대 − 29.2%   ③ 40대 − 14.7%   ④ 50대 − 10.2%

01

다음 [보기]에서 국민건강보험종합계획의 사항에 해당되는 것을 모두 고르면?

┤ 보기 ├
- ㉠ 건강보험 보장성 강화의 추진계획 및 추진방법
- ㉡ 보험료 부과체계에 관한 사항
- ㉢ 요양급여비용에 관한 사항
- ㉣ 취약계층 지원에 관한 사항
- ㉤ 건강보험에 관한 통계 및 정보의 관리에 관한 사항

① ㉠, ㉢, ㉤
② ㉡, ㉣, ㉤
③ ㉠, ㉡, ㉣, ㉤
④ ㉠, ㉡, ㉢, ㉣, ㉤

02

국민건강보험공단의 업무로 보기 어려운 것을 고르면?

① 가입자 및 피부양자의 자격 관리
② 보험료와 그 밖에 이 법에 따른 징수금의 부과·징수
③ 요양비의 적정성 평가
④ 보험급여의 관리 및 비용의 지급

03

건강보험정책심의위원회에 대한 설명으로 옳지 않은 것을 고르면?

① 건강보험정책 심의위원회는 위원장 1명과 부위원장 1명을 포함하여 25명의 위원으로 구성한다.
② 건강보험정책심의위원회의 위원장은 보건복지부차관이 되고, 부위원장은 위원 중에서 위원장이 지명하는 사람이 된다.
③ 건강보험정책심의위원회 위원의 임기는 3년으로 한다.
④ 보건복지부장관은 건강보험정책심의위원회가 심의한 사항을 국무회의에 보고하여야 한다.

04

요양기관 현황에 대한 신고에서 옳은 것을 고르면?

① 요양기관은 요양급여비용을 최초로 청구하는 때에 요양기관의 시설·장비 및 인력 등에 대한 현황을 공단에 신고하여야 한다.
② 요양기관은 신고한 내용이 변경된 경우에는 그 변경된 날부터 7일 이내에 보건복지부령으로 정하는 바에 따라 공단에 신고하여야 한다.
③ 신고의 범위, 대상, 방법 및 절차 등에 필요한 사항은 정관으로 정한다.
④ 요양기관 현황에 대한 신고 내용은 요양급여비용의 증감에 관련된 사항을 포함한다.

05

다음 [보기]에서 상급병원 외래진료 본인일부부담금을 더하지 <u>않는</u> 대상자를 모두 고르면?

┤ 보기 ├

ㄱ 임신부
ㄴ 6세미만의 사람
ㄷ 난임진료를 받은 사람
ㄹ 의약분업 예외환자

① ㄱ, ㄷ
② ㄴ, ㄹ
③ ㄴ, ㄷ, ㄹ
④ ㄱ, ㄴ, ㄷ, ㄹ

06

다음 [보기]에서 보험료의 납입 고지서에 명시 될 사항을 모두 고르면?

┤ 보기 ├

ㄱ 징수 기관의 명칭 및 소재지
ㄴ 징수하려는 보험료등의 종류
ㄷ 납부기한 및 장소
ㄹ 납부해야 하는 금액

① ㄱ, ㄴ
② ㄴ, ㄷ
③ ㄴ, ㄷ, ㄹ
④ ㄱ, ㄴ, ㄷ, ㄹ

07

다음 내용에서 소득월액이 얼마인지 고르면?(단, 2024년 기준 보험료율 7.09%를 적용한다.)

> 직장가입자 A씨는 연간 4000만원의 <u>기타소득</u>이 발생하였다.

① 1,418,000원
② 709,000원
③ 354,500원
④ 177,250원

08

연체금에 대한 설명 중 옳은 것을 고르면?

① 공단은 보험료등의 납부의무자가 납부기한까지 보험료등을 내지 아니하면 그 납부기한이 된 날부터 매 1일이 경과할 때마다 연체금을 징수한다.

② 보험급여 제한 기간 중 받은 보험급여에 대한 징수금을 체납한 경우 해당 체납금액의 1천500분의 1에 해당하는 금액. 이 경우 연체금은 해당 체납금액의 1천분의 20을 넘지 못한다.

③ 공단은 보험료등의 납부의무자가 체납된 보험료등을 내지 아니하면 납부기한 후 15일이 지난 날부터 매 1일이 경과할 때마다 연체금에 더하여 징수한다.

④ 공단은 천재지변이나 그 밖에 보건복지부령으로 정하는 부득이한 사유가 있으면 연체금 징수를 유예할 수 있다.

09

보험료등의 독촉 및 체납처분에 관한 설명 중 옳지 <u>않은</u> 것을 고르면?

① 공단은 보험료등을 내야 하는 자가 보험료등을 내지 아니하면 기한을 정하여 독촉할 수 있다. 이 경우 직장가입자의 사용자가 2명 이상인 경우 또는 지역가입자의 세대가 2명 이상으로 구성된 경우에는 그 중 1명에게 한 독촉은 해당 사업장의 다른 사용자 또는 세대 구성원인 다른 지역가입자 모두에게 효력이 있는 것으로 본다.

② 독촉할 때에는 15일 이상 30일 이내의 납부기한을 정하여 독촉장을 발부하여야 한다.

③ 공단은 독촉을 받은 자가 그 납부기한까지 보험료등을 내지 아니하면 보건복지부장관의 승인을 받아 국세 체납처분의 예에 따라 이를 징수할 수 있다.

④ 공단은 체납처분을 하기 전에 보험료등의 체납 내역, 압류 가능한 재산의 종류, 압류 예정 사실 및 소액금융재산에 대한 압류금지 사실 등이 포함된 통보서를 발송하여야 한다.

10

다음 [보기]에서 체납 또는 결손처분의 자료 제공 대상자를 모두 고르면?

┤ 보기 ├

ㄱ 납부기한의 다음 날부터 1년이 지난 보험료 및 그에 따른 연체금과 체납처분비의 총액이 500만 원 이상인 자

ㄴ 납부기한의 다음 날부터 1년이 지난 부당이득금 및 그에 따른 연체금과 체납처분비의 총액이 1억 원 이상인 자

ㄷ 결손처분한 금액의 총액이 500만 원 이상인 자

ㄹ 행정심판, 행정소송, 분할납부 중인 자

① ㄱ, ㄴ
② ㄴ, ㄷ
③ ㄱ, ㄴ, ㄷ
④ ㄱ, ㄴ, ㄷ, ㄹ

11

심판청구서의 제출등에 관한 설명으로 옳은 것을 고르면?

① 심판청구를 하려는 자는 심판청구서를 공단, 심사평가원 또는 건강보험분쟁조정위원회에 제출하여야 한다. 이 경우 정당한 권한이 없는 자에게 심판청구서가 제출되었을 때에는 심판청구서를 받은 자는 그 심판청구서를 반송하여야 한다.

② 심판청구 제기기간을 계산할 때에는 공단, 심사평가원, 분쟁조정위원회 또는 정당한 권한이 없는 자에게 심판청구서가 제출된 때에 심판청구가 제기된 것으로 본다.

③ 분쟁조정위원회는 심판청구서를 받으면 지체 없이 그 원본 또는 부본(副本)을 공단 또는 심사평가원 및 이해관계인에게 보내고, 공단 또는 심사평가원은 그 사본 또는 부본을 받은 날부터 15일 이내에 처분을 한 자의 답변서 및 이의신청 결정서 사본을 분쟁조정위원회에 제출하여야 한다.

④ 공단은 심판청구서를 받으면 그 심판청구서를 받은 날부터 15일 이내에 그 심판청구서에 처분을 한 자의 답변서 및 이의신청 결정서 사본을 첨부하여 분쟁조정위원회에 제출하여야 한다.

12

행정처분을 받은 사실 또는 행정처분 절차가 진행 중인 사실을 지체 없이 알리지 <u>않은</u> 경우의 과태료 부과 금액을 옳게 짝지은 것을 고르면?

(단위: 만 원)

구분	1차 위반	2차 위반	3차 위반 이상
①	30	60	100
②	150	300	500
③	500	500	500
④	300	500	500

13

건강보험료의 징수 과정 및 순서를 바르게 설명한 것을 고르면?

① 보험료의 고지에서 납부의무자에게 보험료등의 납부기한 10일전까지 납입고지서를 발부한다.
② 직장고지서는 해당 사업장이 납부하여야 할 보험료를 합산하여 고지한다.
③ 4대 사회보험의 사업장 관리자의 번호와 대표자명이 동일한 사업장의 경우 고지서 발송주소 적용순위는 국민연금-건강보험(노인장기요양보험 포함)-고용보험-산재보험순으로 이루어진다.
④ 보험료의 납부 의무는 매월 근로자가 납부한다.

14

국민건강보험법상 임의계속가입자에 대한 설명으로 옳지 <u>않은</u> 것을 고르면?

① 임의계속가입자는 퇴직 또는 이직등의 사유 발생 후 본인의 신청에 의해서 이루어진다.
② 직장가입자의 퇴직 및 이직등의 사유에서 가입 전 18개월 동안 자격을 유지한 기간이 통상 1년 이상인 자가 해당된다.
③ 신청 기한은 퇴직 또는 이직등의 사유 발생 후 1개월 내로 해야 한다.
④ 퇴직 및 이직 후 직장가입자로 납부하던 보험료를 최장 36개월간 직장가입자로 납부하게 할 수 있다.

15

국민건강보험법상 실업자에 대한 특례와 관련된 설명으로 옳지 <u>않은</u> 것을 고르면?

① 임의계속가입자의 보수월액보험료는 그 임의계속가입자가 전액을 부담하고 납부한다.
② 임의계속가입자는 신청 후 최초로 내야 할 직장가입자 보험료를 그 납부기한부터 2개월이 지난 날까지 내지 아니한 경우에는 직장가입자의 자격을 유지할 수 없다.
③ 임의계속가입자의 보수월액은 보수월액보험료가 산정된 최근 12개월간 보수월액의 평균 금액으로 한다.
④ 임의계속가입자의 보험료는 보건복지부장관이 정하여 고시하는 바에 따라 전액을 경감할 수 있다.

16

다음 [보기]에서 국민건강보험법상 자격취득의 변동에 대하여 <u>잘못</u> 설명한 것을 모두 고르면?

보기
㉠ 직장가입자 A씨가 다른 적용대상사업장의 사용자로 되거나 근로자등으로 사용된 날
㉡ 직장가입자인 근로자 B씨가 그 사용관계가 끝난 날
㉢ 적용대상사업장에 사유가 발생한 날의 다음 날
㉣ 지역가입자 C씨가 다른 세대로 전입한 날의 다음날

① ㉠, ㉢
② ㉡, ㉣
③ ㉠, ㉡, ㉣
④ ㉡, ㉢, ㉣

17

다음 [보기]의 이의신청 설명에서 괄호에 들어갈 내용으로 옳은 것을 고르면?

> **보기**
>
> • 공단과 심사평가원은 이의신청을 받은 날부터 (㉠)일 이내에 결정을 하여야 한다. 다만, 부득이한 사정이 있는 경우에는 (㉡)일의 범위에서 그 기간을 연장할 수 있다.
>
> • 공단과 심사평가원은 결정 기간을 연장하려면 결정 기간이 끝나기 (㉢)일 전까지 이의신청을 한 자에게 그 사실을 알려야 한다.

구분	㉠	㉡	㉢
①	30	60	15
②	60	30	7
③	30	60	7
④	60	15	30

18

다음 [보기]에서 보험료 부과·징수 특례 대상 외국인에 해당되는 사람을 모두 고르면?

> **보기**
>
> ㉠ 서울대의 초청을 받아 양자물리학 연구소에서 연구·개발에 종사하는 미국인 Dr. 폴 스미스
> ㉡ 새마을 운동을 배우기 위해 케냐 자원봉사단체에서 온 무카야 음바페 씨
> ㉢ 결혼이민자인 딸 다카 사랑가야를 보기 위해 서울에 오신 방글라데시 부모님
> ㉣ 한국의 전통가옥, 고궁 등을 설명하여 관광 가이드로 활동하는 일본인 오타니 쇼헤이

① ㉠, ㉡

② ㉠, ㉢, ㉣

③ ㉡, ㉢, ㉣

④ ㉠, ㉡, ㉢, ㉣

19

다음 [보기]에서 징수 우선순위를 바르게 나열한 것을 고르면?

┌─ 보기 ┐

홍길동씨는 최근 보유하고 있던 아파트가 경매로 넘겨졌다. 현재 ㉠ 지인을 통한 사채, ㉡ 건강보험료 등 공과금 미납부, ㉢ 은행 근저당 설정, ㉣ 국세 및 지방세 미납의 채무가 다수 있다.

└──────┘

① ㉠-㉡-㉢-㉣

② ㉡-㉢-㉣-㉠

③ ㉢-㉠-㉡-㉣

④ ㉣-㉡-㉢-㉠

20

다음 [보기]에서 부당이득의 징수에 관한 설명으로 옳은 것을 모두 고르면?

┌─ 보기 ┐

㉠ 공단은 약국을 개설할 수 없는 자가 약사 등의 면허를 대여받아 개설·운영하는 약국에 대하여 그 약국을 개설·운영하게 한 사람과 연대하여 징수금을 내게 할 수 있다.

㉡ 공단은 속임수나 그 밖의 부당한 방법으로 보험급여를 받은 사람·준요양기관 및 보조기기 판매업자나 보험급여 비용을 받은 요양기관에 대하여 그 보험급여나 보험급여 비용에 상당하는 금액을 징수한다.

㉢ 사용자나 가입자의 거짓 보고나 거짓 증명, 요양기관의 거짓 진단이나 거짓 확인 또는 준요양기관이나 보조기기를 판매한 자의 속임수 및 그 밖의 부당한 방법으로 보험급여가 실시된 경우 공단은 이들에게 보험급여를 받은 사람과 연대하여 징수금을 내게 할 수 있다.

㉣ 공단은 속임수나 그 밖의 부당한 방법으로 보험급여를 받은 사람과 같은 세대에 속한 가입자에게 속임수나 그 밖의 부당한 방법으로 보험급여를 받은 사람과 연대하여 징수금을 내게 할 수 있다.

└──────┘

① ㉠, ㉢

② ㉡, ㉣

③ ㉠, ㉡, ㉣

④ ㉠, ㉡, ㉢, ㉣

직무시험_노인장기요양보험법

정답과 해설 P.17

01

장기요양기관의 지정에 관한 설명으로 옳지 <u>않은</u> 것을 고르면?

① 재가급여 또는 시설급여를 제공하는 장기요양기관을 운영하려는 자는 보건복지부령으로 정하는 장기요양에 필요한 시설 및 인력을 갖추어 소재지를 관할 구역으로 하는 특별자치시장·특별자치도지사·시장·군수·구청장으로부터 지정을 받아야 한다.

② 장기요양기관으로 지정을 받을 수 있는 시설은 노인장기요양보험법에 따른 노인복지시설 중 대통령령으로 정하는 시설로 한다.

③ 재가급여를 제공하는 장기요양기관 중 의료기관이 아닌 자가 설치·운영하는 장기 요양기관이 방문간호를 제공하는 경우에는 방문간호의 관리책임자로서 간호사를 둔다.

④ 특별자치시장·특별자치도지사·시장·군수·구청장은 장기요양기관을 지정한 때 지체 없이 지정 명세를 공단에 통보하여야 한다.

02

다음 [보기]에서 옳지 <u>않은</u> 것을 모두 고르면?

┌─ 보기 ├─
ㄱ 지자체장은 노인학대 방지 등 수급자의 안전을 위해 장기요양기관 내 폐쇄회로 설치·관리를 해야 하며 정기적으로 자체 점검 조사를 해야 한다.
ㄴ 장기요양사업의 예산 지원에서 국고지원은 100분의 40으로 한다.
ㄷ 장기요양기관장은 법령에 의거 정기적으로 내부 교육 및 보안 교육을 실시해야 한다.
ㄹ 장기요양사업에 관련된 각종 서류의 기록, 관리 및 보관은 보건복지부령으로 정하는 바에 따라 일반문서로 한다.

① ㄱ, ㄷ
② ㄱ, ㄴ, ㄹ
③ ㄴ, ㄷ, ㄹ
④ ㄱ, ㄴ, ㄷ, ㄹ

03

다음 [보기]에서 기간에 관한 설명으로 옳지 <u>않은</u> 것을 모두 고르면?

┤ 보기 ├

㉠ 심사청구를 받은 공단은 심사청구를 받은 날부터 60일 이내에 결정해야 한다. 다만, 부득이한 사정이 있으면 30일의 범위 안에서 결정기간을 연장할 수 있다.
㉡ 장기요양기관을 운영하는 자는 폐쇄회로 텔레비전에 기록된 영상정보를 50일 이상 보관하여야 한다.
㉢ 재심사청구를 받은 재심사위원회는 재심사청구를 받은 날부터 60일 이내에 결정해야 한다.
㉣ 장기요양인정의 유효기간은 최소 6개월이상으로서 대통령령으로 정한다.

① ㉠, ㉢
② ㉡, ㉣
③ ㉠, ㉡, ㉢
④ ㉠, ㉡, ㉢, ㉣

04

노인장기요양보험법상 부당이득 징수 대상자에 관한 설명으로 옳지 <u>않은</u> 것을 고르면?

① 연간 한도액 범위를 초과하여 장기요양급여를 받은 경우
② 장기요양급여의 제한 등을 받을 자가 장기요양급여를 받은 경우
③ 재조사 이후 부정수급으로 인정받은 경우
④ 부정한 방법으로 의사소견서등 발급 비용을 청구하여 이를 지급받은 경우

05

시설급여에 관한 설명으로 옳은 것을 고르면?

① 시설급여란 장기요양기관에 장기간 입소한 수급자에게 신체활동 지원 및 심신기능의 유지·향상을 위한 교육·훈련 등을 제공하는 장기요양급여를 말한다.
② 노인장기요양보험법상 재가급여보다 시설급여를 우선적으로 제공한다.
③ 시설급여의 본인부담금은 100분의 15이다.
④ 시설의 유형에는 노인요양시설, 노인요양공동생활가정, 노인요양병원이 있다.

06

한부모(조손) 가정에서 지원받을 수 있는 혜택으로 옳지 않은 것을 고르면?

① 생활보조금으로는 저소득 한부모 가정에 노인장기요양보험료등과 의료비, 생계비등을 지원받는다.
② 아동양육비는 만 19세 미만 아동 1인당 매월 20만원을 지원받는다.
③ 추가 아동양육비는 저소득 한부모(조손)가정일 경우 매월 5만원을 지원받는다.
④ 아동교육지원비의 경우 저소득 한부모가족의 중학생 및 고등학생 자녀는 자녀 1인당 연 9.3만원을 지원받는다.

07

다음 [보기]에서 설명하고 있는 용어를 고르면?

─┤ 보기 ├─

　제3자의 행위로 인한 장기요양급여의 제공사유가 발생하여 수급자에게 장기요양급여를 행한 때 그 급여에 사용된 비용의 한도 안에서 그 제3자에 대한 손해배상의 권리를 얻는다.

① 경제적 보상권　　　　　　　　　　② 구상권
③ 손해배상 청구권　　　　　　　　　④ 비용 청구권

08

다음 [보기]에서 급여의 유형이 다른 것을 모두 고르면?

─┤ 보기 ├─

㉠ 단기보호
㉡ 주·야간 보호
㉢ 방문 간호
㉣ 특례요양비
㉤ 보장구 대여

① ㉠, ㉡　　　　　　　　　　　　　② ㉢, ㉣
③ ㉢, ㉣, ㉤　　　　　　　　　　　④ ㉣

09

국가 및 지방자치단체의 책무 등에 관한 설명으로 옳지 <u>않은</u> 것을 고르면?

① 공단은 노인이 일상생활을 혼자서 수행할 수 있는 온전한 심신상태를 유지하는데 필요한 사업을 실시하여야 한다.

② 국가는 노인성질환예방사업을 수행하는 지방자치단체 또는 국민건강보험법에 따른 국민건강보험공단에 대하여 이에 소요되는 비용을 지원할 수 있다.

③ 국가 및 지방자치단체는 노인인구 및 지역특성 등을 고려하여 장기요양급여가 원활하게 제공될 수 있도록 적정한 수의 장기요양기관을 확충하고 장기요양기관의 설립을 지원하여야 한다.

④ 국가 및 지방자치단체는 장기요양요원의 처우를 개선하고 복지를 증진하며 지위를 향상시키기 위하여 적극적으로 노력하여야 한다.

10

다음 [보기]에서 심사청구를 할 수 있는 경우에 해당되는 것을 모두 고르면?

보기
㉠ 장기요양인정
㉡ 장기요양등급
㉢ 장기요양급여
㉣ 부당이득
㉤ 장기요양급여비용
㉥ 장기 요양보험료 등에 관한 경우

① ㉠, ㉡, ㉢, ㉤

② ㉠, ㉢, ㉤, ㉥

③ ㉠, ㉡, ㉢, ㉤, ㉥

④ ㉠, ㉡, ㉢, ㉣, ㉤, ㉥

11

다음 [보기]에서 급여외 행위의 제공금지에 해당되지 <u>않는</u> 것을 모두 고르면?

┤ 보기 ├

㉠ 수급자의 가족만을 위한 행위
㉡ 수급자 또는 그 가족의 생업을 지원하는 행위
㉢ 수급자의 일상생활에 지장이 있는 행위
㉣ 급여외행위의 범위 등에 관해 보건복지부령에 명시되지 않은 행위

① ㉡   ② ㉢
③ ㉢, ㉣   ④ ㉠, ㉡, ㉢

12

다음 [보기]에서 2년 이하의 징역 또는 2천만 원 이하의 벌금에 해당되지 <u>않는</u> 것을 모두 고르면?

┤ 보기 ├

㉠ 장기요양기관의 지정을 위반하여 지정받지 아니하고 장기요양기관을 운영하거나 거짓이나 그밖의 부정한 방법으로 지정받은 자
㉡ 정당한 사유 없이 장기요양급여의 제공을 거부한 자
㉢ 자료 제출명령에 따르지 아니하거나 거짓으로 자료제출을 한 장기요양기관이나 질문 또는 검사를 거부 , 방해 또는 기피하거나 거짓으로 답변한 장기요양기관
㉣ 거짓이나 그밖의 부정한 방법으로 장기요양급여비용을 청구한 자

① ㉠, ㉢   ② ㉡, ㉣
③ ㉡, ㉢, ㉣   ④ ㉠, ㉡, ㉢, ㉣

13

노인장기요양보험법상 다음 [보기]의 소액 처리에 관한 설명 중 빈칸에 들어갈 내용으로 적절한 것을 고르면?

┤ 보기 ├

공단은 징수 또는 반환하여야 할 금액이 1건당 (   )원 미만인 경우에는 징수 또는 반환하지 아니한다.

① 100   ② 500
③ 1,000   ④ 2,000

14
다음 [보기]에서 장기요양위원회의 심의 사항에 해당되는 것을 모두 고르면?

┤ 보기 ├

ㄱ 장기요양보험료율
ㄴ 가족요양비, 특례요양비 및 요양병원간병비의 지급기준
ㄷ 재가 및 시설 급여비용
ㄹ 의사소견서 발급비용의 기준
ㅁ 방문간호지시서 발급비용의 기준

① ㄱ, ㄴ, ㄷ
② ㄱ, ㄹ, ㅁ
③ ㄴ, ㄹ, ㅁ
④ ㄱ, ㄴ, ㄷ, ㄹ, ㅁ

15
장기요양신청 대리인으로 보기 어려운 인원을 고르면?

① 본인의 가족이나 친족, 그 밖의 이해관계인
② 사회복지전담공무원
③ 치매안심센터의 장
④ 관계 법령에 의거 공단 이사장이 지정하는 자

16
다음 [보기]의 장기요양등급판정기간에 대한 설명 중 빈칸에 들어갈 내용을 고르면?

┤ 보기 ├

등급판정위원회는 신청인이 신청서를 제출한 날부터 (ㄱ)일 이내에 장기요양등급판정을 완료하여야 한다. 다만, 신청인에 대한 정밀조사가 필요한 경우 등 기간 이내에 등급판정을 완료할 수 없는 부득이한 사유가 있는 경우 (ㄴ)일 이내의 범위에서 이를 연장할 수 있다.

	ㄱ	ㄴ
①	30	15
②	15	30
③	30	30
④	15	15

17

다음 [보기]에서 본인 부담금의 100분의 60의 범위에서 차등하여 감경할 수 있는 인원을 모두 고르면?

┌─ 보기 ├───
│ ㉠ 고용보험법에 따른 구직자
│ ㉡ 소득·재산 등이 보건복지부장관이 정하여 고시하는 일정 금액 이하인 자
│ ㉢ 천재지변 등 보건복지부령으로 정하는 사유로 인하여 생계가 곤란한 자
│ ㉣ 의료급여법에 따른 수급권자
│ ㉤ 산업재해보상법에 따른 업무재해 인정자
└──

① ㉠, ㉢, ㉣

② ㉡, ㉢, ㉣

③ ㉠, ㉡, ㉣, ㉤

④ ㉠, ㉡, ㉢, ㉣, ㉤

18

다음 중 장기요양기관으로 지정 받을 수 없는 자에 대한 설명으로 옳지 않은 것을 고르면?

① 미성년자, 피성년후견인 또는 피한정후견인

② 파산선고를 받고 복권되지 아니한 사람

③ 금고 이상의 실형을 선고받고 그 집행이 종료되거나 집행이 면제된 날부터 3년이 경과되지 아니한 사람

④ 금고 이상의 형의 집행유예를 선고받고 그 유예기간 중에 있는 사람

19

다음 A와 B에 나열되어 있는 항목 중 옳은 것이 몇 개인지 고르면?

A	B
1) 장기요양사업의 관리는 공단으로 한다. 2) 장기요양기관 재무·회계기준을 위반한 경우 6개월 이내의 범위에서 시정을 명할 수 있다. 3) 장기요양기관 중 대통령령으로 정하는 기관을 운영하는 자와 그 종사자는 인권에 관한 교육을 받아야 한다. 4) 장기요양기관 지정의 유효기간은 지정을 받은 날부터 5년으로 한다.	1) 보건복지부장관은 장기요양사업의 실태 파악을 3년마다 실시해야 한다. 2) 장기요양보험사업의 보험자는 공단으로 한다. 3) 장기요양기관 지정취소 또는 업무정지 명령등을 발할 경우 청문을 실시해야 한다. 4) 부정한 방법으로 장기요양급여비용 청구에 가담한 사람은 1천만원의 과태료에 처한다.

① 2개   ② 4개   ③ 6개   ④ 8개

20

다음 [보기]에서 3년 동안 행사하지 아니하면 소멸시효가 완성되는 것을 고르면?

┤ 보기 ├

㉠ 보험료, 연체금 및 가산금을 징수할 권리
㉡ 보험료, 연체금 및 가산금으로 과오납부한 금액을 환급받을 권리
㉢ 보험급여를 받을 권리
㉣ 보험급여 비용을 받을 권리
㉤ 보험료의 고지 또는 독촉
㉥ 보험급여 또는 보험급여 비용의 청구

① ㉠, ㉣, ㉤   ② ㉡, ㉣, ㉥
③ ㉠, ㉡, ㉢, ㉣   ④ ㉠, ㉢, ㉤, ㉥

모바일
OMR 채점 서비스

정답만 입력하면
채점에서 성적분석까지 한 번에 쫙!

실전모의고사

번호	정답 체크
01	① ② ❸ ④ ⑤
02	① ② ③ ❹ ⑤
03	① ② ③ ④ ❺
04	① ❷ ③ ④ ⑤
05	① ② ③ ④ ⑤
06	❶ ② ③ ④ ⑤
07	① ② ③ ④ ⑤

실전모의고사 성적분석

☑ [QR 코드 인식 ▶ 모바일 OMR]에 정답 입력

☑ 실시간 정답 및 영역별 백분율 점수 위치 확인

☑ 취약 영역 및 유형 심층 분석

※ 유효기간: 2026년 5월 31일

▶ 국민건강보험법

eduwill.kr/C66p

▶ 노인장기요양보험법

eduwill.kr/P66p

국민건강보험공단
NCS+법률 실전모의고사

2024년 10월 시행
기출복원 모의고사

시험 구성 및 유의사항

- 2024년 기준 국민건강보험공단 필기시험은 다음과 같이 출제되었습니다.

구분		문항 수	시간	비고
직업기초능력 응용모듈	의사소통능력	20문항	60분	객관식 사지선다형
	수리능력	20문항		
	문제해결능력	20문항		
직무시험(법률)	국민건강보험법(행정직/건강직/전산직)	20문항	20분	
	노인장기요양보험법(요양직)	20문항	20분	

※ 단, 전산직의 경우 직업기초능력 응용모듈 15문항 + 전산개발 기초능력 35문항 + 국민건강보험법 20문항으로 출제되었음

- **지원하시는 직렬에 따라 모의고사를 다음과 같이 활용하시기를 권장합니다.**
  - 행정직/건강직/전산직(기술직): NCS + 쉬는 시간 10분 + '국민건강보험법' 학습
  - 요양직: NCS + 쉬는 시간 10분 + '노인장기요양보험법' 학습

[01~02] 다음 글을 읽고 이어지는 질문에 답하시오.

임상시험의 목적은 해당 의료기기의 안전성과 유효성 평가에 대하여 구체적으로 기술하는 것을 말하며, 배경은 임상시험을 실시하게 된 동기로서 제품의 일반적인 사항, 해당 제품의 개발 경위 및 임상시험용 의료기기의 작용원리, 설계 또는 디자인 특성, 원자재 및 화학적 구성요소, 성능, 새로운 제조 방법 등에 대한 특이성을 함께 기재한다.

[가] 피험자(Subject)란 임상시험에 참여하는 임상시험용 (㉠) 대조시험용 의료기기의 적용 대상이 되는 사람을 말하며, 시험책임자는 피험자의 인권 보호를 위하여 임상시험의 목적에 적합한 피험자의 건강상태, 증상, 연령, 성별 및 동의 능력 등 피험자의 임상시험 참가에 대한 적합 여부를 신중하게 검토하여야 한다. 피험자의 선정기준과 제외기준을 제시하여야 하며, 시험군과 대조군을 포함한 피험자 수 및 그 근거를 통계학적 방법에 따라 설정한다.

[나] 부작용, 이상반응 발생 등으로 인하여 임상시험을 진행할 수 없거나 임상시험의 진행이 피험자의 안전보호를 위협하여 그 진행을 멈추는 것을 "중지"라 하며, 임상시험 개시에서 완료까지 중지될 수 있는 세부사항을 "중지 기준"에 제시한다. "중지 처리"에는 각 중지 기준에 대한 유효성 평가 통계처리 시 그 산입 여부와, 피험자별 중지 사유를 포함한 관련 임상시험자료의 처리방법을 제시한다. 또 "탈락"이란 피험자의 요구 또는 중대한 임상시험 계획서 위반 등의 이유로 임상시험이 완료되지 못한 경우를 말하며, 그 분류기준을 "탈락기준"에, 탈락의 사유와 관련 임상자료의 처리 방법을 "탈락 처리"에 구체적으로 제시한다.

[다] 이상반응(이상의료기기반응, 심각한 이상반응/이상의료기기반응 포함)의 발생 시 의료기기법 시행규칙 제32조(부작용 보고)에 의거, 정한 기간 내에 가능한 신속한 보고가 되어야 하며, 이상반응 등에 대한 의학적 소견 정도와 임상시험용 의료기기와의 인과관계를 평가하여 증례기록서에 기록하여야 한다. (㉡) 이상반응에 대한 임상시험용 의료기기와의 인과관계에 대한 평가기준을 제시하여야 한다.

[라] 시험책임자는 시행규칙 제13조 제1항 제4호의 규정에 따라 임상시험을 시작하기 전에 피험자로부터 동의를 받고 이를 문서화할 때, 헬싱키선언에 근거한 윤리적 원칙과 이 기준을 준수하여야 하며 피험자에게 주어지는 동의서 서식, 피험자 설명서 및 그 밖의 문서화된 정보는 심사위원회의 승인을 받아야 한다. 피험자 동의와 관련한 준수사항은 의료기기법 시행규칙 별표2의 2 (피험자의 동의)에서 정하고 있다. 이에 따른 피험자 동의서 서식을 제시하여야 하며, 피험자 설명서에는 다음의 사항을 포함하여야 한다.

01

다음 중 [가]~[라]의 제목으로 적절하지 않은 것을 고르면?

① [가]: 피험자의 선정기준, 제외기준, 인원 및 근거
② [나]: 중지·탈락 기준
③ [다]: 이상반응에 대한 보고 및 인과관계에 대한 평가기준
④ [라]: 피해자 보상에 대한 규약

02

주어진 글의 ㉠, ㉡에 들어갈 접속어를 바르게 짝지은 것을 고르면?

	㉠	㉡
①	또	그러나
②	그러나	또
③	또	따라서
④	따라서	그리고

[03~04] 다음 글을 읽고 이어지는 질문에 답하시오.

　　지금까지 많은 의료기관에서는 건강보험 적용 시 별도 본인 확인 절차 없이 주민등록번호 등을 제시받아 진료를 수행해왔다. 편의성은 있었지만 이로 인해 건강보험 무자격자가 타인의 명의를 도용하여 건강보험 급여를 받는 등 제도를 악용하는 사례가 지속적으로 발생해 왔다. 최근 5년간 건강보험공단은 연평균 3.5만 건의 도용사례를 적발하고, 8억 원을 환수 결정했다. (　㉠　) 이는 도용이 명백한 경우를 적발한 것으로 실제 도용은 훨씬 많을 것으로 추정된다. 앞으로는 이러한 악용 사례를 방지하고, 건강보험 제도의 공정성을 제고하기 위해 의료기관에서 건강보험 적용 시 본인 확인을 의무화하는 내용으로 국민건강보험법이 개정(법률 제19420호)되었으며, 5월 20일부터 전국 의료기관에서 시행되었다. 건강보험 본인 확인 의무화 제도가 시행되면 건강보험 무자격자의 부정수급을 차단해 건강보험 재정의 누수를 방지하는 효과가 있다. 또한, 정확한 본인 확인을 통해 안전한 의료 이용이 가능해지며, 건강보험증 대여·도용으로 인한 약물 오남용을 사전에 예방할 수도 있다.

　　의료계는 해당 제도가 실효성 대비 국민적 불편이 크고, 환자와 의사 갈등을 유발할 거라는 우려를 지속 제기했지만 정부는 기존 계획대로 제도를 추진했다. 개원가에서는 예견된 환자의 불만이 가장 큰 고민거리이다. 아직 대국민 홍보가 충분히 이뤄지지 않은 시점에서 환자와의 갈등이 두렵다는 반응이 대부분이다. 할 수 있는 일이라곤 안내문을 통해 환자의 이해를 구하는 것뿐이다.

　　당장 본인 확인이 어려운 환자의 경우, 급여를 적용하지 않고 진료한 뒤 2주 안에 신분증 등으로 다시 본인 확인을 하면 환급이 가능하다. (　㉡　) 개원가 입장에서는 매달 재청구 작업을 해야 하고, 그만큼 청구절차도 늦어질 수 있다. 진료를 거부할 수도 없는 의원 입장에선 새로운 제도를 일일이 환자에게 설명해야 한다는 점이 큰 부담이다.

　　환자의 불만을 받아내고, 추가되는 행정 부담이 큰 반면 비용 대비 효과는 그리 크지 않을 거라는 진단도 나온다. 애초에 도용을 방지하는 일은 국가의 책무일뿐더러, 각 의료기관의 부담과 제도 홍보에 투입되는 비용까지 고려하면 비용대비 효과가 미비할 거라는 것이 의료계의 판단이다. 실제 건보공단은 요양기관 대상 포스터와 리플릿, 삼각대를 제작, TV·라디오 광고 등 대대적 대국민 홍보에 나섰다.

　　정부의 허술한 인증 시스템도 문제가 되고 있다. 신분증 외 본인 확인 수단으로 인정되는 '모바일 건강보험증 앱'의 경우, 인증 번호를 타인에게 전달하는 방식으로 다른 사람의 휴대전화에 모바일 건강보험증이 문제없이 설치된다. 결국 허술한 인증 서비스로, 실효성은 적은 상태에서 의료기관과 국민적 불편만 가중될 것이라는 비판이 커지고 있는 상태다.

03

주어진 글의 내용으로 적절한 것을 고르면?

① 건강보험공단이 밝힌 3.5만 건의 도용사례는 실제 도용사례보다 더 많이 잡은 추정치이다.
② 의료계는 건강보험 본인 확인 의무화 제도가 실질적인 효과가 적다는 이유로 반대하고 있다.
③ 건강보험 본인 확인 의무화 제도 시행 전에는 의료기관에서 본인 확인을 할 방법이 없었다.
④ 건강보험 본인 확인 의무화 제도가 시행된 이후 다른 사람의 신분증을 도용할 방법이 전혀 없다.

04

주어진 글의 ㉠과 ㉡에 공통으로 들어갈 접속어로 적절한 것을 고르면?

① 그러나 　　　　　② 그리고 　　　　　③ 그래서 　　　　　④ 그러므로

헬스케어 산업에서도 AI 기술의 접목이 빠르게 진행되고 있다. AI 기술은 방대한 양의 의료 데이터를 구축하고 이를 분석 및 해석함으로써 각종 질병의 예방, 진단, 치료, 관리 등 의료 서비스의 전주기에 걸쳐 혁신적인 변화를 만들어 내고 있다.

AI 헬스케어는 기존의 헬스케어 산업에 AI 기술이 접목된 것으로 환자의 진료기록, 보험청구 정보, 학계 논문 등과 같은 기존의 의료데이터뿐만 아니라 생체 데이터, 라이프로그, 유전체정보 등 기존에 확보하기 어려웠던 새로운 데이터까지 수집 및 통합하고 AI 기술을 통해 이를 분석하여 환자에게 적절한 진단과 치료를 제공하는 의료 서비스를 의미한다.

AI 기술 기반의 예측, 자연어 처리, 영상인식, 음성인식 등 다양한 기술들이 헬스케어 분야에 적절하게 활용되면 다음과 같은 혁신적인 서비스가 제공될 수 있다. 먼저, AI 헬스케어는 개인의 생활패턴을 분석하여 맞춤형 건강관리를 코칭하고, 의료 서비스를 추천하는 등의 의사결정을 지원하며, 딥러닝 기반의 학습 및 가설 검증을 통해 새로운 치료법 개발을 추진하는 등 다양한 역할을 할 수 있을 것으로 예상된다.

또한 예측 모델링을 통한 환자 대기시간 감소나 진료과목별 지식 공유로 의사 간의 협진 활성화, 만성질환에 대한 실시간 원격 모니터링 등의 프로세스 효율화도 이루어 낼 수 있다. 그 외에도 개인별 생활패턴 및 개인의 생체정보 등 데이터를 기반으로 한 개인 맞춤형 치료나 수술 후 합병증 예측, 환자별 맞춤 관리 등 기존에 시도하기 어려웠던 신규 제품 및 서비스를 개발하는 데에도 도움을 줄 것으로 기대한다.

앞서 이야기한 AI 헬스케어 산업의 실현에는 기술의 발전이 큰 역할을 하고 있다. 딥러닝 기반 자연어처리, 영상인식, 음성인식 등 대표적인 AI 기술이 급격히 발전하면서 그동안 개념적으로만 이야기되었던 여러 서비스들이 빠르게 현실화되고 있다. 헬스케어 산업은 복잡하고 예측하기 어려운 환자의 상황에 대응해야 한다. 이러한 특성으로 인해 지금까지는 인간의 두뇌와 손이 타 산업 대비 상대적으로 많이 사용되는 노동집약적 산업으로 여겨졌다. 하지만 AI 분야의 발전은 기존 헬스케어 산업의 틀을 깨고, 혁신 속도를 가속화하며, 나아가 운영 모델 전체를 변화시키고 있다.

대표적으로 딥러닝 기술을 의료데이터의 분석과 해석을 자동화하여 개인화된 의료 서비스를 제공하는 데 기여할 수 있다. 예를 들어 영상인식 기술은 의료 영상을 분석하여 질병의 조기 진단을 돕는 등 의료진의 업무를 지원하고 의사의 판단을 보조하는 데 활용될 수 있다. 또한 자연어 처리 기술은 의료 기록의 자동 분석 및 요약에 사용될 수 있으며, 음성인식 기술은 환자와 의료진 간의 의사소통을 향상시킨다. 마지막으로 최근 많은 주목을 받고있는 거대언어 모델을 통해서는 환자 상태와 관련된 기록을 요약하고 처방에 필요한 정보를 효율적으로 판단하여 진단의 속도와 정확도를 높이고 환자별 개인화된 맞춤 치료법을 제시할 수 있을 것이다.

05

주어진 글의 제목으로 가장 적절한 것을 고르면?

① AI 헬스케어란 무엇인가?
② AI 헬스케어의 역사는 어떠한가?
③ AI 헬스케어의 시대는 도래할 것인가?
④ AI 헬스케어가 문제점은 어떤 것들이 있을까?

06

주어진 글을 읽고 답할 수 <u>없는</u> 질문을 고르면?

① AI 헬스케어에 어떤 AI 기술이 활용될 수 있을까?
② AI 헬스케어가 개인에게 어떤 서비스를 제공할까?
③ AI 헬스케어가 병원에게 어떤 서비스를 제공할까?
④ AI 헬스케어의 발전을 저해하는 것들은 어떤 것들일까?

치매는 우리에게 가장 두렵고 무서운 병이었던 '암'과 어깨를 나란히 하며 현대인에게 공포를 안겨주고 있다. 인구의 노령화가 진행함에 따라 우리나라 치매 환자 수는 해가 갈수록 급속도로 늘고 있다. 통계청 장래인구 추계에 따르면 2022년 노인 인구는 900만 명을 넘어 인구의 17.5%를 차지하고 노인에게 흔한 노인성 질병인 치매를 앓고 있는 고령자도 꾸준히 증가할 것으로 전망한다.

누구나 경험하는 '건망증' 증상이 자주 나타나면 치매 전조 증상이 아닐까 걱정하지만, 단순한 건망증과 치매에 의한 병적인 기억장애는 다르다. 건망증은 사소한 내용은 잊지만 중요하다고 생각하는 것은 비교적 잘 기억한다. 반면 초기 치매의 기억장애는 중요한 사건과 함께 최근 사건을 주로 잊는다. 건망증은 기억 속에 있는 것을 다시 꺼내는 데 문제가 발생하며, 치매는 받아들인 정보를 뇌 속에 입력하는 과정 자체가 불가능하다. 물론 단순한 건망증과 치매를 구분하기 위해서는 병원을 찾아 검사를 받는 것이 확실한 방법이다.

치매를 일으키는 원인 질환은 백여 가지다. 이 중 가장 흔한 원인은 퇴행성 뇌 질환인 알츠하이머병이다. 전체 치매 환자의 50~70%를 차지할 만큼 흔하고 점진적이며 진행성이다. 1907년 독일 의사인 알로이스 알츠하이머 박사가 최초로 발견해 '알츠하이머병'이라고 이름 붙였다. 기억력뿐 아니라 언어능력, 판단력 등 모든 일상의 기능이 떨어진다. 과거 미국의 대통령 레이건도 알츠하이머치매로 10년간 투병했다. 알츠하이머치매 환자의 뇌를 검사하면 특징적인 뇌 병리 소견과 함께 신경세포 사멸로 인한 뇌의 위축이 보인다.

알츠하이머치매 외에도 루이소체 치매, 파킨슨병 치매 등이 있다. 파킨슨병은 떨림이나 손발·관절의 마비, 언어장애 등 신체를 움직이는 데 어려움을 겪는 것이 특징이다. 국민건강보험공단에 따르면 국내 파킨슨병 환자 수는 2016년 9만 6,764명에서 2021년에는 11만 6,504명으로 5년 사이에 20% 증가한 것으로 나타났다. 파킨슨병 환자 중 30~40%가 말기에 치매 증상을 보인다. 이에 파킨슨병 환자가 늘어남에 따라 치매 환자 발생도 증가하는 추세다. 또 반대로 알츠하이머병 환자의 일부는 병이 진행하면서 파킨슨병의 증상을 보일 수도 있다. 알츠하이머치매와 파킨슨병 치매에는 차이점이 존재한다. (㉠)

치매를 일으키는 또 다른 원인 질환으로는 혈관치매가 있다. 혈관치매는 뇌졸중, 뇌경색, 뇌출혈 등 소위 '중풍'이라고 부르는 뇌혈관질환이 선행되어 뇌 조직의 일부가 손상되면서 뇌 기능에 문제가 생겨 나타나는 치매다. 혈관치매는 우리나라에서 알츠하이머치매에 이어 두 번째로 많다. 혈관치매는 알츠하이머치매와 같이 점진적으로 진행할 수 있고 또 갑자기 시작해 계단식으로 악화하는 사례도 많다.

07

주어진 글에 추가할 수 있는 내용으로 적절하지 <u>않은</u> 것을 고르면?

① 치매 검사의 과정과 방법
② 치매 환자가 늘어나고 있는 까닭
③ 치매를 예방하는 데 도움이 되는 운동
④ 치매의 위험인자인 비만, 고혈압, 당뇨병

08

주어진 글의 ㉠에 들어갈 내용으로 가장 적절한 것을 고르면?

① 루이소체 치매는 파킨슨 치매와 같이 알파-시뉴클린이 대뇌에 쌓여 발생한다.
② '나비처럼 날아서 벌처럼 쏜다'던 세계적인 권투선수 알리 역시 파킨슨병을 앓았다.
③ 파킨슨 치매가 알파-시뉴클린 단백질이 쌓인 것이라면 알츠하이머치매는 노인반이나 신경섬유다발로 인한 것이다.
④ 심평원 통계를 살펴보면 2020년 파킨슨병 환자 중 남성 11.4%(5,267명), 여성 15.2%(9,900명)가 동반 질환으로 치매를 진단받았다.

[09~11] 다음 보도자료를 읽고 이어지는 질문에 답하시오.

보건복지부는 2024년 7월 1일(월)부터 제2차 '아동치과주치의 건강보험 시범사업'(이하 '시범사업')을 실시한다고 밝혔다. 해당 시범사업은 '21년도에 도입되어, 참여 아동에게 2년 8개월 동안 학기*마다 1회(최대 6회) 주치의를 통한 포괄적인 구강관리서비스**를 제공하여 아동 스스로 올바른 구강 관리 습관을 길러 건강한 치아를 유지할 수 있도록 도와주는 사업이다.

* 1학기(3~8월), 2학기(9월~다음년도 2월). 다만, '24년도 1학기는 7~8월로 함

** (서비스 내용) 문진, 시진, 구강위생검사로 구강 건강상태 및 구강 관리습관을 평가하고 결과에 따라 구강관리계획을 수립, 칫솔질 교육, 치면세마, 불소도포 등 제공

㉠ 2차 시범사업부터는 그간 광주광역시, 세종특별자치시로 한정되었던 사업지역을 기초단위 지방자치단체 (시·군·구)를 포함한 9개 지역으로 확대하고, 대상도 종전 초등학교 4학년 외 초등학교 1학년도 포함하는 것으로 확대한다.

[제2차 아동치과주치의 시범사업 주요 변경사항]

구분	1차 시범사업	2차 시범사업
사업 기간	'21.5월~'24.4월	'24.7월~'27.2월
대상아동 확대	'21년 기준, 초등 4학년 아동	초등 1학년, 4학년 아동 ('24년 1·4학년, ▶ '25년 1·2·4·5학년, ▶ '26년 초등학생 전 학년)
사업지역 확대	광주광역시, 세종특별자치시	광주광역시, 세종특별자치시, 서울특별시, 대전광역시, 원주시, 장성군, 경주시, 의성군, 김해시
본인부담률	10% 적용 (의료급여대상자와 차상위계층은 면제)	

㉡ 치과주치의 이용을 원하는 아동(법정대리인)은 국민건강보험공단 누리집 등*을 통해 이용할 치과의원을 찾아보고 방문하여 치과의원 주치의에게 등록을 신청하면 방문 당일에도 서비스를 이용할 수 있다. 본인부담금은 구강건강관리료 비용의 10%이며 의료급여수급권자와 차상위 계층의 경우 면제된다.

* (홈페이지) www.nhis.or.kr > 건강iN > 검진기관·병(의)원 찾기 > 병(의)원 정보 > 아동치과주치의 의료기관 찾기
  (모바일앱) The건강보험 > 건강iN > 검진기관·병(의)원 찾기 > 특성병원 > 아동치과주치의 치과의원

㉢ 또한, 아동치과주치의로 활동하고자 하는 치과의사는 대한치과의사협회 누리집(www.kda.or.kr)에서 아동치과주치의 교육을 이수 후, 국민건강보험공단 요양기관정보마당*에 아동치과주치의로 직접 등록하면 된다.

* 교육이수 후 3일 이내 알림문자(알림톡) 발송 > 문자수신 후 요양기관정보마당에 등록 즉시 서비스 제공 가능

* 요양기관정보마당(http://medicare.nhis.or.kr/portal) > 아동치과 > 아동치과주치의 등록관리

㉣ 서비스 시행 항목 중 치면세균막검사(PHP index)가 불가할 경우 허가된 전용 착색제가 없거나, 유효기간이 경과된 경우 음식물잔사지수를 측정하여평가 할 수 있으며 치면별 음식물잔사 개인별 합산 점수는 0~18점이며, 양호(0~6점), 보통(7~12점), 개선필요(13~18점)로 평가해야 한다.

보건복지부 배경택 건강정책국장은 "제2차 시범사업으로 아동치과주치의 사업 대상이 대폭 확대되어, 더 많은 아동들이 올바른 구강 관리에 도움을 받을 수 있게 되었다"라며 "아동기의 예방적 구강관리로 평생 건강한 치아를 유지하여 국민건강 증진에 기여할 수 있을 것으로 기대한다"라고 밝혔다.

09
주어진 글의 제목으로 가장 적절한 것을 고르면?

① 아동치과주치의 건강보험 적용 논란
② 아동치과주치의 건강보험 시범사업 효과
③ 아동치과주치의 건강보험 시범사업 시행
④ 아동치과주치의 건강보험 시범사업 확대 실시

10
주어진 글의 흐름상 ㉠~㉣ 중 삭제해야 하는 것을 고르면?

① ㉠   ② ㉡   ③ ㉢   ④ ㉣

11
주어진 글의 내용을 읽고 아동치과주치의 건강보험 시범사업에 대해 이해한 바로 적절하지 않은 것을 고르면?

① 2024년도 1학기는 한 달만 진행했다.
② 2025년에는 짝수 학년만 적용받는다.
③ 치과주치의 이용을 원할 경우 치과의원 주치의에게 등록 신청 후 당일에도 진료를 받을 수 있다.
④ 의료급여대상자의 경우 진료에 대한 비용은 청구되지 않는다.

[가] 알레르기 비염은 원인 항원에 대해 코의 속살이 과민반응을 일으켜 나타난다. 알레르기 유발 물질이 콧속에 들어오면 체내 화학물질인 히스타민이 분비되며, 코안 점액이 생성되고 점막이 붓는 염증반응으로 나타난다. 갑작스럽고 반복적인 재채기, 맑은 콧물, 코 막힘, 코 가려움증 등 증상이 나타나는데, 이들 중 2가지 이상이 하루 1시간 이상 나타나면 알레르기 비염을 의심한다. 하루 중 아침에 증상이 가장 심하며, 보통 봄·가을 등 일교차가 큰 환절기에 악화한다. 코에 나타나는 증상 외에도 눈이 가렵고 충혈되는 증상을 동반하기도 하지만 감기처럼 발열이나 근육통 등의 증상은 나타나지 않아서 가볍게 여기는 경우도 많다.

[나] 알레르기 비염은 세균이나 바이러스가 일으키는 감기와 다르게 유전적 요인과 집먼지진드기, 꽃가루, 곰팡이, 동물의 털, 비듬 등 환경적 요인이 주요 원인으로 꼽힌다. 따라서 정확한 진단을 위해서는 증상뿐만 아니라 가족력, 생활환경에 대한 이해가 필요하다. 알레르기 비염이 발병하면 평생 지속하는 경우가 많으므로 최대한 빠르게 전문의를 찾아 진단받고 적절한 치료를 받는 것이 좋다.

[다] 아토피 피부염으로 알려진 알레르기 피부염은 알레르기 비염, 알레르기 결막염과 함께 대표적인 알레르기 질환 중 하나로 꼽힌다. 아토피 피부염은 나이가 들수록 발생빈도가 점점 줄지만 간혹 소아, 청소년, 성인에 이르기까지 좋아지고 나빠지기를 반복하면서 만성적인 경과를 보이기도 한다. 세계적으로 소아에게 알레르기 피부염이 발생하는 비율은 전체의 약 10~30%로 추산한다. '국제 소아천식 및 알레르기 질환의 역학조사(ISSAC)'에 따르면 2010년 초등학생의 36.5%가 알레르기 피부염으로 진단받은 병력이 있었는데, 이는 2000년의 24.9%보다 현저히 증가한 수치다.

[라] 알레르기 피부염은 유전 요인과 환경 요인, 환자의 면역학적 이상과 피부 보호막 이상 등 여러 가지 원인이 복합적으로 작용해 나타나는 것으로 알려졌다. 알레르기 피부염은 가족력과도 관련이 있다. 양쪽 부모가 다 알레르기 피부염이 있으면 자녀의 75%에서, 부모 중 한쪽만 있을 경우는 50% 정도가 증상을 보이는 것으로 알려져 있다. 최근에는 환경 요인의 중요성이 강조되고 있다. 농촌의 도시화, 산업화, 핵가족화로 인한 인스턴트식품 섭취의 증가, 실내외 공해에 의한 알레르기 물질의 증가 등이 알레르기 피부염 발병과 밀접한 관련이 있다. 알레르기 피부염의 가장 큰 특징은 심한 가려움증과 외부의 자극이나 알레르기 유발 물질에 대한 매우 민감한 반응이다. 가려움증은 보통 저녁에 심해지고, 이때 피부를 긁어서 피부의 습진성 변화가 발생하는 것이 특징이다. 그리고 습진이 심해지면 다시 가려움증이 더욱 두드러지는 악순환을 반복한다.

알레르기 피부염은 혈액검사, 피부단자검사, 음식물 알레르기 검사 등으로 진단한다. 치료는 증상의 발현과 악화를 예방하기 위해 원인과 유발인자를 제거하고, 적절한 목욕 및 보습제 사용을 통해 피부를 튼튼하고 청결하게 유지하는 것이다. 2차 피부 감염증을 예방하기 위해서 필요한 경우 국소 스테로이드제, 국소 칼시뉴린 억제제, 항히스타민제, 면역조절제, 항바이러스제 등을 적절하게 사용한다. 갑자기 열이 오르고 진물이 나고 통증이 생기는 등 감염증상이 발생하면 빠른 치료를 위해 반드시 병원을 찾아 진료를 받아야 한다.

12

주어진 글의 [가]~[라]의 중심내용으로 적절하지 <u>않은</u> 것을 고르면?

① [가]: 알레르기 비염의 증상
② [나]: 알레르기 비염의 원인
③ [다]: 아토피 피부염의 증상
④ [라]: 아토피 피부염의 원인

13

주어진 글의 내용으로 적절하지 <u>않은</u> 것을 고르면?

① 알레르기 피부염으로 인한 간지럼증은 아침에 제일 심하다.
② 아토피 피부염의 발생빈도는 성인보다는 소아나 청소년 더 높다.
③ 재채기나 콧물이 난다고 하더라도 무조건 알레르기 비염은 아닐 수 있다.
④ 알레르기 피부염이 심할 경우 스테로이드제나 항히스타민제를 쓸 수 있다.

14

주어진 글을 읽고 답할 수 있는 질문을 고르면?

① 알레르기를 일으키는 항원물질을 무엇이라 할까요?
② 알레르기 환자가 계속 증가하는 이유는 무엇일까요?
③ 알레르기 치료를 위한 면역치료는 어떤 과정으로 진행될까요?
④ 알레르기를 치료하지 않으면 또 다른 질병으로 발전할 수 있을까요?

[15~17] 다음 글을 읽고 이어지는 질문에 답하시오.

상병수당이란 근로자가 업무와 관련 없는 부상·질병으로 경제활동이 어려운 경우 치료에 집중할 수 있도록 소득을 보전하는 제도이다. ⊙ '22년 7월 4일부터 서울 종로구 등 10개 지역*을 대상으로 2년간 13,105건이 지급되었으며, 평균 18.7일간 평균 86만 2,574원(24.6.21. 기준)이 지급되었다.

* (1단계) 서울 종로구, 경기 부천시, 충남 천안시, 전남 순천시, 경북 포항시, 경남 창원시
　(2단계) 대구 달서구, 경기 안양시, 경기 용인시, 전북 익산시

ⓒ 기존 1단계 시범사업 및 2단계 시범사업은 그대로 운영하기로 했다. 상병수당 3단계 시범사업은 신규 4개 지역의 소득 하위 50% 취업자 대상이며 지급금액은 2024년 최저임금의 60%로 기존 시범사업과 동일하다.

* (연령) 15세 이상부터 65세 미만, (지급금액) 일 47,560원

ⓒ 정부는 1·2단계 시범사업 운영 시 주요 현장 의견 및 건의 사항을 반영하여, 아프면 쉴 수 있는 국민들이 많아질 수 있고자 하였다. 이에 7월 1일(월)부터 취업자 기준 완화, 재산 기준 폐지, 최대보장일수 확대 등 제도 개선을 추진하였다.

우선, 건강보험 직장가입자 또는 고용·산재보험 가입자는 1개월(30일) 간 가입자격을 유지해야 했으나, 직전 2개월(60일) 중 30일 이상 유지 시 신청이 가능하도록 기준을 완화하여 신청에 대한 진입장벽을 낮추었다.

* 일용근로자(단기 노무제공자)는 직전 1개월(30일) 중 10일 이상 또는 직전 2개월(60일) 중 20일 이상 근로 및 고용·산재보험 가입자격 유지

또한 2단계 및 3단계 시범사업에 적용되는 소득 및 재산기준* 중 재산기준을 폐지하고 각 지역별 최대보장일수를 30일 더 연장**(150일)하여 보장혜택을 확대하였다. ② 상병수당으로 신청된 주요 질환은 '목·어깨 등 손상 관련 질환'이 29.9%, '근골격계 관련 질환'이 27.0%, '암 관련 질환'이 19.4%로 나타났다.

* 기준중위소득 120% 이하(가구 합산 건강보험료 기준) & 가구 재산 7억 원 이하

** (1단계) 120일(부천, 포항, 순천, 창원)~150일(종로, 천안), (2단계) 150일(안양, 달서, 용인, 익산)

보건복지부는 "지난 2년간 1만 3천여 건의 상병수당 지급을 통하여 업무 이외의 부상이나 질병으로 근로를 할 수 없게 된 분들이 아프면 쉴 권리를 보장받으셨다고 생각한다"라고 말했다. 그리고 "보건복지부는 3단계 시범사업 지역 추가를 통하여 더 많은 주민들이 혜택을 보실 수 있도록 차질없이 운영해 나가겠다"라고 밝혔다.

15

주어진 글의 내용과 일치하는 것을 고르면?

① 상병수당 1단계 시범사업은 2020년부터 2년간 유지되었다.
② 상병수당 3단계 시범사업에서 상병수당을 제공받을 수 있는 지역은 총 14개 지역이다.
③ 상병수당 2단계 시범사업부터는 소득 및 재산에 관계없이 상병수당이 지급이 가능하다.
④ 상병수당 3단계 시범사업에서 지급금액은 1단계 시범사업의 지급금액인 47,560원과 같다.

16

주어진 글과 [보기]를 바탕으로 할 때, 상병수당에 대한 설명으로 적절하지 <u>않은</u> 것을 고르면?

┌─ 보기 ┐

〈붙임〉 상병수당 지원하는 상병의 범위·요건(대기기간, 최대보장기간, 급여기간)에 따라 모형 구분, 모형별
　　　　정책효과 비교·분석
① (근로활동불가 모형) 상병으로 인한 근로활동불가기간 판정을 위해 상병수당 신청용 진단서 발급·제출→
　　건보공단, 의료인증 심사
② (의료이용일수 모형) 의료이용일수(입·내원일수)에 대해 급여 지급하므로 의무기록(입·퇴원확인서, 외래
　　진료확인서 등) 제출하여 신청

[표] 상병수당 시범사업 모형

구분	1단계			2단계		3단계
대상지역	부천, 포항	종로, 천안	순천, 창원	안양, 달서	용인, 익산	지역 생략
소득기준	제한 없음			소득하위 50%		
적용모형	근로활동 불가모형	근로활동 불가모형	의료이용 일수모형	근로활동 불가모형	의료이용 일수모형	근로활동 불가모형
요양방법 (입원, 외래, 재택)	제한 無	제한 無	입원(+연계 외래)	제한 無	입원(+연계 외래)	제한 無
대기기간	7일	14일	3일	7일	<u>3</u>일	<u>7</u>일
최대보장기간	120일	150일	120일	150일	150일	150일

① 종로에서는 15일 이상 연속하여 일을 하지 못하는 경우 상병수당 신청이 가능하다.
② 상병수당 시범사업 2단계부터 모든 지역에서 최대 보장 기간을 150일로 하고 있다.
③ 용인에서 근로자가 입원하여 일을 하지 못하는 상황이라도 소득이 상위 50%면 상병수당 신청이 불가능하다.
④ 부천에서 택배기사가 골절로 일을 하지 못하는 상황이라면 병원에 입원한 경우에만 상병수당을 지급받을
　　수 있다.

17

주어진 글의 흐름상 ㉠~㉣ 중 삭제해야 하는 문장을 고르면?

① ㉠　　　　　　　② ㉡　　　　　　　③ ㉢　　　　　　　④ ㉣

우리 국민건강보험법은 "㉠ 공단은 속임수나 그 밖의 부당한 방법으로 보험급여를 받은 사람이나 보험급여 비용을 받은 요양기관에 대하여 그 보험급여나 보험급여 비용에 상당하는 금액의 전부 또는 일부를 징수한 다."라고 명시하여, 소위 부당이득금환수, 요양급여환수제도를 두고 있다. 쉽게 말해 개인이든 병원이든 정당한 요건과 절차를 갖추었을 때만 건강보험급여 혜택을 받아야 하는 것이고, 그렇지 않고 거짓말 등 속임수를 이용하여 건강보험급여나 요양급여 등 혜택을 받은 경우라면 그것은 부당한 것임이 명백하기 때문에, 다시 뱉어내야 한다는 취지이다.

[가] 이러한 경우 원고가 행한 진료행위 자체는 의료기관 개설자격이 있는 원고 명의로 개설된 의료기관 내에서 의료인인 원고에 의하여 정상적으로 행해졌으므로, 그로 인한 진료비 청구는 환수대상이 아니라고 주장하는 경우도 있지만, 원고가 의료법상 의료기관의 개설자가 될 수 없는 자에게 고용되어 그가 개설한 의료기관에서 의료행위를 실시한 경우에는, 그 의료기관은 국민건강보험법상 요양기관이 될 수 없기 때문에 요양급여비용을 청구할 수 없는데도 원고가 해당 환자들을 진찰한 다음 피고에게 요양급여비용 등을 청구하여 지급받은 행위는 '사위 기타 부당한 방법으로 요양급여비용을 받은 경우'에 해당한다는 판례가 있다.

[나] 한편 의료인이 아닌 자가 의료인을 고용하여 의료인의 명의로 의료기관을 개설하여 실질적으로 요양급여 비용이 의료인이 아닌 자에게 귀속되었다 하더라도, 건강공단에 대한 관계에서 요양급여비용을 청구하여 지급받은 자는 개설명의인의 의료인이므로, 그 반환의 성격을 띤 부당이득징수의 상대방인 요양기관 역시 '그 개설명의인인 의료인'이라고 볼 수밖에 없다.

[다] 이밖에 의료기관 행정소송에서 압도적 다수를 차지하고 있는 예는 의료기관이 '사위 기타 부당한 방법'으로 보험급여비용을 받아, 이를 원인으로 요양기관의 업무를 정지하거나 과징금 부과, 요양급여 등 환수하는 처분 등에 대한 취소 소송이다.

[라] 이러한 부당이득의 징수처분은 '부당하게 발생한 이득을 환수하는 처분'이 아니라 관련 법령에 의하여 '요양급여비용으로 지급될 수 없는 비용임에도 불구하고 그것이 지급된 경우 이를 원상회복하는 처분'이어서 그 요건이나 행사방법 등을 민사상 부당이득반환청구와 동일하게 볼 수 없으므로, 원고에게 실제로 이들이 발생했는지 여부는 고려할 사항이 아니다. 즉 요양급여비용 환수처분의 취지는 부당하게 지급된 요양급여비용을 원상회복하고자 하는 것이므로 특별한 사정이 없는 한 그 전액을 징수하는 것이 원칙이다.

18

주어진 글의 내용으로 적절하지 않은 것을 고르면?

① 속임수나 거짓말로 보험급여를 받는 사람이나 요양기관이 있다.

② 보험급여의 부당이득은 애초에 지급될 수 없는 비용이 지급된 것이므로 전액 환수하는 것이 원칙이다.

③ 의료기관의 부당이득 환수 과정에서 불법이 확인되면 요양기관의 업무를 정지하거나 과징금을 부과할 수 있다.

④ 보험급여 부당이득의 환수는 피고가 실제로 의료행위가 있었다면 청구 사유가 거짓이라고 할지라도 원고는 환수받을 수 없다.

19

다음 중 글의 흐름에 맞게 [가]~[라]를 배열한 것을 고르면?

① [가]-[나]-[다]-[라]
② [나]-[가]-[다]-[라]
③ [라]-[가]-[다]-[나]
④ [라]-[나]-[가]-[다]

20

다음 [보기]가 밑줄 친 ⊙에 대한 설명일 때, 적절하지 <u>않은</u> 것을 고르면?

> **보기**
>
> • 허위 청구: 고의로 청구원인이 되는 실제 존재하지 않은 사실을 관련서류의 거짓 작성 또는 속임수 등의 부정한 방법에 의해 허위로 존재한 것으로 하여 진료비를 청구하는 것
> • 부당 청구: 진료비 청구의 원인이 되는 사실관계는 실제 존재하나, 요양급여가 건강보험 및 의료법 등 관계 법령을 위반하여 부정하게 이루어지는 등 허위청구 외 부정하게 이루어진 진료비 청구 행위
> • 사위 기타 부당한 방법으로 보험급여비용을 받는 경우
>   <small>예</small> 비상근인력에 의하여 건강검진을 한 행위, 검사 미필 장비를 사용하여 건강검진을 한 행위 및 검진 대상자들에게 지정된 항목 이외의 치료를 종용하는 등의 행위

① 입원 및 내원 일수를 실제보다 많이 증일하여 청구한 경우는 허위 청구에 해당한다.
② 약제 및 치료 재료 실거래가를 속여 청구하는 경우 부당 청구에 해당한다.
③ 부당 청구의 경우 환자나 의료기관이 그 금액을 직접 수령했을 때에만 부당 청구에 해당한다.
④ 신고 및 검사 측정 의무를 이행하지 않은 장비를 사용하고 진료비를 청구한 경우 사위 기타 부당한 방법에 해당한다.

[21~22] 다음 [표]는 2018~2022년 영양소별 1일 섭취량 추이에 관한 자료이다. 이를 바탕으로 이어지는 질문에 답하시오.

[표] 2018~2022년 영양소별 1일 섭취량 추이

구분	2018년	2019년	2020년	2021년	2022년
에너지(kcal)	2,042.6	2,004.7	1,959.2	1,899.5	1,862.8
단백질(g)	74.8	75.5	74.3	74.0	72.1
지방(g)	49.3	52.6	54.2	51.5	52.3
포화지방산(g)	16.0	17.0	17.5	16.5	16.6
단일 불포화지방산(g)	16.3	17.1	18.2	17.0	17.1
다가 불포화지방산(g)	12.4	13.0	13.0	12.8	13.2
n-3 지방산(g)	1.9	1.8	1.8	1.9	1.9
n-6 지방산(g)	10.5	11.1	11.1	10.9	11.2
콜레스테롤(mg)	265.6	278.2	273.1	267.4	279.6
탄수화물(g)	293.5	278.2	267.5	262.5	254.7
식이섬유(g)	23.5	25.1	24.7	24.4	23.0
당(g)	59.2	62.2	58.4	57.6	58.0
칼슘(mg)	517.3	492.1	486.6	486.3	488.4
인(mg)	1,080.5	1,091.9	1,072.5	1,070.1	1,041.6
나트륨(mg)	3,488.4	3,455.6	3,350.4	3,224.1	3,213.3
칼륨(mg)	2,726.0	2,779.4	2,686.2	2,676.5	2,598.8
마그네슘(mg)	313.3	305.0	295.6	298.4	287.7
철(mg)	12.1	9.8	9.8	10.0	9.5
아연(mg)	10.7	10.5	10.4	10.3	10.0
비타민A(μgRAE)	383.6	390.3	399.9	401.1	389.9
비타민D(μg)	3.4	3.2	3.1	3.0	3.0
비타민E(mg α-TE)	6.7	7.2	7.1	7.1	7.1
티아민(μg)	1,376.3	1,222.3	1,189.1	1,181.1	1,127.2
리보플라빈(μg)	1,667.9	1,660.0	1,664.3	1,650.0	1,625.4
나이아신(mg)	13.9	13.2	13.0	13.3	12.7
엽산(μgDFE)	311.4	309.8	297.4	301.7	295.8
비타민C(mg)	61.3	67.7	61.1	67.3	68.0

21

주어진 자료에 대한 설명으로 옳지 않은 것을 고르면?

① 매년 비타민C 섭취량은 비타민D 섭취량의 20배 이상이다.

② 2022년 콜레스테롤 섭취량은 4년 전 대비 14mg 증가하였다.

③ 2022년 에너지양은 전년 대비 36.7kcal 감소하였다.

④ 조사 기간 동안 아연의 섭취량은 점차 감소하는 추세이다.

22

2020년에 주요 영양소인 단백질, 지방, 탄수화물의 섭취량 중 탄수화물의 비중을 고르면?(단, 계산 시 소수점 둘째 자리에서 반올림한다.)

① 66.8%   ② 67.6%   ③ 68.1%   ④ 69.3%

[23~24] 다음 [표]는 품목별 수출입 실적에 대한 자료이다. 이를 바탕으로 이어지는 질문에 답하시오.

[표] 품목별 수출입 실적 (단위: 천 달러, %)

구분		수출		수입		무역수지
		실적	전년 대비	실적	전년 대비	
스포츠 용품	소계	285,195	9.6	2,833,210	20.7	−2,548,015
	골프용품	126,692	14.1	931,473	25.9	−804,781
	당구용품	7,027	49.2	12,358	−24.6	−5,331
	배드민턴용품	37	−32.2	41,106	57.8	−41,069
	볼링용품	2,116	11.3	23,414	−4.4	−21,299
	수상스포츠용품	12,973	113.3	100,450	50.1	−87,477
	스키용품	1,217	140.0	23,049	60.4	−21,832
	스포츠잡화	39,694	34.8	1,286,202	33.9	−1,246,508
	야구용품	150	−29.6	10,207	7.7	−10,056
	탁구용품	1,485	8.6	17,116	55.2	−15,631
	테니스용품	22	−76.4	15,242	27.4	−15,219
	헬스용품	77,439	−0.2	346,565	−21.6	−269,125
	기타	16,342	−40.1	26,029	9.5	−9,686
레저 용품	소계	200,569	−1.6	779,324	4.6	−578,754
	낚시용품	123,395	−8.5	218,506	5.0	−95,111
	등산용품	1,354	−25.4	36,422	96.1	−35,068
	사격용품	3	−	741	−7.1	−738
	자전거용품	4,406	9.5	209,913	5.0	−205,506
	캠핑용품	45,281	22.5	268,119	−2.7	−222,838
	개인여행품	26,130	0.0	45,622	7.8	−19,492

23

주어진 자료에 대한 설명으로 옳지 <u>않은</u> 것을 고르면?

① 테니스용품의 무역수지는 야구용품의 무역수지보다 5,163천 달러 더 적다.

② 레저용품 중 수입 실적이 가장 많은 품목은 낚시 용품이다.

③ 스포츠잡화는 수입 실적과 수출 실적이 모두 전년 대비 증가했다.

④ 스포츠용품 중 수출 실적의 전년 대비 증가율이 가장 큰 품목은 스키용품이다.

24

다음 중 용품별 수출 실적과 수입 실적의 비중을 나타낸 그래프로 옳지 <u>않은</u> 것을 고르면?(단, 소수점 둘째 자리에서 반올림한다.)

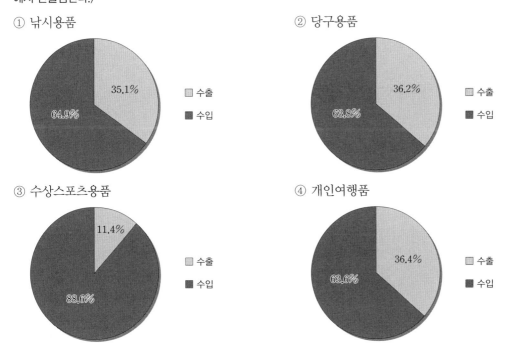

① 낚시용품

35.1% 수출
64.9% 수입

② 당구용품

36.2% 수출
63.8% 수입

③ 수상스포츠용품

11.4% 수출
88.6% 수입

④ 개인여행품

36.4% 수출
63.6% 수입

[25~26] 다음 [표]는 시도별 어획량에 관한 자료이다. 이를 바탕으로 이어지는 질문에 답하시오.

[표] 시도별 어획량

(단위: 마리, kg)

구분	2024.01		2024.02		2024.03		2024.04		2024.05		2024.06	
	마릿수	중량	마릿수	중량	마릿수	중량	마릿수	중량	마릿수	중량	마릿수	중량
합계	1,216,281	441,657.5	1,368,790	385,467.5	1,408,706	439,308.5	1,649,364	576,259.5	1,806,040	743,181.1	3,322,911	1,034,087.4
부산	75,464	30,525.4	83,477	23,720.2	83,481	28,598.7	54,340	19,677.3	64,312	23,651	198,304	54,629.7
인천	7,778	5,295.4	—	—	5,886	4,311.1	40,447	27,398.1	71,444	87,839.8	83,959	68,988.8
울산	13,751	3,417.9	7,387	1,816.1	6,902	1,688.2	7,146	2,228.3	8,540	2,762	10,854	4,208.9
경기	2,888	1,207.8	2,030	754.1	4,955	1,505.8	15,714	8,322	24,077	25,570.4	22,089	21,547.1
강원	118,517	42,217.4	517,941	95,520.5	84,780	40,836.9	67,749	51,414	69,557	23,559	89,797	29,154.6
충남	68,616	35,262.8	48,571	25,488.7	83,881	31,978.1	253,318	89,262	275,045	179,435	406,307	168,329.7
전북	17,544	14,345.2	11,510	8,325.5	20,766	6,227.7	146,414	43,987	88,381	56,493.1	92,311	57,580.3
전남	227,756	105,713.2	190,426	78,195.4	300,260	124,315.7	255,296	117,881	329,757	136,551.1	678,014	261,820.1
경북	69,646	37,883.7	95,117	39,544.9	109,355	37,553.3	136,084	28,954.4	102,443	30,832.5	109,856	34,525.3
경남	532,675	104,126.2	335,267	73,648.4	582,485	113,370.4	597,040	154,110.6	682,153	151,123.4	1,441,173	287,748.6
제주	81,646	61,662.5	77,064	38,453.7	125,955	48,922.6	75,816	33,024.8	90,331	25,363.8	190,247	45,554.3

25

2024년 상반기 전국에서 어획한 총 마릿수를 고르면?

① 10,772,092마리
② 10,784,182마리
③ 10,796,364마리
④ 10,801,454마리

26

다음 중 시도별 어획 중량의 전월 대비 증감량을 나타낸 그래프로 옳지 <u>않은</u> 것을 고르면?

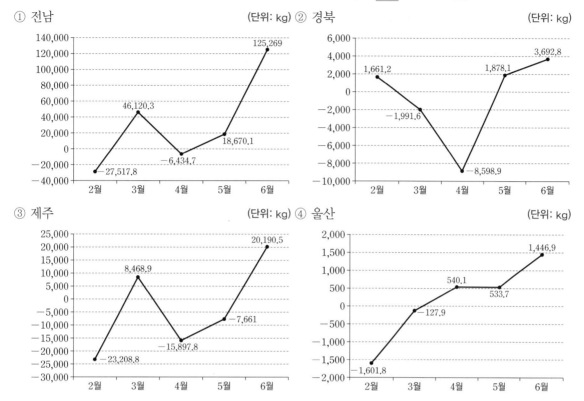

① 전남 (단위: kg)
② 경북 (단위: kg)
③ 제주 (단위: kg)
④ 울산 (단위: kg)

[27~29] 다음 [표]는 전국의 유병률과 유병일수에 관한 자료이다. 이를 바탕으로 이어지는 질문에 답하시오.

[표] 유병률 및 유병일수 (단위: %, 일)

구분		2020년			2022년			2024년		
		유병률	유병자의 평균 유병일수	유병자의 평균 와병일수	유병률	유병자의 평균 유병일수	유병자의 평균 와병일수	유병률	유병자의 평균 유병일수	유병자의 평균 와병일수
전체	계	25.0	9.9	0.5	26.5	9.6	0.4	29.0	9.6	0.4
성별	남자	22.8	9.9	0.5	25.7	9.6	0.4	27.3	9.5	0.4
	여자	27.1	9.8	0.5	30.7	10.0	0.5	30.7	9.8	0.4
세대 구분	1인 가구	38.9	11.3	0.6	38.3	10.9	0.4	38.5	11.1	0.4
	1세대 가구	43.2	11.2	0.4	40.8	11.0	0.4	43.7	11.1	0.3
	2세대 가구	17.3	8.5	0.6	18.9	8.1	0.5	21.5	8.1	0.4
	3세대 이상 가구	21.8	9.1	1.0	24.6	9.2	0.5	28.9	8.3	0.4
연령	0~9세	8.1	4.4	0.6	12.0	5.1	0.5	18.1	5.2	0.7
	10~19세	6.2	5.4	0.6	8.4	4.6	0.5	10.5	4.9	0.3
	20~29세	8.8	6.5	0.9	10.7	6.0	0.4	10.1	5.8	0.6
	30~39세	12.1	7.0	0.5	12.7	6.1	0.6	13.6	6.5	0.4
	40~49세	18.0	7.9	0.6	18.9	7.5	0.6	19.6	7.6	0.5
	50~59세	28.8	9.3	0.4	28.6	9.2	0.4	30.7	8.9	0.3
	60~64세	57.1	11.6	0.5	56.7	11.6	0.4	58.2	11.6	0.3
	65세 이상	64.2	12.0	0.5	64.7	11.9	0.4	64.6	11.9	0.4
교육 정도	초졸 이하	56.0	11.9	0.5	56.7	12.0	0.5	57.8	11.9	0.4
	중졸	37.1	10.9	0.4	39.0	11.0	0.3	44.2	11.1	0.3
	고졸	24.4	9.5	0.5	26.1	9.3	0.4	28.8	9.6	0.3
	대졸 이상	17.0	8.3	0.6	18.7	7.8	0.5	20.6	8.0	0.4
종사 상의 지위	임금 근로자	20.1	8.7	0.4	21.4	8.6	0.4	23.7	8.7	0.2
	고용주	21.6	9.3	0.8	22.5	8.9	0.3	28.1	9.0	0.3
	자영자	33.4	10.6	0.3	33.6	10.2	0.2	36.7	10.4	0.2

27

주어진 자료에 대한 설명으로 옳지 <u>않은</u> 것을 고르면?

① 조사 기간 동안 1세대 가구의 유병률은 항상 40% 이상이다.

② 조사 기간 동안 유병자의 평균 와병일수는 임금 근로자나 자영자보다 고용주가 항상 더 많다.

③ 2024년 중졸의 유병률은 대졸 이상의 유병률보다 23.6%p 더 높다.

④ 조사 기간 동안 0~9세 유병자의 평균 유병일수는 증가 추세이다.

28

다음 [보기]의 ㉠~㉢의 값을 크기순으로 바르게 나열한 것을 고르면?

┤ 보기 ├

- 2022년 남자 유병자의 평균 유병일수에서 평균 와병일수를 제외하면 (㉠)일이다.
- 2024년 고용주 유병자의 평균 유병일수에서 평균 와병일수를 제외하면 (㉡)일이다.
- 2020년 50~59세 유병자의 평균 유병일수에서 평균 와병일수를 제외하면 (㉢)일이다.

① ㉠ > ㉡ > ㉢

② ㉠ > ㉢ > ㉡

③ ㉢ > ㉠ > ㉡

④ ㉢ > ㉡ > ㉠

29

다음 중 주어진 자료를 나타낸 그래프로 옳은 것을 고르면?

① 2022년 연령별 유병률

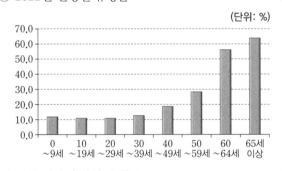

② 2020년 세대구분별 유병자의 평균 유병일수

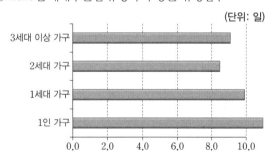

③ 조사 기간별 남자 유병률

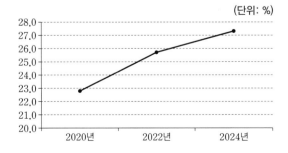

④ 2022년 교육정도별 유병자의 평균 와병일수

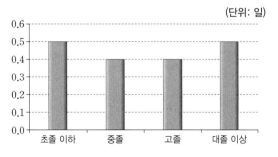

[30~32] 다음 [표]는 거주지역별 주택 소유 현황에 관한 자료이다. 이를 바탕으로 이어지는 질문에 답하시오.

[표] 거주지역별 주택 소유 현황 (단위: 가구)

구분	2019년		2020년		2021년		2022년		2023년	
	주택소유가구	무주택가구	주택소유가구	무주택가구	주택소유가구	무주택가구	주택소유가구	무주택가구	주택소유가구	무주택가구
전국	11,456,266	8,886,922	11,730,171	9,196,539	12,062,871	9,385,592	12,232,407	9,541,100	12,454,684	9,618,474
서울	1,894,875	2,001,514	1,928,074	2,054,216	1,974,544	2,072,255	1,991,345	2,107,473	1,998,410	2,143,249
부산	799,696	577,334	809,380	595,657	822,769	608,596	831,691	616,134	845,691	616,713
대구	563,282	405,338	569,624	416,192	579,620	421,311	586,337	424,497	603,118	430,120
인천	650,209	470,367	659,295	487,905	677,602	506,008	690,709	522,022	707,563	534,605
광주	338,980	248,179	343,671	255,546	354,979	260,714	360,687	262,565	365,849	261,753
대전	326,384	282,659	330,682	300,526	338,038	302,047	342,702	303,772	348,061	306,748
울산	279,906	157,188	286,134	157,953	289,774	161,658	291,610	162,388	292,530	165,599
세종	69,400	60,264	73,011	66,095	77,538	67,757	87,761	66,258	91,053	65,391
경기도	2,745,423	2,162,237	2,842,747	2,255,684	2,960,542	2,330,120	3,023,928	2,383,035	3,117,074	2,382,950
강원도	363,552	270,390	378,696	282,343	391,373	283,355	400,237	284,658	407,225	291,185
충청북도	382,876	271,837	394,482	284,440	405,681	289,930	411,548	293,316	421,750	298,481
충청남도	504,574	359,528	517,605	374,617	529,443	386,191	535,466	395,904	549,179	399,452
전라북도	439,491	298,816	448,731	306,844	458,116	314,355	456,701	320,979	464,828	321,947
전라남도	449,851	291,175	464,463	297,055	477,123	300,235	481,045	303,600	489,842	303,407
경상북도	675,292	427,642	688,989	442,830	707,840	448,805	711,656	454,650	712,910	453,684
경상남도	831,804	489,409	850,274	499,881	868,473	510,509	875,525	517,083	883,584	520,892
제주도	140,671	113,045	144,313	118,755	149,416	121,746	153,459	122,766	156,017	122,298

30

주어진 자료에 대한 설명으로 옳은 것을 고르면?

① 2023년 전국 주택소유가구 중 서울 주택소유가구는 10% 미만이다.
② 세종을 제외하고 2019년 주택소유가구가 가장 적은 지역은 울산이다.
③ 2021년 전라남도와 전라북도의 무주택가구의 차는 14,020가구이다.
④ 조사 기간 동안 경기도의 무주택가구가 가장 많은 연도는 2022년이다.

31

수도권의 무주택가구 수 현황을 나타낸 자료가 다음과 같을 때, 빈칸에 들어갈 값으로 옳지 <u>않은</u> 것을 고르면?(단, 수도권은 서울, 경기도, 인천을 의미한다.)

(단위: 가구)

구분	2019년	2020년	2021년	2022년	2023년
가구 수	4,634,118	㉠	㉡	㉢	㉣

① ㉠: 4,797,805

② ㉡: 4,908,383

③ ㉢: 5,010,630

④ ㉣: 5,060,804

32

다음 중 주어진 자료를 나타낸 그래프로 옳지 <u>않은</u> 것을 고르면?

① 광주 무주택가구의 전년 대비 증감량

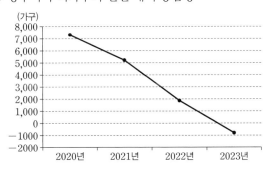

② 전라남도 주택소유가구의 전년 대비 증감량

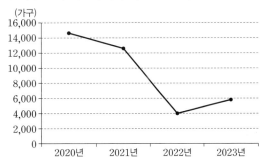

③ 강원도 주택소유가구의 전년 대비 증감량

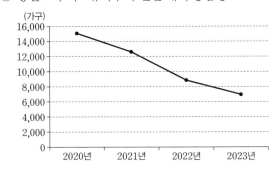

④ 충청북도 무주택가구의 전년 대비 증감량

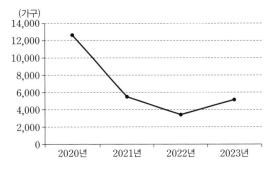

[33~35] 다음 [표]는 서울시의 구별 인플루엔자 예방 접종률에 대한 자료이다. 이를 바탕으로 이어지는 질문에 답하시오.

[표] 서울시의 구별 인플루엔자 예방 접종률 (단위: 명, %)

구분	2019년		2020년		2021년		2022년		2023년	
	응답자 수	접종률	응답자 수	접종률	응답자 수	접종률	응답자 수	접종률	응답자 수	접종률
합계	22,881	40.0	22,862	45.5	22,897	47.9	22,926	43.4	22,922	44.9
강남구	921	38.7	916	46.5	925	46.7	916	47.9	923	47.1
강동구	919	42.3	916	46.2	917	51.4	921	43.6	919	43.3
강북구	917	38.4	915	47.0	914	47.8	918	47.8	916	46.8
강서구	917	40.8	911	49.1	918	45.4	917	44.0	915	44.1
관악구	915	37.3	916	40.9	919	46.6	916	41.2	918	41.5
광진구	917	40.5	921	44.4	917	46.8	918	46.5	916	42.9
구로구	911	37.6	912	44.4	915	40.2	916	36.1	915	43.7
금천구	916	40.2	916	43.1	916	47.6	915	41.8	915	43.0
노원구	918	44.0	916	48.3	916	49.2	917	40.3	916	43.9
도봉구	911	40.8	908	46.1	913	50.6	911	44.8	916	47.7
동대문구	917	38.3	916	42.0	917	48.5	916	43.2	921	43.8
동작구	915	45.9	916	44.5	915	48.8	915	43.9	915	50.0
마포구	911	40.4	902	40.5	918	52.3	915	44.2	915	41.2
서대문구	913	39.1	920	44.8	915	45.5	916	39.3	915	42.9
서초구	913	41.9	911	47.7	912	48.9	927	46.9	918	51.8
성동구	915	37.0	915	46.2	916	49.7	916	42.1	919	48.1
성북구	916	38.9	917	48.2	911	43.3	915	43.2	915	47.7
송파구	922	38.8	926	45.1	924	50.2	930	43.8	924	45.4
양천구	914	42.1	914	47.1	915	45.8	916	42.6	915	42.1
영등포구	913	42.4	907	41.9	910	49.2	915	42.7	917	43.1
용산구	919	32.7	915	38.9	914	46.8	919	41.5	920	46.7
은평구	914	38.1	918	49.7	915	49.8	916	42.6	915	43.4
종로구	911	38.9	914	37.8	911	40.3	916	42.5	914	42.8
중구	911	36.1	909	44.6	920	50.9	913	48.1	912	48.7
중랑구	915	40.7	915	49.2	914	52.8	916	43.6	918	44.1

33

주어진 자료에 대한 설명으로 옳지 <u>않은</u> 것을 고르면?

① 조사 기간 동안 매년 구로구의 응답자 수는 꾸준히 증가하고 있다.
② 2023년에 응답자 수가 가장 많은 구와 적은 구의 차는 12명이다.
③ 2019년에 접종률이 가장 높은 구는 동작구이다.
④ 조사 기간 동안 용산구의 총 응답자 수는 4,587명이다.

34

연도별 서울시 전체 응답자 중 접종자 수를 나타낸 자료가 다음과 같을 때, 빈칸에 들어갈 값으로 옳지 <u>않은</u> 것을 고르면?(단, 계산 시 소수점 첫째 자리에서 반올림한다.)

(단위: 명)

구분	2019년	2020년	2021년	2022년	2023년
접종자 수	㉠	㉡	10,968	㉢	㉣

① ㉠: 9,152   ② ㉡: 10,402   ③ ㉢: 9,948   ④ ㉣: 10,292

35

다음 중 주어진 자료를 나타낸 그래프로 옳지 <u>않은</u> 것을 고르면?

① 관악구 접종률의 전년 대비 증감량   (단위: %p)

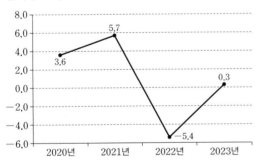

② 영등포구 응답자 수의 전년 대비 증감량 (단위: 명)

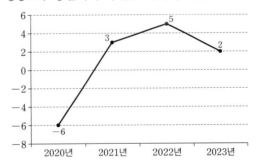

③ 성북구 접종률의 전년 대비 증감률   (단위: %)

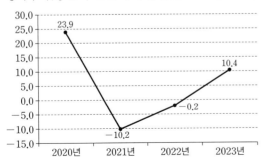

④ 광진구 응답자 수의 전년 대비 증감률   (단위: 명)

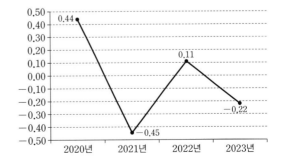

[36~38] 다음 [표]는 전국 및 특별시, 광역시 주요 암질환 급여현황에 대한 자료이다. 이를 바탕으로 이어지는 질문에 답하시오.

[표] 전국 및 특별시, 광역시 주요 암질환 급여현황

구분		2021년					2022년				
		진료실 인원수 (명)	입내원 일수 (일)	요양급여 일수 (일)	진료비 (천 원)	급여비 (천 원)	진료실 인원수 (명)	입내원 일수 (일)	요양급여 일수 (일)	진료비 (천 원)	급여비 (천 원)
전국	위암	168,509	2,185,231	16,445,780	663,293,900	596,444,470	168,428	2,115,633	16,600,585	653,433,432	587,741,423
	간암	82,668	1,744,599	20,268,396	742,744,390	678,934,013	83,220	1,692,699	20,718,546	763,498,922	696,991,274
	폐암	117,709	2,866,138	16,860,455	1,288,337,399	1,192,131,795	124,758	2,829,244	17,737,847	1,374,320,168	1,270,794,372
	대장암	159,817	3,044,905	14,082,735	973,214,394	883,705,073	164,244	2,985,572	14,458,233	960,072,711	871,963,892
	유방암	233,504	4,292,951	54,902,957	1,420,610,986	1,274,139,373	248,098	4,423,588	59,141,362	1,502,557,233	1,346,118,520
	자궁 경부암	26,519	445,892	2,940,378	124,224,341	112,884,953	26,462	422,286	2,882,280	116,947,904	106,081,315
서울	위암	29,180	322,353	2,625,748	108,816,908	97,852,817	29,182	310,283	2,689,139	106,976,447	96,275,381
	간암	14,234	277,155	3,536,689	126,178,061	115,123,623	14,317	270,669	3,635,684	132,232,311	120,672,530
	폐암	21,849	468,886	2,959,317	230,178,734	213,060,733	23,282	466,475	3,094,364	247,023,651	228,577,706
	대장암	30,950	502,800	2,456,871	181,215,203	164,863,035	31,558	490,679	2,523,722	177,385,528	161,278,812
	유방암	50,161	770,634	11,264,962	278,670,973	249,086,326	52,935	774,984	12,066,237	287,898,208	257,113,096
	자궁 경부암	4,813	71,275	516,781	22,054,958	19,955,164	4,739	69,859	506,244	20,979,958	18,953,832
부산	위암	12,647	194,781	1,457,352	55,519,813	50,035,428	12,633	185,773	1,449,054	55,383,828	49,960,836
	간암	6,533	166,412	1,608,891	65,675,518	60,350,448	6,664	163,374	1,689,541	70,603,589	64,855,043
	폐암	7,773	216,555	1,268,396	93,789,394	86,719,689	8,282	215,929	1,331,771	99,020,205	91,487,007
	대장암	11,230	261,741	1,274,554	78,515,482	71,421,601	11,507	251,652	1,312,515	75,820,281	68,812,723
	유방암	14,842	332,776	3,808,754	103,693,194	92,509,918	15,791	343,524	4,145,309	111,892,635	99,953,371
	자궁 경부암	2,079	41,854	305,390	11,193,723	10,159,223	2,059	36,208	285,371	10,051,658	9,121,002
대구	위암	7,512	98,526	921,281	29,689,044	26,893,883	7,531	99,272	941,178	29,806,486	26,972,765
	간암	3,589	73,965	821,405	29,370,200	27,092,954	3,606	72,860	825,201	30,625,944	28,130,019
	폐암	5,513	143,750	838,416	64,168,085	59,824,591	5,779	144,049	876,906	65,677,274	61,069,578
	대장암	7,064	143,182	684,249	40,796,750	37,432,209	7,156	141,419	701,559	41,231,677	37,818,557
	유방암	10,624	202,404	2,275,506	64,693,020	58,747,148	11,166	213,970	2,449,792	69,676,696	63,200,145
	자궁 경부암	1,319	19,299	122,511	4,800,439	4,408,137	1,349	19,728	122,218	5,026,340	4,581,689

인천	위암	8,090	104,069	702,494	35,084,485	31,866,567	8,228	102,899	719,982	35,199,232	32,002,528
	간암	4,117	86,961	1,042,888	40,672,633	37,548,949	4,130	81,910	1,036,242	40,334,366	37,117,373
	폐암	5,886	145,871	869,739	74,320,877	69,402,197	6,406	143,011	912,742	80,782,750	75,185,632
	대장암	8,776	169,791	956,959	58,257,038	53,087,085	9,071	156,151	948,089	53,519,247	48,852,281
	유방암	13,088	251,493	3,338,794	86,048,410	77,967,895	13,863	249,631	3,504,129	88,568,157	80,157,083
	자궁경부암	1,331	22,746	176,814	6,949,885	6,386,405	1,391	20,146	164,982	6,501,094	5,978,695
광주	위암	4,337	98,263	442,979	19,025,975	16,793,466	4,257	92,724	408,368	18,449,783	16,263,731
	간암	2,268	70,020	567,001	21,109,173	19,072,887	2,282	63,267	560,141	21,406,025	19,309,257
	폐암	3,290	118,107	516,367	36,538,971	33,393,940	3,132	111,323	532,531	36,173,008	33,152,888
	대장암	3,725	121,825	388,348	25,905,403	23,339,152	3,870	117,995	380,665	26,890,950	24,196,247
	유방암	5,799	252,334	1,509,690	46,716,920	41,205,966	6,283	264,966	1,669,727	49,902,458	44,176,158
	자궁경부암	872	25,758	92,838	4,063,725	3,609,426	835	22,065	81,791	3,865,543	3,440,814
대전	위암	5,296	56,228	492,193	16,411,451	14,694,279	5,343	58,789	504,749	17,330,197	15,496,981
	간암	1,824	38,975	470,355	16,468,326	15,074,907	1,859	36,879	486,305	16,790,621	15,312,001
	폐암	2,987	71,546	402,144	32,811,297	30,454,459	3,216	71,938	443,226	36,159,706	33,455,004
	대장암	4,084	77,362	407,860	25,145,917	22,885,842	4,223	75,687	421,245	24,331,906	22,159,838
	유방암	6,517	115,594	1,609,083	36,125,804	31,893,129	7,069	121,060	1,784,642	39,159,077	34,506,221
	자궁경부암	643	12,378	71,011	3,410,025	3,109,872	675	11,956	79,122	3,164,410	2,883,799
울산	위암	3,404	36,358	290,139	12,525,856	11,330,991	3,401	36,865	300,919	12,362,729	11,272,925
	간암	1,582	31,702	380,679	13,248,555	12,113,191	1,629	32,294	409,546	14,541,096	13,327,182
	폐암	2,236	52,242	282,461	23,357,027	21,565,877	2,392	51,321	281,638	24,097,428	22,233,347
	대장암	2,562	45,607	210,844	14,261,356	12,963,027	2,608	46,959	233,061	14,273,454	13,072,020
	유방암	4,828	75,609	1,083,972	25,597,692	22,818,775	5,101	79,448	1,191,025	27,114,942	24,062,113
	자궁경부암	468	8,124	53,267	2,297,720	2,084,040	456	7,557	56,560	1,715,887	1,559,773

36

주어진 자료에 대한 설명으로 옳지 않은 것을 고르면?

① 2021년과 2022년에 암종별 전국 진료실 인원수의 순위는 동일하다.

② 2022년 대구의 유방암 진료실 인원수는 전년 대비 522명 증가하였다.

③ 2022년 대전의 대장암 요양급여 일수 대비 입내원 일수의 비율은 약 18%이다.

④ 2021년 부산의 폐암 진료비와 급여비의 차는 7,069,705천 원이다.

37

2022년 서울시의 암종별 진료실 인원수 대비 진료비를 나타낸 자료가 다음과 같을 때, 빈칸에 들어갈 값으로 옳지 <u>않은</u> 것을 고르면?(단, 계산 시 원 단위 이하 절사한다.)

(단위: 천 원/명)

구분	진료실 인원수 대비 진료비	구분	진료실 인원수 대비 진료비
위암	3,660	대장암	(㉡)
간암	(㉠)	유방암	(㉢)
폐암	10,610	자궁경부암	(㉣)

① ㉠: 9,230   ② ㉡: 5,620   ③ ㉢: 5,450   ④ ㉣: 4,420

38

다음 중 주어진 자료를 나타낸 그래프로 옳지 <u>않은</u> 것을 고르면?

① 2021년 부산의 암종별 진료실 인원수 비율

(단위: %)

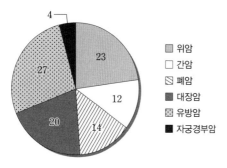

② 2022년 전국의 암종별 진료비 증감량

(단위: 천 원)

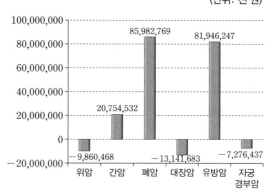

③ 2021년 울산의 암종별 입내원일수

(단위: 일)

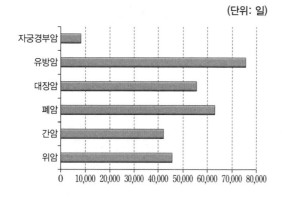

④ 2022년 광주의 암종별 급여비

(단위: 백만 원)

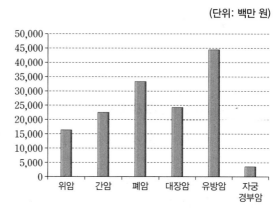

[39~40] 다음 [표]는 2024년 상반기 산지 쌀값 조사에 관한 자료이다. 이를 바탕으로 이어지는 질문에 답하시오.

[표] 2024년 상반기 산지 쌀값 조사

(단위: 원)

기준일	1월		2월		3월		4월		5월		6월	
	금회 가격	전회 가격	금회 가격	전회 가격	금회 가격	전회 가격	금회 가격	전회 가격	금회 가격	전회 가격	금회 가격	전회 가격
5일	49,164	49,408	48,378	48,699	48,317	48,417	47,926	48,192	47,500	47,608	46,968	47,179
15일	48,958	49,164	48,375	48,378	48,338	48,317	47,868	47,926	47,372	47,500	46,794	46,968
25일	48,699	48,958	48,417	48,375	48,192	48,338	47,608	47,868	47,179	47,372	46,594	46,794

39

주어진 자료에 대한 설명으로 옳은 것을 고르면?

① 2024년 5월 25일 산지 쌀값은 전회가격 대비 173원 하락했다.

② 2024년 상반기에 조사한 산지 쌀값 중 가장 저렴한 가격은 46,794원이다.

③ 2023년 12월 25일 조사한 산지 쌀값은 49,408원이다.

④ 2024년 2월에는 산지 쌀값이 점차 하락하였다.

40

2024년 4월에 조사한 산지 쌀값의 평균과 2024년 3월에 조사한 산지 쌀값의 평균의 차를 고르면?(단, 계산 시 소수점 첫째 자리에서 반올림한다.)

① 468원   ② 474원   ③ 479원   ④ 481원

[41~42] 다음은 ESG 친환경 대전 참여기업 모집에 관한 자료이다. 이를 바탕으로 이어지는 질문에 답하시오.

□ 추진목적

  ○ 사회적경제 ESG 분야와 친환경기업의 육성과 판로를 지원하기 위하여 공공기관과 상호 협력하여 친환경 가치를 위한 ESG 소비로서 홍보 및 인식 개선과 판로지원 확대

□ 추진개요

  ○ 사 업 명: 사회적경제 ESG 친환경대전 지원사업
  ○ 사업기간: 2X24년 10월 10일(목) ~ 12일(토) 10:00~17:00/△△관 A홀
  ○ 지원내용: ESG 친환경대전 참가를 통한 홍보 및 판로 지원
  ○ 지원분야: ESG 친화기업관과 독립부스 운영
    ― 국내 최대 규모 환경 분야 ESG 박람회 참여
    ※ 2X23년 친환경대전 참가기업 189개사(전년 대비 20% 증가), 총 55,608명 관람(전년 대비 40% 증가)

[표] 2X24년 사회적경제 ESG 친환경대전 지원사업 추진(안)

구분	서울특별시 ESG 친화기업관	독립부스(기업별)
지원규모	10개	10개
지원내용	① ESG 친환경대전 전시 부스와 홍보 및 판로 지원 ② ESG컨설팅, 수출·구매 상담회 등 부대행사 참가 지원 ③ 공공기관 ESG 혁신밋업데이 상담 지원 ④ 방문기업 대상 ESG 친환경대전 혁신투어 지원 ⑤ 참여 및 방문기업 대상 ESG 진출전략 설명회 지원 ⑥ 사회적경제기업 온라인쇼핑몰 특별기획전 운영	

  ○ 지원대상: 서울 소재 사회적경제기업, 소셜벤처 등 20개 내외
    ― ESG 친화기업관 내 10개, 독립부스 10개 지원

[지원대상 신청요건]

■ 24년 센터로부터 1개의 사업이라도 지원받은 기업은 본 사업에 참가신청 불가
■ 서울 소재 사회적경제기업: 서울시 사회적경제 조례 제3조 2항에 해당되는 (예비)사회적기업, (사회적)협동조합, 마을기업, 자활기업, 소셜벤처
■ 서울 소재 소셜벤처: 당해연도 '소셜벤처기업 판별통지서' 제출 기업 또는 소셜벤처기업 자가진단표에 부합하는 기업
  ※ 소셜벤처기업 자가진단표의 사회성 및 혁신성장성이 각각 70점 이상으로, 혁신성장성의 경우 70점 미만이더라도 심사위원회에서 신청 기업 사업내용의 구체성·타당성 및 사업 모델의 수익성·지속가능성을 검토하여 소셜벤처로 인정
■ 환경문제를 해결하는 비즈니스모델을 보유한 서울 소재 친환경분야 사회적경제기업, 소셜벤처

□ 모집개요

  ○ 모집대상: 서울 소재 사회적경제기업, 소셜벤처 등
  ○ 모집기간: 공고일로부터 2X24년 9월 4일(수) 17:00까지
  ○ 지원규모: 총 20개(ESG 친화기업관 내 10개, 독립부스 10개)

○ 지원내용: ESG 친환경대전 참가를 통한 홍보 및 판로 지원
○ 지원분야: ESG 친화기업관과 독립부스 운영
○ 신청방법: E−mail 제출(제출서류 포함)
　 − 메일로 제출 시 파일명 "사회적경제 ESG 친환경대전 지원사업×신청기업명" 표기
　 − 제출 이후 담당자를 통하여 유선으로 접수 확인 필수

[표] 사회적경제 ESG 친환경대전 지원사업 지원분야

구분	ESG 친화기업관(총 12부스)	독립부스(1부스)
지원규모	10개(친화기업관 내)	10개(기업별 지원)

※ 1부스 총 면적은 9m²(3m×3m)이며, 부스장치물(벽체, 간판, 조명, 안내데스크 및 의자) 포함

□ 추진절차
○ 공개모집: ESG 친환경대전 지원사업 참여기업 공개모집(8월)
○ 선정평가: ESG 친환경대전 지원사업 참여기업을 위한 선정심사위원회 평가(9월 초 예정)

┌───────── [평가 내용 및 방법] ─────────┐
■ 신청기업의 제출서류 적격 검토와 ESG 친환경대전 참여의 적합성, 경쟁력, 확장성, 기대효과 등
　선정심사위원회*를 통해 종합평가 실시
　　* 선정심사위원회는 센터 선정심사위원POOL에서 7명을 신청기업의 추첨을 통해 선정 및 구성
└──────────────────────────────┘

　− 평가절차: 1차 적격검토(담당자) → 2차 서면심사(선정심사위원회)
　− 평가기준: 총 100점(정량평가 30점＋정성평가 70점)
　　※ 평가점수 70점 이상인 선정기업의 고득점 순으로 친화기업관(10개)과 독립부스(10개)로 배정

41
주어진 자료에 대한 설명으로 옳지 <u>않은</u> 것을 고르면?

① 지원대상은 서울에 위치한 기업에 한정된다.
② 모집 마감일로부터 약 4주 뒤 ESG 친환경대전이 개최된다.
③ ESG 친환경대전 지원사업 신청은 이메일을 통해 가능하다.
④ ESG 친환경대전의 부스 내에는 간판과 조명, 의자가 포함된다.

42
주어진 자료에 따라 2X22년 친환경대전 관람인원은 몇 명이었는지 고르면?

① 34,755명　　　　② 35,128명　　　　③ 37,326명　　　　④ 39,720명

[43~44] 다음은 초등학생 무료 구강검진에 관한 자료이다. 이를 바탕으로 이어지는 질문에 답하시오.

◇◇도 초등학생 무료 구강검진 안내

☐ 개요

기간	대상	장소
2024. 5. 2. ~ 11. 30.	초등학교 4학년생(특수학교 포함) 만 10세 학교 밖 청소년*, 미등록 이주아동 *학교 밖 청소년은 관할 보건소로 문의(주소 및 연령 확인)	치과 주치의 지정 의료기관 ※ 시·군 관계없이 ◇◇도 내 지정 의료 기관 이용 가능

☐ 서비스 비용: 검진비 무료(1인당 4만 원을 ◇◇도 및 시군 지원)
  ※ 단, 사업에서 제공하는 서비스 외 치료가 필요한 경우 치료비는 보호자가 부담

☐ 서비스 내용: 치과주치의검진 또는 학생구강검진 중 1가지 선택(중복 참여 불가)

구분		치과주치의검진	학생구강검진
구강검진		문진 및 기본구강검사 프라그 등 구강위생검사(PHP index)	문진 및 기본구강검사
구강보건교육		구강위생관리 바른 식습관 불소 이용법 ※ 온라인 교육 및 교육용 리플릿 제공	미실시
예방 진료	필수	전문가 구강위생관리 불소도포	
	필요 시	치아홈 메우기 단순 치석제거 파노라마 촬영 ※ 치과주치의 소견에 따라 필요 시 제공	
온라인 서비스		온라인 필수 교육 문진표 작성 검진 결과 통보서 확인	

☐ 서비스 제공 순서

1	휴대폰 앱 다운로드 ※ 5.2부터 다운로드 가능
2	휴대폰 앱 가입 → 로그인 → 학생 인증 ※ 학생 정보 오기입 시 학생 인증 불가
3	사업신청 및 개인정보 활용 동의 → 문진표 작성 → 온라인 구강보건교육(약 5분 소요) 이수
4	치과주치의 의료기관 확인 및 예약 ※ 전화예약 필수: 사전예약 없이 치과방문 시 치과주치의 검진 불가
5	치과 방문 및 치과주치의 검진
6	구강검진결과통보서 확인 → 맞춤형 온라인 구강보건교육

□ 서비스 관련 문의
  • 문의처: ◇◇도 의료원
  • 문의 가능 시간: 월~금 09:00~17:00(점심시간 12:30~13:30 제외)

43
주어진 자료에 대한 설명으로 옳은 것을 고르면?

① 초등학생 무료 구강검진 기간 시작 전 날부터 휴대폰 앱 다운로드가 가능하다.
② 기본구강검사는 어떤 서비스를 선택하여도 공통으로 제공받을 수 있다.
③ 초등학생 무료 구강검진 서비스 관련 문의는 평일, 주말 관계없이 가능하다.
④ 거주지역 내 지정 의료기관에서만 사전 전화 예약하여 이용할 수 있다.

44
다음 중 무료로 제공 받을 수 있는 서비스가 <u>아닌</u> 것을 고르면?

① 불소 이용법 교육
② 파노라마 촬영
③ 치아 스케일링
④ PHP index 검사

[45~46] 다음은 외국인 근로자 장기요양보험 가입제외에 관한 자료이다. 이를 바탕으로 이어지는 질문에 답하시오.

외국인 근로자 장기요양보험 가입제외 안내

1. 관련 규정
- 노인장기요양보험법 제7조(장기요양보험)
- 노인장기요양보험법 시행령 제3조의2(외국인의 범위)
- 노인장기요양보험법 시행규칙 제1조의2(외국인의 장기요양보험가입 제외절차 등)

2. 대상
- 직장가입자인 외국인근로자 중 아래의 체류자격에 해당되는 자
  D-3(산업연수생), E-9(비전문취업), H-2(방문취업)
- 상기 체류자격 이외의 직장가입자 외국인 및 재외국민, 지역가입자는 신청대상이 아님

3. 장기요양보험 가입제외일(자격상실일)
- 외국인근로자 장기요양보험 가입제외 신청서를 국민건강보험공단에 제출한 날(신청일). 다만, 직장가입자 자격취득 신고일로 부터 14일 이내에 신청한 경우에는 그 자격취득일

4. 장기요양보험 재가입일(자격취득일)
- 외국인근로자 장기요양보험 가입제외자 중 체류자격이 D-3(산업연수생), E-9(비전문취업), H-2(방문취업) 이외의 체류자격으로 변경 시, 공단에 장기요양보험 적용을 신청한 날 또는 공단이 확인한 날

5. 신청방법
- 신청하고자 하는 대상자가 '외국인 근로자 장기요양보험 가입제외신청서'를 작성하여 사용주에게 제출하고, 사용주가 외국인 근로자 장기요양보험 가입제외신청서에 외국인등록증 사본을 첨부하여 관할 국민건강보험공단에 제출하여 신청함

6. 유의사항
- 직장가입자가 장기요양보험에서 제외된 경우, 그 직장가입자의 피부양자도 장기요양보험에서 제외됨
- 장기요양보험가입만 제외되며, 건강보험 자격은 계속 유지됨
- 가입제외된 자는 직장가입자 유지기간 동안은 장기요양보험을 재가입 할 수 없음. 다만, 체류자격이 D-3(산업연수생), E-9(비전문취업), H-2(방문취업) 이외의 체류자격으로 변경 시 공단에 장기요양보험 재가입을 신청해야 함
- 장기요양보험가입 제외된 자는 직장을 바꾸어도 계속 장기요양보험가입이 제외됨

[표] 직장가입자 건강보험료

구분	전체 보험료율	가입자부담 보험료율	사용자부담 보험료율	국가부담 보험료율
일반 근로자	7.09%	3.545%	3.545%	—
공무원	7.09%	3.545%	—	3.545%
사립학교교원	7.09%	3.545%	2.127%	1.418%

※ 건강보험료(월)=보수월액×보험요율, 장기요양보험료(월)=보수월액×장기요양보험료율(0.9182%)
※ 장기요양보험료는 가입자가 모두 부담
※ 건강보험료와 장기요양보험료 모두 원 단위 이하 절삭

45

주어진 자료에 대한 설명으로 옳지 <u>않은</u> 것을 고르면?

① 외국인근로자 장기요양보험 가입제외는 지역가입자인 외국인근로자에 한한다.

② 외국인근로자 장기요양보험에 가입이 제외된 자는 직장가입자 유지기간 동안은 재가입할 수 없다.

③ 외국인근로자가 직장가입자 자격 취득 신고일 5일 후 장기요양보험 가입제외를 신청한 경우 자격취득일로 부터 장기요양보험 자격상실이 된다.

④ 외국인근로자 장기요양보험 가입제외를 신청하기 위해서는 대상자가 사용주에게 서류를 작성하여 제출해 야 한다.

46

체류자격이 H-1인 외국인근로자 A씨는 외국인근로자 장기요양보험 가입제외 신청을 하였다. A씨의 보수월액 이 2,789,000원이라고 할 때, A씨 본인이 부담해야 하는 월 건강보험료와 장기요양보험료에 대한 설명으로 옳은 것을 고르면?

① 월 건강보험료는 10,240원이고, 장기요양보험료는 없다.

② 월 건강보험료는 10,240원이고, 장기요양보험료는 2,650원이다.

③ 월 건강보험료는 20,490원이고, 장기요양보험료는 없다.

④ 월 건강보험료는 20,490원이고, 장기요양보험료는 2,650원이다.

[47~48] 다음은 업무용 차량 임차 규정에 관한 자료이다. 이를 바탕으로 이어지는 질문에 답하시오.

제1조(용어의 정의) 이 조건에서 사용하는 용어의 정의는 다음과 같다.
  1. "임대차"라 함은 여객자동차운수사업법에 따른 "자동차대여"에 의하여 차량을 임대하고 임차하는 일체의 행위를 말하며, 차량유지관리서비스를 포함한다.
  2. "발주자"(임차자)라 함은 ◇◇공사 사장 또는 그 위임을 받은 자를 말한다.
  3. "계약상대자"(자동차 대여사업자)라 함은 당사 또는 그 위임을 받은 자와 자동차 임대계약을 체결한 자를 말한다.
  4. "운영부서"라 함은 임차자동차의 운영·관리에 대한 구체적인 지시·명령을 행하는 부서를 말한다.

제2조(계약상대자 조건) 계약상대자의 조건은 다음과 같다.
  1. 계약일 현재 대여용 차량을 5,000대 이상 보유하여야 한다.
  2. 전국 지점망을 갖춘 업체로서 차량 공급 및 상시점검서비스가 가능하여야 한다.

제3조(임대차차량) 1. 임대차되는 차량의 기준은 다음과 같다.

연번	모델명	수량	연식	연료	옵션
1	M	3	2022년식	휘발유	자동변속기
2	R	1	2024년식	경유	스마트키
3	S	2	2023년식	경유	전, 측, 후 썬팅
4	C	2	2024년식	경유	자동변속기

  2. 임대차 되는 차량은 네비게이션, 블랙박스를 지급하여야 한다.

제4조(계약기간) 임대차 계약기간은 발주자가 차량을 인수한 날로부터 3년간으로 한다.

제5조(임차료, 대금의 지급 및 정산) 1. 월 임차료는 차량비, 자동차의 고장수리 및 부품교환, 정비비(각종 오일 소모품 일체 교환 및 보충), 제세 및 보험료 등이 포함된 금액을 말한다.
  2. 차량운행과 관련된 유류비, 주차비 등은 "발주자"의 부담으로 한다.
  3. 계약상대자는 매월 말일을 기준으로 익월 5일 이내에 운영부서에 대금을 청구(전자세금계산서 발행)한다. 단, 임차기간이 1개월 미만일 경우에는 일할계산(해당월의 총일수 기준)하여 지급한다.

제6조(납품장소 및 납품기일) 임차차량의 납품장소는 ◇◇공사 본사로 하고, 납품기일은 계약체결일로부터 30일 이내에 공급하여야 하며, 불가항력적인 사유에 의거 납기 조정이 필요한 경우 발주자와 협의하여 정하고 조정된 납기에도 불구하고 지연된 경우에는 개별차량의 임차계약금액에 1일당 지체상금율 0.25%를 적용한다.

제7조(자동차 관리) 1. 자동차 대여사업자와 임대하는 자동차의 소유자는 반드시 동일하여야 하며, 자동차 대여사업자는 임대자동차의 자동차등록증 사본 및 보험가입증명서를 용역개시일 전에 발주자에게 제출하여야 한다.
  2. 임차하는 자동차의 각종 고장수리비 및 부품교환비, 정비비(각종 오일, 소모품 일체 교환 및 보충), 제세 및 보험료는 계약상대자가 부담한다.

3. 계약상대자는 사고 발생시 즉시 사고처리가 가능하도록 조치하여야 한다.

4. 차량의 고장이나 사고 발생으로 차량 수리에 소요되는 시간이 8시간 이상 될 경우 계약상대자는 동급차종으로 즉시 대차하여야 하며, 대차하지 못하였을 경우에는 월 임차료(30일 기준)의 1.5배를 발주자에게 배상하여야 한다.

5. 발주자는 차량 운행중에 발생한 응급처치 및 소액수리를 계약상대자에게 사전통보 후 선처리 할 수 있으며, 계약상대자는 발주자가 이 증빙서를 제출하면 7일 이내에 그 비용을 지급하여야 한다.

6. 동절기에는 차량의 안전사고 예방을 위하여 발주자 운영부서 요청시 스노우타이어 또는 스노우체인을 적기에 공급·교체하여야 한다.

7. 스노우타이어의 경우 교체후 교체한 타이어를 즉시 공사외 다른 장소에 보관하여야 한다.

제8조(자동차의 점검 및 검사) 1. 계약상대자는 자동차가 항상 최적의 상태를 유지하도록 월 1회 이상의 정기점검 및 수시점검을 하여야 한다.

2. 자동차의 점검 및 검사는 계약상대자의 책임으로 실시하며, 발주자는 이에 필요한 시간을 할애하여야 한다.

제9조(자동차보험 및 사고처리) 계약상대자는 자동차손해배상보장법에 의한 책임보험과 자동차 종합보험(대인, 대물, 자손, 자차)에 가입된 자동차를 발주자에게 임대하여야 하며, 발주자는 손해보험약관에 명시된 해석과 보장보험의 범위내에서 보험보상을 받는다.

1. 운전자는 발주자측 임직원 및 발주자 업무와 직접적으로 관련이 있는 자를 포함한다.

2. 운전자 연령: 만21세 이상 한정운전 특약

3. 대인보상한도: 무한

4. 대물보상한도: 1사고당 3억 원

5. 자손보상한도: 사망·후유장애 1인당 1억 원, 부상 1인당 3,000만 원

6. 무보험차 상해: 1사고당 최고 2억 원

7. 자차보상한도: 자차보험 필수가입 단, 자기부담금은 1건당 100,000원으로 한다.

8. 긴급출동서비스 보험가입

제10조(권리의무 양도금지) 1. 계약상대자는 발주자의 사전동의 없이 계약상의 모든 권리의무를 제3자에게 양도하거나 담보로 제공할 수 없다.

2. 계약상대자는 회사 명칭 또는 대표자 변경이 있는 때는 즉시 발주자에게 문서로 통지하여야 하며, 이때 동 계약과 관련한 모든 권리의무 관계는 승계된 것으로 본다. 단, 통보문서 접수 전에 발생하는 모든 책임은 계약상대자에게 귀속된다.

47

주어진 자료에 대한 설명으로 옳지 <u>않은</u> 것을 고르면?

① 임차자가 동절기에 요청하는 경우에는 계약상대자가 스노우타이어나 스노우체인을 알맞은 시기에 공급해야 한다.

② 월 임차료에는 자동차의 소모품 교환 및 보충 비용이 모두 포함된다.

③ 임대차되는 자동변속기 차량은 총 2대이다.

④ 자동차 대여사업자는 사고 한 번당 최고 2억 원의 무보험차 상해 보험에 가입된 자동차를 임대해야 한다.

48

다음은 모델별 1개월당 임차대금이다. R자동차의 임차기간이 6월 5일부터 6월 30일까지라고 할 때, 계약상대자에게 R자동차의 임차료로 지불해야할 금액을 고르면?(단, 계산은 원단위 이하 절사하여 구한다.)

(단위: 원/대)

모델명	1개월당 임차대금
M	290,000
R	350,000
S	320,000
C	360,000

① 291,660원 ② 293,330원 ③ 303,330원 ④ 326,660원

[49~51] 다음은 주택용 전기요금에 대한 자료이다. 이를 바탕으로 이어지는 질문에 답하시오.

- 전기요금의 구조: 기본요금＋전력량요금＋기후환경요금＋연료비조정요금
- 기후환경요금: 깨끗하고 안전한 에너지 제공에 소요되는 비용(RPS, ETS, 석탄발전 감축비용)
  - 부과방식: 기후환경요금 단가×사용전력량
- 연료비조정요금: 연료비 변동분(석탄, 천연가스, 유류)을 반영하는 요금
  - 부과방식: 연료비조정단가×사용전력량

주택용 전력(저압)

- 주거용 고객(아파트 고객 포함), 계약전력 3kW 이하의 고객
- 독신자 합숙소(기숙사 포함) 또는 집단주거용 사회복지시설로서 고객이 주택용 전력의 적용을 희망하는 경우 적용
- 주거용 오피스텔 고객(주거용 오피스텔: 주택은 아니지만 실제 주거용도로 이용되는 오피스텔)

[표1] 주택용 전력(저압) 하계(7. 1. ~ 8. 31.) 전기요금

	구간	기본요금(원/호)	전력량 요금(원/kWh)
1	300kWh 이하	910	120.0
2	301~450kWh	1,600	214.6
3	450kWh 초과	7,300	307.3

※ 슈퍼유저요금: 하계(7~8월) 1,000kWh 초과 전력량요금은 736.2원/kWh 적용

[표2] 주택용 전력(저압) 기타계절(1. 1. ~ 6. 30., 9. 1. ~ 12. 31.) 전기요금

	구간	기본요금(원/호)	전력량 요금(원/kWh)
1	200kWh 이하	910	120.0
2	201~400kWh	1,600	214.6
3	400kWh 초과	7,300	307.3

※ 슈퍼유저요금: 동계(12~2월) 1,000kWh 초과 전력량요금은 736.2원/kWh 적용

주택용 전력(고압)

- 고압으로 공급받는 가정용 고객에게 적용

[표3] 주택용 전력(고압) 하계(7. 1. ~ 8. 31.) 전기요금

	구간	기본요금(원/호)	전력량 요금(원/kWh)
1	300kWh 이하	730	105.0
2	301~450kWh	1,260	174.0
3	450kWh 초과	6,060	242.3

※ 슈퍼유저요금: 하계(7~8월) 1,000kWh 초과 전력량요금은 601.3원/kWh 적용

[표4] 주택용 전력(고압) 기타계절(1. 1. ~ 6. 30., 9. 1. ~ 12. 31.) 전기요금

구간		기본요금(원/호)	전력양 요금(원/kWh)
1	200kWh 이하	730	105.0
2	201~400kWh	1,260	174.0
3	400kWh 초과	6,060	242.3

※ 슈퍼유저요금: 동계(12~2월) 1,000kWh 초과 전력량요금은 601.3원/kWh 적용

전기요금 복지할인 안내

- 주거용 주택용 사용가구(단, 사회복지시설은 일반용 포함)를 대상으로 함
- 장애인: "장애인복지법"에서 정한 장애의 정도가 심한 장애인
- 국가유공자: "국가유공자등예우 및 지원에 관한 법률"에서 정한 1~3급 상이자
- 상이유공자: "5.18민주유공자예우에 관한 법률"에서 정한 1~3급 상이자
- 기초생활수급자: "국민기초생활보장법"제7조 1항 1호~4호에 해당하는 수급자
  1. 생계급여, 2. 주거급여, 3. 의료급여, 4. 교육급여
- 독립유공자: "독립유공자 예우에 관한 법률"에 의한 독립유공자 또는 유족 1인
- 사회복지시설: 사회복지사업법에 의한 사회복지시설, 다만 다음 법령에 해당하는 복지시설은 제외
  - 노인복지법 제32조의 제1항 제3호의 노인복지주택
  - 노인복지법 시행규칙 제14조 제1항 제1호 라목의 유료양로시설
  - 노인복지법 시행규칙 제18조 제1항 제1호 라목의 유료노인요양시설
  ※ 입소자에게 분양 또는 임대한 시설이거나, 입소자로부터 입소비용 전부를 수납하여 운영하는 시설
- 차상위계층: "국민기초생활법"에서 정한 차상위계층으로 다음 법령에 따라 지원받는 자
  - 국민기초생활법
  - 국민건강보험법 시행령 별표2 제3호 라목
  - 장애인복지법 제49조, 제50조
  - 국민기초생활보장법 시행규칙 제38조 제4항
- 자녀이상가구: "자(子)" 3인 이상 또는 "손(孫)" 3인 이상 가구
- 대가족: 가구원수가 5인 이상인 가구
- 출산가구: 출생일로부터 3년 미만인 영아가 1인 이상 포함된 가구
- 생명유지장치: 산소발생기, 인공호흡기 등 생명유지장치 사용하는 가구
- 할인율 및 한도 설정에 따른 월 전기요금 할인
  - 장애인, 유공자, 기초수급(생계, 의료): 월 16,000원 한도
  - 기초수급(주거, 교육): 월 10,000원 한도
  - 차상위계층: 월 8,000원 한도
  - 대가족, 3자녀, 출산가구: 월 16,000원 한도

49

주어진 자료에 대한 설명으로 옳지 <u>않은</u> 것을 고르면?

① 계약전력이 3kW를 초과하는 고객은 주택용 고압 전력을 공급받는다.
② 장애인복지법 제50조에 따라 지원받은 차상위계층은 전기요금 복지할인을 받을 수 있다.
③ 연료비조정요금은 사용전력량에 비례하여 부과된다.
④ 주택용 전력으로 동일한 전력량을 사용하는 경우 저압보다 고압 전기요금이 더 비싸다.

50

다음 중 한 달에 16,000원의 전기요금 복지할인을 받는 사람을 고르면?(단, 모두 주거용 주택용 전기를 사용하고 있다.)

① 2년 전 출생한 자녀를 두고 있는 A씨
② 국민기초생활보장법 제7조 1항 2호에 해당하는 수급자 N씨
③ 입소자로부터 입소비용 전부를 수납해 유료노인요양시설을 운영하는 G씨
④ 국민기초생활법에 의해 차상위계층으로 지원받는 H씨

51

주거용 오피스텔에 거주 중인 A 씨는 1월 한 달 간 1,050kWh의 전력을 사용하였다. 기후환경요금의 단가는 9원, 연료비조정요금의 단가는 5원이라고 할 때, A 씨가 지불해야할 1월 전기요금을 바르게 계산한 것을 고르면?(단, 최종 전기요금은 원단위 이하 절사한다.)

① 274,570원   ② 281,310원   ③ 296,010원   ④ 322,660원

[52~54] 다음은 숙련기능인력 점수제 평가에 관한 자료의 일부이다. 이를 바탕으로 이어지는 질문에 답하시오.

□ 적용대상

• 체류자격: 비전문취업(E-9), 선원취업(E-10), 방문취업(H-2)

• 취업기간: 최근 10년 간 5년 이상 합법적으로 취업활동을 계속하고 있을 것

 ※ 다만 취업 기간이 4년 이상이더라도 사회통합프로그램 3단계 이상을 이수한 경우 취업기간을 충족한 것으로 봄

• 제외: 형사범, 세금체납자, 출입국관리법 4회 이상 위반한 자 및 3개월 이상 불법체류 이력이 있는 자

 ※ 형사범은 벌금형(벌금액 50만 원 이상)이상을 말하며, 세금을 완납한 사람은 신청 가능

□ 점수요건: 총 170점 중 아래 어느 하나 해당자

 1. 산업기여가치 '연간소득' 점수가 10점 이상인 자로 총 득점이 45점 이상인 자

 2. 미래기여가치 합계 점수가 35점 이상인 자로 총 득점이 66점 이상인 자

가. 기본항목: 최대 95점

1) 산업 기여 가치

◆ 연간소득: 최대 20점

구분	3,300만 원 이상	3,000만 원 이상	2,600만 원 이상
배점	20점	15점	10점

※ 신청일 기준 최근 2년 각 2,600만 원 이상의 연간소득(세무서발행 소득금액증명원 기준)이 있는 경우에 한하며, 2년 치 평균 금액을 소득으로 산정하여 배점 부여

2) 미래 기여 가치

◆ 숙련도: 최대 20점

구분	자격증 소지			기량검증 통과
	기사	산업기사	기능사	
배점	20점	15점	10점	10점

※ 항목 간 중복 산정 불가(가장 높은 점수치 하나만 산정 가능)

◆ 학력: 최대 10점

구분	학사	전문학사	고졸
배점	10점	10점	5점

※ 항목 간 중복 산정 불가(가장 높은 점수치 하나만 산정 가능)
※ 취득 지역은 국내외 불문하되 정규과정만 해당

◆ 연령: 최대 20점

구분	~ 24세	~ 27세	~ 30세	~ 33세	~ 36세	~ 39세
배점	20점	17점	14점	11점	8점	5점

※ 출생일 산입하여 만 나이로 계산

◆ 한국어능력: 최대 25점

구분	5급/5단계 이상	4급/4단계 이상	3급/3단계 이상	2급/2단계 이상
배점	20점	15점	10점	5점

나. 선택항목: 최대 75점

◆ 근속 기간: 동일업체 근속 기간에 따라 연도별로 최대 10점

　　※ 법무부에 해당업체 고용된 사실을 신고한 기간이 1년이 넘으면 1점, 2년이 넘으면 2점을 부여하며, 민원인이 별도 제출할 서류는 없고 가점부분에 기재로 갈음

◆ 보유 자산: 최대 35점

구분	2년 이상 국내 정기적금 ①					국내 자산 ②		
	1억 원 이상	8천만 원 이상	6천만 원 이상	4천만 원 이상	2천만 원 이상	1억 원 이상	8천만 원 이상	5천만 원 이상
배점	15점	12점	9점	7점	5점	20점	15점	10점

　　※ ①과 ②간 중복 산정 가능(단, 이 경우 ②는 ②금액을 제외한 금액만 인정)
　　※ ①는 월 단위 적립식 적금을 말하며 월 적립금이 80만 원 이상인 경우만 해당
　　※ ②는 신청일 기준 1년 이상 보유 중인 본인소유 부동산(토지/주택/건물)만 해당

◆ 최근 10년 이내 국내 관련분야 근무경력: 최대 20점

구분	뿌리산업 분야 및 농, 축산, 어업, 조선업, 내항상선 분야			일반 제조업, 건설업 분야 등		
	8년 이상	6년 이상	4년 이상	8년 이상	6년 이상	4년 이상
배점	20점	15점	10점	20점	10점	5점

　　※ 항목 간 중복 산정 불가(가장 높은 점수치 하나만 산정 가능)

◆ 관련 직종 국내 교육 또는 연수경험: 최대 10점

구분	국내 교육경험 ①		국내 연수경험 ②	
	학사이상 취득	전문학사 취득	1년 이상	6개월~1년 미만
배점	10점	8점	5점	3점

　　※ 항목 간 중복 산정 불가(가장 높은 점수치 하나만 산정 가능)
　　※ ①은 국내 대학에서 정규과정 유학하고 해당 직종관련 전문학사 이상 학위취득자만 해당
　　※ ②는 국내 사설기관연수(D−4−6)자격 연수허용기관에서의 해당 직종관련 연수만 인정

다. 감점항목: 최대 50점

구분	출입국관리법 위반 ①			기타 국내 법령 위반 ②		
	1회	2회	3회 이상	1회	2회	3회 이상
배점	5점	10점	50점	5점	10점	50점

　　※ ①과 ②간 합산 점수를 적용
　　※ ① 신청일 기준 10년 이내 위반 횟수만 기산하며 처벌여부와 상관없이 위반이 확정된 건은 모두 포함(처분면제, 과태료 포함)하며, 4회 이상 위반자는 신청 제한
　　※ ② 10년 이내 위반 횟수만 기산하되 관할사무소에서 체류허가로 심사결정한 경우에 한함

52

주어진 자료에 대한 설명으로 가장 옳지 않은 것을 고르면?

① 출입국관리법 위반은 처벌여부와 상관없이 위반이 확정된 건이 4회 이상이면 평가 대상에서 제외된다.
② 연간소득이 3,300만 원 이상인 근로자는 다른 점수에 관계없이 점수요건을 만족한다.
③ 최근 10년 중 6년 동안 합법적인 취업이 계속된 근로자는 평가 대상이 된다.
④ 점수제 평가 신청일 기준 2년 동안 보유중인 본인 소유 건물은 국내 자산으로 인정받을 수 있다.

53

다음은 숙련기능인력 점수제 평가에 신청한 A씨에 대한 자료이다. A씨가 받는 기본항목에 대한 총점으로 옳은 것을 고르면?

- 국적: 베트남
- 나이: 만 31세
- 학력: 자국 고등학교 졸업
- 자격증: 한국어능력 3급 및 조선산업기사 자격증 소지
- 최근 5년간 연간소득

구분	2020년	2021년	2022년	2023년	2024년
연간 소득	2,600만 원	2,900만 원	3,000만 원	3,100만 원	3,400만 원

① 51점 　　　　② 56점 　　　　③ 61점 　　　　④ 65점

54

B씨의 법 위반 기록이 다음과 같을 때, B씨의 총 감점 점수를 고르면? (단, 신청일은 2024년 5월 1일이다.)

구분	위반 내용	구분	위반 내용
2011년	7월 출입국관리법 위반(처분면제)	2017년	6월 국내 법령 위반(체류허가)
2013년	1월 출입국관리법 위반(과태료)	2019년	2월 국내 법령 위반(체류허가)
	12월 국내 법령 위반(체류허가)	2023년	1월 출입국관리법 위반(처분면제)

① 15점 　　　　② 25점 　　　　③ 40점 　　　　④ 50점

[55~57] 다음은 에너지바우처에 관한 자료이다. 이를 바탕으로 이어지는 질문에 답하시오.

1. 에너지바우처란?

    국민 모두가 시원한 여름, 따뜻한 겨울을 보낼 수 있도록 에너지 취약계층을 위해 에너지바우처를 지급하여 전기, 도시가스, 지역난방, 등유, LPG, 연탄을 구입할 수 있도록 지원하는 제도

2. 신청안내
- 신청기간: 2024.5.29.(수)~2024.12.31(화)
- 신청방법
  - 방문(주민등록상 거주지 읍·면·동 행정복지센터(수급자 본인 또는 대리인)신청
  - 직권신청: 담당 공무원이 전화 또는 개별접촉 등을 통해 대상자의 동의(구두 또는 서면)을 얻어 직권신청 가능
  - 온라인신청: 복지 홈페이지에서 신청 가능
- 구비서류
  - 공통서류: 에너지이용권 발급 신청서(읍면동 비치), 전기요금고지서(여름 바우처) 또는 에너지 요금고지서(겨울 바우처)
  - 대리신청: 대상자(수급자) 위임장, 대리인의 신분증 사본

3. 지원대상: 소득기준과 가구원특성기준을 모두 충족하는 가구
- 소득기준: '국민기초생활보장법'에 따른 생계·의료·주거·교육급여 수급자
- 가구원특성기준: 주민등록표상의 수급자(본인) 또는 세대원이 다음 어느 하나에 해당하는 경우
  - 노인: 주민등록기준 1959.12.31 이전 출생자
  - 영유아: 주민등록기준 2017.01.01 이후 출생자
  - 장애인: '장애인복지법'에 따라 등록된 장애인
  - 임산부: 임신 중이거나 분만 후 6개월 미만인 여성
  - 중증질환자, 희귀질환자, 중증난치질환자: 국민건강보험법 시행령에 따른 '본인일부부담금 산정특례에 관한 기준' [별표3], [별표4], [별표4의2]를 가진 사람
  - 한부모가족: '한부모가족지원법' 제5조 및 제5조의2에 해당하는 자
  - 소년소녀가정: 보건복지부에서 정한 아동분야 사업 중 소년소녀가정 지원 대상에 해당하는 사람('아동복지법' 제3조에 의한 가정위탁보호 아동을 포함)
  ※ 단, 세대원 모두가 보장시설 수급자인 경우 지원 대상에서 제외
- 다음의 경우, 동절기 에너지바우처 중복 지원 불가함
  - 「긴급복지지원법」에 따라 동절기 연료비['24년 10월 ~]를 지원 받은 자(세대)
  - 24년도 등유바우처를 발급 받은 자[세대]
  - 24년 연탄쿠폰을 발급 받은 자[세대]

4. 지원금액

구분	1인 세대	2인 세대	3인 세대	4인 이상 세대
하절기	55,700원	73,800원	90,800원	117,000원
동절기	254,500원	348,700원	456,900원	599,300원

※ 희망세대에 한해 하절기에 동절기 바우처 4만 5천 원 당겨쓰기 가능(총지원금액은 동일)
※ 하절기 바우처 사용 후 남은 잔액은 동절기에 사용 가능

55

주어진 자료에 대한 설명으로 옳은 것을 고르면?

① 올해 연탄쿠폰을 지원받은 사람도 동절기 에너지바우처를 지원받을 수 있다.
② 에너지바우처의 대리신청을 위해 필요한 서류는 총 4가지이다.
③ 에너지바우처의 신청기간은 약 6개월이다.
④ 1인 세대는 총 350,200원의 에너지바우처를 지원받을 수 있다.

56

에너지바우처 소득 기준을 만족하는 A~D가구 중 에너지바우처 지원대상이 <u>아닌</u> 가구를 고르면?

① 지난달 출산한 아내가 있는 3인 가구 A
② 장애인복지법에 의해 등록된 장애인 1인 가구 B
③ 출생일이 1959년 12월 30일인 아버지를 둔 4인 가구 C
④ 홀어머니와 본인, 동생이 보장시설 수급자인 3인 가구 D

57

에너지바우처 지원 대상자에 해당하는 3인 세대 B가구는 에너지바우처를 신청한 뒤 하절기에 73,800원을 사용한 상태이다. 겨울이 되어 B가구가 동절기 에너지 바우처를 사용하고자 할 때, 사용 가능한 최대 금액을 고르면?

① 422,500원　　　② 456,900원　　　③ 473,900원　　　④ 547,700원

[58~60] 다음은 고속도로 통행료 감면 제도 연장에 대한 자료이다. 이를 바탕으로 이어지는 질문에 답하시오.

친환경차·화물차 고속도로 통행료 감면 제도 연장
12일부터 「유료도로법 시행령」 개정안 입법예고
친환경 자동차 3년 연장, 심야운행 화물차 2년 연장

□ 정부가 민생안정을 위한 정책의 일환으로 올해 말 일몰 예정인 고속도로 통행료 감면제도를 연장한다.

   ○ 이번 조치는 안전한 고속도로 환경 조성과 국민부담 완화 그리고 정부의 정책 방향을 종합적으로 검토한 결과이다.

□ 국토교통부는 11월 12일부터 12월 12일까지 유료도로법 시행령 개정안을 입법예고한다. 주요 내용은 다음과 같다.

첫 번째, 친환경차 통행료 감면은 3년 연장하되 감면율은 점진적 축소한다.

   ○ 국토교통부는 '17년부터 친환경차 보급을 지원하기 위해 친환경차에 대하여 고속도로 통행료를 감면(50%)하는 제도를 운영 중이며, 그간 2차례 연장하였고 올해 말에는 해당 감면제도가 종료될 예정이었다.

   ○ 이에, 국토교통부는 친환경차 보급 지원 필요성 등을 종합적으로 검토하여, 감면기간을 '27년까지 3년 연장하기로 하였다.

   ○ 다만, 친환경차 감면액은 지속 증가*했으나, 고속도로 통행료가 9년째 동결되어 고속도로 유지관리 재원이 제한적인 상황이므로, 유지관리 부실 우려 등을 고려하여 감면 비율은 매년 점진적으로 축소할 계획이다.

      * 친환경차 감면액: '17년 2억 원 → '18년 27억 원 → '19년 80억 원 → '20년 129억 원 → '21년 219억 원 → '22년 426억 원 → '23년 626억 원

   ○ 아울러, 감면 축소로 확보되는 재원 일부는 장애인 렌트차량 통행료 감면** 등 취약계층 지원을 위한 제도에 활용될 전망이다.

      ** 현재 장애인 차량 통행료 감면 대상은 장애인 또는 세대원이 소유하는 차량

[표1] 친환경차 연도별 감면율(안)

연도	현행	'25년	'26년	'27년
감면율	50%	40%	30%	20%

※ 대상: 「친환경자동차법」에 따른 전기자동차 및 수소전기자동차가 전자기적 지급수단(하이패스 등)을 이용하여 통행료 납부하는 경우

두 번째, 심야운행 화물차 감면은 동일 조건으로 2년 연장한다.

   ○ 화물차 심야할인 제도는 화물차 심야운행을 유도해 교통을 분산하고, 물류비용 경감을 통한 국민 부담 완화 등을 위해 '00년 도입했다. 그간 12차례 할인을 연장했고, 올해 말 해당 감면제도가 종료될 예정이었다.

[표2] 심야운행 화물차 감면제도

심야시간* 이용비율(%)	100~70	70~20	20 미만
통행료 할인율(%)	50	30	0

※ 이용비율 계산법: 할인시간대 통행시간÷전체 고속도로 이용시간
※ 심야시간 기준: 폐쇄식 고속도로 기준 21:00~06:00이며, 개방식 고속도로는 23:00~05:00에 통과 시 50% 일괄 할인

○ 이에, 국토교통부는 최근 지속되는 고물가 상황으로 인한 화물업계의 부담 측면과 물류비 상승 가능성 등을 고려하여 해당 감면제도를 연장하기로 하였다.

이와 함께, 비상자동제동장치(AEBS*)를 장착한 버스에 대해 신청한 날('18년 6월부터 '23년 12월까지)로부터 1년간 통행료를 30% 감면하는 제도는 이미 신규 신청기간이 종료('23. 12. 31.)되어 사실상 제도도 종료된 사항으로 관련 규정도 정비한다.

  * Advanced Emergency Braking System: 전방 충돌 상황을 감지해 자동으로 정지하는 장치

출처: 정책브리핑, 국토교통부, 친환경차·화물차 고속도로 통행료 감면 제도 연장

58
주어진 자료에 대한 설명으로 옳지 <u>않은</u> 것을 고르면?

① 전방 충돌 상황을 감지해 자동으로 정치하는 장치를 장착한 버스에 대해 통행료를 감면하는 제도는 2024년 12월까지 시행되었다.
② 유료도로법 시행령 개정안은 11월 12일부터 전문을 확인할 수 있다.
③ 2017년과 2024년 친환경차 고속도로 통행료 감면율은 동일하다.
④ 2023년 친환경차 감면액은 2년전 대비 190% 이상 증가하였다.

59

다음은 서울에서 동해까지 이동하였을 때 부과되는 차종별 고속도로 통행요금이다. 2종 친환경차를 운행 중인 Y씨가 2025년과 2027년에 각각 동일하게 서울에서 동해까지 이동하였다고 할 때, 각 해에 납부해야 하는 통행요금을 바르게 짝지은 것을 고르면?

구분	1종	2종	3종	4종	5종
통행요금	12,600원	12,800원	13,300원	17,400원	20,500원

	2025년	2027년
①	7,680원	10,240원
②	7,680원	2,560원
③	5,120원	5,560원
④	6,400원	10,240원

60

화물차를 운행하는 E씨의 하루 운행 내역이 다음과 같을 때, E씨가 감면받을 수 있는 통행료 할인율을 고르면?(단, E씨는 폐쇄식 고속도로를 이용하였다.)

11. 20. 18:30	고속도로 진입
11. 21. 02:00	고속도로 통행료 납부 및 출차

① 50%   ② 40%   ③ 30%   ④ 0%

01

약제에 대한 요양급여비용 상한금액의 감액 등에 관한 설명으로 옳지 <u>않은</u> 것을 고르면?

① 보건복지부장관은 약제에 대하여 요양급여비용 상한금액의 100분의 30을 넘지 아니하는 범위에서 그 금액의 일부를 감액할 수 있다.

② 보건복지부장관은 요양급여비용의 상한금액이 감액된 약제가 감액된 날부터 5년의 범위에서 대통령령으로 정하는 기간 내에 다시 감액의 대상이 된 경우에는 요양급여비용 상한금액의 100분의 40을 넘지 아니하는 범위에서 요양급여비용 상한금액의 일부를 감액할 수 있다.

③ 보건복지부장관은 요양급여비용의 상한금액이 감액된 약제가 감액된 날부터 5년의 범위에서 대통령령으로 정하는 기간 내에 다시 위반과 관련된 경우에는 해당 약제에 대하여 1년의 범위에서 기간을 정하여 요양급여의 적용을 정지할 수 있다.

④ 요양급여비용 상한금액의 감액 및 요양급여 적용 정지의 기준, 절차, 그 밖에 필요한 사항은 대통령령으로 정한다.

02

다음 [보기]에서 재정위원회의에 관한 설명으로 옳은 것을 모두 고르면?

> ┤ 보기 ├
>
> ㉠ 요양급여비용의 계약 및 결손처분 등 보험재정에 관련된 사항을 심의·의결하기 위하여 공단에 재정운영위원회를 둔다.
> ㉡ 재정운영위원회의 위원장은 위원 중에서 호선(互選)한다.
> ㉢ 재정운영위원회 위원(공무원인 위원은 제외한다)의 임기는 2년으로 한다. 다만, 위원의 사임 등으로 새로 위촉된 위원의 임기는 전임위원 임기의 남은 기간으로 한다.
> ㉣ 재정운영위원회의 운영 등에 필요한 사항은 대통령령으로 정한다.

① ㉠, ㉢

② ㉡, ㉣

③ ㉠, ㉡, ㉣

④ ㉠, ㉡, ㉢, ㉣

03

국민건강보험법상 직장가입자로 볼 수 <u>없는</u> 자를 고르면?

① 고용 기간이 1개월 미만인 일용근로자

② 병역법에 따른 현역병, 전환 복무된 사람 및 군간부 후보생, 부사관등

③ 선거에 당선되어 취임하는 공무원으로서 매월 보수 또는 보수에 준하는 급료를 받지 아니하는 사람

④ 사업장의 특성, 고용 형태 및 사업의 종류 등을 고려하여 대통령으로 정하는 사업장의 근로자 및 사용자와 공무원 및 교직원

04

국민건강보험공단의 정관상 설립 및 등기에 관한 사항으로 옳은 것을 고르면?

① 공단의 설립등기에는 목적, 명칭, 이사장의 성명 및 주소지 사항을 포함하지만 주민등록번호는 개인정보보호법에 의하여 제외한다.

② 국민건강보험공단은 단일 보험자 형태로 관리 및 운영되고 있다.

③ 공단은 정관을 변경하려면 보건복지부장관의 허가를 받아야 한다.

④ 공단의 해산에 관하여는 정관으로 정한다.

05

다음 중 가장 먼저 부과해야 되는 것을 고르면?

① 보험료

② 국세

③ 저당권

④ 사채(私債)

06

다음 [보기]에서 권리구제(이의신청)의 기한이 90일 이내에 해당되는 것을 모두 고르면?

┤ 보기 ├

㉠ 심사평가원의 확인에 대한 건
㉡ 가입자 및 피부양자의 자격, 보험료, 보험급여, 보험급여 비용에 관한 공단의 처분 건
㉢ 심판청구에 관한 건
㉣ 행정소송에 관한 건

① ㉠, ㉣

② ㉡, ㉢

③ ㉠, ㉡, ㉣

④ ㉠, ㉡, ㉢, ㉣

07

다음 [보기]에서 장애인 보조기기에 관한 설명으로 옳은 것을 모두 고르면?

┤ 보기 ├

㉠ 공단은 「장애인복지법」에 따라 등록한 장애인인 가입자 및 피부양자에게는 「장애인·노인 등을 위한 보조기기 지원 및 활용촉진에 관한 법률」에 따른 보조기기에 대하여 보험급여를 할 수 있다.
㉡ 장애인인 가입자 또는 피부양자에게 보조기기를 판매한 자는 가입자나 피부양자의 위임이 있는 경우 공단에 보험급여를 직접 청구할 수 있다. 이 경우 공단은 지급이 청구된 내용의 적정성을 심사하여 보조기기를 판매한 자에게 보조기기에 대한 보험급여를 지급할 수 있다.
㉢ 보조기기에 대한 보험급여의 범위·방법·절차에 따른 보조기기 판매업자의 보험급여 청구, 공단의 적정성 심사 및 그 밖에 필요한 사항은 보건복지부령으로 정한다.
㉣ 장애인 보조기기에 대한 급여는 현금 급여로 한다.

① ㉠, ㉢

② ㉠, ㉡, ㉣

③ ㉡, ㉢, ㉣

④ ㉠, ㉡, ㉢, ㉣

08

다음 내용에 해당하는 벌금 금액을 고르면?

> 거짓이나 그 밖의 부정한 방법으로 보험급여를 받거나 타인으로 하여금 보험급여를 받게 한 사람

① 10,000,000원
② 20,000,000원
③ 30,000,000원
④ 40,000,000원

09

다음 [보기]는 서류 보존 의무 기간 관련 항목이다. 보존기간 5년에 해당되는 것을 모두 고르면?

┤ 보기 ├
⊙ 요양급여 비용의 청구에 관한 서류
ⓒ 약국 등 보건복지부령으로 정하는 요양기관 처방전
ⓒ 자격 관리 및 보험료 산정 등 건강보험에 관한 서류
ⓔ 본인 납입 영수증

① ⊙
② ⊙, ⓒ
③ ⊙, ⓒ, ⓒ
④ ⊙, ⓒ, ⓒ, ⓔ

10

다음 [보기]의 설명 중 급여의 제한 대상에 해당되는 경우를 모두 고르면?

┤ 보기 ├
⊙ 고의 또는 중대한 과실로 인한 범죄행위에 그 원인이 있는 경우
ⓒ 고의 또는 중대한 과실로 요양기관의 요양에 관한 지시에 따르지 아니한 경우
ⓒ 고의 또는 중대한 과실로 문서와 그 밖의 물건의 제출을 거부하는 경우
ⓔ 업무 또는 공무로 생긴 장애·질병·부상·재해·사망으로 다른 법령에 따른 보험급여나 보상(報償) 또는 보상(補償)을 받게 되는 경우

① ⊙, ⓒ
② ⓒ, ⓔ
③ ⊙, ⓒ, ⓒ
④ ⊙, ⓒ, ⓒ, ⓔ

11

다음 [보기]에서 고액·상습체납자 인적사항 공개에 대한 내용으로 옳은 것이 몇 개인지 고르면?

┤ 보기 ├

ㄱ. 총액이 1천만 원 이상인 체납자의 인적사항 등에 대한 공개 여부 심의는 개인정보 공개 심의위원회에서 한다.

ㄴ. 공단은 총액이 1천만 원 이상인 체납자가 체납된 보험료, 연체금과 체납처분비와 관련하여 국민건강보험법에 따른 이의신청이나 심판청구를 제기한 경우에는 인적사항 등을 공개하지 아니할 수 있다.

ㄷ. 공단은 인적사항 등의 공개대상자에게 공개대상자임을 서면이나 구두로 반드시 통지함으로써 증명의 기회를 부여하여야 하며, 통지일로부터 1년이 경과한 후 체납액의 납부 이행 등을 감안하여 공개대상자를 선정한다.

ㄹ. 총액이 1천만 원 이상인 체납자의 인적사항 등의 공개는 관보에 게재하거나 공단 인터넷 홈페이지에 게시하는 방법에 따른다.

ㅁ. 공단은 국민건강보험법에 따른 납부기한의 다음 날부터 1년이 경과한 보험료, 연체금과 체납처분비의 총액이 1천만 원 이상인 체납자가 납부능력이 있음에도 불구하고 체납한 경우 그 인적사항 등을 공개하여야 한다.

① 1개
② 2개
③ 3개
④ 4개

12

국민건강보험법상 금융정보제공에 대한 설명으로 옳지 <u>않은</u> 것을 고르면?

① 공단은 지역가입자의 재산보험료부과점수 산정을 위하여 필요한 경우 「신용정보의 이용 및 보호에 관한 법률」 및 「금융실명거래 및 비밀보장에 관한 법률」에도 불구하고 지역가입자가 제출한 동의 서면을 전자적 형태로 바꾼 문서에 의하여 「신용정보의 이용 및 보호에 관한 법률」에 따른 신용정보집중기관 또는 금융회사 등의 장에게 금융정보등을 제공하도록 요청할 수 있다.

② 금융정보등의 제공을 요청받은 금융기관등의 장은 「신용정보의 이용 및 보호에 관한 법률」 및 「금융실명거래 및 비밀보장에 관한 법률」에 의거 명의인의 금융정보등을 제공하면 아니된다.

③ 금융정보등을 제공한 금융기관등의 장은 금융정보등의 제공 사실을 명의인에게 통보하여야 한다.

④ 금융정보등의 제공 요청 및 제공 절차 등에 필요한 사항은 대통령령으로 정한다.

13

다음 [보기]에서 약제에 대한 과징금 100분의 60을 넘지 <u>않는</u> 범위에 해당하는 사례를 모두 고르면?

02

10월 기출복원

┤ 보기 ├

㉠ 환자 진료에 불편을 초래하는 등 공공 복리에 지장을 줄 것으로 예상되는 때
㉡ 국민건강에 심각한 위험을 초래할 것이 예상되는 등 특별한 사유가 있다고 인정되는 때
㉢ 국민건강보험 공단에 업무상 피해를 주는 경우가 인정되는 때
㉣ 건강보험법에 관한 정관을 위반하는 경우

① ㉠
③ ㉠, ㉡, ㉢

② ㉡
④ ㉠, ㉡, ㉢, ㉣

14

국민건강보험법상 피부양자 적용 대상으로 옳지 <u>않은</u> 것을 고르면?

① 직장가입자의 배우자
② 직장가입자의 직계존속
③ 직장가입자의 형제의 배우자
④ 직장가입자의 형제 · 자매

15

다음 [보기]에서 선별급여에 관한 설명으로 옳은 것을 모두 고르면?

┤ 보기 ├

㉠ 경제성이 낮아도 가입자와 피부양자의 건강 회복에 잠재적 이득이 있는 경우 실시
㉡ 요양급여에 대한 사회적 요구가 있거나 국민건강 증진의 강화를 위하여 보건복지부장관이 특히 필요하다고 인정하는 경우 실시
㉢ 선별급여에 대한 평가 주기는 선별급여를 실시한 날부터 5년마다 평가
㉣ 선별급여의 평가 방법은 서면 평가의 방법으로 실시하되 보건복지부장관이 필요하다고 인정하는 경우에는 현장조사 · 문헌조사 또는 설문조사 등의 방법을 추가하여 실시

① ㉠, ㉡
③ ㉠, ㉡, ㉢

② ㉢, ㉣
④ ㉠, ㉡, ㉢, ㉣

16

구상권 및 수급권에 관한 설명으로 옳은 것을 고르면?

① 공단은 제3자의 행위로 보험급여사유가 생겨 가입자 또는 피부양자에게 보험급여를 한 경우에는 그 급여에 들어간 비용 한도에서 당사자에게 손해배상을 청구할 권리를 얻는다.
② 보험급여를 받은 사람이 제3자로부터 이미 손해배상을 받은 경우에는 공단은 그 배상액 한도이상으로 보험급여를 한다.
③ 요양비등 수급계좌에 입금된 요양비등은 압류할 수 있다.
④ 구상권의 생성배경은 민법상의 기본원리의 하나인 '소유권 절대의 원칙'에 의한 사유재산권의 인정과 사회형평의 원리에서 출발하였다.

17

다음 [보기]에서 본인부담 상한액 초과금이 얼마인지 고르면?

┤ 보기 ├

홍길동씨는 직장가입자이며 척추 및 요추 수술로 290만원의 본인부담금을 3차 요양기관에 지출하였다. 현재 연평균 건강보험료 분위는 4구간(6~7분위) 289만원에 해당된다.(3차 요양기관 진료 및 입원·수술 시 본인부담금 30% 가액 적용한다.)

① 10,000원
② 13,000원
③ 2,900,000원
④ 2,890,000원

18

다음 [보기]에서 직장가입자인 A씨의 보수월액보험료는 얼마인지 고르면?(단, 2024년 기준 건강보험료율은 7.09%이다.)

┤ 보기 ├

중소기업에 근무 중인 A씨는 한달 기준으로 세전 300만원의 급여를 받고 있다.

① 212,700원
② 106,350원
③ 80,500원
④ 45,212원

19

다음 [보기]에서 이자소득 및 연금소득 월 소득액 보험료는 각각 얼마인지 고르면?(단, 2024년 기준 건강보험료율은 7.09%이다.)

> **보기**
>
> 이몽룡씨는 연간 보수외 소득으로 총 3000만원의 수입이 발생하였는데 이자소득으로 2천만원, 연금소득으로 1000만원이다.

	이자소득 소득월액 보험료	연금소득 소득월액 보험료
①	39,349원	9,837원
②	78,699원	9,674원
③	118,048원	29,512원
④	209,474원	31,208원

20

다음 [보기]에서 휴직자 보험료 납부 금액은 얼마인지 고르면?(단, 2024년 기준 건강보험료율은 7.09%이다.)

> **보기**
>
> 한달 전부터 휴직중인 임거정씨는 회사로부터 월 급여 500만원(세전)을 받고 있었다.

① 354,500원   ② 192,700원
③ 177,250원   ④ 88,625원

직무시험_노인장기요양보험법

정답과 해설 P.36

01

다음 [보기]에서 빈칸에 들어갈 숫자의 합으로 옳은 것을 고르면?

| 보기 |

- 심사청구는 그 처분이 있음을 안 날로부터 (　　　)일, 통지받은 날로부터 (　　　)일 이내에 하여야 한다.
- 장기요양심사위원회는 위원장 1명을 포함한 (　　　)명 이내의 위원으로 구성한다.
- 장기요양재심사위원회는 보건복지부 장관 소속으로 두고, 위원장 1인을 포함한 (　　　)인 이내의 위원으로 구성한다.
- 장기요양급여 부정 청구의 경우 (　　　)년 이하의 징역 또는 (　　　)천만 원 이하의 벌금형에 처한다.

① 226　　　　　　　② 255　　　　　　　③ 256　　　　　　　④ 346

02

다음 [보기]에서 장기요양인정 신청 등에 대한 대리가 가능한 사람을 모두 고르면?

| 보기 |

- ㉠ 본인의 가족이나 친족 또는 이해관계인
- ㉡ 사회복지전담공무원
- ㉢ 치매안심센터의 장
- ㉣ 특별자치시장·특별자치도지사·시장·군수·구청장이 지정하는 자

① ㉠, ㉢　　　　　　　　　　　　　② ㉡, ㉣
③ ㉠, ㉡, ㉢　　　　　　　　　　　④ ㉠, ㉡, ㉢, ㉣

03
다음 [보기]의 실태조사에 관한 설명으로 옳은 것을 모두 고르면?

┤ 보기 ├
- ㉠ 장기요양등급판정위원회의 판정에 따라 장기요양급여를 받을 사람의 규모, 그 급여의 수준 및 만족도에 관한 사항
- ㉡ 장기요양요원의 처우에 관한 사항
- ㉢ 장기요양요원의 근로조건, 처우 및 규모에 관한 사항
- ㉣ 그 밖에 노인등의 장기요양에 관한 사항으로서 대통령령으로 정하는 사항

① ㉠, ㉢   ② ㉡, ㉣
③ ㉠, ㉡, ㉢   ④ ㉡, ㉢, ㉣

04
다음 [보기]의 폐쇄회로 텔레비전에 관한 설명으로 옳지 <u>않은</u> 것을 모두 고르면?

┤ 보기 ├
- ㉠ 요양기관의 장으로서 40일 동안 폐쇄회로 텔레비전 기록을 보관할 의무가 있습니다.
- ㉡ 요양기관의 장으로서 50일 동안 폐쇄회로 텔레비전 기록을 보관할 의무가 있습니다.
- ㉢ 요양기관의 장으로서 폐쇄회로 텔레비전은 노인학대 방지, 수급자의 안정을 위해서 녹화 및 녹음합니다.
- ㉣ 요양기관의 장으로서 폐쇄회로 텔레비전 설치 의무를 이행하지 않으면 과태료 5백만 원을 부과 받습니다.

① ㉠, ㉢   ② ㉡, ㉢
③ ㉡, ㉣   ④ ㉠, ㉡, ㉢, ㉣

05
다음 중 부당이득으로 보기 <u>어려운</u> 경우를 고르면?

① 연 한도액 범위를 초과하여 장기요양급여를 받은 경우
② 장기요양급여의 제한 등을 받을 자가 장기요양급여를 받은 경우
③ 거짓이나 그 밖의 부정한 방법으로 재가 및 시설 급여비용을 청구하여 이를 지급받은 경우
④ 거짓이나 그 밖의 부정한 방법으로 의사소견서등 발급비용을 청구하여 이를 지급받은 경우

06

다음 위반사실 등의 공표에 관한 설명으로 옳지 <u>않은</u> 것을 고르면?

① 보건복지부장관 또는 특별자치시장·특별자치도지사·시장·군수·구청장은 장기요양기관이 거짓으로 재가·시설 급여비용을 청구하였다는 이유로 특히 거짓으로 청구한 금액이 2천만원 이상인 경우 위반사실, 처분내용, 장기요양기관의 명칭·주소, 장기요양기관의 장의 성명등을 공표하여야 한다.

② 보건복지부장관 또는 특별자치시장·특별자치도지사·시장·군수·구청장은 장기요양기관이 자료제출 명령에 따르지 아니하거나 거짓으로 자료제출을 한 경우나 질문 또는 검사를 거부·방해 또는 기피하거나 거짓으로 답변하였을 경우 위반사실, 처분내용, 장기요양기관의 명칭·주소, 장기요양기관의 장의 성명, 그밖에 다른 장기요양기관과의 구별에 필요한 사항으로서 대통령령으로 정하는 사항을 공표하여야 한다.

③ 보건복지부장관 또는 특별자치시장·특별자치도지사·시장·군수·구청장은 공표 여부 등을 심의하기 위하여 공표심의위원회를 설치·운영할 수 있다.

④ 공표 여부의 결정 방법, 공표 방법·절차 및 공표심의위원회의 구성·운영 등에 필요한 사항은 대통령령으로 정한다.

07

다음 [보기]에서 장기요양기관의 지정 취소 또는 6개월의 범위의 업무정지에 해당하는 것을 모두 고르면?

┤ 보기 ├

㉠ 본인부담금을 면제하거나 감경하는 행위를 한 경우
㉡ 수급자를 소개, 알선 또는 유인하는 행위 및 이를 조장하는 행위를 한 경우
㉢ 폐업 또는 휴업 신고를 하지 아니하고 2년 이상 장기요양급여를 제공하지 아니한 경우
㉣ 시정명령을 이행하지 아니하거나 회계부정 행위가 있는 경우
㉤ 정당한 사유 없이 평가를 거부·방해 또는 기피하는 경우

① ㉠, ㉡, ㉢

② ㉡, ㉢, ㉣

③ ㉠, ㉡, ㉣, ㉤

④ ㉠, ㉡, ㉢, ㉣, ㉤

08

다음 [보기]에서 영상정보의 열람금지 제외에 해당하는 경우로 옳지 않은 것을 모두 고르면?

> **보기**
>
> ㉠ 범죄의 수사와 관련되어 영상정보의 열람을 사법기관에서 요청한 경우
>
> ㉡ 수급자의 보호자가 안전 목적으로 요청한 경우
>
> ㉢ 수급자가 자신의 재산상 이익을 위해 확인할 목적으로 요청한 경우
>
> ㉣ NGO 단체등에서 노인의 안전 업무 수행을 위하여 요청하는 경우

① ㉠, ㉣

② ㉡, ㉢

③ ㉡, ㉣

④ ㉣

09

다음 [보기]에서 부당이득에 따른 징수 대상이 <u>아닌</u> 사람을 모두 고르면?

> **보기**
>
> • 갑: 1년 전부터 뇌졸중으로 방문간호를 받고 있다.(현재 재판에 계류 중)
>
> • 을: 7년 전부터 파킨슨 질환으로 방문요양을 받고 있다.(현재 고소득자)
>
> • 병: 3년 전부터 알츠하이머 질환으로 방문간호를 받고 있다.(현재 60세)
>
> • 정: 5년 전부터 치매로 방문요양을 받고 있다.(현재 보험료 체납 중)

① 갑, 정

② 갑, 을, 병

③ 갑, 병, 정

④ 갑, 을, 병, 정

10

다음 중 500만 원 이하의 과태료를 부과하는 경우가 <u>아닌</u> 것을 고르면?

① 장기요양급여 제공 자료를 기록·관리하지 아니하거나 거짓으로 작성한 사람

② 폐쇄회로 텔레비전을 설치하지 아니하거나 설치·관리의무를 위반한 자

③ 폐업·휴업 신고 또는 자료이관을 하지 아니하거나 거짓이나 그 밖의 부정한 방법으로 신고한 자

④ 행정제재처분을 받았거나 그 절차가 진행 중인 사실을 양수인등에게 지체 없이 알리지 아니한 자

11

등급판정위원회 위원의 제척·기피·회피사항에 해당되지 <u>않는</u> 것을 고르면?

① 위원 또는 그 배우자나 배우자였던 사람이 해당 안건의 당사자이거나 그 안건의 당사자와 공동권리자 또는 공동의무자인 경우

② 위원이 해당 안건의 배우자와 친족이거나 친족이었던 경우

③ 위원이 해당 안건에 대하여 증언, 진술, 자문, 연구, 용역 또는 감정을 한 경우

④ 위원이나 위원이 속한 법인이 해당 안건의 당사자의 대리인이거나 대리인이었던 경우

12

다음 등급판정에 관한 설명으로 옳은 것을 고르면?

① 공단은 조사가 완료된 때 조사결과서, 신청서, 의사소견서, 그 밖에 심의에 필요한 자료를 등급판정위원회에 제출하여야 한다.

② 등급판정위원회는 신청인이 신청자격요건을 충족하고 3개월 이상 동안 혼자서 일상생활을 수행하기 어렵다고 인정하는 경우 심신상태 및 장기요양이 필요한 정도 등 대통령령으로 정하는 등급판정기준에 따라 수급자로 판정한다.

③ 공단은 심의·판정을 하는 때 신청인과 그 가족, 의사소견서를 발급한 의사 등 관계인의 의견을 들을 수 있다.

④ 등급판정위원회는 장기요양급여를 받고 있거나 받을 수 있는 자가 거짓이나 그 밖의 부정한 방법으로 장기요양인정을 받은 경우 조사하여 그 결과를 공단에 제출하여야 한다. 방법으로 장기요양인정을 받은 경우 조사하여 그 결과를 등급판정위원회에 제출하여야 한다.

13

다음 장기요양지원센터에 관한 설명으로 옳은 것을 고르면?

① 공단은 장기요양요원의 권리를 보호하기 위하여 장기요양요원지원센터를 설치·운영할 수 있다.
② 장기요양요원지원센터는 장기요양요원에 대한 건강검진 등 건강관리를 위한 사업을 실시할 수 있다.
③ 장기요양요원의 업무 등에 필요하여 보건복지부령으로 정하는 사항을 할 수 있다.
④ 장기요양요원지원센터의 설치·운영 등에 필요한 사항은 대통령령으로 정하는 바에 따라 해당 지방자치단체의 조례로 정한다.

14

다음 [보기]에서 장기요양위원회 위원의 해임 및 해촉 사유에 해당되는 경우를 모두 고르면?

┌─ 보기 ├─
ⓐ 심신쇠약 등으로 단기간 직무를 수행할 수 없게 된 경우
ⓑ 직무와 관련된 비위 사실이 있는 경우
ⓒ 직무태만, 품위손상이나 그 밖의 사유로 인하여 위원으로 적합하지 아니하다고 인정되는 경우
ⓓ 위원 스스로 직무를 수행하는 것이 곤란하다고 의사를 밝히는 경우

① ㉠, ㉢   ② ㉡, ㉣
③ ㉡, ㉢, ㉣   ④ ㉠, ㉡, ㉢, ㉣

15

다음 [보기]에서 장기요양급여의 제한에 해당되는 사람을 모두 고르면?

┌─ 보기 ├─
• 갑: 부정한 방법으로 장기요양급여비용을 받는 데 가담함
• 을: 고의로 사고를 발생시켜 장기요양인정을 받음
• 병: 공단이 자료 제출을 요구했지만 이를 거절함
• 정: 거짓으로 문서를 위조하여 급여 대상자로 선정됨

① 갑, 을   ② 병, 정
③ 갑, 을, 병   ④ 갑, 을, 병, 정

16

다음 [보기]에서 장기요양기관 지정시 고려사항에 해당되는 것을 모두 고르면?

┌─ 보기 ├───
│ ⊙ 장기요양기관을 운영하려는 자의 장기요양급여 제공 이력
│ ⓛ 장기요양기관을 운영하려는 자가 장기요양기관의 운영과 관련된 법에 따라 받은 행정처분의 내용
│ © 장기요양기관의 운영 계획
│ ⓔ 해당 지역의 노인인구 수, 치매 등 노인성질환 환자 수 및 장기요양급여 수요 등 지역 특성
└───

① ⊙, ©

② ⓛ, ©

③ ⓛ, ⓔ

④ ⊙, ⓛ, ©, ⓔ

17

장기요양인정 유효기간에 관한 설명으로 옳은 것을 고르면?

① 장기요양인정 유효기간은 최소 2년 이상으로 한다.

② 장기요양 신청인의 심신상태 등을 고려하여 장기요양인정 유효기간을 3개월의 범위에서 늘리거나 줄일 수 있다.

③ 갱신 결과 직전 등급과 같은 등급으로 판정된 경우 그 갱신된 장기요양인정의 유효기간은 장기요양 1등급은 4년으로 한다.

④ 갱신 결과 직전 등급과 같은 등급으로 판정된 경우 그 갱신된 장기요양인정의 유효기간은 장기요양 2등급부터 4등급은 2년으로 한다.

18

폐쇄회로 텔레비전에 관한 설명으로 옳은 것을 고르면?

① 국가 및 지자체는 노인학대 방지 등 수급자의 안전과 장기요양기관의 보안을 위하여 개인정보 보호법 및 관련 법령에 따른 폐쇄회로 텔레비전을 설치·관리하여야 한다.

② 폐쇄회로 텔레비전을 설치·관리하는 자는 수급자 및 장기요양기관 종사자 등 정보주체의 권리가 침해되지 아니하도록 준수하여야 한다.

③ 장기요양기관을 운영하는 자는 폐쇄회로 텔레비전에 기록된 영상정보를 60일까지 보관하여야 한다.

④ 국가 또는 지방자치단체는 폐쇄회로 텔레비전 설치비의 일부를 지원할 수 있다.

19

다음 [보기]에서 양벌 규정에 해당되는 것을 모두 고르면?

> ┤ 보기 ├
>
> ㉠ 정당한 사유 없이 장기요양급여의 제공을 거부한 자
>
> ㉡ 부정한 방법으로 장기요양급여를 받거나 다른 사람으로 하여금 장기요양급여를 받게 한 자
>
> ㉢ 정당한 사유 없이 권익보호 조치를 하지 아니한 자
>
> ㉣ 수급자가 부담한 비용을 정산하지 아니한 자

① ㉠, ㉢

② ㉡, ㉢

③ ㉡, ㉣

④ ㉠, ㉡, ㉢, ㉣

20

다음 [보기]에서 각각의 항목에 해당하는 과태료의 총합으로 옳은 것을 고르면?(단, 부과기준은 상한액으로 한다.)

> ┤ 보기 ├
>
> • 행정 제재 처분을 받았거나 그 절차가 진행 중인 사실을 양수인 등에게 지체 없이 알리지 아니한 자
>
> • 부정한 방법으로 수급자에게 장기요양급여 비용을 부담하게 한 자
>
> • 폐쇄회로 텔레비전을 설치하지 아니하거나 설치·관리의무를 위반한 자
>
> • 열람 요청에 응하지 아니한 자

① 1,200만 원

② 1,600만 원

③ 1,800만 원

④ 2,000만 원

대추가 저절로 붉어질 리는 없다

저 안에
태풍 몇 개,
천둥 몇 개,
벼락 몇 개

– 장석주, 『대추 한 알』, 이야기꽃

모바일
OMR 채점 서비스

정답만 입력하면
채점에서 성적분석까지 한 번에 쫙!

실전모의고사	실전모의고사 성적분석

☑ [QR 코드 인식 ▶ 모바일 OMR]에 정답 입력

☑ 실시간 정답 및 영역별 백분율 점수 위치 확인

☑ 취약 영역 및 유형 심층 분석

※ 유효기간: 2026년 5월 31일

▸ 국민건강보험법

eduwill.kr/u66p

▸ 노인장기요양보험법

eduwill.kr/m66p

국민건강보험공단
NCS+법률 실전모의고사

실전 1회

시험 구성 및 유의사항

- **2024년 기준 국민건강보험공단 필기시험은 다음과 같이 출제되었습니다.**

구분		문항 수	시간	비고
직업기초능력 응용모듈	의사소통능력	20문항		
	수리능력	20문항	60분	객관식 사지선다형
	문제해결능력	20문항		
직무시험(법률)	국민건강보험법(행정직/건강직/전산직)	20문항	20분	
	노인장기요양보험법(요양직)	20문항	20분	

※ 단, 전산직의 경우 직업기초능력 응용모듈 15문항 + 전산개발 기초능력 35문항 + 국민건강보험법 20문항으로 출제되었음

- **지원하시는 직렬에 따라 모의고사를 다음과 같이 활용하시기를 권장합니다.**
  - 행정직/건강직/전산직(기술직): NCS + 10분 휴식 + '국민건강보험법' 학습
  - 요양직: NCS + 10분 휴식 + '노인장기요양보험법' 학습

직업기초능력 응용모듈

정답과 해설 P.42

[01~02] 다음 보도자료를 읽고 이어지는 질문에 답하시오.

국민건강보험공단(이하 건보공단)은 2024년 11월부터 지역가입자의 건강보험료를 산정할 때 2023년도 귀속 소득(국세청 신고)과 2024년도 재산과표(지방자치단체 기준) 자료를 반영한다고 밝혔다. 이번 조치는 2024년 11월부터 2025년 10월까지 적용될 예정이다.

○ 건강보험료 산정 기준 변경 내용

건보공단은 지역가입자의 보험료 산정 시 최신 소득·재산 부과자료를 적용하여 보다 정확한 부과 체계를 운영하고 있다. 이번 변경 사항은 다음과 같다.
- 소득 반영: 사업자가 2024년 5월 말까지 국세청에 신고한 2023년도 귀속 소득을 바탕으로 10월 중 건보공단이 자료를 통보받아 11월 보험료부터 적용
- 재산 반영: '2024년 6월 1일 기준으로 확정된 재산세 과표 금액(지방자치단체 통보)'을 적용하여 11월 보험료부터 반영

○ 2024년 11월 평균 보험료 변동 및 원인

건보공단에 따르면, 2024년 11월 지역가입자의 평균 보험료는 8만 7,299원으로, 전년 대비 3,713원(4.1%) 감소했다. 이는 최근 5년간 가장 낮은 수준으로, 보험료 조정의 주요 원인은 다음과 같다.
- 소득보험료 증가: 금융소득 증가 등의 영향으로 전체 지역가입 세대(896만 가구)의 소득보험료가 평균 6,308원 증가
- 보험료 감액 조정: 부과체계 개편에 따른 감액률 감소로 일부 세대(71만 가구)의 보험료가 평균 7,698원 증가
- 보험료 감소 요인: 재산 기본공제 확대(5천만 원 → 1억 원), 자동차 보험료 폐지 등의 정책으로 340만 세대의 재산보험료가 평균 2만 6,066원 감소

이러한 변화가 반영되면서 전체 평균 보험료는 오히려 낮아지는 결과를 보였다.

○ 보험료 조정·정산 신청 확대

건보공단은 휴·폐업, 소득 감소 등의 사유가 있는 경우 증빙서류를 제출하면 조정·정산 신청이 가능하다고 밝혔다. 11월에는 2023년도 1~12월 보험료를 조정받은 대상자에 대해 국세청 소득자료를 반영하여 보험료를 재산정하며, 이에 따라 추가 부과 또는 환급이 이루어진다. 또한 2025년 1월 1일부터 '국민건강보험법 시행령' 개정에 따라 조정·정산 신청 가능한 소득 종류와 사유가 확대된다. 특히 재산을 매각한 경우, 증빙서류를 제출하면 가까운 공단 지사에서 보험료 변경 신청이 가능하다.

건보공단은 2024년 11월분 건강보험료 납부 기한이 12월 10일까지이며, 앞으로도 보험료 부과체계를 개선하여 공정성과 형평성을 지속적으로 높일 것이라고 밝혔다. 소득 중심 부과체계 개편을 추진하여 국민의 부담을 줄이고, 합리적인 건강보험료 부과 방안을 마련할 계획이다.

01

주어진 보도자료의 제목으로 가장 적절한 것을 고르면?

① 건강보험료 산정 기준 변경과 그에 따른 영향
② 국민건강보험공단, 보험료 감면 정책 확대
③ 건강보험료 부과체계의 지속적인 개편과 문제점
④ 2024년 건강보험료 조정: 소득과 재산 반영 변화

02

주어진 보도자료를 바탕으로 예상할 수 <u>없는</u> 것을 고르면?

① 소득이 일정하지 않은 지역가입자는 변경된 보험료를 확인한 후 조정·정산을 신청할 가능성이 있다.
② 소득·재산 반영 기준이 개편되면서 일부 가입자는 보험료가 증가할 수도 있지만, 평균 보험료는 전년보다 감소할 가능성이 있다.
③ 2024년 11월 이후 건강보험료 산정 방식이 변경됨에 따라, 일부 직장가입자는 보험료 부담이 증가할 가능성이 크다.
④ 건강보험료 부과체계 개편이 지속적으로 이루어질 경우, 향후 소득 중심의 부과 방식이 더욱 강화될 가능성이 있다.

[03~04] 다음 글을 읽고 이어지는 질문에 답하시오.

　　1인 가구는 외식 비율이 높고 건강한 식생활 실천율이 낮아 전반적으로 가장 건강하지 않은 식습관을 지닌 것으로 나타났다. 올바른 식습관은 소중한 건강을 지키는 첫걸음이다. 그렇다면 건강한 식습관은 어떻게 실천해야 할까?

　　⊙ 가장 먼저 올바른 식습관을 실천하려면 과일과 채소는 반드시 챙겨야 한다. 서울연구원이 2010년부터 2019년까지 10년간 성인인 서울시민 1만 1,918명을 대상으로 식습관을 분석한 결과, 과일 및 채소를 1일 500g 이상 섭취하는 비율은 1인 가구가 29.3%, 2인 가구가 39.3%, 3인 가구가 40.7%로 나타났다. 즉, 1인 가구의 과일, 채소 섭취 비율이 가장 낮음을 알 수 있다.

　　과일과 채소가 풍부한 식단은 심혈관질환과 암은 물론 사망의 주요 원인으로 꼽히는 만성 질환 위험을 낮추는 데 도움을 준다. ⓒ 세계보건기구(WHO)는 날마다 최소한 400g의 과일, 채소 섭취를 권고한다. 미국심장협회가 정한 지침에 따르면 과일의 경우 사과 1개, 포도 16알, 바나나 1개, 딸기 4개 등이며 채소의 경우엔 잎 채소 1컵(날 것), 피망 1/2개, 당근 1개 등이다. 반면 한국영양학회에선 채소의 경우 시금치 1접시(날 것 70g), 배추김치 1접시(40g), 과일의 경우 사과 1/2개(100g), 귤 1개(100g), 포도 15알(100g) 등을 1회 분량으로 정하고 있다.

　　또한, 하루 세 끼를 제때 챙겨 먹고 가공식품보다 원재료를 사용한 음식을 섭취하는 것이 좋다. 인스턴트 음식보다 밥을 챙겨 먹으며 고기, 생선, 달걀, 두부, 콩, 유제품 중 한 가지 이상을 식사 메뉴에 꼭 포함해 영양 불균형을 예방하고, 되도록 천천히 식사해 폭식과 과식을 피하는 것이 바람직하다. ⓒ 수분이 부족하면 쉽게 피로해지고 건강상 많은 위험이 생긴다. 특히 고령자는 치아가 불편해 음식물을 씹는 데 어려움을 느끼면서 균형 잡힌 식사를 하지 못할 수 있다. 이 경우 근력이 부족해지면서 몸의 노화가 빨라질 뿐만 아니라 치매와 같은 인지기능 저하도 발생할 수 있으므로 질긴 고기 대신 달걀이나 연두부, 두유처럼 소화가 잘되는 단백질 음식으로 식단을 구성해보자. 또한 발효 식품도 챙겨야 한다. 발효 식품은 장내 미생물들의 건강한 구성을 돕고 면역 체계, 신체의 신진대사 기능 등에도 유익하다.

　　반면, 혼밥 횟수가 늘어날수록 스트레스와 우울증이 증가하는 것으로 나타났다. 또 혼밥은 고혈압과 대사증후군 발생 위험도 높여 하루 두 끼를 혼자 식사하는 사람의 대사증후군 발생 위험은 지인과 함께 식사하는 사람의 1.3배로 집계됐다. ⓔ 혼밥은 간편식으로 한 끼를 해결하기 쉬워 영양소가 고루 갖춰지지 않은 식사를 하게 된다. 건강을 지키려면 혼밥이 편해도 지인, 가족 등과 같이 먹는 시간을 반드시 가져야 한다. 일정한 간격으로 날짜를 정해 함께 식사하는 즐거움을 누려보자.

03

주어진 글의 밑줄 친 ㉠~㉣ 중 글의 흐름상 삭제되어야 할 문장을 고르면?

① ㉠   ② ㉡   ③ ㉢   ④ ㉣

04

주어진 글의 내용과 일치하지 <u>않는</u> 것을 고르면?

① 서울시민 중 과일 및 채소를 1일 500g 이상 섭취하는 3인 가구는 섭취하지 않는 3인 가구보다 많다.
② 밥을 다른 사람과 함께 먹으면 대사증후군 발생 위험도가 상대적으로 낮아진다.
③ 한국영양학회에서 정한 1회 분량의 과일에는 포도 100g이 포함된다.
④ 발효 식품을 챙겨 먹으면 신체의 신진대사 기능에 도움을 받을 수 있다.

누구나 한 번쯤 겪는 어지럼증은 경증부터 중증까지 원인과 증상이 천차만별이라 각별히 주의해야 한다. 빈혈이나 귀에 돌이 생긴 '이석증'이 아닐 수도 있기에 무엇보다 정확한 진단을 받는 것이 중요하다.

어지럼증은 성인의 20%가 1년에 한 번 이상 경험할 정도로 흔한 증상이다. 대개 어지럼증을 빈혈과 연관 지어 생각하지만, 빈혈은 어지럼증의 원인 중 하나일 뿐이다. 어지럼증은 빙빙 도는 느낌부터 핑 도는 느낌, 머리가 어질어질한 느낌까지 증상이 다양해 정확한 진단이 어려운 경우가 많다. 심한 어지럼증이라도 심각한 질환이 아닐 수 있고, 가벼운 어지럼증이라도 중추성 신경계 이상처럼 수술이나 집중치료가 필요한 경우도 있어 정확한 감별 진단이 중요하다. 어지럼증을 유발하는 대표적 기관은 귀(말초성), 뇌(중추성), 심장, 눈 등이며, 어지럼증은 원인에 따라 크게 중추성 신경계 질환과 말초성 전정기관 장애로 구분한다.

말초성 전정질환에는 이석증, 전정신경염, 메니에르병, 미로염(내이염), 진주종, 외림프 누공 등이 있다. 급성 회전성 어지럼증을 호소하는 환자의 대부분은 말초성 전정질환으로, 그중에서도 이석증이 가장 흔하다. 속귀에 문제가 생긴 경우 어지럼증 외에도 청력 감소, 이명, 귀의 충만감 같은 증상을 동반할 수 있다. 반면 중추성 신경계 질환으로 어지럼증을 동반하는 경우 전정편두통, 소뇌동맥이 막히거나 터지는 뇌졸중, 뇌기저동맥 폐색, 척추동맥 박리 등이 있다. 따라서 중추성 원인에 의한 어지럼증은 신속한 치료가 필요하다. 중추성 어지럼증은 말초성과 달리 두통, 의식 변화, 어눌한 말투, 사지감각 저하·마비, 힘 빠짐 등의 증상을 동반하는 경우가 흔하므로, 어지럼증과 함께 이런 증상이 나타난다면 즉시 응급실로 가야 한다.

이 밖에도 움직이지 않고 오래 서있는 자세, 과호흡, 감정적 스트레스에 의한 실신성 어지럼증, 운동 전달·균형을 담당하는 고유 수용체 감각, 소뇌 등에 이상이 생겼을 때 발생하는 평형장애에 의한 어지럼증이 있다. 어지럼증 환자 10명 중 5~6명은 말초성 전정질환, 1명은 중추성 신경계 질환, 1.5명은 정신과적 문제로 인해 어지럼증이 발생하는 것으로 보고되었으며, 나머지 1~3명은 원인이 밝혀지지 않았다. 과거 뇌졸중을 앓았거나 고혈압·당뇨 등 뇌졸중 위험이 높은 만성질환 환자는 반드시 전문의에게 진료받아야 한다. 위험 요인이 없는 젊은 층은 귀와 연관된 질환이거나 생리적 실신성 어지럼증이 원인인 경우가 많으므로 누워서 안정을 취하거나, 수분을 충분히 섭취한 뒤 증상이 호전되기를 기다려보는 것도 방법이다. 하지만 증상의 빈도가 잦고 심하면 전문의에게 진찰을 받아보는 것이 좋다.

05

주어진 글의 주제로 가장 적절한 것을 고르면?

① 말초성 전정질환에 의한 어지럼증
② 뇌졸중 위험이 높은 만성질환 환자, 어지럼증 주의해야
③ 신속한 치료가 필요한 중추성 어지럼증
④ 다양한 어지럼증의 원인과 증상

06

주어진 글을 읽고 이해한 내용으로 적절하지 않은 것을 고르면?

① 이석증 환자들의 대부분은 급성 회전성 어지럼증을 호소한다.
② 소뇌에 이상이 발생하여도 어지럼증을 느낄 수 있다.
③ 말투가 어눌해지면서 어지럼증이 발생하는 경우 중추성 어지럼증인 경우가 많다.
④ 귀에 이상이 생겨 어지럼증을 느끼면 말초성 신경계 이상이라 할 수 있다.

[07~08] 다음 보도자료를 읽고 이어지는 질문에 답하시오.

건보공단, 2023년 담배소송 세미나 개최

− 담배와 암의 개별적 인과관계 … 흡연 폐해의 책임은 누구에게 −

□ 담배회사를 상대로 손해배상 청구 소송을 진행하고 있는 국민건강보험공단(이하 공단)이 흡연과 암 발병의 인과관계를 규명하고, 사법부의 인식 전환을 촉구하기 위해 '2023년 담배소송 세미나'를 개최하였다.
　○ 공단은 8월 31일(목), '담배와 암의 개별적 인과관계'를 주제로 담배소송 세미나를 개최하여 '고도흡연자 흡연경험 심층분석' 연구결과를 공유하고, 관련 전문가들과 토론을 통해 흡연 폐해의 발생 원인과 책임 소재를 다시 한 번 확인하였다.

□ 공단은 2014년 담배회사(○○사, □□사, ◇◇사)를 상대로 533억 원의 손해배상청구 소송을 제기하였으나, 2020년 11월 1심 재판부는 "소송대상자들의 개개인의 생활습관과 유전, 주변 환경, 직업적 특성 등 흡연 이외에 다른 요인들에 의해 발병했을 가능성을 배제할 수 없다"며 공단의 청구를 기각한 바 있다.
　○ 이에 공단은 즉각 항소하여 2023년 8월 현재 항소심이 진행되고 있으며, 지난해 고도흡연자 30명을 대상으로 일대일 심층 면담하는 등 질적 연구를 수행하였다. (　㉠　)

□ 공단 이사장은 개회사를 통해 "소송 제기 당시 1조 7천억 원이었던 흡연으로 인한 진료비가 2021년 3조 5천억 원까지 두 배 이상 증가하였고, 흡연으로 인한 피해는 계속 커지고 있기에 담배소송 1심 결과가 매우 아쉽다."면서, "오늘 세미나를 통해 흡연 폐해 발생의 정확한 사실관계를 알릴 예정이며, 담배소송 승소와 효과적인 금연 정책 추진을 위하여 참석해주신 전문가 분들과 국민 여러분의 많은 관심과 지지가 필요하다."고 당부했다. (　㉡　)

□ 발제자인 한국금연운동협의회 이강숙 회장은 '폐암, 후두암 환자의 흡연력 심층 추적'이라는 주제로 담배소송 1심 재판부 판단이 잘못되었음을 지적하고, 고도흡연자 중 일부 대상자들은 흡연과 폐암 등 질병 간 인과관계가 있음을 확인하였다고 밝혔다.
　○ 흡연과 담배소송 대상 암종(폐암 중 소세포암·편평상피세포암, 후두암 중 편평세포암)은 특이성이 매우 높다고 인정되며, 이러한 진실을 외면하지 않는 정의로운 재판부가 필요할 때라고 압박하였다.

□ 또한, 덕성여자대학교 문화인류학과 김▽▽ 교수는 과거 흡연자들이 온전히 개인의 자율적인 선택에 의하여 흡연을 시작하고 지속했는지에 대한 의문점을 제기하며, 과연 이들의 암 발병에 대한 책임을 누가 져야 하는가에 대하여 되물었다. (　㉢　)

□ 토론자인 연세대학교 보건대학원 지☆☆ 교수는 흡연자의 폐암 발생 기여도가 소세포암은 97.8%, 편평상피세포암은 95.9% 이상을 차지할 정도로 높다고 강조하며, 담배소송 대상자들의 폐암과의 인과성이 부정되어선 안된다며 항소심 법원의 인식 전환을 촉구했다. (　㉣　)

□ 공단은 향후 1심에서 제출된 증거가 담배소송 항소심에서 면밀히 검토되도록 재판부를 설득할 것이며, 그 외에도 담배회사 내부 연구문서 등 추가적인 증거를 찾기 위한 노력도 병행할 예정이라고 밝혔다.
　○ 아울러, 관련 학회·전문가들과의 연대 및 다각적 홍보를 통해 흡연 폐해의 사실을 널리 알려, 흡연에 대한 국민과 재판부의 인식을 전환시켜 담배소송 항소심의 승소를 위해 최선을 다하겠다고 덧붙였다.

07

주어진 보도자료의 흐름상 [보기]의 문장이 삽입될 가장 적절한 위치를 고르면?

┌─ 보기 ┐

　폐암의 일반적인 잠복기는 최대 30년이며, 과거 우리나라의 사회적 흡연 환경과 흡연자 진술을 토대로 봤을 때 담배 위해성에 대한 정확한 정보가 전달되지 않았다는 것이 핵심내용이다.

① ㉠　　　　　　　　　② ㉡　　　　　　　　　③ ㉢　　　　　　　　　④ ㉣

08

주어진 보도자료의 내용과 일치하지 <u>않는</u> 것을 고르면?

① 건보공단은 여러 방면의 홍보를 통해 흡연 폐해의 사실을 널리 알릴 계획이다.
② 건보공단은 2023년에 고도흡연자 30명을 대상으로 일대일 심층 면담을 진행하였다.
③ 편평세포암은 흡연과 담배소송 대상 암종에 포함된다.
④ 건보공단은 담배소송 세미나에서 전문과들과 토론을 진행하였다.

[09~11] 다음 글을 읽고 이어지는 질문에 답하시오.

전 세계적으로 소아청소년 비만이 지속적으로 증가하고 있다. 우리나라도 예외는 아니다. 2022년 11월 발표된 교육부 '2021년 학생건강검사 표본통계' 결과에 따르면 소아청소년 비만 비율은 2019년보다 약 4%p 증가한 19%에 달하는 것으로 드러났다. 이는 소아청소년 5명 중 1명이 비만이라는 의미로, 소아청소년에게 비만이 그만큼 흔한 질환임을 보여준다.

[가] 소아청소년 비만은 유전적 요인과 환경적 요인 등이 복합적으로 작용해 나타난다. 유전적 요인으로 인한 비만은 여러 유전적 변이와 환경의 상호작용으로 비만 발생 가능성이 커지는 경우다. 부모 모두 비만이면 자녀의 80% 정도에서 비만이 발생하고, 부모 중 한쪽이 비만이면 자녀의 40% 정도에서 비만이 발생한다고 알려졌다. 반면, 부모 모두 비만이 아니면 자녀의 7% 정도에서만 비만이 발생한다고 한다.

[나] 비만은 단순히 체중이 많이 나가는 것이 아니라 몸에 체지방이 과도하게 축적된 상태를 말한다. 영아나 소아 때의 비만은 지방세포의 수가 늘어나는 경우가 많고, 성인비만은 지방세포의 크기가 커지는 경우가 많다. 청소년 시기의 비만은 이 두 가지 유형이 섞여 있다. 소아청소년 비만은 체질량지수(체중을 키의 제곱으로 나눈 값, BMI) 백분위수, 표준 체중, 피부 주름 두께 측정 등으로 진단한다. 이 중 가장 많이 사용하는 방법은 체질량지수 백분위수다. 소아청소년은 한창 성장하고 있으므로 성장이 모두 끝난 성인처럼 일괄적 기준치를 적용하기 어렵다. 이에 성별과 나이에 따른 성장 정도를 고려해 비만 여부를 확인한다.

[다] 유전적 요인 외에 환경적 요인도 소아청소년 비만의 원인이다. 가족이 공유하는 생활환경과 유전적 소인이 합쳐지면 비만 가능성이 커진다고 본다. 가정의 사회경제적 수준, 주거지 주변의 환경도 소아청소년기 비만에 영향을 미친다. 생활 습관 또한 비만의 주요 원인으로 꼽힌다. 섭취 열량보다 소비 열량이 적으면 남은 에너지가 몸에 저장되는데, 이같이 에너지가 몸에 저장되는 생활 습관은 비만의 원인이 된다. 신체 활동량 감소, 고열량 및 고당질 식품 섭취, 잦은 간식 섭취, TV 시청과 컴퓨터 및 스마트폰 사용의 증가, 짧은 수면 등이 이에 속한다.

[라] 흔히 소아청소년 비만은 성별-나이별 성장도표를 이용해 체질량 지수 85백분위수 이상은 '비만 위험군(과체중)', 95백분위수 이상은 '비만'으로 본다. 쉽게 말해 같은 성별과 나이의 아이 전체를 100명으로 잡고 체질량지수가 낮은 아이부터 큰 아이까지 순서대로 했을 때 85번째부터는 비만 위험군, 95번째부터는 비만으로 판단하는 것이다.

소아청소년 비만으로 인한 합병증은 동맥경화가 대표적이다. 성인 동맥경화의 대부분은 어린 시절부터 시작된다고 알려졌다. 또한 소아청소년 비만이 있으면 당뇨병이 발생하기도 하는데, 과식을 할 경우 췌장의 인슐린 분비에 문제가 생겨 제2형 당뇨병이 올 수 있다. 소아청소년 비만 합병증으로 지방간도 있다. 지방간은 지방간에서 그치지 않고 지방성 간염, 지방성 섬유화, 지방성 간경화로 진행할 수 있으니 조심해야 한다. 소아청소년 비만으로 인한 내분비 기능 이상은 고혈압을 초래하는 원인이다. 이 외에도 소아청소년 비만은 수면 무호흡증, 월경 이상, 여드름 등 피부 문제, 관절 문제 등 여러 신체적 질환을 가져온다. 고독과 우울감, 자존감 저하, 사회적 위축 등 심리적 문제를 동반하기도 한다.

09

주어진 글의 [가]~[라]를 문맥에 맞게 배열한 것을 고르면?

① [가]-[나]-[다]-[라]
② [나]-[가]-[라]-[다]
③ [나]-[라]-[가]-[다]
④ [라]-[나]-[다]-[가]

10

주어진 글의 주제로 가장 적절한 것을 고르면?

① 소아비만에 대한 오해
② 소아비만의 개념과 특징
③ 전 세계 소아비만의 실태
④ 소아비만을 예방하는 방법

11

주어진 글을 바탕으로 [보기]와 같은 말을 하는 사람에게 반박한다고 할 때 적절하지 <u>않은</u> 것을 고르면?

┤ 보기 ├
"어릴 때 뚱뚱한 건 키로 갑니다. 따라서 소아비만은 걱정하지 않아도 됩니다."

① 소아청소년이라고 해서 지방간이나 높은 혈압, 높은 공복혈당 등 위험요소가 없는 것이 아니다.
② 소아청소년 비만으로 인한 내분비 기능 이상은 고혈압을 초래하는 원인이 되며 각종 성인병이 소아청소년 비만에서 비롯될 수 있다.
③ 소아비만으로 인해 지방세포의 수가 늘어나면 성인이 되어서 체중을 줄인다하더라도 지방세포의 수는 감소하지 않으므로 다량의 열량이 공급되면 다시 체중이 증가한다.
④ 소아청소년 비만을 개선하기 위해 식이 조절과 활동량 증가 등의 생활습관 개선은 생각처럼 쉽지 않으므로 지방흡수억제제나 식욕억제제 등을 이용한 약물 치료를 필수로 해야 한다.

[12~14] 다음 글을 읽고 이어지는 질문에 답하시오.

[가] 코로나19의 확산 이후 이를 악용한 스팸 메일과 문자가 급증하고 있다. (㉠) '감염자 및 접촉자 신분 확인하기'와 같은 내용으로 온 문자나 이메일에 첨부된 인터넷 주소(URL)에 접속을 유도하여 개인정보를 입력하게 하는 식이다. 이처럼 사람들의 관심을 끌 만한 내용을 통해 악성코드를 심고 개인정보를 빼내는 것을 '사회공학(Social engineering) 해킹'이라고 한다. 사회공학은 고도의 기술과 장비를 통해 컴퓨터의 비밀번호를 풀어내고 방화벽을 뚫는 일반적인 해킹과 달리 사람을 속여 정보를 빼돌리는 기법을 말한다. 사회공학을 통한 대표적인 수법으로는 피싱(Phishing), 스미싱(Smishing), 보이스피싱(Voice phishing) 등을 들 수 있다.

[나] 피싱은 개인정보(Private data)와 낚시(Fishing)의 합성어로, 은행이나 정부기관으로 위장한 사이트로 연결되는 링크를 이메일로 보내 접속을 유도한 뒤 계좌번호와 주민등록번호 등 개인정보를 탈취하는 것을 말한다. (㉡) 스미싱은 문자메시지(SMS)와 피싱의 합성어로, 문자에 첨부된 파일이나 URL에 접속하면 스마트폰에 악성코드가 설치되는 문자를 무작위로 전송하는 수법이다. 마지막으로 보이스피싱은 전화로 피해자를 속이는 경우다. 최근에는 보이스피싱을 통해 피싱 사이트로 유도하는 등 복합적인 수법이 쓰이기도 한다.

[다] 이와 같이 사회공학을 이용한 해킹은 모두 '연구(Research)─관계 형성(Developing trust)─공격(Exploiting trust)─활용(Utilizing trust)'의 단계를 거친다. (㉢) 어떤 기업의 영업 정보를 빼내려는 해커가 있다고 하자. 해커는 먼저 해당 기업의 전산 시스템을 연구해 USB 메모리 관련 보안 규정이 없다는 것을 알아낸 후, 이 점을 이용해 악성코드를 담은 USB 메모리를 목표한 회사에 보낸다. USB 메모리를 받은 직원이 내용을 확인하기 위해 업무용 컴퓨터에 연결하면 백도어가 설치되고, 해커는 이를 통해 전산 시스템에 접근한 후 영업 정보를 얻을 수 있다. 이런 단순한 수법에 넘어갈까 싶지만 의외로 피해 사례가 드물지 않다. 한 기업에서는 거래처의 납품대금 계좌가 변경됐다는 이메일을 받고 수백억 원을 보낸 경우도 있다.

[라] 전문가들은 이런 피해를 막기 위해 온라인에는 되도록 개인정보를 올리지 말고, 확실하지 않은 문자나 이메일의 첨부파일을 내려받지 않아야 한다고 조언한다. 랜섬웨어, 지능형지속공격(APT), 스마트폰 해킹 등의 상당수는 공개된 SNS와 블로그 등에서 입수한 개인정보를 바탕으로 사회공학을 활용해 이루어지기 때문이다. (㉣) 발신자가 불분명한 사이트나 링크는 접속하지 말고, 의심스러운 전화나 이메일을 받으면 반드시 공공기관이나 회사 내 보안팀 등과 상의해야 한다. 또한 문제가 생겼을 경우 KISA 개인정보침해신고센터, 경찰청 사이버안전국, 금융감독원 등으로 연락하면 도움을 받을 수 있다.

12

다음 중 [가]~[라]의 소제목으로 적절하지 <u>않은</u> 것을 고르면?

① [가]: 사회공학 해킹의 개념
② [나]: 사회공학 해킹의 유형별 피해 현황
③ [다]: 사회공학 해킹의 단계와 사례
④ [라]: 사회공학 해킹의 예방 및 대처 방법

13

주어진 글을 읽고 추론한 내용으로 적절하지 <u>않은</u> 것을 고르면?

① 랜섬웨어는 사회공학 해킹으로 발생한 것이 아닌 경우도 있다.
② 스미싱과 보이스피싱을 동시에 사용하는 범죄도 있다.
③ 피싱은 정부기관을 대상으로 한다는 점에서 스미싱과 차이가 있다.
④ 보이스피싱은 '연구–관계 형성–공격–활용'의 단계를 거친다.

14

주어진 글의 ㉠~㉣에 들어갈 접속어 중 그 의미가 비슷한 것끼리 묶은 것을 고르면?

① ㉠, ㉡   ② ㉠, ㉢   ③ ㉡, ㉣   ④ ㉢, ㉣

[15~17] 다음 보도자료를 읽고 이어지는 질문에 답하시오.

 ⊙ 보건복지부	**보도자료**	
	보도일시	배포 즉시
	배포일	2024. ○. ○○.(금)

[A]

디지털 헬스케어 분야에서 가명정보를 활용한 연구를 활성화하고 개인정보 보호를 강화하기 위해 의료데이터의 가명처리 방법 등을 개선한「보건의료데이터 활용 가이드라인」개정안을 마련하고 1월 19일(금)부터 1월 29일(월)까지 의견수렴 기간을 갖는다.

이번 개정안은 개인정보는 안전하게 보호하면서도 연구 목적 등 법률이 허용한 범위 내에서 보건의료데이터 활용이 활성화되도록 유전체 데이터 등 비정형데이터의 가명처리 범위를 확대하고, 데이터 제공기관의 책임 범위를 명확화하는 등 현장 애로사항을 해소하는 데 중점을 뒀다.

먼저, 유전체 데이터는 데이터 파일 형태*에 따라 염기서열 및 메타데이터 내 주요 식별정보는 제거하거나 대체하는 방식 등으로 가명처리하여 활용할 수 있도록 개선했다. 동시에, 연구 목적으로 활용하더라도 데이터 접근 권한을 통제하고 폐쇄환경에서 활용하도록 하는 등 정보보호를 위한 안전조치는 강화했다.
* NGS 기반 유전자 검사를 통해 생성된 FASTQ/SAM/BAM/VCF 파일 및 검사기록지

진료기록 등 자유입력 데이터는 자연어 처리기술 등을 활용하여 정형데이터로 변환 후 식별정보 삭제, 대체 등을 거쳐 가명처리하여 활용하도록 안내하였다. 또한, 음성 데이터의 경우에도 관련 기술을 활용하여 문자열로 변환한 후 식별정보 삭제, 대체 등 가명처리하거나 필요 시 추가로 노이즈 방식 등을 활용하도록 규정하였다.

아울러, 가명정보 처리에 관한 개인정보 파기, 개인정보 처리 방침의 공개사항에 가명정보 처리에 대한 사항 포함 등 개정된「개인정보 보호법」변경사항을 반영하였다.

그 밖에 의료기관 등 보건의료데이터 제공기관의 과도한 부담으로 데이터 활용이 위축되지 않도록 가명정보 처리 및 제공과정에서의 법적책임 범위를 명확히 하는 등 현장 애로사항을 해소하기 위해 노력하였다.

가명정보 처리 · 활용 시	가명정보 처리 · 활용 과정에서 의도치 않게 특정 개인을 알아볼 수 있는 정보가 생성되었다는 사실만으로 가명정보를 처리한 자 또는 해당 가명정보를 제공한 자를 처벌하지 않음(단, 해당 정보의 처리를 즉시 중지하고, 지체없이 회수 · 파기하여야 함)
가명정보 제3자 제공 시	가명정보를 제공받은 자의 안전조치 미이행 등으로 가명정보 유출 등의 문제가 발생하였거나 고의로 재식별 행위를 하는 등 그 행위 주체의 위법으로 발생한 사안에 대해서는 해당 행위자만 제재함

이번 개정안은 의료계 · 산업계 · 학계 · 공공기관 등 의료데이터 활용 현장 간담회를 거쳐 마련됐다. 개정안에 대한 상세한 사항은 '보건복지부 누리집 – 알림 – 공지사항'에서 확인할 수 있으며, 의견은 보건복지부 보건의료데이터진흥과로 제출하면 된다.

15

주어진 보도자료를 읽고 [A]에 들어갈 제목으로 가장 적절한 것을 고르면?

① 보건의료데이터 활용 가이드라인 도입을 위한 현장 의견 수렴
② 보건의료데이터 가명처리 방법 개선, 개인정보 보호하고 데이터 활용 활성화
③ 보건복지부, 의료데이터 및 인공지능 연구개발 현장 방문 및 기업 간담회 개최
④ 안전한 보건의료데이터의 산업적 활용을 위한 혁신포럼 개최

16

주어진 보도자료를 읽고 추론할 수 있는 내용으로 적절한 것을 고르면?

① 가명정보 처리 과정에서 의도치 않게 특정 개인에 대한 식별정보가 포함되었다면 해당 정보는 회수하지 않을 수 있다.
② 유전체 데이터를 연구 목적으로 활용할 경우 해당 데이터는 누구나 열람할 수 있다.
③ 의료기관으로부터 보건의료데이터를 제공받은 기업에서 가명정보 유출이 일어난 경우, 제공 의료기관도 처벌 대상에 해당한다.
④ FASTQ 파일 내 염기서열 정보는 처리 목적과 직접적으로 관계된 경우 대체하는 방식으로 활용할 수 있다.

17

주어진 보도자료에 다음과 같은 표를 삽입하고자 할 때, ㉠~㉢ 중 옳지 않은 내용을 모두 고르면?

[표] 비정형데이터 가명처리 방안 개정 전·후 비교

구분	현행	개선
유전체 데이터	널리 알려진 질병의 유전자 변이 유무 확인 등 예외적인 경우를 제외하고 가명처리 유보	㉠ NGS 기반 유전자 검사를 통해 생성된 표준화된 SAM, VCF 등은 메타데이터 및 염기서열에 대한 가명처리
자유입력 데이터	가명처리 유보	㉡ 식별정보 삭제 및 대체 후 자연어 처리 기술 등의 방법으로 정형데이터로 변환
음성 데이터	가명처리 유보	㉢ 음성인식 기술 이용하여 텍스트 처리한 뒤 자유입력 데이터 가명처리 방법으로 처리(필요 시 노이즈 방식 등 활용)

① ㉠   ② ㉡   ③ ㉠, ㉢   ④ ㉡, ㉢

[18~20] 다음 자료를 읽고 이어지는 질문에 답하시오.

□ 국민건강보험공단은 11월부터 전국 178개 지사, 55개 출장소 및 5개 외국인민원센터에 디지털창구 시스템을 오픈한다고 밝혔다. ㉠ 디지털창구 시스템은 디지털 플랫폼 정부 정책에 발맞춰 행정업무 프로세스를 혁신하여 민원 편의를 개선하고, 업무 효율성을 높이기 위한 것이다. 그간 방문 후 수기로 종이신고서를 작성하여 처리하던 민원 방식을 디지털 프로세스로 전환하여, 태블릿 모니터를 통해 전자서식을 접수하고 문서스캐너를 통해 종이서류를 전자문서화하는 등 디지털창구 시스템을 통해 전자기록물로 관리할 수 있는 시스템을 구축하였다.

□ 디지털창구 시스템을 이용하여 지사 내방민원의 방문상담, 서식접수 및 처리, 행정안전부와의 연계를 통한 전자문서 수신, 기록물 보관을 모두 원스톱으로 처리할 수 있다. ㉡ 이전에는 민원인이 종이서식과 관련 구비서류를 미리 준비하여 공단에 제출해야 했으나, 이제는 자격·부과·보험급여 등 다빈도 서식 11종을 종이서식 대신 전자서식으로, 수기서명 대신 전자서명으로 접수하여 처리할 수 있다. 또한, 정부24의 전자문서지갑과 디지털창구 시스템을 연계하여 가족관계증명서, 주민등록표 등본과 같은 각종 민원서식을 바로 디지털창구에서 확인하여 첨부할 수 있도록 구현하였다. 디지털창구 시스템으로 접수·처리한 서식과 구비서류는 종이로 보관·편철할 필요 없이 전자기록물로 보관할 수 있으며, 민원처리 내역은 신청한 지사가 아니더라도 모든 지사에서 조회할 수 있어 빠르고 편리하게 상담할 수 있다.

□ 공단은 안정적인 시스템 도입을 위해 지난 23년 7월부터 4개월간 8개 지사에서 시범운영을 거친 후 11월부터 순차적으로 전국 지사로 확대 운영한다. 시범운영 결과 업무 전반의 편리성 개선, 업무처리 시간 단축, 종이문서 업무 효율성 개선, 민원상담 활용도 등에서 상당한 효과가 있는 것으로 나타났으며, 이에 따라 방문민원의 편의성과 업무 효율성이 크게 향상할 것으로 기대하고 있다. 특히 종이기록물 생성, 보관, 폐기 등의 단순 행정업무가 감소함에 따라 지사 현장의 업무부담이 획기적으로 경감할 것으로 보인다. ㉢ 공공데이터인 식품영양성분 통합 DB를 적용함으로써 제공되는 정보의 정확도를 높였으며, 향후 지속적인 업데이트도 가능하다.

□ 공단 관계자는 "디지털창구 시스템의 도입으로 지사 내방업무에 대한 국민편의성을 향상하고, 종이 없는 디지털 종합민원실의 구현으로 ESG 실현을 위해 힘쓰겠다."고 밝혔다. ㉣ 공단은 전국 지사 확대를 23년 말까지 완료한 후, 24년에 고도화를 통해 서식을 43종으로 확대하고, AI OCR(문자인식 시스템)을 도입하는 등 시스템을 확대 구축할 예정이다.

18

주어진 자료의 ㉠~㉣ 중 흐름상 삭제되어야 할 문장을 고르면?

① ㉠　　　　　　② ㉡　　　　　　③ ㉢　　　　　　④ ㉣

19

주어진 자료의 내용과 일치하는 것을 고르면?

① 디지털창구 시스템은 23년 7월까지 시범운영 되었다.
② 외국인민원센터는 디지털창구 시스템 적용 대상에 해당하지 않는다.
③ 디지털창구 시스템에는 정부 부처와 연계한 민원처리 서비스가 포함된다.
④ 시스템 도입으로 한동안 단순 행정업무가 일시적으로 증가할 것으로 예상된다.

20

주어진 자료를 읽고 이해한 내용으로 적절하지 <u>않은</u> 것을 고르면?

① 남원지사에서 신청한 민원 처리 내역은 나주지사에서도 확인할 수 있다.
② 가족관계증명서는 디지털창구 시스템상에서 바로 첨부할 수 있는 서식이다.
③ 디지털창구 시스템으로 자격신청을 하고자 할 경우 수기서명 하지 않아도 된다.
④ 시범운영 기간 동안 디지털창구 시스템 이용 시 AI OCR 등록이 필수적이었다.

[21~22] 다음 [표]는 전국 보건소 수에 관한 자료이다. 이를 바탕으로 이어지는 질문에 답하시오.

[표] 전국 보건소 수

(단위: 개)

구분	2017년	2018년	2019년	2020년	2021년	2022년
전국	3,531	3,553	3,564	3,571	3,587	3,599
서울	43	47	50	53	55	59
부산	33	34	34	37	39	44
대구	28	28	29	28	28	27
인천	69	69	69	69	69	69
광주	22	23	23	24	24	24
대전	20	20	19	19	20	20
울산	24	25	25	25	25	25
세종	18	18	19	19	19	19
경기	335	339	343	344	349	346
강원	249	253	254	254	254	256
충북	270	270	271	270	272	272
충남	403	406	406	408	409	411
전북	409	410	410	405	406	409
전남	567	569	569	570	572	573
경북	560	560	560	560	560	557
경남	417	417	417	419	419	421
제주	64	65	66	67	67	67

21
주어진 자료에 대한 설명으로 옳지 <u>않은</u> 것을 고르면?

① 2018년에 보건소 수가 전년 대비 증가한 지역은 10개이다.
② 2021년에 전국 보건소 중 경북의 비중은 전년 대비 감소했다.
③ 2019년에 경기 보건소 수의 전년 대비 증감률은 제주보다 낮다.
④ 조사 기간 동안 매년 보건소 수가 가장 많은 지역은 가장 적은 지역의 30배 이상이다.

22
2020년 보건소 수 상위 4개 지역 중 2018년 대비 2022년 보건소 수의 증감률이 가장 큰 지역을 고르면?(단, 계산 시 소수점 둘째 자리에서 반올림한다.)

① 전남   ② 전북   ③ 경북   ④ 충남

[23~24] 다음 [표]는 지역별 봉사활동 횟수에 관한 자료이다. 이를 바탕으로 이어지는 질문에 답하시오.

[표] 지역별 봉사활동 횟수

(단위: 회)

구분	2018년	2019년	2020년	2021년	2022년
전국	73,380	73,191	20,591	21,589	27,289
서울	15,544	15,117	4,637	4,408	5,417
부산	5,300	5,452	1,429	1,619	2,053
대구	3,921	4,020	1,197	1,804	2,172
인천	4,247	4,178	988	975	1,505
광주	3,582	3,275	1,031	1,097	1,229
대전	2,858	2,784	797	886	1,043
울산	3,093	3,086	809	846	1,283
세종	189	184	55	66	61
경기	10,910	11,351	2,842	2,866	4,021
강원	2,262	2,282	686	749	951
충북	1,805	1,728	441	489	688
충남	3,293	3,376	1,019	1,120	1,202
전북	2,196	2,148	606	656	753
전남	3,808	3,655	1,120	1,048	1,235
경북	3,755	3,861	1,071	1,291	1,429
경남	5,183	5,276	1,445	1,287	1,792
제주	1,434	1,418	418	382	455

23

주어진 자료에 대한 설명으로 옳지 <u>않은</u> 것을 고르면?

① 2022년 전국 봉사활동 횟수 중 서울의 비중은 전년 대비 0.3%p 이상 감소했다.
② 조사 기간 동안 서울과 경기의 봉사활동 횟수 차이는 매년 1,500회 이상이다.
③ 강원의 연평균 봉사활동 횟수는 세종보다 1,200회 이상 많다.
④ 2019~2021년 동안 봉사활동 횟수가 전년 대비 매년 감소한 지역은 4곳이다.

24

다음 [보기] 중 전년 대비 증감률을 <u>잘못</u> 나타낸 그래프의 개수를 고르면?(단, 계산 시 소수점 둘째 자리에서 반올림한다.)

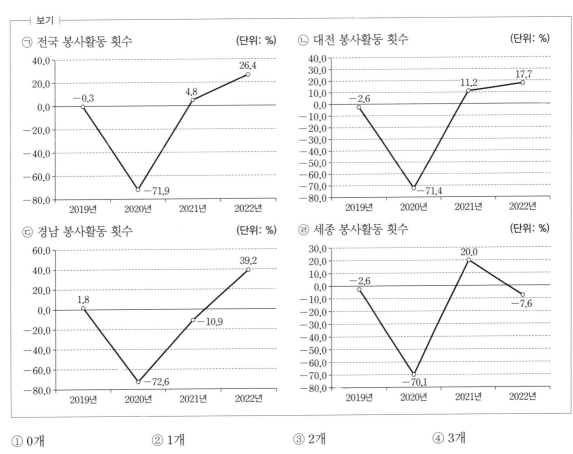

① 0개　　　　　② 1개　　　　　③ 2개　　　　　④ 3개

[25~26] 다음 [표]는 가구특성별 기초생활수급자 수에 관한 자료이다. 이를 바탕으로 이어지는 질문에 답하시오.

[표1] 전국 가구특성별 기초생활수급자 수 (단위: 명)

구분	2018년	2019년	2020년	2021년	2022년
합계	1,165,175	1,281,759	1,459,059	1,637,569	1,699,497
노인세대	337,788	391,096	439,135	518,799	546,697
일반세대	340,597	359,017	407,012	442,202	446,158
장애인세대	211,010	219,889	229,395	236,581	233,683
모자세대	135,862	143,810	163,950	176,319	179,653
부자세대	38,095	40,368	45,097	48,824	48,525
소년소녀가정	2,972	2,467	2,214	1,892	1,517
미혼부모세대	550	479	478	3,491	3,536
조손세대	7,632	7,665	7,595	7,657	6,877
기타 세대	90,669	116,968	164,183	201,804	232,851

[표2] 서울 가구특성별 기초생활수급자 수 (단위: 명)

구분	2018년	2019년	2020년	2021년	2022년
합계	197,278	221,695	260,795	289,518	298,093
노인세대	58,799	69,677	81,484	92,926	96,363
일반세대	60,256	65,323	77,202	84,131	84,986
장애인세대	31,139	32,898	34,863	35,987	35,482
모자세대	23,760	24,400	27,079	28,279	28,255
부자세대	5,894	6,178	6,863	7,235	7,003
소년소녀가정	311	264	246	219	199
미혼부모세대	71	62	64	493	496
조손세대	893	936	928	1,001	900
기타 세대	16,155	21,957	32,066	39,247	44,409

25

주어진 자료에 대한 설명으로 옳지 <u>않은</u> 것을 고르면?

① 2020년에 서울 기초생활수급자 수가 전년 대비 증가한 가구특성은 7가지이다.

② 조사 기간 동안 매년 서울 부자세대 기초생활수급자는 일반세대의 8% 이상이다.

③ 조사 기간 동안 전국 모자세대 기초생활수급자의 전년 대비 증감률이 가장 큰 해는 2021년이다.

④ 2019년에 전국 기초생활수급자 중 노인세대의 비중은 전년 대비 약 1.5%p 증가했다.

26

2018년 서울 기초생활수급자의 가구특성별 비중을 나타낸 그래프로 옳지 <u>않은</u> 것을 고르면?(단, 계산 시 소수점 둘째 자리에서 반올림한다.)

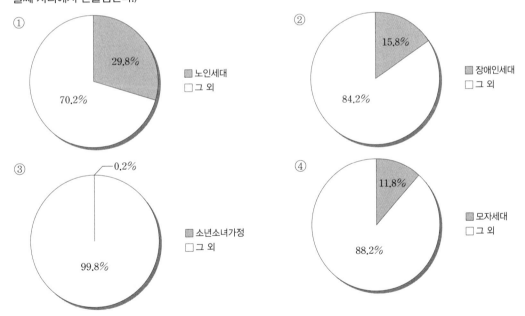

[27~28] 다음 [표]는 전국의 지역별 직장어린이집 수에 관한 자료이다. 이를 바탕으로 이어지는 질문에 답하시오.

[표] 지역별 직장어린이집 수

(단위: 개소)

구분	2019년	2020년	2021년	2022년
전국	1,153	1,216	1,248	1,291
서울	265	288	296	304
부산	55	57	59	60
대구	36	38	37	41
인천	71	76	76	80
광주	32	29	27	27
대전	58	59	61	62
울산	35	36	37	37
세종	15	15	16	16
경기	268	284	291	300
강원	41	45	52	57
충북	35	36	39	38
충남	52	53	55	58
전북	28	31	32	33
전남	31	34	36	36
경북	55	56	55	58
경남	58	60	60	62
제주	18	19	19	22

27

다음 [보기]의 ㉠~㉢ 값을 크기가 큰 순으로 바르게 나열한 것을 고르면?(단, 계산 시 소수점 둘째 자리에서 반올림한다.)

┌─ 보기 ───┐
- 전국 직장어린이집의 2019년 대비 2022년 증감률은 (㉠)%이다.
- 전국 직장어린이집 중 2020년에 부산과 인천이 차지하는 비중은 (㉡)%이다.
- 충북 직장어린이집의 2019년 대비 2021년의 증감률은 (㉢)%이다.
└───┘

① ㉠ > ㉡ > ㉢
② ㉠ > ㉢ > ㉡
③ ㉡ > ㉢ > ㉠
④ ㉢ > ㉡ > ㉠

28

다음 [그래프]가 어떤 지역의 연도별 직장어린이집 증감률을 나타낸 자료일 때, A와 B에 해당하는 지역을 고르면?

[그래프] 연도별 직장어린이집 증감률

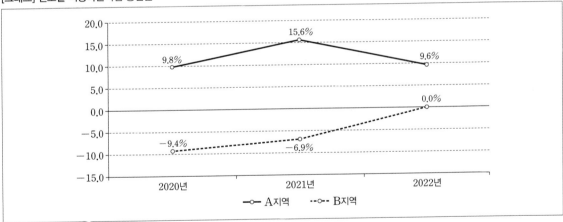

	A지역	B지역
①	강원	전남
②	경기	전남
③	강원	광주
④	경기	광주

[29~31] 다음 [표]는 연도별 요양급여비 및 요양기관 현황에 관한 자료이다. 이를 바탕으로 이어지는 질문에 답하시오.

[표1] 연도별 요양급여비 추이

(단위: 억 원, %)

구분	2020년	2021년	2022년	2023년	2024년
진료비	882,000	935,000	1,025,000	1,125,000	908,000
(증감률)	(5.0)	(6.0)	(9.6)	(9.8)	(−)
급여비	663,000	702,000	768,000	845,000	654,000
(증감률)	(2.0)	(5.9)	(9.4)	(10.0)	(−)

※ 작성기준일은 2024년 9월 30일임
※ 괄호 안의 수치는 전년 대비 증감률을 계산한 결과임

[표2] 연도별 요양기관 현황

(단위: 개)

구분	계	상급종합병원	종합병원	병원	요양병원	정신병원	의원	치과병원	치과의원	조산원	한방병원	한의원	보건기관	약국
2024년	102,971	50	329	1,410	1,360	265	36,500	242	19,100	15	600	14,700	3,400	25,000
2023년	101,852	45	327	1,400	1,390	255	35,700	240	19,000	15	580	14,800	3,400	24,700
2022년	100,138	45	323	1,395	1,435	255	34,900	235	18,800	10	540	14,500	3,400	24,300
2021년	98,366	45	320	1,390	1,460	250	33,900	231	18,600	20	550	14,400	3,400	23,800
2020년	96,766	40	318	1,500	1,580	—	33,100	228	18,200	20	480	14,600	3,400	23,300

29

주어진 자료에 대한 설명으로 옳지 않은 것을 고르면?

① 2021~2023년 동안 진료비와 급여비는 지속적으로 증가하였다.
② 요양기관이 두 번째로 많은 해에 진료비와 급여비의 차는 27조 원 이상이다.
③ 요양급여비 추이를 볼 때, 급여비는 2024년까지 지속적으로 증가할 것으로 예상할 수 있다.
④ 2021~2024년 동안 전년 대비 증가한 치과병원 수는 종합병원 수보다 매년 높다.

30

2019년 요양급여비 중 진료비와 급여비의 차액을 고르면?(단, 계산시 소수점 둘째 자리에서 반올림한다.)

① 17조 원   ② 18조 원   ③ 19조 원   ④ 20조 원

31

한방병원과 한의원이 한방기관에서 차지하는 비중을 연도별로 비교하여 나타낸 그래프로 옳은 것을 고르면?

① 2020~2024년 한방기관 중 한방병원 비중

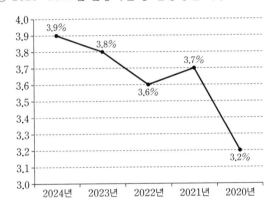

② 2020~2024년 한방기관 중 한방병원 비중

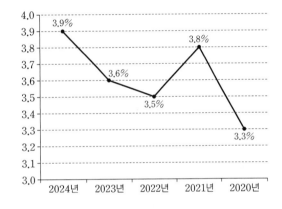

③ 2020~2024년 한방기관 중 한의원 비중

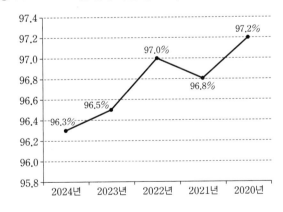

④ 2020~2024년 한방기관 중 한의원 비중

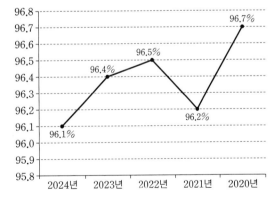

[32~34] 다음 [표]는 식중독 발생현황에 대한 자료이다. 이를 바탕으로 이어지는 질문에 답하시오.

[표1] 시도별·연도별 식중독 발생현황 (단위: 건, 명)

구분	2018년		2019년		2020년		2021년	
	발생 건수	환자 수	발생 건수	환자 수	발생 건수	환자 수	발생 건수	환자 수
전국	358	11,343	280	4,029	164	2,534	243	5,156
서울	54	2,142	36	719	13	214	26	581
부산	19	637	15	263	17	248	29	916
대구	10	245	11	157	9	74	6	219
인천	32	334	17	397	4	128	5	99
광주	5	43	8	53	5	70	11	50
대전	1	4	6	64	3	52	4	12
울산	6	102	3	20	4	32	1	5
세종	3	184	1	( )	1	6	2	258
경기	77	4,551	56	705	40	743	42	1,161
강원	12	308	18	190	6	60	16	270
충청	( )	452	36	655	13	280	41	820
전라	50	530	23	314	20	157	21	248
경상	57	1,579	44	425	22	348	( )	464
제주	10	232	6	62	7	122	8	53

[표2] 시도별·연도별 식중독 원인균 규명률 (단위: %)

구분	2018년	2019년	2020년	2021년
전국	63.0	64.3	70.7	76.3
서울	65.0	66.7	61.5	76.9
부산	58.0	60.0	35.3	48.3
대구	60.0	45.5	88.9	100.0
인천	69.0	76.5	75.0	100.0
광주	60.0	37.5	80.0	63.6
대전	100.0	33.3	33.3	25.0
울산	83.0	66.7	75.0	0.0
세종	67.0	100.0	100.0	100.0
경기	56.0	69.6	70.0	85.7
강원	58.0	72.2	100.0	100.0
충청	71.0	73.7	90.9	90.9
전라	60.0	28.6	90.0	75.0
경상	61.0	55.6	53.8	57.1
제주	50.0	16.7	71.4	62.5

※ 원인균 규명률(%)= $\dfrac{\text{원인병원체 규명 건수}}{\text{전체 식중독 발생 건수}} \times 100$

32

주어진 자료에 대한 설명으로 옳지 <u>않은</u> 것을 고르면?

① 2020년 울산에서 발생한 식중독 발생 건수 중 원인병원체 규명 건수는 3건이다.

② 2018년 충청의 식중독 발생 건수는 20건이다.

③ 조사 지역 중 2019년에 원인균 규명률이 가장 낮은 지역은 제주이다.

④ 2020년 전국의 식중독 환자 수는 전년 대비 35% 이상 감소하였다.

33

2021년 일부 지역의 인구 백만 명당 식중독 환자 수가 다음과 같을 때, 2021년 대전의 인구수와 울산의 인구수의 차를 고르면?

[표] 인구 백만 명당 식중독 환자 수　　　　　　　　　　　　　　　　　　　　　　　　　(단위: 명)

구분	서울	부산	대구	인천	광주	대전	울산
환자 수	61	273	92	34	35	8	4

① 9만 명　　　　　　② 15만 명　　　　　　③ 25만 명　　　　　　④ 32만 명

34

다음 중 연도별 전국의 식중독 발생 건수당 환자 수를 나타낸 그래프로 옳은 것을 고르면?(단, 소수점 첫째 자리에서 반올림한다.)

①　　　　　　　　　　　　　　　　　(단위: 명)　　②　　　　　　　　　　　　　　　　　(단위: 명)

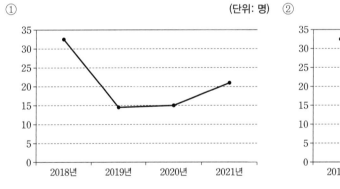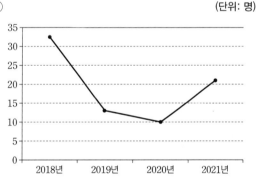

③　　　　　　　　　　　　　　　　　(단위: 명)　　④　　　　　　　　　　　　　　　　　(단위: 명)

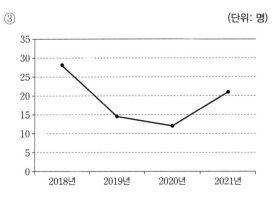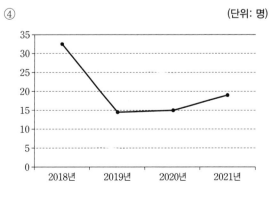

[35~37] 다음 [표]는 전국의 의료기관 병상 수에 관한 자료이다. 이를 바탕으로 이어지는 질문에 답하시오.

[표] 지역별 의료기관 병상 수   (단위: 개)

구분	2018년	2019년	2020년	2021년	2022년
전국	63,924	62,240	63,417	63,551	63,133
서울	8,333	8,283	8,617	8,973	8,749
부산	4,009	3,957	3,656	3,621	3,585
대구	3,654	3,547	3,800	3,923	3,825
인천	1,380	1,338	1,406	1,379	1,361
광주	2,753	2,771	2,797	2,736	2,837
대전	3,129	2,958	3,018	2,982	2,956
울산	130	130	157	157	148
세종	0	0	259	399	451
경기	9,096	8,504	9,107	9,186	9,014
강원	3,882	3,618	3,565	3,382	3,336
충북	2,917	2,815	2,815	2,919	2,879
충남	3,601	3,451	3,572	3,369	3,301
전북	3,466	3,458	3,554	3,515	3,503
전남	5,228	5,159	4,746	4,678	4,746
경북	4,512	4,481	4,516	4,690	4,716
경남	6,385	6,340	6,365	6,213	6,243
제주	1,449	1,430	1,467	1,429	1,483

35
주어진 자료에 대한 설명으로 옳지 않은 것을 고르면?

① 조사 기간 동안 병상 수 상위 3개 지역은 매년 동일하다.
② 조사 기간 동안 부산의 병상 수와 충남의 병상 수 차이가 100개 미만인 해는 2020년뿐이다.
③ 2020년 경북 병상 수의 전년 대비 증감률은 경남보다 크다.
④ 2021년 병상 수의 전년 대비 증감폭이 가장 큰 지역은 경북이다.

36

2019~2022년 동안 전국 의료기관 병상 수 중 서울이 차지하는 비중의 전년 대비 증감폭이 가장 큰 해를 고르면?(단, 계산 시 소수점 둘째 자리에서 반올림한다.)

① 2019년　　　　　② 2020년　　　　　③ 2021년　　　　　④ 2022년

37

다음 중 연도별 의료기관 병상 수를 나타낸 그래프로 옳지 <u>않은</u> 것을 고르면?

① 2018년 (단위: 개)

② 2019년 (단위: 개)

③ 2021년 (단위: 개)

④ 2022년 (단위: 개)

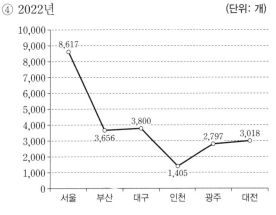

[38~40] 다음 [표]는 약국의 월별 청구 건수와 진료비에 관한 자료이다. 이를 바탕으로 이어지는 질문에 답하시오.

[표1] 약국의 월별 청구 건수 (단위: 천 건)

구분	2019년	2020년	2021년	2022년
1월	43,825	45,320	30,449	35,949
2월	35,552	36,043	29,363	35,108
3월	42,325	32,007	36,930	48,508
4월	47,249	31,534	37,780	44,018
5월	45,802	34,899	35,328	39,979
6월	38,832	35,984	35,941	37,054
7월	41,644	36,135	35,359	40,388
8월	39,421	33,363	33,871	43,255
9월	41,014	35,160	35,263	40,978
10월	45,151	33,861	37,130	41,441
11월	44,650	35,802	40,072	44,146
12월	48,028	34,533	38,317	47,892

[표2] 약국의 월별 진료비 (단위: 천만 원)

구분	2019년	2020년	2021년	2022년
1월	152,516	156,882	142,061	164,319
2월	125,683	140,501	136,865	154,607
3월	143,114	139,349	162,927	190,413
4월	154,428	138,898	160,522	180,638
5월	153,142	143,354	154,071	175,773
6월	136,734	149,029	159,384	167,767
7월	151,334	152,633	161,348	175,469
8월	144,751	144,184	158,208	186,600
9월	144,476	154,312	159,136	179,317
10월	156,255	144,435	161,984	177,035
11월	150,944	148,539	169,189	185,404
12월	161,842	157,233	173,125	196,718

38

주어진 자료에 대한 설명으로 옳지 <u>않은</u> 것을 고르면?

① 2021년 3월의 약국 청구 건수는 전월 대비 25% 이상 증가했다.

② 조사 기간 동안의 12월 평균 약국 진료비는 1월보다 2,000억 원 이상 많다.

③ 2022년의 약국 진료비는 매월 전년 동월 대비 증가했다.

④ 약국 진료비는 매년 12월에 가장 많다.

39

2022년 8월 약국 청구 건수의 2019년 동월 대비 증감률과 2022년 2월 약국 진료비의 2019년 동월 대비 증감률의 합을 고르면?(단, 계산 시 소수점 둘째 자리에서 반올림한다.)

① 27.3%
② 30.2%
③ 32.7%
④ 33.4%

40

다음 중 약국의 월별 청구 건수 1건당 진료비를 나타낸 그래프로 옳지 <u>않은</u> 것을 고르면?(단, 계산 시 소수점 둘째 자리에서 반올림한다.)

① 10월 약국 청구 건수 1건당 진료비   (단위: 만 원)

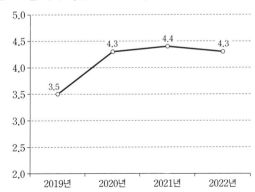

② 4월 약국 청구 건수 1건당 진료비   (단위: 만 원)

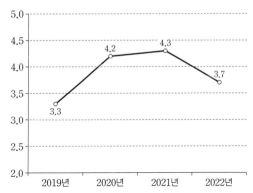

③ 9월 약국 청구 건수 1건당 진료비   (단위: 만 원)

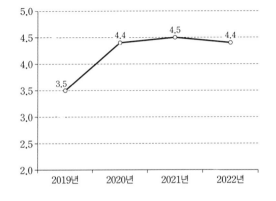

④ 1월 약국 청구 건수 1건당 진료비   (단위: 만 원)

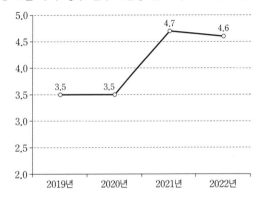

제7조(통상임금) 통상임금의 산정은 고용노동관계법령 및 고용노동부장관 예규 통상임금산정지침에 의한다.

제8조(임원의 연봉) 임원의 연봉은 별표1−1의 임원 연봉기준표 범위 내에서 여성가족부와 협의 조정한다.

제9조(직원의 연봉) ① 직원의 연봉은 별표1−2의 직원 연봉기준표 범위 내에서 매년 협의 조정하되, 이에 필요한 사항은 원장이 따로 정한다.

② 공무직 및 기간제근로자의 연봉에 대해 필요한 사항은 원장이 따로 정한다.

　제9조의2 (시간선택제근무를 하는 직원 등의 연봉 지급) 인사규정 제5조 제3항에 해당하는 직원에게는 통상적인 근무시간을 근무할 경우 받을 연봉월액을 기준으로 근무시간에 비례하여 연봉월액을 지급한다.

제10조(지급원칙) ① 채용, 승진, 징계처분, 휴직, 복직 및 퇴직 등에 따른 연봉 및 기타 수당은 인사발령 일자를 기준으로 계산하여 지급한다.

② 보수계산에 있어서 10원 미만의 단수는 이를 절사한다.

③ 보수의 일할 계산은 그 달의 일수로 나누어 계산한다.

④ 제1항에도 불구하고 다음 각 호의 어느 하나에 해당하는 경우에는 면직된 날이 속하는 달의 보수 전액을 지급한다.

　1. 재직 중 공무로 사망하여 면직(그 달 1일자로 면직되는 경우는 제외)된 경우

　2. 직원이 공무상 질병 또는 부상으로 재직 중 사망하여 면직(그 달 1일자로 면직되는 경우는 제외)된 경우

제11조(연봉의 조정 및 시기) ① 연봉은 매년 1월 1일을 기준으로 하며, 임원은 「공기업·준정부기관 임원 보수지침」을 준용하여 조정하고, 직원은 평가 등급별 결과 등을 반영하여 조정한다.

② 연봉 계약기간 중일지라도 다음 각 호의 연봉 조정사유가 발생할 경우 연봉을 조정할 수 있다.

　1. 승진, 강임 등 인사상 신분 변동이 있을 경우

　2. 기 책정된 연봉액의 결정사유가 허위, 부정한 방법 등으로 왜곡되었을 경우

　3. 기타 연봉 조정 사유가 있다고 인정되는 경우

제12조(연봉의 통보) 직원과의 연봉 계약은 '연봉결정통지서'를 개별 통보함으로써 갈음한다.

제13조(연봉조정 이의절차) ① 직원은 책정된 연봉액에 대하여 이의가 있을 경우, 연봉 통보일로부터 7일 이내에 1차적으로 인사담당부서장과의 협의를 실시하고, 협의에 의하여 조정이 이루어지지 않았을 경우 최초 통보일로부터 14일 이내에 인사담당부서장에게 서면으로 이의신청을 하여야 한다.

② 인사담당부서장은 이의신청서를 받은 경우 인사위원회 심의를 거쳐 14일 이내에 심의결과를 당해 직원에게 통보하여야 한다.

제14조(연봉 미확정시의 연봉지급) 연봉조정이 안 된 경우 연봉 만료일부터 연봉조정기간까지는 진흥원이 통보한 연봉액을 지급한다. 단, 연봉이 조정, 확정될 시에는 확정된 후 최초 급여 지급일 또는 당해 연도 1월 급여지급일부터 소급하여 정산한다.

제15조(결근자에 대한 연봉지급) 결근일수가 당해 직원의 연차휴가 및 특별휴가 소요일수를 초과한 경우와 무단 결근한 경우에는 그 초과한 결근 일수에 대하여 연봉 및 기타 수당을 일할 계산하여 이를 지급하지 아니한다. 다만, 가족수당은 예외로 한다.

제16조(휴직자에 대한 연봉지급) 휴직기간에 대하여는 다음 각 호를 제외하고는 보수를 지급하지 아니한다.

　1. 업무상 부상 또는 질병으로 인한 휴직: 「산업재해보상보험법」 및 관계법령의 규정에 따라 처리하고 보상한다.

2. 업무이외 부상 또는 질병으로 인한 휴직: 휴직기간이 1년 이하인 경우 연봉의 70퍼센트 지급, 휴직기간이 1년 초과 2년 이하인 경우 연봉의 50퍼센트 지급

제17조(출산전후휴가 중 연봉지급) 출산전후휴가 중 최초 60일(한번에 둘 이상 자녀를 임신한 경우에는 75일)은 유급으로 하고 통상임금을 지급한다.

제18조(신규채용 직원에 대한 연봉지급) ① 신규채용 직원의 연봉 결정은 인사규정 제10조 제1항의 규정에 의한 경력환산기준표에 의해 경력연수를 산정하여 별표1−2의 직원 연봉기준표 범위 내에서 협의 조정하여 지급하며, 다음 연도 연봉산정의 기준이 된다.

제19조(승진·강임자에 대한 연봉지급) ① 승진자의 연봉은 승진 당시 연봉에 별표3에서 정한 승진반영기준표를 반영한 연봉으로 지급한다.

② 제1항에 따라 책정된 승진자의 연봉이 별표1−2의 직원 연봉기준표에서 승진된 직급의 상한을 초과하는 경우, 승진자의 연봉은 승진된 직급의 상한으로 한다.

③ 강임자의 연봉은 강임되기 전의 연봉에 해당하는 금액을 지급하되, 강임된 직급에서의 연봉 상한액을 초과할 수 없다.

41

주어진 자료를 읽고 보인 반응으로 적절하지 <u>않은</u> 것을 고르면?

① 연봉이나 수당은 인사발령 일자를 기준으로 일할 계산하여 지급하는군.

② 재직 중 공무로 사망하여 면직된 경우 특별한 이유가 없으면 면직된 달의 보수 전액을 받을 수 있겠군.

③ 출산전후휴가 중 최소 2달은 통상임금을 지급받을 수 있겠군.

④ 임·직원 연봉은 연봉기준표 범위 내에서 원장이 정하도록 되어 있군.

42

다음 [보기] 중 보수를 지급받을 수 있는 경우는 몇 개인지 고르면?

┤ 보기 ├

㉠ 공무상 부상으로 재직 중 사망에 이르러 면직된 경우

㉡ 연봉액의 결정사유가 부정한 방법으로 이루어진 경우

㉢ 연봉액에 이의 제기를 하였으나 연봉조정이 안 된 경우

㉣ 아픈 가족을 간병하기 위해 1년 동안 휴직한 경우

㉤ 업무이외 부상으로 6개월 동안 휴직한 경우

① 2개　　　　　② 3개　　　　　③ 4개　　　　　④ 5개

[43~44] 다음은 2024년 4월 △△ 대학병원의 신경외과 담당의사별 진료 시간에 관한 안내문이다. 이를 바탕으로 이어지는 질문에 답하시오.

[담당의사별 4월 진료 시간]

구분	A과장		B과장		C과장		D과장	
	오전	오후	오전	오후	오전	오후	오전	오후
월요일	진료	수술	진료	수술	수술	진료	진료	수술
화요일	수술	진료	진료	수술	진료	수술	진료	수술
수요일	진료	수술	수술	진료	진료	수술	진료	수술
목요일	수술	진료	진료	수술	수술	진료	진료	수술
금요일	진료	수술	수술	진료	진료	수술	진료	수술
토요일	진료 또는 수술		진료		진료 또는 수술		수술	
토요일 휴무	넷째 주		둘째 주		첫째 주		셋째 주	

※ 토요일 진료 시간: 09:00~13:00
※ 평일 진료 시간: 09:00~12:30/14:00~18:00 (점심시간: 12:30~14:00)
※ 접수 가능 시간: 09:00~12:00/14:00~17:30

[기타 안내 사항]
• 2024년 4월 15일(수)~18일(토)은 병원 내부 공사로 인해 외래 진료 및 수술, 신규 환자 접수는 불가합니다.
• MRI 및 CT 촬영은 최소 3일 전 예약을 하셔야 합니다.
• 외래 진료 시 MRI 등 영상 자료가 있어야 합니다(필요한 경우에 한함).
• 초진의 경우, 건강보험증을 지참하고 원무과에서 접수하시기 바랍니다. 접수 후 진료실에서 진료를 마친 환자분께서는 다시 원무과로 오셔서 진료비를 수납 후, P창구에서 처방전을 받아 약을 받아 가시기 바랍니다. 예약 또는 재진인 환자분은 곧바로 진료실로 가셔서 진료 후 원무과에 수술 또는 영상 촬영 여부를 알려주시고, 수술인 경우 H창구에서 입원 수속을 하시고, 영상 촬영이 필요하신 분은 영상센터로 가시어 안내를 받으시기 바랍니다.

43

주어진 안내문에 대한 설명으로 옳지 <u>않은</u> 것을 고르면?

① 2024년 4월 D과장의 토요일 휴무일은 병원 내부 공사 일정과 겹친다.
② 평일에 D과장을 제외한 세 명은 모두 오전의 진료 일정이 오후의 수술 일정보다 많다.
③ 일주일 전 예약을 하고 찾아온 환자는 원무과를 거치지 않고 곧장 진료실에 가면 된다.
④ 평일의 진료 시간 및 접수 가능 시간은 모두 점심시간 전이 점심시간 후보다 각각 30분씩 짧다.

44

주어진 안내문과 다음 [상황]을 바탕으로 옳은 내용을 고르면?

┤ 상황 ├

　K씨는 평소 앓고 있던 허리 디스크를 치료받기 위하여 2024년 4월에 수술을 하기로 결정하였다. 그래서 그는 △△ 대학병원 신경외과의 A과장이나 C과장에게 가급적 오전에 수술 받기를 원한다.

① 이번 달에 수술을 받을 수 있는 토요일은 모두 두 번 있다.
② 수요일과 금요일에는 K씨가 원하는 시간에 수술을 받을 수 없다.
③ 평일 중 원하는 시간에 수술을 받을 수 있는 요일은 월요일과 목요일뿐이다.
④ 20일에 MRI 촬영 예약을 하여 23일에 MRI 촬영 및 진료 후 다음 날인 24일에 수술을 할 수 있다.

[45~46] 다음 자료를 바탕으로 이어지는 질문에 답하시오.

건강생활실천지원금제 시범사업 개요

○ 사업 목적

    건강관리 실천의 주체로서 개인의 자기주도적인 건강생활 실천 동기 유발을 통해 질병 발생 예방, 불필요한 의료비 지출 감소에 기여

○ 사업 내용

    건강생활 실천 활동과 건강 개선 결과에 따라 포인트 제공, 포인트 적립 후 지정한 사용처(온라인 쇼핑몰 등)에서 사용

○ 대상

건강위험요인이 있는 건강보험 가입자·피부양자
    ─ 예방형: 일반건강검진 수검자 중 건강위험그룹(BMI, 혈압, 혈당) 대상
    ─ 관리형: 일차의료 만성질환관리 시범사업 등록 환자(고혈압, 당뇨병) 대상

○ 지역

예방형 15개, 관리형 109개 시·군·구

지역	예방형(15개)	관리형(109개)('23.12.28~)
서울	노원구	노원구, 강남구 등 24개
경기인천	경기 안산시, 경기 부천시	경기 안산시, 경기 부천시 등 29개
충청권	대전 대덕구, 충북 충주시, 충남 청양군(부여군 포함)	대전 대덕구, 충북 청주시, 충남 천안시 등 10개
전라권	광주 광산구, 전북 전주시(완주군 포함), 전남 완도군	광주 광산구, 전북 전주시, 전남 목포시 등 15개
경상권	부산 중구, 대구 남구, 대구 달성군, 경남 김해시	부산 북구, 대구 남구, 대구 달성군, 경남 김해시 등 29개
강원제주권	원주시, 제주시	원주시, 강릉시 2개

※ 관리형 시범사업 지역은 일차의료 만성질환관리 시범사업 지역과 일치함

○ 포인트 적립·사용 기준(관리형)

항목		포인트 적립 기준
참여 포인트	참여 신청	5천 점
	케어플랜	5천 점
출석 포인트		매일 10점(모바일 앱 로그인 시 부여)
실천 포인트	걸음 수	케어플랜 목표 달성(일 100점)
	자가측정	주 2회까지 인정(회당 250점)
	교육	연간 1~5회(회당 4천 점)
점검평가 포인트		참여 기간(1년) 종료 시 1만 점(연간 평가 2회 이상 시 지급)
총 적립 한도		8만 점(1년)
포인트 사용		1천 점 이상 적립(참여 포인트 제외)

실전모의고사 1회

45

주어진 자료를 읽고 이해한 내용으로 옳은 것을 고르면?

① 전남 목포시는 예방형 시범사업 지역에 해당한다.
② 참여 기간 동안 점검평가에 3회 참여하였다면 총 8천 점이 적립된다.
③ 일차의료 만성질환관리 시범사업은 109개 시·군·구를 그 대상 지역으로 한다.
④ 예방형은 대상 지역에 거주하는 건강보험 가입자 또는 피부양자라면 누구나 참여할 수 있다.

46

관리형 시범사업에 참여한 A씨가 참여 기간인 1년 동안 달성한 내역 다음과 같을 때, A씨에게 적립된 총 포인트는 얼마인지 고르면?(단, 한 달은 4주로 계산한다.)

항목		달성 여부 및 일수
참여 여부	참여 신청	○
	케어플랜	○
총 출석일(로그인)		280일
목표 걸음 수 달성 일		240일
총 유효 자가측정 횟수		매주 3회
총 교육 참여 횟수		4회
총 점검평가 참여 횟수		2회

① 75,800점   ② 77,800점   ③ 80,000점   ④ 86,800점

[47~48] 다음 보도자료는 자립준비청년 의료비 지원 사업에 대한 내용이다. 이를 바탕으로 이어지는 질문에 답하시오.

건강보험 가입 자립준비청년의 의료비 부담이 대폭 줄어들 예정이다. 보건복지부는 23년 11월 13일부터 '자립준비청년 의료비 지원 사업' 신청 접수를 개시한다고 밝혔다. 신청을 통해 지원 대상자로 결정되면, 12월 1일자 진료분부터 의료비 지원을 적용받을 수 있다.

이번에 신설되는 자립준비청년 의료비 지원 사업은 건강보험 가입 자립준비청년이 의료급여2종과 유사한 수준으로 의료서비스를 이용할 수 있도록 건강보험 본인일부부담금을 지원하는 사업이다. 구체적인 사업 내용은 다음과 같다.

1. 지원 대상

지원 대상은 보호종료일로부터 과거 2년 이상 아동복지시설이나 위탁가정에서 보호를 받다가 보호종료된 자립준비청년으로, 자립수당 사업과 동일하다. 다만, 대상자가 건강보험 직장·지역가입자 또는 피부양자 자격인 경우에 한하여 지원되며, 의료급여 수급자나 차상위 본인부담경감 대상자는 해당 제도를 통해 이미 낮은 본인부담율이 적용되므로 지원에서 제외된다.

2. 지원 기간

지원 기간은 보호종료 후 5년이다. 지원 개시일은 의료비 지원 대상자로 지원 결정된 날의 다음날부터이며, 지원 종료일은 보호종료일로부터 60개월이 속하는 달의 마지막 날이다. 신청자별 지원 개시일과 지원 종료일은 별도로 통보된다.

3. 지원 내용

입원·외래 진료를 받거나 약국에서 의약품을 조제 받는 경우 일반 건강보험 가입자는 본인일부부담금으로 요양기관 종별, 입원·외래 여부 등에 따라 요양급여비용 총액의 20~60%를 부담해야 하지만, 자립준비청년 의료비 지원 대상자는 14%만 부담하면 된다. 일반 건강보험 가입자 본인일부부담금과의 차액은 국고에서 정산되며, 의료비 지원이 적용되는 진료 횟수나 지원금액에 제한은 없다.

4. 신청 절차

2023년 11월 13일부터 개시하는 신청 접수는 11월 기준 자립수당 수급 중인 자립준비청년(단, 2019년 1월 1일 이후 보호종료자에 한함)을 대상으로 하며, 온라인 신청창구에 접속하여 신청하면 된다. 12월 이후 신규 보호종료 예정인 경우에는 자립수당 신청 시 관할 지방자치단체 담당 공무원이 의료비 지원 사업도 함께 신청할 수 있도록 안내할 예정이다.

47

주어진 자료를 읽고 이해한 내용으로 옳지 <u>않은</u> 것을 [보기]에서 모두 고르면?

> ┤ 보기 ├
>
> ㉠ 2019년 3월 29일에 보호종료되어 건강보험 직장가입자에 해당하는 자립준비청년은 신청 대상에 해당한다.
> ㉡ 자립준비청년 의료비 지원 대상자는 1년에 최대 8회의 진료에 대한 지원금을 신청할 수 있다.
> ㉢ 의료급여 수급자에 해당하는 자립준비청년은 지원사업 신청 대상에서 제외된다.

① ㉠   ② ㉡   ③ ㉡, ㉢   ④ ㉠, ㉡, ㉢

48

주어진 자료를 이해하기 위해 다음 [보기]의 내용을 추가한다고 할 때, 빈칸에 들어갈 금액을 고르면?

> ┤ 보기 ├
>
> 예를 들어, 종합병원에서 외래진료를 받고 요양급여비용 총액이 20만 원 나온 경우, 일반건강보험 가입자가 본인일부부담금으로 10만 원을 부담해야 한다면 자립준비청년 의료비 지원 대상자는 (   )원만 부담하면 된다.

① 2,800   ② 14,000   ③ 28,000   ④ 50,000

[49~51] 다음은 청년마음건강지원사업에 관한 자료이다. 이를 바탕으로 이어지는 질문에 답하시오.

■ **청년마음건강지원사업(바우처)**

심리적 어려움을 가진 청년이라면 누구나 전문적인 심리상담을 받을 수 있도록 지원하는 사업

■ **지원대상:** 만 19세 이상 34세 이하 청년, 소득(재산) 기준 없음

    ※ 행정적 부담을 고려하여 만 나이는 출생연도 기준을 적용. 즉 만 19세는 2003년생 1. 1.~12. 31. 출생한 자 모두 해당

■ **우선 지원대상**

- (1순위) 자립준비청년(아동복지시설 등에서 만 18세 이상 만기 퇴소 또는 연장보호 종료된 청년)
- (2순위) 정신건강복지센터에서 연계 의뢰한 청년
- (3순위) 일반청년

■ **지원내용:** 3개월(10회)간 주 1회 심리상담서비스 지원

- 사전·사후검사도 서비스 제공 횟수에 포함
- 사후검사 결과에 따라 연장 가능

■ **서비스 가격(회당)**

구분	서비스 가격	비고	서비스 제공 인력 기준
A형	60,000원 (정부지원 90% +본인부담 10%)	일반적 심리 문제를 겪고 있으나 정신건강 관련 진료 등에 대한 부담감 없이 전문심리상담 서비스를 받고자 하는 경우	정신건강전문요원, 임상심리사, 전문상담교사, 청소년상담사, 상담분야를 전공(심리·상담학과 등)하고 실무경력(학사 2년, 석사 1년)이 있는 자
B형	70,000원 (정부지원 90% +본인부담 10%)	자립준비청년, 정신건강복지센터 방문자 등 서비스 욕구가 높거나 상대적으로 높은 수준의 상담서비스가 필요한 경우	정신건강전문요원, 임상심리사 1급, 상담분야를 전공(심리·상담학과 등)하고 실무경력(학사 4년, 석사 3년, 박사 1년)이 있는 자

    ※ A, B형은 이용자가 서비스 신청 시 선택
    ※ 자립준비청년은 서비스 유형에 관계없이 본인부담금 면제

■ **신청기간:** 2022년 5월 한달간

■ **신청장소:** 주민등록상 거주지 주민센터 직접 방문 혹은 온라인 신청

    ※ 온라인 신청: 차세대 사회보장 정보시스템과의 연계 일정에 따라 복지로 이용 신청 가능. 추후 일정 안내

■ **신청권자:** 본인, 친족 또는 법정 대리인, 담당 공무원(직권 신청)

    ※ 친족(민법 제777조): 배우자, 8촌 이내의 혈족, 4촌 이내의 인척

■ 처리 절차

구분	주체	내용
신청 및 접수 (주민센터 또는 복지로)	본인·대리인, 담당공무원	• 신청서 및 이용자 유의사항 안내 동의서 작성 제출 • 차세대 사회보장 정보시스템과의 연계 일정에 따라 복지로 이용 신청 가능, 추후 일정 안내
이용자 선정 및 통지	시·군·구 담당자	• 자격 및 우선지원 대상 확인 • 예산상황 등 고려하여 이용자 선정 • 신청자에게 선정결과 통지 및 서비스 제공기관(상담기관) 정보 안내
상담기관 선택 및 서비스 이용계약	이용자 ↔ 제공기관	• 개인정보활용동의서, 서비스제공계약서 등 관련 서류 작성 • 이용자가 서비스 제공기관(상담기관) 직접 선택 및 상담
본인부담금 납부 (자립준비청년 제외)	이용자 ↔ 제공기관	• 서비스 제공기관(상담기관)에 본인부담금 납부 • 이용자에 본인부담금 영수증 발급
서비스 이용 및 종료	이용자 ↔ 제공기관	• 서비스제공계약에 따라 서비스 제공 • 서비스지원 기간 만료 시 자동 종료(사후검사 결과에 따라 서비스 연장)

■ 관련 문의: 시 복지정책과(☎888−××××), 구·군 지역사회서비스 투자사업 담당 부서

49

주어진 자료를 통해 대답할 수 <u>없는</u> 질문을 고르면?

① 청년마음건강지원 서비스를 지원받게 되면 저는 얼마를 지불해야 하나요?
② 청년마음건강지원 서비스를 저희 이종사촌 형이 대신 신청해줄 수 있을까요?
③ 청년마음건강지원 서비스를 신청하면 전문상담교사로부터 심리상담을 받을 수 있나요?
④ 청년마음건강지원 서비스를 온라인으로 신청하면 상담 일정을 어디서 확인할 수 있나요?

50

청년마음건강지원사업의 비용에 관한 내용으로 옳은 것을 [보기]에서 모두 고르면?

┌─ 보기 ┐

ㄱ 자립준비청년이 청년마음건강지원 서비스를 1회 지원받았을 때의 본인부담금은 7천 원이다.

ㄴ 청년마음건강지원 서비스 B형을 주 1회씩 10회 지원받았을 때의 정부지원금은 60만 원 이상이다.

ㄷ 상담심리학을 전공하고 석사 2년의 실무경력이 있는 사람에게 심리상담 서비스를 3개월간 10회 받으면 지원대상 청년은 총 6만 원을 지불해야 한다.

ㄹ 청년마음건강지원 서비스 A형을 선택하여 사전검사 이후 3회의 심리상담서비스를 지원받았을 때의 서비스 가격은 총 18만 원이다.

① ㄱ, ㄴ   ② ㄱ, ㄹ   ③ ㄴ, ㄷ   ④ ㄷ, ㄹ

51

청년마음건강지원사업의 처리 절차에 대한 설명으로 옳은 것을 고르면?

① 서비스 지원 기간은 최대 3개월이다.

② 일반청년은 이용자 대상에서 제외된다.

③ 이용자가 개인정보활용동의서 등을 작성하고 나면 직접 상담기관을 선택할 수 있다.

④ 본인부담금을 납부해야 하는 경우에는 정신건강복지센터에서 안내한 은행 계좌로 입금 후 영수증을 발급받을 수 있다.

[52~54] 다음 안내문을 읽고 이어지는 질문에 답하시오.

돌봄시설 종사자 잠복결핵감염 검진 사업

□ 사업 목적
  ○ 잠복결핵감염 검진 의무가 있는 돌봄시설 중 검사 접근성이 낮은 종사자의 잠복결핵감염 검진·치료 지원을 통해 결핵을 선제적으로 예방하고자 함

□ 사업 내용
  ○ 결핵 발병시 파급력이 큰 신생아 및 영유아 등 돌봄시설❶ 종사자 중 검사 접근성이 떨어지는 취약계층❷ 종사자 대상 잠복결핵감염 검진 실시
    ❶ 의료기관(신생아실·신생아중환자실), 산후조리원, 어린이집, 유치원, 아동복지시설
    ❷ 임시일용직 근로자로 고용계약 기간이 1년 미만인 자 또는 일정한 사업장 없이 매일 고용되어 일한 대가를 받고 일하는 자
    ─ 잠복결핵감염 검사 양성자에게 활동성결핵을 배제하기 위한 흉부 X선 검사
    ─ 최종 잠복결핵감염자로 확인된 사람에게 치료 또는 결핵예방 관리 지원

□ 사업 현황
  ○ 총 56,804명 검진 실시, 잠복결핵감염 양성자 14,654명(양성률 25.8%) 확인하여 치료 및 예방관리 교육, 9명의 결핵환자 발견

[표] '23년 돌봄시설 종사자 잠복결핵감염 검진사업 현황 (단위: 명)

검진목표	검진현황			
	검사자	양성자❶	잠복결핵 감염자❷	결핵환자❸
41,000	56,804	14,654	14,645	9

※ '23년 12월 20일 기준 잠정통계
❶ 잠복결핵감염 검사에서 양성으로 확인된 사람
❷ 잠복결핵감염 양성인 사람 중 흉부 X선 검사를 실시하여 활동성결핵이 배제된 사람
❸ 잠복결핵감염 검사 결과 양성으로 확인되어, 추가 검사를 시행하여 결핵을 진단받은 사람

잠복결핵감염 검진 및 치료 안내

□ 잠복결핵감염 개요

  잠복결핵감염은 결핵균에 감염되어 체내에 소수의 살아있는 균이 존재하나 외부로 배출되지 않아 타인에게 전파되지 않으며, 증상이 없고, 항산균 검사와 흉부 X선 검사에서 정상인 경우

[참고] 잠복결핵감염과 결핵의 비교

구분	잠복결핵감염	결핵
증상 유무	전혀 없음	2주 이상 기침, 발열, 수면 중 식은땀, 가슴 통증(흉통), 체중감소, 피로, 식욕감퇴, 객혈 등의 증상이 하나 이상 발생 * 초기 무증상인 경우도 있음
전염성 여부	전혀 없음	전염성결핵인 경우 기침이나 대화를 통해 공기중 전파
신고 의무	해당 없음	감염병의 예방 및 관리에 관한 법률 및 결핵예방법에 따른 의무

□ 잠복결핵감염 검진

  ○ (접촉자 검진) 전염성 결핵환자와 접촉하여 결핵에 감염되기 쉬운 대상자는 「결핵예방법」에서 정하는 기준에 따라 잠복결핵감염 검진을 실시

  ※ 전염성결핵환자의 가족 및 최근 접촉자, 집단시설에서 생활을 같이한 자

  ○ (의무검진 대상) 결핵 발생위험과 발생 시 집단내 전파위험이 큰 집단시설 종사자를 「결핵예방법」에서 의무검진대상으로 규정하고 있음

> 1. 「의료법」 제3조에 따른 의료기관　　　2. 「모자보건법」 제15조에 따른 산후조리업
> 3. 「초·중등교육법」 제2조에 따른 학교　　4. 「유아교육법」 제7조에 따른 유치원
> 5. 「영유아보육법」 제10조에 따른 어린이집　6. 「아동복지법」 제52조에 따른 아동복지시설

□ 잠복결핵감염 치료

  ○ (치료 대상) 잠복결핵감염은 감염성 질환이 아니므로 충분한 사전 설명과 자발적 동의에 의한 치료를 실시하되, 전염성 결핵환자와 접촉한 자, 면역저하자 등 결핵발병 고위험군과 결핵 발병 시 파급력이 큰 집단시설 종사자는 치료 시행 권고

  ○ (치료 방법) 표준 잠복결핵감염 치료 방법*에 따라 치료 실시, 치료 시작 이후 2주, 4주 및 치료 종료 시까지 매달 주치의 진료와 추적검사 실시

  * 이소니아지드/리팜핀 3개월(3HR), 리팜핀 4개월(4R), 이소니아지드 9개월(9H) 요법 중 선택

  ○ (치료비 지원) 선제적이며 적극적인 치료를 시행함으로써 결핵 예방과 결핵 전파 차단 도모를 위해 잠복결핵감염 치료비를 산정특례(건보재정)로 적용하여 본인부담금 모두 지원

  ※ 잠복결핵감염 상병으로 치료를 받는 경우(단, 결핵발병 고위험 성인 및 전염성 결핵환자의 접촉자는 잠복결핵감염 검사 결과 양성 여부와 관계없이 지원)

52

주어진 안내문을 읽고 판단한 내용으로 옳은 것을 고르면?

① 잠복결핵감염 검진 사업의 검진목표 대비 검사자 수는 약 138%이다.

② 잠복결핵은 감염성 질환에 해당한다.

③ 잠복결핵감염 여부를 판단하기 위해서는 흉부 X선 검사를 진행해야 한다.

④ 검진 사업 결과 잠복결핵감염자이지만 결핵환자는 아닌 사람은 총 14,654명이다.

53

주어진 안내문을 읽고 추론한 내용으로 옳지 <u>않은</u> 것을 고르면?

① 발열을 동반한 결핵환자의 경우 의무적으로 신고를 해야 한다.

② 전염성 결핵환자와 접촉한 경우 잠복결핵감염 검사 결과가 음성이라도 치료비를 산정특례로 적용받을 수 있다.

③ 임시일용직 근로자이면서 고용계약 기간이 1년인 경우 취약계층 종사자에 해당한다.

④ 검진 사업 결과 잠복결핵감염 결과가 음성인 사람은 70% 이상이다.

54

다음 [보기] 중 잠복결핵감염 검진 의무 대상자에 해당하는 사람은 몇 명인지 고르면?

┌─ 보기 ├─────────────────────────────────────
│ ㉠ 초등학교에서 근무하는 영양사
│ ㉡ 유치원에서 근무하는 유치원 보조교사
│ ㉢ 학원에서 근무하는 강사
│ ㉣ 안과에서 근무하는 간호사
│ ㉤ 어린이놀이터 관리자
└──

① 2명　　　　　　② 3명　　　　　　③ 4명　　　　　　④ 5명

[55~57] 다음은 아이행복카드에 관한 자료이다. 이를 바탕으로 이어지는 질문에 답하시오.

1. 아이행복카드란
   - 만 0세부터 만 5세까지 취학 전 아동을 대상으로 정부에서 제공하는 보육료·유아학비 지원서비스를 이용할 수 있는 카드(2015년도 도입)
   - 아이행복카드 금융기관: ('15.1월부터) KB국민, 우리, 하나, NH농협, 신한, 비씨, 롯데카드

2. 도입배경: 어린이집과 유치원 간 이동 시 카드를 교체해야 하는 불편을 개선하기 위해 기존 아이사랑카드(보육료 지원)와 아이즐거운카드(유아학비 지원)를 아이행복카드 하나로 통합
   → 기존 아이사랑카드 소지자도 카드 교체 없이 어린이집에서 계속 사용 가능
   보육료를 전자카드(신용·체크·전용카드) 형태로 부모에게 직접 지원하는 방식
   ※ 전용카드: 아동단독세대, 복지시설입소아동, 보호시설입소 동반아동, 신용불량자에 한하여 읍·면·동 주민센터 또는 금융사 영업점에서 신청 가능

3. 발급 신청대상자: 어린이집에 다니며 정부 보육료를 지원받는 모든 아동의 부모

4. 발급 신청장소: 주소지 읍·면·동 주민센터
   ※ 복지로(http://www.bokjiro.go.kr)를 통한 온라인 신청도 가능하나, 다문화보육료와 장애아보육료를 지원받으려는 비등록 장애아의 경우 방문 신청만 가능

5. 발급 신청서류
   - 사회복지서비스 및 급여 제공(변경) 신청서
   - 바우처카드 발급 신청 및 개인신용정보의 조회·제공·이용 동의서
   - 카드연결계좌 통장 또는 통장사본 확인(사본 제출 불필요)
   - 신청인 본인을 확인할 수 있는 신분증(주민등록증, 운전면허증 등) 확인
   ※ 단, 경우에 따라 장애진단서 및 특수교육 대상자 선정·결정 통지서, 혼인관계증명서, 난민인정증명서 제출 필요

6. 결제방법
   방문결제(매달 어린이집 방문), ARS결제(1566-0244), 인터넷결제(http://www.childcare.go.kr), 스마트폰 결제(아이사랑포털에 회원 가입 시)
   - 아이행복카드 결제 시에만 보육료 지원 가능하며 일반 카드로는 보육료 지원 불가
   - 정부지원 보육료와 부모부담금 총액이 동시에 결제되나 부모에게는 부모부담금만 청구
   ※ 카드사·영업점을 통해 발급된 아이행복카드만으로는 보육료가 지원되지 않으며, 읍·면·동 주민센터 또는 복지로를 통해 보육료가 신청된 경우에 한해 지원

55

주어진 자료에 대한 설명으로 옳은 것을 고르면?

① 스마트폰이 있으면 누구나 별도의 절차 없이 결제를 할 수 있다.
② 기존 아이사랑카드를 아이행복카드로 교체하지 않아도 어린이집 유아학비를 결제할 수 있다.
③ 정부지원 보육료와 부모부담금이 모두 있는 경우에는 부모부담금만 결제된다.
④ 아이행복카드를 발급받기 위해서는 주소지 읍·면·동 주민센터를 방문해야 한다.

56

아이행복카드 발급에 대한 설명으로 옳은 것을 [보기]에서 모두 고르면?

┤ 보기 ├

㉠ 난민도 아이행복카드를 발급받을 수 있다.
㉡ 아이행복카드를 발급받으려면 적어도 2개 이상의 서류를 제출해야 한다.
㉢ 카드를 발급 받으려면 카드연결계좌 통장 또는 통장사본을 제출해야 한다.
㉣ 아직 등록되지 않은 장애아의 보육료를 지원받으려면 반드시 주소지의 주민센터를 방문해야 한다.

① ㉠, ㉡, ㉢   ② ㉠, ㉡, ㉣   ③ ㉠, ㉢, ㉣   ④ ㉡, ㉢, ㉣

57

주어진 자료와 다음 [상황]을 바탕으로 할 때, 옳은 것을 고르면?

상황

A씨는 아이행복카드를 △△은행에서 체크카드로 발급받아 사용하였다. △△은행에서 아이행복카드를 체크카드로 발급받으면 아이행복카드의 기본적인 혜택에 다음과 같은 혜택을 추가로 받을 수 있다.

구분	할인율	전월 이용실적	할인 한도
인터넷 쇼핑몰(G마켓, 옥션), 약국 업종	건당 3만 원 이상 이용 시 5% 할인	10만 원 이상	건당 최대 10만 원 월 최대 30만 원

---

① A씨가 지난달에 아이행복카드로 50만 원을 결제하였고, 이번 달에 약국에서 24,000원의 약을 구입한다면 1,200원의 할인 혜택을 받을 수 있다.

② A씨가 지난달에 아이행복카드로 8만 원을 결제하였고, 이번 달에 G마켓에서 120만 원어치 물건을 구입한다면 6만 원의 할인 혜택을 받을 수 있다.

③ A씨가 지난달에 아이행복카드로 11만 원을 결제하였고, 이번 달 두 번에 걸쳐 옥션에서 각각 240만 원과 180만 원어치의 물건을 구입한다면 총 21만 원의 할인 혜택을 받을 수 있다.

④ A씨가 지난달에 아이행복카드로 18만 원을 결제하였고, 이번 달 세 번에 걸쳐 옥션에서 각각 120만 원, 20만 원, 300만 원어치의 물건을 구입한다면 총 17만 원의 할인 혜택을 받을 수 있다.

[58~60] 다음은 금연치료 지원사업에 관한 자료이다. 이를 바탕으로 이어지는 질문에 답하시오.

---

1. 사업의 개요

흡연자의 금연 노력을 신속하게 지원하기 위해 공단 사업비 형태로 '금연치료 건강보험 지원사업' 실시 중(2015.02.25.부터)

- 8~12주 기간 동안 6회 이내의 진료·상담과 금연치료 의약품 또는 금연보조제(니코틴 패치, 껌, 정제) 구입비용 지원
- 금연치료를 위한 병·의원 3회차 방문부터 본인부담 면제(약국 포함)

의료기관 (의사) 금연진료상담 + 의약품 처방 or 보조제 상담, (약사) 조제/판매

공단

연 3회 지원	6회 이내 금연상담	56~84일 처방	인센티브 지급
참여 등록	(1~2회) 본인부담 20% (3~6회) 본인부담 없음	1회 최대 4주 이내 처방	(기준) 상담횟수 또는 투약일수 만족 (지급) 본인부담금 환급

2. 제공기관 및 지원대상

- (제공기관) 공단에 금연치료 지원사업 참여 신청한 모든 병·의원, 보건소, 보건지소 등
- (지원대상) 금연치료 참여 의료기관에 방문하여 등록한 금연치료를 희망하는 모든 흡연자에 대해 지원 (1년에 3번까지 지원)
  ※ 예정된 차기 진료일로부터 1주 이상 의료기관을 방문하여 진료받지 않은 경우 프로그램 탈락으로 간주하여 1회차 지원 종료
- 흡연자 1인당 최대 18회 진료·상담 및 36주 처방 가능

3. 지원내용

- 진료·상담: 8~12주 기간 동안 6회 이내의 범위에서 의료진이 적정한 주기로 니코틴중독 평가 등 금연 유지를 위한 상담 제공
- 금연진료·상담료: 최초상담료와 금연유지상담료로 구분하고, 건강보험공단에서 80% 지원(참여자 20% 부담)

구분	금연(단독)진료			금연(동시)진료		
	계	공단	본인	계	공단	본인
최초진료	22,830원	18,330원	4,500원	22,830원	19,830원	3,000원
유지상담	14,290원	11,590원	2,700원	14,290원	12,490원	1,800원

※ 의료급여수급자 및 저소득층(건강보험료 하위 20% 이하)은 진료·상담료 전액 지원
※ 금연진료를 타상병과 동시에 진료하는 '금연동시진료'와 금연진료만 행하는 '금연단독진료'로 구분

- 약국 금연관리료: 금연치료의약품, 금연보조제 등 사용안내 및 복약지도 관련 비용으로 공단에서 80% 지원(참여자 20% 부담)

구분	금연치료의약품			금연보조제		
	계	공단	본인	계	공단	본인
약국 금연관리료	8,100원	6,500원	1,600원	2,000원	1,600원	400원

※ 의료급여수급자 및 저소득층은 약국 금연관리료 전액 지원

- 금연치료의약품/금연보조제: 1회 처방당 4주 이내의 범위(총 12주)에서 금연치료의약품 및 금연보조제 (패치, 껌, 정제) 구입 비용 지원
  - 금연치료의약품: 약가 상한액의 80%를 공단에서 지원(참여자 20% 부담)

구분		금연치료의약품	
		부프로피온	바레니클린
약가 상한액		정당 516원	정당 1,100원
본인부담금	건강보험	정당 100원	정당 220원
	의료급여/저소득층	(없음)	(없음)

  - 금연보조제: 일당 지원액을 초과하는 경우 본인 부담

구분		금연보조제 (니코틴패치, 껌, 사탕)	비고
지원액	건강보험	일(日)당 1,500원	지원액을 초과하는 비용은 본인이 부담
	의료급여/저소득층	일(日)당 2,940원	

4. 금연치료 지원사업

- 금연프로그램을 모두 이수한 경우 1~2회에 본인이 부담한 비용의 100%(이수 이수 인센티브) 지급
- 이수조건
  1) 6회 상담 완료 또는
  2) 치료제별로 투약일수 만족
  3) 부프로피온 - 56일 이상 투약 완료
  4) 바레니클린 - 84일 투약 완료
  5) 보조제(패치, 껌, 사탕) - 84일 투약 완료
- 신청방법: 우편, 팩스, 유선, 방문, 대표홈페이지, The건강보험(앱)
- 접수처: 관할지사 또는 고객센터
  ※ 단, 고객센터는 유선접수만 가능(☎1577-○○○○)

58

금연치료 지원사업에 대한 내용으로 옳은 것을 고르면?

① 금연프로그램을 모두 이수하면 지원자는 누구나 지원금액을 받게 된다.
② 이수 인센티브를 받기 위해서는 관할지사 또는 고객센터에 방문하면 된다.
③ 금연보조제나 금연치료 의약품을 구입해야만 금연프로그램을 이수할 수 있다.
④ 신청자가 금연 껌에 관한 사용안내 비용을 약국에 지불해야 하는 경우 400원만 내면 된다.

59

주어진 자료를 바탕으로 할 때, 다음 사례 중 <u>잘못된</u> 것을 고르면?

① 저소득층인 A씨는 무료로 금연단독진료를 받을 수 있었다.

② B씨는 금연치료의약품인 바레니클린 20정을 투약받고 880원을 지불하였다.

③ C씨는 10주 동안 병원에서 6회에 걸쳐 금연진료 및 상담을 받고 본인부담금을 환급받았다.

④ D씨는 업무 때문에 2주간 참여 의료기관에 방문하지 못하여 금연프로그램에 탈락하게 되었다.

60

다음 [상황]에서 최씨가 현재까지 지불한 본인부담금은 얼마인지 고르면?

┤ 상황 ├

직장인 최씨는 금연치료 지원사업으로 시행되는 금연프로그램에 참여하였다. 그는 5주 동안 매주 수요일마다 병원에 방문하여 진료 및 상담을 받았고, 그때마다 금연치료의약품인 부프로피온을 21정씩 처방받았다. 의약품을 처음 처방받았을 때 그는 제대로 금연하기 위해 약사에게 복약지도를 받은 바 있고, 병원에서는 금연단독진료를 받았다. 최씨는 의료급여수급자나 저소득층이 아니기에 본인부담금을 지불한 상황이다.

① 8,700원   ② 12,100원   ③ 18,400원   ④ 22,900원

직무시험_국민건강보험법

정답과 해설 P.56

01

국민건강보험법상 보험료 부담에 대한 설명으로 옳지 않은 것을 고르면?

① 직장가입자의 보수월액보험료는 직장가입자와 사업주가 각각 보험료액의 100분의 50씩 부담한다.
② 국민건강보험의 직장가입자 보험료는 노사가 1/2씩 부담하지만 사립학교 교직원은 국가가 20% 부담한다.
③ 직장가입자의 보수 외 소득월액보험료는 직장가입자가 부담한다.
④ 지역가입자의 보험료는 그 가입자가 속한 세대의 지역가입자 전원이 연대하여 부담한다.

02

국민건강보험법에 대한 내용으로 옳지 않은 것을 고르면?

① 「의료급여법」에 따라 의료급여를 받는 사람은 건강보험의 가입자가 될 수 없다.
② 보건복지부장관은 국민건강보험종합계획에 따라 연도별 시행계획에 따른 추진실적을 매년 평가하여야 한다.
③ 건강보험 가입자는 국내에 거주하지 아니하게 된 날에 그 자격을 잃는다.
④ 건강보험정책에 관한 사항을 심의·의결하기 위하여 보건복지부장관 소속으로 건강보험정책심의위원회를 둔다.

03

국민건강보험법상 요양급여에 해당하지 않는 것을 고르면?

① 예방·재활
② 이송(移送)
③ 요양병원간병비
④ 처치·수술 및 그 밖의 치료

04
다음 [보기]에서 국민건강보험법상 국민건강보험종합계획에 포함되어야 할 사항을 모두 고르면?

> ┤ 보기 ├
>
> ㉠ 보험료 부과체계에 관한 사항
> ㉡ 요양급여비용에 관한 사항
> ㉢ 취약계층 지원에 관한 사항
> ㉣ 건강보험에 관한 통계 및 정보의 관리에 관한 사항

① ㉠, ㉡   ② ㉠, ㉢, ㉣
③ ㉡, ㉢, ㉣   ④ ㉠, ㉡, ㉢, ㉣

05
국민건강보험법상 국민건강보험공단이 관장하는 업무에 해당하지 <u>않는</u> 것을 고르면?

① 가입자 및 피부양자의 자격관리
② 자산의 관리·운영 및 증식사업
③ 의료시설의 운영
④ 요양급여비용의 심사

06
국민건강보험법상 건강보험심사평가원의 업무에 해당하는 것을 고르면?

① 요양급여의 적정성 평가
② 가입자의 자격 관리
③ 보험급여의 관리
④ 보험료의 부과·징수

07

다음 [보기]에서 국민건강보험법상 보험료 경감대상자를 모두 고르면?

┌─ 보기 ├───┐
│ ㉠ 휴직자   │
│ ㉡ 60세인 자   │
│ ㉢ 장애인복지법에 따라 등록한 장애인   │
│ ㉣ 섬·벽지·농어촌 등 대통령령이 정하는 지역에 거주하는 자   │
└───┘

① ㉠, ㉡

② ㉡, ㉢

③ ㉢, ㉣

④ ㉠, ㉢, ㉣

08

국민건강보험법상 과징금에 대한 설명으로 옳지 <u>않은</u> 것을 고르면?

① 보건복지부장관은 요양기관이 업무정지 처분을 하여야 하는 경우로서 그 업무정지 처분이 해당 요양기관을 이용하는 사람에게 심한 불편을 주거나 보건복지부장관이 정하는 특별한 사유가 있다고 인정되면 업무정지 처분을 갈음하여 속임수나 그 밖의 부당한 방법으로 부담하게 한 금액의 5배 이하의 금액을 과징금으로 부과·징수할 수 있다.

② 보건복지부장관은 약제를 요양급여에서 적용 정지하는 경우 국민 건강에 심각한 위험을 초래할 것이 예상되는 등 특별한 사유가 있다고 인정되는 때에는 요양급여의 적용 정지에 갈음하여 대통령령으로 정하는 바에 따라 해당 약제에 대한 요양급여비용 총액의 100분의 60을 넘지 아니하는 범위에서 과징금을 부과·징수할 수 있다.

③ 보건복지부장관은 과징금 부과 대상이 된 약제가 과징금이 부과된 날부터 5년의 범위에서 대통령령으로 정하는 기간 내에 다시 환자 진료에 불편을 초래하는 등 공공복리에 지장을 줄 것으로 예상되는 때에 따른 과징금 부과 대상이 되는 경우에는 대통령령으로 정하는 바에 따라 해당 약제에 대한 요양급여비용 총액의 100분의 350을 넘지 아니하는 범위에서 과징금을 부과·징수할 수 있다.

④ 보건복지부장관은 약제를 요양급여에서 적용 정지하는 경우에 따른 과징금을 납부하여야 할 자가 납부기한까지 이를 내지 아니하면 업무정지 처분을 하거나 국세 체납처분의 예에 따라 이를 징수한다.

09

다음 [보기]에서 국민건강보험법상 직장가입자 보험료 중 A씨의 본인부담금을 고르면?

┤ 보기 ├

  A 씨는 현재 근로자로 근무중에 있고, 보수월액은 3,000,000원이다. A 씨는 주말에 아르바이트로 소득월액이 1,000,000원(연소득 2,000만 원 미만)이 발생하였다.

※ 국민건강보험법상의 보험료율은 7%로 가정함

① 105,000원

② 210,000원

③ 140,000원

④ 280,000원

10

다음 [보기]에서 국민건강보험법상 요양기관에 해당하는 것을 모두 고르면?

┤ 보기 ├

㉠ 「약사법」 제91조에 따라 설립된 한국희귀·필수의약품센터

㉡ 「의료법」 제35조에 따라 개설된 부속 의료기관

㉢ 「사회복지사업법」 제34조에 따른 사회복지시설에 수용된 사람의 진료를 주된 목적으로 개설된 의료기관

㉣ 「지역보건법」에 따른 보건지소

㉤ 「농어촌 등 보건의료를 위한 특별조치법」에 따라 설치된 보건진료소

① ㉠, ㉡, ㉢

② ㉠, ㉣, ㉤

③ ㉠, ㉡, ㉣, ㉤

④ ㉠, ㉡, ㉢, ㉣, ㉤

11

국민건강보험법상의 요양비 지급에 관한 내용으로 옳지 <u>않은</u> 것을 고르면?

① 공단은 이 법에 따라 지급의무가 있는 요양비 또는 부가급여의 청구를 받으면 지체 없이 이를 지급하여야 한다.

② 공단은 이 법에 따른 보험급여로 지급되는 현금을 받는 수급자의 신청이 있는 경우에는 요양비등을 수급자 명의의 지정된 계좌로 입금하여야 한다.

③ 공단은 정보통신장애나 그 밖에 대통령령으로 정하는 불가피한 사유로 요양비등수급계좌로 이체할 수 없을 때에는 직접 현금으로 지급하는 등 보건복지부령으로 정하는 바에 따라 요양비등을 지급할 수 있다.

④ 요양비등수급계좌가 개설된 금융기관은 요양비등수급계좌에 요양비등만이 입금되도록 하고, 이를 관리하여야 한다.

12

다음 [보기]에서 국민건강보험법상 요양급여 항목에 포함되는 것을 모두 고르면?

보기
㉠ 진찰·검사
㉡ 약제(藥劑)·치료재료의 지급
㉢ 처치·수술 및 그 밖의 치료
㉣ 예방·재활

① ㉠, ㉡

② ㉡, ㉢

③ ㉡, ㉢, ㉣

④ ㉠, ㉡, ㉢, ㉣

13

다음 [보기]에서 국민건강보험법상 보험료등의 납입고지에 관한 사항으로 옳은 것을 모두 고르면?

보기
㉠ 징수하려는 보험료 등의 종류
㉡ 납부해야 하는 금액
㉢ 납부기한 및 장소
㉣ 납세자의 인적사항

① ㉠, ㉡

② ㉠, ㉡, ㉢

③ ㉡, ㉢, ㉣

④ ㉠, ㉡, ㉢, ㉣

14

국민건강보험법상 건강보험정책심의위원회에 관한 설명으로 옳지 <u>않은</u> 것을 고르면?

① 건강보험정책에 관한 사항을 심의·의결하기 위하여 보건복지부장관 소속으로 건강보험정책심의위원회를 둔다.
② 심의위원회는 위원장 1명과 부위원장 1명을 포함하여 25명의 위원으로 구성한다.
③ 심의위원회의 위원장은 보건복지부장관이 된다.
④ 심의위원회 위원(중앙행정기관 소속 공무원 위원은 제외)의 임기는 3년으로 한다. 다만, 위원의 사임 등으로 새로 위촉된 위원의 임기는 전임위원 임기의 남은 기간으로 한다.

15

국민건강보험법상 요양기관의 선별급여 실시에 대한 관리에 관한 설명으로 옳지 <u>않은</u> 것을 고르면?

① 선별급여 중 자료의 축적 또는 의료 이용의 관리가 필요한 경우에는 보건복지부장관이 해당 선별급여의 실시 조건을 사전에 정하여 이를 충족하는 요양기관만이 해당 선별급여를 실시할 수 있다.
② 선별급여를 실시하는 요양기관은 해당 선별급여의 평가를 위하여 필요한 자료를 제출하여야 한다.
③ 보건복지부장관은 요양기관이 선별급여의 실시 조건을 충족하지 못하거나 자료를 제출하지 아니할 경우에는 해당 선별급여의 실시를 취소하여야 한다.
④ 선별급여의 실시 조건, 자료의 제출, 제3항에 따른 선별급여의 실시 제한 등에 필요한 사항은 보건복지부령으로 정한다.

16

국민건강보험법상 권리구제에 관한 설명으로 옳지 <u>않은</u> 것을 고르면?

① 국민건강보험공단의 처분에 이의가 있는 자는 공단에 이의신청을 할 수 있다.
② 이의신청은 처분이 있은 날로부터 180일을 지나면 제기하지 못하는 것이 원칙이다.
③ 이의신청에 대한 결정에 불복하는 자는 건강보험분쟁조정위원회에 심판청구를 할 수 있다.
④ 심사평가원의 처분에 불복하는 자는 행정소송을 제기할 수 없다.

17

국민건강보험법상 '요양기관 현황에 대한 신고'에 대한 설명으로 빈칸에 들어갈 내용을 고르면?

- 요양기관은 요양급여비용을 최초로 청구하는 때에 요양기관의 시설·장비 및 인력 등에 대한 현황을 (㉠)에 신고하여야 한다.
- 요양기관은 신고한 내용이 변경된 경우에는 그 변경된 날부터 (㉡) 이내에 보건복지부령으로 정하는 바에 따라 (㉠)에 신고하여야 한다.

	㉠	㉡
①	국민건강보험공단	15일
②	건강보험심사평가원	15일
③	국민건강보험공단	30일
④	건강보험심사평가원	30일

18

다음 [보기]에서 국민건강보험법상의 공단의 임원에 관한 설명으로 옳은 것을 모두 고르면?

┤ 보기 ├

㉠ 공단은 임원으로서 이사장 1명, 이사 14명 및 감사 1명을 둔다.
㉡ 이사장은 임원추천위원회가 복수로 추천한 사람 중에서 보건복지부장관의 제청으로 대통령이 임명한다.
㉢ 상임이사는 보건복지부령으로 정하는 추천 절차를 거쳐 이사장이 임명한다.
㉣ 감사는 임원추천위원회가 복수로 추천한 사람 중에서 기획재정부장관의 제청으로 대통령이 임명한다.
㉤ 이사장의 임기는 3년, 이사(공무원인 이사는 포함)와 감사의 임기는 각각 2년으로 한다.

① ㉠, ㉡, ㉢
② ㉢, ㉣, ㉤
③ ㉠, ㉡, ㉢, ㉣
④ ㉠, ㉢, ㉣, ㉤

19

국민건강보험법상 국민건강보험공단의 정관에 포함되지 <u>않는</u> 것을 고르면?

① 임직원에 관한 사항
② 보험료 및 보험급여에 관한 사항
③ 이사장의 성명·주소 및 주민등록번호
④ 이사회의 운영

20

국민건강보험법상 벌칙에 대한 설명으로 옳지 <u>않은</u> 것을 고르면?

① 모든 사업장의 근로자를 고용하는 사용자는 그가 고용한 근로자가 이 법에 따른 직장가입자가 되는 것을 방해하거나 자신이 부담하는 부담금이 증가되는 것을 피할 목적으로 정당한 사유 없이 근로자의 승급 또는 임금 인상을 하지 아니하거나 해고나 그 밖의 불리한 조치를 취하여 위반한 사용자는 1년 이하의 징역 또는 1천만 원 이하의 벌금에 처한다.
② 요양기관이 요양·약제의 지급 등 보험급여에 관하여 소속 공무원이 관계인에게 질문 및 보고 또는 서류 제출을 하지 아니한 자, 거짓으로 보고하거나 거짓 서류를 제출한 자, 검사나 질문을 거부·방해 또는 기피한 자는 1년 이하의 징역 또는 1천만 원 이하의 벌금에 처한다.
③ 「의료법」 제52조에 따른 의료기관 단체를 위반하여 대행청구단체가 아닌 자로 하여금 대행하게 한 자는 1년 이하의 징역 또는 1천만 원 이하의 벌금에 처한다.
④ 대행청구단체의 종사자로서 거짓이나 그 밖의 부정한 방법으로 요양급여비용을 청구한 자는 3년 이하의 징역 또는 3천만 원 이하의 벌금에 처한다.

직무시험_노인장기요양보험법

정답과 해설 P.60

01

다음 [보기]에서 노인장기요양보험법상 등급판정위원회에 대한 설명으로 옳지 <u>않은</u> 것은 몇 개인지 모두 고르면?

┌─ 보기 ├─
- ㉠ 등급판정위원회는 위원장 1인을 포함하여 10인의 위원으로 구성한다.
- ㉡ 노인장기요양보험법에 따른 사회복지사는 공단 이사장의 위촉으로 등급판정위원회 위원이 될 수 있다.
- ㉢ 등급판정위원회 위원의 임기는 3년으로 하되, 두 차례 연임할 수 있다.
- ㉣ 의료법에 따른 의료인 중 간호사는 등급판정위원회 위원이 될 수 없다.

① 1개   ② 2개   ③ 3개   ④ 4개

02

노인장기요양보험법상 장기요양급여의 종류에 대한 설명으로 옳지 <u>않은</u> 것을 고르면?

① 방문목욕이란 장기요양요원이 목욕설비를 갖춘 장비를 이용하여 수급자의 가정 등을 방문하여 목욕을 제공하는 장기요양급여를 말한다.
② 주·야간보호란 수급자를 하루 중 일정한 시간 동안 장기요양기관에 보호하여 신체활동 지원 및 심신기능의 유지·향상을 위한 교육·훈련 등을 제공하는 장기요양급여이다.
③ 장기요양기관에 장기간 입소한 수급자에게 신체활동 지원 및 심신기능의 유지·향상을 위한 교육·훈련 등을 제공하는 장기요양급여는 시설급여이다.
④ 통합재가서비스를 제공하는 장기요양기관은 대통령령으로 정하는 인력, 시설, 운영 등의 기준을 준수하여야 한다.

03

노인장기요양보험법상 다음 [보기]의 벌금을 합한 총액을 고르면?(단, 벌금은 최대 금액을 적용한다.)

┌─ 보기 ├─
- 거짓말로 장기요양급여를 받은 A 씨
- 행정제재처분을 받아 절차가 진행 중인 사실을 양수인 등에게 알리지 않은 B 씨
- 거짓말로 장기요양기관을 지정받아 운영한 C 씨
- 요양 기관 보호를 위해 설치한 폐쇄회로 텔레비전을 직원들 감시에 이용한 D 씨
- 자신이 운영하는 장기요양기관에 대한 정보를 과장하여 거짓말로 게시한 E 씨

① 4,000만 원   ② 5,000만 원   ③ 5,500만 원   ④ 6,000만 원

04

노인장기요양보험법상 외국인 장기요양에 대한 사항으로 옳지 않은 것을 고르면?

① 장기요양보험가입 제외를 신청하려는 외국인은 외국인근로자 장기요양보험 가입제외 신청서를 「국민건강보험법」에 따른 국민건강보험공단에 제출하여야 한다.
② 신청을 받은 공단은 행정 정보의 공동이용을 통하여 외국인등록사실증명을 확인하여야 한다. 다만, 신청인이 확인에 동의하지 아니하거나 확인이 불가능한 경우에는 외국인등록증 등 관련 서류를 첨부하도록 하여야 한다.
③ 신청한 외국인은 그 신청일에 장기요양보험가입자에서 제외되는 것으로 한다.
④ 공단은 「외국인근로자의 고용 등에 관한 법률」에 따른 외국인근로자 등 보건복지부령으로 정하는 외국인이 신청하는 경우 장기요양보험가입자에서 제외할 수 있다.

05

노인장기요양보험법상 공단으로부터 지급받는 특별현금급여의 종류가 나머지와 다른 것을 고르면?

① 수급자가 장기요양기관이 아닌 노인요양시설 등의 기관 또는 시설에서 재가급여 또는 시설급여에 상당한 장기요양급여를 받은 때
② 도서·벽지 등 장기요양기관이 현저히 부족한 지역에 거주하는 수급자가 가족 등으로부터 방문요양에 상당한 장기요양급여를 받은 때
③ 천재지변으로 장기요양기관이 제공하는 장기요양급여를 이용하기가 어렵다고 보건복지부장관이 인정하는 자가 가족 등으로부터 방문요양에 상당한 장기요양급여를 받은 때
④ 신체·정신 또는 성격 등 대통령령으로 정하는 사유로 인하여 가족 등으로부터 장기요양을 받아야 하는 자가 가족 등으로부터 방문요양에 상당한 장기요양급여를 받은 때

06

노인장기요양보험법상 장기요양보험가입의 자격에 관한 사항으로 국민건강보험법의 조항을 준용하지 않는 것을 고르면?

① 소액처리
② 결손처분
③ 장기보험료 등의 납부 및 징수
④ 피부양자의 자격취득 및 상실

07

다음 [보기]에서 노인장기요양보험법상 장기요양기관의 지정에 관한 사항으로 옳은 것을 모두 고르면?

─┤ 보기 ├─

㉠ 장기요양기관을 운영하려는 자는 시, 도지사의 지정을 받아야 한다.

㉡ 장기요양기관으로 지정을 받을 수 있는 시설은 노인복지법을 근거로 한다.

㉢ 장기요양기관을 지정한 때 지체 없이 지정 명세를 보건복지부에 통보해야 한다.

㉣ 장기요양기관의 지정절차와 관련하여 그 밖에 필요한 사항은 대통령령으로 정한다.

① ㉠

② ㉡

③ ㉠, ㉢

④ ㉠, ㉡, ㉣

08

노인장기요양보험법상 장기요양급여 제공의 기본원칙으로 옳지 <u>않은</u> 것을 고르면?

① 장기요양급여는 노인 등이 자신의 의사와 능력에 따라 최대한 자립적으로 일상생활을 수행할 수 있도록 제공해야 한다.

② 장기요양급여는 노인 등의 심신 상태, 생활환경과 노인 등 및 그 가족의 욕구, 선택을 종합적으로 고려하여 필요한 범위 안에서 이를 적정하게 제공해야 한다.

③ 장기요양급여는 노인 등이 가족과 함께 생활하면서 가정에서 장기요양을 받는 재가급여를 우선적으로 제공해야 한다.

④ 장기요양급여는 노인 등의 심신 상태나 건강 등이 악화되지 않도록 보건서비스와 연계하여 이를 제공해야 한다.

09

노인장기요양보험법상 다음 [대화]의 ⊙~ⓔ 중 옳지 <u>않은</u> 것을 고르면?

┤ 대화 ├

길동: ⊙ 뇌경색 수술을 받고 나서 요즘 움직이는 것이 몹시 힘들어. 요즘 국가에서 장기요양보험을 해준다는
데 혹시 나도 해당이 될까?

몽룡: 글쎄, 일단 ⓒ 읍사무소에 의사 소견서 첨부해서 신청을 해보게나.

길동: 요즘 한의원에 다니는데 ⓒ 한의사가 발급한 소견서는 안 되나?

몽룡: 나도 그건 잘 모르겠네. 그리고 자네가 직접 가기 힘드니 자네 ⓔ 아들에게 대신 신청해 달라고 말해보게.

① ⓒ
② ⊙, ⓔ
③ ⓒ, ⓒ
④ ⓒ, ⓔ

10

다음 [보기]에서 노인장기요양보험법상 장기요양위원회의 구성에 대한 설명으로 옳지 <u>않은</u> 것을 모두 고르면?

┤ 보기 ├

⊙ 장기요양위원회는 위원장 1인, 부위원장 1인을 포함한 15인 이상 21인 이하의 위원으로 구성한다.

ⓒ 위원장은 보건복지부장관이 되고, 부위원장은 위원 중에서 위원장이 지명한다.

ⓒ 장기요양위원의 임기는 5년으로 한다. 다만, 공무원인 위원의 임기는 재임기간으로 한다.

ⓔ 노인단체, 농어업인단체 또는 자영자단체를 대표하는 자는 보건복지부장관의 임명 또는 위촉으로 위원장
이 아닌 위원이 될 수 없다.

① ⊙
② ⊙, ⓒ
③ ⊙, ⓒ, ⓒ
④ ⊙, ⓒ, ⓒ, ⓔ

11

노인장기요양보험법상 장기요양기관의 시설 및 인력에 관한 변경에 대한 내용으로 옳지 <u>않은</u> 것을 고르면?

① 장기요양기관의 장은 시설 및 인력 등 중요한 사항을 변경하려는 경우에는 시장, 군수, 구청장의 변경 지정을
받아야 한다.

② 변경 시 관련 사항 외는 시장, 군수, 구청장에게 변경 신고를 해야 한다.

③ 변경 지정, 변경 신고는 보건복지부령으로 정한다.

④ 변경 지정, 변경 신고를 받은 시장, 군수, 구청장은 지체 없이 해당 변경 사항을 상급기관인 보건복지부에
보고해야 한다.

12

노인장기요양보험법상의 행정제재처분 효과의 승계자로 볼 수 없는 사람을 고르면?

① 장기요양기관을 양도한 경우 양수인
② 법인이 합병된 경우 합병으로 신설되거나 합병 후 존속하는 법인
③ 장기요양기관 폐업 후 다른 장소에서 장기요양기관을 운영하는 자
④ 종전에 행정제재처분을 받은 자나 그 배우자 또는 직계혈족

13

노인장기요양보험법상 전자문서 사용에 대한 설명으로 옳은 것을 고르면?

① 장기요양사업에 관련된 각종 서류의 기록, 관리 및 보관은 대통령령으로 정하는 바에 따라 전자문서로 한다.
② 공단 및 장기요양기관은 장기요양기관의 지정신청, 재가·시설 급여비용의 청구 및 지급, 장기요양기관의 재무·회계정보 처리 등에 대하여 전산매체 또는 전자문서 교환방식을 이용하여야 한다.
③ 정보통신망 및 정보통신서비스 시설이 열악한 지역 등 건강보험공단이사장이 정하는 지역의 경우 전자문서·전산매체 또는 전자문서 교환방식을 이용하지 아니할 수 있다.
④ 공단은 장기요양사업 수행에 필요하다고 인정할 때 장기요양 부양자에게 자료를 요구할 수 있다.

14

다음 [보기]에서 노인장기요양보험법상 청문 실시와 관련된 내용으로 옳은 것을 모두 고르면?

> ┤ 보기 ├
> ㉠ 폐업 또는 휴업 신고를 하지 아니하고 1년 이상 장기요양급여를 제공하지 아니한 경우
> ㉡ 거짓으로 청구한 금액이 1천만 원 이상인 경우
> ㉢ 거짓으로 청구한 금액이 장기요양급여비용 총액의 100분의 10 이상인 경우
> ㉣ 장기요양기관의 종사자가 부정한 방법으로 재가급여비용 또는 시설급여비용을 청구하는 행위에 가담한 경우 해당 종사자가 장기요양급여를 제공하는 것을 1년의 범위에서 제한하는 처분

① ㉡, ㉢   ② ㉢, ㉣   ③ ㉡, ㉢, ㉣   ④ ㉠, ㉡, ㉢, ㉣

15

다음 [보기]에서 노인장기요양보험법상 요양보호사의 업무로 볼 수 <u>없는</u> 것을 모두 고르면?

┤ 보기 ├
ⓐ 화분 옮기기/ 물주기
ⓑ 밭일 돕기
ⓒ 가족들 김장 해주기
ⓓ 수급자 속옷 빨아주기

① ㉠, ㉢   ② ㉡, ㉣   ③ ㉠, ㉡, ㉢   ④ ㉠, ㉡, ㉢, ㉣

16

노인장기요양보험법상 심사청구 및 재심사 청구에 대한 설명으로 옳지 <u>않은</u> 것을 고르면?

① 장기요양급여 또는 장기요양보험료 등에 관하여 그 처분에 이의가 있는 자는 공단에 심사청구를 할 수 있다.
② 심사청구는 그 처분이 있음을 안 날부터 90일 이내에 문서로 해야 한다.
③ 심사청구를 하기 위하여 공단에 장기요양심사위원회를 두며 위원장 1명을 포함한 50명 이내의 위원으로 구성한다.
④ 재심사 청구는 공단에 소속된 장기요양재심사위원회에 청구할 수 있으며 구성, 운영, 그 밖에 필요한 사항은 대통령령으로 정한다.

17

노인장기요양보험법상 재가급여비용의 산정방법에 대한 설명으로 옳지 <u>않은</u> 것을 고르면?

① 방문요양 및 방문간호는 방문당 제공 시간을 기준으로 산정한다.
② 주·야간보호는 장기요양 등급 및 1일당 급여제공 시간을 기준으로 산정한다.
③ 방문목욕은 방문당 제공 시간을 기준으로 산정한다.
④ 단기보호는 장기요양 등급 및 급여제공 일수를 기준으로 산정한다.

18

노인장기요양보험법상 500만 원 이하의 과태료가 부과될 수 있는 경우로 적절하지 <u>않은</u> 것을 고르면?

① 행정제재처분을 받았거나 그 절차가 진행 중인 사실을 양수인 등에게 지체 없이 알리지 아니한 자
② 거짓이나 그 밖의 부정한 방법으로 장기요양급여비용 청구에 가담한 사람
③ 노인장기요양보험 또는 이와 유사한 용어를 사용한 자
④ 폐쇄회로 텔레비전을 설치하지 아니하거나 설치·관리의무를 위반한 자

19

노인장기요양보험법상 본인부담금 전부 부담에 대한 설명으로 옳지 <u>않은</u> 것을 고르면?

① 급여의 범위 및 대상에 포함되지 아니하는 장기요양급여는 수급자 본인이 전부 부담한다.
② 수급자가 장기요양인정서에 기재된 장기요양급여의 종류 및 내용과 다르게 선택하여 장기요양급여를 받은 경우 그 차액은 전부 수급자 본인이 부담한다.
③ 장기요양급여의 월 한도액을 초과하는 장기요양급여는 수급자 본인이 전부 부담한다.
④ 월 소득인정액이 도시평균근로자 월급액보다 높을 경우 그 차액은 전부 수급자 본인이 부담한다.

20

노인장기요양보험법상 장기요양인정의 신청에 대한 내용으로 옳지 <u>않은</u> 것을 고르면?

① 장기요양인정을 신청하는 자는 공단에 보건복지부령으로 정하는 바에 따라 장기요양인정신청서에 의사 또는 한의사가 발급하는 소견서를 첨부하여 제출해야 한다.
② 거동이 현저히 불편하거나 도서, 벽지에 거주하는 자는 신청서를 제출하지 아니하여도 된다.
③ 의사 소견서에 관련 되어 발급 비용, 비용부담 방법 등은 보건복지부령으로 정한다.
④ 의사 소견서는 공단이 등급판정위원회에 자료를 제출하기 전까지 제출할 수 있다.

모바일
OMR 채점 서비스

정답만 입력하면
채점에서 성적분석까지 한 번에 쫙!

실전모의고사

번호	정답 체크
01	① ② ❸ ④ ⑤
02	① ② ③ ❹ ⑤
03	① ② ③ ④ ❺
04	① ❷ ③ ④ ⑤
05	❶ ② ③ ④ ⑤
06	❶ ② ③ ④ ⑤
07	① ② ③ ❹ ⑤

실전모의고사
성적분석

☑ [QR 코드 인식 ▶ 모바일 OMR]에 정답 입력

☑ 실시간 정답 및 영역별 백분율 점수 위치 확인

☑ 취약 영역 및 유형 심층 분석

※ 유효기간: 2026년 5월 31일

▶ 국민건강보험법

eduwill.kr/O66p

▶ 노인장기요양보험법

eduwill.kr/U66p

국민건강보험공단
NCS+법률 실전모의고사

실전 2회
[고난도]

시험 구성 및 유의사항

• 2024년 기준 국민건강보험공단 필기시험은 다음과 같이 출제되었습니다.

구분		문항 수	시간	비고
직업기초능력 응용모듈	의사소통능력	20문항	60분	객관식 사지선다형
	수리능력	20문항		
	문제해결능력	20문항		
직무시험(법률)	국민건강보험법(행정직/건강직/전산직)	20문항	20분	
	노인장기요양보험법(요양직)	20문항	20분	

※ 단, 전산직의 경우 직업기초능력 응용모듈 15문항 + 전산개발 기초능력 35문항 + 국민건강보험법 20문항으로 출제되었음

• 지원하시는 직렬에 따라 모의고사를 다음과 같이 활용하시기를 권장합니다.
– 행정직/건강직/전산직(기술직): NCS + 10분 휴식 + '국민건강보험법' 학습
– 요양직: NCS + 10분 휴식 + '노인장기요양보험법' 학습

직업기초능력 응용모듈 고난도

정답과 해설 P.65

[01~02] 다음 보도자료를 읽고 이어지는 질문에 답하시오.

☐ 국민건강보험공단(이하 공단)은 사용량–약가 연동 '유형 다' 협상 결과, 57개 제품군(134개 품목)에 대한 협상을 모두 완료하였고, 합의 약제의 약가는 9월 5일자로 일괄 인하될 예정이라고 밝혔다.

　○ 사용량–약가 연동 '유형 다' 협상은 연 1회 실시하며, 전체 등재약제 약 2만 3천 개 품목 중 협상에 의하지 않고 등재된 약제로 '22년도 청구금액이 '21년도 청구금액 대비 '60% 이상 증가한 경우' 또는 '10% 이상 증가하고 그 증가액이 50억 원 이상인 경우'에 제약사와 공단이 협상을 통해 약가를 인하하는 제도로서 건강보험 재정 절감에 기여하고 있다.

☐ 올해는 40개 제약회사와 57개 제품군 134개 품목에 대해 전원 합의를 완료하였다. 이에 따라 연간 약 281억 원의 건강보험 재정 절감이 예상되고, 이는 지난 5년('18~'22년)간 평균 절감액인 약 267억 원보다 14억 원 정도 증가한 수치다.

　○ 특히 올해는 국민 다빈도 사용 약제가 협상 대상에 다수 포함되어 국민의 절반에 이르는 약 2천 2백만 명의 환자가 약품비 완화 혜택을 볼 것으로 예상된다.

☐ 이번 협상에서 가장 큰 쟁점은 코로나19 관련 약제 협상으로, 지난해 한○○ 총리가 중대본회의에서 직접 사용량–약가 연동의 완화를 언급하는 등 각계에서 이와 관련한 협상 결과에 관심이 높았다.

　○ 공단은 코로나19 초기인 '20.12월 선제적으로 감염병 관련 약제 인하율을 완화할 수 있도록 지침을 개정하였고, 이를 바탕으로 약 1년에 걸쳐 복지부·제약협회와의 긴밀한 협의를 통해 인하율 보정 방안에 대한 합의를 올 4월에 이끌어냈다.

　　－ 합의안 도출 과정에서 제약업계의 의견을 전향적으로 수용하여 기존 수급 모니터링 감기약뿐 아니라 항생제까지 보정 대상에 포함하였으며, 보정 방안 역시 제약사별로 유리한 방안을 채택 가능하도록 하였다.

　○ 그 결과, 기준 대비 평균 70% 완화된 인하율을 적용하였고 18개 제약사와 22개 약제에 대해 전원 합의를 완료하였다.

☐ 공단 약제관리실장은 "코로나19라는 국가적 위기에서 적극 협조해준 제약사의 어려움에 공감과 고마움을 표한다."며,

　○ "약품비 지출 효율화 및 필수 약제의 안정적 공급은 공단 약제관리실의 존재 이유이며, 올해 감기약 협상안 도출 과정 및 협상 결과는 이러한 목표를 위해서 공단과 제약사의 유기적 협력 및 상시 소통이 중요함을 보여주는 중요한 사례"라며 공단–제약사 간 협력의 중요성을 다시 한번 강조했다.

01

주어진 보도자료의 주제로 가장 적절한 것을 고르면?

① 국민건강보험공단, 사용량-약가 연동 협상으로 134품목 약가 인하
② 코로나19 관련 약제 협상, 사용량-약가 연동 협상의 가장 큰 쟁점으로 떠올라
③ 국민건강보험공단, 연간 약 281억 원의 건강보험 재정 절감 예상
④ 국민건강보험공단, 국가적 위기 상황에 적극 협조한 제약사들에게 고마움 표해

02

주어진 보도자료를 읽고 이해한 내용으로 적절하지 <u>않은</u> 것을 고르면?

① 이번 합의안이 도출되기 이전에는 항생제가 보정 대상에 포함되지 않았다.
② 22년도 청구금액이 21년도 청구금액 대비 60% 이상 증가하였으나, 그 증가액이 30억 원인 경우 이번 협상
  을 통해 약가가 인하되지 않는다.
③ 국민건강보험공단 약제관리실은 필수 약제의 안정적 공급을 위한 업무를 담당한다.
④ 사용량-약가 연동 협상 결과로 약품비 완화 혜택을 받는 대상은 2천만 명 이상으로 예상된다.

오늘날 기업들은 직원의 건강을 유지, 개선하기 위해 건강관리실 등을 운영하며 많은 노력을 기울이고 있다. 현재 공단 본부는 1,600여 명의 직원을 비롯해 협력업체 직원을 포함하여 2,000여 명의 인원이 근무하고 있지만, 그간 외상이나 질환이 발생했을 때 신속한 응급처치 관리가 부재했던 것이 사실이다. 공단은 산업안전보건법상 보건실 설치 의무 대상 기관이 아니었기에 본부 12층 휴게실에 일반의약품을 비치하고 직원이 자율적으로 이용하게 운영되어 왔다. 이후 안전관리실 보건관리부가 발족되면서 구성원들의 건강한 복지를 조직 차원에서 관리한다는 취지에서 보건실 운영에 대한 대대적인 개선 작업에 돌입했다.

2023년 10월 16일 개소해 한 달간 시범운영을 거친 보건실은 2023년 11월 16일 본격적인 운영을 시작했고, 직원들이 이용하는 데 불편함이 없도록 간호사 면허가 있는 보건관리부 직원이 상주하고 있다. 기존 무인의무실로 자율 운영되던 형태에서 보건인력이 투입돼 응급처치, 투약 등 가벼운 의료 행위가 가능하며, 이 밖에 질병 예방 및 건강 증진을 위한 건강관리서비스가 제공되고 심신 안정을 위한 응급병상도 설치돼 있다. (㉠   )

보건실의 새로운 변화를 주도한 안전관리실 보건관리부는 보건실의 기능을 의료처치와 건강관리 등 크게 두 가지로 나누어 의무실과 건강관리실의 기능을 함께 갖춘 형태를 구상했다. 의료처치를 위해서는 일반의약품 제공, 찰과상 소독, 염좌 등 가벼운 부상처치를 제공하며, 건강관리를 위해서는 건강종합측정기를 통한 혈압, 스트레스, 체성분, 신장 측정 등 자가건강관리를 가능케 해 만성질환 등을 사전에 예방할 수 있도록 했다. 또한 두통이나 어지럼증 등으로 안정이 필요하거나 약물 복용 후 경과 관찰이 필요한 경우에는 최대 한 시간까지 보건실 내에 마련된 안정실을 이용할 수 있으며, 디스크 같은 근골격계 질환 증상이 있는 경우에는 전담직원의 안내에 따라 척추온열치료기 이용이 가능하다. 이 외에 건강상담과 건강관리 프로그램을 위한 상담실도 마련돼 있다. (㉡   )

공단 본부 보건실이 남다른 의미를 가지는 부분은 시범운영 기간을 통해 임직원의 다양한 목소리를 경청했다는 점이다. 보건관리부 직원이 상주하고는 있지만, 행정업무를 병행하다 보니 구성원들에게 가장 필요한 보건서비스가 무엇인지를 면밀히 살피기 위해 시범운영 기간이 필요하다는 판단을 내렸고, 이에 23일 동안 보건실을 이용한 417명의 임직원의 현황을 꼼꼼하게 모니터 했다.

해당 기간 동안 감기 환자가 50%를 차지했고, 소화불량, 생리통, 두통 환자가 그 뒤를 이었으며, 그 밖에 다래끼, 멀미, 낙상 등 여러가지 증상이 파악돼 이와 관련한 의약품을 비치했다. 또한 혈당 측정과 약물에 대한 문의가 많았단 점도 최대한 반영했다. (㉢   ) 현재 당뇨가 있거나 대사증후군 위험요인을 보유하고 있는 직원, 임신 중기에 접어들어 혈당이 오른 임산부 등 혈당 모니터링을 희망하는 직원이 적지 않았다. 아울러 감기약이나 소화제처럼 자주 쓰는 약물 이외에도 다래끼 약이나 구내염 가글, 멀미약 등 다양한 약물 구비를 희망하는 직원도 상당수였다. 이 같은 직원들의 의견을 적극 반영해 보건실이 본격 운영되는 시기부터 공복 또는 식후 2시간 혈당 측정 지원을 시작했고, 의약품 및 의약외품을 60종까지 확대, 구비하고 있다. (㉣   )

본부 인근에 약국이나 병원이 없다 보니 평소 직원들이 느끼는 불편함이 많았는데, 의료처치뿐만 아니라 건강관리서비스가 모두 가능한 보건실이 생겨 매우 편리하고 좋다는 의견이 대다수다. 현재까지 61일간 누적 1,082명이 보건실을 다녀갔고, 이는 본부 정원의 약 60%에 해당하는 비중으로 많은 직원들이 이용 중임을 확인할 수 있어서 안전관리실 보건관리부의 보람 또한 크다. 얼마 전에는 직원이 출근길에 넘어져 보건실에 방문했는데, 의식을 잃고 쓰러지는 아찔한 상황이 발생했다. 이때 보건실의 신속한 대처 덕분에 위기 상황을 무사히 넘긴 일도 있었다. 이런 경험들을 통해 보건실 역할의 중요성을 재차 확인한 만큼 보건실은 직원들의 예방적 건강관리에도 많은 노력을 기울일 계획이다.

03

주어진 글의 흐름상 [보기]의 문장이 들어갈 가장 적절한 위치를 고르면?

┤ 보기 ├

　　다만, 보건실에는 약물 처방이 가능한 의사가 없고 약사법에 따라 의약품 조제가 불가능하기 때문에 누구나 약국에서 구매가 가능한 일반의약품만 비치되어 있다.

① ㉠　　　　　　　② ㉡　　　　　　　③ ㉢　　　　　　　④ ㉣

04

주어진 글의 내용과 일치하지 <u>않는</u> 것을 고르면?

① 공단 보건실의 본격적인 운영은 2023년에 시작되었다.
② 보건실의 시범운영 기간 동안 보건실을 가장 많이 이용한 환자는 감기 환자이다.
③ 2023년에 공단은 산업안전보건법상 보건실 설치 의무 대상 기관이 되었다.
④ 두통으로 안정이 필요한 경우 한 시간 동안 보건실 내 안정실을 이용할 수 있다.

건보공단, 바이오헬스 산업계 대상 데이터 제공 사업설명회 개최

– 국내 최초 산업계 대상 맞춤형 데이터 제공으로 혁신적 제품개발 적극 지원 –

□ 국민건강보험공단은 8월 18일(금) 15시 바이오헬스 산업계 대상 '건강보험 빅데이터 기반 맞춤형 데이터 제공' 사업설명회를 개최한다.

  ○ 이번 사업설명회는 건강보험 빅데이터를 활용하고자 하는 제약사, 의료기기 기업, 디지털 헬스케어 기업 등을 대상으로 공단의 개방형·맞춤형 익명DB* 사업을 소개하고 활용을 독려하기 위해 기획되었다.

     * 개방형 익명DB는 전체 급여 의약품·의료기기의 전반적인 시장 동향을 파악할 수 있도록 구축하여 공개하는 자료이며, 맞춤형 익명DB는 기업별 자료 활용목적 및 신청내용에 맞추어 개별적으로 구축하여 제공 예정

  ○ 개방형·맞춤형 익명DB는 공단이 이미 개방 중인 가명데이터에 비해 간소화된 절차로 신속하게 활용할 수 있고, 개인정보 유출의 위험도 방지할 수 있어 산업계의 폭넓은 활용이 기대된다.

□ 본 사업설명회에서는 건강보험 빅데이터에 대한 설명과 함께 개방형·맞춤형 익명DB의 구축 기준, 신청·제공 절차 등을 자세히 소개할 예정이며, 신청자 이용가이드북을 배포할 예정이다.

  ○ 건강보험 빅데이터 활용에 관심이 있는 산업계 담당자는 누구나 참석이 가능하며, 사업설명회 안내문 및 참석신청서는 공단 홈페이지* 공지사항에서 확인할 수 있다.

     * 대표 홈페이지 및 자료공유서비스 홈페이지

□ 공단 정○○ 이사장은 "이번 사업설명회를 통해 바이오헬스 산업계가 공단이 보유한 우수한 빅데이터를 적극적으로 활용할 수 있는 기회가 되길 바란다."며,

  ○ "공단은 산업계의 의견을 수렴하여 활용도 높은 데이터를 지속적으로 개방함으로써 바이오헬스 산업 발전과 국민 건강증진에 기여하겠다."라고 밝혔다.

[붙임] 바이오헬스 산업계 대상 익명DB 제공 사업설명회 참고자료

□ 설명회 개요

  ○ (목적) 바이오헬스 산업계 대상 건강보험 빅데이터 기반 맞춤형 데이터 구축·제공 사업 홍보 및 설명

  ○ (일시·장소) '23.8.18.(금) 15:00~, ◇◇대학교 S빌딩 대회의실

  ○ (참석대상) 제약사, 의료기기 기업 등 바이오헬스 산업계

  ○ (주요내용) 건강보험 빅데이터(가명자료) 설명 및 활용 방법 소개, 개방형·맞춤형 익명DB* 사업 소개, 신청자 이용 가이드라인(v1.0) 배포 등

     * 다른 정보를 사용하여도 더 이상 개인을 식별할 수 없는 정보로, 통계값 등이 있음

     * 건강보험 빅데이터: 건강보험 자격, 보험료, 보험급여, 건강검진, 장기요양 등 공단이 업무를 수행하는 과정 중 발생되는 데이터 중 일부를 연구용DB로 구축한 자료

       – 2002년부터 현재까지의 자료를 전국민 코호트 형태로 구축하였으며, 가명처리된 개인단위의 자료로 이루어져 있음

       – 자격·보험료DB, 보험급여DB(진료내역, 시술·처치, 약처방 내역 등), 건강검진DB, 노인장기요양DB 등으로 이루어짐

□ 주요내용

    o (개방형 익명DB 사업 소개) 개방형 익명DB* 접근 방법, 구축 기준, 구축결과, 업데이트 주기 등 설명

        * 국내 급여 의약품·의료기기의 전반적인 시장 경향을 파악할 수 있도록 주성분코드(성분단위)·치료재료코드(중분류단위) 등으로 구축한 익명 DB

    o (맞춤형 익명DB 사업 소개) 맞춤형 익명DB* 신청 방법, 구축·제공 절차, 구축 기준, 활용 가능한 데이터 등 설명

        * 건강보험 빅데이터를 활용하여 산업계의 신청 내용에 따라 구축한 익명DB로, 기존 공단의 가명정보 연구DB에 비해 간소화된 절차를 통해 제공

        예) 2018~2022년 인공무릎관절 이식 환자의 월별/연령대별/치료재료코드(5단)별/시도별/요양기관 종별 청구건수, 환자 수 및 총진료비

05

주어진 보도자료를 근거로 판단한 내용으로 옳지 않은 것을 고르면?

① 사업설명회 참석신청서는 자료공유서비스 홈페이지에서 확인할 수 있다.

② 사업설명회의 참석대상에는 제약사, 의료기기 기업뿐만 아니라 디지털 헬스케어 기업도 포함된다.

③ 개방형 익명DB에는 국내 급여 의약품의 치료재료코드가 성분단위로 구축되어 있다.

④ 맞춤형 익명DB는 신청자에 따라 DB의 내용이 달라질 수 있다.

06

다음 중 건강보험 빅데이터 및 개방형·맞춤형 익명DB로 확인할 수 없는 내용을 고르면?

① 2024년 20대 감기 환자 수

② 2001년 인공무릎관절 이식 환자의 월별 총 진료비

③ 2010년 30대 통풍 환자의 12월 약처방내역

④ 2005년 서울시 치매환자의 시술내역

[07~08] 다음 글을 읽고 이어지는 질문에 답하시오.

㉠ 2024년, 국내 노인인구는 1,000만 명 시대를 맞는다. 통계청이 발표한 '2023년 고령자 통계'에 따르면 우리나라는 2025년엔 65세 노인 비율이 20.6%인 초고령사회에 진입하게 된다. 고령층에 대한 의료와 돌봄에 대한 수요가 폭발적으로 증가함에 따라 국민건강보험은 한국형 노인 의료 · 돌봄 통합지원 모델 정립을 위한 시범사업을 시행하고 있다.

노인 의료 · 돌봄 통합지원은 돌봄이 필요한 노인이 병원이나 시설이 아닌 살던 곳에서 건강하게 생활할 수 있도록 주거, 보건의료, 요양, 돌봄 서비스를 통합적으로 연계, 제공하는 사회서비스 정책이다. 제도의 성공적인 운영과 안정적인 안착을 위해 2023년 7월부터 2025년 12월까지 2년 6개월간 12개의 지자체를 대상으로 시범사업을 시행하고 있으며, 이 기간 동안 의료, 요양, 돌봄 분야 서비스 간 연계체계 구축과 방문의료 서비스 확충에 중점을 둔다.

시범사업 지역의 75세 이상 어르신들을 대상으로 대상자의 욕구에 맞는 의료 · 요양 · 돌봄 서비스를 연계 · 제공한다. ㉡ 또한 공단은 전 국민의 건강 · 장기요양 빅데이터를 보유하고 있는 보험자로서 시범사업에 직접 참여해 서비스 전달체계 및 연계체계 정립 등의 업무를 수행하고 있다. 살던 곳에서의 건강한 노후 생활을 위한 기반 마련을 위해 2018년 복지부가 '지역사회 통합돌봄 기본계획'을 발표하고 공단의 직접 참여와 지원을 요청함에 따라 2019년 5월 임시조직이 신설됐고, 올해 시범사업의 운영방향에 맞춰 조직 명칭을 '의료요양돌봄연계추진단'으로 변경, 운영하게 되었으며 또한 시범사업 12개 지역의 지사에 의료요양돌봄연계 전담팀을 꾸렸다.

㉢ 세계에서 가장 빠르게 늙어가는 나라, 노인 1인 가구의 가파른 증가 등 국민이 생각하는 노후는 매우 불안하다. 돌봄이 필요한 어르신이 살던 곳에서 계속 생활하기란 의료, 장기요양 또는 복지서비스 중 어느 하나만 제공되어서는 절대 불가능하다. 이 모든 서비스가 대상자를 중심으로 통합적으로 연계 · 지원되어야 지역사회에서의 건강한 노후생활을 보장할 수 있다. 의료요양돌봄연계추진단은 공단의 건강, 장기요양 고유 사업과 지자체 사업 간 상호 연계체계 구축 업무를 담당하는 가운데 안정적인 제도화를 위해 공단-지자체 공동업무 시스템 구축, 홍보, 교육, 통계 관리 등의 업무를 수행하고 있다.

2023년 7월부터 시행된 시범사업을 통해 공단은 대상자 중심의 의료요양돌봄 서비스 연계체계를 마련했고, 공단 빅데이터를 활용한 선제적 대상자 발굴로 대상자의 욕구와 필요에 맞는 연계를 수행하고 있다. 2024년 새해에도 대상자 중심의 의료요양돌봄 서비스 연계체계의 기반을 더욱 확립하고, 업무기능 개선, 데이터 연계를 통한 대상자 정보 통합관리 등을 위한 노인의료돌봄 통합지원 정보시스템의 고도화를 추진할 예정이다.

㉣ 시범사업은 의료와 돌봄서비스의 연계를 통해 건강한 지역사회 노후생활이 가능한 기본적 노인 의료 · 돌봄 통합지원 모델을 정립하는 것이 취지이다. 시범사업을 통해 전국적으로 확산 가능한 기본적인 노인 돌봄 모형이 구축돼 어르신들이 소망하는 대로 살던 곳에서 건강한 노후를 보낼 수 있기를 기대한다.

07

주어진 글을 읽고 다음 [보기]와 같이 A~D 4명이 대화하였을 때, 잘못 이야기하고 있는 사람을 고르면?

┤ 보기 ├

A: 국민건강보험공단은 노인이 살던 곳에서 계속 살 수 있도록 지원하는 것을 목표로 하고 있구나!

B: 국민건강보험공단은 데이터를 바탕으로 체계적인 서비스를 제공하려고 하고 있어.

C: 국민건강보험공단이 자발적으로 이렇게 좋은 일을 시작하다니! 노인들에게 너무 좋은 제도야.

D: 이 시범사업이 잘 정착하려면 지자체의 도움이 필요할 것 같아.

① A   ② B   ③ C   ④ D

08

주어진 글의 흐름상 밑줄 친 ㉠~㉣ 중 삭제되어야 할 문장을 고르면?

① ㉠   ② ㉡   ③ ㉢   ④ ㉣

올해부터 그동안 자녀 수와 관계없이 동일하게 지급했던 '첫만남이용권'을 둘째 이상 아동에는 100만 원 '더' 지원한다. (㉠   ) 어린이집 평가등급제 대신 서술형 평가결과로 신뢰성 있는 정보를 확인할 수 있고, 노인복지주택에 함께 입소할 수 있는 연령은 24세 미만으로 완화한다.

'장애아동 복지지원법' 개정으로 장애가 있다고 인정해 지원할 수 있는 장애미등록 아동의 연령기준을 9세 미만으로 확대해 서비스 지원 기반도 강화한다. 이밖에도 식품 등의 표시·광고에 '마약' 관련 용어를 사용하지 않도록 권고하는 동시에 이 용어를 변경하는 경우 관련 비용을 지원할 방침이다.

저출산·고령사회 기본법 개정에 따라 올해 1월 1일 이후 출생한 둘째 이상 아동의 첫만남이용권 지원액을 상향 지급할 수 있는 근거를 마련했다. 이에 기존에는 출생 순서에 무관하게 200만 원을 지급했으나 올해는 둘째 아이부터 300만 원으로 인상해 다자녀 출산 가정의 양육 부담 완화에 기여한다. (㉡   ) 출산 직후 지원 받는 첫만남이용권 200만 원(첫째)~300만 원(둘째 이상)을 포함해 0~1세 영아기 지원액을 2,000만 원 +α 수준(부모급여 1,800만 원+첫만남이용권 200~300만 원)으로 확대한다.

국민건강보험법 개정으로 외국인 피부양자 요건(국내 거주 6개월 등)을 신설해 형평성 있는 건강보험제도 운영의 기반을 수립했다. 또한 국민건강보험공단과 건강보험심사평가원이 요양기관 현지조사 업무를 지원할 수 있는 법적 근거를 명확히 했다. 한편 영유아보육법 개정으로 어린이집 평가등급제는 폐지되고, 영역별로 서술형 평가결과를 공표하게 됐다. 이를 통해 보육교사-영유아 간의 상호작용 등 영유아 부모들이 어린이집을 선택함에 있어 신뢰성 있는 정보를 제공할 수 있을 것으로 기대된다.

노인복지주택 입소자격자와 함께 입소할 수 있는 자녀·손자녀의 연령 제한을 현행 19세 미만에서 24세 미만으로 완화하고, 장애가 있는 자녀·손자녀는 연령 제한 없이 동반 입소할 수 있도록 개선했으며, 정신질환자의 권익 보호 강화 및 지역사회 복귀 촉진을 위한 동료지원쉼터·절차조력제도 등도 법적 근거를 마련했다. (㉢   ) 트라우마 대응에 대한 국가책임을 강화하기 위해 국가 트라우마센터의 역할에 심리지원 전문인력에 대한 교육 및 훈련을 추가했다.

장애아동 복지지원법에서는 장애 등록을 하지 않더라도 장애가 있다고 예외적으로 인정해 지원할 수 있는 아동의 연령을 현행 6세 미만에서 9세 미만으로 확대한다. 이에 따라 장애가 예견되는 아동에 대한 서비스 지원 기반을 강화했고, 국가 및 지자체가 발달재활서비스 제공기관의 서비스 수준 및 종사자 전문성 등을 평가하며 이 결과를 공개할 수 있는 근거를 마련했다.

노인장기요양보험법에서는 노인장기요양 재가급여를 통합·제공하는 통합재가서비스(AIP, Aging In Place)의 법적 근거를 신설했다. 통합재가서비스는 방문요양·목욕·간호, 주야간보호, 단기보호 등 장기요양 수급자가 원하는 다양한 서비스를 하나의 장기요양기관에서 편리하게 이용할 수 있는 제도다. 이로써 의료· 요양 등 복합적 지원이 필요한 장기요양 재가급여 수급자가 지역사회에서 계속 거주하면서 이러한 서비스를 받을 수 있을 것으로 기대된다. 아울러 지방자치단체장이 장기요양기관을 지정할 때 지역의 노인성질환 환자 수를 검토하도록 하는 등 노인장기요양 서비스 질을 향상시킬 수 있는 기반을 마련했다.

이밖에도 암관리법을 개정해 국가나 지자체가 소아청소년 암진료 체계구축에 필요한 비용을 지원할 수 있는 근거 규정을 마련했다. 이는 지난해 발표한 필수의료지원 대책과 소아의료체계 개선대책의 후속 조치로, 소아청소년 암환자와 가족이 거주지 인근에서 안정적으로 치료받을 수 있는 환경을 조성하고자 신설한 것이다.

09

주어진 글에 대한 설명으로 옳은 것을 고르면?

① 올해 태어난 둘째와 셋째 아이는 서로 다른 지원액을 받게 된다.
② 장기요양기관당 하나의 재가서비스를 제공할 수 있다.
③ 9세 이상의 장애 아동에 대한 서비스 지원이 강화되었다.
④ 암관리법 개정을 통해 청소년 암환자 가족은 거주의 안정을 얻을 수 있다.

10

주어진 글의 빈칸 ㉠~㉢에 들어갈 말을 바르게 짝지은 것을 고르면?

	㉠	㉡	㉢
①	또한	특히	더불어
②	또한	한편	하지만
③	그리고	한편	오히려
④	그리고	특히	그래서

운전면허 갱신 기간 연장 및 75세 이상 고령운전자 교육 개선

□ 그간 조치사항

- (75세 미만) '20년 갱신(적성검사) 대상자(58만 4천여 명) 갱신 기간 종료일을 '20년 말까지 연장
  ※ <1차> '20.6월 말까지 연장 / <2차> '20.12월 말까지 연장
- (75세 이상) '고령자 교통안전교육'이 전면 중단('20.2.6.~)됨에 따라, 해당 대상자(16천여 명) 갱신(적성 검사) 기간을 '21년 말까지 연장
- 치매안심센터(보건소) 진단검사의 활용*이 가능하도록 도로교통법령을 개정하고, 비대면 온라인 교육 시 스템을 구축
  * '치매안심센터 등'에서 받은 치매진단검사 결과지를 제출하면, 면허시험장에서 실시하는 '인지능력 자가진단'(1시간)을 면제할 수 있도록 시행규 칙 개정('20.9.25.시행)

□ 추가 조치 이후

- (전체 대상자) '21년 상반기 갱신(적성검사) 대상자(32만 1천여 명) 갱신 기간 종료일을 '21년 6월 말까지 최대 6개월을 일괄 연장
  ※ 하반기 추가 연장 여부는 코로나19 추이에 따라 추가 검토
- (75세 이상*) △기존 방식(2시간, 대면) 또는 △치매안심센터 등**에서 치매진단검사 실시＋온라인 교육 (2시간, 비대면)을 받는 방법 중 하나를 택하도록 선택권을 부여하고, 인원이 분산될 수 있도록 개선 ('21.1.4.시행)
  * 75세 이상은 '고령자 교통안전교육'을 이수하여야 면허 취득·갱신이 가능('19.1.1.시행)
  ** 보건복지부에서 운영하는 '치매안심센터' 또는 의원·병원·종합병원

[붙임] 고령자 교통안전교육 관련 안내(상세)

1. 치매안심센터(보건소) 등에서 치매검사를 받을 경우

1단계	2단계	3단계
치매진단검사 실시	교육장/온라인 교육 중 선택	적성검사(갱신)
지역 치매안심센터 치매진단검사 실시 후 교통안전교육기관 제출용 치매진단검사 결과지 발급 및 지참	⇨ '안전운전 통합민원' 고령운전자 교육장(30개소) https://www.safedriving.or.kr 예약 필수 ⇨ '도로교통공단 이러닝 센터' 고령운전자(의무) 교육 https://trafficedu.koroad.or.kr	⇨ 면허시험장/경찰서 방문 <준비물> ① 교통안전교육기관 제출용 치매선별검사 결과지 ② 운전면허증 ③ 사진(3.5×4.5cm) 2장 ④ 수수료(현금/카드 가능) ⑤ 건강검진 결과지

2. 치매안심센터(보건소) 등을 방문하지 않고 면허시험장을 방문할 경우

1단계	2단계	3단계
교육장/온라인 교육 중 선택	치매진단검사 실시	적성검사(갱신)

'안전운전 통합민원' 고령운전자 교육장(30개소) https://www.safedriving.or.kr 예약 필수	도로교통공단 안전교육부에서 실시	면허시험장/경찰서 방문 <준비물> ① 운전면허증 ② 사진(3.5×4.5cm) 2장 ③ 수수료(현금/카드 가능) ④ 건강검진 결과지
'도로교통공단 이러닝 센터' 고령운전자 (의무) 교육 https://trafficedu.koroad.or.kr	시험장 방문 후 민원부에서 실시	

11
주어진 자료에 대한 설명으로 적절하지 않은 것을 고르면?

① 2020년에는 운전면허 갱신 기간 종료일이 75세를 기점으로 달랐지만 추가 조치 이후에는 나이와 상관없이 일괄적으로 연장되었다.

② 75세 이상은 치매진단검사를 받은 후 결과지를 제출하면 인지능력 자가진단이 면제된다.

③ 75세 이상이 운전면허를 갱신하려면 고령자 교통안전교육은 오프라인과 온라인 교육 모두 이수해야 한다.

④ 고령자 교통안전교육 시 인원이 너무 많이 몰릴 경우 분산될 수 있도록 조치를 취할 것이다.

12
주어진 자료를 바탕으로 75세 이상 고령자인 민원인과 안내원의 대화 중 적절하지 않은 것을 고르면?

민원인: 제가 운전면허를 갱신하기 위해서는 치매검사를 받아야 하는데요. 어떻게 해야 하나요?

안내원: 지역 치매안심센터에서 치매진단검사를 실시하신 후에 치매진단검사 결과지를 지참하고 고령운전자 의무 교육을 받으시면 됩니다. ·· ①

민원인: 치매선별검사 결과지는 일정한 양식이 있나요?

안내원: 교통안전교육기관 제출용으로 발급받으시면 됩니다. ·· ②

민원인: 고령자 의무 교육은 어디서 받나요?

안내원: 안전운전 통합민원 고령운전자 교육장에서 받으시거나 도로교통공단 이러닝 센터에서 온라인으로 받으실 수 있습니다. ··· ③

민원인: 고령운전자 의무 교육을 온라인으로 이수하고 치매진단검사를 받지 않은 경우 어떻게 해야 하나요?

안내원: 시험장에 방문하신 후 도로교통공단 안전교육부에서 치매진단검사를 실시하시면 됩니다. ··········· ④

의료 이용 적으면 건보료 일부 환급 … 암 등의 약제비 부담도 지속 완화

정부가 필수의료 등 저평가 항목을 집중 인상할 수 있도록 수가 결정구조를 개편해 중증·응급환자·수술 등 필수의료 분야에 대한 보상을 강화한다. 이에 종별 환산지수 계약에 따른 행위별 수가의 일괄 인상 구조를 탈피하고, 업무 강도가 높고 자원 소모가 많으나 상대적으로 저평가된 항목의 상대가치 점수를 집중 인상한다. 또한 연간 의료 이용이 현저히 적은 가입자에게는 전년도에 납부한 보험료의 10%에 해당하는 금액을 연간 12만 원 한도의 바우처로 지원한다.

보건복지부는 '국민건강보험법' 제3조의2에 따라 건강보험의 건전한 운영을 위해 이같은 내용의 '제2차 국민건강보험 종합계획(2024~2028)'을 발표, 중장기 건강보험 정책 방향을 제시했다. 이번 종합계획은 가입자 및 공급자 단체, 관계기관, 전문가 등을 대상으로 한 8차례 추진단·자문단 회의와 정책토론회 및 건강보험정책심의위원회 논의를 통해 다양한 의견을 수렴해 마련했다. 최근 지역·필수의료 공백, 필수의약품 부족 등 의료공급 위기는 국민의 생명·건강에 중대한 위협이 되고 있다. 또한 인구 고령화와 저출산에 따른 인구 감소와 1인 가구의 증가 등으로 인한 사회 전반의 축소(다운사이징)가 급격하게 진행되면서 건강보험의 지속가능성에 대한 우려가 제기되고 있다. 그럼에도 종전 건강보험 정책은 보장률 제고에 편중돼 ▲수도권·대형병원 쏠림에 따른 지역의료 공백 ▲진료량 감소 및 보상수준 불균형으로 인한 필수의료 기피 ▲본인부담 감소로 인한 불필요한 의료 이용 증가 등 현행 지불제도가 유발하는 구조적 문제는 더 악화된 상황이다. 이에 정부는 이번 계획에서 건강보험 체계를 근본적으로 전환해 변화하는 여건 속에 현재 세대와 미래 세대가 모두 건강보험 혜택을 공평하게 누리면서도 지속 가능하도록 건강보험 제도를 운영하기로 했다.

◆ 건강보험 지불제도 개혁

의료서비스의 적정 공급과 정당한 보상을 위해 건강보험 지불제도 개혁을 추진한다. 행위별 수가의 틀을 넘어 진료량보다는 의료의 질과 성과 달성에 따라 차등 보상을 제공하는 대안적 지불제도 도입을 추진한다.

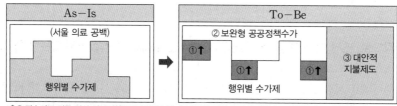

*①필수의료 집중 인상, ②보완형 공공정책수가, ③대안적 지불제도(대안형, 공공정책수가, 묶음수가 등)

대안적 지불제도는 어린이 공공전문진료센터 사후보상 시범사업, 중증진료체계 강화 시범사업, 지역의료혁신 시범사업 등이 있다. 특히 지불제도 개혁을 위한 모형 개발, 시범사업 등을 지원하기 위해 혁신계정을 도입하고, 심사·평가도 성과 중심의 통합적 체계로 전환한다. 공통지표는 평가통합포털을 통한 공통지표 선정·활용해 유사지표에 대한 평가 반복 등에 따른 요양기관의 행정부담을 완화하고, '투입·구조·과정지표' 위주에서 '성과지표' 중심으로 평가지표를 재정비한다. 성과보상은 의료질 평가지원금 등은 기관별 성과에 비례한 보상으로 개편하고 각종 평가 관련 재원을 통합해 1조 5,000억 원 규모의 재원을 조성한다.

◆ 의료서비스 지원체계 개선

　의료격차 해소와 건강한 삶 보상을 위해 의료서비스 지원체계를 개선한다. 우선 국립대병원 등 거점기관 중심으로 지역 의료기관 간 연계·협력을 강화해 생애·질병 단계별로 필요한 의료를 적시에 제공할 수 있는 전달체계를 구축한다.

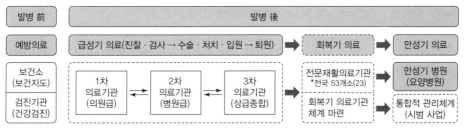

['급성기 – 회복기 – 만성기'의 질병 단계별 의료전달체계 구조]

　연간 의료 이용이 적은 가입자는 연간 12만 원 한도의 바우처로 지원하고, 건강생활실천지원금 지원 대상을 늘리는 등 자기 주도적 건강관리에 대한 혜택을 확대한다. 아울러 맞춤형 건강검진 및 다제약물 관리 등 만성질환에 대한 포괄적 관리체계를 구축하고, 정신·여성·아동 건강관리 서비스 확대 및 노년층 욕구에 부합하는 거주지 중심 생애말기 의료 지원을 추진하는 등 예방과 통합적 건강관리 지원도 강화한다. 특히 본인부담상한제와 재난적의료비 지원을 지속 확대하고, 보험료 체납에 따른 급여 제한을 최소화하는 등 취약계층을 위한 의료안전망을 개선한다. 국민의 생존을 위협하는 암, 희귀난치질환 등에 대한 약제비 부담을 지속적으로 완화하고, 급성기 환자의 간병 부담 완화를 위해 간호·간병 통합서비스를 확대하는 등 과도한 의료비 부담을 방지하기 위한 방안도 강구한다.

◆ 건강보험재정 효율적 관리

　의료남용을 철저히 차단하고 국민과 국가가 부담할 수 있는 범위 내에서 보험재정을 효율적으로 관리한다. 이에 환자에게 불리한 비급여 선택을 방지하기 위해 비급여 진료 정보를 충분히 제공하고, 금융위원회와 협력해 실손보험 개선체계를 구축한다. 도수치료, 백내장 수술 등 비중증 과잉 비급여 진료는 급여·비급여 혼합진료 금지 적용을 추진하고, 재평가를 통해 비급여 진료도 퇴출 기전을 마련하는 등 비급여 관리를 대폭 강화한다. OECD 평균보다 현저히 많은 병상과 장비 수는 적정하게 관리하고, '현명한 선택 캠페인(choosing wisely campaign)'의 일환으로 적정의료 목록을 보급해 의료서비스 과잉 공급을 방지한다. 한편 우리나라의 연간 외래이용횟수가 OECD 평균의 3배 수준으로 높은 점 등을 감안해 분기별로 의료 이용량 및 의료비 지출에 대한 알림서비스를 제공하고, 과다 이용 시에는 본인부담을 높이는 등 합리적 의료 이용을 유도한다. 아울러 기존 급여 항목의 재평가를 주기적으로 실시해 의학적 효과나 경제성이 떨어지는 항목은 가격을 조정하거나 퇴출하는 기전을 확립한다. 유튜버 등 새로운 형태의 소득에 대한 보험료 부과방식을 검토하고, 일시납부, 소득 발생·보험료 부과 간 시차 최소화 등을 통해 납부 편의를 개선한다. 재정지표 공개도 확대하고 국회보고 절차를 강화하는 등 더욱 투명하고 신뢰도 높은 보험재정 운영·관리 체계도 마련한다.

◆ 의료 혁신 지원

　필수의약품 등 안정적 공급체계를 구축하고 치료기회 확대를 위한 의료 혁신을 지원한다. 코로나19와 러시아−우크라이나 전쟁 등 외부 요인으로 인해 글로벌 공급망 위기가 발생하더라도 보건안보를 유지하기 위해서는 필수의약품 등 안정적 공급체계 확보가 중요하다. 이에 꼭 필요한 의약품 등을 안정적으로 공급할 수 있도록 국산 원료의 사용을 유도하고, 국내 생산 기반시설(인프라) 유지를 위해 약가를 우대하는 등 다각적 지원을 강구한다. 현재 치료법이 없는 질환의 치료 기회를 열어주거나 기존 치료법보다 현저히 효과가 우수한 혁신적 의료기술은 등재기간 단축, 경제성 평가 완화, 가격 우대 등을 통하여 신속하게 도입될 수 있도록 지원한다. 특히 연구개발(R&D) 투자, 필수의약품 공급, 일자리 창출 등을 통하여 보건의료 혁신을 주도하고 안정적 공급망 구축에도 기여하는 기업에게 가격 우대 등 혜택을 제공하는 방안을 검토한다. 이와 함께 개인정보 보호를 확실히 하면서도 공익적·과학적 연구와 자기 주도 건강관리를 위한 건강보험 데이터 개방·활용은 확대하여 보건의료 혁신을 선도한다.

　박○○ 복지부 제2차관은 "이번 계획을 통해 꼭 필요한 의료를 튼튼히 보장하고, 합리적으로 가격을 조정해 의료 공급을 정상화하겠다"며 "불필요한 의료쇼핑 등 의료 남용은 줄이고, 안정적인 공급망과 의료혁신 지원체계를 구축해 미래에도 계속 누릴 수 있는 건강보험 기반을 마련하겠다"고 강조했다. 아울러 "국민이 적정하게 받고 있는 건강보험 혜택을 계속 지원하고, 필수의료 등 국민의 생명·건강과 직결되나 충분히 공급되지 못하고 있는 영역에는 5년 동안 10조 원 이상을 집중 지원하겠다"면서 "이를 통해 지난 1일 발표한 필수의료 정책 패키지를 포함해 그동안의 필수의료 대책이 안정적 재정 지원하에 차질 없이 추진하겠다"고 덧붙였다.

13
주어진 보도자료를 읽고 이해한 내용으로 옳지 <u>않은</u> 것을 고르면?

① 건강보험 지불제도 개혁을 통해 평가를 성과지표 중심에서 과정지표 위주로 재정비할 계획이다.

② 향후에는 소득이 발생하는 유튜버들도 보험료가 부과될 수 있다.

③ 국산 원료를 사용한 의약품은 글로벌 공급망 위기가 발생하더라도 안정적인 공급이 가능하다.

④ 제2차 국민건강보험 종합계획은 2024년부터 5년간의 계획이다.

14
주어진 보도자료를 근거로 추론한 내용으로 옳은 것을 고르면?

① 개인정보 보호를 위해 건강보험과 관련된 데이터의 활용은 다소 축소될 것이다.

② 의료서비스 지원체계 개선을 통해 질병의 회복기 단계에서는 상급종합 의료기관의 진료가 이루어질 예정이다.

③ 전년도에 95만 원의 보험료를 납부한 가입자가 연간 의료 이용이 현저히 적다면 9만 5천 원의 바우처를 지원받을 수 있다.

④ 국민의 건강에 직접적으로 영향을 주지만 충분히 공급되지 못하고 있는 영역에는 연간 평균 10조 원 이상을 집중 지원할 계획이다.

[15~17] 다음 안내문을 읽고 이어지는 질문에 답하시오.

국민건강보험공단은 국민의 건강권을 보장하고 의료비 부담을 완화하기 위해 다양한 건강보험 복지 지원 정책을 시행하고 있다. 공단은 의료비 지원, 산모·신생아 건강관리, 장기요양보험 등을 통해 사회적 안전망을 구축하고, 국민이 보다 안정적으로 의료 서비스를 이용할 수 있도록 지원하고 있다.

1. 재난적 의료비 지원 사업

공단은 과도한 의료비 부담으로 인해 치료를 포기하는 상황을 방지하고자 재난적 의료비 지원 사업을 운영하고 있다.

1) 지원 대상
- 소득 기준 중위소득 100% 이하 가구
- 중증질환(암, 희귀·중증 난치성 질환 등) 및 고액의 치료비가 발생하는 질환
- ㉠ 만 65세 이상 노인 또는 만 65세 미만 노인성 질환자

2) 지원 내용
- 본인 부담 의료비가 가구 소득의 일정 비율을 초과하는 경우 지원
- 연간 지원 한도 내에서 입원·외래 의료비 일부 보조

2. 산모·신생아 건강관리 지원 사업

공단은 출산 후 산모와 신생아의 건강을 보호하고, 가정 내 돌봄 부담을 줄이기 위해 산모·신생아 건강관리 지원 사업을 운영하고 있다.

1) 지원 대상
- 출산 후 일정 기간 동안 산모와 신생아를 돌볼 필요가 있는 가구
- ㉡ 다태아 출산, 저소득층, 장애 산모 등 추가 지원 대상 포함

2) 지원 내용
- 전문 건강관리사가 가정을 방문하여 산모 회복 및 신생아 돌봄 지원
- 서비스 제공 기간 및 지원 범위는 대상자의 경제적·사회적 상황에 따라 차등 적용

3. 예방적 건강관리 사업

㉢ 공단은 의료비 부담을 줄이고 국민의 건강 증진을 도모하기 위해 예방적 건강관리 사업을 시행하고 있다.

1) 건강검진 사업
- 정기 건강검진을 통해 만성질환 및 암 등의 조기 발견 지원
- 직장가입자, 지역가입자, 피부양자 대상 건강검진 실시

2) 금연·비만 예방 프로그램
- 금연 치료 지원 사업 운영
- ㉣ 비만 예방 및 만성질환 관리를 위한 생활습관 개선 프로그램 제공

15
주어진 안내문의 내용과 일치하지 <u>않는</u> 것을 고르면?

① 건강보험 복지 정책은 의료비 지원뿐만 아니라 예방 및 돌봄 서비스를 포함한다.
② 산모·신생아 건강관리 지원 사업은 출산 후 의료비 지원을 제공한다.
③ 재난적 의료비 지원 사업은 과도한 의료비 부담이 발생한 경우 지원될 수 있다.
④ 건강검진 사업은 직장가입자뿐만 아니라 지역가입자도 포함된다.

16
주어진 안내문의 흐름상 ㉠~㉣ 중 삭제되어야 할 문장을 고르면?

① ㉠   ② ㉡   ③ ㉢   ④ ㉣

17
주어진 안내문을 바탕으로 추론할 수 <u>없는</u> 것을 고르면?

① 재난적 의료비 지원을 받은 A씨는 본인 부담 의료비가 가구 소득 대비 일정 비율을 초과했을 가능성이 있다.
② 건강검진을 받은 B씨는 질병 예방을 위해 추가적인 생활습관 개선 프로그램을 이용할 수 있다.
③ 출산 후 산모·신생아 건강관리 지원을 신청한 C씨는 건강관리사의 도움을 받아 산모 회복을 지원받았을 가능성이 있다.
④ 비만 예방 프로그램을 신청한 D씨는 체중 감량 목표를 달성하지 못할 경우 건강보험료 할증 대상이 된다.

[18~20] 다음 글을 읽고 이어지는 질문에 답하시오.

[가] 약물 치료와 함께 일상에서 면역력을 높이고 염증 반응을 줄이는 생활 습관을 유지하면 증상 완화에 도움을 받을 수 있다. 먼저 흡연은 크론병의 위험 요인 중 하나이므로 크론병 진단을 받았다면 금연은 필수이다. 신체 면역력을 높이기 위해서는 적절한 운동과 충분한 수면을 지켜야 한다. 트랜스지방과 포화지방은 염증 반응을 일으킬 수 있으므로 이들 성분이 다량 함유된 패스트푸드, 인스턴트식품, 인공감미료, 육류 등의 섭취는 줄이는 것이 좋다. 염증성 장질환은 조기 진단과 적절한 치료가 이루어지면 큰 불편 없이 일상을 살아갈 수 있으므로 미리 위축되거나 초조해하지 말고 지켜야 할 치료법과 생활 습관을 꾸준히 실천해 보자.

[나] 크론병은 식도, 위, 소장, 대장, 항문에 이르기까지 소화관 전체에 염증이 나타날 수 있다. 크론병이라는 이름은 질환에 대해 처음으로 논문을 작성한 크론 박사의 이름을 따서 붙여졌다. 과거에는 서양에서 많이 발병했지만 최근에는 식습관, 생활 환경 등이 서구화되면서 아시아에서도 환자가 급증하고 있다. ⊙ 우리나라의 경우 10~30대의 젊은 연령에서 환자 수가 늘고 있으며, 그중 20대 환자가 가장 많다. 크론병은 궤양성 대장염과 달리 염증 부위가 연속되지 않고 여러 부위에 떨어져 발생하는 경우가 많으며, 염증이 점막층, 점막하층, 근육층, 장막층 등 장벽 전 층에 침범하는 특징을 지닌다. 염증은 주로 소장과 대장에 많이 나타나는데 주요 증상은 설사, 복통, 식욕 감퇴, 체중 감소, 미열, 구토 등이다. 장외 증상으로는 관절, 눈, 피부, 간, 신장, 항문 등에 이상이 발생할 수 있다. 증상의 종류와 정도는 환자마다 다양한데 때로는 서서히, 때로는 급속히 나타난다. 크론병은 궤양성 대장염에 비해 환자의 고통이 더 심한 경우가 많으며, 장기적인 경과와 치료에 대한 반응도 좋지 않아 수술에 이르는 사례가 많다. 크론병 역시 호전과 재발을 반복한다.

[다] ⓛ 염증성 장질환은 장 내부에 비정상적인 염증이 반복되는 만성 질환으로, 우리 몸을 보호하는 면역체계가 장 점막을 외부 물질로 오인해 공격하면서 염증 반응을 일으키는 것이다. 염증성 장질환의 정확한 발병 원인은 아직 밝혀지지 않았지만 유전적 요인, 환경적 요인, 장내 미생물과 인체 면역시스템 사이의 이상 반응 등이 복합적으로 관여해 발병하는 것으로 추정하고 있다. 염증성 질환의 종류에는 크게 궤양성 대장염과 크론병이 있다.

[라] 염증성 장질환은 감염성 장염, 과민성 장증후군 등 보통의 장질환과 증상이 비슷해 초기에 증상이 나타났을 때 대수롭지 않게 넘어가거나 다른 질환으로 오해하곤 한다. 때문에 질환이 악화된 후에야 병원을 찾아 진단 시기가 늦어지는 사례도 많다. 복통, 설사, 혈변 등의 증상이 지속되거나 관절, 피부, 눈 등에 이상이 동반되면 병원에서 검사를 받는 것이 바람직하다. ⓒ 크론병은 염증이 생긴 일부분을 잘라내는 수술을, 궤양성 대장염은 대장을 들어내는 수술을 한다. 수술은 염증 부위를 온전히 제거한다는 점에서 치료 효과는 높지만 일상생활에 불편함이 뒤따를 수 있다. 염증성 장질환 치료는 염증 정도, 발병 부위, 합병증 등을 고려해 진행되며 약물치료와 수술치료가 있다. 특히 병에 대한 연구가 활발히 이루어져 다양한 치료법이 개발되어 있으므로 적절한 치료를 꾸준하게 받는다면 증상 없이 정상적인 활동도 가능하다. 하지만 증상이 좋아졌다 나빠졌다를 반복하기 때문에 임의로 치료를 중단하면 재발 및 합병증 발생 위험이 높아진다.

[마] 궤양성 대장염은 대장에 국한돼 염증이 발생하는 질환이다. 대장의 벽은 점막층, 점막하층, 근육층, 장막층 등 4개 층으로 구성돼 있는데, 궤양성 대장염은 가장 안쪽 층인 점막층과 점막하층에 염증이 생기며 염증 부위가 연속된다. 연속된다는 것은 염증 부위가 크든 작든 모두 이어져 있다는 의미다. 증상은 대장의 침범 범위와 염증 정도에 따라 다르지만 주로 지속적인 혈변, 설사, 대변 절박증(대변을 참지 못함), 변을

보고도 시원하지 않은 후중감, 복통 등이다. 이러한 증상은 몸 전체에도 영향을 미쳐 발열, 식욕 부진, 체중 감소, 전신 쇠약감, 구토 등의 전신 증상을 동반하기도 한다. ② 때로는 장외증상이라고 하여 장 이외에 관절, 눈, 피부, 간, 신장 등에 이상을 불러오기도 한다. 증상 정도 역시 환자에 따라 다른데, 증상이 거의 없는 경우도 있고 심하면 응급 수술이 필요할 정도로 위중한 사례도 있다. 특히 환자들의 증상이 호전과 재발을 반복하며 만성으로 이어지기에 지속적인 관리가 필요하다.

18
주어진 글의 [가]~[마] 문단을 문맥상 바르게 나열한 것을 고르면?

① [나]−[라]−[가]−[마]−[다]
② [다]−[라]−[가]−[나]−[마]
③ [다]−[마]−[나]−[라]−[가]
④ [마]−[나]−[다]−[라]−[가]

19
염증성 장질환 진단을 받은 A~D환자 4명이 다음 [보기]와 같이 대화를 나누었다고 할 때, 적절하지 않은 발언을 한 사람을 고르면?

┤ 보기 ├

A환자: 궤양성 대장염과 크론병의 차이점은 염증 분포의 연속성 여부이군요.
B환자: 최근 아시아에서 크론병 환자 수가 늘어난 이유는 식습관의 영향도 있겠군요.
C환자: 염증성 장질환으로 떨어진 신체 면역력을 올리기 위해 매일 아침 조깅을 1시간씩 해야겠어요.
D환자: 트랜스지방과 포화지방은 염증 반응을 일으키므로 패스트푸드와 인스턴트식품을 줄이고 육류 섭취를 늘려야겠어요.

① A환자   ② B환자   ③ C환자   ④ D환자

20
주어진 글의 흐름상 밑줄 친 ㉠~㉣ 중 삭제해야 할 문장을 고르면?

① ㉠   ② ㉡   ③ ㉢   ④ ㉣

[21~22] 다음 [표]는 연령별 퇴원환자 수 및 퇴원율에 관한 내용이다. 이를 바탕으로 이어지는 질문에 답하시오.

[표1] 연령별 퇴원환자 수 (단위: 천 명)

구분	2016년	2017년	2018년	2019년	2020년	2021년
전체	7,109	7,131	7,224	7,225	6,216	6,222
0~14세	829	680	669	599	319	292
15~24세	431	402	379	355	280	272
25~34세	520	485	444	448	389	402
35~44세	716	710	685	669	566	567
45~54세	1,083	1,083	1,053	1,027	908	892
55~64세	1,318	1,403	1,470	1,496	1,355	1,329
65~74세	1,076	1,121	1,167	1,219	1,150	1,217
75세 이상	1,136	1,247	1,357	1,412	1,249	1,251

[표2] 연령별 퇴원율 (단위: 명)

구분	2016년	2017년	2018년	2019년	2020년	2021년
전체	13,882	13,868	14,001	13,979	12,000	12,030
0~14세	12,104	10,080	10,028	9,318	5,061	4,758
15~24세	6,456	6,186	6,047	5,842	4,749	4,847
25~34세	7,456	7,065	6,493	6,509	5,599	5,764
35~44세	8,734	8,714	8,524	8,467	7,320	7,446
45~54세	12,565	12,466	12,136	11,696	10,414	10,333
55~64세	18,484	18,967	19,014	18,890	16,839	16,256
65~74세	27,300	27,699	28,090	28,099	24,739	24,424
75세 이상	40,320	41,212	42,128	42,197	35,701	34,908

※ 퇴원율(명): 인구 10만 명당 퇴원환자 수

21

주어진 자료에 대한 설명으로 옳지 <u>않은</u> 것을 고르면?

① 2017년 75세 이상 퇴원환자의 전년 대비 증감률은 퇴원율의 전년 대비 증감률보다 크다.

② 2018년 퇴원율의 전년 대비 증감폭이 가장 큰 연령은 75세 이상이다.

③ 2020년 54세 이하 퇴원환자는 55세 이상 퇴원환자보다 130만 명 이상 적다.

④ 모든 연령에서 2016년 대비 2020년 퇴원율은 감소했다.

22

다음 중 2021년의 연령별 인구를 나타낸 그래프로 옳은 것을 고르면?(단, 계산 시 소수 첫째 자리에서 반올림한다.)

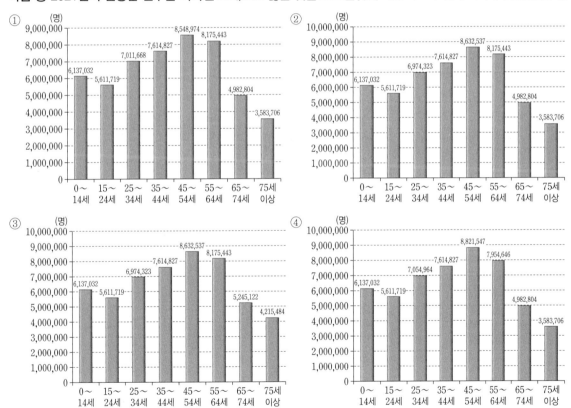

[23~24] 다음 [표]와 [그래프]는 자원봉사 인증요원에 관한 자료이다. 이를 바탕으로 이어지는 질문에 답하시오.

[표] 자원봉사 인증요원

(단위: 명)

구분	2017년	2018년	2019년	2020년	2021년	2022년
전국	44,250	23,535	24,479	27,797	29,722	22,510
서울	8,002	3,342	3,256	4,008	4,222	2,706
부산	2,390	1,485	1,580	1,864	2,047	1,628
대구	1,899	1,139	1,265	1,380	1,427	1,172
인천	1,982	1,195	1,237	1,379	1,450	1,112
광주	2,449	1,619	1,634	1,799	1,941	1,429
대전	2,582	1,229	1,276	1,376	1,419	1,005
울산	1,327	748	835	924	971	838
세종	115	74	80	93	97	69
경기	6,867	3,478	3,438	3,923	4,034	3,145
강원	1,820	885	913	1,097	1,336	1,074
충북	1,451	912	999	1,069	1,125	870
충남	2,186	1,399	1,497	1,699	1,884	1,413
전북	2,236	941	1,069	1,141	1,248	891
전남	2,262	1,506	1,653	1,711	1,771	1,491
경북	2,783	1,613	1,709	1,888	2,068	1,612
경남	2,600	1,376	1,482	1,746	1,912	1,496
제주	1,299	594	556	700	770	559

※ 인증요원은 사회복지, 보건의료, 기타로 구분함
※ 광역시: 부산, 대구, 인천, 광주, 대전, 울산

[그래프] 전국 자원봉사 사회복지 인증요원

(단위: 명)

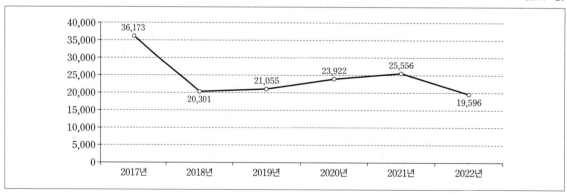

23

주어진 자료에 대한 설명으로 옳지 <u>않은</u> 것을 고르면?

① 광역시 중 2021년 자원봉사 인증요원의 전년 대비 증감률이 가장 높은 지역은 광주이다.
② 조사 기간 동안 대구의 자원봉사 인증요원이 인천보다 많은 해는 3개년이다.
③ 2020년에 자원봉사 인증요원은 모든 지역에서 전년 대비 증가했다.
④ 2018~2021년 동안 전국 자원봉사 사회복지 인증요원의 전년 대비 증가율이 가장 높은 해는 2020년이다.

24

전년 대비 증가하면 +1, 감소하면 −1, 동일하면 0으로 나타낼 때, 전국 자원봉사 인증요원 중 사회복지 인증요원이 차지하는 비중의 전년 대비 증감을 나타낸 그래프로 옳은 것을 고르면?(단, 계산 시 소수점 둘째 자리에서 반올림한다.)

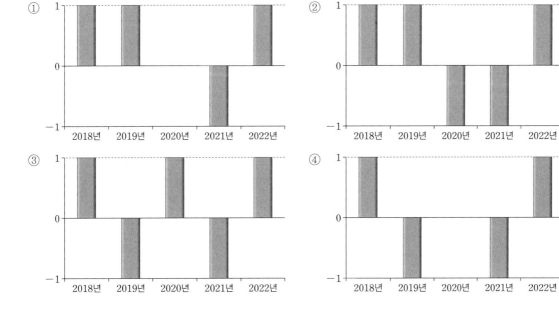

[25~26] 다음 [표]는 2022년 금액 상위 100대 효능군별 현황에 대한 자료의 일부이다. 이를 바탕으로 이어지는 질문에 답하시오.

[표] 2022년 금액 상위 100대 효능군별 현황(상위 30개) 중 급여의약품 공급실적 (단위: 백만 원, %, 개)

연번	효능군	공급금액			품목수
		금액	구성비	누적비	
	전체	19,616,000	100.00	—	16,800
1	혈압강하제	1,679,000	8.6	8.6	2,200
2	동맥경화용제	1,498,000	7.6	16.2	800
3	항악성종양제	1,225,000	6.2	22.4	500
4	소화성궤양용제	1,070,000	5.5	27.9	1,500
5	기타의 화학요법제	1,036,000	5.3	33.2	800
6	주로 그림양성, 음성균에 작용하는 것	1,025,000	5.2	38.4	1,200
7	당뇨병용제	905,000	4.6	43.0	700
8	해열·진통·소염제	816,000	4.2	47.2	100
9	기타의 중추신경용약	751,000	3.8	51.0	600
10	기타의 순환계용약	614,000	3.1	54.1	500
11	따로 분류되지 않는 대사성 의약품	535,000	2.7	56.9	400
12	안과용제	514,000	2.6	59.5	600
13	정신신경용제	478,000	2.4	61.9	600
14	기타의 혈액 및 체액용약	446,000	2.3	64.2	200
15	진행거담제	438,000	2.2	66.4	500
16	기타의 비뇨생식기관 및 항문용약	437,000	2.2	68.7	300
17	X선조용제	427,000	2.2	70.8	150
18	혈액세제류	326,000	1.7	72.5	50
19	자격요법제	315,000	1.6	74.1	50
20	기타의 소화기관용약	302,000	1.5	75.6	400
21	간장질환용제	294,000	1.5	77.1	200
22	항전간제	242,000	1.2	78.4	250
23	기타의 조직세포의 치료 및 진단	230,000	1.2	79.5	50
24	단백아미노산제제	200,000	1.0	80.6	150
25	혈액대용제	183,000	0.9	81.5	100
26	기타의 알레르기용약	177,000	0.9	82.4	300
27	항히스타민제	173,000	0.9	83.3	250
28	효소제제	148,000	0.8	84.0	80
29	기타의 호르몬제	144,000	0.7	84.8	100
30	기타의 인공관류용제	143,000	0.7	85.5	70

25

주어진 자료에 대한 설명으로 옳지 <u>않은</u> 것을 고르면?

① 공급금액이 가장 큰 5대 급여의약품은 금액 상위 100대 효능군별 공급금액의 33% 이상을 차지한다.

② 금액 상위 100대 효능군별 상위 30위권 내에 속하지 않는 공급의약품은 14% 이상을 차지한다.

③ 공급금액이 1조 원 이상인 급여의약품의 총 공급금액은 7조 6천억 원 이상이다.

④ 금액 상위 100대 효능군별 상위 10위권 내 급여의약품의 공급금액은 적어도 각각 3% 이상을 차지한다.

26

다음 [보기] 중 주어진 자료에 대한 설명으로 옳은 것을 모두 고르면?

┤ 보기 ├

ⓖ 금액 상위 100대 효능군별 현황에서 품목수가 가장 많은 급여의약품은 혈압강하제이다.

ⓛ 금액 상위 100대 효능군별 현황에서 상위 30위권 급여의약품의 총 공급금액은 196,160억 원이다.

ⓔ 금액 상위 100대 효능군별 상위 30위권 내 급여의약품은 순위가 한 단계 낮아질 때마다 적어도 10억 원 이상은 감소했다.

① ⓛ   ② ⓔ   ③ ⓖ, ⓔ   ④ ⓖ, ⓛ, ⓔ

[27~28] 다음 [표]는 아동복지시설 입소자 및 퇴소자 수에 관한 자료이다. 이를 바탕으로 이어지는 질문에 답하시오.

[표1] 아동복지시설 입소자 수 (단위: 명)

구분	2015년	2016년	2017년	2018년	2019년
서울	1,982	1,807	1,639	1,291	1,246
부산	148	104	170	182	171
대구	165	207	270	197	211
인천	172	210	186	131	201
광주	91	141	175	99	94
대전	302	239	365	282	272
울산	30	40	69	17	29

[표2] 아동복지시설 퇴소자 수 (단위: 명)

구분	2015년	2016년	2017년	2018년	2019년
서울	2,039	1,834	1,894	1,451	1,482
부산	287	214	307	295	232
대구	176	214	277	225	243
인천	203	209	222	146	185
광주	144	153	210	133	115
대전	352	236	378	303	296
울산	20	46	57	29	28

27

2019년 아동복지시설 입소자 상위 4개 지역 중 연평균 퇴소자와 연평균 입소자 수의 차이가 가장 큰 지역의 차이 값을 고르면?

① 113명 ② 129명 ③ 139명 ④ 147명

28

다음 중 주어진 자료를 나타낸 그래프로 옳은 것을 고르면?(단, 계산 시 소수점 첫째 자리에서 반올림한다.)

① 대구 아동복지시설의 연도별 입소자 및 퇴소자 수

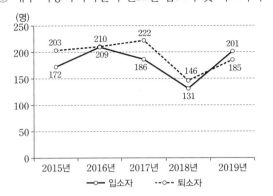

② 연도별 퇴소자 수

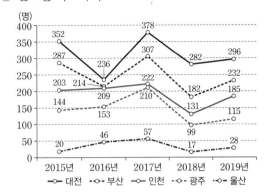

③ 2018년 지역별 아동복지시설 퇴소자 수 비중

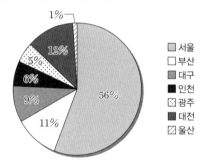

④ 2015년 지역별 아동복지시설 입소자 수 비중

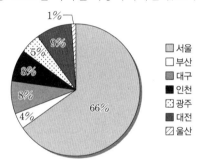

[29~31] 다음 [표]는 장기요양기관에 종사하는 인력 현황을 나타낸 자료이다. 이를 바탕으로 이어지는 질문에 답하시오.

[표1] 시기에 따른 직종별 종사자 현황 (단위: 명)

구분	2017년	2018년	2019년	2020년	2021년 상반기
합계	377,177	421,316	492,125	503,969	538,301
사회복지사	18,535	22,305	26,395	30,268	32,220
의사(계약의사 포함)	2,198	2,210	2,358	2,312	2,433
간호사	2,791	2,999	3,312	3,504	3,606
간호조무사	9,845	10,726	12,054	13,221	13,805
물리(작업)치료사	2,024	2,122	2,350	2,558	2,656
요양보호사	340,624	379,822	444,525	450,970	507,316
영양사	1,160	1,132	1,131	1,136	1,136

[표2] 2021년 상반기 지역별 종사자 현황 (단위: 명)

구분	사회복지사	의사 (계약의사 포함)	간호사	간호조무사	물리(작업) 치료사	요양보호사	영양사
합계	32,220	2,433	3,606	13,805	2,656	507,316	1,136
서울	4,123	228	554	1,508	256	82,627	84
부산	1,879	78	130	465	131	34,316	57
대구	1,545	128	172	610	119	23,063	55
인천	1,936	145	224	947	178	31,323	64
광주	980	37	119	280	53	18,391	21
대전	950	87	154	446	84	17,172	48
울산	438	30	47	193	40	7,678	19
세종	117	9	13	43	8	1,672	4
경기	7,588	606	909	4,139	822	116,369	225
강원	1,260	125	212	571	123	15,692	68
충북	1,270	130	130	657	105	16,275	45
충남	1,739	152	148	796	128	25,092	80
전북	1,785	119	156	697	116	22,705	67
전남	1,717	170	139	660	119	22,840	59
경북	2,376	194	213	926	175	32,541	111
경남	2,178	143	181	692	138	35,362	94
제주	339	52	105	175	61	4,198	35

29

주어진 자료에 대한 설명으로 옳지 <u>않은</u> 것을 고르면?

① 물리(작업)치료사는 2017년 대비 2019년에 16% 이상 증가하였다.
② 2021년 상반기에 경남에 근무하는 영양사는 전체 영양사의 8% 이상이다.
③ 2021년 상반기에 서울에 근무하는 사회복지사는 전체 사회복지사의 14% 미만이다.
④ 2021년 상반기에 세종에 근무하는 장기요양기관 종사자 중 요양보호사의 비중은 90% 이상이다.

30

다음 중 2017년 대비 2018년에 장기요양기관 종사자 인력 증감률이 가장 작은 직종을 고르면?

① 의사　　　　　② 간호사　　　　　③ 물리치료사　　　　　④ 영양사

31

다음 중 요양보호사를 제외한 연도별 장기요양기관 종사자 비율을 나타낸 그래프로 옳지 <u>않은</u> 것을 고르면?

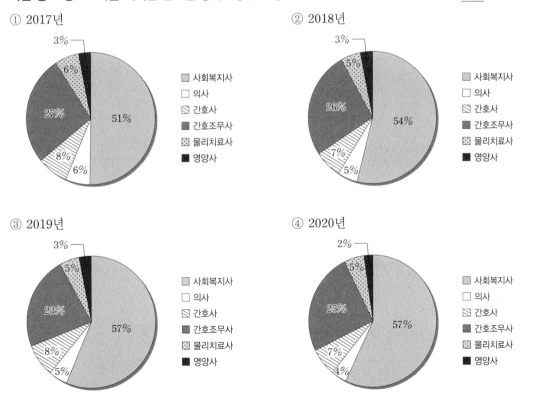

[32~34] 다음 [표]는 연도별 대한적십자사 헌혈 현황에 관한 자료이다. 이를 바탕으로 이어지는 질문에 답하시오.

[표1] 지역별 대한적십자사 헌혈 건수   (단위: 건)

구분	2019년	2020년	2021년
합계	2,613,901	2,435,210	2,426,779
서울중앙	251,035	222,024	216,484
서울남부	214,734	190,301	176,386
서울동부	259,856	231,788	230,555
부산	213,561	197,302	194,786
대구·경북	232,481	196,373	225,330
인천	158,392	165,074	166,763
울산	91,599	82,518	83,549
경기	211,170	225,902	225,736
강원	153,606	140,670	134,293
충북	94,251	85,748	84,573
대전·세종·충남	248,778	238,825	233,429
전북	108,903	102,770	102,915
광주·전남	206,605	183,153	185,298
경남	132,957	131,089	124,647
제주	35,973	41,673	42,035

[표2] 대한적십자사 헌혈 방법별 건수   (단위: 건)

구분	2019년	2020년	2021년
합계	2,613,901	2,435,210	2,426,779
전혈헌혈	1,962,045	1,835,060	1,847,184
성분헌혈	651,856	600,150	579,595

32

주어진 자료에 대한 설명으로 옳지 <u>않은</u> 것을 고르면?

① 2019년에 경기의 헌혈 건수는 전북의 1.7배 이상이다.
② 2020~2021년 동안 전혈헌혈의 비중은 전년 대비 늘어나고 있다.
③ 2020년 서울의 헌혈 건수는 63만 건 이상이다.
④ 2019~2021년 동안 경남과 부산의 헌혈 건수의 차이는 점점 줄어들고 있다.

33

2019년 대비 2021년 서울 지역의 헌혈 건수 감소율이 큰 순서대로 나열한 것을 고르면?

① 서울남부 > 서울동부 > 서울중앙
② 서울남부 > 서울중앙 > 서울동부
③ 서울중앙 > 서울남부 > 서울동부
④ 서울중앙 > 서울동부 > 서울남부

34

다음 [그래프]가 2021년 A, B지역의 헌혈 건수의 전년 대비 증가율을 나타낸 자료일 때, A와 B에 해당하는 지역을 바르게 짝지은 것을 고르면?(단, 지역의 순서는 고려하지 않는다.)

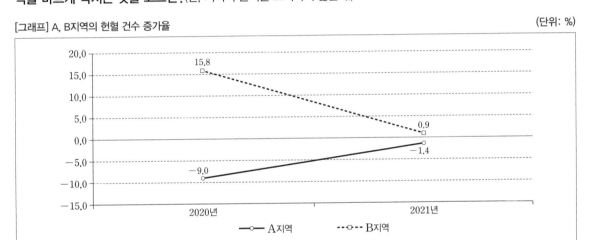

[그래프] A, B지역의 헌혈 건수 증가율 (단위: %)

	A지역	B지역
①	충북	인천
②	강원	인천
③	충북	제주
④	부산	제주

[35~37] 다음 [표]와 [그래프]는 외래진료 인원과 진료비에 관한 자료이다. 이를 바탕으로 이어지는 질문에 답하시오.

[표] 외래진료 인원

(단위: 천 명)

구분	2019년	2020년	2021년	2022년
전국	64,797	61,611	62,897	67,066
서울	14,774	13,914	14,259	15,232
부산	4,082	3,869	3,911	4,102
대구	3,220	3,037	3,109	3,241
인천	3,492	3,301	3,373	3,712
광주	2,059	1,937	1,960	2,047
대전	2,110	1,984	1,995	2,105
울산	1,304	1,246	1,244	1,304
세종	434	444	474	542
경기	15,203	14,660	15,187	16,287
강원	1,859	1,755	1,773	1,917
충북	1,925	1,826	1,848	1,983
충남	2,569	2,449	2,483	2,657
전북	2,057	1,967	1,970	2,092
전남	2,110	2,032	2,022	2,127
경북	2,985	2,798	2,823	3,007
경남	3,776	3,619	3,653	3,818
제주	838	773	813	893

[그래프] 2022년 외래진료비

(단위: 십억 원)

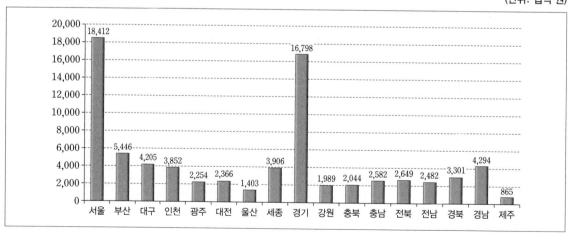

※ 2022년 전체 외래진료비는 78,578십억 원임

35

주어진 자료에 대한 설명으로 옳지 <u>않은</u> 것을 고르면?

① 2022년 서울과 경기의 외래진료비 합은 나머지 15개 지역의 합보다 8,000십억 원 이상 적다.

② 2021년 외래진료 인원의 전년 대비 증감률은 서울이 경기보다 높다.

③ 매년 외래진료 인원이 가장 많은 지역은 가장 적은 지역의 30배 이상이다.

④ 2021년에 외래진료 인원이 전년 대비 증가한 지역은 15개이다.

36

2022년의 외래진료 인원 상위 4개 지역 중 외래진료 인원 1명당 외래진료비가 가장 큰 지역을 고르면?

① 경기　　　　　　② 서울　　　　　　③ 부산　　　　　　④ 인천

37

다음 [보기] 중 지역별 외래진료 인원의 비중을 <u>잘못</u> 나타낸 그래프의 개수를 고르면?(단, 계산 시 소수점 둘째 자리에서 반올림한다.)

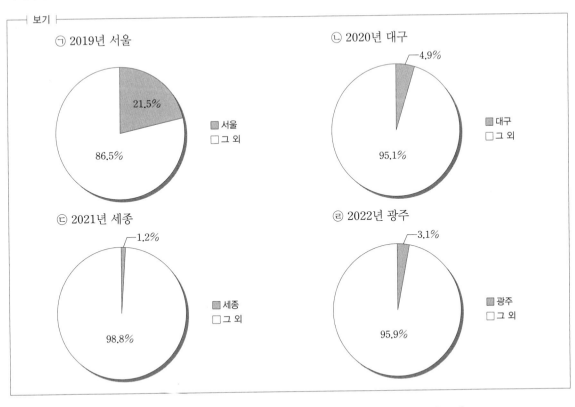

① 0개　　　　　　② 1개　　　　　　③ 2개　　　　　　④ 3개

[38~40] 다음 [표]는 위생용품 수입액 상위 10개 수입 현황에 대한 자료이다. 이를 바탕으로 이어지는 질문에 답하시오.

[표1] 위생용품 수입액 상위 10개 항목

(단위: 만 달러)

구분	2019년		2020년		2021년		2022년	
	품목	수입액	품목	수입액	품목	수입액	품목	수입액
합계	–	24,021	–	29,605	–	33,811	–	34,942
1위	일회용 기저귀	14,222	일회용 기저귀	16,106	일회용 기저귀	16,666	일회용 기저귀	17,875
2위	세척제	2,588	세척제	3,949	세척제	5,912	일회용 컵	4,180
3위	일회용 컵	2,166	일회용 젓가락	2,965	일회용 컵	3,286	일회용 젓가락	3,579
4위	일회용 젓가락	2,044	일회용 컵	2,585	일회용 젓가락	3,245	세척제	2,503
5위	일회용 빨대	1,067	일회용 빨대	1,199	일회용 빨대	1,321	화장지	1,814
6위	일회용 면봉	843	일회용 면봉	1,172	일회용 타월	1,280	일회용 빨대	1,758
7위	일회용 타월	630	일회용 타월	1,045	일회용 면봉	1,126	일회용 타월	1,504
8위	일회용 종이냅킨	177	일회용 종이냅킨	250	물티슈용 마른 티슈	454	일회용 면봉	1,140
9위	일회용 이쑤시개	164	일회용 이쑤시개	194	일회용 종이냅킨	265	일회용 종이냅킨	316
10위	화장지	120	일회용 숟가락	140	화장지	256	일회용 행주	273

[표2] 위생용품 수입액 상위 10개 수입량

(단위: 톤)

구분	2019년	2020년	2021년	2022년
합계	99,095	99,073	106,898	105,191
1위	50,718	45,603	47,948	45,918
2위	4,263	4,445	6,307	13,141
3위	11,097	22,972	15,612	24,121
4위	20,702	13,555	24,096	5,986
5위	3,588	3,359	3,326	2,417
6위	2,992	2,945	4,232	3,962
7위	2,871	3,710	2,871	4,748
8위	1,047	1,097	65	2,980
9위	1,130	923	1,151	1,249
10위	687	464	1,290	669

38

주어진 자료에 대한 설명으로 옳지 <u>않은</u> 것을 고르면?

① 2021년 위생용품 수입액 상위 5개 항목의 수입액 합계는 전년 대비 12% 이상 증가했다.
② 2020년 위생용품 수입액 상위 10개 수입량 중 상위 5개 수입량 합계는 전년 대비 증가했다.
③ 2022년 일회용 종이냅킨 수입액은 전년 대비 15% 이상 증가했다.
④ 조사 기간 동안 매년 수입액 상위 5위 내인 위생용품은 4개이다.

39

연도별로 위생용품 수입액 상위 10개 항목 중 6~10위를 차지한 항목의 수입액 합계가 전체에서 차지하는 비중이 큰 순서대로 나타낸 것을 고르면?

① 2021년 > 2022년 > 2020년 > 2019년
② 2022년 > 2021년 > 2020년 > 2019년
③ 2022년 > 2021년 > 2019년 > 2018년
④ 2021년 > 2020년 > 2019년 > 2022년

40

다음 중 위생용품 수입액 상위 10개 항목의 수입액과 수입량의 전년 대비 증가율을 나타낸 그래프로 옳은 것을 고르면?(단, 계산 시 소수점 둘째 자리에서 반올림한다.)

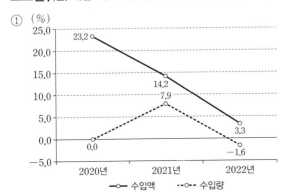

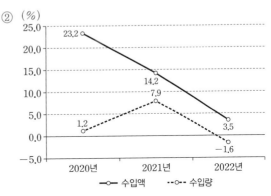

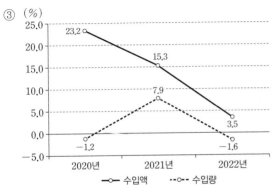

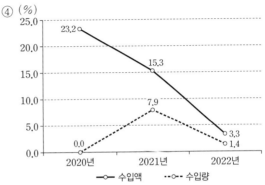

[41~42] 다음은 요양원 입소 및 비용에 관한 자료이다. 이를 바탕으로 이어지는 질문에 답하시오.

1. 요양원 입소

공단에서 받은 '개인별장기요양이용계획서'를 작성하면 장기요양등급 및 본인부담률을 확인할 수 있다. 일반적으로 국민건강보험공단을 통해 최소 80%에서 최대 100%의 국가 지원을 받게 되며, 장기요양등급에 따른 수가를 기준으로 하므로 대부분의 요양원 및 공동생활가정의 입소 비용은 동일하다. 다만, 식사재료비, 상급침실료, 이·미용비, 계약의사 진료비 및 약제비 등의 비급여 항목에서 차이가 발생할 수 있다.

2. 장기요양 3, 4등급의 이용

- 장기요양등급이 3등급 또는 4등급인 경우에도 요양원(시설급여)을 이용할 수 있다. 다만, 국민건강보험공단 장기요양보험에 '장기요양 급여종류·내용변경신청'을 하고 시설급여를 인정받아야 한다.
- 제출 서류
    - 장기요양 급여종류·내용변경신청
    - 사실확인서 (제출 필요시)
- 요양원 입소대상자 자격
    ① 주수발자인 가족 구성원으로부터 수발이 곤란한 경우
        - 주수발자인 가족 구성원으로부터 방임 또는 유기되거나 학대받을 가능성이 높은 때
        - 주수발자인 가족 구성원의 직장, 질병, 해외 체류 등의 사유로 수발이 곤란한 때
        - 독거이며 가까운 거리에 수발할 수 있는 가족(주수발자)이 없을 때
    ② 주거환경이 열악하여 시설 입소가 불가피한 경우
    ③ 치매 등에 따른 문제행동으로 재가급여를 이용할 수 없는 경우
        - 치매 증상이 확인된 경우
        - 치매 증상 요건이 확인되지 않았으나 수급자의 문제행동으로 가족의 수발 부담이 크고 스트레스가 심한 상태에 있는 때

3. 시설급여 이용 비용

구분	요양원			노인요양공동생활가정		
등급	1등급	2등급	3~5등급	1등급	2등급	3~5등급
1일 비용	78,250원	72,600원	66,950원	68,780원	63,820원	58,830원

※ 기초생활수급자의 경우 100% 무료이고, 비급여는 별도이므로 전액 본인이 부담해야 함
※ 일반대상자는 본인부담률이 20%이고, 감경대상자는 감경률에 따라 12% 또는 8%가 적용됨

41

주어진 자료에 대한 설명으로 옳지 <u>않은</u> 것을 고르면?

① 장기요양등급에 관계없이 요양원 비용은 비급여 항목을 제외하면 모두 동일하다.

② 기초생활수급자라 하더라도 요양원 이용 시 비용이 발생할 수 있다.

③ 치매 증상이 확인되고 장기요양등급이 4등급이면 시설급여를 이용할 수 있다.

④ 장기요양 3등급인 경우 국민건강보험공단에서 인정하는 경우에 한하여 요양원을 이용할 수 있다.

42

다음 [보기] 중 시설급여 이용 비용에서 본인부담금 총액이 가장 적은 경우를 고르면?(단, 한 달을 30일로 계산하고, 언급되지 않은 내용에 대해서는 시설급여 이용 조건을 만족한다고 가정한다.)

보기

ⓐ 장기요양등급이 1등급이고 일반대상자인 A씨가 요양원을 6개월 이용하는 경우

ⓑ 본인부담율이 8%인 감경대상자 B씨가 장기요양등급 4등급을 받고 노인요양공동생활가정을 12개월간 이용하는 경우

ⓒ 본인부담율이 12%인 감경대상자 C씨가 장기요양등급 2등급을 받고 요양원을 10개월간 이용하는 경우

ⓓ 장기요양등급 5등급이고 일반대상자인 D씨가 노인요양공동생활가정을 8개월 이용하는 경우

① ⓐ   ② ⓑ   ③ ⓒ   ④ ⓓ

[43~44] 다음 보도자료를 읽고 이어지는 질문에 답하시오.

□ 보건복지부는 국민기초생활보장제도 생계·의료급여 수급자에 대한 자동차재산 기준을 완화하기 위하여 관련 고시 개정안을 행정예고('23.11.23.~12.13.)한다고 밝혔다.

□ 개정안의 주요 내용은 다음과 같다.
  ○ 저출산 상황 등을 고려하여 다인(6인 이상)·다자녀(3명 이상) 수급가구 자동차에 대한 일반재산 환산율(월 4.17%) 적용 기준을 완화한다.
    ― 근로유인 확대를 위해 생업용 자동차 1대는 재산가액 산정에서 제외(현행 50%만 산정)하고, 생업용 자동차 중 승용자동차의 기준도 완화한다.
  ○ 이번 고시 개정을 통해 기존 자동차 보유가구에 대한 생계급여 지급액이 늘어나고, 신규로 수급 혜택을 받는 가구도 늘어날 것으로 기대된다.

〈자동차재산 기준(일반재산 소득환산율(4.17%) 적용) 개선사항〉

구분		현행	개선('24년~)
다인·다자녀	승용자동차	배기량 1,600cc 미만 승용자동차 중 차령 10년 이상 또는 가액 200만 원 미만	배기량 2,500cc 미만(7인승 이상)으로 차령 10년 이상 또는 가액 500만 원 미만
	승합자동차	배기량 1,000cc 미만 승합자동차 중 차령 10년 이상 또는 가액 200만 원 미만	소형 이하 승합자동차이면서 차령 10년 이상 또는 가액 500만 원 미만
생업용 자동차		배기량 1,600cc 미만(승용자동차의 경우) 1대의 자동차 가액 50% 재산범위 제외(나머지 50%에 대해 일반재산 환산율 적용)	배기량 2,000cc 미만(승용자동차의 경우) 1대의 자동차 가액 100% 재산 산정 제외

※ 다인·다자녀 수급가구 개선 사례
(현행) 아내, 자녀 3명과 함께 사는 5인 가구 A 씨는 수입이 월 180만 원이나, 소유하고 있는 차량가액이 100% 월 소득으로 환산되어 생계급여 탈락
(개선) '24년부터 다자녀 가구는 2,500cc 미만의 자동차에 대하여 차량가액의 4.17%만 월 소득으로 환산되어 소득인정액이 감소, 생계급여 수급 가능

※ 생업용 자동차 개선 사례
(현행) 생업용으로 자동차를 이용하고 있는 B 씨는 자동차 배기량 기준을 초과하여 차량가액이 100% 월 소득으로 환산되어 생계급여 탈락
(개선) '24년부터 2,000cc 미만의 생업용 자동차 1대는 재산 산정에서 100% 제외되어 소득인정액이 감소, 생계급여 수급 가능

43

주어진 보도자료에 대한 설명으로 옳은 것을 고르면?

① 2018년식으로 차량가액이 600만 원인 승합자동차는 일반재산 소득환산율이 적용된다.

② 자동차재산 기준 변화로 생계급여 혜택을 받는 가구가 감소할 것으로 예상된다.

③ 다른 조건이 동일하다면 2,000cc 자동차를 소유한 다자녀 가구는 소득인정액이 감소할 것이다.

④ 1,500cc 생업용 승용자동차는 기준 변경 전 재산 산정 대상에서 제외되었다.

44

주어진 보도자료에 따를 때, 다음 [보기]의 A씨 사례에서 ㉠, ㉡에 들어갈 금액을 바르게 짝지은 것을 고르면?

┤ 보기 ├

아내와 자녀 2명과 함께 살고 있는 A씨는 생계급여 수급자이며, 생업용 자동차로 2018년식 배기량 1,998cc, 차량가액 1,000만 원인 승용자동차 1대를 소유하고 있다. 개선 전 A씨의 차량은 재산가액 산정 시 월 (㉠)만 원으로 환산되었으나, 개선 후의 산정 금액은 월 (㉡)만 원이다.

	㉠	㉡
①	500	0
②	1,000	500
③	500	250
④	1,000	0

[45~46] 다음은 요양급여비용 부담에 관한 자료이다. 이를 바탕으로 이어지는 질문에 답하시오.

○ 요양급여비용의 부담: 요양급여를 받은 자는 국민건강보험법 제44조에 따라 그 비용의 일부만을 본인이 부담한다. 본인이 부담하는 비용은 요양 기관의 청구에 의하여 가입자 또는 피부양자가 요양 기관에 지불한다.

○ 본인 일부 부담금(국민건강보험법 시행령 제19조 제1항)
　① 입원 진료: 요양급여비용 총액의 20%
　　－ CT, MRI, PET 등 보건복지부 장관이 정하는 의료 장비: 외래 본인 부담률
　　－ 식대: 총액의 50%
　　－ 차상위 건강보험 전환자는 아래에 따른다.

구분		본인 부담금
기본(E)		요양급여비용 총액의 14%(정신과 입원 진료 10%, 등록 희귀난치성 질환자 10%)＋기본 식대 20%(가산 식대는 전액 청구)
장애인(F)	본인 부담금	기본 식대 20%
	장애인 의료비	요양급여비용 총액의 14%(정신과 입원 진료 및 등록 희귀난치성 질환자 10%)
자연분만 산모, 6세 미만 아동		기본 식대 20%

　　※ E: 만성 질환자, F: 장애인 만성 질환자

　② 외래 진료: 요양 기관 종별 및 소재지에 의거

기관 종류	소재지	환자 구분	본인 부담액
상급종합병원	모든 지역	일반 환자	진찰료 총액＋(요양급여비용 총액－진찰료 총액)×60/100
		의약 분업 예외 환자	진찰료 총액＋(요양급여비용 총액－약값 총액－진찰료 총액)×60/100＋약값 총액×30/100
종합병원	동 지역	일반 환자	요양급여비용 총액×50/100
		의약 분업 예외 환자	(요양급여비용 총액－약값 총액)×50/100＋약값 총액×30/100
	읍면 지역	일반 환자	요양급여비용 총액×45/100
		의약 분업 예외 환자	(요양급여비용 총액－약값 총액)×45/100＋약값 총액×30/100
병원, 치과병원, 한방병원, 요양병원	동 지역	일반 환자	요양급여비용 총액×40/100
		의약 분업 예외 환자	(요양급여비용 총액－약값 총액)×40/100＋약값 총액×30/100
	읍면 지역	일반 환자	요양급여비용 총액×35/100
		의약 분업 예외 환자	(요양급여비용 총액－약값 총액)×35/100＋약값 총액×30/100
의원, 치과의원, 한의원, 보건의료원	모든 지역	모든 환자	요양급여비용 총액×30/100
보건소, 보건지소, 보건진료소	모든 지역	모든 환자	요양급여비용 총액×30/100

③ 약국 본인 부담금: 요양급여비용 총액의 30%

　　단, 경증 질환(52개)으로 상급종합병원 또는 종합병원 외래 진료 시 발급된 원외 처방에 의해 약국 조제 시 본인 부담률 차등 적용(상급종합병원: 50%, 종합병원: 40%)

④ 산정특례 미등록 암 환자: 요양급여비용 총액의 20%

　　미등록 희귀난치성 질환자: 요양급여비용 총액의 30~60%

45

주어진 자료에 대한 설명으로 옳은 것을 고르면?

① 일반 환자는 의약 분업 예외 환자보다 더 낮은 요율의 요양급여비용을 지불한다.

② 약국에서 발생한 본인 부담금이 요양급여비용 총액의 30%가 아닌 질환도 있다.

③ 미등록 희귀난치성 질환자는 한의원에서 외래 진료를 받은 환자보다 항상 낮은 요율의 요양급여비용을 지불한다.

④ 동일한 행위에 대하여 장애인 만성 질환자는 장애인이 아닌 차상위 건강보험 만성 질환자보다 항상 적은 요양급여비용을 지불한다.

46

다음과 같이 요양급여 수급자인 A~D가 외래 진료를 이용했을 때, 본인 부담금이 가장 적은 경우를 고르면?

① A: 상급종합병원을 이용하고, 진찰료 10만 원, 요양급여비용 15만 원인 일반 환자

② B: S읍 종합병원을 이용하고, 요양급여비용 15만 원인 일반 환자

③ C: Y동 치과병원을 이용하고, 요양급여비용 15만 원, 약값 3만 원인 의약 분업 예외 환자

④ D: M동 한의원을 이용하고, 요양급여비용 20만 원인 일반 환자

[47~48] 다음은 지역 건강보험료 경감에 관한 자료이다. 이를 바탕으로 이어지는 질문에 답하시오.

구분		적용 요건				구비 서류
65세 이상 노인	적용 대상	가입자 중 65세 이상 노인이 있는 세대				없음
	적용 방법	일괄 적용				
	적용 시기	주민등록상 만 65세가 도래한 날이 속한 달의 다음 달부터 적용 (1일인 경우 그 달부터 적용)				
	적용 기준	소득금액과 과표재산 요건이 동시에 충족되어야 함				
	경감 기준	경감 등급	1등급	2등급	3등급	
		경감률	30%	20%	10%	
		소득금액	360만 원 이하			
		과표재산	6천만 원 이하	9천만 원 이하	13.5천만 원 이하	
70세 이상 노인	적용 대상	70세 이상 노인 가입자만 있는 세대 (부부인 경우 배우자가 70세 이하라도 인정 가능)				없음
	적용 방법	일괄 적용				
	적용 시기	주민등록상 만 70세가 도래한 날이 속한 달의 다음 달부터 적용 (1일인 경우 그 달부터 적용)				
	적용 기준	소득금액과 과표재산 요건이 동시에 충족되어야 함				
	경감 기준	경감률	30%			
		소득금액	360만 원 이하			
		과표재산	13.5천만 원 이하			
등록 장애인	적용 대상	가입자 중 등록 장애인이 있는 세대				장애인 등록증 (행정 기관)
	적용 방법	일괄 적용				
	적용 시기	사유 발생일이 속한 달의 다음 달부터 적용(1일인 경우 그 달부터 적용)				
	적용 기준	소득금액과 과표재산 및 장애 등급 요건이 동시에 충족되어야 함				
	경감 기준	경감 등급	1등급	2등급	3등급	
		경감률	30%	20%	10%	
		장애 등급	1~2등급	3~4등급	5~6등급	
		소득금액	360만 원 이하			
		과표재산	13.5천만 원 이하			
55세 이상 여자 단독 세대	적용 대상	55세 이상 65세 미만 여자로만 구성되어 있는 단독 세대 ※ 가족관계증명서상 직계비속이 확인된 경우 경감이 불가하고, 출가한 딸 　(주민등록거주 불명등록, 실종신고, 행방불명 등)만 있는 경우에는 인정				가족관계증명서
	적용 방법	가입자 신청(신청서는 따로 있지 않으며, 구비 서류만 준비한 후 신청 가능)				
	적용 시기	신청일이 속한 다음 달부터 적용(1일인 경우 신청일이 속한 달부터 적용)				
	적용 기준	소득금액과 과표재산 요건이 동시에 충족되어야 함				

경감 등급	1등급	2등급	3등급
경감률	30%	20%	10%
소득금액	360만 원 이하		
과표재산	6천만 원 이하	9천만 원 이하	13.5천만 원 이하

사업장 화재 및 부도	적용 대상	사업장 화재, 부도: 사업소득 500만 원 초과 세대만 해당	사업장 화재사실 확인원 또는 부도증명원
	적용 방법	가입자 신청(신청서는 따로 있지 않으며, 구비 서류만 준비한 후 신청 가능)	
	적용 시기	신청일이 속한 달의 다음 달부터 적용(1일인 경우 그 달부터 적용) ※ 화재, 부도로 인한 경감은 사유 발생일로부터 1년 이내에 신청하여야 하며 (1년 경감 적용), 동일 사유로 재신청할 수 없음	
	경감률	30%	

유의사항	• 소득금액은 제40조의2 제2항의 규정에 의한 종합소득, 농업소득이며, 종합소득에 포함된 연금소득 중 장애연금 및 유족연금은 제외함 • 동시에 두 항목 이상 경감 대상에 해당하는 경우, 경감률이 높은 항목을 적용함

47

다음 [보기]의 갑, 을, 병의 지역 건강보험료 경감률이 높은 순으로 바르게 나열된 것을 고르면?(단, 과표재산 이외의 다른 사항은 고려하지 않으며, 언급되지 않은 모든 사항은 적용 요건에 해당한다고 가정한다.)

┤ 보기 ├

• 갑: 68세 노인, 과표재산 6천만 원
• 을: 3등급 등록 장애인, 과표재산 12천만 원
• 병: 59세 여자 단독 세대, 과표재산 12천만 원

① 갑－을－병
② 갑－병－을
③ 을－갑－병
④ 을－병－갑

48

주어진 자료에 대한 설명으로 옳지 <u>않은</u> 것을 고르면?

① 세대원 중 만 65세 이상 노인이 1명이라도 있으면 보험료를 경감받을 수 있다.
② 적용 기준 요건이 되는 소득금액을 산정할 때에는 장애연금이나 유족연금도 포함된다.
③ 장애인 경감을 받기 위해서는 반드시 행정 기관에서 발급받은 장애인 등록증을 구비해야 한다.
④ 70세 이상 가입자만 있는 세대에서 부부 중 한 명만 만 70세가 넘어도 보험료 할인이 적용된다.

중증장애인 근로자 출·퇴근 교통비 지원 5만 원 → 7만 원으로

"저는 지적장애인으로 지적장애 두 자녀와 A사업장에 함께 근무 중입니다. 매일 왕복 54km의 거리를 출·퇴근하고 있어 1인당 4,000원씩 발생하는 버스요금에 부담을 느꼈으나 출·퇴근 교통비를 지원받으면서 경제적으로 많은 도움이 되고 있습니다"

고용노동부와 한국장애인고용공단은 올해 1월부터 중증장애인 근로자 출·퇴근 교통비 지원을 기존 매월 5만 원에서 7만 원으로 인상했다고 23일 밝혔다. 이 사업은 지난 2021년에 시범 도입했는데, 특히 지난해 지원대상을 최저임금적용 제외자에서 기초생활수급 및 차상위계층까지 확대한 결과 지원 인원이 10.6배 증가한 것으로 나타났다. 중증장애인 근로자 출·퇴근 비용지원은 저소득 중증장애인 근로자의 근로의욕을 높이고 안정적으로 직장생활을 할 수 있도록 출·퇴근에 소요되는 버스비, 택시비, 자가용 주유비 등의 교통 실비를 지원하는 사업이다. 이에 최저임금적용 제외자(장애로 근로능력이 현저히 낮아 인가 후 최저임금 적용이 제외된 자), 기초생활수급 또는 차상위계층 중증장애인 근로자 등을 대상으로 한다.

한편 이번 인상은 중증장애인 평균 출·퇴근 교통비가 전 국민 평균에 비해 높고, 평균 사용금액도 점차 증가하고 있는 상황을 고려한 것이다.

[중증장애인근로자 출·퇴근비용 지원 사업 안내 세부내용]

신청대상
「장애인고용촉진 및 직업재활법」상·중증장애인 중 고용보험가입자로.
◆ 「최저임금법」에 따른 최저임금 적용 제외 인가자 또는
◆ 국민기초생활수급자 및 차상위 계층에 해당하는 자

신청방법
◆ 지원신청: 공단 지역본부 및 지사
◆ 카드신청: 우리은행 또는 우체국
◆ 제출서류: 신청서·근로계약서 및 통장사본
※ 신청서식은 공단 홈페이지(www.kcod.cr.kr) 서식자료실 등 참고

지원 내용
◆ 매월 7만 원 한도 내에서 출·퇴근 교통비로 사용한 비용 지원
◆ 버스, 지하철, 기차, 택시(장애인콜택시 포함), 유류비, 유료도로 이용료 등 지원
※ 유류비는 자차, 직계 및 동거가족 이외 지원 불가
◆ 전용카드(U&우리카드, 우체국 동행 체크카드) 발급 후 사용한 내역에 대해 공단에서 정산 후 익월 지급

지원절차
지원 신청 (중증장애인 근로자) → 지원 접수 (공단 지사) → 지원 결정 및 홍보 (공단 지사) → 교통비 사용카드 신청 (중증장애인 근로자) → 교통비 사용카드 발급 (카드사) → 지원금 지급 (공단 지사)

고용노동부 / 한국장애인고용공단 Korea Employment Agency for the Disabled

임○○ 고용부 통합고용정책국장은 "이번 지원단가 인상으로 저소득 중증장애인 근로자가 안정적인 직업생활을 영위하는 데에 많은 도움이 되길 기대한다"고 밝혔다. 이어 "우정사업본부와 협력해 지난해 12월 선불충전형전용카드를 출시하고, 보건복지부와의 홍보 연계 등을 통해 더 많은 저소득 중증장애인이 편하게 혜택받을 수 있도록 적극 노력하겠다"고 덧붙였다.

49

주어진 보도자료를 근거로 판단한 내용으로 옳지 않은 것을 고르면?

① 장애로 근로능력이 현저히 낮은 사람들은 인가 후 최저임금을 적용받지 않을 수 있다.
② 중증장애인 근로자 출·퇴근 교통비 지원 사업이 시범 도입되었을 때는 지원 대상이 최저임금적용 제외자로 한정되어 있었다.
③ 출퇴근 교통비는 사용한 내역에 대해 공단에서 정산 후 익월에 지급받게 된다.
④ 중증장애인근로자 출·퇴근비용 지원을 받기 위해서는 필요한 서류는 신청서와 근로계약서이다.

50

다음은 A씨의 5월 출·퇴근 교통비 사용 내역이다. A씨가 중증장애인근로자 출·퇴근비용 지원 사업 대상자에 해당할 때, A씨가 지급받게 될 지원 금액을 고르면?

날짜	사용처	사용금액
5월 6일	버스	3,000원
5월 9일	장애인콜택시	12,380원
5월 15일	유류비(동거가족 소유 차량)	21,850원
5월 19일	지하철	2,800원
5월 21일	유류비(비동거가족 소유 차량)	8,900원
5월 25일	유료도로 이용료(본인 소유 차량)	2,600원
5월 30일	택시	18,600원

① 39,380원　　　　② 61,230원　　　　③ 63,730원　　　　④ 70,000원

[51~52] 다음은 노인요양시설에 관한 자료이다. 이를 바탕으로 이어지는 질문에 답하시오.

1. 시설 기준

시설	입소자 30명 이상	입소자 10명 이상 30명 미만
침실	○	○
사무실	○	
요양보호사실	○	○
자원봉사자실	○	
의료 및 간호사실	○	○
물리치료실	○	○
프로그램실	○	○
식당 및 조리실	○	○
비상 재해 대비시설	○	○
화장실	○	○
세면장 및 목욕실	○	○
세탁장 및 세탁물 건조장	○	

2. 시설 상세 요건
   (1) 세탁물을 전량 위탁 처리 시: 세탁장 및 세탁물 건조장을 두지 않을 수 있음
   (2) 의료기관 일부를 시설로 신고 시: 물리치료실, 조리실, 세탁장 및 세탁물 건조장 공동 사용 가능
      - 다만, 공동으로 사용하려는 물리치료실이 시설의 침실과 다른 층에 있는 경우에는 입소자의 이동이 가능하도록 경사로 또는 엘리베이터를 설치하여야 한다.
   (3) 집단급식소 신고대상 여부의 확인
      - 식품위생법상 1회 50명 이상(종사자 포함)에게 식사를 제공하는 경우 집단급식소 신고대상이므로 설치신고 전 관할 시·군·구 식품위생 담당과 문의하여 관련 준수사항 확인 필요
      ※ 식품위생법 제2조(정의), 제88조(집단급식소) 및 동법 시행령 제2조(집단급식소의 범위), 동법 시행규칙 제94조(집단급식소의 신고 등)
   (4) 노인요양시설 안에 두는 치매전담실의 경우에는 다음의 요건을 갖추어야 한다.
      (가) 정원 1명당 면적이 1.65m2 이상인 공동거실을 갖출 것
      (나) 치매전담실 입구에 출입문을 두어 공간을 구분하되, 화재 등 비상시에 열 수 있도록 할 것
      (다) 공동으로 사용할 수 있는 화장실과 간이욕실(세면대를 포함한다. 이하 같다)을 갖출 것. 다만, 침실마다 화장실과 간이욕실이 있는 경우에는 그렇지 않다.

3. 직원의 자격 기준

직종	자격 기준
시설장	「사회복지사업법」에 따른 사회복지사 자격증 소지자 또는 「의료법」 제2조에 따른 의료인
사회복지사	「사회복지사업법」에 따른 사회복지사 자격증 소지자
물리치료사	「의료기사 등에 관한 법률」에 따른 물리치료사 또는 작업치료사 면허 소지자
요양보호사	「노인복지법」에 따른 요양보호사 자격증 소지자

4. 인력배치 기준

직종	입소자 30명 이상	입소자 10명 이상 30명 미만
시설장	1명	1명
사무국장	1명(입소자 50명 이상인 경우로 한정함)	1명
사회복지사	1명(입소자 100명 초과할 때마다 1명 추가)	
의사 또는 계약 의사	1명 이상	1명
간호사 또는 간호조무사	입소자 25명당 1명	1명
물리치료사	1명(입소자 100명 초과할 때마다 1명 추가)	
요양보호사	입소자 2.3명당 1명 (치매전담실은 2명당 1명)	입소자 2.3명당 1명 (치매전담실은 2명당 1명)
사무원	1명(입소자 50명 이상인 경우로 한정함)	
영양사	1명(급식 인원이 50명 이상인 경우로 한정함)	
조리원	입소자 25명당 1명	1명
위생원	1명(입소자 100명 초과할 때마다 1명 추가)	
관리인	1명(급식 인원이 50명 이상인 경우로 한정함)	

51
주어진 자료에 대한 설명으로 옳지 않은 것을 고르면?

① 치매전담실에는 공동으로 사용할 수 있는 간이욕실이 없을 수도 있다.
② 노인요양시설에 근무하는 직원은 모두 법에서 정하는 자격을 지닌 사람이어야 한다.
③ 입소자 정원이 25명인 노인요양시설에서는 영양사, 위생원, 관리인을 따로 배치하지 않아도 된다.
④ 입소자 정원이 20명인 노인요양시설에는 요양보호사실이나 자원봉사자실을 따로 설치하지 않아도 된다.

52
다음 [보기] 중 자료에 주어진 기준에 맞지 않는 노인요양시설의 수를 고르면?

> ┤ 보기 ├
>
> ㉠ 입소자 정원이 30명인데 사무원을 두지 않은 시설 A
> ㉡ 입소자 정원이 100명이고 세탁장 및 세탁물 건조장을 설치하지 않은 시설 B
> ㉢ 1회에 100인분 식사를 제공하기 위해 식품위생 담당자와 논의 후 설치신고한 시설 C
> ㉣ 입소자 정원이 200명이어서 의사 1명, 간호사 8명, 조리원 8명, 위생원 2명을 채용한 시설 D

① 0개 　　　　 ② 1개 　　　　 ③ 2개 　　　　 ④ 3개

공단, 필수의료 지원 강화 위한
산정특례 질환 확대와 등록기준 개선

□ 국민건강보험공단은 희귀질환자 등 건강약자에 대한 필수의료 지원 강화를 위하여 2024년 1월 1일부터 ▲산정특례 대상 신규 희귀질환 확대 및 ▲중증 간질환 환자의 산정특례 등록기준을 개선한다고 밝혔다. 주요 내용은 다음과 같다.

□ 산정특례 대상 신규 희귀질환 확대

  ○ 건강보험 본인일부부담금 산정특례제도는 암, 희귀질환 등 중증질환의 의료비 부담완화를 위하여 건강보험 본인부담을 경감하는 제도이다(개요 '붙임 1').

    * 본인부담률 입원 20%, 외래 30~60% → 산정특례 적용 시 입원·외래 0~10% 적용

  ○ 공단은 국가 희귀질환을 관리하는 질병관리청과 협업하고 학회, 전문가 등의 의견을 수렴하여 희귀질환관리위원회(보건복지부) 및 산정특례위원회(공단)의 심의·의결을 거쳐 매년 지속적으로 희귀질환 산정특례 적용대상을 확대해왔다.

  ○ 올해는 '안치지의 형성이상(Q87.0)' 등 83개 신규 희귀질환*에 대한산정특례를 확대하여 '24년 1월 1일부터 특례를 적용받는 희귀질환은 기존 1,165개에서 1,248개로 늘어나게 된다.

    * 희귀질환 10개, 극희귀질환 46개, 기타염색체 이상질환 27개

  ○ 이번 확대로 신규 희귀질환자는 산정특례 등록 질환 및 해당 질환과 의학적 인과관계가 명확한 합병증 진료 시 진료비의 10%만 본인부담금을 납부하면 된다.

    ※ 건강보험 요양급여가 적용되는 항목에 해당되며, 비급여, 100분의 100 본인부담항목 및 선별급여 등은 적용 대상 제외

□ '간질환에 의한 응고인자 결핍(D68.4)' 산정특례 등록기준 개선

  ○ 간질환 환자의 후천성 출혈장애인 '간질환에 의한 응고인자 결핍'은 '혈우병'과는 별개의 질환으로 그동안 산정특례 고시(보건복지부 고시 「본인일부부담금 산정특례에 관한 기준」)상 혈우병의 하위 질환으로 분류되어 있었으나, 2024년 1월 1일부터 별개의 상병으로 구분된다.

  ○ 이에 공단은 응고인자 결핍 및 출혈경향을 동반한 중증 간질환 환자가 특례 적용을 받을 수 있도록 학회 등 전문가 자문을 거쳐 해당 질환의 산정특례 등록기준을 개선하였다.

['간질환에 의한 응고인자 결핍(D68.4)' 산정특례 등록기준 주요 변경 사항]

변경 전	변경 후
심한 간질환 환자의 응고인자 결핍으로 발생하는 후천출혈장애로 다음 1~3을 모두 만족	심한 간질환 환자의 응고인자 결핍으로 발생하는 후천출혈장애로 다음 1~3을 모두 만족
1. 중증 간질환으로 인한 간기능부전으로 수혈 등의 치료가 장기적으로 지속되는 경우	1. 구체적 응고인자 결핍기준 제시 및 수혈기준 삭제 − 프로트롬빈시간(PT)＞참고범위 중간값의 1.5배(또는 INR ≥1.7) ※ 항응고제 사용 중인 경우 중단 5일 후 평가
2. 임상적 출혈경향 동반	2. 임상적 출혈의 구체적 기준 제시(① 또는 ②) ① 정맥류 출혈로 지혈 시술을 시행한 경우 또는 ② 혈색소 수치 7g/dL 이하 or 직전 검사 대비 5g/dL 이상 감소 ※ 1년에 최소 3개월 간격으로 2회 이상 만족
3. 교정 가능한 비타민 K 결핍에 의한 출혈장애에 해당하지 않음	3. 좌동

○ 공단 이○○ 급여상임이사는 "이번 제도개선은 기존에 지정되어 있던 산정특례 질환을 공단이 자체적으로 재검토하여 필요한 환자가 산정특례 적용을 받을 수 있도록 한 데에 의의가 있다"며, "앞으로 장기간의 고액 진료비로 부담이 높았던 중증 간질환 환자들의 의료비 부담이 완화될 것으로 기대한다"고 밝혔다.

[붙임 1] 산정특례 제도 개요

○ (목적) 중증질환자의 고액진료비에 대한 의료비 부담을 완화하여 필수의료보장을 강화함으로써 국민을 더 두텁게 지원

  ※ 「국민건강보험법」 제44조 및 「동법 시행령」 제19조를 근거로 「본인일부부담금 산정특례에 관한 기준」(보건복지부 고시)을 통해 운영

○ (대상) 중증질환(암, 심장질환 등), 희귀 및 중증난치, 결핵 등으로 진단을 받아 산정특례 대상자로 등록한 자
  − 뇌혈관, 심장질환, 중증외상은 등록하지 않고 사유발생 시 병·의원에서 즉시 산정특례 적용

○ (적용범위) 산정특례 대상 질환 및 그 질환과 의학적으로 인과관계가 명확한 합병증까지 적용함

구분	시행 시기	적용대상	특례기간	본인 부담률
암	'05.9월	산정특례 등록 암환자	5년 ※ 재등록 가능	5%
뇌혈관질환	'05.9월	고시 해당 상병 수술· 급성기 입원 뇌혈관질환자	최대 30일(입원)	5%
심장질환	'05.9월	고시해당 상병 수술· 약제투여 심장질환자	최대 30일(입원·외래) 복잡선천성 심기형 및 심장이식 60일	5%
희귀질환	'09.7월	산정특례 등록 희귀질환자	5년 (상세불명희귀질환 1년) ※ 재등록 가능	10%
중증난치질환	'09.7월	산정특례 등록 중증난치질환자	5년 ※ 재등록 가능	10%
결핵	'09.7월	산정특례 등록 결핵환자	결핵 치료기간 (치료 시작~치료 종결)	0%
중증화상	'10.7월	산정특례 등록 중증화상환자	1년 ※ 재등록 가능(1회)	5%
중증외상	'16.1월	고시 해당 중증외상환자	최대 30일(입원)	5%
중증치매	'17.10월	산정특례 등록 중증치매환자	5년 (V810은 매 1년간 60일)	10%
잠복결핵감염	'21.7월	산정특례 등록 잠복결핵감염자	1년 ※ 6개월 연장 가능(1회)	0%

□ 산정특례 대상 희귀질환

ㅇ 희귀질환

    ― 유병률이 매우 낮지만(2만 명 이하), 비교적 명확한 진단기준이 있는 질환을 고시하여 혜택 부여 …
 787개 질환 372천 명 등록('23.11월 말 기준)

   * 한국표준질병·사인분류에 등재된 질환 위주 대상 선정

ㅇ 극희귀질환 … 특정기호 V900

    ― 진단법이 있는 독립된 질환이며 우리나라 유병인구가 200명 이하로 유병률이 극히 낮거나 별도의 상
 병코드가 없는 질환 … 299개 질환 8,609명 등록('23.11월 말 기준)

    ― 일정요건을 갖춘 진단요양기관의 진단의사의 확진을 받아 산정특례 등록

ㅇ 기타염색체 이상질환 … 특정기호 V901

    ― 과학 및 의료기술의 발달로 발견된, 질환명이 없는 새로운 염색체 이상(염색체 결손, 중복 등)질환으
 로 별도의 상병코드는 없지만 증상이 아닌 질환으로 규정할 수 있는 희귀질환 … 79개 질환 410명 등
 록('23.11월말 기준)

    ― 일정 요건을 갖춘 진단요양기관의 진단의사를 통해 신청을 받아 질병관리청 희귀질환 전문위원회에
 서 환자별로 산정특례 적합성 여부를 심의

53

주어진 보도자료를 읽고 이해한 내용으로 옳지 <u>않은</u> 것을 고르면?

① 산정특례 확대 대상에 포함되는 신규 희귀질환자도 선별급여 항목은 산정특례가 적용되지 않는다.

② 중증 간질환 환자의 산정특례 등록기준을 개선하여 임상적 출혈의 구체적인 기준이 제시되었다.

③ 건강보험 본인일부부담금 산정특례제도가 적용되면 본인부담률이 최대 60%p 낮아진다.

④ 중증외상으로 진단받은 자는 산정특례 대상자로 등록해야 산정특례가 적용된다.

54

주어진 보도자료를 근거로 추론한 내용으로 옳지 <u>않은</u> 것을 고르면?

① 산정특례를 적용받은 심장질환과 중증화상 환자의 본인부담률은 동일하다.

② 특정기호 V901인 질환 중 46개 질환은 2024년 기준 산정특례 대상으로 확대되었다.

③ 2024년 이전에는 간질환에 의한 응고인자 결핍이 혈우병과 별개의 상병으로 구분되지 않았다.

④ 유병인구가 2만 명 이하이지만 명확한 진단기준이 있는 질환을 희귀질환이라 한다.

[55~57] 다음은 건강생활실천지원금제 시범 사업에 관한 안내 사항이다. 이를 바탕으로 이어지는 질문에 답하시오.

○ 건강생활실천지원금제 시범 사업이란

　건강생활을 실천하고 개선되는 정도에 따라 건강생활실천지원금을 지급하는 시범 사업이다. 시범 사업에서는 건강 관리가 필요한 국민을 대상으로 하는 '건강예방형', 일차 의료 만성질환관리 시범 사업에 등록한 환자를 대상으로 하는 '건강관리형'이 있다.

- 건강예방형: 국민건강보험공단에서 주관하는 국가건강 검진을 받은 만 20~64세 중 건강 관리가 필요한 국민
  ※ 체질량지수(BMI) 25.0kg/m² 이상이며, 혈압이 120/80mmHg 이상이거나 공복혈당 100mg/dL 이상
- 건강관리형: 일차 의료 만성질환관리 시범 사업에 등록하여 케어플랜을 수립한 고혈압, 당뇨병 환자

○ 시범 지역
- 건강예방형: 서울 노원구, 경기도 안산, 경기도 부천, 대전 대덕구, 충북 충주, 충남 청양, 충남 부여, 광주 광산구, 전북 전주, 전북 완주, 전남 완도, 부산 중구, 대구 남구·달성군, 경남 김해, 강원도 원주, 제주시
- 건강관리형: 서울 중랑구, 인천 부평구, 경기도 고양시 일산동구·서구, 경기도 남양주, 대전 동구, 광주 서구, 전남 순천, 대구 동구, 부산 북구, 강원도 원주

○ 지원금 적립 기준
- 지원금은 건강생활 실천(과정)에 따른 실천지원금과 건강 개선(결과)에 따른 개선지원금으로 나누어 적립
- 실천지원금 적립(걷기 및 건강관리 프로그램 이수) 없이 건강 개선 기준 충족 시 해당 지원금의 80% 적립. 다만, 건강생활 실천이 불가하여 별도로 정하는 장애인에 해당되는 경우 100% 적립

1. 예방형(실천형) 적립 기준
1) 실천지원금
  ① 걸음 수: 'The건강보험' 앱의 일일 걸음 수가 하루 8,000~9,999보인 경우, 일당 80원, 10,000보 이상인 경우, 일당 100원 적립. 연 최대 18,000원 적립
  ② 건강관리 프로그램: 대면 프로그램 이수 시 회당 1,000원 적립, 비대면 프로그램 이수 시 회당 500원 적립. 한 주에 1회만 적립(1,000원 혹은 500원) 가능하며, 연 최대 12,000원 적립
2) 개선지원금
  ① BMI 25kg/m² 이상이고, 혈압과 공복혈당 모두 주의군 이상인 자가 체질량지수, 혈압, 공복혈당 모두 1단계 이상 개선하면 연 15,000원, 2단계 이상 개선하면 연 20,000원 적립
    ※ 2단계 이상 개선할 수 있는 대상자는 참여 시작 시점에 건강위험 요인이 모두 위험군이어야 함
  ② BMI 25kg/m² 이상이면서 혈압(또는 공복혈당)이 주의군 이상인 자가 체질량지수와 혈압(또는 공복혈당) 모두 1단계 이상 개선하면 연 15,000원, 모두 2단계 개선하면 연 20,000원 적립
    ※ 2단계 이상 개선할 수 있는 대상자는 참여 시작 시점에 건강위험 요인이 위험군이어야 하며, 다른 건강 상태는 안전 범위어야 함

2. 예방형(개선형) 적립 기준
1) 실천지원금
   ① 걸음 수: 'The건강보험' 앱의 일일 걸음 수가 하루 8,000~9,999보인 경우, 일당 80원, 10,000보 이상인 경우, 일당 100원 적립. 연 최대 10,000원 적립
   ② 건강관리 프로그램: 대면 프로그램 이수 시 회당 1,000원 적립, 비대면 프로그램 이수 시 회당 500원 적립. 한 주에 1회만 적립(1,000원 혹은 500원) 가능하며, 연 최대 10,000원 적립
2) 개선지원금
   ① BMI 25kg/m² 이상이고, 혈압과 공복혈당 모두 주의군 이상인 자가 체질량지수, 혈압, 공복혈당 모두 1단계 이상 개선하였을 때 연 20,000원, 2단계 이상 개선하였을 때 연 30,000원 적립
      ※ 2단계 이상 개선할 수 있는 대상자는 참여 시작 시점에 건강위험 요인이 모두 위험군이어야 함
   ② BMI 25kg/m² 이상이면서 혈압(공복혈당)이 주의군 이상인 자가 체질량지수와 혈압(공복혈당) 모두 1단계 이상 개선하면 연 20,000원, 모두 2단계 개선하면 연 30,000원 적립
      ※ 2단계 이상 개선할 수 있는 대상자는 참여 시작 시점에 건강위험 요인이 위험군이어야 하며, 다른 건강 상태는 안전 범위여야 함

[참고1] 일반건강 검진 결과에 따른 건강 상태 분류

구분	안전 범위	주의 범위	위험 범위
체질량지수(BMI)(kg/m²)	18.5~24.9	25~29.9 또는 18.5 미만	30 이상
혈압(mmHg)(수축/이완)	120 미만/80 미만	120~139 또는 80~89	140 이상 또는 90 이상
공복혈당(mg/dL)	100 미만	100~125	126 이상

[참고2] 단계별 건강 개선 기준

구분	체질량지수	혈압	공복혈당
1단계		위험 → 주의 주의 → 안전	
2단계		위험 → 안전	

55
건강생활실천지원금제 시범 사업에 대한 설명으로 옳은 것을 고르면?

① 건강생활실천지원금제는 만 20~64세만 참여 가능하다.
② 건강예방형 중 개선형은 실천지원금이 연 최대 3만 원이다.
③ 건강생활실천지원금제 시범 사업을 하는 지역은 건강예방형과 건강관리형 중 하나를 실시한다.
④ 체질량지수가 28.0kg/m²인 사람은 건강예방형 중 실천형 지원금을 연 최대 4만 5천 원 지원받을 수 있다.

56

다음 [표1]은 건강예방형 중 실천형에 참여하는 A씨의 1년간 건강생활 실천 과정과 건강 개선 결과를 정리한 자료이다. A씨가 받을 수 있는 지원금을 고르면?

[표1] A씨의 사업 참여 전후 정보

구분	사업 참여 전	사업 참여 후
일일 걸음 수	–	• 8,000~9,999보: 160일 • 10,000보 이상: 70일
건강관리 프로그램 참여	–	• 대면 프로그램: 3주 참여 • 비대면 프로그램: 15주 참여 　(서로 다른 주에 참여)
체질량지수(kg/m²)	32.1	26.3
혈압(수축/이완 mmHg)	142/82	116/72
공복혈당(mg/dL)	120	108

① 28,500원　　　　② 30,000원　　　　③ 43,500원　　　　④ 45,000원

57

다음 [표2]는 건강예방형 중 개선형에 참여하는 B씨의 1년간 건강생활 실천 과정과 건강 개선 결과를 정리한 자료이다. B씨가 받을 수 있는 지원금을 고르면?

[표2] B씨의 사업 참여 전후 정보

구분	사업 참여 전	사업 참여 후
일일 걸음 수	–	• 8,000~9,999보: 80일 • 10,000보 이상: 20일
건강관리 프로그램 참여	–	• 대면 프로그램: 5주 참여 • 비대면 프로그램: 12주 참여 　(3주는 동일 주에 참여하였고, 대면 프 　로그램을 먼저 참여)
체질량지수(kg/m²)	30.3	24.1
혈압(수축/이완 mmHg)	145/82	117/78
공복혈당(mg/dL)	142	115

① 37,900원　　　　② 38,400원　　　　③ 47,900원　　　　④ 48,400원

[58~60] 다음은 직장가입자의 건강보험료 산정에 관한 자료이다. 이를 바탕으로 이어지는 질문에 답하시오.

■ **직장가입자의 건강보험료 산정 방법**

1. 직장가입자의 건강보험료는 보수월액보험료와 소득월액보험료의 합으로 산정하되, 보수월액보험료는 고용주와 가입자가 각각 100분의 50씩 나누어 부담합니다.

2. 직장가입자의 건강보험료에서 가입자가 납부하는 보수월액보험료의 상한액은 391만 1,280원이고, 하한액은 1만 9,780원입니다. 그리고 해당 상한액은 가입자가 납부하는 소득월액 보험료의 상한액과 같습니다.

■ **월별 보험료 산정**

직장가입자의 월별 보험료액은 다음에 따라 산정한 금액으로 합니다.

1. 보수월액보험료: (보수월액)×(보험료율)

   보수월액은 직장가입자가 지급받는 보수를 기준으로 하여 산정합니다. 휴직이나 그 밖의 사유로 보수의 전부 또는 일부가 지급되지 않는 직장가입자의 보수월액보험료는 해당 사유가 생기기 전 달의 보수월액을 기준으로 산정합니다.

2. 소득월액보험료: (소득월액)×(보험료율)

   소득월액은 보수월액의 산정에 포함된 보수를 제외한 직장가입자의 소득(이하 "보수외소득"이라 함)이 연간 2,000만 원을 초과하는 경우 다음의 계산식에 따라 산정합니다.

   • {(연간 보수외소득)−2,000만 원}÷12

   ※ 다만, 비과세소득은 제외하고, 소득이 1천만 원 이하인 경우에는 해당 이자소득과 배당소득은 합산하지 않습니다.

   ※ 직장가입자의 소득월액 산정기준에 관한 개정 규정은 2022년 9월분 직장가입자의 소득월액보험료부터 적용합니다.

3. 보험료율

   • 보험료율은 1만분의 709로 합니다.

   ※ 직장가입자의 보험료율에 관한 개정규정은 2023년 1월분 보험료를 산정하는 경우부터 적용합니다.

   • 국외에서 업무에 종사하고 있는 직장가입자에 대한 보험료율은 위 보험료율의 100분의 50으로 합니다.

■ **국민건강보험료 경감 사유 및 경감률**

1. 섬·벽지지역 경감

   요양기관까지의 거리가 멀거나 대중교통으로 이동하는 시간이 오래 걸리는 지역으로서 「보험료 경감고시」[별표 1]의 섬·벽지 지역에 소재하는 사업장에 근무하는 직장가입자는 보수월액보험료액의 100분의 50을 경감받을 수 있습니다.

2. 휴직자 경감

   • 휴직기간이 1개월 이상인 직장가입자의 휴직기간 중 보수월액보험료는 휴직사유 발생 전월에 적용되는 정산 전 보수월액(휴직전월의 보수월액이 없는 사람은 휴직 당월의 보수월액)을 기준으로 산정한 보수월액보험료와 휴직기간에 해당 사업장에서 지급받은 보수를 기준으로 산정한 보험료 차액의 100분의 50을 경감합니다.

   • 다만, 육아휴직자는 휴직기간 중 사업장에서 지급받은 보수와 관계없이 휴직전월 정산 전 보수월액을 기준으로 산정한 보수월액보험료와 「국민건강보험법」 제69조 제6항에 따른 직장가입자의 보수월액보험료 하한 금액을 적용하여 산정한 보수월액보험료와의 차액만큼을 경감합니다.

3. 요양기관 이용 제한지역 경감(군인)

   군부대가 소재하는 지역에 거주하거나 근무하는 직장가입자인 군인에 대하여는 그 가입자 보험료액의 100분의 20을 경감합니다.

4. 사업장 화재 등 경감

   소득월액보험료를 부담하는 직장가입자로서 다음의 요건을 충족하는 경우에는 소득월액보험료의 일부를 경감받을 수 있습니다.

   − 직장가입자의 소득월액보험료 산정에 포함되는 사업소득이 발생하는 사업장이 화재, 부도, 수해 등으로 운영에 막대한 지장이 있을 것

   − 직장가입자의 소득월액보험료 산정에 포함되는 사업소득이 그 소득월액보험료 산정에 포함되는 소득의 100분의 30을 초과할 것

■ 국민건강보험료 면제

1. 보험료 면제 사유

   직장가입자가 다음의 어느 하나에 해당하는 경우에는 보험료를 면제받을 수 있습니다.

   − 3개월 이상 국외에 체류하는 경우로서, 국내에 거주하는 피부양자(배우자 및 직계존·비속 등)가 없는 때

   − 「병역법」에 따른 현역병(지원에 의하지 않고 임용된 하사를 포함), 전환복무된 사람 및 군간부후보생

   − 교도소나 그 밖에 이에 준하는 시설에 수용되어 있는 경우

2. 보험료 면제 기간

   보험료의 면제는 면제 사유가 생긴 날이 속하는 달의 다음 달부터 사유가 없어진 날이 속하는 달까지 적용됩니다. 다만, 다음 중 어느 하나에 해당하는 경우에는 그 달의 보험료를 면제하지 않습니다.

   − 급여정지 사유가 매월 1일에 없어진 경우

   − 국외에 체류하는 가입자 또는 그 피부양자가 국내에 입국하여 입국일이 속하는 달에 보험급여를 받고 그 달에 출국하는 경우

   ※ 직장가입자 또는 그 피부양자가 2020년 7월에 최초로 입국하는 경우부터 적용

58

주어진 자료를 바탕으로 옳지 <u>않은</u> 것을 [보기]에서 모두 고르면?

보기

㉠ 직장가입자가 2023년 동안 납부하게 되는 보수월액 보험료 최대액수는 4,600만 원 미만이다.

㉡ 군부대가 소재하는 지역에 근무 중인 직업 군인은 가입자 보험료액의 30%를 경감받을 수 있다.

㉢ 국내에 피부양자가 없는 직장가입자가 6개월 이상 해외 파견 근무 중이면 건강보험료를 면제받는다.

㉣ 상한액과 하한액 범위 내에서 보수월액 및 소득월액이 같은 국내 직장 근로자와 국외 체류 중인 직장 근로자가 모두 건강보험료를 납부해야 하는 경우 건강보험료의 차이는 2배이다.

---

① ㉠, ㉡　　　　　② ㉠, ㉣　　　　　③ ㉡, ㉢　　　　　④ ㉢, ㉣

59

2023년 서울에서 직장에 다니는 이 부장의 연봉은 2022년과 동일한 8,400만 원이고, 매월 보수외소득은 400만 원이다. 이때, 가입자 기준으로 이 부장이 부담하여 2023년에 매달 내야 하는 건강보험료를 고르면?(단, 모든 계산 시 1원 단위 미만은 절사하고, 다른 조건은 고려하지 않는다.)

① 330,866원　　　　② 334,092원　　　　③ 413,583원　　　　④ 446,670원

60

주어진 자료와 다음 [상황]을 바탕으로 할 때, 한 대리가 납부해야 하는 월 건강보험료를 고르면?(단, 모든 계산 시 1원 단위 미만은 절사하고, 다른 조건은 고려하지 않는다.)

상황

2021년 말부터 베트남에서 근무 중인 한 대리는 입사 5년 차의 직장인이다. 그에게는 아내와 두 자녀가 피부양자로 등록되어 있고, 모두 한국에 거주 중이다. 그의 2023년 연봉은 전년과 같은 5,760만 원이고, 보수외소득은 월 180만 원이다.

---

① 87,443원　　　　② 87,649원　　　　③ 89,103원　　　　④ 89,807원

01

국민건강보험법상 행위·치료재료 및 약제에 대한 요양급여대상 여부의 결정 및 조정에 대한 설명으로 옳지 <u>않은</u> 것을 고르면?

① 요양기관, 치료재료의 제조업자·수입업자 등 대통령령으로 정하는 자는 요양급여 대상 또는 비급여대상으로 결정되지 아니한 요양급여에 대한 행위 및 치료재료에 대하여 요양급여 대상 여부의 결정을 보건복지부장관에게 신청하여야 한다.
② 요양급여대상 여부의 결정 신청의 시기, 절차, 방법 및 업무의 위탁 등에 필요한 사항, 요양급여대상 여부의 결정 절차 및 방법, 직권 조정 사유·절차 및 방법 등에 관한 사항은 보건복지부령으로 정한다.
③ 보건복지부장관은 요양급여대상으로 결정하여 고시한 약제에 대하여 보건복지부령으로 정하는 바에 따라 요양급여대상 여부, 범위, 요양급여비용 상한금액 등을 직권으로 조정할 수 있다.
④ 약제의 제조업자·수입업자 등 보건복지부령으로 정하는 자는 요양급여대상에 포함되지 아니한 약제에 대하여 보건복지부장관에게 요양급여대상 여부의 결정을 신청할 수 있다.

02

국민건강보험법상 건강보험정책심의위원회에 대한 설명으로 옳지 <u>않은</u> 것을 고르면?

① 심의위원회의 위원장은 보건복지부차관이 되고, 부위원장은 위원 중에서 위원장이 지명하는 사람이 된다.
② 심의위원회는 위원장 1명과 부위원장 1명을 포함하여 20명의 위원으로 구성한다.
③ 심의위원회의 위원은 보건복지부장관이 임명 또는 위촉한다.
④ 심의위원회의 운영 등에 필요한 사항은 대통령령으로 정한다.

03

다음 [보기]에서 국민건강보험법상 약제요양급여비용 상한금액의 감액 등에 관한 설명으로 옳은 것을 모두 고르면?

보기

ㄱ. 보건복지부장관은 약사법 제47조 제2항의 위반과 관련된 제41조 제1항 제2호의 약제에 대하여는 요양급여비용 상한금액의 100분의 50을 넘지 아니하는 범위에서 그 금액의 일부를 감액할 수 있다.

ㄴ. 보건복지부장관은 요양급여비용의 상한금액이 감액된 약제가 감액된 날부터 5년의 범위에서 대통령령으로 정하는 기간 내에 다시 감액의 대상이 된 경우에는 요양급여비용 상한금액의 100분의 40을 넘지 아니하는 범위에서 요양급여비용 상한금액의 일부를 감액할 수 있다.

ㄷ. 보건복지부장관은 요양급여비용의 상한금액이 감액된 약제가 감액된 날부터 5년의 범위에서 대통령령으로 정하는 기간 내에 다시 약사법 제47조 제2항의 위반과 관련된 경우에는 해당 약제에 대하여 1년의 범위에서 기간을 정하여 요양급여의 적용을 정지할 수 있다.

ㄹ. 요양급여비용 상한금액의 감액 및 요양급여 적용 정지의 기준, 절차, 그 밖에 필요한 사항은 보건복지부령으로 정한다.

① ㄱ, ㄷ

② ㄴ, ㄷ

③ ㄴ, ㄹ

④ ㄷ, ㄹ

04

국민건강보험법에서 사용하는 용어에 대한 설명으로 옳지 <u>않은</u> 것을 고르면?

① 공무원이 소속되어 있는 기관의 장으로서 대통령령으로 정하는 사람은 사용자이다.

② 사용자에는 근로자가 소속되어 있는 사업장의 사업주도 포함된다.

③ 교직원이란 사립학교 및 공립학교의 경영기관에서 근무하는 교원과 직원을 말한다.

④ 공무원이란 국가나 지방자치단체에서 상시 공무에 종사하는 사람을 말한다.

05

국민건강보험법상 보험료에 대한 설명으로 옳은 것을 고르면?

① 직장가입자의 월별 보험료액을 산정할 때 보수 외 소득월액보험료는 산정한 보수 외 소득월액에 보험료율을 더하여 얻은 금액으로 한다.

② 월별 보험료액은 가입자의 보험료 평균액의 일정비율에 해당하는 금액을 고려하여 보건복지부령으로 정하는 기준에 따라 상한 및 하한을 정한다.

③ 보험료를 징수할 때 가입자의 자격이 변동된 경우에는 변동된 날이 속하는 달의 보험료는 변동된 후의 자격을 기준으로 징수한다. 다만, 가입자의 자격이 매월 1일에 변동된 경우에는 변동된 자격을 기준으로 징수한다.

④ 보험료는 가입자의 자격을 취득한 날이 속하는 달의 다음 달부터 가입자의 자격을 잃은 날의 전날이 속하는 달까지 징수한다. 다만, 가입자의 자격을 매월 1일에 취득한 경우 또는 건강보험 적용 신청으로 가입자의 자격을 취득하는 경우에는 그 달부터 징수한다.

06

국민건강보험법상 건강보험정책심의위원회에 대한 설명으로 옳지 않은 것을 고르면?

① 요양급여의 기준을 심의·의결한다.

② 요양급여비용 및 직장가입자의 보험료율에 관한 사항을 심의·의결한다.

③ 그 밖에 건강보험에 관한 주요 사항으로서 대통령령으로 정하는 사항을 심의·의결한다.

④ 종합계획 및 시행계획에 관한 사항을 심의 및 의결한다.

07

국민건강보험법상 다음 [보기]의 빈칸에 들어갈 금액을 모두 합한 것을 고르면?

┌─ 보기 ├─

행정처분을 받은 사실 또는 행정처분절차가 진행 중인 사실을 지체 없이 알리지 아니한 자에게는 (　　　)만 원 이하의 과태료를 부과한다. 또한, 정당한 사유 없이 건강보험증이나 신분증명서로 가입자 또는 피부양자의 본인 여부 및 그 자격을 확인하지 아니하고 요양급여를 실시한 자에게는 (　　　)만 원 이하의 과태료를 부과한다.

① 200　　　　　　　② 400　　　　　　　③ 600　　　　　　　④ 1,000

08

국민건강보험법상 과징금의 용도에 대한 설명으로 옳지 <u>않은</u> 것을 고르면?

① 공단이 요양급여비용으로 지급하는 자금으로 사용할 수 있다.
② 과징금의 금액과 그 납부에 필요한 사항 및 과징금의 용도별 지원 규모, 사용 절차 등에 필요한 사항은 보건복지부령으로 정한다.
③ 응급의료기금의 지원으로 사용이 가능하다.
④ 재난적의료비 지원사업에 대한 지원으로 사용할 수 있다.

09

국민건강보험법상 다음 [보기]의 밑줄 친 ㉠~㉣ 중 옳지 <u>않은</u> 것을 고르면?

┤ 보기 ├

사업장의 사용자는 다음 각 호의 어느 하나에 해당하게 되면 그 때부터 ㉠ 7일 이내에 ㉡보건복지부령으로 정하는 바에 따라 보험자에게 ㉢ 신고하여야 한다. 제1호에 해당되어 보험자에게 신고한 내용이 변경된 경우에도 또한 같다.
　1. 직장가입자가 되는 근로자·공무원 및 교직원을 사용하는 사업장이 된 경우
　2. 휴업·폐업 등 ㉣ 보건복지부령으로 정하는 사유가 발생한 경우

① ㉠　　　　　　② ㉡　　　　　　③ ㉢　　　　　　④ ㉣

10

국민건강보험법상 선별급여에 대한 설명으로 옳은 것을 고르면?

① 요양급여를 결정함에 있어 경제성 또는 치료효과성 등이 불확실하여 그 검증을 위하여 추가적인 근거가 필요하거나, 경제성이 낮아도 가입자와 피부양자의 건강회복에 잠재적 이득이 있는 등 대통령령으로 정하는 경우에는 예비적인 요양급여인 선별급여로 지정하여 실시하여야 한다.
② 보건복지부장관은 보건복지부령으로 정하는 절차와 방법에 따라 선별급여에 대하여 주기적으로 요양급여의 적합성을 평가하여 요양급여 여부를 다시 결정하고, 요양급여의 기준을 조정하여야 한다.
③ 보건복지부장관은 요양기관이 선별급여의 실시 조건을 충족하지 못하거나 자료를 제출하지 아니할 경우에는 해당 선별급여의 실시를 제한할 수 있다.
④ 선별급여의 실시 조건, 자료의 제출, 선별급여의 실시 제한 등에 필요한 사항은 대통령령으로 정한다.

11

국민건강보험법상 심판청구에 대한 설명으로 옳지 <u>않은</u> 것을 고르면?

① 공단 또는 심사평가원의 처분에 이의가 있는 자와 이의신청 또는 심판청구에 대한 결정에 불복하는 자는 행정소송법에서 정하는 바에 따라 행정소송을 제기할 수 있다.
② 심판청구를 심리·의결하기 위하여 보건복지부에 건강보험분쟁조정위원회를 둔다.
③ 심판청구의 절차·방법·결정 및 그 결정의 통지 등에 필요한 사항은 대통령령으로 정한다.
④ 이의신청에 대한 결정에 불복하는 자는 건강보험심사평가원에 심판청구를 할 수 있다.

12

다음 [보기]에서 국민건강보험법상 옳지 <u>않은</u> 것의 개수를 고르면?

┌─ 보기 ┐

㉠ 노동조합·사용자단체·시민단체·소비자단체·농어업인단체 및 노인단체가 추천하는 각 1명은 비상임이사가 될 수 있다.
㉡ 상임이사는 보건복지부령으로 정하는 추천 절차를 거쳐 이사장이 임명한다.
㉢ 대통령령으로 정하는 바에 따라 추천하는 관계 공무원 2명은 비상임이사가 될 수 있다.
㉣ 감사는 임원추천위원회가 복수로 추천한 사람 중에서 기획재정부장관의 제청으로 대통령이 임명한다.
㉤ 상임이사는 정관으로 정하는 바에 따라 실비변상(實費辨償)을 받을 수 있다.
㉥ 이사장은 임원추천위원회가 단수로 추천한 사람으로 보건복지부장관의 제청으로 대통령이 임명한다.

└──────────────────────────────────┘

① 2개   ② 3개   ③ 4개   ④ 5개

13

국민건강보험법상 부과되는 벌금액이 <u>다른</u> 하나를 고르면?

① 공동이용하는 전산정보자료를 목적 외의 용도로 이용하거나 활용한 자
② 보고 또는 서류 제출을 하지 아니한 자, 거짓으로 보고하거나 거짓 서류를 제출한 자, 검사나 질문을 거부·방해 또는 기피한 자
③ 고용한 근로자가 직장가입자가 되는 것을 방해하거나 자신이 부담하는 부담금이 증가되는 것을 피할 목적으로 정당한 사유 없이 근로자의 승급 또는 임금 인상을 하지 아니하거나 해고나 그 밖의 불리한 조치를 한 사용자
④ 대행청구단체의 종사자로서 거짓이나 그 밖의 부정한 방법으로 요양급여비용을 청구한 자

14

국민건강보험법상 건강보험정책심의위원회에 대한 설명으로 옳지 않은 것을 고르면?

① 원칙적으로 심의위원회 위원의 임기는 3년으로 한다. 다만, 위원의 사임 등으로 새로 위촉된 위원의 임기는 전임위원 임기의 남은 기간으로 한다.

② 의료계를 대표하는 단체 및 약업계를 대표하는 단체가 추천하는 8명은 보건복지부장관의 임명 또는 위촉으로 심의위원회 위원이 될 수 있다.

③ 보건복지부장관의 임명 또는 위촉으로 국민건강보험공단의 이사장 및 건강보험심사평가원의 원장이 추천하는 각 1명은 심의위원회 위원이 될 수 있다.

④ 대통령령으로 정하는 지방행정기관 소속 공무원 2명은 보건복지부장관의 임명 또는 위촉으로 심의위원회 위원이 될 수 있다.

15

다음 [보기]의 밑줄 친 ㉠~㉣ 중 옳지 않은 것을 고르면?

> ─ 보기 ├
>
> Q: 가입자 및 피부양자의 자격, 보험료등, 보험급여, 보험급여 비용에 관한 공단의 처분에 이의가 있으면 어떻게 하면 되나요?
>
> A: ㉠ 공단에 이의신청을 할 수 있습니다.
>
> Q: 심사평가원에 이의신청을 할 수 있는 경우는요?
>
> A: ㉡ 요양급여비용 및 요양급여의 적정성 평가 등에 관한 심사평가원의 처분에 이의가 있는 공단, 요양기관 또는 그 밖의 자입니다.
>
> Q: 원칙적으로 이의신청은 처분이 있음을 안 날로부터 며칠 이내에 하여야 하며 처분이 있은 날부터 며칠이 지나면 제기하지 못하나요?
>
> A: ㉢ 이의신청은 처분이 있음을 안 날로부터 30일 이내에 문서(전자문서를 포함)로 하여야 하며 처분이 있은 날부터 180일을 지나면 제기하지 못합니다.
>
> Q: 요양기관이 심사평가원의 확인에 대하여 이의신청을 하려면 통보받은 날부터 며칠 이내에 하면 되나요?
>
> A: ㉣ 30일 이내에 하여야 합니다.

① ㉠   ② ㉡   ③ ㉢   ④ ㉣

16

다음 [보기]에서 국민건강보험법상 보험급여의 정지 없이 요양급여를 실시할 수 있는 것을 모두 고르면?

┌─── 보기 ───
│ ㉠ 국외에 체류하는 경우
│ ㉡ 「병역법」에 따른 현역병(지원에 의하지 아니하고 임용된 하사 포함)
│ ㉢ 「병역법」에 따른 군간부후보생
│ ㉣ 교도소, 그 밖에 이에 준하는 시설에 수용되어 있는 경우
└─────────────

① ㉠, ㉡, ㉢   ② ㉡, ㉢
③ ㉡, ㉢, ㉣   ④ ㉠, ㉡, ㉢, ㉣

17

국민건강보험법상의 약재에 대한 요양급여비용 상한금액의 감액 등에 대한 설명으로 빈칸에 들어갈 ㉠, ㉡, ㉢에 해당하는 것을 고르면?

┌───
│ • 보건복지부장관은 「약사법」 제47조 제2항의 위반과 관련된 제41조 제1항 제2호의 약제에 대하여는 요양급여비용 상한금액의 (㉠)을 넘지 아니하는 범위에서 그 금액의 일부를 감액할 수 있다.
│ • 보건복지부장관은 제1항에 따라 요양급여비용의 상한금액이 감액된 약제가 감액된 날부터 (㉢)의 범위에서 대통령령으로 정하는 기간 내에 다시 제1항에 따른 감액의 대상이 된 경우에는 요양급여비용 상한금액의 (㉡)을 넘지 아니하는 범위에서 요양급여비용 상한금액의 일부를 감액할 수 있다.
│ • 보건복지부장관은 제2항에 따라 요양급여비용의 상한금액이 감액된 약제가 감액된 날부터 (㉢)의 범위에서 대통령령으로 정하는 기간 내에 다시 「약사법」 제47조 제2항의 위반과 관련된 경우에는 해당 약제에 대하여 1년의 범위에서 기간을 정하여 요양급여의 적용을 정지할 수 있다.
└───

	㉠	㉡	㉢
①	100분의 20	100분의 40	3년
②	100분의 40	100분의 20	5년
③	100분의 40	100분의 20	3년
④	100분의 20	100분의 40	5년

18

국민건강보험법상 공단이 보험료 징수 및 징수금의 징수 또는 공익목적을 위하여 필요한 경우에 「신용정보의 이용 및 보호에 관한 법률」의 종합신용정보집중기관에 체납자 또는 결손처분자의 인적사항·체납액 또는 결손 처분액에 관한 자료를 제공할 수 있는 사항에 해당하지 <u>않는</u> 것을 고르면?

① 이 법에 따른 납부기한의 다음 날부터 1년이 지난 보험료 및 그에 따른 연체금과 체납처분비의 총액이 500 만 원 이상인 자

② 이 법에 따른 납부기한의 다음 날부터 1년이 지난 부당이득금 및 그에 따른 연체금과 체납처분비의 총액이 1억 원 이상인 자

③ 재정운영위원회의 의결을 받아 보험료등을 결손처분한 금액의 총액이 500만 원 이상인 자

④ 재정운영위원회의 의결을 받아 부당이득금 및 그에 따른 연체금과 체납처분비를 결손처분한 금액의 총액 이 1억 원 이상인 자

19

국민건강보험법상 보험급여의 제한에 대한 설명으로 옳지 <u>않은</u> 것을 고르면?

① 공단은 보험급여를 받을 수 있는 사람이 업무 또는 공무로 생긴 질병·부상·재해로 다른 법령에 따른 보험 급여나 보상(報償) 또는 보상(補償)을 받게 되는 경우에 해당하면 보험급여를 하지 아니한다.

② 공단은 보험급여를 받을 수 있는 사람이 다른 법령에 따라 국가나 지방자치단체로부터 보험급여에 상당하 는 급여를 받거나 보험급여에 상당하는 비용을 지급받게 되는 경우에는 그 한도에서 보험급여를 하지 아니 한다.

③ 공단은 가입자가 대통령령으로 정하는 기간 이상 보수 외 소득월액보험료의 보험료를 체납한 경우 그 체납 한 보험료를 완납할 때까지 그 가입자 및 피부양자에 대하여 보험급여를 실시하지 아니할 수 있다.

④ 공단은 납부의무를 부담하는 사용자가 보수월액보험료를 체납한 경우에는 그 체납에 대하여 직장가입자 본인에게 귀책사유가 없다 하더라도 보험급여를 실시한다. 이 경우 해당 직장가입자의 피부양자에게도 동 일하게 보험급여를 실시한다.

20

국민건강보험법상 요양급여 대상 여부의 확인 등에 대한 설명으로 옳은 것을 고르면?

① 가입자나 피부양자는 본인일부부담금 외에 자신이 부담한 비용이 요양급여 대상에서 제외되는 비용인지 여부에 대하여 공단에 확인을 요청할 수 있다.

② 확인 요청을 받은 공단은 그 결과를 요청한 사람에게 알려야 한다. 이 경우 확인을 요청한 비용이 요양급여 대상에 해당되는 비용으로 확인되면 그 내용을 심사평가원 및 관련 요양기관에 알려야 한다.

③ 통보받은 요양기관은 받아야 할 금액보다 더 많이 징수한 금액(이하 "과다본인부담금"이라 한다)을 지체 없이 확인을 요청한 사람에게 지급하여야 한다. 다만, 공단은 해당 요양기관이 과다본인부담금을 지급하지 아니하면 해당 요양기관에 지급할 요양급여비용에서 과다본인부담금을 공제하여 확인을 요청한 사람에게 지급할 수 있다.

④ 확인 요청의 범위, 방법, 절차, 처리기간 등 필요한 사항은 대통령령으로 정한다.

직무시험_노인장기요양보험법

정답과 해설 P.85

01

다음 [보기]에서 노인장기요양보험법상 장기요양기관(대표자) 결격사유로 옳은 것을 모두 고르면?

┌─ 보기 ├─

ⓐ 파산 선고받고 복권된 자

ⓑ 미성년자, 피성년 후견인, 한정후견인

ⓒ 금고 이상 집행유예 선고받고 유예기간인 자

ⓓ 금고 이상 실형 선고 후 집행 면제일부터 3년 안 된 자

① ㉠

② ㉢

③ ㉠, ㉡

④ ㉢, ㉣

02

다음 [보기]에서 노인장기요양보험법상 장기요양기관의 의무에 대한 설명으로 옳지 <u>않은</u> 것이 몇 개인지 고르면?

┌─ 보기 ├─

㉠ 장기요양기관의 장은 장기요양급여를 제공한 수급자에게 장기요양급여비용에 대한 명세서를 교부할 수 있다.

㉡ 장기요양기관은 수급자로부터 장기요양급여신청을 받은 때 어떠한 경우라도 장기요양급여의 제공을 거부하여서는 아니 된다.

㉢ 장기요양급여비용의 명세서, 기록·관리하여야 할 장기요양급여 제공 자료의 내용 및 보존기한, 그 밖에 필요한 사항은 대통령령으로 정한다.

㉣ 장기요양기관은 장기요양급여의 제공기준·절차 및 방법 등에 따라 장기요양급여를 제공할 수 있다.

㉤ 장기요양기관은 면제받거나 감경받는 금액 외에 영리를 목적으로 수급자가 부담하는 재가 및 시설 급여 비용을 면제하거나 감경하는 행위를 할 수 있다.

㉥ 공무원은 영리를 목적으로 금전, 물품, 노무, 향응 그 밖의 이익을 제공하거나 제공할 것을 약속하는 방법으로 수급자를 장기요양기관에 소개, 알선 또는 유인하는 행위 및 이를 조장하는 행위를 하여서는 아니 된다.

㉦ 보건복지부장관은 장기요양급여 제공에 관한 자료를 기록·관리하여야 한다.

① 4개

② 5개

③ 6개

④ 7개

03

다음 [보기]에서 노인장기요양보험법상 옳은 것을 모두 고르면?

> **보기**
>
> ㉠ 재가급여 또는 시설급여를 제공하는 장기요양기관을 운영하려는 자는 대통령령으로 정하는 장기요양에 필요한 시설 및 인력을 갖추어 소재지를 관할 구역으로 하는 특별자치시장·특별자치도지사·시장·군수·구청장으로부터 지정을 받아야 한다.
> ㉡ 장기요양기관으로 지정을 받을 수 있는 시설은 노인복지시설 중 보건복지부령으로 정하는 시설로 한다.
> ㉢ 특별자치시장·특별자치도지사·시장·군수·구청장은 장기요양기관을 지정한 때 7일 이내에 지정 명세를 공단에 통보하여야 한다.
> ㉣ 재가급여를 제공하는 장기요양기관 중 의료기관이 아닌 자가 설치·운영하는 장기요양기관이 방문간호를 제공하는 경우에는 방문간호의 관리책임자로서 간호사를 둔다.
> ㉤ 장기요양기관의 지정절차와 그 밖에 필요한 사항은 보건복지부령으로 정한다.

① ㉠, ㉤   ② ㉡, ㉢   ③ ㉡, ㉣   ④ ㉣, ㉤

04

노인장기요양보험법상의 행정제재처분 효과의 3년간 승계자로 보기 <u>어려운</u> 경우를 고르면?

① 장기요양기관을 양도한 경우 양수인
② 법인이 합병된 경우 합병으로 신설되거나 합병 후 존속하는 법인
③ 장기요양기관 폐업 후 동일 장소에서 장기요양기관을 운영하는 자
④ 종전에 행정제재처분을 받은 자나 그 배우자 또는 직계 및 방계혈족

05

다음 [보기]의 과태료를 모두 합친 금액이 얼마인지 고르면?

> **보기**
>
> ㉠ 변경신고를 미실시하거나 부정한 방법으로 변경지정을 받은 경우(2차 위반)
> ㉡ 폐쇄회로 텔레비전을 설치하지 않은 경우(1차 위반)
> ㉢ 장기요양기관에 관한 정보를 게시하지 않은 경우(2차 위반)
> ㉣ 노인장기요양보험 또는 이와 유사한 용어를 사용한 경우(3차 위반)

① 3,000,000원   ② 4,000,000원
③ 5,000,000원   ④ 6,000,000원

06

다음 [보기]에서 노인장기요양보험법상 청문의 공표 사항에 해당되는 것을 모두 고르면?

┌─ 보기 ├───

㉠ 거짓으로 청구한 금액이 1천만 원 이상인 경우

㉡ 거짓으로 청구한 금액이 장기요양급여비용 총액의 100분의 10 이상인 경우

㉢ 폐업 또는 휴업 신고를 하지 아니하고 1년 이상 장기요양급여를 제공하지 아니한 경우

㉣ 거짓이나 그 밖의 부정한 방법으로 재가 및 시설 급여비용을 청구한 경우

└───

① ㉡   ② ㉠, ㉡   ③ ㉡, ㉢   ④ ㉠, ㉡, ㉣

07

다음 [보기]에서 노인장기요양보험법상 옳은 내용을 모두 고르면?

┌─ 보기 ├───

㉠ 재가급여 또는 시설급여를 제공하는 장기요양기관을 운영하려는 자는 대통령령으로 정하는 장기요양에 필요한 시설 및 인력을 갖추어 소재지를 관할 구역으로 하는 특별자치시장·특별자치도지사·시장·군수·구청장으로부터 지정을 받아야 한다.

㉡ 장기요양기관으로 지정을 받을 수 있는 시설은 노인복지시설 중 보건복지부령으로 정하는 시설로 한다.

㉢ 특별자치시장·특별자치도지사·시장·군수·구청장은 장기요양기관을 지정한 때 7일 이내에 지정 명세를 공단에 통보하여야 한다.

㉣ 재가급여를 제공하는 장기요양기관 중 의료기관이 아닌 자가 설치·운영하는 장기요양기관이 방문간호를 제공하는 경우에는 방문간호의 관리책임자로서 간호사를 둔다.

㉤ 장기요양기관의 지정절차와 그 밖에 필요한 사항은 보건복지부령으로 정한다.

└───

① ㉠, ㉤   ② ㉡, ㉢   ③ ㉡, ㉣   ④ ㉣, ㉤

08

노인장기요양보험법상 재심사 청구에 대한 설명으로 옳은 것을 고르면?

① 심사청구에 대한 결정에 불복하는 사람은 그 결정통지를 받은 날부터 90일 이내에 장기요양재심사위원회에 재심사를 청구할 수 있다.
② 재심사위원회는 건강보험공단이사장 소속으로 두고, 위원장 1인을 포함한 20인 이내의 위원으로 구성한다.
③ 재심사위원회의 위원은 관계 공무원, 법학, 그 밖에 장기요양사업 분야의 학식과 경험이 풍부한 자 중에서 보건복지부장관이 임명 또는 위촉한다. 이 경우 공무원이 아닌 위원이 전체 위원의 과반수 미만으로 되어야 한다.
④ 재심사위원회의 구성·운영 및 위원의 임기, 그 밖에 필요한 사항은 보건복지부령으로 정한다.

09

다음 [보기]에서 노인장기요양보험법상의 과태료 처분에서 300만 원 이하에 해당되는 것을 모두 고르면?

보기
- ㉠ 열람 요청에 응하지 아니한 자
- ㉡ 수급자에게 장기요양급여비용에 대한 명세서를 교부하지 아니하거나 거짓으로 교부한 자
- ㉢ 노인장기요양보험 또는 이와 유사한 용어를 사용한 자
- ㉣ 행정제재처분을 받았거나 그 절차가 진행 중인 사실을 양수인등에게 지체 없이 알리지 아니한 자
- ㉤ 장기요양급여 제공 자료를 기록·관리하지 아니하거나 거짓으로 작성한 자
- ㉥ 폐쇄회로 텔레비전을 설치하지 아니하거나 설치·관리의무를 위반한 자

① ㉠, ㉥　　　② ㉠, ㉢, ㉤　　　③ ㉢, ㉣, ㉥　　　④ ㉠, ㉡, ㉣, ㉤

10

다음 [보기]에서 노인장기요양보험법상 국민건강보험의 가입 자격과 동일하게 보는 장기요양보험가입 자격에 해당하는 것을 모두 고르면?

보기
- ㉠ 장기요양보험가입자
- ㉡ 장기요양보험의 피부양자
- ㉢ 장기요양보험가입자의 자격취득 및 상실
- ㉣ 장기요양보험료의 납부·징수 및 결손처분

① ㉠, ㉢　　　② ㉡, ㉣　　　③ ㉠, ㉡, ㉢　　　④ ㉠, ㉡, ㉢, ㉣

11

다음 [보기]에서 노인장기요양보험법상 장기요양인정 신청 등에 대하여 본인 또는 가족의 동의를 받아 그 신청을 대리할 수 있는 자로 옳은 것을 모두 고르면?

─┤ 보기 ├─
⊙ 사회복지사업법에 따른 사회복지사
ⓒ 「사회보장급여의 이용·제공 및 수급권자 발굴에 관한 법률」에 따른 사회복지전담공무원
ⓒ 「노인복지법」에 따른 요양보호사
ⓔ 「치매관리법」에 따른 치매안심센터의 장(수급자가 치매환자인 경우로 한정)

① ⊙, ⓒ
② ⓒ, ⓔ
③ ⊙, ⓒ, ⓒ
④ ⊙, ⓒ, ⓒ, ⓔ

12

노인장기요양보험법상 장기요양기관의 폐업 등의 신고 등에 대한 설명으로 옳지 <u>않은</u> 것을 고르면?

① 장기요양기관의 장은 폐업하거나 휴업하고자 하는 경우 폐업이나 휴업 예정일 전 20일까지 특별자치시장·특별자치도지사·시장·군수·구청장에게 신고할 수 있다.
② 특별자치시장·특별자치도지사·시장·군수·구청장은 장기요양기관의 장이 유효기간이 끝나기 30일 전까지 지정 갱신 신청을 하지 아니하는 경우 그 사실을 공단에 통보하여야 한다.
③ 특별자치시장·특별자치도지사·시장·군수·구청장은 장기요양기관이 운영하는 노인의료복지시설 등에 대하여 사업정지 또는 폐지 명령을 하는 경우 지체 없이 공단에 그 내용을 통보하여야 한다.
④ 장기요양기관의 장은 폐업·휴업 신고를 할 때 또는 장기요양기관의 지정 갱신을 하지 아니하여 유효기간이 만료될 때 보건복지부령으로 정하는 바에 따라 장기요양급여 제공 자료를 공단으로 이관하여야 한다.

13

노인장기요양보험법상 장기요양기관의 의무에 대한 설명으로 옳지 <u>않은</u> 것을 고르면?

① 장기요양기관은 수급자로부터 장기요양급여신청을 받은 때 장기요양급여의 제공을 거부하여서는 아니 된다.
② 장기요양기관의 장은 장기요양급여를 제공한 수급자에게 장기요양급여비용에 대한 명세서를 교부하여야 한다.
③ 장기요양기관은 면제받거나 감경받는 금액 외에 영리를 목적으로 수급자가 부담하는 재가 및 시설 급여비용을 면제하거나 감경할 수 있다.
④ 누구든지 영리를 목적으로 금전, 물품, 노무, 향응, 그 밖의 이익을 제공하거나 제공할 것을 약속하는 방법으로 수급자를 장기요양기관에 소개, 알선 또는 유인하는 행위 및 이를 조장하는 행위를 하여서는 아니 된다.

14

노인장기요양보험법상 국가 및 지방자치단체의 책무에 대한 설명으로 옳지 <u>않은</u> 것을 고르면?

① 국가 및 지방자치단체는 장기요양요원의 처우를 개선하고 복지를 증진하며 지위를 향상시키기 위하여 적극적으로 노력하여야 한다.

② 국가 및 지방자치단체는 노인이 일상생활을 혼자서 수행할 수 있는 온전한 심신상태를 유지하는데 필요한 노인성질환예방사업을 실시하여야 한다.

③ 국가 및 지방자치단체는 노인성질환예방사업을 수행하는 「국민건강보험법」에 따른 국민건강보험공단에 대하여 이에 소요되는 비용을 지원하여야 한다.

④ 국가 및 지방자치단체는 노인인구 및 지역특성 등을 고려하여 장기요양급여가 원활하게 제공될 수 있도록 적정한 수의 장기요양기관을 확충하고 장기요양기관의 설립을 지원하여야 한다.

15

다음 [보기]에서 노인장기요양보험법상 공표에 대한 설명으로 옳은 것을 모두 고르면?

┤ 보기 ├

㉠ 장기요양기관이 거짓으로 청구한 금액이 장기요양급여비용 총액의 100분의 20 이상인 경우에는 위반사실, 처분내용, 장기요양기관의 명칭·주소, 장기요양기관의 장의 성명, 그 밖에 다른 장기요양기관과의 구별에 필요한 사항으로서 대통령령으로 정하는 사항을 공표하여야 한다.

㉡ 보건복지부장관 또는 특별자치시장·특별자치도지사·시장·군수·구청장은 공표 여부 등을 심의하기 위하여 장기요양위원회를 설치·운영할 수 있다.

㉢ 보건복지부장관은 장기요양사업의 실태를 파악하기 위하여 5년마다 정기적으로 조사를 실시하고 그 결과를 공표하여야 한다.

㉣ 장기요양기관이 장기요양급여의 제공 기준·절차·방법 등에 따라 적정하게 장기요양급여를 제공하였는지 평가를 실시하고 그 결과를 공단의 홈페이지 등에 공표하는 등 필요한 조치를 할 수 있다.

① ㉣   ② ㉠, ㉡   ③ ㉢, ㉣   ④ ㉠, ㉡, ㉢, ㉣

16

노인장기요양보험법상 장기요양보험에 대한 설명으로 옳지 <u>않은</u> 것을 고르면?

① 장기요양보험사업의 보험자는 공단으로 한다.
② 장기요양보험사업은 보건복지부장관이 관장한다.
③ 국내에 거주하는 국민은 장기요양보험의 가입자가 된다.
④ 공단은 「외국인근로자의 고용 등에 관한 법률」에 따른 외국인근로자 등 대통령령으로 정하는 외국인이 신
청하는 경우 대통령령으로 정하는 바에 따라 장기요양보험가입자에서 제외할 수 있다.

17

다음 [보기]에서 노인장기요양보험법상 공단이 운영하는 인터넷 홈페이지에 게시하여 안내해야 할 장기요양기
관 정보에 해당하는 것을 모두 고르면?

> ── 보기 ──
> ㉠ 시설
> ㉡ 인력
> ㉢ 급여의 내용

① ㉠   ② ㉡   ③ ㉡, ㉢   ④ ㉠, ㉡, ㉢

18

노인장기요양보험법상 전자문서의 사용에 대한 설명으로 옳지 <u>않은</u> 것을 고르면?

① 공단은 장기요양기관의 지정신청 등에 대하여 전산매체 또는 전자문서교환방식을 이용하여야 한다.
② 장기요양사업에 관련된 각종 서류의 기록, 관리 및 보관은 보건복지부령으로 정하는 바에 따라 전자문서로
한다.
③ 장기요양기관은 재가·시설 급여비용의 청구 및 지급 등에 대하여 전산매체 또는 전자문서교환방식을 이용
하여야 한다.
④ 정보통신망 및 정보통신서비스 시설이 열악한 지역 등 보건복지부 장관이 정하는 지역의 경우에도 전자문
서·전산매체 또는 전자문서교환방식을 이용하여야 한다.

19

노인장기요양보험법상 관리운영기관이 관장하는 업무에 해당하지 <u>않는</u> 것을 고르면?

① 장기요양사업에 관한 예산 및 결산
② 장기요양사업에 관한 조사·연구 및 홍보
③ 등급판정위원회의 운영 및 장기요양등급 판정
④ 장기요양보험가입자 및 그 피부양자와 의료급여수급권자의 자격관리

20

다음 [보기]에서 노인장기요양보험법상 특별현금급여수급계좌의 신청 방법에서 특별현금급여를 직접 현금으로 지급할 수 있는 항목을 모두 고르면?

┌─── 보기 ├───
│ ㉠ 특별현금급여수급계좌가 개설된 금융기관이 폐업, 업무정지인 경우
│ ㉡ 정보통신장애 등으로 인하여 일부만 정상영업이 가능한 경우
│ ㉢ 수급자가 금융기관을 쉽게 이용할 수 없는 지역에 거주하는 경우
│ ㉣ 불가피한 사유로 특별현금급여를 특별현금급여수급계좌로 이체할 수 없는 경우
└──

① ㉠, ㉡   ② ㉢, ㉣   ③ ㉠, ㉢, ㉣   ④ ㉠, ㉡, ㉢, ㉣

국민건강보험공단
법률 연습문제

| 100제 |

직렬	법률	문항 수	비고
행정직/건강직/전산직(기술직)	국민건강보험법	50문항	객관식 사지선다형
요양직	노인장기요양보험법	50문항	

국민건강보험법

정답과 해설 P. 90

01

다음 용어 정의에서 옳지 않은 것을 고르면?

① 근로자란 직업의 종류에 따라 근로의 대가로 보수를 받아 생활하는 사람(법인의 이사와 그 밖의 임원을 포함한다)으로서 공무원 및 교직원을 제외한 사람을 말한다.

② 사용자란 근로자가 소속되어 있는 사업장의 사업주 및 공무원이 소속되어 있는 기관의 장으로서 대통령령으로 정하는 사람과 교직원이 소속되어 있는 사립학교를 설립·운영하는 자이다.

③ 사업장이란 사업소나 사무소를 말한다.

④ 교직원이란 사립학교나 사립학교의 경영기관에서 근무하는 교원과 직원을 말한다.

02

다음 [보기]의 설명에서 국민건강보험법의 목적에 들어갈 내용으로 옳은 것을 고르면?

> ─┤ 보기 ├─
>
> 국민의 질병·부상에 대한 예방·진단·치료·재활과 (㉠)·(㉡) 및 건강증진에 대하여 (㉢)를 실시함으로써 국민 보건 향상과 사회보장 증진에 이바지함을 목적으로 한다.

	㉠	㉡	㉢
①	장애	간호	보험급여
②	장해	출산	요양급여
③	출산	사망	보험급여
④	장애	출산	요양급여

03

다음 [보기]에서 국민건강보험종합계획의 수립 내용에 관한 설명으로 옳은 것을 고르면?

┤ 보기 ├

(㉠)은 이 법에 따른 건강보험의 건전한 운영을 위하여 (㉡) 심의를 거쳐 (㉢)마다 국민건강보험
종합계획을 수립하여야 한다.

	㉠	㉡	㉢
①	건강보험공단 이사장	이사회	4년
②	보건복지부장관	건강보험정책심의위원회	5년
③	건강보험공단	이사장	4년
④	보건복지부장관	이사회	5년

04

사업장의 신고에 관한 설명으로 옳지 <u>않은</u> 것을 고르면?

① 사업장의 사용자는 7일 이내에 보건복지부령으로 정하는 바에 따라 보험자에게 신고하여야 한다.
② 휴업 · 폐업 등 보건복지부령으로 정하는 사유가 발생한 경우에 신고해야 한다.
③ 직장가입자가 되는 근로자 · 공무원 및 교직원을 사용하는 사업장이 된 경우에 신고해야 한다.
④ 보험자에게 신고한 내용이 변경된 경우에도 신고해야 한다.

05

자격의 변동 시기에 관한 설명으로 옳은 것을 고르면?

① 지역가입자가 적용대상사업장의 사용자로 되거나, 근로자 · 공무원 또는 교직원으로 사용된 다음 날
② 직장가입자가 다른 적용대상사업장의 사용자로 되거나 근로자등으로 사용된 다음 날
③ 직장가입자인 근로자등이 그 사용관계가 끝난 날의 다음 날
④ 적용대상사업장에 사유가 발생한 날

06

자격의 상실 시기에 관한 설명으로 옳지 않은 것을 고르면?

① 사망한 날의 다음 날
② 직장가입자의 피부양자가 된 날
③ 수급권자가 된 날
④ 건강보험을 적용받고 있던 사람이 유공자등 의료보호대상자가 되어 건강보험의 적용배제신청을 한 다음 날

07

건강보험증에 관한 설명으로 옳은 것을 고르면?

① 건강보험증의 발급 및 관리는 보건복지부가 한다.
② 약국은 조제등의 급여를 실시하는 경우 보건복지부령으로 정하는 바에 따라 건강보험증이나 신분증명서로 본인 여부 및 그 자격을 확인하여야 한다.
③ 가입자 또는 피부양자는 주민등록증, 운전면허증, 여권, 그 밖에 보건복지부령으로 정하는 본인 여부를 확인할 수 있는 신분증명서로 요양기관이 그 자격을 확인할 수 있어도 건강보험증을 제시해야 한다.
④ 가입자 또는 피부양자가 요양급여를 받고 나서 요양기관에 제출하여야 한다.

08

국민건강보험공단의 임원에 관한 설명으로 옳은 것을 고르면?

① 공단은 임원으로서 이사장 1명, 이사 14명 및 감사 1명을 둔다. 이 경우 이사장, 이사 중 5명 및 감사는 상임으로 한다.
② 이사장은 「공공기관의 운영에 관한 법률」에 따른 임원추천위원회가 복수로 추천한 사람 중에서 보건복지부장관의 제청으로 국무총리가 임명한다.
③ 상임이사는 정관이 정하는 추천 절차를 거쳐 보건복지부장관이 임명한다.
④ 비상임이사는 공단 이사장이 임명한다.

09

국민건강보험공단의 임원에 관한 설명으로 옳지 않은 것을 고르면?

① 비상임이사에는 노동조합·사용자단체·시민단체·소비자단체·농어업인단체 및 노인단체가 추천하는 각 1명이다.
② 상임이사에는 대통령령으로 정하는 바에 따라 추천하는 관계 공무원 3명이다.
③ 감사는 임원추천위원회가 복수로 추천한 사람 중에서 기획재정부장관의 제청으로 대통령이 임명한다.
④ 이사장의 임기는 3년, 이사(공무원인 이사는 제외)와 감사의 임기는 각각 2년으로 한다.

10

임원의 직무에 관한 설명으로 옳은 것을 고르면?

① 상임이사는 공단을 대표하고 업무를 총괄하며, 임기 중 공단의 경영성과에 대하여 책임을 진다.
② 상임이사는 법령에 의거 공단의 업무를 집행한다.
③ 이사장이 부득이한 사유로 그 직무를 수행할 수 없을 때에는 정관으로 정하는 바에 따라 상임이사 중 1명이 그 직무를 대행하고, 상임이사가 없거나 그 직무를 대행할 수 없을 때에는 보건복지부 건강보험정책 담당 공무원이 그 직무를 대행한다.
④ 감사는 공단의 업무를 포함한 회계 및 재산 상황을 감사한다.

11

임원의 해임사유에 해당하지 않는 것을 고르면?

① 신체장애나 정신장애로 직무를 수행할 수 없다고 인정되는 경우
② 직무와 관련하여 품위를 손상하는 행위를 한 경우
③ 고의나 중대한 과실로 공단에 손실이 생기게 한 경우
④ 직무상 의무를 위반한 경우

12

국민건강보험공단의 이사회에 관한 설명으로 옳은 것을 고르면?

① 공단의 주요 사항을 심의하기 위하여 공단에 이사회를 둔다.
② 이사회는 이사장과 이사, 감사로 구성한다.
③ 감사는 이사회에 출석하여 발언할 수 있다.
④ 이사회의 의결 사항 및 운영 등에 필요한 사항은 정관으로 정한다.

13

다음 [보기]에서 임면에 관한 설명으로 옳은 것을 모두 고르면?

┤ 보기 ├

  ㉠ 이사장은 정관으로 정하는 바에 따라 직원을 임면(任免)한다.
  ㉡ 공단의 임직원은 「형법」 제129조부터 제132조까지의 규정을 적용할 때 공무원으로 본다.
  ㉢ 공단의 조직·인사·보수 및 회계에 관한 규정은 이사회의 의결을 거쳐 보건복지부장관의 승인을 받아 정한다.
  ㉣ 이사장은 공단 업무에 관한 모든 재판상의 행위 또는 재판 외의 행위를 대행하게 하기 위하여 공단의 이사 또는 직원 중에서 대리인을 선임할 수 있다.
  ㉤ 이사장은 공단의 이익과 자기의 이익이 상반되는 사항에 대하여는 공단을 대표하지 못한다. 이 경우 상임이사가 공단을 대표한다.

① ㉠, ㉡, ㉢, ㉣
② ㉠, ㉡, ㉣, ㉤
③ ㉠, ㉢, ㉣, ㉤
④ ㉠, ㉡, ㉢, ㉣, ㉤

14

다음 중 재정위원회의 위원에 해당하지 않는 인원을 고르면?

① 직장가입자를 대표하는 위원 10명
② 지역가입자를 대표하는 위원 10명
③ 공익을 대표하는 위원 10명
④ 공단을 대표하는 위원 10명

15

다음 [보기]에서 국민건강보험법상의 요양급여에 해당하는 것을 모두 고르면?

| 보기 |

ⓒ 진찰 · 검사

ⓒ 약제(藥劑) · 치료재료의 지급

ⓒ 처치 · 수술 및 그 밖의 치료

ⓒ 예방 · 재활

ⓒ 입원

ⓒ 간호 · 간병

ⓒ 이송(移送)

① ㉠, ㉡, ㉢, ㉣, ㉤, ㉥

② ㉠, ㉡, ㉢, ㉣, ㉤, ㉦

③ ㉠, ㉢, ㉣, ㉤, ㉥, ㉦

④ ㉠, ㉡, ㉢, ㉣, ㉤, ㉥, ㉦

16

다음 [보기]에서 설명하고 있는 것을 고르면?

| 보기 |

가입자 또는 피부양자가 질병이나 부상으로 거동이 불편한 경우 등 보건복지부령으로 정하는 사유에 해당하는 경우에는 가입자 또는 피부양자를 직접 방문하여 실시한다.

① 방문요양급여　　　　　　　　　② 상병수당급여
③ 직업재활급여　　　　　　　　　④ 간병급여

17

다음 [보기]에서 설명하고 있는 것을 고르면?

| 보기 |

요양 급여를 결정함에 있어 경제성 또는 치료효과성 등이 불확실하여 그 검증을 위하여 추가적인 근거가 필요하거나, 경제성이 낮아도 가입자와 피부양자의 건강회복에 잠재적 이득이 있는 등 대통령령으로 정하는 경우에는 예비적인 요양급여를 지정하여 실시할 수 있다.

① 특수 급여　　　　　　　　　　② 선별 급여
③ 방문 요양 급여　　　　　　　　④ 예비 급여

18

국민건강보험법상 요양기관에 해당하지 않는 기관을 고르면?

① 조산원
② 한의원
③ 한국희귀 · 필수의약품센터
④ 노인요양시설

19

다음 [보기]의 대화에서 화자들이 지칭하는 곳이 어디인지 고르면?

┌─ 보기 ├─
홍길동: "요새 몸이 영 시원치가 않아."
이몽룡: "나이가 들어가니 나도 그래."
홍길동: "병원을 가려고 하여도 큰맘을 먹어야 하고."
이몽룡: "우리 동네에 시골이지만 간호사가 진료를 보는 곳이 새로 생겼다고 하는 구만"
홍길동: "그래? 불법 아닌가?"
이몽룡: "아니라는데? 보건복지부에서 합법적으로 승인을 하여 조제, 진찰 등도 한다고."
홍길동: "그렇군, 우리 함께 가보세!"

① 보건지소
② 노인요양병원
③ 보건진료소
④ 노인요양시설

20

요양급여의 청구 및 지급에 관한 설명으로 옳지 않은 것을 고르면?

① 요양기관은 공단에 요양급여비용의 지급을 청구할 수 있다. 이 경우 요양급여비용에 대한 심사청구는 공단에 대한 요양급여비용의 청구로 본다.
② 요양급여비용을 청구하려는 요양기관은 심사평가원에 요양급여비용의 심사청구를 하여야 하며, 심사청구를 받은 심사평가원은 이를 심사한 후 지체 없이 그 내용을 공단과 요양기관에 알려야 한다.
③ 심사 내용을 통보받은 공단은 지체 없이 그 내용에 따라 요양급여비용을 요양기관에 지급한다. 이 경우 이미 낸 본인일부부담금이 통보된 금액보다 더 많으면 요양기관에 지급할 금액에서 더 많이 낸 금액을 공제하여 해당 가입자에게 지급하여야 한다.
④ 공단은 가입자에게 지급하여야 하는 금액을 그 가입자가 내야 하는 보험료와 그 밖에 이 법에 따른 징수금과 상계(相計)할 수 없다.

21

요양급여의 적정성 평가에 관한 설명으로 옳지 <u>않은</u> 것을 고르면?

① 심사평가원은 요양급여에 대한 의료의 질을 향상시키기 위하여 요양급여의 적정성 평가를 실시할 수 있다.
② 심사평가원은 요양기관의 인력·시설·장비, 환자안전 등 요양급여와 관련된 사항을 포함하여 평가할 수 있다.
③ 심사평가원은 평가 결과를 평가대상 요양기관에 통보하여야 하며, 평가 결과에 따라 요양급여비용을 가산 또는 감산할 경우에는 그 결정사항이 포함된 평가 결과를 가감대상 요양기관 및 공단에 통보하여야 한다.
④ 평가의 기준·범위·절차·방법 등에 필요한 사항은 대통령령으로 정한다.

22

다음 [보기]의 빈칸에 들어갈 내용으로 옳은 것을 고르면?

┌─ 보기 ├─

재난적 의료비 지원사업에 대한 출연 금액의 상한액은 전전년도 보험료 수입액의 (   )으로 한다.

① 10분의 1
② 100분의 1
③ 1000분의 1
④ 10000분의 1

23

요양급여 대상의 여부 결정에 관한 원칙 중 옳지 <u>않은</u> 것을 고르면?

① 의학적 타당성
② 사회적 재정 상황
③ 의료적 중대성
④ 환자의 비용 부담

24

요양급여의 절차에 관한 설명으로 옳은 것을 고르면?

① 요양급여는 1단계 요양급여와 2단계, 3단계 요양급여로 구분하며, 가입자 또는 피부양자는 1단계 요양급여를 받은 후 2단계 및 3단계 요양급여를 받아야 한다.
② 1단계 요양급여는 상급종합병원을 포함한 요양기관에서 받는 요양급여를 말한다.
③ 치과에서 요양급여를 받는 경우의 가입자는 상급종합병원에서 1단계 요양급여를 받을 수 있다.
④ 상급종합병원에서 3단계 요양급여를 받고자 하는 때에는 상급종합병원에서의 요양급여가 필요하다는 의사소견이 기재된 건강진단·건강검진결과서 또는 요양급여의뢰서를 건강보험증 또는 신분증명서와 함께 제출하여야 한다.

25

부가급여인 임신·출산 진료비에 관한 설명으로 옳은 것을 고르면?

① 임신·출산 진료비는 현금급여를 원칙으로 한다.
② 2세 미만인 가입자 또는 피부양자의 법정대리인(출산한 가입자 또는 피부양자가 사망한 경우에 한정한다.)
③ 임신·출산 진료비에 관한 사항은 대통령령으로 정한다.
④ 임신·출산 진료비를 받고자하는 자는 시, 군, 구청에 신고해야 한다.

26

건강검진에 관한 설명으로 옳지 <u>않은</u> 것을 고르면?

① 공단은 가입자와 피부양자에 대하여 질병의 조기 발견과 그에 따른 요양급여를 하기 위하여 건강검진을 실시한다.
② 일반건강검진이란 직장가입자, 세대주인 지역가입자, 19세 이상인 지역가입자 및 19세 이상인 피부양자를 대상으로 한다.
③ 암검진이란 암관리법에 따른 암의 종류별 검진주기와 연령 기준 등에 해당하는 사람을 지칭한다.
④ 영유아건강검진이란 6세 미만의 가입자 및 피부양자가 대상이 된다.

27

요양비등의 수급권에 관한 설명으로 옳지 않은 것을 고르면?

① 금융기관은 이 법에 따른 보험급여로 지급되는 현금을 받는 수급자의 신청이 있는 경우에는 요양비등을 수급자 명의의 지정된 계좌로 입금하여야 한다.

② 요양비등수급계좌가 개설된 금융기관은 요양비등수급계좌에 요양비등만이 입금되도록 하고, 이를 관리하여야 한다.

③ 요양비등수급계좌의 신청 방법·절차와 관리에 필요한 사항은 대통령령으로 정한다.

④ 정보통신장애나 그 밖에 대통령령으로 정하는 불가피한 사유로 요양비등수급계좌로 이체할 수 없을 때에는 직접 현금으로 지급하는 등 대통령령으로 정하는 바에 따라 요양비등을 지급할 수 있다.

28

다음 [보기]에서 심사평가원의 업무로 보기 어려운 것을 모두 고르면?

> ─┤ 보기 ├─
> ㉠ 요양급여비용의 심사
> ㉡ 요양급여의 기준
> ㉢ 요양급여비용에 관한 사항
> ㉣ 요양급여의 적정성 평가
> ㉤ 심사기준 및 평가기준의 개발

① ㉠, ㉤   ② ㉡, ㉢

③ ㉢, ㉤   ④ ㉠, ㉢, ㉤

29

건강보험 심사평가원에 관한 설명으로 옳은 것을 고르면?

① 심사평가원에 임원으로서 원장, 이사 20명 및 감사 2명을 둔다. 이 경우 원장, 이사 중 4명 및 감사는 상임으로 한다.

② 원장은 임원추천위원회가 복수로 추천한 사람 중에서 공단 이사장의 제청으로 보건복지부장관이 임명한다.

③ 상임이사는 보건복지부령으로 정하는 추천 절차를 거쳐 원장이 임명한다.

④ 감사는 임원추천위원회가 복수로 추천한 사람 중에서 공단 이사장의 제청으로 보건복지부장관이 임명한다.

30

진료심사평가위원회에 관한 설명으로 옳지 <u>않은</u> 것을 고르면?

① 심사평가원의 업무를 효율적으로 수행하기 위하여 심사평가원에 진료심사평가위원회를 둔다.

② 심사위원회는 위원장을 포함하여 90명 이내의 상근 심사위원과 100명 이내의 비상근 심사위원으로 구성하며, 진료과목별 분과위원회를 둘 수 있다.

③ 상근 심사위원은 심사평가원의 원장이 보건복지부령으로 정하는 사람 중에서 임명한다.

④ 비상근 심사위원은 심사평가원의 원장이 보건복지부령으로 정하는 사람 중에서 위촉한다.

31

다음 [보기]에서 진료심사평가위원회의 심사위원에 대한 해임 또는 해촉에 해당되는 경우를 모두 고르면?

┌─ 보기 ├─
ㆍ ㉠ 신체장애나 정신장애로 직무를 수행할 수 없다고 인정되는 경우
ㆍ ㉡ 직무상 의무를 위반하거나 직무를 게을리한 경우
ㆍ ㉢ 고의나 중대한 과실로 심사평가원에 손실이 생기게 한 경우
ㆍ ㉣ 직무와 관련하여 품위를 손상하는 행위를 한 경우
└──────────────

① ㉠, ㉡   ② ㉠, ㉡, ㉢

③ ㉠, ㉢, ㉣   ④ ㉠, ㉡, ㉢, ㉣

32

심사평가원의 부담금에 관한 설명으로 옳지 <u>않은</u> 것을 고르면?

① 부담금은 보건복지부장관이 승인한 심사평가원의 예산에 계상(計上)된 금액으로 하되, 공단의 전전년도 보험료 수입의 1천분의 30을 넘을 수 없다.

② 수수료는 심사평가원 원장이 업무를 위탁한 자와 계약으로 정하는 금액으로 하되, 의료급여비용 심사에 관한 비용은 보건복지부장관이 정하는 바에 따른다.

③ 심사평가원은 부담금이 회계연도가 시작되기 전까지 확정되지 아니한 경우에는 전년도 부담금에 준하여 해당 연도 부담금을 징수하고 부담금 확정 후 정산한다.

④ 심사평가원은 부담금을 월별로 징수하고, 수수료는 분기별로 징수한다.

33

소득 월액에 관한 설명으로 옳은 것을 고르면?

① 국외에서 업무에 종사하고 있는 직장가입자에 대한 보험료율은 제1항에 따라 정해진 보험료율의 100분의 50으로 한다.

② 직장가입자의 보수 외 소득월액은 보수월액의 산정에 포함된 보수를 제외한 직장가입자의 소득이 보건복지부령으로 정하는 금액을 초과하는 경우 대통령령으로 정하는 바에 따라 평가하여 산정한다.

③ 지역가입자의 소득월액은 지역가입자의 연간 소득을 24개월로 나눈 값을 보건복지부령으로 정하는 바에 따라 평가하여 산정한다.

④ 소득의 구체적인 범위, 소득월액을 산정하는 기준, 방법 등 소득월액의 산정에 필요한 사항은 건강보험정책심의위원에서 정한다.

34

다음 [보기]에서 설명하는 대상자가 누구인지 고르면?

> ┤ 보기 ├
>
> 국가, 지방자치단체 또는 「공공기관의 운영에 관한 법률」에 따른 공공기관으로부터 공사·제조·구매·용역 등 대통령령으로 정하는 계약의 대가를 지급받는 경우에는 보험료와 그에 따른 연체금 및 체납처분비의 납부 사실을 증명하여야 한다.

① 납부 의무자   ② 입찰 의무자
③ 구매 의무자   ④ 용역 의무자

35

다음 [보기]에서 연체금 징수의 예외로 보기 <u>어려운</u> 것을 모두 고르면?

> ┤ 보기 ├
>
> ㉠ 비상계엄으로 체납한 경우
> ㉡ 연체금의 금액이 공단의 정관으로 정하는 금액 이하인 경우
> ㉢ 사업장 또는 국·공립 및 사립학교의 폐업·폐쇄 또는 폐교로 체납액을 징수할 수 없는 경우
> ㉣ 화재·지진등으로 피해가 발생해 체납한 경우

① ㉠, ㉡   ② ㉡, ㉢
③ ㉠, ㉢, ㉣   ④ ㉡, ㉢, ㉣

36

건강보험 이의신청위원회에 관한 설명으로 옳지 않은 것을 고르면?

① 이의신청위원회의 위원장은 이의신청위원회 회의를 소집하고, 그 의장이 된다. 이 경우 위원장이 부득이한 사유로 직무를 수행할 수 없을 때에는 위원장이 지명하는 위원이 그 직무를 대행한다.

② 이의신청위원회의 회의는 위원장과 위원장이 회의마다 지명하는 6명의 위원으로 구성한다.

③ 이의신청위원회의 회의는 구성원 과반수의 출석으로 개의하고, 출석위원 과반수의 찬성으로 의결한다.

④ 이의신청위원회의 회의에 부치는 안건의 범위, 그 밖에 이의신청위원회의 운영에 필요한 사항은 이의신청위원회의 의결을 거쳐 정관으로 정한다.

37

다음 [보기]에서 보수에 포함되는 금품에 해당되는 것을 모두 고르면?

| 보기 |

ⓐ 세비(歲費)　　　　　　　　　　ⓑ 현상금, 번역료 및 원고료
ⓒ 퇴직금　　　　　　　　　　　　ⓓ 상여

① ㉠, ㉡　　　　　　　　　　　② ㉠, ㉣
③ ㉠, ㉡, ㉢　　　　　　　　　④ ㉡, ㉢, ㉣

38

보험료등의 체납처분 전 통보 예외에 해당되는 경우가 아닌 것을 고르면?

① 강제집행을 받는 경우
② 어음교환소에서 거래정지처분을 받는 경우
③ 금융기관의 이자 체납으로 체납처분을 받는 경우
④ 경매가 시작된 경우

39
체납 또는 결손 처분의 내용으로 옳지 <u>않은</u> 것을 고르면?

① 공단은 종합신용정보집중기관에 체납등 자료를 제공할 때에는 문서로 제공해야 함을 원칙으로 한다.

② 정보통신망을 이용하여 전자적인 형태의 파일로 제공할 수 없다.

③ 공단은 체납등 자료를 제공한 후 체납액의 납부, 결손처분의 취소 등의 사유가 발생한 경우에는 해당 사실을 그 사유가 발생한 날부터 15일 이내에 해당 체납등 자료를 제공한 신용정보집중기관에 알려야 한다.

④ 체납등 자료의 제공에 필요한 사항은 공단이 정한다.

40
보험료와 그에 따른 연체금을 과오납부한 경우 충당 순서를 옳게 나열한 것을 고르면?

① 앞으로 내야 할 1개월분의 보험료 → 체납된 보험료와 그에 따른 연체금 → 체납처분비

② 체납된 보험료와 그에 따른 연체금 → 앞으로 내야 할 1개월분의 보험료 → 체납처분비

③ 체납처분비 → 앞으로 내야 할 1개월분의 보험료 → 체납된 보험료와 그에 따른 연체금

④ 체납처분비 → 체납된 보험료와 그에 따른 연체금 → 앞으로 내야 할 1개월분의 보험료

41
다음 [보기]에서 심판청구의 결정 통지 내용에 포함되는 것을 모두 고르면?

┌─ 보기 ├─

㉠ 청구인의 성명·주민등록번호 및 주소

㉡ 처분을 받은 자

㉢ 결정의 주문(主文)

㉣ 심판청구의 취지

㉤ 결정 이유

㉥ 결정 연월일

① ㉠, ㉡, ㉢, ㉣

② ㉠, ㉡, ㉢, ㉤

③ ㉠, ㉢, ㉣, ㉤, ㉥

④ ㉠, ㉡, ㉢, ㉣, ㉤, ㉥

42

다음 [보기]에서 지역가입자의 세대 분리에서 별도세대로 구성할 수 있는 경우로 옳은 것을 모두 고르면?

┤ 보기 ├

㉠ 해당 세대와 가계단위 및 생계를 함께하여 공단에 세대 분리를 신청한 사람
㉡ 희귀난치성질환자등으로서 본인부담액을 경감받는 사람
㉢ 「병역법」에 따라 소집되어 현역병, 상근예비역 또는 사회복무요원으로 복무하는 사람
㉣ 「대체역의 편입 및 복무 등에 관한 법률」에 따라 소집되어 대체복무요원으로 복무하는 사람

① ㉠, ㉡   ② ㉠, ㉢
③ ㉡, ㉣   ④ ㉡, ㉢, ㉣

43

다음 [보기]에서 보험료 경감 대상 지역에 해당되는 것을 모두 고르면?

┤ 보기 ├

㉠ 요양기관까지의 거리가 멀거나 대중교통으로 이동하는 시간이 오래 걸리는 지역으로서 보건복지부장관이
   정하여 고시하는 섬·벽지 지역
㉡ 군 및 도농복합 형태 시의 읍·면 지역
㉢ 「지방자치법」에 따른 시와 군의 지역 중 동(洞) 지역으로서 「국토의 계획 및 이용에 관한 법률」에 따라 지정
   된 주거지역·상업지역 및 공업지역을 제외한 지역
㉣ 「농어촌주민의 보건복지 증진을 위한 특별법」에 해당하지 않는 지역

① ㉠, ㉡, ㉢   ② ㉠, ㉢, ㉣
③ ㉡, ㉢, ㉣   ④ ㉠, ㉡, ㉢, ㉣

44

소득 축소 및 탈루 자료의 송부 절차에서 보건복지부장관에게 제출해야 하는 경우에 해당되지 <u>않는</u> 것을 고르면?

① 사용자, 직장가입자 및 세대주가 신고한 보수 또는 소득이 국세청에 신고한 소득등과 차이가 있는 경우
② 해당 업종·직종별 평균소득등 보다 높은 경우
③ 임금대장이나 그 밖의 소득 관련 서류 또는 장부 등의 내용과 다른 경우
④ 공단에 자료 제출을 하지 아니하거나 3개월 이상 늦게 제출한 경우

45

다음 [보기]에서 포상금 지급 기준에 의거 지급되는 포상금액으로 옳은 것을 고르면?

┌─ 보기 ┐

홍길동씨는 속임수나 그 밖의 부당한 방법으로 보험급여를 수령하였고 이를 알게 된 이몽룡씨의 신고로 건강보험공단으로부터 2천만원 징수(금)를 당하였다.

① 1,500,000원   ② 2,500,000원

③ 3,500,000원   ④ 4,500,000원

46

과태료 부과의 일반 및 개별기준에 관한 설명으로 옳은 것을 고르면?

① 위반행위의 횟수에 따른 과태료의 부과기준은 최근 6개월간 같은 위반행위로 과태료 부과처분을 받은 경우에 적용한다.
② 가중된 부과처분을 하는 경우 가중처분의 적용 차수는 그 위반행위 전 부과처분 차수의 해당 차수로 한다.
③ 보건복지부장관은 위반행위가 사소한 부주의나 오류로 인한 것으로 인정되는 경우 과태료 금액의 3분의 1 범위에서 그 금액을 줄일 수 있다.
④ 건강보험증이나 신분증명서로 가입자 또는 피부양자의 본인 여부 및 그 자격을 확인하지 아니하고 요양급여를 실시한 자도 과태료 부과 대상이 된다.

47

위반사실의 공표에 관한 설명으로 옳은 것을 고르면?

① 보건복지부장관은 관련 서류의 위조·변조로 요양급여비용을 거짓으로 청구하여 행정처분을 받은 요양기관에 대하여 그 위반 행위, 처분 내용, 해당 요양기관의 명칭·주소 및 대표자 성명, 그 밖에 다른 요양기관과의 구별에 필요한 사항으로서 대통령령으로 정하는 사항을 공표할 수 있다.
② 거짓으로 청구한 금액이 1천만원 이상인 경우
③ 요양급여비용 총액 중 거짓으로 청구한 금액의 비율이 100분의 30 이상인 경우
④ 보건복지부장관은 이의신청위원회의 심의를 거친 공표대상자에게 공표대상자인 사실을 알려 소명자료를 제출하거나 출석하여 의견을 진술할 기회를 주어야 한다.

48

다음 [보기]에서 장려금의 지급기준에 관한 설명으로 옳은 것을 모두 고르면?

┤ 보기 ├

- ㉠ 약가차액이란 약사가 대체조제한 의약품의 구입약가가 처방의약품의 상한금액보다 저렴하여 발생한 가격의 차액을 말한다.
- ㉡ 구입약가란 「약제 및 치료재료의 비용에 대한 결정기준」에서 정한 요양급여에 사용된 약제의 구입 금액을 말한다.
- ㉢ 대체조제 장려금이란 대체조제를 하여 약가차액이 발생한 약국에 지급하는 장려금을 말한다.
- ㉣ 실제약품비란 사용장려금 지급대상 약제를 처방한 요양기관에 지급하는 장려금을 말한다.

① ㉠, ㉢
② ㉡, ㉢
③ ㉠, ㉡, ㉢
④ ㉠, ㉡, ㉢, ㉣

49

다음 [보기]에서 3년 이하의 징역 또는 3천만 원 이하의 벌금에 해당되는 경우를 모두 고르면?

┤ 보기 ├

- ㉠ 대행청구단체의 종사자로서 거짓이나 그 밖의 부정한 방법으로 요양급여비용을 청구한 자
- ㉡ 업무를 수행하면서 알게 된 정보를 누설하거나 직무상 목적 외의 용도로 이용 또는 제3자에게 제공한 자
- ㉢ 공동이용하는 전산정보자료를 목적 외의 용도로 이용하거나 활용한 자
- ㉣ 가입자 및 피부양자의 개인정보를 누설하거나 직무상 목적 외의 용도로 이용 또는 정당한 사유 없이 제3자에게 제공한 자

① ㉠, ㉡
② ㉡, ㉢
③ ㉠, ㉡, ㉢
④ ㉠, ㉡, ㉢, ㉣

50

다음 실업자에 대한 특례에 관한 설명으로 옳지 <u>않은</u> 것을 고르면?

① 사용관계가 끝난 사람 중 직장가입자로서의 자격을 유지한 기간이 보건복지부령으로 정하는 기간 동안 통산 1년 이상인 사람은 지역가입자가 된 이후 최초로 지역가입자 보험료를 고지받은 날부터 그 납부기한에서 2개월이 지나기 이전까지 공단에 직장가입자로서의 자격을 유지할 것을 신청할 수 있다.
② 임의계속가입자의 보수월액은 보수월액보험료가 산정된 최근 12개월간의 보수월액을 평균한 금액으로 한다.
③ 임의계속가입자의 보수월액보험료는 그 임의계속가입자가 전액을 부담하고 납부한다.
④ 임의계속가입자의 신청 방법·절차 등에 필요한 사항은 대통령령으로 정한다.

01

다음 [보기]에서 옳은 것을 모두 고르면?

| 보기 |

㉠ 장기요양급여비용의 가감 지급 기준에서 가산 또는 감액하여 지급하는 금액은 평가 대상 장기요양기관에 대하여 전년도에 공단이 심사하여 지급하기로 결정한 공단부담금의 100분의 5의 범위에서 보건복지부장관이 정하여 고시한 기준에 따라 산정한 금액으로 한다.

㉡ 국가는 매년 예산의 범위 안에서 해당 연도 장기요양보험료 예상수입액의 100분의 20에 상당하는 금액을 공단에 지원한다.

㉢ 장기요양급여비용의 감액 기준에서 공단은 장기요양기관이 전문인 배상책임보험에 가입하지 않은 경우 그 기간 동안 해당 장기요양기관에 지급하는 장기요양급여비용을 100분의 10의 범위에서 감액하여 산정할 수 있다.

㉣ 의사소견서 발급비용에서 65세 이상의 노인이나 65세 미만의 자로서 노인성 질병을 가진 자는 본인이 100분의 80, 공단이 100분의 20을 부담한다.

① ㉠, ㉡
② ㉢, ㉣
③ ㉠, ㉡, ㉢
④ ㉠, ㉡, ㉢, ㉣

02

다음 [보기]의 보고 및 검사에서 보건복지부령으로 정하는 사항에 해당되지 <u>않는</u> 것을 모두 고르면?

| 보기 |

㉠ 관계 법령
㉡ 장기요양급여를 받은 내용
㉢ 장기요양급여 이용계약에 관한 내용
㉣ 비용에 대한 명세서
㉤ 현장 조사서

① ㉠, ㉤
② ㉡, ㉤
③ ㉠, ㉡, ㉢
④ ㉡, ㉢, ㉣

03

방문간호지시서를 발급받는 경우 그 발급비용의 부담에 관하여 옳지 <u>않은</u> 것을 고르면?

① 의료급여법에 따른 의료급여를 받는 사람은 국가 및 지방자치단체가 부담한다.
②「의료급여법」제3조제1항제1호 외의 규정에 따른 의료급여를 받는 사람은 100분의 10은 본인이, 100분의 90은 국가와 지방자치단체가 부담한다.
③ 소득·재산 등이 보건복지부장관이 정하여 고시하는 일정 금액 이하인 자와 생계곤란자는 100분의 10은 본인이, 100분의 90은 공단이 부담한다.
④ 수급자 외의 수급자는 100분의 20은 본인이, 100분의 80은 공단이 부담한다.

04

다음 장기요양등급에 관하여 옳지 <u>않은</u> 것을 고르면?

① 장기요양 1등급은 심신의 기능상태 장애로 일상생활에서 전적으로 다른 사람의 도움이 필요한 자로서 장기요양인정 점수가 95점 이상인 자
② 장기요양 3등급은 심신의 기능상태 장애로 일상생활에서 부분적으로 다른 사람의 도움이 필요한 자로서 장기요양인정 점수가 60점 이상 75점 미만인 자
③ 장기요양 5등급은 치매 환자로서 장기요양인정 점수가 45점 이상 51점 미만인 자
④ 장기요양 인지지원등급은 치매 환자이면서 장기요양인정 점수가 40점 미만인 자

05

등급판정위원회 소위원회 구성 및 운영에 관한 설명으로 옳은 것을 고르면?

① 소위원회는 위원장 1명을 포함하여 9명의 위원으로 구성하며, 등급판정위원회의 위원 중에서 등급판정위원회의 의결을 거쳐 구성한다.
② 소위원회는 의사 또는 한의사가 1명 이상 포함되어야 한다.
③ 소위원회는 구성원 과반수 출석으로 개의하고 구성원 과반수 이상의 찬성으로 의결한다.
④ 이 규칙에서 정한 것 외에 소위원회 운영에 필요한 사항은 위원회의 의결을 거쳐 공단 이사장이 정한다.

06

장기요양요원지원센터의 설치에 관한 설명으로 옳지 않은 것을 고르면?

① 국가와 지방자치단체는 장기요양요원의 권리를 보호하기 위하여 장기요양요원지원센터를 설치·운영할 수 있다.
② 장기요양요원지원센터는 장기요양요원의 권리 침해에 관한 상담 및 지원 업무를 한다.
③ 장기요양요원의 역량강화를 위한 교육지원, 건강검진 등 건강관리를 위한 사업도 병행한다.
④ 장기요양요원지원센터의 설치·운영 등에 필요한 사항은 보건복지부령으로 정한다.

07

다음 [보기]에서 장기요양기본계획에 해당되지 않는 것을 모두 고르면?

┌─ 보기 ┐
ㄱ. 장기요양요원의 처우에 관한 사항
ㄴ. 장기요양인정에 관한 사항
ㄷ. 연도별 장기요양기관 및 장기요양전문인력 관리 방안
ㄹ. 연도별 장기요양급여 대상인원 및 재원조달 계획
└─────────────────────────────────────┘

① ㄱ　　　　　　② ㄴ　　　　　　③ ㄴ, ㄷ　　　　　　④ ㄷ, ㄹ

08

과징금 부과에서 보건복지부장관이 정하는 특별한 사유가 있다고 인정되는 경우에 해당되지 않는 것을 고르면?

① 국민건강보험공단이 직접 또는 민간에 위탁하여 운영하는 장기요양기관인 경우
② 해당 장기요양기관에서 최초로 적발된 위반행위로서 업무정지기간이 30일 이하에 해당하는 경우
③ 장기요양기관의 폐업 또는 법인이 개설한 장기요양기관의 대표자 인격 변경 등으로 인하여 업무정지명령이 제재수단으로서 실효성이 없어 과징금 처분이 타당하다고 판단되는 경우
④ 2인 이상이 공동으로 개설한 장기요양기관 중에서 조사 대상기간 동안에 개설자 및 개설기간을 달리하는 등으로 인하여 각 개설자별 및 각 개설기간별로 부당금액이나 업무정지기간을 구분하여 산출하기 어려운 경우

09

다음 사례에서 포상금 지급 기준에 의거하여 A씨가 지급 받는 포상금액을 고르면?

┤ 사례 ├

    A씨는 홍길동 요양기관장이 거짓이나 그 밖의 부정한 방법으로 장기요양급여를 받거나 다른 사람이 장기요양급여를 받도록 한 사실을 공단에 신고하였고 이에 공단은 3000만 원의 징수금을 납부하게 하였다.

① 1,250,000원   ② 1,350,000원

③ 1,450,000원   ④ 1,550,000원

10

장기요양급여 제공 자료의 이관 및 보관에 관하여 옳지 <u>않은</u> 것을 고르면?

① 신청인이 신청서를 접수하는 때에는 이관 사실을 증명하는 접수증을 공단에 제출하여야 하고, 자체보관 신청서를 접수한 때에는 자체보관계획 등을 검토하여 자체보관을 할 수 있다.

② 장기요양기관급여 제공 자료를 직접 보관하려는 장기요양기관의 장은 자체보관 신청서를 휴업 예정일 전까지 공단에 제출해야 한다.

③ 휴업 신고를 하는 장기요양기관의 장이 휴업 예정일 전까지 공단의 허가를 받은 경우에는 장기요양급여 제공 자료를 직접 보관할 수 있다.

④ 장기요양기관의 장은 보존기간 중인 자료를 폐업·휴업하는 경우에는 폐업일·휴업일까지, 지정 갱신을 하지 않는 경우에는 지정 유효기간 만료일까지 신청서, 장기요양급여 제공자료 이관 목록표 및 장기요양급여 제공자료 분실 및 훼손 목록표와 함께 공단에 이관해야 한다.

11

다음 [보기]의 장기요양급여 제공에 관한 자료에서 5년간 보존해야 하는 것을 모두 고르면?

┤ 보기 ├

  ㉠ 장기요양급여비용 명세서 부본
  ㉡ 방문간호지시서
  ㉢ 장기요양급여제공기록지등 장기요양급여비용의 산정에 필요한 서류
  ㉣ 장기요양급여비용 청구서 및 장기요양급여비용 청구명세서
  ㉤ 장기요양 급여계약에 관한 서류

① ㉠, ㉢, ㉤

② ㉠, ㉣, ㉤

③ ㉠, ㉡, ㉣, ㉤

④ ㉠, ㉡, ㉢, ㉣, ㉤

12

다음 중 장기요양급여 제공의 기본원칙으로 옳지 <u>않은</u> 것을 고르면?

① 장기요양급여는 노인등이 자신의 의사와 능력에 따라 최대한 자립적으로 일상생활을 수행할 수 있도록 제공하여야 한다.
② 장기요양급여는 노인등의 심신상태·생활환경과 노인등 및 그 가족의 욕구·선택을 종합적으로 고려하여 필요한 범위 안에서 이를 적정하게 제공하여야 한다.
③ 장기요양급여는 노인등이 가족과 함께 생활하면서 가정에서 장기요양을 받는 재가급여를 우선적으로 제공하여야 한다.
④ 장기요양급여는 노인등의 심신상태나 건강 등이 악화되지 아니하도록 복지서비스와 연계하여 이를 제공하여야 한다.

13

재가급여 중 단기 보호에 관한 설명으로 옳지 <u>않은</u> 것을 고르면?

① 단기보호란 일정 시간 동안 장기요양기관에 보호하여 신체활동 지원 및 심신기능의 유지·향상을 위한 교육·훈련 등을 제공하는 장기요양급여를 말한다.
② 가족의 여행, 병원치료 등의 사유로 수급자를 돌볼 가족이 없는 경우 등 보건복지부장관이 정하여 고시하는 사유에 해당하는 경우에는 1회 9일 이내의 범위에서 연간 4회까지 연장할 수 있다.
③ 2017년 12월 31일 이전에 지정을 받은 장기요양기관 또는 설치 신고를 한 재가장기요양기관에서 단기보호 급여를 받는 경우에는 단기보호 급여를 받을 수 있는 기간을 월 15일 이내로 한다.
④ 단기보호 급여를 받을 수 있는 기간은 월 9일 이내로 한다.

14

국가 및 지방자체 단체의 책무로 옳지 <u>않은</u> 것을 고르면?

① 국가 및 지방자치단체는 국·공립 및 민간을 포함한 장기요양기관을 확충하기 위하여 노력하여야 한다.
② 국가 및 지방자치단체는 장기요양급여가 원활히 제공될 수 있도록 공단에 필요한 행정적 또는 재정적 지원을 할 수 있다.
③ 국가 및 지방자치단체는 장기요양요원의 처우를 개선하고 복지를 증진하며 지위를 향상시키기 위하여 적극적으로 노력하여야 한다.
④ 국가 및 지방자치단체는 지역의 특성에 맞는 장기요양사업의 표준을 개발·보급할 수 있다.

15

노인장기요양보험법상 다음 [보기]에서 300만 원 이하의 과태료를 부과하는 경우에 해당되는 것을 모두 고르면?

―― 보기 ―――――――――――――――――――――――――――――

㉠ 열람 요청에 응하지 아니한 자
㉡ 수급자에게 장기요양급여비용에 대한 명세서를 교부하지 아니하거나 거짓으로 교부한 자
㉢ 노인장기요양보험 또는 이와 유사한 용어를 사용한 자
㉣ 행정제재처분을 받았거나 그 절차가 진행 중인 사실을 양수인등에게 지체 없이 알리지 아니한 자
㉤ 장기요양급여 제공 자료를 기록·관리하지 아니하거나 거짓으로 작성한 자
㉥ 폐쇄회로 텔레비전을 설치하지 아니하거나 설치·관리의무를 위반한 자

① ㉠, ㉥
② ㉠, ㉢, ㉤
③ ㉢, ㉣, ㉥
④ ㉠, ㉡, ㉣, ㉤

16

장기요양보험료의 산정에 관한 설명으로 옳은 것을 고르면?

① 장기요양보험료는 산정한 보험료액에서 경감 또는 면제되는 비용을 공제한 금액에 건강보험료율 대비 장기요양보험료율의 비율을 곱하여 산정한 금액으로 한다.
② 장기요양보험료율은 건강보험정책심의위원회의 심의를 거쳐 대통령령으로 정한다.
③ 장기요양보험의 특성을 고려하여 경감 또는 면제되는 비용을 달리 적용할 필요가 있는 경우에는 부령으로 정하는 바에 따라 경감 또는 면제되는 비용의 공제 수준을 달리 정할 수 있다.
④ 공단은 징수한 장기요양보험료와 건강보험료를 각각의 일반회계로 통합 관리해야 한다.

17

노인장기요양보험법상 다음 [보기]중 등급판정위원회 위원의 심의·의결에서 제척되는 경우에 해당되는 것을 모두 고르면?

―― 보기 ―――――――――――――――――――――――――――――

㉠ 위원이나 위원이 속한 법인이 해당 안건의 당사자의 대리인이거나 대리인이었던 경우
㉡ 위원이 해당 안건에 대하여 증언, 진술, 자문, 연구, 용역 또는 감정을 한 경우
㉢ 위원이 해당 안건의 당사자와 친족이거나 친족이었던 경우
㉣ 위원 또는 그 배우자나 배우자였던 사람이 해당 안건의 당사자이거나 그 안건의 당사자와 공동권리자 또는 공동의무자인 경우

① ㉠, ㉡, ㉢
② ㉠, ㉢, ㉣
③ ㉡, ㉢, ㉣
④ ㉠, ㉡, ㉢, ㉣

18

다음 [보기]에서 장기요양기관이 계약 체결시 확인해야 될 사항을 모두 고르면?

┌─ 보기 ├─

㉠ 본인부담금 감경 여부
㉡ 개인별 장기요양 이용계획서
㉢ 장기요양급여의 종류 및 내용
㉣ 장기요양 인정 유효기간
㉤ 장기요양 등급
㉥ 장기요양급여를 받으려는 수급자의 본인 여부

① ㉠, ㉡, ㉢, ㉤
② ㉡, ㉢, ㉣, ㉥
③ ㉠, ㉡, ㉢, ㉣, ㉤
④ ㉠, ㉡, ㉢, ㉣, ㉤, ㉥

19

보건복지부장관이 3년마다 타당성을 검토하여 개선 등의 조치를 해야 하는 사항으로 옳지 <u>않은</u> 것을 고르면?

① 보수교육
② 폐쇄회로 텔레비전의 설치·관리 기준
③ 인권교육
④ 최고 관리자 직무교육

20

가족 요양비를 지급할 수 있는 경우로 옳지 <u>않은</u> 것을 고르면?

① 국민기초생활보장법상의 수급자 및 차상위자를 부양하는 가족 및 친족
② 천재지변등으로 장기요양기관이 제공하는 장기요양급여를 이용하기가 어렵다고 인정되는 자
③ 신체·정신 또는 성격 등 대통령령으로 정하는 사유로 인하여 가족 등으로부터 장기요양을 받아야 하는 사람
④ 도서·벽지 등 장기요양기관이 현저히 부족한 지역에 거주하는 사람

21

노인장기요양보험법상 500만 원 이하의 과태료를 부과하는 경우가 <u>아닌</u> 것을 고르면?

① 행정제재처분을 받았거나 그 절차가 진행 중인 사실을 양수인등에게 지체 없이 알리지 아니한 자
② 거짓이나 그 밖의 부정한 방법으로 장기요양급여비용 청구에 가담한 사람
③ 노인장기요양보험 또는 이와 유사한 용어를 사용한 자
④ 폐쇄회로 텔레비전을 설치하지 아니하거나 설치·관리의무를 위반한 자

22

다음 [보기]에서 등급판정위원회의 위원으로 보기 <u>어려운</u> 자를 모두 고르면?

┌─ 보기 ├───
│ ㉠ 노인장기요양보호법상 종합병원에 근무하는 간호사
│ ㉡ 노인복지법상 노인복지관에 근무하는 사회복지사
│ ㉢ 세종특별자치시 노인복지과 초임 주무관
│ ㉣ 한국 대학교 법학과 A 교수
└───

① ㉠   ② ㉠, ㉡
③ ㉢, ㉣   ④ ㉠, ㉡, ㉢

23

외국인 장기요양보험에 관한 설명으로 옳지 <u>않은</u> 것을 고르면?

① 장기요양보험가입 제외를 신청하려는 외국인은 외국인근로자 장기요양보험 가입제외 신청서를 「국민건강보험법」에 따른 국민건강보험공단에 제출하여야 한다.
② 신청을 받은 공단은 행정정보의 공동이용을 통하여 외국인등록사실증명을 확인하여야 한다. 다만, 신청인이 확인에 동의하지 아니하거나 확인이 불가능한 경우에는 외국인등록증 등 관련 서류를 첨부하도록 하여야 한다.
③ 신청한 외국인은 그 신청일에 장기요양보험가입자에서 제외되는 것으로 한다.
④ 공단은 「외국인근로자의 고용 등에 관한 법률」에 따른 외국인근로자 등 보건복지부령으로 정하는 외국인이 신청하는 경우 장기요양보험가입자에서 제외할 수 있다.

24

재가급여비용의 산정방법에 관한 설명으로 옳지 **않은** 것을 고르면?

① 방문요양 및 방문간호는 방문당 제공 시간을 기준으로 산정한다.
② 주·야간보호는 장기요양 등급 및 1일당 급여제공 시간을 기준으로 산정한다.
③ 방문목욕은 방문당 제공 시간을 기준으로 산정한다.
④ 단기보호는 장기요양 등급 및 급여제공 일수를 기준으로 산정한다.

25

다음 [보기]에서 공단 지원금 총액으로 옳은 것을 고르면?

┌─ 보기 ┐

2025년도 국민건강보험공단에 지급되는 국가지원 보조금의 예산은 전년도 대비 0.8% 증액된 12.2%이다. 전년도 국가지원 보조금이 분기별 2,250억 원이면 2025년도에 지급되는 총금액은 얼마인가?

① 2,268억 원   ② 9,000억 원
③ 9,072억 원   ④ 1조 98억 원

26

다음 장기요양인정의 신청에 관한 설명으로 옳지 않은 것을 고르면?

① 장기요양인정을 신청하는 자는 공단에 보건복지부령으로 정하는 바에 따라 장기요양인정신청서에 의사 또는 한의사가 발급하는 소견서를 첨부하여 제출해야 한다.
② 거동이 현저히 불편하거나 도서, 벽지에 거주하는 자는 신청서를 제출하지 아니하여도 된다.
③ 의사 소견서에 관련 되어 발급 비용, 비용부담 방법등은 보건복지부령으로 정한다.
④ 의사 소견서는 공단이 등급판정위원회에 자료를 제출하기 전까지 제출할 수 있다.

27

다음 [대화]에서 옳은 것을 모두 고르면?

┌─ 대화 ───┐

홍길동: "⊙ 뇌졸중 수술 받고 나서 요즘 움직이는 것이 몹시 힘들어. 요즘 국가에서 장기요양 보험을 해 준다는 데 혹시 나도 해당이 될까?"

이몽룡: "글쎄, 일단 ⓒ 행정복지센터에 의사 소견서 첨부해서 신청을 해보게나."

홍길동: "요즘 한의원에 다니는데 ⓒ 한의사가 발급한 소견서는 안되나?"

이몽룡: "나도 그건 잘 모르겠네. 그리고 자네가 직접 가기 힘드니 자네 ⓔ 아들에게 대신 신청해 달라고 말해보게."

└──┘

① ㉠, ㉣
② ㉡
③ ㉠, ㉢, ㉣
④ ㉠, ㉡, ㉢, ㉣

28

다음 심사청구 및 재심사 청구에 관한 설명으로 옳지 <u>않은</u> 것을 고르면?

① 장기요양급여 또는 장기요양보험료 등에 관하여 그 처분에 이의가 있는자는 공단에 심사청구를 할 수 있다.

② 심사청구는 그 처분이 있음을 안 날부터 90일 이내에 문서로 해야 한다.

③ 심사청구를 하기 위하여 공단에 장기요양심사위원회를 두며 위원장 1명을 포함한 50명이내의 위원으로 구성한다.

④ 재심사위원회는 공단 소속으로 두고, 위원장 1인을 포함한 20인 이내의 위원으로 구성한다.

29

노인장기요양보험법상의 행정제재처분 효과의 승계자로 옳지 <u>않은</u> 것을 고르면?

① 장기요양기관을 양도한 경우 양수인

② 법인이 합병된 경우 합병으로 신설되거나 합병 후 존속하는 법인

③ 장기요양기관 폐업 후 다른 장소에서 장기요양기관을 운영하는 자

④ 종전에 행정제재처분을 받은 자나 그 배우자 또는 직계혈족

30
다음 [보기]에서 옳은 것만을 모두 고르면?

┤ 보기 ├

- ㉠ 시장·군수·구청장은 지정을 취소하거나 업무정지명령을 한 경우에는 지체 없이 그 내용을 공단에 통보하고, 보건복지부령으로 정하는 바에 따라 보건복지부장관에게 통보한다.
- ㉡ 장기요양기관의 장은 시설 및 인력 등 보건복지부령으로 정하는 중요한 사항을 변경하려는 경우에는 보건복지부령으로 정하는 바에 따라 특별자치시장·특별자치도지사 시장·군수·구청장의 변경 지정을 받아야 한다.
- ㉢ 요양보호사 자격시험에 합격한 지 2년이 지나지 않은 사람에 대해서는 보수교육을 면제한다.
- ㉣ 단기보호 급여를 받을 수 있는 기간은 월 10일 이내로 한다.

① ㉠, ㉣   ② ㉡, ㉢
③ ㉠, ㉡, ㉢   ④ ㉠, ㉡, ㉢, ㉣

31
다음 [보기]에서 요양보호사의 업무로 옳지 <u>않은</u> 것을 모두 고르면?

┤ 보기 ├

- ㉠ 수급자 속옷 빨아주기
- ㉡ 가족들 김장 해주기
- ㉢ 밭일 돕기
- ㉣ 화분 옮기기/물주기

① ㉠, ㉡   ② ㉡, ㉢
③ ㉠, ㉡, ㉢   ④ ㉡, ㉢, ㉣

32

장기요양기관의 시설 및 인력에 관한 변경에 대한 설명 중 옳지 <u>않은</u> 것을 고르면?

① 장기요양기관의 장은 시설 및 인력등 중요한 사항을 변경하려는 경우에는 시장, 군수, 구청장의 변경 지정을 받아야 한다.
② 변경 시 관련 사항 외는 시장, 군수, 구청장에게 변경 신고를 해야 한다.
③ 변경 지정, 변경 신고는 보건복지부령으로 정한다.
④ 변경 지정, 변경 신고를 받은 시장, 군수, 구청장은 지체없이 해당 변경 사항을 상급기관인 보건복지부에 보고해야 한다.

33

다음 [보기]에서 각 항목의 과태료를 모두 더한 금액이 얼마인지 고르면?

┌─── 보기 ├───
│ ㉠ 변경신고를 미실시하거나 부정한 방법으로 변경지정을 받은 경우(2차 위반)
│ ㉡ 폐쇄회로 텔레비전을 설치하지 않은 경우(1차 위반)
│ ㉢ 장기요양기관에 관한 정보를 게시하지 않은 경우(2차 위반)
│ ㉣ 노인장기요양보험 또는 이와 유사한 용어를 사용한 경우(3차 위반)
└──────

① 3,000,000원   ② 4,000,000원
③ 5,000,000원   ④ 6,000,000원

34

다음 본인부담금의 전부 부담에 관한 설명 중 옳지 <u>않은</u> 것을 고르면?

① 급여의 범위 및 대상에 포함되지 아니하는 장기요양급여는 수급자 본인이 전부 부담한다.
② 수급자가 장기요양인정서에 기재된 장기요양급여의 종류 및 내용과 다르게 선택하여 장기요양급여를 받은 경우 그 차액은 전부 수급자 본인이 부담한다.
③ 장기요양급여의 월 한도액을 초과하는 장기요양급여는 수급자 본인이 전부 부담한다.
④ 월 소득인정액이 도시평균근로자 월급액보다 높을 경우 그 차액은 전부 수급자 본인이 부담한다.

35

다음 중 장기요양보험가입의 자격에 관한 사항으로 국민건강보험법의 조항을 준용하지 <u>않는</u> 것을 고르면?

① 소액처리　　　　　　　　　　　　② 결손처분
③ 장기보험료등의 납부 및 징수　　　④ 피부양자의 자격취득 및 상실

36

다음 [보기]의 청문 실시와 관련된 내용 중 옳은 것을 모두 고르면?

┤ 보기 ├
  ㉠ 폐업 또는 휴업 신고를 하지 아니하고 1년 이상 장기요양급여를 제공하지 아니한 경우
  ㉡ 거짓으로 청구한 금액이 1천만원 이상인 경우
  ㉢ 거짓으로 청구한 금액이 장기요양급여비용 총액의 100분의 10 이상인 경우
  ㉣ 장기요양기관의 종사자가 부정한 방법으로 재가급여비용 또는 시설급여비용을 청구하는 행위에 가담한 경
    우 해당 종사자가 장기요양급여를 제공하는 것을 1년의 범위에서 제한하는 처분

① ㉡, ㉢　　　　　　　　　　　　　② ㉢, ㉣
③ ㉠, ㉡, ㉢　　　　　　　　　　　④ ㉠, ㉡, ㉢, ㉣

37

다음 [보기]에서 장기요양기관의 지정에 관한 사항으로 옳은 것을 모두 고르면?

┤ 보기 ├
  ㉠ 장기요양기관을 운영하려는 자는 공단의 지정을 받아야 한다.
  ㉡ 장기요양기관으로 지정을 받을 수 있는 시설은 노인복지법을 근거로 한다.
  ㉢ 장기요양기관을 지정한 때 지체 없이 지정 명세를 보건복지부에 통보해야 한다.
  ㉣ 장기요양기관의 지정과 관련하여 그 밖에 필요한 사항은 대통령령으로 정한다.

① ㉠, ㉡　　　　　　　　　　　　　② ㉡
③ ㉡, ㉢　　　　　　　　　　　　　④ ㉠, ㉡, ㉣

38

노인장기요양보험법상 전자문서 사용에 관한 설명으로 옳은 것을 고르면?

① 장기요양사업에 관련된 각종 서류의 기록, 관리 및 보관은 대통령령으로 정하는 바에 따라 전자문서로 한다.
② 공단 및 장기요양기관은 장기요양기관의 지정신청, 재가·시설 급여비용의 청구 및 지급, 장기요양기관의 재무·회계정보 처리 등에 대하여 전산매체 또는 전자문서교환방식을 이용하여야 한다.
③ 정보통신망 및 정보통신서비스 시설이 열악한 지역 등 건강보험공단이사장이 정하는 지역의 경우 전자문서·전산매체 또는 전자문서교환방식을 이용하지 아니할 수 있다.
④ 장기요양기관의 장은 장기요양급여 제공에 관한 자료를 전자문서(문서포함)로 기록·관리하고, 이를 장기요양급여가 종료된 날로부터 3년간 보존하여야 한다.

39

다음 [보기]에서 장기요양급여의 실시 날짜가 언제부터인지 고르면?

┤ 보기 ├

A씨는 현재 75세로서 1년 전 뇌출혈로 인한 수술을 하고 의식은 있는 하반신 마비 상태이며 공단에 2025년 3월 5일부로 장기요양급여 신청을 하였다. 이에 공단은 방문 조사를 실시한 후 관련 자료를 등급판정위원회에 제출하였고 동년 3월 18일 장기요양등급 2등급 판정을 내렸다. 그리고 공단은 3월 19일에 등기우편으로 장기요양인정서를 발송하였고 A씨는 3월 21일에 등기우편을 수령하였다.

① 2025년 3월 5일
② 2025년 3월 18일
③ 2025년 3월 19일
④ 2025년 3월 21일

40

장기요양기관의 평가 방법 중 평가 항목에 관한 설명으로 옳지 <u>않은</u> 것을 고르면?

① 장기요양기관의 직원 및 보호자의 권리와 편의에 대한 만족도
② 장기요양기관의 급여 제공 과정
③ 장기요양기관의 운영 실태, 종사자의 전문성 및 시설 환경
④ 장기요양기관의 운영 개선에 관한 사항

41

노인장기요양보험료의 국가 부담에 관한 설명으로 옳지 <u>않은</u> 것을 고르면?

① 국가는 매년 예산의 범위 안에서 해당 연도 장기요양보험료 예상수입액의 100분의 20에 상당하는 금액을 공단에 지원한다.
② 국가와 지방자치단체는 대통령령으로 정하는 바에 따라 의료급여수급권자의 장기요양급여비용, 의사소견서 발급비용, 방문간호지시서 발급비용 중 공단이 부담하여야 할 비용 및 관리운영비의 전액을 부담한다.
③ 지방자치단체가 부담하는 금액은 조례로 정하는 바에 따라 특별시 · 광역시 · 특별자치시 · 도 · 특별자치도와 시 · 군 · 구가 분담한다.
④ 지방자치단체의 부담액 부과, 징수 및 재원관리, 그 밖에 필요한 사항은 대통령령으로 정한다.

42

보수교육에 관한 설명으로 옳은 것을 고르면?

① 지방자치단체장은 보수교육을 이수한 사람에게 요양보호사 보수교육 이수증을 발급해야 한다.
② 보수교육실시기관의 장은 보수교육 대상자 명단과 대상자의 보수교육 이수 여부에 관한 서류를 3년간 보관해야 한다.
③ 보수교육실시기관의 장은 매년 12월 31일까지 다음 연도의 보수교육 계획서를 공단에 제출하고, 매년 2월 28일까지 전년도의 보수교육실적 보고서를 공단에 제출해야 한다.
④ 보수교육실시기관의 장은 매년 2월 말일까지 전년도 보수교육의 실시 결과를 공단에 보고해야 한다.

43

다음 [보기]에서 장기요양급여의 비급여에 해당되는 것을 모두 고르면?

┌─ 보기 ├─
　ㄱ 상급 침실 이용에 대한 추가 비용
　ㄴ 요실금 팬티 구입비
　ㄷ 식사 재료비
　ㄹ 수급자에 대한 이 · 미용비
└─────────────

① ㄱ, ㄷ
② ㄴ, ㄹ
③ ㄱ, ㄷ, ㄹ
④ ㄱ, ㄴ, ㄷ, ㄹ

44

다음 [보기]에서 장기요양등급 판정 기준상 신체기능 영역에 해당되는 것을 모두 고르면?

┤ 보기 ├
ⓐ 옮겨 앉기
ⓑ 대, 소변 조절하기
ⓒ 밖으로 나가기
ⓓ 체위 변경
ⓔ 서성거림
ⓕ 대, 소변 불결 행위

① ㉠, ㉡, ㉤   ② ㉠, ㉡, ㉣
③ ㉣, ㉤   ④ ㉢, ㉣, ㉤

45

다음 [보기]에서 특별현금급여를 현금으로 직접 지급할 수 있는 경우에 해당되는 것을 모두 고르면?

┤ 보기 ├
㉠ 특별현금급여 수급 계좌가 개설된 금융기관이 폐업, 업무정지 또는 정보통신장애 등으로 인하여 정상영업을 못 하는 경우
㉡ 수급자가 금융기관을 쉽게 이용할 수 없는 지역에 거주하는 경우
㉢ 불가피한 사유로 특별현금급여를 특별현금급여 수급 계좌로 이체할 수 없는 경우
㉣ 압류등의 불가피한 사유로 본인 통장에 입금이 제한되는 경우

① ㉠, ㉢   ② ㉠, ㉡, ㉢
③ ㉡, ㉢, ㉣   ④ ㉠, ㉡, ㉢, ㉣

46

급여제공의 일반 원칙에 관한 설명 중 옳지 <u>않은</u> 것을 고르면?

① 장기요양급여는 수급자가 가족과 함께 생활하면서 가정에서 장기요양을 받는 재가급여를 우선으로 제공한다.

② 수급자 중 장기요양등급이 1등급 또는 2등급인 자는 재가급여 또는 시설급여를 이용할 수 있다

③ 수급자 중 장기요양등급이 3등급부터 5등급까지인 자는 재가급여만을 이용할 수 있다. 다만, 3등급부터 5등급에 해당하는 자 중 주거환경이 열악하여 시설 입소가 불가피한 경우에는 등급판정위원회로부터 시설급여가 필요한 것으로 인정받은 자에 한해서 시설급여를 이용할 수 있다.

④ 수급자 중 인지지원등급 수급자는 주·야간보호급여, 단기보호급여 및 기타재가급여만을 이용할 수 있다.

47

다음 [보기]의 항목 중 방문 간호 및 간호조무사 교육기관으로 지정받으려는 자가 보건복지부장관에게 제출해야 되는 서류를 모두 고르면?

보기
㉠ 교수요원(전공 전임교수 및 실습지도 겸직교수)의 성명 및 이력이 기재된 서류
㉡ 실습협약기관 현황 및 협약 약정서
㉢ 교육계획서 및 교과과정표
㉣ 당해 방문간호 간호조무사 교육과정에 사용되는 시설 및 장비현황

① ㉠, ㉣

② ㉡, ㉢

③ ㉡, ㉢, ㉣

④ ㉠, ㉡, ㉢, ㉣

48

복지용구의 제공 기본원칙에 관한 설명으로 옳지 <u>않은</u> 것을 고르면?

① 수급자의 재가 생활 자립을 지원하거나 수발자의 돌봄 부담을 완화시키는데 도움이 되는 제품

② 수급자 또는 수발자가 손쉽게 조작하고 사용하기에 편리하여, 가정에서 사용하는 것이 적합한 제품

③ 위생 및 청결을 위해 일회 사용 가능한 제품

④ 설비, 수도 공사, 구조 변경 등의 설치 공사 없이 사용 가능한 제품

49

2024년 12월부로 개정된 국가 및 지방자치단체의 책무에 관한 설명으로 옳지 않은 것을 고르면?

① 국가 및 지방자치단체는 국·공립 장기요양기관을 확충하기 위하여 노력하여야 한다.

② 국가 및 지방자치단체는 장기요양급여가 원활히 제공될 수 있도록 공단에 필요한 재정적 지원을 할 수 있다.

③ 국가 및 지방자치단체는 장기요양요원의 처우를 개선하고 복지를 증진하며 지위를 향상시키기 위하여 적극적으로 노력하여야 한다.

④ 국가 및 지방자치단체는 지역의 특성에 맞는 장기요양사업의 표준을 개발·보급할 수 있다.

50

다음 [보기]의 항목 중 인권교육 내용에 포함되어야 하는 사항을 모두 고르면?

> ┤ 보기 ├
>
> ㉠ 노인의 인권과 관련된 법령·제도 및 국내외 동향
> ㉡ 장기요양기관에서 발생하는 인권침해 사례
> ㉢ 장기요양기관에서 인권침해가 발생했을 경우의 신고 요령 및 절차
> ㉣ 노인의 인권 보호 및 증진을 위하여 필요하다고 국가인권위원회 위원장이 인정하는 사항

① ㉠, ㉡   ② ㉢, ㉣

③ ㉠, ㉡, ㉢   ④ ㉠, ㉡, ㉢, ㉣

에듀윌이
너를
지지할게
ENERGY

끝이 좋아야 시작이 빛난다.

– 마리아노 리베라(Mariano Rivera)

국민건강보험공단 NCS+법률 실전모의고사

발 행 일	2025년 3월 17일 초판
편 저 자	에듀윌 취업연구소
펴 낸 이	양형남
개발책임	김기철, 윤은영
개 발	이정은, 윤나라
펴 낸 곳	(주)에듀윌
I S B N	979-11-360-3674-2
등록번호	제25100-2002-000052호
주 소	08378 서울특별시 구로구 디지털로34길 55
	코오롱싸이언스밸리 2차 3층

* 이 책의 무단 인용 · 전재 · 복제를 금합니다.

www.eduwill.net

대표전화 1600-6700

여러분의 작은 소리
에듀윌은 크게 듣겠습니다.

본 교재에 대한 여러분의 목소리를 들려주세요.
공부하시면서 어려웠던 점, 궁금한 점,
칭찬하고 싶은 점, 개선할 점, 어떤 것이라도 좋습니다.

에듀윌은 여러분께서 나누어 주신 의견을
통해 끊임없이 발전하고 있습니다.

에듀윌 도서몰 book.eduwill.net
• 부가학습자료 및 정오표: 에듀윌 도서몰 → 도서자료실
• 교재 문의: 에듀윌 도서몰 → 문의하기 → 교재(내용, 출간)

누적 판매량 15만 부 돌파
베스트셀러 1위 677회 달성

학사장교·항공준사관·부사관 통합 기본서

* 에듀윌 군 간부 교재 누적 판매량 합산 기준 (2016년 8월 25일~2024년 10월 31일)
* 온라인서점(YES24) 주별/월별 베스트셀러 합산 기준 (2016년 10월 4주~2024년 12월 ROTC·학사장교/육군부사관/공군부사관/해군부사관 교재)
* YES24 국내도서 해당 분야 월별, 주별 베스트 기준

2025 최신판

에듀윌 공기업
국민건강보험공단
NCS+법률 실전모의고사

정답과 해설

eduwill

2025 최신판

에듀윌 공기업
국민건강보험공단
NCS+법률 실전모의고사

최신판

에듀윌 공기업
국민건강보험공단
NCS+법률 실전모의고사

정답과 해설

2024년 4월 시행 기출복원 모의고사

직업기초능력 응용모듈

01	02	03	04	05	06	07	08	09	10
④	③	①	①	②	③	①	②	①	④
11	12	13	14	15	16	17	18	19	20
③	③	②	④	③	④	④	①	②	③
21	22	23	24	25	26	27	28	29	30
③	③	②	④	②	③	③	④	④	③
31	32	33	34	35	36	37	38	39	40
④	②	③	①	④	③	④	②	①	④
41	42	43	44	45	46	47	48	49	50
②	④	②	②	③	①	④	②	③	③
51	52	53	54	55	56	57	58	59	60
③	④	④	④	②	③	④	③	④	①

01 ④　　　　　　　　　　　　의사소통능력

Quick해설 4문단 마지막 문장에 보면 특히 울산과 세종은 사업 단계마다 주치의 활동이 1명에 불과하여 원인 파악 및 충원이 시급한 것으로 분석되었다고 하였다. 따라서 지역별로는 울산과 전북은 원인 파악 및 충원이 시급한 것으로 분석되었다는 말은 적절하지 않다.

[오답풀이] ① 1문단에서 건강주치의 시범사업은 2018년부터 현재까지 3단계에 걸쳐 시행 중에 있다고 하였다.
② 1문단 마지막에서 3단계 시범사업부터는 주장애관리에 지적, 정신, 자폐성 장애가 추가됐으며, 방문 진료 횟수도 18회로 확대되고 만성질환 질환별 검사비의 본인부담금이 면제됐다고 하였다.
③ 2문단 마지막에서 최근 5년간 서비스 이용 현황을 보면 2022년 기준 2,546명의 장애인이 이용했고 이는 같은 해 전체 중증장애인 98만 3,298명 중 0.3%에 불과한 수준이었다고 하였다.

02 ③　　　　　　　　　　　　의사소통능력

Quick해설 문장 삽입 문제는 전체적인 내용 파악보다는 문단 내 앞·뒤 문장을 살펴보는 것이 중요하다. [보기]의 내용을 보면 '한편'이라는 접속어가 사용된 점에 유념한 후 빈칸으로 제시된 곳의 앞·뒤 문장을 살펴보아야 한다. [보기]의 내용은 장애인 주치의 시범사업의 등록·이용 현황이 점차 감소하고 있다는 내용인데, ⓒ의 뒷문장을 보면 '또한'으로 연결되면서 [보기]와 유사한 내용인 '서비스 유형 중에서는 주장애관리 서비스의 이용률이 1단계 170%에서 2단계 42%, 3단계 39.6%로 가장 빠르게 감소했다.'라고 언급되어 있다. 따라서 [보기]의 문장이 들어가기에 가장 적절한 위치는 ⓒ임을 파악할 수 있다.

03 ①　　　　　　　　　　　　의사소통능력

Quick해설 제목을 찾을 때 가장 효율적인 방법은 문단별 핵심 문장를 찾는 것이다. 1문단에서는 '국민건강보험공단이 건강보험 빅데이터의 활용성을 확대하기 위해 서비스를 대폭 개선한다.'라는 중심 문장을 이야기하고 있다. 2~4문단에서는 통계자료와 관계자의 말을 인용하여 건강보험 빅데이터의 활용성을 확대하기 위한 서비스 개선안에 대해 설명하고 있다. 따라서 이 글의 제목으로는 '건강보험 빅데이터 활용 확대, 서비스 대폭 개선 예고'가 가장 적절하다.

[오답풀이] ② 건강보험 빅데이터 활용 감소가 아니라 활용을 확대하기 위해 서비스를 대폭 개선한다고 예고하고 있다.
③ 건강보험 빅데이터의 단점이나 불편 사항을 이야기하고 있는 내용은 제시되어 있지 않다.
④ 건강보험 빅데이터 사용 방법이나 주의 사항에 대한 내용은 제시되어 있지 않다.

04 ①　　　　　　　　　　　　의사소통능력

Quick해설 ㉠의 앞문장은 건강보험공단의 '건강보험 빅데이터 수요 급증에 따른 정보기반 확대 구축 사업'은 고품질 데이터의 생산·제공 및 편리하고 효율적인 서비스 제공을 위한 기능 개선이 주 목적이고 이를 위해 빅데이터 홈페이지를 고도화한다고 이야기하고 있다. ㉠의 뒷문장은 홈페이지를 고도화해 편의성을 높인다고 했으므로, ㉠에는 첨가의 접속어가 들어가야 한다. 따라서 '이외에도' 정도가 적절하다.
ⓒ의 앞문장은 '결합데이터를 이용한 연구 활성화를 위해 안전한 연구 환경이 더욱 요구되는 시대'라고 말하고 있다. ⓒ의 뒷문장은 '가명정보 결합 관련 법령·고시 등이

지속적으로 개정됨에 따라, 사용자·관리자의 편리하고 효율적인 이용을 위한 포털·솔루션 개선이 필요했다'라고 말하고 있으므로, ⓛ에는 강조의 접속어가 들어가야 한다. 따라서 '특히' 정도가 적절하다.

ⓒ의 앞·뒤 문장은 '대용량 자료 처리 효율화를 위한 결합·비식별 솔루션 기능'에 대해 설명하고 있으므로, ⓒ에는 '첨가'의 접속어가 들어가야 한다. 따라서 '또한' 정도가 적절하다.

05 ②
의사소통능력

Quick해설 주어진 글은 다제약물 관리사업에 관한 내용이다. 만성질환이 고령화와 함께 유병률이 증가하고 있으며 특히 세 가지 이상의 만성질환을 앓는 노인의 비율이 높은 만큼 다제약물을 복용하는 만성질환자를 대상으로 약물인지도, 복약순응도, 약물지식 등을 개선하기 위한 약물검토서비스 수행의 필요성을 강조하는 내용이다. 한편 연령대별로 발병률이 높은 만성질환의 순위 비교표는 주어진 지문의 내용과 거리가 멀다. 만약 해당 자료가 포함되어야 한다면 젊은 연령대에서 자주 발생하는 만성질환에 대한 내용 또한 지문에 포함되어 있어야 한다.

[오답풀이] ① 주어진 글에서 비감염성질환 진료비가 전체 진료비의 84.2%라고 언급되어 있으므로 전체 진료비에서 감염성질환 진료비의 비율 통계는 지문의 내용과 관련이 깊다.

③ 우리나라 만성질환 유병현황에 대해서 고혈압성 질환, 신경계 질환, 정신행동 장애, 당뇨병 순으로 조사된 내용이 지문에 포함되어 있다. 그러므로 최근 3년간 우리나라 만성질환 유병현황 및 만성질환의 유병률 추세는 주어진 글의 내용과 관련이 깊다.

④ 주어진 글에서 유럽, 미국, 호주, 캐나다, 일본 등에서 특정 사람들을 대상으로 약물 검토 서비스를 수행하고 있다고 언급되어 있으므로, 외국의 가정방문형 약물검토 프로그램에 대해 간략하게 설명하는 내용을 추가하면 글의 이해를 도울 수 있을 것이다.

06 ③
의사소통능력

Quick해설 빈칸에 들어갈 접속어를 찾기 위해서는 빈칸의 앞의 내용과 뒤의 내용이 연결되는 부분을 확인해야 한다. ⓐ의 경우 괄호 앞에 높은 진료비를 구체적으로 언급되어 있으며, 괄호 다음에도 건강보험 재정 및 환자들에게도 큰

부담이 된다고 서술하고 있으므로, 순접의 의미를 가진 '그리고'가 들어가는 것이 적절하다.

ⓛ은 만성질환 질병부담이 커질 것으로 예상된다고 앞에서 언급한 다음, 그 이유에 대해서 풀어쓰고 있으므로 '왜냐하면'이 들어가는 것이 적절하다.

ⓒ은 주치의 제도가 발달하지 않은 우리나라의 특수한 경우를 설명하고 있으므로 '특히'가 들어가는 것이 적절하다.

ⓓ은 앞서 서술한 내용을 종합할 때 환자를 위해서, 또 질병 부담을 줄이기 위해서 교육이 필요함을 강조하고 있으므로 '따라서'가 들어가는 것이 적절하다.

07 ①
의사소통능력

Quick해설 주어진 글은 노인장기요양보험 제도의 주요 내용에 대해 간결하게 추려내 설명하고 있으며, 더불어 제도의 긍정적인 기능에 대해 이야기하고 있다. 따라서 이 글의 주제로는 ①이 가장 적절하다.

[오답풀이] ② 노인요양시설 및 노인요양공동생활가정의 운영 방식에 대해서는 설명하고 있지 않다.

③ 3문단에서 재가급여 요양 서비스의 종류에 대해 설명하고 있지만 글 전체의 내용을 포괄하고 있지는 않다.

④ 1문단에서 노인장기요양보험 제도의 신청 대상에 대해 설명하고 있지만 글 전체의 내용을 포괄하고 있지는 않다.

08 ②
의사소통능력

Quick해설 2문단에서 시설급여 이용자의 본인부담금에 대해서 이야기하고 있으나, 재가급여 서비스 이용자의 본인부담금에 대해서는 설명하고 있지 않으므로 답변할 수 없는 질문이다.

[오답풀이] ① 2문단과 3문단에서 장기요양급여의 대표적인 형태인 시설급여와 재가급여에 대해 설명하고 있으므로 답변할 수 있는 질문이다.

③ 1문단에서 노인장기요양보험 제도의 가입 대상자는 65세 이상의 노인이거나 65세 미만이지만 치매, 뇌혈관성 질환, 파킨슨병 등 노인장기요양보험법 시행령으로 정하는 노인성 질환을 가진 사람으로서 장기요양등급판정위원회(국민건강보험공단)에서 1~5등급 및 인지지원등급을 판정받은 사람이라고 하였으므로 답변할 수 있는 질문이다.

④ 1문단에서 노인장기요양보험 제도는 노인의 건강과 생활 안정을 도모하고 가족의 부담을 덜어주는 목적을 가지고 2008년에 도입되어 시행하고 있다고 하였으므로 답변할 수 있는 질문이다.

09 ①　　　　　　　　　　　　　　의사소통능력

Quick해설 [가]에서는 언어장애와 말 장애의 정의를 내리고 있고, 마지막에 언어장애의 종류에 대해서 설명해 주고 있으므로, '언어장애의 정의'는 [가]의 소제목으로 적절하지 않다.

[오답풀이] ② [나]에서는 실어증의 정의와 실어증의 종류를 설명하고 마지막에 실어증의 진단 방법에 대해 설명해 주고 있다.
③ [다]에서는 조음장애의 정의와 실어증과의 차이점, 조음장애의 증상과 진단 방법에 대해 설명해 주고 있다.
④ [라]에서는 말실행증의 정의와 특징, 마지막에는 진단 방법에 대해 설명해 주고 있다.

10 ④　　　　　　　　　　　　　　의사소통능력

Quick해설 [라]에서 말실행증은 오류가 일관성이 없고 변동적인 것이 특징이라고 말하고 있다. 따라서 말실행증이 조음 위치의 오류에 의해서 발생하며 변동적이라는 것은 적절하지 않다.

[오답풀이] ① [나]에서 실어증이란 언어를 통한 의사소통의 장애 중 하나로 언어중추에 손상을 입었을 때 나타나며 뇌의 손상 부위에 따라 다양하다고 하였다.
② [나]에서 실어증을 진단할 때는 언어평가를 시행해 언어장애가 있는지 알아낸 후에 추후 언어재활치료에 의해 호전된 정도를 평가하고 예후를 예측할 수 있다고 하였다.
③ [다]의 중간 부분에 보면 뇌손상 후의 조음장애는 실어증과 함께 혹은 단독으로 나타날 수 있다고 하였다.

11 ③　　　　　　　　　　　　　　의사소통능력

Quick해설 ㉠ 앞문장에서 언어장애에 대해서 설명하고 있고 뒷문장에서는 말 장애에 대해서 설명하고 있으므로 역접의 접속어인 '한편'이 들어가야 적절하다.
㉡ 앞문장, 뒷문장 둘 다 실어증의 원인에 대해서 설명하고 있으므로, 첨가의 접속어인 '그 외에도'가 들어가야

적절하다.
㉢ 앞문장, 뒷문장 둘 다 조음장애의 증상에 대해서 설명하고 있으므로, 첨가의 접속어인 '또한'이 들어가야 적절하다.
㉣ 앞문장에서는 말실행증의 평가 방법에 대해서 설명하고 있고 뒷문장에서는 실어증이 동반될 수 있으므로 그 영향을 충분히 고려하면서 치료해야 한다고 말하고 있으므로, 역접의 접속어인 '하지만'이 들어가야 적절하다.
따라서 의미가 비슷한 접속어는 ㉡, ㉢이다.

12 ③　　　　　　　　　　　　　　의사소통능력

Quick해설 '제공서비스' 부분을 확인하면 정기적으로 대상지를 방문하여 금연상담서비스를 제공함을 확인할 수 있다. 그 횟수의 경우 적어도 주1회, 3개월 이상 추진이라고 언급되어 있으므로 최소 12회의 금연상담서비스를 제공받게 됨을 확인할 수 있다.

[오답풀이] ① 찾아가는 금연클리닉은 학생, 직장인, 노인이 직접 개별적으로 신청하여 이용할 수는 없다. 해당 단체의 장이 신청하거나 접근성 등을 고려하여 지자체에서 판단하여 대상을 선정한다고 하였다.
② 보건소와의 접근성과 수혜자 수 등을 고려하여 사업 규모를 결정한다고 지문에 언급되어 있을 뿐, 보건소와 가까운 것이 선정에 유리하다거나 흡연자가 많은 단체일수록 찾아가는 금연클리닉의 대상으로 선정될 가능성이 높은지에 대해서는 제시되어 있지 않다.
④ 해당 서비스 이용자들을 대상으로 한국건강증진개발원에서 전문기관에 의뢰하여 유선(전화설문조사)상으로 서비스 만족도를 조사할 예정임을 확인할 수 있다. 이때 금연상담사는 만족도 조사가 진행될 것임을 안내하는 역할을 하므로 직접 만족도를 조사하는 사람은 아님을 알 수 있다.

13 ②　　　　　　　　　　　　　　의사소통능력

Quick해설 [지원 예시]를 살펴보면 해당 사업에 지원한 단체 내에서 지원하는 내용임을 알 수 있다. 따라서 정부나 이동 금연클리닉을 운영하는 측에서 포상금을 제공할 예정이라는 것은 적절하지 않으므로 B의 발언은 잘못되었다.

[오답풀이] 주어진 글의 내용에 따르면 금연을 원하는 대상자의 시간과 거리의 제약을 없애기 위해 '찾아가는 금연

클리닉'을 운영하는 것이므로, 이를 강조하는 A의 발언은 적절하다. C는 지문에 나타난 대상자에 대해서 이해하고 이를 이미지로 제시하자는 발언이므로 적절하다. D는 이동 금연클리닉 서비스 내에서 해당 사업을 좀더 널리 알리기 위한 아이디어를 제시한 것이므로 적절하다.

14 ④   의사소통능력

Quick해설 주어진 자료는 '찾아가는 금연클리닉'에 대한 것으로 해당 사업의 개요와 운영 내용을 제공하고 있다. 운영 내용에서는 대상과 선정 기준, 제공서비스가 포함되어 있는데, 해당 사업의 제공서비스에 대한 내용으로 '추진 결과에 대하여 시·군·구에 환류하여 개선하고, 보건복지부 보고를 실시'한다는 것은 어울리지 않는다. 해당 내용은 제공서비스가 아닌 사업에 대한 평가 내용이기 때문이다.

[오답풀이] '찾아가는 금연클리닉'이라는 사업명에서도 알 수 있듯이, 이 사업의 목적은 금연을 원하는 대상자의 시간과 거리의 제약을 없애고, 보다 많은 흡연자들이 금연 상담 서비스를 이용할 수 있도록 하는 것이다.
㉠ 개요에 포함되어야 하는 내용이므로 삭제하면 안 된다.
㉡ 대상을 선정할 때의 유의사항이므로 포함되는 것이 적절하다.
㉢ 금연 성공을 돕기 위한 지원 예시이므로 포함되는 것이 적절하다.

15 ③   의사소통능력

Quick해설 주어진 글은 대분류, 중분류, 소분류, 세분류의 개념을 설명하고, 이러한 분류 체계가 정보 검색과 이해를 어떻게 돕는지를 다루고 있으며, 데이터베이스와 시각적 도구를 활용한 정보 관리 방법에 대해서도 언급하고 있다. 따라서 이 글의 주제로는 '정보의 체계적 분류와 관리' 정도가 가장 적절하다.

[오답풀이] ① 정보 분류와 관리는 기술 발전의 일부일 수 있지만, 글의 핵심 주제와는 직접적인 관련이 없다.
② 1문단에서 건강 정보의 체계적인 분류가 질병의 예방, 치료, 관리 등 여러 측면에서 중요한 역할을 한다고 하였으나 글의 전체 내용을 포함하고 있지는 않다.
④ 4문단에서 데이터베이스를 활용한 정보 관리에 대한 내용이 언급되었으나 글의 전체 내용을 포함하고 있지는 않다.

16 ④   의사소통능력

Quick해설 글 전체에서 정보의 체계적인 분류의 중요성에 대해 설명하고 있으나, 건강 정보의 체계적인 분류가 질병의 예방, 치료, 관리 등 여러 측면에서 중요한 역할을 하는지는 확인할 수 없으므로 적절하지 않다.

[오답풀이] ① 2문단에 따르면 대분류는 가장 넓은 범위의 분류로 주제나 개념을 크게 나누는 역할을 한다고 하였고, 중분류는 대분류에서 좀 더 세부적인 주제로 나누는 단계라고 하였으므로, '자연과학'의 대분류 아래에는 '물리학'과 같은 중분류가 있을 수 있음을 추론할 수 있다.
② 4문단에서 인포그래픽, 차트, 다이어그램 등의 시각적 도구를 활용하여 정보를 시각적으로 표현할 수 있다고 하였으므로, 다이어그램은 정보를 표현할 수 있는 시각적 도구 중 하나임을 확인할 수 있다.
③ 4문단에서 각 정보에 태그나 키워드를 부여하여 관리하면 데이터베이스를 통해 사용자가 특정 키워드를 입력하여 관련된 정보를 빠르게 찾을 수 있다고 하였으므로, 정보에 키워드를 부여하여 관리할 경우 사용자가 키워드로 정보를 검색할 수 있음을 추론할 수 있다.

17 ④   의사소통능력

Quick해설 ㉠ 앞·뒤 문장에서 원인과 결과에 대해 이야기하고 있으므로 원인과 결과를 연결할 때 사용되는 '따라서'가 적절하다.
㉡ 뒷문장에서는 앞에서 설명한 내용들과 다른 추가적인 내용을 이야기하고 있으므로 '반면'이 적절하다.
㉢ 앞의 내용에 추가적인 내용을 연결하여 이야기하고 있으므로 '또한'이 적절하다.

18 ①   의사소통능력

Quick해설 주어진 글은 장기요양서비스의 주요 유형(재가 서비스, 시설 서비스)과 신청 자격(나이, 질환 조건, 등급 판정 등)에 대한 정보를 중심으로 서술하고 있으므로, 주제로는 '장기요양서비스의 유형과 이용 자격' 정도가 적절하다.

[오답풀이] ② 고령화 사회에서 돌봄 서비스가 필요하다는 내용은 일부에 불과하다.

③ 노인장기요양보험제도에 대해 다루고 있지만, 일반 건강보험과의 차이를 비교하는 내용은 포함되지 않는다.

④ 시설 서비스와 재가 서비스를 비교하고 각 서비스의 장단점을 부각하고 있다.

19 ②　　　　　　　　　　　　의사소통능력

Quick해설 65세 미만일 경우 노인성 질환(치매, 뇌졸중 등)이 있어야 신청 가능하지만, B씨는 주어진 글에서 설명하는 노인성 질환이 아닌 단순 만성질환(당뇨·고혈압)이므로 장기요양서비스 신청 대상에 해당되지 않는다.

[오답풀이] ① 65세 이상(67세)이고, 뇌졸중으로 거동이 불편하므로 신청 가능하다.

③ 65세 미만(58세)이지만, 치매 진단을 받았으므로 신청 가능하다.

④ 65세 이상(72세)이므로 신청 대상이 된다. 다만 건강 상태에 따라 등급 판정에서 탈락할 수도 있다.

20 ③　　　　　　　　　　　　의사소통능력

Quick해설 ㉠ 앞에서 설명한 재가 서비스와 대비되는 시설 서비스를 설명하는 부분이므로 '반면'이 들어가는 것이 적절하다.

㉡ 시설 서비스의 장점을 언급한 뒤 단점을 설명하는 흐름이므로 '그러나'가 들어가는 것이 적절하다.

㉢ 앞문장에서 '지역사회 중심 돌봄 모델'을 설명한 후, 기술 발전에 따른 새로운 돌봄 방식을 추가적으로 소개하고 있으므로 '또한'이 들어가는 것이 적절하다.

[오답풀이] • '그러므로, 따라서'는 앞 문장에서 제시된 원인이나 근거로 인해 자연스럽게 이어지는 결과를 강조할 때 사용한다.

• '하지만'은 앞 문장의 내용을 반박하거나, 기대와 다른 상황을 설명할 때 사용한다.

• '단'은 앞 문장의 내용을 제한하거나 예외적인 조건을 부여할 때 사용한다.

• '이밖에'는 앞 문장에서 설명한 내용 외에 추가적인 정보를 덧붙일 때 사용한다.

• '또한'은 앞 문장의 내용과 유사한 성격의 내용을 추가로 설명할 때 사용한다.

21 ③　　　　　　　　　　　　수리능력

Quick해설 전국 보건소 1개당 의사는 $\frac{600}{259} ≒ 2.3$(명)이다.

[오답풀이] ① 전국 보건소는 $3,500 × 7.4\% = 259$(개)이다.

② 전국 보건진료소는 보건지소보다 $3,500 × (54.3\% - 38.3\%) = 560$(개) 많다.

④ 전국 보건기관 1개당 인력은 $\frac{20,360 + 6,600}{3,500} ≒ 7.7$(명)이다.

22 ①　　　　　　　　　　　　수리능력

Quick해설 ㉠ 전국 보건소 중에서 의사 수가 가장 많은 지역은 서울특별시이고, 전체 인력이 가장 많은 지역도 서울특별시이다.

㉢ 전국 보건지소 및 보건진료소 전체 인력 대비 총 의사 수의 비중은 $\frac{1,155}{6,600} × 100 = 17.5$(%)이다.

[오답풀이] ㉡ 전체 인력은 경상남도 보건소가 경상북도 보건소보다 많지만, 의사 수는 경상남도 보건소가 경상북도 보건소보다 적다.

㉣ 지역별 보건소 전체 인력 대비 보건지소 및 보건진료소 인력의 비중은 서울특별시가 3,924명 대비 280명이므로 10% 미만이지만, 세종특별자치시는 63명 대비 50명이므로 약 80%이다. 즉, 비중이 가장 큰 것은 서울특별시가 아님을 알 수 있다.

23 ③　　　　　　　　　　　　수리능력

Quick해설 'BMI = 평균체중 ÷ (평균신장 × 평균신장)'을 이용하면 '(평균신장 × 평균신장) = 평균체중 ÷ BMI'이다. 이때 (평균신장 × 평균신장)이 크면 평균신장도 크다.

20~24세 남자에서 '평균체중 ÷ BMI'를 계산하면 한국은 30이고, 중국과 일본은 약 2.91과 2.95이므로 한국이 가장 크다.

[오답풀이] ① 각 연령대에서 BMI는 남자의 경우 한국이 가장 크지만, 여자의 경우 20~24세와 25~29세는 한국이 가장 크고 30~34세와 35~39세는 중국이 가장 크다.

② 35~39세 남자에서 중국의 BMI가 일본보다 크지만 평균체중은 일본이 중국보다 크므로 BMI가 클수록 평균체중도 큰 것은 아님을 알 수 있다.

④ '(평균신장×평균신장)=평균체중÷BMI'를 구하면, 30~34세 한국 여자는 약 2.62, 중국 여자는 2.5, 일본 여자는 2.55이므로 중국 여자가 가장 작다.

24 ③ 　　　　　　　　　　　　　　수리능력

Quick해설 연령대별 일본 여자의 BMI 대비 한국과 중국 여자의 BMI 증감률은 다음과 같다.

- 20~24세: 한국과 중국 모두 $\dfrac{21-20}{20}\times100=5.0\%$
- 25~29세: 한국과 중국 모두 $\dfrac{21-20}{20}\times100=5.0\%$
- 30~34세: 한국은 $\dfrac{21-20}{20}\times100=5.0\%$,

　　　　　중국은 $\dfrac{22-20}{20}\times100=10.0\%$
- 35~39세: 한국은 $\dfrac{22-21}{21}\times100≒4.8\%$,

　　　　　중국은 $\dfrac{23-21}{21}\times100≒9.5\%$

따라서 모두 옳게 나타나 있다.

[오답풀이] ① 그래프에서 평균체중은 20~24세에 해당하는 수치이지만 BMI는 25~29세에 해당하는 수치로 잘못 나타나 있다.

② 중국 남자의 20~24세의 평균체중은 64kg이므로 25~29세와는 3kg, 30~34세와는 4kg, 35~39세와도 4kg 차이가 난다. 또한 중국 여자의 경우 20~24세의 평균체중이 52kg이므로 25~29세와는 2kg, 30~34세와는 3kg, 35~39세와도 4kg 차이가 난다. 그러나 그래프에는 남자와 여자의 수치가 반대로 제시되어 있다.

④ 한국, 중국, 일본 남자의 연령대별 평균체중의 평균은 다음과 같다.

- 한국: $\dfrac{72+74+76+76}{4}=74.25(\text{kg})$
- 중국: $\dfrac{64+67+68+68}{4}=66.75(\text{kg})$
- 일본: $\dfrac{65+67+68+69}{4}=67.25(\text{kg})$

25 ② 　　　　　　　　　　　　　　수리능력

Quick해설 2020년 의료용 마약류 처방 환자는 17,500천 명이고, 남자 환자와 여자 환자의 비가 3:4이므로 여자 환자는 $17,500\times\dfrac{4}{3+4}=10,000$(천 명)이다.

2022년 의료용 마약류 처방 환자는 19,383천 명이고, 남자 환자와 여자 환자의 비가 31:40이므로 여자 환자는 $19,383\times\dfrac{40}{31+40}=10,920$(천 명)이다.

따라서 2022년 의료용 마약류를 처방받은 여자 환자는 2020년보다 $10,920-10,000=920$(천 명) 증가했으므로, A의 값은 920이다.

26 ② 　　　　　　　　　　　　　　수리능력

Quick해설 전 연령대에서 처방건수가 증가하면 처방량도 증가한다. 이때 처방건수가 감소하면 처방량이 감소한다는 뜻은 아님에 주의한다.

[오답풀이] ① 2022년 전체 처방건수는 전년 대비 감소했다.

③ 20대 이하에서 의료용 마약류 처방 환자의 수는 다음과 같다.
- 2020년: $556+1,435=1,991$(천 명)
- 2023년: $623+1,395=2,018$(천 명)

따라서 2020년 대비 2023년 20대 이하의 증가율은 $\dfrac{2,018-1,991}{1,991}\times100≒1.3(\%)$이다.

④ 2023년에 의료용 마약류 처방을 받은 환자 중 30대는 2,466천 명이고, 처방량은 $67,588+149,044=216,632$(천 개)이므로 1명당 처방량은 $\dfrac{216,632}{2,466}≒87.8$(개)이다. 또한 40대는 3,884천 명이고, 처방량은 $96,435+204,572=301,007$(천 개)이므로 1명당 처방량은 $\dfrac{301,007}{3,884}≒77.5$(개)이다. 따라서 30대가 40대보다 더 많다.

27 ③ 　　　　　　　　　　　　　　수리능력

Quick해설 2021년 의약품 (다)의 판매량은 $940,500\times0.724=680,922$(개)이고, 의약품 (다)를 제외한 다른 의약품의 판매량은 $940,500\times0.276=259,578$(개)이다. 따라서 이 값들의 차이는 $680,922-259,578=421,344$(개)이다.

[오답풀이] ① 2019~2023년에 K추출물이 포함된 의약품의 연도별·품목별 총 판매량이 다르므로 2019~2023년 동안 의약품 (바)의 판매량도 매해 다르다.

② 2020년 의약품 (가)의 판매율은 전년 대비 19.3%−18.4%=0.9%p 증가했다.

④ 의약품 (나)의 판매량은 2023년에는 $966,500 \times 0.02 = 19,330$(개), 2022년에는 $957,000 \times 0.02 = 19,140$(개)이므로, 2023년 의약품 (나)의 판매량은 2022년 대비 $19,330 - 19,140 = 190$(개) 증가했다.

28 ④   수리능력

Quick해설 2019년과 2023년의 의약품 (가)의 판매량을 구하면 다음과 같다.

- 2019년: $892,500 \times 0.184 = 164,220$(개)
- 2023년: $966,500 \times 0.212 = 204,898$(개)

따라서 의약품 (가)의 판매량은 2019년 대비 2023년에 $\frac{204,898 - 164,220}{164,220} \times 100 ≒ 24.8$(%) 증가하였다.

29 ①   수리능력

Quick해설 A~C의 값을 구하면 다음과 같다.

- $A = 6,921,362 - 3,189,720 = 3,731,642$
- $B = 36,632,790 - 19,593,873 = 17,038,917$
- $C = 3,922,631 + 2,773,707 = 6,696,338$

따라서 $A + B + C = 3,731,642 + 17,038,917 + 6,696,338 = 27,466,897$이다.

30 ③   수리능력

Quick해설 먼저 빈칸 (가)~(라)의 값들을 구하면 다음과 같다.

(가) $= 6,864,947 + 2,658,173 = 9,523,120$

(나) $= 36,364,546 + 15,088,509 = 51,453,055$

(다) $= 9,602,088 - 6,921,362 = 2,680,726$

(라) $= 51,409,978 - 36,632,790 = 14,777,188$

㉠ 전국 건강보험 적용인구는 2021년 51,412,137명에서 2023년 51,453,055명으로 증가했지만 서울특별시 건강보험 적용인구는 2021년 9,523,120명에서 2023년 9,468,103명으로 감소했다. 즉, 전국 건강보험 적용인구는 증가했지만 서울특별시 건강보험 적용인구는 감소했으므로 2023년 서울특별시를 제외한 다른 지역의 건강보험 적용인구는 2021년보다 증가했을 것이다.

㉢ 전국 건강보험 적용인구는 2020년 51,344,938명에서 2023년 51,453,055명으로 증가했지만 서울특별시 건강보험 적용인구는 2020년 9,602,088명에서 2023년 9,468,103명으로 감소했다. 즉, 전국 건강보험 적용인구는 증가했지만 서울특별시 건강보험 적용인구는 감소했으므로 2020년 대비 2023년 전국 건강보험 적용인구 중 서울특별시의 가입율은 감소했다.

㉣ 2020년 전국에서 지역 건강보험의 세대당 가입자 수는 $\frac{14,195,143}{8,589,611} > 1.6$(명)이고, 2023년에는 $\frac{15,088,509}{9,584,349} < 1.6$(명)이므로 2023년에는 2020년 대비 감소했다.

[오답풀이] ㉡ 전국에서 직장 건강보험에 가입된 사업장 수는 2021년에 2,005,320개이고, 2022년에는 2,051,980개이므로 2022년 전국에서 직장 건강보험에 가입된 사업장 수는 전년 대비 $\frac{2,051,980 - 2,005,320}{2,005,320} \times 100 ≒ 2$(%) 증가했다.

31 ④   수리능력

Quick해설 ④의 그래프를 보면 2021년 서울특별시 지역 건강보험 적용인구의 전년 대비 증감량은 $2,658,173 - 2,680,726 = -22,553$(명)인데, 22,553(명)으로 잘못 나타나 있다.

32 ②   수리능력

Quick해설 연도별 장기요양 신청 대상자는 다음과 같다.

- 2011년: $131,141 + 347,305 = 478,446$(명)
- 2015년: $168,515 + 462,242 = 630,757$(명)
- 2019년: $259,524 + 669,479 = 929,003$(명)
- 2023년: $363,214 + 875,281 = 1,238,495$(명)

따라서 2023년 장기요양 신청 대상자는 2019년 대비 $1,238,495 - 929,003 = 309,492$(명), 즉 30만 명 이상 증가했다.

[오답풀이] ① 2023년 장기요양 신청 대상자 중 남자는 363,214명, 여자는 875,281명이므로, 남자는 여자의 $\frac{363,214}{875,281} \times 100 ≒ 41.5$(%)이다.

③ 장기요양 신청 대상자는 2011년 478,446(명)이고, 2023년 1,238,495(명)이다. 이때 $478,446 \times 3 = 1,435,338 > 1,238,495$이므로, 2023년 장기요양 신청 대상자는 2011년 대비 3배 미만으로 증가했다.

④ 2011~2023년의 12년 동안 장기요양 신청 대상자 중 여자는 $875,281 - 347,305 = 527,976$(명) 증가했으므로, 연평균 $\frac{527,976}{12} = 43,998$(명) 증가했다.

33 ③

Quick해설 연도별 의료급여대상자 등급 대비 일반대상자 등급의 비율은 다음과 같다.

- 2011년: $\frac{341,105}{6,573} ≒ 51.9$
- 2015년: $\frac{411,082}{7,914} ≒ 51.9$
- 2019년: $\frac{482,967}{11,091} ≒ 43.5$
- 2023년: $\frac{593,761}{12,484} ≒ 47.6$

따라서 장기요양 신청 대상자 중 일반대상자 등급이 의료급여대상자 등급의 50배 이상인 해는 2011년과 2015년이다.

[오답풀이] ① 2023년 장기요양 신청 대상자의 등급별 현황에서 2011년 대비 증가폭이 가장 큰 것은 2011년과 2023년 수치 사이를 연결한 선의 기울기가 가장 큰 감경대상자 등급이다.

② 연도별 전체 대상자 등급 대비 일반대상자 등급의 비율은 다음과 같다.

- 2011년: $\frac{341,105}{478,446} ≒ 71.3(\%)$
- 2015년: $\frac{411,082}{630,757} ≒ 65.2(\%)$
- 2019년: $\frac{482,967}{929,003} ≒ 52.0(\%)$
- 2023년: $\frac{593,761}{1,238,495} ≒ 47.9(\%)$

따라서 장기요양 신청 대상자 중 일반대상자 등급이 전체 대상자의 50%를 넘지 못한 해는 2023년뿐이다.

④ 2023년 장기요양 신청 대상자는 일반대상자 등급에서 $341,105 \times 2 > 593,761$, 감경대상자 등급에서 $28,605 \times 2 < 429,318$, 의료급여대상자 등급에서 $6,573 \times 2 > 12,484$, 기초대상자 등급에서 $102,163 \times 2 > 202,932$이다. 따라서 두 배 이상 증가한 등급은 감경대상자 등급뿐이다.

34 ①

Quick해설
- 2023년 의료급여대상자 등급에서 남자와 여자의 비가 1:3이므로, 여자는 $12,484 \times \frac{3}{4} = 9,363$(명)이다.
- 2023년 감경대상자 등급에서 남자와 여자의 비가

1:2이므로, 여자는 $429,318 \times \frac{2}{3} = 286,212$(명)이다.

- 2023년 일반대상자 등급과 기초대상자 등급의 여자는 $875,281 - (9,363 + 286,212) = 579,706$(명)이다.

따라서 A=579,706이다.

35 ④

Quick해설 뇌사 장기기증자와 생존 장기기증자의 비는 2021년 $2,652 ÷ 6 = 442$이므로 1:6이고, 2022년 $2,490 ÷ 6 = 415$이므로 1:6이다. 따라서 2021년과 2022년 뇌사 장기기증자와 생존 장기기증자의 비는 같다.

[오답풀이] ① 2023년 장기기증자가 감소했지만 장기이식 수혜자는 증가했다.

② 장기이식 수혜자가 가장 적은 해는 2022년이고, 생존 장기이식 수혜자가 가장 적은 해는 2023년이다.

③ 뇌사 장기이식 수혜자와 생존 장기이식 수혜자의 비는 2021년 $2,956 ÷ 1,478 = 2$이므로 1:2이고, 2022년 $2,439 ÷ 1,355 = 1.8$이므로 1:1.8이고, 2023년 $2,303 ÷ 1,706 = 1.35$이므로 1:1.35이다. 따라서 2023년은 뇌사 장기이식 수혜자와 생존 장기이식 수혜자의 비가 가장 작은 해이다.

36 ③

Quick해설 [표1]에서 뇌사 장기이식 수혜자는 2021년 1,478명, 2023년 1,706명이므로 연도별 35~49세 뇌사 장기이식 수혜자 수는 다음과 같다.

- 2021년: $1,478 - (4+8+12+39+75+761+203+2) = 374$(명)
- 2023년: $1,706 - (1+14+7+34+82+883+269+19) = 397$(명)

따라서 $A = \frac{374}{106} ≒ 3.5$, $B = \frac{323}{98} ≒ 3.3$, $C = \frac{397}{118} ≒ 3.4$이므로 B<C<A이다.

37 ④

Quick해설 연도별 (생존 장기이식 수혜자)-(생존 장기기증자)의 수는 다음과 같다.

- 2021년: $2,956 - 2,652 = 304$(명)
- 2022년: $2,439 - 2,490 = -51$(명)
- 2023년: $2,303 - 2,415 = 112$(명)

따라서 2022년의 수치는 −51명인데 51명으로 잘못 나타나 있다.

[오답풀이] ① 2022년의 50~64세 뇌사 장기이식 수혜자는 $1,355-(5+18+10+23+70+323+224+10)=672$(명)이다.

② 50대 이상 뇌사기증자는 2021년에 $186+55+15=256$(명), 2022년에 $155+46+18=219$(명), 2023년에 $174+61+20=255$(명)이다.

③ 2021년 장기이식 수혜자 뇌사 및 생존자의 비중은 각각 $\frac{1,478}{4,434}\times100≒33(\%)$, $\frac{2,956}{4,434}\times100≒67(\%)$이다.

38 ③

Quick해설 전국 2023년 2급 법정 감염병은 전년 대비 $\frac{760-550}{550}\times100≒38.2(\%)$, 즉 약 38% 감소했다.

[오답풀이] ① 2급 법정 감염병의 전년 대비 증감추이는 전국은 감소−감소−증가이고, 서울은 증가−증가−증가이므로 같지 않다.

② 전국의 2022년 3급 법정 감염병은 전년 대비 $207-180=-27$(백 건), 즉 27백 건 감소했다.

④ 서울의 2023년 3급 법정 감염병은 2020년 대비 $\frac{16-21}{21}\times100≒-23.8(\%)$, 즉 약 24% 감소했다.

39 ④

Quick해설 법정 감염병 신고 건수가 가장 많았던 월은 2020년 1월 125백 건이고, 2020년 법정 감염병 신고 건수는 $668+184=852$(백 건)이므로 $\frac{125}{852}\times100≒14.7(\%)$이다.

40 ④

Quick해설 연도별 2분기 법정 감염병 신고 건수는 다음과 같다.
- 2020년: $71+63+52=186$(백 건)
- 2021년: $70+68+64=202$(백 건)
- 2022년: $64+63+55=182$(백 건)
- 2023년: $84+86+72=242$(백 건)
- 합계: $186+202+182+242=812$(백 건)

이에 따라 연도별 비중은 다음과 같다.
- 2020년: $(186÷812)\times100≒23(\%)$
- 2021년: $(202÷812)\times100≒25(\%)$
- 2022년: $(182÷812)\times100≒22(\%)$
- 2023년: $(242÷812)\times100≒30(\%)$

[오답풀이] ① 2023년 2급 법정 감염병 신고 건수는 160백 건으로 2022년 130백 건보다 많은데, 주어진 그래프에서는 2023년 25%, 2022년 30%로 2023년의 비중이 더 적게 나타나 있으므로 옳지 않다.
참고로, 서울 2급 법정 감염병 총 신고 건수는 $115+120+130+160=525$(백 건)이므로 연도별 비중은 다음과 같다.
- 2020년: $(115÷525)\times100≒22\%$
- 2021년: $(120÷525)\times100≒23\%$
- 2022년: $(130÷525)\times100≒25\%$
- 2023년: $(160÷525)\times100≒30\%$

② 2023년 전국 2급 법정 감염병 신고 건수 대비 서울 비중은 $\frac{160}{760}\times100≒21(\%)$, 서울 외 지역의 비중은 $100-21=79(\%)$이다.

③ 2021년 서울 법정 감염병 신고 건수는 $0+120+20=140$(백 건)이므로 등급별 비중은 다음과 같다.
- 1급: $0(\%)$
- 2급: $\frac{120}{140}\times100≒86(\%)$
- 3급: $\frac{20}{140}\times100≒14(\%)$

41 ②

Quick해설 '제19조'에서 방문간격이 2시간 미만이여도 각 급여공제시간을 합산하여 1회로 산정한다고 하였다.

42 ④

Quick해설 일요일 원거리교통비: 8,500원

1) 9:00~9:30 식사도움 → 가−1: 16,630원

2) 12:00~13:00 공원산책 → 가−2: 24,120원

3) 18:00~18:30 식사도움 + 20:00~20:30 목욕도움 (방문간격 2시간 미만 합산시간) 총 급여공제시간 1시간 → 가−2: 24,120원

따라서 방문요양비 합계는 64,870원인데, 일요일 30% 가산을 적용하면 $64,870\times1.3=84,331$(원)이다. 여기에 원거리교통비용인 8,500원을 더하면 $64,870+8,500=92,831$(원)인데, 원단위는 반올림하여 지급한다고 하였으므로 최종 비용은 92,830원이 된다.

43 ② 　　　　　　　　　　　　문제해결능력

Quick해설 ⓒ '선정계획'에 따르면 종합점수가 70점 이상인 지원자 중에서 합격자를 선발한다고 하였다.

[오답풀이] ㉠ '위촉 내용'의 권역을 보면, 동북아시아, 중동아시아, 아프리카에서 활동하는 인원을 모집한다.

㉡ 위촉 기간은 26년 8월 31일까지지만, 수행결과와 만족도에 따라서 임기 연장이 가능하다고 하였다.

44 ② 　　　　　　　　　　　　문제해결능력

Quick해설 지원자별 총점은 다음과 같다.

(단위: 점)

가	나	다	라
80	80	78	80

따라서 고득점 동점자 중 자격증을 보유한 '나'가 위촉될 것이다.

45 ③ 　　　　　　　　　　　　문제해결능력

Quick해설 준-중증병상은 중환자로 갈가능성이 높거나 또는 중환자 가운데 증상이 개선됐으나 일반병실로 가기 어려운 환자를 위해 운영되는 병상이다. 반면 ③의 설명은 중등증병상을 의미한다.

46 ① 　　　　　　　　　　　　문제해결능력

Quick해설 각 인원별 주간근무실적을 참고하여 지급액을 계산해보면 다음과 같다.

- 의사: 대면진료(50,000) 휴일1일, 평일3일, 음압병실근무(20,000) 평일 1일
  → 75,000＋150,000＋20,000＝245,000(원)
- 간호사: 대면간호(50,000) 평일 2일, 감염관리실(30,000) 평일 1일, 음압병실(20,000) 휴일 1일, 평일 1일
  → 100,000＋30,000＋30,000＋20,000＝180,000(원)
- 간호조무사: 감염관리실(30,000) 평일 1일, 중증병상(30,000) 평일 3일, 음압병실(20,000) 평일 1일
  → 30,000＋90,000＋20,000＝140,000(원)
- 이송요원: 이송(20,000) 휴일 2일, 평일 3일
  → 60,000＋60,000＝120,000(원)

47 ④ 　　　　　　　　　　　　문제해결능력

Quick해설 가입자의 자격 변동일로부터 90일 이내의 경우 자격 변동일로 하지만, 90일을 넘어 신고한 경우엔 신고서를 제출한 날로 한다고 하였다.

48 ② 　　　　　　　　　　　　문제해결능력

Quick해설 나: 가입자의 미혼 외손 직계비속이여도 부모가 없거나, 아버지 또는 어머니가 있어도 보수 또는 소득이 없는 경우에만 인정된다.

49 ③ 　　　　　　　　　　　　문제해결능력

Quick해설 소득수준과 부담수준에 따라서 차등적으로 의료비를 지원받을 수 있다.

50 ③ 　　　　　　　　　　　　문제해결능력

Quick해설 기준 중위소득 50% 이하의 2인 이상 가구는 본인부담의료비 총액이 160만 원을 초과할 경우 70%까지 받을 수 있다. 따라서 200만 원의 70%인 140만 원을 지원받을 수 있다.

51 ③ 　　　　　　　　　　　　문제해결능력

Quick해설 기준 중위소득 100% 이하의 3인 가구 직장가입자의 경우 보험료는 167,880원이다. H씨의 연소득은 5,000만 원이며, 이 중 연소득의 10%인 500만 원을 초과하는 의료비 720만 원이 발생했으므로 지원대상이 된다. 이때 의료비 지원 비율은 60%이므로 720×0.6＝432(만 원)을 지원받을 수 있다.

52 ④ 　　　　　　　　　　　　문제해결능력

Quick해설 '지원 대상-가' 항목에 따르면 일정한 주거 없이 거리에서 생활하는 자는 지원 대상에서 제외된다고 하였다.

53 ④ 　　　　　　　　　　　　문제해결능력

Quick해설

1) 진료비 항목별로 나누어 살펴보면 다음과 같다. 90% 지원: 200만 원×90% → 지원금 180만 원 / 200만 원×10% → 본인부담금 20만 원

2) 3인 이하 병실 추가부담금: 지원금 0원 / 본인부담금 50만 원

3) 식대: 50만 원×80% → 지원금 40만 원 / 50만 원× 20% → 본인부담금 10만 원

따라서 지원금은 180＋0＋40＝220(만 원)이고, 본인부담금은 20＋50＋10＝80(만 원)이다.

54 ③　　　　　　　　　　　　　　문제해결능력

Quick해설 C환자의 경우 이전 지원횟수가 3회이므로 자기부담 비율은 20%에 해당한다. 그러나 1회 지원한도인 500만 원을 초과하는 경우 한도를 제외한 나머지가 자기부담금이라고 하였으므로, 840－500＝340(만 원)이 자기부담금이 된다.

[오답풀이] A: 이전 지원횟수 2회이므로 자기부담금은 10%이다. 380×10%＝38만 원

B: 이전 지원횟수 4회이므로 자기부담금은 20%이다. 460×20%＝92만 원

D: 이전 지원횟수 2회이므로 자기부담 비율은 10%에 해당하지만, 1회 지원한도인 500만 원을 초과하는 경우 한도를 제외한 나머지가 자기부담금이므로, 자기부담금은 580만 원이다.

55 ②　　　　　　　　　　　　　　문제해결능력

Quick해설 1년간 본인 일부 부담금이 개인별 본인부담상한액을 초과하는 경우 초과금액은 건강보험공단에서 부담한다고 하였다.

56 ③　　　　　　　　　　　　　　문제해결능력

Quick해설 2023년 월별기준보험료가 20만 원에 해당하는 지역가입자는 소득분위 9분위에 해당한다.

이때 요양병원 120일 초과 입원 시 본인부담상한액이 646만 원이므로, 건강보험공단에서 지급받을 금액은 본인 부담금에서 요양병원 120일 초과 본인부담상한액을 제외한 금액인 900－646＝254(만 원)이다.

57 ①　　　　　　　　　　　　　　문제해결능력

Quick해설 ·2023년 본인부담상한액: 108만 원

·2024년 본인부담상한액: 162만 원

따라서 2023년 대비 2024년의 증가율은 $\frac{162-108}{108}\times$

100＝50(%)이다.

·2023년 건강보험공단에서 부담하는 금액: 300－108＝192(만 원)

·2024년 건강보험공단에서 부담하는 금액: 300－162＝138(만 원)

따라서 2023년 대비 2024년의 감소율은 $\frac{192-138}{192}\times$ 100≒28.1(%)이다.

58 ③　　　　　　　　　　　　　　문제해결능력

Quick해설 총진료비에 통역, 교통, 관광, 숙박등의 비의료 서비스에 대한 대가로 지불하는 비용은 제외한다.

[오답풀이] ① 2022년 국내 시장규모가 가장 많이 증가한 분야는 의료기기가 23.1%로 가장 많이 증가했다.

② 2024년 외국인환자 목표는 70만 명으로 전년 60만 명 대비 약 16.6% 증가했다.

④ 의원의 경우 외국인환자 최대 적정 유치 수수료율이 30%로 가장 높다.

59 ④　　　　　　　　　　　　　　문제해결능력

Quick해설 D의원은 수수료율이 30%이기 때문에 부가가치세를 적용하지 않는다. 따라서 수수료는 500×0.3＝150(만 원)이다.

60 ①　　　　　　　　　　　　　　문제해결능력

Quick해설 20대의 외국인환자 인원 205,549명과 전체 599,650명이므로 20대의 비중은 $\frac{205,549}{599,650}\times100＝$ 34.3(%)이다.

01	02	03	04	05	06	07	08	09	10
④	③	④	④	④	③	①	②	②	③
11	12	13	14	15	16	17	18	19	20
②	③	①	③	④	②	②	④	④	④

01 ④

[상세해설] 국민건강보험법 제3조의2(국민건강보험종합계획의 수립 등)
② 종합계획에는 다음 각 호의 사항이 포함되어야 한다.
  1. 건강보험정책의 기본목표 및 추진방향
  2. 건강보험 보장성 강화의 추진계획 및 추진방법
  3. 건강보험의 중장기 재정 전망 및 운영
  4. 보험료 부과체계에 관한 사항
  5. 요양급여비용에 관한 사항
  6. 건강증진 사업에 관한 사항
  7. 취약계층 지원에 관한 사항
  8. 건강보험에 관한 통계 및 정보의 관리에 관한 사항

02 ③

[오답풀이] 국민건강보험법 제62조(설립)
요양급여비용을 심사하고 요양급여의 적정성을 평가하기 위하여 건강보험심사평가원을 설립한다.

03 ④

[오답풀이] 국민건강보험법 제4조(건강보험정책심의위원회)
⑥ 보건복지부장관은 심의위원회가 심의한 사항을 국회에 보고하여야 한다.

04 ④

[상세해설] 국민건강보험법 제43조(요양기관 현황에 대한 신고)
① 요양기관은 요양급여비용을 최초로 청구하는 때에 요양기관의 시설·장비 및 인력 등에 대한 현황을 제62조에 따른 건강보험심사평가원(이하 "심사평가원"이라 한다)에 신고하여야 한다.
② 요양기관은 신고한 내용(요양급여비용의 증감에 관련된 사항만 해당한다)이 변경된 경우에는 그 변경된

날부터 15일 이내에 보건복지부령으로 정하는 바에 따라 심사평가원에 신고하여야 한다.
③ 신고의 범위, 대상, 방법 및 절차 등에 필요한 사항은 보건복지부령으로 정한다.

05 ④

[상세해설] 국민건강보험법 시행령 제19조(비용의 본인부담)
③ 본인일부부담금의 총액은 요양급여를 받는 사람이 연간 부담하는 본인일부부담금을 모두 더한 금액으로 한다. 다만, 다음 각 목의 어느 하나에 해당하는 사람이 부담한 금액은 제외한다.
  가. 임신부
  나. 6세 미만의 사람
  다. 의약분업 예외환자
  라. 보건복지부장관이 정하여 고시하는 난임진료를 받은 사람

06 ③

[상세해설] 국민건강보험법 제79조(보험료등의 납입 고지)
① 공단은 보험료등을 징수하려면 그 금액을 결정하여 납부의무자에게 다음 각 호의 사항을 적은 문서로 납입 고지를 하여야 한다.
  1. 징수하려는 보험료등의 종류
  2. 납부해야 하는 금액
  3. 납부기한 및 장소

07 ①

[상세해설] A씨가 연간 4000만원의 기타소득이 발생하였다면 월급외 소득 유형 6가지(근로소득, 사업소득, 기타소득, 이자소득, 배당소득, 연금소득)중 하나에 해당된다. 이때 월급외 소득이 2000만원 이상일 경우 추가로 나머지 금액(2000만원)에 대해 보험료율을 적용해야 하고 24년기준 보험료율 7.09%를 적용하면 1,418,000원을 납부해야 한다.

08 ②

[오답풀이] 국민건강보험법 제80조(연체금)
① 공단은 보험료등의 납부의무자가 납부기한까지 보험료등을 내지 아니하면 그 납부기한이 지난 날부터 매

1일이 경과할 때마다 다음 각 호에 해당하는 연체금을 징수한다.

1. 제69조에 따른 보험료 또는 제53조제3항에 따른 보험급여 제한 기간 중 받은 보험급여에 대한 징수금을 체납한 경우: 해당 체납금액의 1천500분의 1에 해당하는 금액. 이 경우 연체금은 해당 체납금액의 1천분의 20을 넘지 못한다.

② 공단은 보험료등의 납부의무자가 체납된 보험료등을 내지 아니하면 납부기한 후 30일이 지난 날부터 매 1일이 경과할 때마다 다음 각 호에 해당하는 연체금을 제1항에 따른 연체금에 더하여 징수한다.

③ 공단은 천재지변이나 그 밖에 보건복지부령으로 정하는 부득이한 사유가 있으면 연체금을 징수하지 아니할 수 있다.

09 ②

[상세해설] 국민건강보험법 제81조(보험료등의 독촉 및 체납처분)

① 공단은 보험료등을 내야 하는 자가 보험료등을 내지 아니하면 기한을 정하여 독촉할 수 있다. 이 경우 직장가입자의 사용자가 2명 이상인 경우 또는 지역가입자의 세대가 2명 이상으로 구성된 경우에는 그 중 1명에게 한 독촉은 해당 사업장의 다른 사용자 또는 세대 구성원인 다른 지역가입자 모두에게 효력이 있는 것으로 본다.

② 독촉할 때에는 10일 이상 15일 이내의 납부기한을 정하여 독촉장을 발부하여야 한다.

③ 공단은 독촉을 받은 자가 그 납부기한까지 보험료등을 내지 아니하면 보건복지부장관의 승인을 받아 국세 체납처분의 예에 따라 이를 징수할 수 있다.

④ 공단은 체납처분을 하기 전에 보험료등의 체납 내역, 압류 가능한 재산의 종류, 압류 예정 사실 및 「국세징수법」 제41조제18호에 따른 소액금융재산에 대한 압류금지 사실 등이 포함된 통보서를 발송하여야 한다.

10 ③

[상세해설] 국민건강보험법 제81조의3(체납 또는 결손처분 자료의 제공)

① 공단은 보험료 징수 및 징수금(같은 조 제2항 각 호의 어느 하나에 해당하여 같은 조 제1항 및 제2항에 따라 징수하는 금액에 한정한다. 이하 이 조에서 "부당이득금"이라 한다)의 징수 또는 공익목적을 위하여 필요한 경우에 「신용정보의 이용 및 보호에 관한 법률」 제25조제2항제1호의 종합신용정보집중기관에 다음 각 호의 어느 하나에 해당하는 체납자 또는 결손처분자의 인적사항·체납액 또는 결손처분액에 관한 자료(이하 이 조에서 "체납등 자료"라 한다)를 제공할 수 있다. 다만, 체납된 보험료나 부당이득금과 관련하여 행정심판 또는 행정소송이 계류 중인 경우, 분할납부를 승인받은 경우 중 대통령령으로 정하는 경우, 그 밖에 대통령령으로 정하는 사유가 있을 때에는 그러하지 아니하다.

1. 이 법에 따른 납부기한의 다음 날부터 1년이 지난 보험료 및 그에 따른 연체금과 체납처분비의 총액이 500만원 이상인 자

2. 이 법에 따른 납부기한의 다음 날부터 1년이 지난 부당이득금 및 그에 따른 연체금과 체납처분비의 총액이 1억원 이상인 자

3. 결손처분한 금액의 총액이 500만원 이상인 자

11 ②

[오답풀이] 국민건강보험법 시행령 제59조(심판청구서의 제출 등)

① 심판청구를 하려는 자는 다음 각 호의 사항을 적은 심판청구서를 공단, 심사평가원 또는 건강보험분쟁조정위원회(이하 '분쟁조정위원회'라 한다)에 제출하여야 한다. 이 경우 정당한 권한이 없는 자에게 심판청구서가 제출되었을 때에는 심판청구서를 받은 자는 그 심판청구서를 정당한 권한이 있는 자에게 보내야 한다.

② 공단과 심사평가원은 제1항에 따라 심판청구서를 받으면 그 심판청구서를 받은 날부터 10일 이내에 그 심판청구서에 처분을 한 자의 답변서 및 이의신청 결정서 사본을 첨부하여 분쟁조정위원회에 제출하여야 한다.

③ 분쟁조정위원회는 제1항에 따라 심판청구서를 받으면 지체 없이 그 사본 또는 부본(副本)을 공단 또는 심사평가원 및 이해관계인에게 보내고, 공단 또는 심사평가원은 그 사본 또는 부본을 받은 날부터 10일 이내에 처분을 한 자의 답변서 및 이의신청 결정서 사본을 분쟁조정위원회에 제출하여야 한다.

⑤ 심판청구 제기기간을 계산할 때에는 공단, 심사평가원, 분쟁조정위원회 또는 정당한 권한이 없는 자에게 심판청구서가 제출된 때에 심판청구가 제기된 것으로 본다.

12 ③

[상세해설] 국민건강보험법 제119조(과태료)
③ 다음 각 호의 어느 하나에 해당하는 자에게는 500만 원 이하의 과태료를 부과한다.
  4. 행정처분을 받은 사실 또는 행정처분절차가 진행 중인 사실을 지체 없이 알리지 아니한 자

13 ①

[오답풀이] 국민건강보험법 시행규칙 제48조(보험료등의 납입고지 기한)
공단은 법 제79조에 따라 보험료와 그 밖에 법에 따른 징수금(이하 "보험료등"이라 한다)의 납입고지를 할 때에는 납부의무자에게 보험료등의 납부기한 10일 전까지 납입고지서를 발급하여야 한다.
국민건강보험법 제77조(보험료 납부의무)
① 직장가입자의 보험료는 다음 각 호의 구분에 따라 그 각 호에서 정한 자가 납부한다.
  1. 보수월액보험료: 사용자. 이 경우 사업장의 사용자가 2명 이상인 때에는 그 사업장의 사용자는 해당 직장가입자의 보험료를 연대하여 납부한다.
  3. 구분 합산 및 합봉 고지
    (1) 직장고지서는 해당 사업장이 납부하여야 할 보험료를 구분·합산하여 고지한다.
    (4) 고지서 합봉 발송을 위한 송달지 주소 기준
      ① 4대 사회보험의 사업장관리번호와 대표자명이 같은 동일사업장의 경우 건강보험 주소로 고지서를 합봉 발송한다.
      ※ 직장보험료 고지서 발송주소 적용 순위: 건강보험 > 국민연금 > 고용보험 > 산재보험

14 ③

[상세해설] 국민건강보험법 제110조(실업자에 대한 특례)
① 사용관계가 끝난 사람 중 직장가입자로서의 자격을 유지한 기간이 보건복지부령으로 정하는 기간 동안 통산 1년 이상인 사람은 지역가입자가 된 이후 최초

로 제79조에 따라 지역가입자 보험료를 고지받은 날부터 그 납부기한에서 2개월이 지나기 이전까지 공단에 직장가입자로서의 자격을 유지할 것을 신청할 수 있다.
② 제1항에 따라 공단에 신청한 가입자(이하 "임의계속가입자"라 한다)는 제9조에도 불구하고 대통령령으로 정하는 기간 동안 직장가입자의 자격을 유지한다. 다만, 제1항에 따른 신청 후 최초로 내야 할 직장가입자 보험료를 그 납부기한부터 2개월이 지난 날까지 내지 아니한 경우에는 그 자격을 유지할 수 없다.
국민건강보험법 시행규칙 제62조(임의계속가입을 위한 직장가입자 자격 유지 기간)
  법 제110조제1항에서 "보건복지부령으로 정하는 기간"이란 사용관계가 끝난 날 이전 18개월간을 말한다.
국민건강보험법 시행령 제77조(임의계속가입자 적용기간)
① 법 제110조제2항 본문에서 "대통령령으로 정하는 기간"이란 사용관계가 끝난 날의 다음 날부터 기산(起算)하여 36개월이 되는 날을 넘지 아니하는 범위에서 다음 각 호의 구분에 따른 기간을 말한다.
  1. 법 제110조제1항에 따라 공단에 신청한 가입자(이하 "임의계속가입자"라 한다)가 법 제9조제1항제2호에 따라 자격이 변동되기 전날까지의 기간
  2. 임의계속가입자가 법 제10조제1항에 따라 그 자격을 잃기 전날까지의 기간

15 ④

[상세해설] 국민건강보험법 제110조(실업자에 대한 특례)
⑤ 임의계속가입자의 보수월액보험료는 그 임의계속가입자가 전액을 부담하고 납부한다.
② 공단에 신청한 가입자(이하 "임의계속가입자"라 한다)는 대통령령으로 정하는 기간 동안 직장가입자의 자격을 유지한다. 다만, 신청 후 최초로 내야 할 직장가입자 보험료를 그 납부기한부터 2개월이 지난 날까지 내지 아니한 경우에는 그 자격을 유지할 수 없다.
③ 임의계속가입자의 보수월액은 보수월액보험료가 산정된 최근 12개월간 보수월액의 평균 금액으로 한다.
④ 임의계속가입자의 보험료는 보건복지부장관이 정하여 고시하는 바에 따라 그 일부를 경감할 수 있다.

16 ②

[오답풀이] 국민건강보험법 제9조(자격의 변동 시기 등)
① 가입자는 다음 각 호의 어느 하나에 해당하게 된 날에 그 자격이 변동된다.
1. 지역가입자가 적용대상사업장의 사용자로 되거나, 근로자·공무원 또는 교직원(이하 "근로자등"이라 한다)으로 사용된 날
3. 직장가입자인 근로자등이 그 사용관계가 끝난 날의 다음 날
4. 적용대상사업장에 사유가 발생한 날의 다음 날
5. 지역가입자가 다른 세대로 전입한 날

17 ②

[상세해설] 국민건강보험법 시행령 제58조(이의신청 결정 기간)
① 공단과 심사평가원은 이의신청을 받은 날부터 60일 이내에 결정을 하여야 한다. 다만, 부득이한 사정이 있는 경우에는 30일의 범위에서 그 기간을 연장할 수 있다.
② 공단과 심사평가원은 제1항 단서에 따라 결정기간을 연장하려면 결정기간이 끝나기 7일 전까지 이의신청을 한 자에게 그 사실을 알려야 한다.

18 ④

[상세해설] 출입국관리법 시행령 제23조(외국인의 취업과 체류자격)
① 법 제18조제1항에 따른 취업활동을 할 수 있는 체류자격은 별표 1 중 5. 단기취업(C−4), 별표 1의2 중 14. 교수(E−1)부터 22. 선원취업(E−10)까지 및 29. 방문취업(H−2) 체류자격으로 한다. 이 경우 "취업활동"은 해당 체류자격의 범위에 속하는 활동으로 한다.(별표 1의 2 참고)
• 대한민국 내 공공기관 및 민간단체로부터 초청을 받아 각종 연구소에서 자연과학 분야의 연구 및 사회과학, 인문학, 예체능 분야의 연구 또는 산업상 고도의 기술의 연구, 개발에 종사하려는 사람
• 대한민국내의 민간단체에서 계약에 따라 법무부 장관이 특별히 지정하는 활동에 종사하려는 사람
• 친척방문, 가족동거, 가사정리와 유사한 목적으로 체류하려는 사람으로 법무부 장관이 인정하는 사람
• 관광취업에 관한 협정이나 양해각서등을 체결한 국가의 국민으로서 협정등의 내용에 따라 관광과 취업활동을 하려는 사람

19 ④

[상세해설] 국민건강보험법 제85조(보험료등의 징수 순위)
보험료등은 국세와 지방세를 제외한 다른 채권에 우선하여 징수한다. 다만, 보험료등의 납부기한 전에 전세권·질권·저당권 또는 「동산·채권 등의 담보에 관한 법률」에 따른 담보권의 설정을 등기 또는 등록한 사실이 증명되는 재산을 매각할 때에 그 매각대금 중에서 보험료등을 징수하는 경우 그 전세권·질권·저당권 또는 「동산·채권 등의 담보에 관한 법률」에 따른 담보권으로 담보된 채권에 대하여는 그러하지 아니하다.

20 ④

[상세해설] 국민건강보험법 제57조(부당이득)
① 공단은 속임수나 그 밖의 부당한 방법으로 보험급여를 받은 사람·준요양기관 및 보조기기 판매업자나 보험급여 비용을 받은 요양기관에 대하여 그 보험급여나 보험급여 비용에 상당하는 금액을 징수한다.
② 공단은 속임수나 그 밖의 부당한 방법으로 보험급여 비용을 받은 요양기관이 다음 각 호의 어느 하나에 해당하는 경우에는 해당 요양기관을 개설한 자에게 그 요양기관과 연대하여 같은 항에 따른 징수금을 납부하게 할 수 있다.
2. 약국을 개설할 수 없는 자가 약사 등의 면허를 대여받아 개설·운영하는 약국
③ 사용자나 가입자의 거짓 보고나 거짓 증명, 요양기관의 거짓 진단이나 거짓 확인 또는 준요양기관이나 보조기기를 판매한 자의 속임수 및 그 밖의 부당한 방법으로 보험급여가 실시된 경우 공단은 이들에게 보험급여를 받은 사람과 연대하여 징수금을 내게 할 수 있다.
④ 공단은 속임수나 그 밖의 부당한 방법으로 보험급여를 받은 사람과 같은 세대에 속한 가입자에게 속임수나 그 밖의 부당한 방법으로 보험급여를 받은 사람과 연대하여 징수금을 내게 할 수 있다.

01	02	03	04	05	06	07	08	09	10
②	②	②	①	①	②	②	④	①	④

11	12	13	14	15	16	17	18	19	20
②	③	③	④	④	③	②	③	③	③

01 ②

[상세해설] 노인장기요양보험법 제31조(장기요양기관의 지정)

① 재가급여 또는 시설급여를 제공하는 장기요양기관을 운영하려는 자는 보건복지부령으로 정하는 장기요양에 필요한 시설 및 인력을 갖추어 소재지를 관할 구역으로 하는 특별자치시장·특별자치도지사·시장·군수·구청장으로부터 지정을 받아야 한다.

② 장기요양기관으로 지정을 받을 수 있는 시설은 「노인복지법」에 따른 노인복지시설 중 대통령령으로 정하는 시설로 한다.

④ 특별자치시장·특별자치도지사·시장·군수·구청장은 장기요양기관을 지정한 때 지체 없이 지정 명세를 공단에 통보하여야 한다.

⑤ 재가급여를 제공하는 장기요양기관 중 의료기관이 아닌 자가 설치·운영하는 장기요양기관이 방문간호를 제공하는 경우에는 방문간호의 관리책임자로서 간호사를 둔다.

02 ②

[오답풀이] 노인장기요양보험법 제33조의2(폐쇄회로 텔레비전의 설치 등)

① 장기요양기관을 운영하는 자는 노인학대 방지 등 수급자의 안전과 장기요양기관의 보안을 위하여 「개인정보 보호법」 및 관련 법령에 따른 폐쇄회로 텔레비전을 설치·관리하여야 한다.

노인장기요양보험법 제58조(국가의 부담)

① 국가는 매년 예산의 범위 안에서 해당 연도 장기요양보험료 예상수입액의 100분의 20에 상당하는 금액을 공단에 지원한다.

노인장기요양보험법 제59조(전자문서의 사용)

① 장기요양사업에 관련된 각종 서류의 기록, 관리 및 보관은 보건복지부령으로 정하는 바에 따라 전자문서로 한다.

03 ②

[오답풀이] 노인장기요양보험법 시행령 제22조(심사청구 결정기간)

① 심사청구를 받은 공단은 심사청구를 받은 날부터 60일 이내에 결정해야 한다. 다만, 부득이한 사정이 있으면 30일의 범위 안에서 결정기간을 연장할 수 있다.

노인장기요양보험법 제33조의2(폐쇄회로 텔레비전의 설치 등)

③ 장기요양기관을 운영하는 자는 폐쇄회로 텔레비전에 기록된 영상정보를 60일 이상 보관하여야 한다.

노인장기요양보험법 시행령 제27조(재심사청구의 결정기간)

① 재심사청구를 받은 재심사위원회는 재심사청구를 받은 날부터 60일 이내에 결정해야 한다. 다만, 부득이한 사정이 있으면 30일의 범위 안에서 결정기간을 연장할 수 있다.

노인장기요양보험법 제19조(장기요양인정의 유효기간)

① 장기요양인정의 유효기간은 최소 1년이상으로서 대통령령으로 정한다.

04 ①

[상세해설] 노인장기요양보험법 제43조(부당이득의 징수)

① 공단은 장기요양급여를 받은 자, 장기요양급여비용을 받은 자 또는 의사소견서·방문간호지시서 발급비용을 받은 자가 다음 각 호의 어느 하나에 해당하는 경우 그 장기요양급여, 장기요양급여비용 또는 의사소견서등 발급비용에 상당하는 금액을 징수한다.

1. 제15조제5항에 따른 등급판정 결과 같은 조 제4항 각 호의 어느 하나에 해당하는 것으로 확인된 경우
2. 월 한도액 범위를 초과하여 장기요양급여를 받은 경우
3. 장기요양급여의 제한 등을 받을 자가 장기요양급여를 받은 경우
4. 거짓이나 그 밖의 부정한 방법으로 재가 및 시설 급여비용을 청구하여 이를 지급받은 경우
4의2. 거짓이나 그 밖의 부정한 방법으로 의사소견서 등 발급비용을 청구하여 이를 지급받은 경우
5. 그 밖에 이 법상의 원인 없이 공단으로부터 장기요양급여를 받거나 장기요양급여비용을 지급받은 경우

05 ①

[오답풀이] 노인장기요양보험법 제23조(장기요양급여의 종류)

  2. 시설급여: 장기요양기관에 장기간 입소한 수급자에게 신체활동 지원 및 심신기능의 유지·향상을 위한 교육·훈련 등을 제공하는 장기요양급여

노인장기요양보험법 제3조(장기요양급여 제공의 기본원칙)

③ 장기요양급여는 노인등이 가족과 함께 생활하면서 가정에서 장기요양을 받는 재가급여를 우선적으로 제공하여야 한다.

노인장기요양보험법 시행령 제15조의8(본인부담금) 장기요양급여를 받는 자가 부담해야 하는 비용은 다음 각 호와 같다.

  2. 시설급여: 해당 장기요양급여비용의 100분의 20

노인복지법 제34조(노인의료복지시설)

① 노인의료복지시설은 다음 각 호의 시설로 한다.

  1. 노인요양시설: 치매·중풍 등 노인성질환 등으로 심신에 상당한 장애가 발생하여 도움을 필요로 하는 노인을 입소시켜 급식·요양과 그 밖에 일상생활에 필요한 편의를 제공함을 목적으로 하는 시설

  2. 노인요양공동생활가정: 치매·중풍 등 노인성질환 등으로 심신에 상당한 장애가 발생하여 도움을 필요로 하는 노인에게 가정과 같은 주거여건과 급식·요양, 그 밖에 일상생활에 필요한 편의를 제공함을 목적으로 하는 시설

06 ②

[상세해설] 아동양육비는 만 18세 미만 아동 1인당 매월 20만원을 지원받는다.

  ※ 단, 2025년 현재 아동양육비의 경우 18세 미만 아동 1인당 매월 23만원을 지원받는다.

07 ②

[상세해설] 노인장기요양보험법 제44조(구상권)

① 공단은 제3자의 행위로 인한 장기요양급여의 제공사유가 발생하여 수급자에게 장기요양급여를 행한 때 그 급여에 사용된 비용의 한도 안에서 그 제3자에 대한 손해배상의 권리를 얻는다.

08 ④

[상세해설] 노인장기요양보험법 제23조(장기요양급여의 종류)

① 이 법에 따른 장기요양급여의 종류는 다음 각 호와 같다.

  1. 재가급여

    가. 방문요양: 장기요양요원이 수급자의 가정 등을 방문하여 신체활동 및 가사활동 등을 지원하는 장기요양급여

    나. 방문목욕: 장기요양요원이 목욕설비를 갖춘 장비를 이용하여 수급자의 가정 등을 방문하여 목욕을 제공하는 장기요양급여

    다. 방문간호: 장기요양요원인 간호사 등이 의사, 한의사 또는 치과의사의 지시서에 따라 수급자의 가정 등을 방문하여 간호, 진료의 보조, 요양에 관한 상담 또는 구강위생 등을 제공하는 장기요양급여

    라. 주·야간보호: 수급자를 하루 중 일정한 시간 동안 장기요양기관에 보호하여 신체활동 지원 및 심신기능의 유지·향상을 위한 교육·훈련 등을 제공하는 장기요양급여

    마. 단기보호: 수급자를 보건복지부령으로 정하는 범위 안에서 일정 기간 동안 장기요양기관에 보호하여 신체활동 지원 및 심신기능의 유지·향상을 위한 교육·훈련 등을 제공하는 장기요양급여

    바. 기타재가급여: 수급자의 일상생활·신체활동 지원 및 인지기능의 유지·향상에 필요한 용구(소프트웨어를 포함한다)를 제공하거나 가정을 방문하여 재활에 관한 지원 등을 제공하는 장기요양급여로서 대통령령으로 정하는 것

  3. 특별현금급여

    가. 가족요양비: 제24조에 따라 지급하는 가족장기요양급여

    나. 특례요양비: 제25조에 따라 지급하는 특례장기요양급여

    다. 요양병원간병비: 제26조에 따라 지급하는 요양병원장기요양급여

09 ①

[상세해설] 노인장기요양보험법 제4조(국가 및 지방자치단체의 책무 등)

① 국가 및 지방자치단체는 노인이 일상생활을 혼자서 수행할 수 있는 온전한 심신상태를 유지하는데 필요한 사업을 실시하여야 한다.

② 국가는 노인성질환예방사업을 수행하는 지방자치단체 또는 「국민건강보험법」에 따른 국민건강보험공단에 대하여 이에 소요되는 비용을 지원할 수 있다.

③ 국가 및 지방자치단체는 노인인구 및 지역특성 등을 고려하여 장기요양급여가 원활하게 제공될 수 있도록 적정한 수의 장기요양기관을 확충하고 장기요양기관의 설립을 지원하여야 한다.

④ 국가 및 지방자치단체는 장기요양급여가 원활히 제공될 수 있도록 공단에 필요한 행정적 또는 재정적 지원을 할 수 있다.

⑤ 국가 및 지방자치단체는 장기요양요원의 처우를 개선하고 복지를 증진하며 지위를 향상시키기 위하여 적극적으로 노력하여야 한다.

⑥ 국가 및 지방자치단체는 지역의 특성에 맞는 장기요양사업의 표준을 개발·보급할 수 있다.

10 ④

[상세해설] 노인장기요양보험법 제55조(심사청구)

① 장기요양인정·장기요양등급·장기요양급여·부당이득·장기요양급여비용 또는 장기요양보험료 등에 관한 공단의 처분에 이의가 있는 자는 공단에 심사청구를 할 수 있다.

11 ②

[상세해설] 노인장기요양보험법 제28조의2(급여외행위의 제공 금지)

① 수급자 또는 장기요양기관은 장기요양급여를 제공받거나 제공할 경우 다음 각 호의 행위(이하 "급여외행위"라 한다)를 요구하거나 제공하여서는 아니 된다.

1. 수급자의 가족만을 위한 행위

2. 수급자 또는 그 가족의 생업을 지원하는 행위

3. 그 밖에 수급자의 일상생활에 지장이 없는 행위

② 그 밖에 급여외행위의 범위 등에 관한 구체적인 사항은 보건복지부령으로 정한다.

12 ③

[상세해설] 노인장기요양보험법 제67조(벌칙)

① 다음 각 호의 어느 하나에 해당하는 자는 3년 이하의 징역 또는 3천만원 이하의 벌금에 처한다.

1. 거짓이나 그 밖의 부정한 방법으로 장기요양급여 비용을 청구한 자

② 다음 각 호의 어느 하나에 해당하는 자는 2년 이하의 징역 또는 2천만원 이하의 벌금에 처한다.

1. 제31조(장기요양기관의 지정)를 위반하여 지정받지 아니하고 장기요양기관을 운영하거나 거짓이나 그 밖의 부정한 방법으로 지정받은 자

③ 다음 각 호의 어느 하나에 해당하는 자는 1년 이하의 징역 또는 1천만원 이하의 벌금에 처한다.

1. 정당한 사유 없이 장기요양급여의 제공을 거부한 자

④ 자료제출 명령에 따르지 아니하거나 거짓으로 자료제출을 한 장기요양기관 또는 의료기관이나 질문 또는 검사를 거부·방해 또는 기피하거나 거짓으로 답변한 장기요양기관 또는 의료기관은 1천만원 이하의 벌금에 처한다.

13 ③

[상세해설] 노인장기요양보험법 제66조의3(소액 처리)

공단은 징수 또는 반환하여야 할 금액이 1건당 1,000원 미만인 경우(제38조제5항 및 제43조제4항 후단에 따라 각각 상계할 수 있는 지급금 및 장기요양보험료등은 제외한다)에는 징수 또는 반환하지 아니한다. 다만, 「국민건강보험법」 제106조에 따른 소액 처리 대상에서 제외되는 건강보험료와 통합하여 징수 또는 반환되는 장기요양보험료의 경우에는 그러하지 아니하다.

14 ④

[상세해설] 노인장기요양보험법 시행령 제16조(장기요양위원회의 심의사항)

법 제45조제4호에서 "대통령령으로 정하는 주요 사항"이란 다음 각 호의 사항을 말한다.

1. 의사소견서 발급비용의 기준

2. 방문간호지시서 발급비용의 기준

3. 법 제28조에 따른 월 한도액의 결정

4. 그 밖에 장기요양급여에 관한 사항으로서 보건복지부장관이 회의에 부치는 사항

노인장기요양보험법 제45조(장기요양위원회의 설치 및 기능) 다음 각 호의 사항을 심의하기 위하여 보건복지부장관 소속으로 장기요양위원회를 둔다.

1. 제9조제2항에 따른 장기요양보험료율
2. 제24조부터 제26조까지의 규정에 따른 가족요양비, 특례요양비 및 요양병원간병비의 지급기준
3. 제39조에 따른 재가 및 시설 급여비용
4. 그 밖에 대통령령으로 정하는 주요 사항

15 ④

[상세해설] 노인장기요양보험법 제22조(장기요양인정 신청 등에 대한 대리)

① 장기요양급여를 받고자 하는 자 또는 수급자가 신체적·정신적인 사유로 이 법에 따른 장기요양인정의 신청, 장기요양인정의 갱신신청 또는 장기요양등급의 변경신청 등을 직접 수행할 수 없을 때 본인의 가족이나 친족, 그 밖의 이해관계인은 이를 대리할 수 있다.

② 다음 각 호의 어느 하나에 해당하는 사람은 관할 지역 안에 거주하는 사람 중 장기요양급여를 받고자 하는 사람 또는 수급자가 제1항에 따른 장기요양인정신청 등을 직접 수행할 수 없을 때 본인 또는 가족의 동의를 받아 그 신청을 대리할 수 있다.

1. 「사회보장급여의 이용·제공 및 수급권자 발굴에 관한 법률」 제43조에 따른 사회복지전담공무원
2. 「치매관리법」 제17조에 따른 치매안심센터의 장 (장기요양급여를 받고자 하는 사람 또는 수급자가 같은 법 제2조제2호에 따른 치매환자인 경우로 한정한다)

③ 제1항 및 제2항에도 불구하고 장기요양급여를 받고자 하는 자 또는 수급자가 제1항에 따른 장기요양인정신청 등을 할 수 없는 경우 특별자치시장·특별자치도지사·시장·군수·구청장이 지정하는 자는 이를 대리할 수 있다.

16 ③

[상세해설] 노인장기요양보험법 제16조(장기요양등급판정기간)

① 등급판정위원회는 신청인이 신청서를 제출한 날부터 30일 이내에 장기요양등급판정을 완료하여야 한다. 다만, 신청인에 대한 정밀조사가 필요한 경우 등 기간 이내에 등급판정을 완료할 수 없는 부득이한 사유가 있는 경우 30일 이내의 범위에서 이를 연장할 수 있다.

17 ②

[상세해설] 노인장기요양보험법 제40조(본인부담금)

④ 다음 각 호의 어느 하나에 해당하는 자에 대해서는 본인부담금의 100분의 60의 범위에서 보건복지부장관이 정하는 바에 따라 차등하여 감경할 수 있다.

1. 「의료급여법」 제3조제1항제2호부터 제9호까지의 규정에 따른 수급권자
2. 소득·재산 등이 보건복지부장관이 정하여 고시하는 일정 금액 이하인 자. 다만, 도서·벽지·농어촌 등의 지역에 거주하는 자에 대하여 따로 금액을 정할 수 있다.
3. 천재지변 등 보건복지부령으로 정하는 사유로 인하여 생계가 곤란한 자

18 ③

[상세해설] 노인장기요양보험법 제32조의2(결격사유)

다음 각 호의 어느 하나에 해당하는 자는 장기요양기관으로 지정받을 수 없다.

1. 미성년자, 피성년후견인 또는 피한정후견인
2. 「정신건강증진 및 정신질환자 복지서비스 지원에 관한 법률」 제3조제1호의 정신질환자. 다만, 전문의가 장기요양기관 설립·운영 업무에 종사하는 것이 적합하다고 인정하는 사람은 그러하지 아니하다.
3. 「마약류 관리에 관한 법률」 제2조제1호의 마약류에 중독된 사람
4. 파산선고를 받고 복권되지 아니한 사람
5. 금고 이상의 실형을 선고받고 그 집행이 종료(집행이 종료된 것으로 보는 경우를 포함한다)되거나 집행이 면제된 날부터 5년이 경과되지 아니한 사람
6. 금고 이상의 형의 집행유예를 선고받고 그 유예기간 중에 있는 사람
7. 대표자가 제1호부터 제6호까지의 규정 중 어느 하나에 해당하는 법인

19 ③

[상세해설] 노인장기요양보험법 제48조(관리운영기관 등)
① 장기요양사업의 관리운영기관은 공단으로 한다.

노인장기요양보험법 제36조의2(시정명령)

특별자치시장·특별자치도지사·시장·군수·구청장은 다음 각 호의 어느 하나에 해당하는 장기요양기관에 대하여 6개월 이내의 범위에서 일정한 기간을 정하여 시정을 명할 수 있다.

　　2. 장기요양기관 재무·회계기준을 위반한 경우

노인장기요양보험법 제35조의3(인권교육)

① 장기요양기관 중 대통령령으로 정하는 기관을 운영하는 자와 그 종사자는 인권에 관한 교육을 받아야 한다.

노인장기요양보험법 제32조의3(장기요양기관 지정의 유효기간) 장기요양기관 지정의 유효기간은 지정을 받은 날부터 6년으로 한다.

노인장기요양보험법 제6조의2(실태조사)

① 보건복지부장관은 장기요양사업의 실태를 파악하기 위하여 3년마다 조사를 정기적으로 실시하고 그 결과를 공표하여야 한다.

노인장기요양보험법 제7조(장기요양보험)

② 장기요양보험사업의 보험자는 공단으로 한다.

노인장기요양보험법 제63조(청문) 특별자치시장·특별자치도지사·시장·군수·구청장은 다음 각 호의 어느 하나에 해당하는 처분 또는 공표를 하려는 경우에는 청문을 하여야 한다.

　　1. 장기요양기관 지정취소 또는 업무정지명령

노인장기요양보험법 제69조(과태료)

① 정당한 사유 없이 다음 각 호의 어느 하나에 해당하는 자에게는 500만원 이하의 과태료를 부과한다.

　　8. 거짓이나 그 밖의 부정한 방법으로 장기요양급여 비용 청구에 가담한 사람

20 ③

[상세해설] 국민건강보험법 제91조(시효)
① 다음 각 호의 권리는 3년 동안 행사하지 아니하면 소멸시효가 완성된다.

　　1. 보험료, 연체금 및 가산금을 징수할 권리
　　2. 보험료, 연체금 및 가산금으로 과오납부한 금액을 환급받을 권리
　　3. 보험급여를 받을 권리
　　4. 보험급여 비용을 받을 권리
　　5. 제47조제3항 후단에 따라 과다납부된 본인일부부담금을 돌려받을 권리
　　6. 제61조에 따른 근로복지공단의 권리

② 제1항에 따른 시효는 다음 각 호의 어느 하나의 사유로 중단된다.

　　1. 보험료의 고지 또는 독촉
　　2. 보험급여 또는 보험급여 비용의 청구

2024년 10월 시행 기출복원 모의고사

직업기초능력 응용모듈

01	02	03	04	05	06	07	08	09	10
④	③	②	①	①	④	②	③	④	④
11	12	13	14	15	16	17	18	19	20
②	③	①	②	②	④	④	④	②	③
21	22	23	24	25	26	27	28	29	30
①	②	②	①	①	③	④	②	④	①
31	32	33	34	35	36	37	38	39	40
③	②	①	③	④	③	②	①	③	④
41	42	43	44	45	46	47	48	49	50
②	④	②	③	①	②	③	④	②	①
51	52	53	54	55	56	57	58	59	60
③	②	②	①	②	④	③	④	①	③

01 ④ 　　　　　　　　　　　의사소통능력

Quick해설 [라]는 피험자 동의서 서식을 작성할 때 헬싱키 선언에 근거한 윤리적 원칙과 이 기준을 준수하여야 하며 피험자에게 주어지는 동의서 서식, 피험자 설명서 및 그 밖의 문서화된 정보는 심사위원회의 승인을 받아야 한다고 설명하고 있다. 즉 피해자 보상에 대한 규약이 아니라 피해자 동의서 서식에 관한 내용이다.

[오답풀이] ① [가]에서는 피험자에 대해 정의를 내리고, 피험자의 선정기준 및 제외기준을 제시해야 한다고 설명하고 있다.
② [나]에서는 부작용과 이상반응 발생 등으로 임상시험을 멈춰야 하는 중지 및 탈락에 대해 설명하고 있다.
③ [다]에서는 이상반응이 나타났을 시 보고하는 방법과 그 인과관계에 대한 평가기준을 제시해야 한다고 설명하고 있다.

02 ③ 　　　　　　　　　　　의사소통능력

Quick해설 ㉠에는 '임상시험용'과 '대조시험용'을 대등하게 이어주고 있으므로 '또'가 들어가야 한다. ㉡에는 이상반응 등에 대한 기록을 위해 평가기준이 필요하다는 내용이

연결되어 있으므로 인과관계의 접속사인 '따라서'가 들어가야 한다.

[오답풀이] ① ㉠은 적절하지만 ㉡의 '그러나'는 역접의 접속사이므로 적절하지 않다.
② ㉠과 ㉡ 모두 적절하지 않다.
④ ㉠과 ㉡의 접속사가 반대로 들어가 있다.

03 ② 　　　　　　　　　　　의사소통능력

Quick해설 의료계는 건강보험 확인 의무화 제도가 국민의 불편과 행정적 부담에 비해 그 효과가 미비할 것이라 주장하고 있다.

[오답풀이] ① 1문단에 따르면 건강보험공단이 밝힌 3.5만 건의 도용사례는 적발된 것이므로 적발되지 않은 실제 도용사례는 더 많을 것으로 예상하고 있다.
③ 건강보험 본인 확인 의무화 제도 시행 전에는 의료기관에서 본인 확인을 할 방법이 없었던 것은 아니다. 환자 스스로가 주민번호를 제시하여 본인 확인을 했다.
④ 건강보험 본인 확인 의무화 제도가 시행된 이후에도 '모바일 건강보험증 앱'의 인증 번호를 타인에게 전달하면 다른 사람의 휴대전화에 모바일 건강보험증이 문제없이 설치된다. 즉 다른 사람의 신분증을 도용할 방법이 전혀 없는 것은 아니다.

04 ① 　　　　　　　　　　　의사소통능력

Quick해설 ㉠과 ㉡ 모두 앞문장과 뒷문장이 상충되는 이야기를 하고 있으므로 역접의 접속사인 '그러나'가 들어가야 한다.

[오답풀이] ② '그리고'는 앞뒤 문장을 병렬적으로 이어주는 접속사이다.
③ '그래서'는 앞의 내용이 뒤의 내용의 원인이나 근거가 될 때 쓰는 접속사이다.
④ '그러므로'는 앞의 내용이 뒤의 내용의 이유나 원인, 근거가 될 때 쓰는 접속사이다.

05 ① 　　　　　　　　　　　의사소통능력

Quick해설 주어진 글은 AI 헬스케어의 개념과 미래의 역할을 예측하고 있다. 이를 모두 포괄하는 내용은 'AI 헬스케어란 무엇인가?' 정도이다.

[오답풀이] ② AI 헬스케어의 역사에 대해서는 나와 있지 않다.
③ AI 헬스케어의 시대는 이미 도래하였다.
④ AI 헬스케어의 문제점은 나와 있지 않다.

06 ④
의사소통능력

Quick해설 AI 헬스케어의 발전을 저해하는 것들에 대해서는 주어진 글에 언급되고 있지 않다.

[오답풀이] ① 3문단에 따르면 AI 헬스케어에는 AI 기술 기반의 예측, 자연어 처리, 영상인식, 음성인식 등 다양한 기술들이 활용되고 있음을 알 수 있다.
② 3문단에 따르면 AI 헬스케어는 개인의 생활패턴을 분석하여 맞춤형 건강관리를 코칭하고, 의료 서비스를 추천하는 등의 의사결정을 지원한다고 나와 있다.
③ 4문단과 6문단에 제시되어 있는 예측 모델링을 통한 환자 대기시간 감소, 진료과목별 지식 공유로 의사 간의 협진 활성화, 만성질환에 대한 실시간 원격 모니터링, 의료 영상을 분석하여 질병의 조기 진단 돕기 등은 모두 AI 헬스케어가 병원에게 제공하는 서비스이다.

07 ②
의사소통능력

Quick해설 치매 환자가 늘어나고 있는 까닭은 1문단에 제시된 바와 같이 노인 인구의 증가에 따라 노인성 질병인 치매가 늘어나고 있음을 알 수 있다. 또 5문단에서 파킨슨병이 치매를 유발하기도 하는데 파킨슨병 환자가 늘어나고 있다고 말하고 있다. 즉 치매 환자가 늘어나고 있는 까닭은 더 추가할 필요가 없는 내용이다.

[오답풀이] ②를 제외하고 나머지 내용들은 주어진 글에 더 추가해도 좋은 내용들이다.

08 ③
의사소통능력

Quick해설 ㉠에는 알츠하이머치매와 파킨슨병의 차이를 언급하는 내용이 들어가야 한다. 이러한 내용은 두 병의 발병 원인을 설명하는 ③이 가장 적절하다.

[오답풀이] ① 루이소체 치매는 알츠하이머치매와 파킨슨 치매와는 다른 종류의 치매이다. 알츠하이머치매와 파킨슨 치매의 차이점을 설명한 후 들어갈 수 있다.
② 권투선수 알리의 파킨슨 병에 대한 내용은 ㉠에 들어

가기 적절하지 않다.
④ 파킨슨 병의 통계는 ㉠에 들어가기 적절하지 않다.

09 ④
의사소통능력

Quick해설 아동치과주치의 건강보험 사업은 2021년에 도입되었는데 2024년부터 시행되는 2차 시범사업부터 지역과 학년을 확대해서 실시한다는 내용이다.

[오답풀이] ① 아동치과주치의 건강보험 적용 논란에 대한 내용은 없다.
② 아동치과주치의 건강보험 시범사업이 국민건강 증진에 기여할 수 있을 것이라는 내용은 있지만 이것을 이 글의 제목으로 보기 어렵다.
③ 아동치과주치의 건강보험 시범사업 시행은 이미 2021년에 시작되었다.

10 ④
의사소통능력

Quick해설 ㉣은 치과의사들에게 안내하는 내용으로 주어진 글의 흐름과는 어울리지 않는다.

[오답풀이] ① 시범사업 확대를 전반적으로 안내하고 있다.
② 개인의 시범사업 참여 방법과 본인부담금에 대해 설명하고 있다.
③ 치과의사의 시범사업 참여 방법에 대해 설명하고 있다.

11 ②
의사소통능력

Quick해설 '제2차 아동치과주치의 시범사업 주요 변경사항' 표에 따르면 2025년에는 1학년, 2학년, 4학년, 5학년이 적용된다. 즉 1학년과 5학년은 적용되고 6학년은 적용되지 않으므로 적절한 진술이 아니다.

[오답풀이] ① 1학기(3~8월), 2학기(9월~다음년도 2월)로 적용되지만 '24년도 1학기는 7~8월로 하기로 했다.
③ 치과주치의 이용을 원하는 아동(법정대리인)은 국민건강보험공단 누리집 등을 통해 이용할 치과의원을 찾아보고 방문하여 치과의원 주치의에게 등록을 신청하면 방문 당일에도 서비스를 이용할 수 있다.
④ 본인부담금은 구강건강관리료 비용의 10%이며 의료급여수급권자와 차상위 계층의 경우 면제된다.

12 ③

Quick해설 [다]는 아토피 피부염의 증상이 아니라 아토피 피부염의 발생 나이에 대해 설명하고 있다.

[오답풀이] ③을 제외한 나머지는 모두 각 문단의 중심내용으로 적절하다.

13 ①
의사소통능력

Quick해설 [라]를 보면 알레르기 피부염으로 인한 간지럼증은 보통 저녁에 심해진다고 나와 있다. 즉 간지럼증이 아침에 제일 심하다는 진술은 적절하지 않다.

[오답풀이] ② [다]에서 아토피 피부염은 나이가 들수록 발생빈도가 점점 줄어든다고 나와 있다.
③ [가]에서 갑작스럽고 반복적인 재채기, 맑은 콧물, 코 막힘, 코 가려움증 등 증상이 나타나는데, 이들 중 2가지 이상이 하루 1시간 이상 나타나면 알레르기 비염을 의심한다고 했다. 즉 재채기나 콧물이 일시적으로 나타나거나 근육통이나 발열과 같은 감기증상이 동반되면 알레르기 비염이 아니다.
④ 마지막 문단에서 알레르기 피부염으로 인한 2차 피부 감염증을 예방하기 위해서 필요한 경우 국소 스테로이드제, 국소 칼시뉴린 억제제, 항히스타민제, 면역조절제, 항바이러스제 등을 적절하게 사용한다고 나와 있다.

14 ②
의사소통능력

Quick해설 [나]에서는 알레르기 비염은 세균이나 바이러스가 일으키는 감기와 다르게 유전적 요인과 집먼지진드기, 꽃가루, 곰팡이, 동물의 털, 비듬 등 환경적 요인이 주요 원인으로 꼽힌다고 했고, [라]에서도 알레르기 피부염의 원인 중 환경 요인의 중요성이 강조되고 있다고 했다. 그리고 [라]에서 핵가족화로 인한 인스턴트식품 섭취의 증가, 실내외 공해에 의한 알레르기 물질의 증가 등이 알레르기 피부염 발병과 밀접한 관련이 있다고 했다. 즉 알레르기 환자가 계속 증가하는 이유로 환경적 요인이 작용했다는 답변이 가능하다.

[오답풀이] ① 알레르기를 일으키는 항원물질에 대한 정보는 알 수 없다.
③ 알레르기 치료에 대한 정보는 있지만, 면역치료의 과정을 알 수 없다.
④ 알레르기를 치료하지 않으면 또 다른 질병으로 발전할 수 있는지는 알 수 없다.

15 ②
의사소통능력

Quick해설 주어진 글에 따르면 상병수당 1단계, 2단계 시범사업에서는 총 10개 지역이 해당되고, 3단계 사업에 신규로 4개 지역에 포함되었다. 따라서 3단계 시범사업에서 상병수당을 제공받을 수 있는 지역은 총 14개 지역이 맞다.

[오답풀이] ① 상병수당 1단계 시범사업은 2020년부터가 아니라 2022년부터 시작되었다.
③ 상병수당 2단계 시범사업부터는 재산기준은 폐지되었으나 소득기준은 폐지되지 않았다. 따라서 소득 및 재산에 관계없이 상병수당이 지급된다는 것을 틀린 진술이다.
④ 상병수당 3단계 시범사업에서 지급금액 기준이 1단계 시범사업의 지급금액 기준과 같다는 것이다. 즉 최저임금의 60%라는 지급금액 기준이 1단계와 3단계가 동일하다는 것이지 47,560원이 동일하다는 것이 아니다. 참고로 2022년 상병수당 지급금액은 43,960원이었다.

16 ④
의사소통능력

Quick해설 부천은 상병수당 1단계 시범사업에 해당되는 지역으로 근로활동 불가모형에 적용된다. 근로활동 불가모형이란 요양방법에 제한이 없다. 따라서 반드시 병원에 입원하지 않고 집에서 쉬더라도 상병수당을 지급받을 수 있다.

[오답풀이] ① 종로는 대기기간이 총 14일이다. 따라서 15일 이상 연속하여 일을 하지 못하는 경우 상병수당 신청이 가능하다.
② 상병수당 시범사업 2단계에 해당하는 모든 지역의 최대보장기간은 150이다.
③ 용인은 소득 하위 50%만 상병수당을 지급한다.

17 ④

Quick해설 ㉣이 포함된 문단은 상병수당의 혜택이 확대되었다는 내용을 담고 있다. 따라서 상병수당으로 신청된 주요 질환의 종류에 대한 내용인 ㉣은 흐름상 적절하지 않다.

[오답풀이] ㉣을 제외한 나머지 문장을 흐름에 어울리는 내용들이다.

18 ④
의사소통능력

Quick해설 [라]에 따르면 부당이득의 징수처분은 '부당하게 발생한 이득을 환수하는 처분'이 아니라 관련 법령에 의하여 '요양급여비용으로 지급될 수 없는 비용임에도 불구하고 그것이 지급된 경우 이를 원상회복하는 처분'이어서 그 요건이나 행사방법 등을 민사상 부당이득반환청구와 동일하게 볼 수 없으므로, 원고에게 실제로 이들이 발생했는지 여부는 고려할 사항이 아니라고 되어 있다. 즉 실제로 의료행위가 있든 없든 청구 사유가 거짓이었다면 전액 환수가 원칙이다.

[오답풀이] ① 부당이득 환수가 있다는 것 자체가 속임수나 거짓말로 보험급여를 받는 사람이나 요양기관이 있다는 것을 의미한다.
② [라]에 따르면 요양급여비용 환수처분의 취지는 부당하게 지급된 요양급여비용을 원상회복하고자 하는 것이므로 특별한 사정이 없는 한 그 전액을 징수하는 것이 원칙이라고 되어 있다.
③ [다]에 따르면 의료기관이 '사위 기타 부당한 방법'으로 보험급여비용을 받아, 이를 원인으로 요양기관의 업무를 정지하거나 과징금 부과, 요양급여 등 환수하는 처분 등에 대한 취소 소송이 있다 했다. 이를 통해 사위 기타 부당한 방법으로 보험금여비용을 받으면 이를 원인으로 업무 정지나 과징금이 부과될 수 있음을 알 수 있다.

19 ④
의사소통능력

Quick해설 1문단에서는 부당이득 환수에 관한 법적 배경과 정의를 설명하고 있다. 따라서 1문단 다음에는 부당이득 환수 처분에 대한 부연 설명인 [라]가 와야 한다. 그러고 나서 의료인이 아닌 자가 의료인을 고용하여 의료기관을 개설하는 경우에 대한 설명인 [나]와 이 경우 논란이 되고 있는 점을 설명하고 있는 [가]가 순서대로 와야 한다.

마지막으로 이 밖의 부당이득 환수와 관련된 다른 행정소송에 대한 설명인 [다]가 와야 한다. 따라서 글의 흐름상 [라]-[나]-[가]-[다] 순이 적절하다.

20 ③
의사소통능력

Quick해설 부당 청구는 부정한 방법으로 보장기관 또는 보험자 등에게 청구하여 부담하게 하는 것이다. 이 금액을 직접 수령한 경우에만 부당 청구라고 볼만한 근거가 없다.

[오답풀이] ① 입원 및 내원 일수를 실제보다 많이 증일한 것은 실제 존재하지 않은 사실을 거짓 작성한 것이므로 허위 청구가 적절하다.
② 약제 및 치료 재료 실거래가를 속여 청구하는 경우 사실 관계는 존재하나 이를 속여 기재한 것이므로 부당 청구가 적절하다.
④ 신고 및 검사 측정 의무를 이행하지 않은 장비를 사용하고 진료비를 청구한 것은 검사 미필 장비를 사용한 것이므로 사위 기타 부당한 방법이다.

21 ①
수리능력

Quick해설 2018년 비타민C 섭취량은 61.3mg이고, 비타민D 섭취량은 3.4mg이다. 따라서 $\frac{61.3}{3.4}$≒18(배)로 20배 미만이다.

[오답풀이] ② 2022년 콜레스테롤 섭취량은 4년 전 대비 $279.6-265.6=14$(mg) 증가했다.
③ 2022년 에너지양은 전년 대비 $1899.5-1862.8=36.7$(kcal) 감소했다.
④ 2018년 아연의 섭취량은 10.7mg에서 2019년 10.5mg, 2020년 10.4mg, 2021년 10.3mg, 2022년 10.0mg으로, 점차 감소하는 추세이다.

22 ②
수리능력

Quick해설 2020년 단백질 섭취량은 74.3g, 지방 섭취량은 54.2g, 탄수화물 섭취량은 267.5g이므로, 단백질, 지방, 탄수화물의 전체 섭취량은 $74.3+54.2+267.5=396.0$(g)이다. 따라서 단백질, 지방, 탄수화물의 섭취량 중 탄수화물의 비중은 $\frac{267.5}{396}×100$≒67.6(%)이다.

23 ②

Quick해설 레저용품 중 수입 실적이 가장 많은 품목은 캠핑 용품이다.

[오답풀이] ① 테니스용품의 무역수지는 야구용품의 무역수지보다 $(-10,056)-(-15,219)=5,163$(천 달러) 더 적다.

③ 스포츠잡화의 수입 실적과 수출 실적의 전년 대비 증감률이 모두 양수이므로 증가했다.

④ 스포츠용품 중 수출 실적의 전년 대비 증가율이 가장 큰 품목은 140%인 스키용품이다.

24 ①
수리능력

Quick해설 낚시용품의 수출 실적은 123,395천 달러이고, 수입 실적은 218,506천 달러이므로 수출 실적의 비중과 수입 실적의 비중은 다음과 같다.

- 수출 실적의 비중: $\dfrac{123,395}{123,395+218,506}\times100 \fallingdotseq 36.1$(%)
- 수입 실적의 비중: $\dfrac{218,506}{123,395+218,506}\times100 \fallingdotseq 63.9$(%)

따라서 ①의 그래프는 잘못 나타나 있다.

[오답풀이] ② 당구용품의 수출 실적은 7,027천 달러이고, 수입 실적은 12,358천 달러이므로 수출 실적의 비중과 수입 실적의 비중은 다음과 같다.

- 수출: $\dfrac{7,027}{7,027+12,358}\times100 \fallingdotseq 36.2$(%)
- 수입: $\dfrac{12,358}{7,027+12,358}\times100 \fallingdotseq 63.8$(%)

③ 수상스포츠용품의 수출 실적은 12,973천 달러이고, 수입 실적은 100,450천 달러이므로 수출 실적의 비중과 수입 실적의 비중은 다음과 같다.

- 수출: $\dfrac{12,973}{12,973+100,450}\times100 \fallingdotseq 11.4$(%)
- 수입: $\dfrac{100,450}{12,973+100,450}\times100 \fallingdotseq 88.6$(%)

④ 개인여행품의 수출 실적은 26,130천 달러이고, 수입 실적은 45,622천 달러이므로 수출 실적의 비중과 수입 실적의 비중은 다음과 같다.

- 수출: $\dfrac{26,130}{26,130+45,622}\times100 \fallingdotseq 36.4$(%)
- 수입: $\dfrac{45,622}{26,130+45,622}\times100 \fallingdotseq 63.6$(%)

25 ①
수리능력

Quick해설 2024년 상반기(1~6월)에 전국에서 어획한 총 마릿수는 $1,216,821+1,368,790+1,408,706+1,649,364+1,806,040+3,322,911=10,772,092$(마리)이다.

26 ③
수리능력

Quick해설 ③의 그래프를 보면 제주의 3월 어획 중량의 전월 대비 증감량은 $48,922.6-38,453.7=10,468.9$(kg)인데 8,468.9(kg)으로 되어 있으므로 옳지 않다.

27 ②
수리능력

Quick해설 2022년에 임금 근로자 유병자의 평균 와병일수는 0.4일로 고용주 유병자의 평균 와병일수인 0.3일보다 많다.

[오답풀이] ① 조사 기간 동안 1세대 가구의 유병률은 2020년 43.2%, 2022년 40.8%, 2024년 43.7%로 항상 40% 이상이다.

③ 2024년 중졸의 유병률은 대졸 이상의 유병률보다 $44.2-20.6=23.6$(%p) 더 높다.

④ 조사 기간 동안 0~9세 유병자의 평균 유병일수는 2020년 4.4일, 2022년 5.1일, 2024년 5.2일로 증가 추세이다.

28 ②
수리능력

Quick해설 ⊙ 2022년 남자 유병자의 평균 유병일수에서 평균 와병일수를 제외하면 $9.6-0.4=9.2$(일)이다.

ⓒ 2024년 고용주 유병자의 평균 유병일수에서 평균 와병일수를 제외하면 $9.0-0.3=8.7$(일)이다.

ⓒ 2020년 50~59세 유병자의 평균유병일수에서 평균와병일수를 제외하면 $9.3-0.4=8.9$(일)이다.

따라서 크기순으로 바르게 나열한 것은 ⊙＞ⓒ＞ⓒ이다.

29 ③
수리능력

Quick해설 조사 기간 동안 남자 유병률은 2020년에 22.8%, 2022년에 25.7%, 2024년에 27.3%이므로 옳게 나타나 있다.

[오답풀이] ① 2022년 10~19세 유병률은 8.4%이나 그래프에는 10% 이상으로 나타나 있어 옳지 않다.

② 2020년 1세대 가구 유병자의 평균 유병일수는 11.2일이나 그래프에는 10일 미만으로 나타나 있어 옳지 않다.

④ 2022년 중졸 유병자의 평균 와병일수는 0.3일이나 그래프에는 0.4일로 나타나 있어 옳지 않다.

30 ④
수리능력

Quick해설 조사 기간 동안 경기도의 무주택가구가 가장 많은 연도는 2,383,0350가구인 2022년이다.

[오답풀이] ① 2023년 전국 주택소유가구 중 서울 주택소유 가구는 $\frac{1,998,410}{12,454,684} \times 100 ≒ 16(\%)$로, 10% 이상이다.

② 세종을 제외하고 2019년 주택소유가구가 가장 적은 지역은 제주도이다.

③ 2021년 전라남도와 전라북도의 무주택가구의 차는 $314,355 - 300,235 = 14,120$(가구)이다.

31 ③
수리능력

Quick해설 2022년에 서울의 무주택가구는 2,107,473가구, 경기도의 무주택가구는 2,383,035가구, 인천의 무주택가구는 522,022가구이므로, 수도권 합계는 $2,107,473 + 2,383,035 + 522,022 = 5,012,530$(가구)이다.

[오답풀이] ① 2020년 수도권 무주택가구 수는 $2,054,216 + 2,255,684 + 487,905 = 4,797,805$(가구)이다.

② 2021년 수도권 무주택가구 수는 $2,072,255 + 2,330,120 + 506,008 = 4,908,383$(가구)이다.

④ 2023년 수도권 무주택가구 수는 $2,143,249 + 2,382,950 + 534,605 = 5,060,804$(가구)이다.

32 ②
수리능력

Quick해설 2023년 전라남도 주택소유 가구의 전년 대비 증감량은 $489,842 - 481,045 = 8,797$(가구)이지만, 그래프에서는 6,000가구 미만으로 잘못 나타나 있다.

33 ①
수리능력

Quick해설 2023년 구로구의 응답자 수는 915명으로, 2022년 916명과 비교해서 감소했다.

[오답풀이] ② 2023년 구별 응답자 수가 가장 많은 구는 924명인 송파구이고, 가장 적은 구는 912명인 중구이므로 응답자 수 차는 $924 - 912 = 12$(명)이다.

③ 2019년 접종률이 가장 높은 구는 45.9%인 동작구이다.

④ 조사 기간 동안 용산구의 총응답자 수는 $919 + 915 + 914 + 919 + 920 = 4,587$(명)이다.

34 ③
수리능력

Quick해설 연도별 서울시 전체 응답자 중 접종자 수는 연도별 응답자 수와 접종률을 곱한 값과 같다. 따라서 2022년 서울시 전체 응답자 중 접종자 수는 $22,926 \times 0.434 ≒ 9,950$(명)이다.

[오답풀이] ① 2019년 서울시 전체 응답자 중 접종자 수는 $22,881 \times 0.400 ≒ 9,152$(명)이다.

② 2020년 서울시 전체 응답자 중 접종자 수는 $22,862 \times 0.455 ≒ 10,402$(명)이다.

④ 2023년 서울시 전체 응답자 중 접종자 수는 $22,922 \times 0.449 ≒ 10,292$(명)이다.

35 ④
수리능력

Quick해설 ④의 그래프를 보면 2021년 광진구 응답자 수의 전년 대비 증감률은 $\frac{917 - 921}{917} \times 100 ≒ -0.43(\%)$인데, $-0.45(\%)$로 잘못 나타나 있다.

36 ②
수리능력

Quick해설 2022년 대구의 유방암 진료실 인원수는 전년 대비 $11,166 - 10,624 = 542$(명) 증가하였다.

[오답풀이] ① 2021년과 2022년에 암종별 전국 진료실 인원수의 순위는 유방암, 위암, 대장암, 폐암, 간암, 자궁경부암 순으로 동일하다.

③ 2022년 대전의 대장암 요양급여 일수 대비 입내원 일수의 비율은 $\frac{75,687}{421,245} \times 100 ≒ 18(\%)$이다.

④ 2021년 부산의 폐암 진료비와 급여비의 차는 93,789,394－86,719,689＝7,069,705(천 원)이다.

37 ③   수리능력

Quick해설 2022년 서울시의 유방암 진료실인원수 대비 진료비는 $\frac{287,898,208}{52,935} ≒ 5,430$(천 원/명)이다.

[오답풀이] ① 2022년 서울시의 간암 진료실 인원수 대비 진료비는 $\frac{132,232,311}{14,317} ≒ 9,230$(천 원/명)이다.
② 2022년 서울시의 대장암 진료실 인원수 대비 진료비는 $\frac{177,385,528}{31,558} ≒ 5,620$(천 원/명)이다.
④ 2022년 서울시의 자궁경부암 진료실 인원수 대비 진료비는 $\frac{20,979,958}{4,739} ≒ 4,420$(천 원/명)이다.

38 ④   수리능력

Quick해설 ④의 그래프를 보면 2022년 광주의 간암 급여비는 19,309,257천 원≒19,309백만 원인데, 20,000백만 원 이상으로 잘못 나타나 있다.

39 ③   수리능력

Quick해설 산지 쌀값 조사는 매월 5일, 15일, 25일에 이루어지고 있고, 2024년 1월 5일 전회가격이 49,408원이다. 따라서 2023년 12월 25일에 조사한 산지 쌀값은 49,408원임을 알 수 있다.

[오답풀이] ① 2024년 5월 25일 산지 쌀값은 전회가격 대비 47,372－47,179＝193(원) 하락했다.
② 2024년 상반기에 조사한 산지 쌀값 중 가장 저렴한 가격은 2024년 6월 25일에 조사한 46,594원이다.
④ 2024년 2월 25일에 조사한 산지 쌀값은 15일 대비 증가했다.

40 ④   수리능력

Quick해설 2024년 4월 조사한 산지 쌀값의 평균은 $\frac{47,926＋47,868＋47,608}{3} ≒ 47,801$(원)이고,
2024년 3월에 조사한 산지 쌀값의 평균은 $\frac{48,317＋48,338＋48,192}{3} ≒ 48,282$(원)이다.

따라서 2024년 4월에 조사한 산지 쌀값의 평균과 2024년 3월에 조사한 산지 쌀값의 평균의 차는 48,282－47,801＝481(원)이다.

41 ②   문제해결능력

Quick해설 모집 마감일은 9월 4일이고, ESG 친환경대전 지원사업은 사업기간이 10월 10일부터이므로 약 5주 뒤 ESG 친환경대전이 개최됨을 알 수 있다.

[오답풀이] ① 지원대상은 서울 소재 사회적경제기업, 소셜벤처 등 서울에 위치한 기업에 한정된다고 하였다.
③ ESG 친환경대전 지원사업 신청은 이메일을 통해 가능하다고 하였다.
④ ESG 친환경대전의 부스 내에는 간판과 조명, 안내데스크 및 의자가 포함된다고 하였다.

42 ④   문제해결능력

Quick해설 2X23년 친환경대전 관람객은 총 55,608명인데 이는 전년 대비 40% 증가한 수치이므로, 2X22년 친환경대전 관람인원은 55,608÷1.4＝39,720명임을 알 수 있다.

43 ②   문제해결능력

Quick해설 '서비스 내용'에 따르면 치과주치의검진 또는 학생구강검진 중 어떤 서비스를 선택하여도 기본구강검사를 제공받을 수 있으므로 옳다.

[오답풀이] ① '서비스 제공 순서'에 따르면 초등학생 무료 구강검진 기간 시작 첫 날인 5월 2일부터 휴대폰 앱 다운로드가 가능하다.
③ '서비스 관련 문의'에 따르면 초등학생 무료 구강검진 서비스 관련 문의는 평일인 월~금만 가능하다.
④ 시·군 관계없이 지정 의료기관이라면 전화예약 시 모두 이용이 가능하다고 하였다.

44 ③   문제해결능력

Quick해설 사업에서 제공하는 서비스 외 치료가 필요한 경우 치료비는 보호자가 부담한다고 제시되어 있으며, 단순 치석제거 외 치아 스케일링 제공에 대한 내용은 서비스 내용에 포함되지 않는다고 하였다. 따라서 무료로 제공

받을 수 있는 서비스가 아님을 알 수 있다.

[오답풀이] ① '서비스 내용–구강보건교육'에 따르면 치과주치의검진 선택 시 불소 이용법을 온라인 교육으로 제공받을 수 있다.

② '서비스 내용–예방진료'에 따르면 치과주치의검진 선택 시 치과주치의 소견에 따라 파노라마 촬영을 제공받을 수 있다.

④ '서비스 내용–구강검진'에 따르면 치과주치의검진 선택 시 프라그 등 구강위생검사(PHP index)를 제공받을 수 있다.

45 ①   문제해결능력

Quick해설 '2. 대상'에 따르면 외국인근로자 장기요양보험 가입제외는 직장가입자인 외국인근로자 중 일부 체류자격을 갖춘 자에 한하며 지역가입자는 신청대상이 아니라고 하였다.

[오답풀이] ② '6. 유의사항'에 따르면 외국인근로자 장기요양보험에 가입이 제외된 자는 유지기간 동안은 장기요양보험을 재가입할 수 없다고 하였다.

③ '3. 장기요양보험 가입제외일(자격상실일)'에 따르면 외극인근로자가 직장가입자 자격취득 신고일로부터 14일 이내에 신청한 경우에는 그 자격취득일부터 장기요양보험 가입제외일(자격상실일)에 해당한다고 하였다.

④ '5. 신청방법'에 따르면 외국인근로자 장기요양보험 가입제외를 신청하기 위해서는 대상자가 사용주에게 서류를 작성하여 제출해야 한다고 하였다.

46 ②   문제해결능력

Quick해설 [직장가입자 건강보험료]에 따르면 '건강보험료(월)=보수월액×보험요율', '장기요양보험료(월)=보수월액×장기요양보험료율(0.9182%)'이다. 또한 건강보험료는 가입자와 사용자가 절반씩 부담하며, 장기요양보험료는 가입자가 모두 부담한다고 하였다. 이때, 체류자격이 H−1인 외국인근로자 A씨는 외국인근로자 장기요양보험 가입제외 대상이 아니므로 외국인근로자 장기요양보험 가입제외 신청을 하였다고 해도 장기요양보험 가입에 제외되지 않는다. 이에 따라 A씨 본인이 부담해야 하는 월 건강보험료는 2,789,000×0.03545≒10,240(원)이고, 장기요양보험료는 2,789,000×0.009182≒2,650(원)이다.

47 ③   문제해결능력

Quick해설 '제3조 1항'에 따르면 임대차되는 자동변속기 차량은 총 3+2=5(대)이다.

[오답풀이] ① '제7조 6항'에 따르면 임차자인 발주자가 동절기에 요청하는 경우에는 계약상대자가 스노우타이어나 스노우체인을 알맞은 시기에 공급해야 한다.

② '제5조 1항'에 따르면 월 임차료에는 자동차의 소모품 교환 및 보충 비용이 모두 포함된다.

④ '제9조'에 따르면 자동차 대여사업자는 사고 한 번당 최고 2억 원의 무보험차 상해 보험에 가입된 자동차를 임대해야 한다.

48 ③   문제해결능력

Quick해설 '제5조 3항'에 따르면 임차기간이 1개월 미만일 경우에는 일할계산(해당 월의 총일수 기준)하여 지급한다고 되어 있다. 따라서 R자동차는 1대를 임차하였고, 사용기간이 26일이므로 계약상대자에게 지불해야 할 금액은 $350,000 \times \frac{26}{30} ≒ 303,330$(원)이다.

49 ④   문제해결능력

Quick해설 주택용 전력의 기본요금과 전력량 요금 모두 저압이 고압보다 비싸므로 동일한 전력량을 사용했다면 저압보다 고압 전기요금이 더 저렴함을 알 수 있다.

[오답풀이] ① '주택용 전력(저압)'에 따르면 주택용 저압 전력은 계약전력 3kW 이하의 고객이므로 3kW를 초과하는 고객은 주택용 고압 전력을 공급받음을 알 수 있다.

② '전기요금 복지 할인 안내'에 따르면 장애인복지법 제50조에 따라 지원받은 차상위계층은 전기요금 복지 할인을 받을 수 있으므로 옳다.

③ '전기요금의 구조'에 따르면 연료비조정요금의 부과방식은 연료비조정단가×사용전력량이므로 사용전력량에 비례하여 부과됨을 알 수 있다.

50 ①   문제해결능력

Quick해설 '전기요금 복지할인 안내'에 따르면 출생일로부터 3년 미만인 영아가 1인 이상 포함된 가구는 출산가구이며, 출산가구는 월 16,000원 한도로 전기요금 복지할인을 받으므로 한 달에 16,000원의 전기요금 복지할인을 받는 사람에 해당한다.

[오답풀이] ② '전기요금 복지할인 안내'에 따르면 "국민기초생활보장법"제7조 1항 2호에 해당하는 수급자는 주거급여 기초생활수급자이며, 기초수급자 중 주거급여 기초수급자는 월 10,000원 한도로 전기요금 복지할인을 받으므로 한 달에 16,000원의 전기요금 복지할인을 받는 사람에 해당하지 않는다.

③ '전기요금 복지할인 안내'에 따르면 입소자에게 분양 또는 임대한 시설이거나, 입소자로부터 입소비용 전부를 수납하여 운영하는 시설인 유료노인요양시설은 전기요금 복지할인 대상에서 제외되므로 한 달에 16,000원의 전기요금 복지할인을 받는 사람에 해당하지 않는다.

④ 국민기초생활법에 의해 차상위계층으로 지원받는 H는 차상위계층에 해당하며, 차상위계층은 월 8,000원 한도로 전기요금 복지할인을 받으므로 한 달에 16,000원의 전기요금 복지할인을 받는 사람에 해당하지 않는다.

51 ③

Quick해설 주거용 오피스텔에 거주 중인 고객은 주택용 저압 전력에 해당하며, 1월 한 달간 사용한 요금이므로 하계가 아닌 기타계절에 해당한다. 이때, 동계인 12~2월에는 포함되므로 1,000kWh 초과 전력량 요금은 736.2원/kWh이 적용되어야 한다. 기후환경요금의 단가는 9원, 연료비조정요금의 단가는 5원이므로 전기요금의 구조에 따른 각 요금을 계산하면 다음과 같다.

구분		금액
기본요금		7,300(원)
전력량 요금	300kWh 이하 사용	300×120.0=36,000(원)
	301~450kWh	150×214.6=32,190(원)
	450kWh 초과	550×307.3=169,015(원)
	1,000kWh 초과	50×736.2=36,810(원)
기후환경요금		1,050×9=9,450(원)
연료비조정요금		1,050×5=5,250(원)
총합		296,015(원)

따라서 총합을 원단위 이하 절사한 A씨가 지불해야 할 1월 전기요금은 296,010원이다.

52 ②

Quick해설 '점수요건'에 따르면 산업기여가치 '연간소득' 점수가 10점 이상인 자도 총 득점이 45점 이상이어야 해당자가 되므로 옳지 않다.

[오답풀이] ① '감점항목'에 따르면 출입국관리법 위반은 처벌여부와 상관없이 위반이 확정된 건이 4회 이상이면 평가 대상에서 제외되므로 옳다.

③ '적용대상'에 따르면 최근 10년 간 5년 이상 합법적인 취업이 계속된 근로자는 평가 대상이 되므로 옳다.

④ '보유자산'에 따르면 점수제 평가 신청일 기준 1년 이상 보유 중인 본인소유 부동산(토지/주택/건물)은 국내 자산으로 인정하므로 옳다.

53 ②

Quick해설 A씨는 최종학력이 자국 고등학교 졸업이므로 학력 점수가 5점이고, 최근 2년치 평균 연간소득이 (3,100+3,400)÷2=3,250(만 원)이므로 산업 기여 가치 점수가 15점이다. 또한, 나이가 만 31세이므로 연령 점수가 11점이고, 산업기사 자격증을 소지했으므로 숙련도 점수는 15점이다. 마지막으로 한국어능력이 3급이므로 한국어능력 점수가 10점이다. 따라서 A씨가 받는 기본항목에 대한 총 점수는 5+15+11+15+10=56(점)이다.

54 ①

Quick해설 감점항목은 출입국관리법 위반 점수와 기타 국내 법령 위반 점수를 합산하여 계산하며, 신청일 기준 10년 이내 위반 횟수만 기산한다. 이에 따라 신청일인 2024년 5월 1일 기준 10년 이내에 해당하는 2017년 6월 국내 법령 위반, 2019년 2월 국내 법령 위반, 2023년 1월 출입국관리법 위반에 대한 내역만 감점점수가 적용된다. 따라서 국내 법령 위반은 2회, 출입국관리법 위반은 1회이므로 총 감점 점수는 5+10=15(점)이다.

55 ②

Quick해설 '2. 신청안내'에 따르면 에너지바우처의 대리신청을 위해 필요한 서류는 공통서류 2가지와 대리신청 서류 2가지로 총 4가지이므로 옳다.

[오답풀이] ① '3. 지원대상'에 따르면 24년 연탄쿠폰을 발급 받은 자나 세대는 동절기 에너지바우처 중복 지원이 불가하다고 하였으므로 옳지 않다.

③ '2. 신청안내'에 따르면 에너지바우처의 신청기간은 5월 29일부터 12월 31일까지 약 7개월이므로 옳지 않다.

④ '4. 지원금액'에 따르면 1인 세대의 지원 금액은 하절기와 동절기를 합해 총 $55,700+254,500=310,200$(원)이므로 옳지 않다.

56 ④ 문제해결능력

Quick해설 '3. 지원대상'에 따르면 에너지바우처를 신청한 가구의 세대원이 모두 보장시설 수급자인 경우 지원대상에서 제외하므로 에너지바우처 지원대상인 가구가 아니다.

[오답풀이] ① 분만 후 6개월 미만인 여성이 세대원으로 포함된 경우 지원대상에 해당한다.

② 장애인복지법에 따라 등록된 장애인이 본인인 경우 지원대상에 해당한다.

③ 출생일이 1959년 12월 31일 이전 출생인 노인이 세대원으로 포함된 경우 에너지바우처 지원대상에 해당한다.

57 ③ 문제해결능력

Quick해설 '4. 지원금액'에 따르면 에너지바우처 지원 대상자에 해당하는 3인 세대의 지원금액은 하절기 90,800원, 동절기 456,900원이다. 이때, 하절기 바우처 사용 후 남은 잔액은 동절기에 사용이 가능하므로 에너지바우처를 신청한 뒤 하절기에 73,800원을 사용한 상태라면 $90,800-73,800=17,000$(원)을 추가로 동절기에 사용할 수 있음을 알 수 있다.
따라서 B가구가 사용가능한 최대 동절기 에너지 바우처 금액은 $456,900+17,000=473,900$(원)이다.

58 ④ 문제해결능력

Quick해설 2023년 친환경차 감면액은 2년 전 대비 $\frac{626-219}{219}\times100≒185.8$(%) 증가하였으므로 옳지 않다.

[오답풀이] ① 전방 충돌 상황을 감지해 자동으로 정치하는 장치를 장착한 버스에 대해 통행료를 감면하는 제

도는 2023년 12월까지 신청기간이었으며, 신청한 날로부터 1년간 통행료를 감면하는 제도이므로 2024년 12월까지 시행되었음을 추측할 수 있다.

② 유료도로법 시행령 개정안 전문은 11월 12일부터 국토교통부 누리집을 통해 확인할 수 있으므로 옳다.

③ 친환경차 고속도로 통행료 감면 제도는 2017년부터 시작되어 2차례 연장하여 2024년 말 종료될 예정이었으며, 올해 이후 매년 감면 비율을 점진적으로 축소할 계획이라고 하였으므로 2017년부터 2024년까지는 고속도로 통행료 감면율이 동일함을 추측할 수 있다.

59 ① 문제해결능력

Quick해설 친환경차 연도별 감면율에 따르면 2025년 감면율은 40%, 2027년 감면율은 20%이다. 2종 친환경차를 운행중인 Y씨가 서울에서 동해까지 이동하였을 때 부과되는 기본 통행요금은 12,800원이므로 2025년에 납부해야 할 통행요금은 $12,800×0.6=7,680$(원), 2027년에 납부해야할 통행요금은 $12,800×0.8=10,240$(원)이다.

60 ③ 문제해결능력

Quick해설 심야운행 화물차 감면제도에 따르면 심야시간 이용비율 계산법은 '할인시간대 통행시간 ÷ 전체 고속도로 이용시간'이며, 폐쇄식 고속도로 기준 심야시간이 21:00~06:00이므로 18:30에 고속도로에 진입해 다음 날 02:00에 출차한 E씨의 전체 고속도로 이용시간은 7.5시간, 할인시간대 통행시간은 5시간임을 알 수 있다. 따라서 이용비율은 $\frac{5}{7.5}\times100≒67$(%)이므로 E씨가 감면 받을 수 있는 통행료 할인율은 30%이다.

01	02	03	04	05	06	07	08	09	10
①	④	②	②	②	②	④	②	①	③
11	12	13	14	15	16	17	18	19	20
②	②	②	③	④	④	①	②	①	③

01 ①

[상세해설] 국민건강보험법 제41조의2(약제에 대한 요양급여비용 상한금액의 감액 등)

① 보건복지부장관은 약제에 대하여는 요양급여비용 상한금액의 100분의 20을 넘지 아니하는 범위에서 그 금액의 일부를 감액할 수 있다.

② 보건복지부장관은 요양급여비용의 상한금액이 감액된 약제가 감액된 날부터 5년의 범위에서 대통령령으로 정하는 기간 내에 다시 제1항에 따른 감액의 대상이 된 경우에는 요양급여비용 상한금액의 100분의 40을 넘지 아니하는 범위에서 요양급여비용 상한금액의 일부를 감액할 수 있다.

③ 보건복지부장관은 요양급여비용의 상한금액이 감액된 약제가 감액된 날부터 5년의 범위에서 대통령령으로 정하는 기간 내에 다시 「약사법」 제47조제2항의 위반과 관련된 경우에는 해당 약제에 대하여 1년의 범위에서 기간을 정하여 요양급여의 적용을 정지할 수 있다.

④ 요양급여비용 상한금액의 감액 및 요양급여 적용 정지의 기준, 절차, 그 밖에 필요한 사항은 대통령령으로 정한다.

02 ④

[상세해설] 국민건강보험법 제33조(재정운영위원회)

① 요양급여비용의 계약 및 결손처분 등 보험재정에 관련된 사항을 심의·의결하기 위하여 공단에 재정운영위원회를 둔다.

② 재정운영위원회의 위원장은 위원 중에서 호선(互選)한다.

국민건강보험법 제34조(재정운영위원회의 구성 등)

③ 재정운영위원회 위원(공무원인 위원은 제외한다)의 임기는 2년으로 한다. 다만, 위원의 사임 등으로 새로 위촉된 위원의 임기는 전임위원 임기의 남은 기간으

로 한다.

④ 재정운영위원회의 운영 등에 필요한 사항은 대통령령으로 정한다.

03 ②

[상세해설] 국민건강보험법 제6조(가입자의 종류)

① 가입자는 직장가입자와 지역가입자로 구분한다.

② 모든 사업장의 근로자 및 사용자와 공무원 및 교직원은 직장가입자가 된다. 다만, 다음 각 호의 어느 하나에 해당하는 사람은 제외한다.

1. 고용 기간이 1개월 미만인 일용근로자
2. 「병역법」에 따른 현역병(지원에 의하지 아니하고 임용된 하사를 포함한다), 전환복무된 사람 및 군간부후보생
3. 선거에 당선되어 취임하는 공무원으로서 매월 보수 또는 보수에 준하는 급료를 받지 아니하는 사람
4. 그 밖에 사업장의 특성, 고용 형태 및 사업의 종류 등을 고려하여 대통령령으로 정하는 사업장의 근로자 및 사용자와 공무원 및 교직원

04 ②

[오답풀이] 국민건강보험법 제13조(보험자)

건강보험의 보험자는 국민건강보험공단(이하 "공단"이라 한다)으로 한다.

국민건강보험법 제17조(정관) ② 공단은 정관을 변경하려면 보건복지부장관의 인가를 받아야 한다.

국민건강보험법 제18조(등기) 공단의 설립등기에는 다음 각 호의 사항을 포함하여야 한다.

1. 목적
2. 명칭
3. 주된 사무소 및 분사무소의 소재지
4. 이사장의 성명·주소 및 주민등록번호

국민건강보험법 제19조(해산) 공단의 해산에 관하여는 법률로 정한다.

05 ②

[상세해설] 국민건강보험법 제85조(보험료등의 징수 순위)

보험료등은 국세와 지방세를 제외한 다른 채권에 우선하여 징수한다. 다만, 보험료등의 납부기한 전에 전세권·질권·저당권 또는 「동산·채권 등의 담보에 관한 법률」

에 따른 담보권의 설정을 등기 또는 등록한 사실이 증명되는 재산을 매각할 때에 그 매각대금 중에서 보험료등을 징수하는 경우 그 전세권·질권·저당권 또는 「동산·채권 등의 담보에 관한 법률」에 따른 담보권으로 담보된 채권에 대하여는 그러하지 아니하다.

06 ②

[상세해설] 국민건강보험법 제87조(이의신청)
① 가입자 및 피부양자의 자격, 보험료등, 보험급여, 보험급여 비용에 관한 공단의 처분에 이의가 있는 자는 공단에 이의신청을 할 수 있다.
② 요양급여비용 및 요양급여의 적정성 평가 등에 관한 심사평가원의 처분에 이의가 있는 공단, 요양기관 또는 그 밖의 자는 심사평가원에 이의신청을 할 수 있다.
③ 제1항 및 제2항에 따른 이의신청(이하 "이의신청"이라 한다)은 처분이 있음을 안 날부터 90일 이내에 문서(전자문서를 포함한다)로 하여야 하며 처분이 있은 날부터 180일을 지나면 제기하지 못한다. 다만, 정당한 사유로 그 기간에 이의신청을 할 수 없었음을 소명한 경우에는 그러하지 아니하다.
④ 제3항 본문에도 불구하고 요양기관이 제48조에 따른 심사평가원의 확인에 대하여 이의신청을 하려면 같은 조 제2항에 따라 통보받은 날부터 30일 이내에 하여야 한다.

국민건강보험법 제88조(심판청구)
① 이의신청에 대한 결정에 불복하는 자는 건강보험분쟁조정위원회에 심판청구를 할 수 있다. 이 경우 심판청구의 제기기간 및 제기방법에 관하여는 제87조제3항을 준용한다.

국민건강보험법 제90조(행정소송)
공단 또는 심사평가원의 처분에 이의가 있는 자와 제87조에 따른 이의신청 또는 제88조에 따른 심판청구에 대한 결정에 불복하는 자는 「행정소송법」에서 정하는 바에 따라 행정소송을 제기할 수 있다.

07 ④

[상세해설] 국민건강보험법 제51조(장애인에 대한 특례)
① 공단은 「장애인복지법」에 따라 등록한 장애인인 가입자 및 피부양자에게는 「장애인·노인 등을 위한 보조기기 지원 및 활용촉진에 관한 법률」 제3조제2호에 따른 보조기기(이하 이 조에서 "보조기기"라 한다)에 대하여 보험급여를 할 수 있다.
② 장애인인 가입자 또는 피부양자에게 보조기기를 판매한 자는 가입자나 피부양자의 위임이 있는 경우 공단에 보험급여를 직접 청구할 수 있다. 이 경우 공단은 지급이 청구된 내용의 적정성을 심사하여 보조기기를 판매한 자에게 보조기기에 대한 보험급여를 지급할 수 있다.
③ 제1항에 따른 보조기기에 대한 보험급여의 범위·방법·절차, 제2항에 따른 보조기기 판매업자의 보험급여 청구, 공단의 적정성 심사 및 그 밖에 필요한 사항은 보건복지부령으로 정한다.

08 ②

[상세해설] 국민건강보험법 제115조(벌칙)
④ 거짓이나 그 밖의 부정한 방법으로 보험급여를 받거나 타인으로 하여금 보험급여를 받게 한 사람은 2년 이하의 징역 또는 2천만원 이하의 벌금에 처한다.

09 ①

[상세해설] 국민건강보험법 제96조의4(서류의 보존)
① 요양기관은 요양급여가 끝난 날부터 5년간 보건복지부령으로 정하는 바에 따라 요양급여비용의 청구에 관한 서류를 보존하여야 한다. 다만, 약국 등 보건복지부령으로 정하는 요양기관은 처방전을 요양급여비용을 청구한 날부터 3년간 보존하여야 한다.
② 사용자는 3년간 보건복지부령으로 정하는 바에 따라 자격 관리 및 보험료 산정 등 건강보험에 관한 서류를 보존하여야 한다.
③ 요양비를 청구한 준요양기관은 요양비를 지급받은 날부터 3년간 보건복지부령으로 정하는 바에 따라 요양비 청구에 관한 서류를 보존하여야 한다.
④ 보조기기에 대한 보험급여를 청구한 자는 보험급여를 지급받은 날부터 3년간 보건복지부령으로 정하는 바에 따라 보험급여 청구에 관한 서류를 보존하여야 한다.

10 ③

[상세해설] 국민건강보험법 제53조(급여의 제한) ① 공단은 보험급여를 받을 수 있는 사람이 다음 각 호의 어느 하나에 해당하면 보험급여를 하지 아니한다.

1. 고의 또는 중대한 과실로 인한 범죄행위에 그 원인이 있거나 고의로 사고를 일으킨 경우
2. 고의 또는 중대한 과실로 공단이나 요양기관의 요양에 관한 지시에 따르지 아니한 경우
3. 고의 또는 중대한 과실로 문서와 그 밖의 물건의 제출을 거부하거나 질문 또는 진단을 기피한 경우
4. 업무 또는 공무로 생긴 질병·부상·재해로 다른 법령에 따른 보험급여나 보상(報償) 또는 보상(補償)을 받게 되는 경우

11 ②

[오답풀이] 국민건강보험법 제83조(고액·상습체납자의 인적사항 공개)

① 공단은 이 법에 따른 납부기한의 다음 날부터 1년이 경과한 보험료, 연체금과 체납처분비(결손처분한 보험료, 연체금과 체납처분비로서 징수권 소멸시효가 완성되지 아니한 것을 포함한다)의 총액이 1천만원 이상인 체납자가 납부능력이 있음에도 불구하고 체납한 경우 그 인적사항·체납액 등(이하 이 조에서 "인적사항등"이라 한다)을 공개할 수 있다. 다만, 체납된 보험료, 연체금과 체납처분비와 관련하여 이의신청, 심판청구가 제기되거나 행정소송이 계류 중인 경우 또는 그 밖에 체납된 금액의 일부 납부 등 대통령령으로 정하는 사유가 있는 경우에는 그러하지 아니하다.
② 제1항에 따른 체납자의 인적사항등에 대한 공개 여부를 심의하기 위하여 공단에 보험료정보공개심의위원회를 둔다.
③ 공단은 보험료정보공개심의위원회의 심의를 거친 인적사항등의 공개대상자에게 공개대상자임을 서면으로 통지하여 소명의 기회를 부여하여야 하며, 통지일부터 6개월이 경과한 후 체납액의 납부이행 등을 감안하여 공개대상자를 선정한다.
④ 제1항에 따른 체납자 인적사항등의 공개는 관보에 게재하거나 공단 인터넷 홈페이지에 게시하는 방법에 따른다.

12 ②

[상세해설] 국민건강보험법 제96조의2(금융정보등의 제공 등)

① 공단은 지역가입자의 재산보험료부과점수 산정을 위하여 필요한 경우 「신용정보의 이용 및 보호에 관한 법률」 제32조 및 「금융실명거래 및 비밀보장에 관한 법률」 제4조제1항에도 불구하고 지역가입자가 제출한 동의 서면을 전자적 형태로 바꾼 문서에 의하여 「신용정보의 이용 및 보호에 관한 법률」 제2조제6호에 따른 신용정보집중기관 또는 금융회사등(이하 이 조에서 "금융기관등"이라 한다)의 장에게 금융정보등을 제공하도록 요청할 수 있다.
② 제1항에 따라 금융정보등의 제공을 요청받은 금융기관등의 장은 「신용정보의 이용 및 보호에 관한 법률」 제32조 및 「금융실명거래 및 비밀보장에 관한 법률」 제4조에도 불구하고 명의인의 금융정보등을 제공하여야 한다.
③ 제2항에 따라 금융정보등을 제공한 금융기관등의 장은 금융정보등의 제공 사실을 명의인에게 통보하여야 한다. 다만, 명의인이 동의한 경우에는 「신용정보의 이용 및 보호에 관한 법률」 제32조제7항, 제35조제2항 및 「금융실명거래 및 비밀보장에 관한 법률」 제4조의2제1항에도 불구하고 통보하지 아니할 수 있다.
④ 제1항부터 제3항까지에서 규정한 사항 외에 금융정보등의 제공 요청 및 제공 절차 등에 필요한 사항은 대통령령으로 정한다.

13 ②

[상세해설] 국민건강보험법 제99조(과징금) ② 보건복지부장관은 약제를 요양급여에서 적용 정지하는 경우 다음 각 호의 어느 하나에 해당하는 때에는 요양급여의 적용 정지에 갈음하여 대통령령으로 정하는 바에 따라 다음 각 호의 구분에 따른 범위에서 과징금을 부과·징수할 수 있다. 이 경우 보건복지부장관은 12개월의 범위에서 분할납부를 하게 할 수 있다.

1. 환자 진료에 불편을 초래하는 등 공공복리에 지장을 줄 것으로 예상되는 때: 해당 약제에 대한 요양급여비용 총액의 100분의 200을 넘지 아니하는 범위
2. 국민 건강에 심각한 위험을 초래할 것이 예상되는 등

특별한 사유가 있다고 인정되는 때: 해당 약제에 대한 요양급여비용 총액의 100분의 60을 넘지 아니하는 범위

14 ③

[상세해설] 국민건강보험법 제5조(적용 대상 등)
② 피부양자는 다음 각 호의 어느 하나에 해당하는 사람 중 직장가입자에게 주로 생계를 의존하는 사람으로서 소득 및 재산이 보건복지부령으로 정하는 기준 이하에 해당하는 사람을 말한다.
  1. 직장가입자의 배우자
  2. 직장가입자의 직계존속(배우자의 직계존속을 포함한다)
  3. 직장가입자의 직계비속(배우자의 직계비속을 포함한다)과 그 배우자
  4. 직장가입자의 형제·자매

15 ④

[상세해설] 국민건강보험법 시행령 제18조의4(선별급여)
① 선별급여(이하 "선별급여"라 한다)를 실시할 수 있는 경우는 다음 각 호와 같다.
1. 경제성 또는 치료효과성 등이 불확실하여 그 검증을 위하여 추가적인 근거가 필요한 경우
2. 경제성이 낮아도 가입자와 피부양자의 건강회복에 잠재적 이득이 있는 경우
3. 제1호 또는 제2호에 준하는 경우로서 요양급여에 대한 사회적 요구가 있거나 국민건강 증진의 강화를 위하여 보건복지부장관이 특히 필요하다고 인정하는 경우
② 선별급여의 적합성평가(이하 "적합성평가"라 한다)는 다음 각 호의 구분에 따른다.
1. 평가주기: 선별급여를 실시한 날부터 5년마다 평가할 것. 다만, 보건복지부장관은 해당 선별급여의 내용·성격 또는 효과 등을 고려하여 신속한 평가가 필요하다고 인정하는 경우에는 그 평가주기를 달리 정할 수 있다.
3. 평가방법: 서면평가의 방법으로 실시할 것. 다만, 보건복지부장관이 필요하다고 인정하는 경우에는 현장조사·문헌조사 또는 설문조사 등의 방법을 추가하여 실시할 수 있다.

16 ④

[오답풀이] 국민건강보험법 제58조(구상권)
① 공단은 제3자의 행위로 보험급여사유가 생겨 가입자 또는 피부양자에게 보험급여를 한 경우에는 그 급여에 들어간 비용 한도에서 그 제3자에게 손해배상을 청구할 권리를 얻는다.
② 제1항에 따라 보험급여를 받은 사람이 제3자로부터 이미 손해배상을 받은 경우에는 공단은 그 배상액 한도에서 보험급여를 하지 아니한다.
국민건강보험법 제59조(수급권 보호)
① 보험급여를 받을 권리는 양도하거나 압류할 수 없다.
② 요양비등수급계좌에 입금된 요양비등은 압류할 수 없다.

17 ①

[상세해설] 국민건강보험법 제44조(비용의 일부부담)
② 본인이 연간 부담하는 다음 각 호의 금액의 합계액이 대통령령으로 정하는 금액(이하 이 조에서 "본인부담상한액"이라 한다)을 초과한 경우에는 공단이 그 초과 금액을 부담하여야 한다. 이 경우 공단은 당사자에게 그 초과 금액을 통보하고, 이를 지급하여야 한다.
  1. 본인일부부담금의 총액
  2. 요양이나 출산의 비용으로 부담한 금액(요양이나 출산의 비용으로 부담한 금액이 보건복지부장관이 정하여 고시한 금액보다 큰 경우에는 그 고시한 금액으로 한다)에서 같은 항에 따라 요양비로 지급받은 금액을 제외한 금액

18 ②

[상세해설] 건강보험 보수월액 보험료는 (보수월액)×(건강보험료율)이며 이때 직장가입자는 회사와 근로자가 각각 50%씩 기여하므로 3.545%가 된다. 따라서 총보험료는 212,700원이고 여기에서 A씨의 납부 금액은 그 절반인 106,350원이다.

19 ①

[상세해설] 소득월액보험료는 (연간 보수외 소득−공제금액 2천만원)÷12×소득평가율×건강보험료율로 구성되어 있다. 소득평가율은 이자, 배당, 사업, 기타소득의 경

우 100%를, 근로 및 연금소득의 경우 50%를 반영한다. 이를 산식으로 정리하면 아래와 같다.

- 이자소득 소득월액 보험료＝1000(만 원)×66.6(%) ÷12×100(%)×7.09(%)＝39,349(원)
- 연금소득 소득월액 보험료＝1000(만 원)×33.3(%) ÷12×50(%)×7.09(%)＝9,837(원)

20 ③

[상세해설] 국민건강보험법 제70조(보수월액)

② 휴직이나 그 밖의 사유로 보수의 전부 또는 일부가 지급되지 아니하는 가입자(이하 "휴직자등"이라 한다)의 보수월액보험료는 해당 사유가 생기기 전 달의 보수월액을 기준으로 산정한다.

직무시험_노인장기요양보험법

01	02	03	04	05	06	07	08	09	10
①	④	①	④	①	①	③	④	②	②
11	**12**	**13**	**14**	**15**	**16**	**17**	**18**	**19**	**20**
②	①	②	③	④	④	③	②	④	②

01 ①

[상세해설] 노인장기요양보험법 제55조(심사청구)

② 제1항에 따른 심사청구는 그 처분이 있음을 안 날부터 90일 이내에 문서(「전자정부법」 제2조제7호에 따른 전자문서를 포함한다)로 하여야 하며, 처분이 있은 날부터 180일을 경과하면 이를 제기하지 못한다. 다만, 정당한 사유로 그 기간에 심사청구를 할 수 없었음을 증명하면 그 기간이 지난 후에도 심사청구를 할 수 있다.

④ 심사위원회는 위원장 1명을 포함한 50명 이내의 위원으로 구성한다.

노인장기요양보험법 제56조(재심사청구)

① 제55조에 따른 심사청구에 대한 결정에 불복하는 사람은 그 결정통지를 받은 날부터 90일 이내에 장기요양재심사위원회(이하 "재심사위원회"라 한다)에 재심사를 청구할 수 있다.

② 재심사위원회는 보건복지부장관 소속으로 두고, 위원장 1인을 포함한 20인 이내의 위원으로 구성한다.

노인장기요양보험법 제67조(벌칙)

① 다음 각 호의 어느 하나에 해당하는 자는 3년 이하의 징역 또는 3천만원 이하의 벌금에 처한다.

    1. 거짓이나 그 밖의 부정한 방법으로 장기요양급여 비용을 청구한 자

02 ④

[상세해설] 노인장기요양보험법 제22조(장기요양인정 신청 등에 대한 대리)

① 장기요양급여를 받고자 하는 자 또는 수급자가 신체적·정신적인 사유로 이 법에 따른 장기요양인정의 신청, 장기요양인정의 갱신신청 또는 장기요양등급의 변경신청 등을 직접 수행할 수 없을 때 본인의 가족이나 친족, 그 밖의 이해관계인은 이를 대리할 수 있다.

② 다음 각 호의 어느 하나에 해당하는 사람은 관할 지역

안에 거주하는 사람 중 장기요양급여를 받고자 하는 사람 또는 수급자가 제1항에 따른 장기요양인정신청 등을 직접 수행할 수 없을 때 본인 또는 가족의 동의를 받아 그 신청을 대리할 수 있다.

1. 「사회보장급여의 이용·제공 및 수급권자 발굴에 관한 법률」 제43조에 따른 사회복지전담공무원
2. 「치매관리법」 제17조에 따른 치매안심센터의 장 (장기요양급여를 받고자 하는 사람 또는 수급자가 같은 법 제2조제2호에 따른 치매환자인 경우로 한정한다)

③ 제1항 및 제2항에도 불구하고 장기요양급여를 받고자 하는 자 또는 수급자가 제1항에 따른 장기요양인정신청 등을 할 수 없는 경우 특별자치시장·특별자치도지사·시장·군수·구청장이 지정하는 자는 이를 대리할 수 있다.

03 ①

[상세해설] 노인장기요양보험법 제6조의2(실태조사)

① 보건복지부장관은 장기요양사업의 실태를 파악하기 위하여 3년마다 다음 각 호의 사항에 관한 조사를 정기적으로 실시하고 그 결과를 공표하여야 한다.

1. 장기요양인정에 관한 사항
2. 장기요양등급판정위원회(이하 "등급판정위원회"라 한다)의 판정에 따라 장기요양급여를 받을 사람(이하 "수급자"라 한다)의 규모, 그 급여의 수준 및 만족도에 관한 사항
3. 장기요양기관에 관한 사항
4. 장기요양요원의 근로조건, 처우 및 규모에 관한 사항
5. 그 밖에 장기요양사업에 관한 사항으로서 보건복지부령으로 정하는 사항

04 ④

[상세해설] 노인장기요양보험법 제33조의2(폐쇄회로 텔레비전의 설치 등)

② 폐쇄회로 텔레비전을 설치·관리하는 자는 수급자 및 장기요양기관 종사자 등 정보주체의 권리가 침해되지 아니하도록 다음 각 호의 사항을 준수하여야 한다.

1. 노인학대 방지 등 수급자의 안전과 장기요양기관의 보안을 위하여 최소한의 영상정보만을 적법하고 정당하게 수집하고, 목적 외의 용도로 활용하지 아니하도록 할 것
3. 수급자 및 장기요양기관 종사자 등 정보주체의 사생활 침해를 최소화하는 방법으로 영상정보를 처리할 것

③ 장기요양기관을 운영하는 자는 폐쇄회로 텔레비전에 기록된 영상정보를 60일 이상 보관하여야 한다.

노인장기요양보험법 제69조(과태료)

② 다음 각 호의 어느 하나에 해당하는 자에게는 300만 원 이하의 과태료를 부과한다.

1. 제33조의2에 따른 폐쇄회로 텔레비전을 설치하지 아니하거나 설치·관리의무를 위반한 자

05 ①

[상세해설] 노인장기요양보험법 제43조(부당이득의 징수)

① 공단은 장기요양급여를 받은 자, 장기요양급여비용을 받은 자 또는 의사소견서·방문간호지시서 발급비용(이하 "의사소견서등 발급비용"이라 한다)을 받은 자가 다음 각 호의 어느 하나에 해당하는 경우 그 장기요양급여, 장기요양급여비용 또는 의사소견서등 발급비용에 상당하는 금액을 징수한다.

1. 등급판정 결과 같은 조 제4항 각 호의 어느 하나에 해당하는 것으로 확인된 경우
2. 월 한도액 범위를 초과하여 장기요양급여를 받은 경우
3. 장기요양급여의 제한 등을 받을 자가 장기요양급여를 받은 경우
4. 거짓이나 그 밖의 부정한 방법으로 재가 및 시설 급여비용을 청구하여 이를 지급받은 경우
4의2. 거짓이나 그 밖의 부정한 방법으로 의사소견서 등 발급비용을 청구하여 이를 지급받은 경우
5. 그 밖에 이 법상의 원인 없이 공단으로부터 장기요양급여를 받거나 장기요양급여비용을 지급받은 경우

06 ①

[상세해설] 노인장기요양보험법 제37조의3(위반사실 등의 공표)

① 보건복지부장관 또는 특별자치시장·특별자치도지사·시장·군수·구청장은 장기요양기관이 거짓으로 재가·시설 급여비용을 청구하였다는 이유로 제37조

또는 제37조의2에 따른 처분이 확정된 경우로서 다음 각 호의 어느 하나에 해당하는 경우에는 위반사실, 처분내용, 장기요양기관의 명칭·주소, 장기요양기관의 장의 성명, 그 밖에 다른 장기요양기관과의 구별에 필요한 사항으로서 대통령령으로 정하는 사항을 공표하여야 한다. 다만, 장기요양기관의 폐업 등으로 공표의 실효성이 없는 경우에는 그러하지 아니하다.

1. 거짓으로 청구한 금액이 1천만원 이상인 경우
2. 거짓으로 청구한 금액이 장기요양급여비용 총액의 100분의 10 이상인 경우

② 보건복지부장관 또는 특별자치시장·특별자치도지사·시장·군수·구청장은 장기요양기관이 제61조제2항에 따른 자료제출 명령에 따르지 아니하거나 거짓으로 자료제출을 한 경우나 질문 또는 검사를 거부·방해 또는 기피하거나 거짓으로 답변하였다는 이유로 제37조 또는 제37조의2에 따른 처분이 확정된 경우 위반사실, 처분내용, 장기요양기관의 명칭·주소, 장기요양기관의 장의 성명, 그 밖에 다른 장기요양기관과의 구별에 필요한 사항으로서 대통령령으로 정하는 사항을 공표하여야 한다. 다만, 장기요양기관의 폐업 등으로 공표의 실효성이 없는 경우 또는 장기요양기관이 위반사실 등의 공표 전에 제61조제2항에 따른 자료를 제출하거나 질문 또는 검사에 응하는 경우에는 그러하지 아니하다.

③ 보건복지부장관 또는 특별자치시장·특별자치도지사·시장·군수·구청장은 제1항 및 제2항에 따른 공표 여부 등을 심의하기 위하여 공표심의위원회를 설치·운영할 수 있다.

④ 제1항 및 제2항에 따른 공표 여부의 결정 방법, 공표 방법·절차 및 제3항에 따른 공표심의위원회의 구성·운영 등에 필요한 사항은 대통령령으로 정한다.

07 ③

[상세해설] 노인장기요양보험법 제37조(장기요양기관 지정의 취소 등)

① 특별자치시장·특별자치도지사·시장·군수·구청장은 장기요양기관이 다음 각 호의 어느 하나에 해당하는 경우 그 지정을 취소하거나 6개월의 범위에서 업무정지를 명할 수 있다. 다만, 제1호, 제2호의2, 제3호의5, 제7호, 또는 제8호에 해당하는 경우에는 지

정을 취소하여야 한다.

3. 제35조제1항을 위반하여 장기요양급여를 거부한 경우
3의2. 제35조제5항을 위반하여 본인부담금을 면제하거나 감경하는 행위를 한 경우
3의3. 제35조제6항을 위반하여 수급자를 소개, 알선 또는 유인하는 행위 및 이를 조장하는 행위를 한 경우
3의5. 제36조제1항에 따른 폐업 또는 휴업 신고를 하지 아니하고 1년 이상 장기요양급여를 제공하지 아니한 경우
3의6. 제36조의2에 따른 시정명령을 이행하지 아니하거나 회계부정 행위가 있는 경우
3의7. 정당한 사유 없이 제54조에 따른 평가를 거부·방해 또는 기피하는 경우

08 ④

[상세해설] 노인장기요양보험법 제33조의3(영상정보의 열람금지 등)

① 폐쇄회로 텔레비전을 설치·관리하는 자는 다음 각 호의 어느 하나에 해당하는 경우를 제외하고는 제33조의2제3항의 영상정보를 열람하게 하여서는 아니 된다.

1. 수급자가 자신의 생명·신체·재산상의 이익을 위하여 본인과 관련된 사항을 확인할 목적으로 열람 시기·절차 및 방법 등 보건복지부령으로 정하는 바에 따라 요청하는 경우
2. 수급자의 보호자가 수급자의 안전을 확인할 목적으로 열람 시기·절차 및 방법 등 보건복지부령으로 정하는 바에 따라 요청하는 경우
3. 「개인정보 보호법」제2조제6호가목에 따른 공공기관이 「노인복지법」제39조의11 등 법령에서 정하는 노인의 안전업무 수행을 위하여 요청하는 경우
4. 범죄의 수사와 공소의 제기 및 유지, 법원의 재판 업무 수행을 위하여 필요한 경우

09 ②

[상세해설] 노인장기요양보험법 제30조(장기요양급여의 제한 등에 관한 준용)

「국민건강보험법」제53조제1항제4호, 같은 조 제2항부터 제6항까지, 제54조 및 제109조제10항은 이 법에 따른

보험료 체납자 등에 대한 장기요양급여의 제한 및 장기요양급여의 정지에 관하여 준용한다. 이 경우 "가입자"는 "장기요양보험가입자"로, "보험급여"는 "장기요양급여"로 본다.

노인장기요양보험법 제43조(부당이득의 징수)
① 공단은 장기요양급여를 받은 자, 장기요양급여비용을 받은 자 또는 의사소견서·방문간호지시서 발급비용(이하 "의사소견서등 발급비용"이라 한다)을 받은 자가 다음 각 호의 어느 하나에 해당하는 경우 그 장기요양급여, 장기요양급여비용 또는 의사소견서등 발급비용에 상당하는 금액을 징수한다.
  3. 제29조 또는 제30조에 따라 장기요양급여의 제한 등을 받을 자가 장기요양급여를 받은 경우

10 ②

[상세해설] 노인장기요양보험법 제69조(과태료)
① 정당한 사유 없이 다음 각 호의 어느 하나에 해당하는 자에게는 500만원 이하의 과태료를 부과한다.
  3. 장기요양급여 제공 자료를 기록·관리하지 아니하거나 거짓으로 작성한 사람
  4. 폐업·휴업 신고 또는 자료이관을 하지 아니하거나 거짓이나 그 밖의 부정한 방법으로 신고한 자
  4의2. 행정제재처분을 받았거나 그 절차가 진행 중인 사실을 양수인등에게 지체 없이 알리지 아니한 자
② 다음 각 호의 어느 하나에 해당하는 자에게는 300만원 이하의 과태료를 부과한다.
  1. 폐쇄회로 텔레비전을 설치하지 아니하거나 설치·관리의무를 위반한 자

11 ②

[상세해설] 노인장기요양보험법 시행령 제21조의2(등급판정위원회 위원의 제척·기피·회피)
① 등급판정위원회 위원이 다음 각 호의 어느 하나에 해당하는 경우에는 해당 안건의 심의·의결에서 제척된다.
  1. 위원 또는 그 배우자나 배우자였던 사람이 해당 안건의 당사자이거나 그 안건의 당사자와 공동권리자 또는 공동의무자인 경우
  2. 위원이 해당 안건의 당사자와 친족이거나 친족이었던 경우
  3. 위원이 해당 안건에 대하여 증언, 진술, 자문, 연구, 용역 또는 감정을 한 경우
  4. 위원이나 위원이 속한 법인이 해당 안건의 당사자의 대리인이거나 대리인이었던 경우

12 ①

[오답풀이] 노인장기요양보험법 제15조(등급판정 등)
① 공단은 조사가 완료된 때 조사결과서, 신청서, 의사소견서, 그 밖에 심의에 필요한 자료를 등급판정위원회에 제출하여야 한다.
② 등급판정위원회는 신청인이 제12조의 신청자격요건을 충족하고 6개월 이상 동안 혼자서 일상생활을 수행하기 어렵다고 인정하는 경우 심신상태 및 장기요양이 필요한 정도 등 대통령령으로 정하는 등급판정기준에 따라 수급자로 판정한다.
③ 등급판정위원회는 제2항에 따라 심의·판정을 하는 때 신청인과 그 가족, 의사소견서를 발급한 의사 등 관계인의 의견을 들을 수 있다.
④ 공단은 장기요양급여를 받고 있거나 받을 수 있는 자가 다음 각 호의 어느 하나에 해당하는 것으로 의심되는 경우에는 제14조제1항 각 호의 사항을 조사하여 그 결과를 등급판정위원회에 제출하여야 한다.

13 ②

[오답풀이] 노인장기요양보험법 제47조의2(장기요양요원지원센터의 설치 등)
① 국가와 지방자치단체는 장기요양요원의 권리를 보호하기 위하여 장기요양요원지원센터를 설치·운영할 수 있다.
② 장기요양요원지원센터는 다음 각 호의 업무를 수행한다.
  1. 장기요양요원의 권리 침해에 관한 상담 및 지원
  2. 장기요양요원의 역량강화를 위한 교육지원
  3. 장기요양요원에 대한 건강검진 등 건강관리를 위한 사업
  4. 그 밖에 장기요양요원의 업무 등에 필요하여 대통령령으로 정하는 사항
③ 장기요양요원지원센터의 설치·운영 등에 필요한 사항은 보건복지부령으로 정하는 바에 따라 해당 지방자치단체의 조례로 정한다.

14 ③

[상세해설] 노인장기요양보험법 시행령 제17조의2(장기요양위원회 위원의 해임 및 해촉)

보건복지부장관은 법 제45조에 따른 장기요양위원회(이하 "장기요양위원회"라 한다)의 위원이 다음 각 호의 어느 하나에 해당하는 경우에는 해당 장기요양위원회 위원을 해임하거나 해촉할 수 있다.

1. 심신쇠약 등으로 장기간 직무를 수행할 수 없게 된 경우
2. 직무와 관련된 비위사실이 있는 경우
3. 직무태만, 품위손상이나 그 밖의 사유로 인하여 위원으로 적합하지 아니하다고 인정되는 경우
4. 위원 스스로 직무를 수행하는 것이 곤란하다고 의사를 밝히는 경우

15 ④

[상세해설] 노인장기요양보험법 제60조(자료의 제출 등)

① 공단은 장기요양급여 제공내용 확인, 장기요양급여의 관리·평가 및 장기요양보험료 산정 등 장기요양사업 수행에 필요하다고 인정할 때 다음 각 호의 어느 하나에 해당하는 자에게 자료의 제출을 요구할 수 있다.
   1. 장기요양보험가입자 또는 그 피부양자 및 의료급여수급권자
   2. 수급자, 장기요양기관 및 의료기관
② 제1항에 따라 자료의 제출을 요구받은 자는 성실히 이에 응하여야 한다.

노인장기요양보험법 제29조(장기요양급여의 제한)

① 공단은 장기요양급여를 받고 있는 자가 정당한 사유 없이 제15조제4항에 따른 조사나 제60조 또는 제61조에 따른 요구에 응하지 아니하거나 답변을 거절한 경우 장기요양급여의 전부 또는 일부를 제공하지 아니하게 할 수 있다.
② 공단은 장기요양급여를 받고 있거나 받을 수 있는 자가 장기요양기관이 거짓이나 그 밖의 부정한 방법으로 장기요양급여비용을 받는 데에 가담한 경우 장기요양급여를 중단하거나 1년의 범위에서 장기요양급여의 횟수 또는 제공 기간을 제한할 수 있다.
③ 제2항에 따른 장기요양급여의 중단 및 제한 기준과 그 밖에 필요한 사항은 보건복지부령으로 정한다.

16 ④

[상세해설] 노인장기요양보험법 제31조(장기요양기관의 지정)

③ 특별자치시장·특별자치도지사·시장·군수·구청장이 제1항에 따른 지정을 하려는 경우에는 다음 각 호의 사항을 검토하여 장기요양기관을 지정하여야 한다. 이 경우 특별자치시장·특별자치도지사·시장·군수·구청장은 공단에 관련 자료의 제출을 요청하거나 그 의견을 들을 수 있다.

1. 장기요양기관을 운영하려는 자의 장기요양급여 제공 이력
2. 장기요양기관을 운영하려는 자 및 그 기관에 종사하려는 자가 이 법, 「사회복지사업법」 또는 「노인복지법」 등 장기요양기관의 운영과 관련된 법에 따라 받은 행정처분의 내용
3. 장기요양기관의 운영 계획
4. 해당 지역의 노인인구 수, 치매 등 노인성질환 환자 수 및 장기요양급여 수요 등 지역 특성
5. 그 밖에 특별자치시장·특별자치도지사·시장·군수·구청장이 장기요양기관으로 지정하는 데 필요하다고 인정하여 정하는 사항

17 ③

[오답풀이] 노인장기요양보험법 제19조(장기요양인정의 유효기간)

① 장기요양인정의 유효기간은 최소 1년이상으로서 대통령령으로 정한다.

노인장기요양보험법 시행령 제8조(장기요양인정 유효기간)

② 장기요양등급판정위원회(이하 "등급판정위원회"라 한다)는 장기요양 신청인의 심신상태 등을 고려하여 장기요양인정 유효기간을 6개월의 범위에서 늘리거나 줄일 수 있다.
① 법 제19조제1항에 따른 장기요양인정 유효기간은 2년으로 한다. 다만, 법 제20조에 따른 장기요양인정의 갱신 결과 직전 등급과 같은 등급으로 판정된 경우에는 그 갱신된 장기요양인정의 유효기간은 다음 각 호의 구분에 따른다.
   1. 장기요양 1등급의 경우: 4년
   2. 장기요양 2등급부터 4등급까지의 경우: 3년
   3. 장기요양 5등급 및 인지지원등급의 경우: 2년

18 ②

[오답풀이] 노인장기요양보험법 제33조의2(폐쇄회로 텔레비전의 설치 등)

① 장기요양기관을 운영하는 자는 노인학대 방지 등 수급자의 안전과 장기요양기관의 보안을 위하여 「개인정보 보호법」 및 관련 법령에 따른 폐쇄회로 텔레비전(이하 "폐쇄회로 텔레비전"이라 한다)을 설치·관리하여야 한다.

② 제1항에 따라 폐쇄회로 텔레비전을 설치·관리하는 자는 수급자 및 장기요양기관 종사자 등 정보주체의 권리가 침해되지 아니하도록 다음 각 호의 사항을 준수하여야 한다.

③ 장기요양기관을 운영하는 자는 폐쇄회로 텔레비전에 기록된 영상정보를 60일 이상 보관하여야 한다.

④ 국가 또는 지방자치단체는 제1항에 따른 폐쇄회로 텔레비전 설치비의 전부 또는 일부를 지원할 수 있다.

19 ④

[상세해설] 노인장기요양보험법 제68조(양벌규정)

법인의 대표자, 법인이나 개인의 대리인·사용인 및 그 밖의 종사자가 그 법인 또는 개인의 업무에 관하여 제67조에 해당하는 위반행위를 한 때에는 그 행위자를 벌하는 외에 그 법인 또는 개인에 대하여도 해당 조의 벌금형을 과한다. 다만, 법인 또는 개인이 그 위반행위를 방지하기 위하여 해당 업무에 관하여 상당한 주의와 감독을 게을리하지 아니한 경우에는 그러하지 아니다.

노인장기요양보험법 제67조(벌칙)

① 다음 각 호의 어느 하나에 해당하는 자는 3년 이하의 징역 또는 3천만원 이하의 벌금에 처한다.

1. 거짓이나 그 밖의 부정한 방법으로 장기요양급여비용을 청구한 자

2. 폐쇄회로 텔레비전의 설치 목적과 다른 목적으로 폐쇄회로 텔레비전을 임의로 조작하거나 다른 곳을 비추는 행위를 한 자

3. 녹음기능을 사용하거나 보건복지부령으로 정하는 저장장치 이외의 장치 또는 기기에 영상정보를 저장한 자

② 다음 각 호의 어느 하나에 해당하는 자는 2년 이하의 징역 또는 2천만원 이하의 벌금에 처한다.

1. 지정받지 아니하고 장기요양기관을 운영하거나 거

짓이나 그 밖의 부정한 방법으로 지정받은 자

2. 안전성 확보에 필요한 조치를 하지 아니하여 영상정보를 분실·도난·유출·변조 또는 훼손당한 자

3. 본인부담금을 면제 또는 감경하는 행위를 한 자

4. 수급자를 소개, 알선 또는 유인하는 행위를 하거나 이를 조장한 자

5. 업무수행 중 알게 된 비밀을 누설한 자

③ 다음 각 호의 어느 하나에 해당하는 자는 1년 이하의 징역 또는 1천만원 이하의 벌금에 처한다.

1. 정당한 사유 없이 장기요양급여의 제공을 거부한 자

2. 거짓이나 그 밖의 부정한 방법으로 장기요양급여를 받거나 다른 사람으로 하여금 장기요양급여를 받게 한 자

3. 정당한 사유 없이 권익보호조치를 하지 아니한 사람

4. 수급자가 부담한 비용을 정산하지 아니한 자

20 ②

[상세해설] 노인장기요양보험법 제69조(과태료)

① 정당한 사유 없이 다음 각 호의 어느 하나에 해당하는 자에게는 500만원 이하의 과태료를 부과한다.

4의2. 행정제재처분을 받았거나 그 절차가 진행 중인 사실을 양수인등에게 지체 없이 알리지 아니한 자

6. 거짓이나 그 밖의 부정한 방법으로 수급자에게 장기요양급여비용을 부담하게 한 자

② 다음 각 호의 어느 하나에 해당하는 자에게는 300만원 이하의 과태료를 부과한다.

1. 폐쇄회로 텔레비전을 설치하지 아니하거나 설치·관리의무를 위반한 자

2. 열람 요청에 응하지 아니한 자

실전모의고사 [1회]

직업기초능력 응용모듈

01	02	03	04	05	06	07	08	09	10
①	③	③	①	④	④	③	②	③	②
11	**12**	**13**	**14**	**15**	**16**	**17**	**18**	**19**	**20**
④	②	③	②	②	④	②	③	③	④
21	**22**	**23**	**24**	**25**	**26**	**27**	**28**	**29**	**30**
④	④	②	①	③	④	②	③	④	③
31	**32**	**33**	**34**	**35**	**36**	**37**	**38**	**39**	**40**
①	②	③	①	④	④	④	②	③	②
41	**42**	**43**	**44**	**45**	**46**	**47**	**48**	**49**	**50**
④	②	②	②	③	④	②	④	③	③
51	**52**	**53**	**54**	**55**	**56**	**57**	**58**	**59**	**60**
③	①	③	③	②	④	④	④	②	④

01 ①
의사소통능력

Quick해설 주어진 보도자료의 핵심은 2024년 11월부터 적용되는 건강보험료 산정 기준 개편 및 이에 따른 변동 사항이다. 구체적으로 소득·재산 반영 방식이 조정되고, 일부 보험료의 증가와 감소가 발생하며, 조정·정산 신청 절차가 확대되는 내용이 포함된다.

[오답풀이] ② 주어진 보도자료를 보면 '일부 세대(71만 가구)의 보험료가 증가'했다는 내용도 포함되어 있다. 즉, 보험료 감면과 관련된 정책이 일부 포함되지만, 주요 내용은 보험료 감면보다는 소득·재산 반영 기준 조정으로 보아야 적절하다.
③ 건강보험료 부과체계를 개편하는 내용이 포함되어 있지만, 체계의 문제점을 중점적으로 다루지는 않는다. 오히려 개편 후 적용 방식과 그에 따른 영향이 핵심이므로, '문제점'을 강조하는 것은 적절하지 않다.
④ 단순한 소득·재산 반영 변화만을 다루는 것이 아니라, 보험료 변동과 조정·정산 절차까지 포함하고 있으므로, 내용 전체를 아우르는 제목으로 적절하지 않다.

02 ③
의사소통능력

Quick해설 직장가입자는 보도자료에서 다루는 '지역가입자'와 보험료 산정 방식이 다르며, 보도자료는 '지역가입자'의 건강보험료 산정 방식 변경을 중심으로 설명하고 있다. 직장가입자의 경우 월급에서 일정 비율을 공제하는 방식으로 보험료가 부과되며, 이번 개편과 직접적인 관련이 없다. 따라서 직장가입자의 보험료 부담 증가를 예상하는 것은 본문 내용을 근거로 한 추론으로 적절하지 않다.

[오답풀이] ① 보험료 조정·정산 신청 제도가 확대되었으며, 휴·폐업 등으로 소득이 변동된 경우 신청할 수 있다고 설명하고 있다. 따라서 소득이 일정하지 않은 가입자가 변동된 보험료를 확인한 후 조정·정산 신청을 할 가능성이 충분하다.
② 71만 가구의 보험료가 증가했지만, 재산 기본공제 확대 및 자동차 보험료 폐지로 340만 가구의 보험료가 감소하여 평균적으로 보험료가 인하되었다고 설명하고 있다. 따라서 일부 가입자의 보험료 증가 가능성을 인정하면서도, 전체 평균 보험료가 낮아질 가능성이 있다고 예상할 수 있다.
④ 소득 중심 부과체계 개편이 지속 추진될 것이라고 언급되어 있으므로, 미래에는 소득 중심 방식이 더욱 강화될 가능성을 예상하는 것은 적절하다.

03 ③
의사소통능력

Quick해설 주어진 글은 올바른 식습관의 중요성에 대해 설명하고 있는데, 수분의 중요성에 대해 설명하고 있는 ⓒ이 들어가는 것은 흐름상 적절하지 않다.

[상세해설] ⓒ 문장의 앞에서는 폭식과 과식에 대해 서술하고 있고, 문장의 뒤에서는 고령자가 식사 시 느끼는 어려움에 대해 서술하고 있다. 따라서 '수분이 부족하면 쉽게 피로해지고 건강상 많은 위험이 생긴다.'는 문장은 글의 맥락상 적절하지 않다.

04 ①
의사소통능력

Quick해설 두 번째 문단을 보면 서울시민 중 과일 및 채소를 1일 500g 이상 섭취하는 3인 가구는 40.7%이므로, 과일 및 채소를 섭취하지 않는 3인 가구보다 적다는 것을 파악할 수 있다.

[오답풀이] ② 마지막 문단에서 혼밥은 고혈압과 대사증후군 발생 위험도 높여 하루 두 끼를 혼자 식사하는 사람의 대사증후군 발생 위험은 지인과 함께 식사하는 사람의 1.3배로 집계됐다고 하였으므로 적절하다.

③ 세 번째 문단에서 한국영양학회는 과일의 경우 사과 1/2개(100g), 귤 1개(100g), 포도 15알(100g) 등을 1회 분량으로 정하고 있다고 하였으므로 적절하다.

④ 네 번째 문단에서 발효 식품은 장내 미생물들의 건강한 구성을 돕고 면역 체계, 신체의 신진대사 기능 등에도 유익하다고 하였으므로 적절하다.

05 ④　　　　　　　　　　　　　　　의사소통능력

Quick해설 글 전체에서 다양한 어지럼증의 원인과 증상에 대해 설명하고 있으므로 적절하다.

[상세해설] 첫 번째 문단에서 어지럼증은 원인과 증상이 천차만별이라 하였고, 글 전체에서 빈혈, 이석증, 뇌졸중 등 다양한 어지럼증의 원인에 대해 서술하고 있으므로 적절하다.

[오답풀이] ① 세 번째 문단에서 말초성 전정질환에 의한 어지럼증에 대해 설명하고 있으나 전체 내용을 포괄할 수 없으므로 적절하지 않다.

② 네 번째 문단에서 뇌졸중 위험이 높은 만성질환 환자는 어지럼증이 발생할 경우 반드시 전문의에게 진료받아야 한다고 하였으나 전체 내용을 포괄할 수 없으므로 적절하지 않다.

③ 세 번째 문단에서 중추성 원인에 의한 어지럼증은 신속한 치료가 필요하다고 하였으나 전체 내용을 포괄할 수 없으므로 적절하지 않다.

06 ④　　　　　　　　　　　　　　　의사소통능력

Quick해설 두 번째 문단에서 어지럼증은 크게 중추성 신경계 질환과 말초성 전정기관 장애로 구분하며, 귀는 말초성에 해당한다고 하였다. 따라서 귀에 이상이 발생한 어지럼증은 말초성 신경계 이상이 아닌 말초성 전정기관 이상이라고 해야 적절하다.

[상세해설] 두 번째 문단에서 어지럼증을 유발하는 대표적인 기관인 귀는 말초성에 해당하며 어지럼증의 원인은 중추성 신경계 질환과 말초성 전정기관 장애로 구분한다고 하였다. 이에 따라 귀에 이상이 생겨 어지럼증을 느끼는 것은 말초성 전정기관 이상임을 알 수 있다.

[오답풀이] ① 세 번째 문단에서 급성 회전성 어지럼증을 호소하는 환자의 대부분은 말초성 전정질환으로, 그 중에서도 이석증이 가장 흔하다고 하였으므로 이석증 환자들의 대부분은 급성 회전성 어지럼증을 호소함을 알 수 있다.

② 네 번째 문단에서 소뇌 등에 이상이 생겼을 때 발생하는 평형장애에 의한 어지럼증에 대해 설명하고 있으므로 소뇌에 이상이 발생하여도 어지럼증을 느낄 수 있음을 알 수 있다.

③ 세 번째 문단에서 중추성 어지럼증은 말초성과 달리 두통, 의식 변화, 어눌한 말투, 사지 감각 저하·마비, 힘 빠짐 등의 증상을 동반하는 경우가 흔하다고 하였으므로 말투가 어눌해지면서 어지럼증이 발생하는 경우 중추성 어지럼증인 경우가 많음을 알 수 있다.

07 ③　　　　　　　　　　　　　　　의사소통능력

Quick해설 빈칸의 앞에서 과거 흡연자들이 온전히 개인의 자율적인 선택에 의하여 흡연을 시작하고 지속했는지에 대한 의문점을 제기하였다고 하였고, [보기]의 문장에서 '과거 우리나라의 사회적 흡연 환경과 흡연자 진술을 토대로 봤을 때 담배 위해성에 대한 정확한 정보가 전달되지 않았다는 것이 핵심내용이다.'라고 하며 개인의 자율적인 선택으로 흡연을 시작하지 않았다는 주장과 연결할 수 있으므로 ⓒ이 가장 적절한 위치이다.

08 ②　　　　　　　　　　　　　　　의사소통능력

Quick해설 건보공단은 2023년의 지난해에 고도흡연자 30명을 대상으로 일대일 심층 면담을 진행하였으므로 적절하지 않다.

[상세해설] 두 번째 단락에서 건보공단은 2023년 8월 현재 항소심이 진행되고 있으며, 지난해 고도흡연자 30명을 대상으로 일대일 심층 면담하는 등 질적 연구를 수행하였다고 하였으므로 2022년에 일대일 심층 면담이 진행되었음을 알 수 있다.

[오답풀이] ① 마지막 단락에서 건보공단은 관련학회·전문가들과의 연대 및 다각적 홍보를 통해 흡연 폐해의 사실을 널리 알리겠다고 하였으므로 적절하다.

③ 네 번째 단락에서 흡연과 담배소송 대상 암종은 폐암 중 소세포암·편평상피세포암, 후두암 중 편평세포암이라고 하였으므로 적절하다.

④ 첫 번째 단락에서 건보공단은 담배소송 세미나를 개최하여 '고도흡연자 흡연경험 심층분석' 연구결과를 공유하고, 관련 전문가들과 토론을 통해 흡연 폐해의 발생원인과 책임 소재를 다시 한번 확인하였다고 하였으므로 적절하다.

09 ③　　　　　　　　　　　　　　　의사소통능력

Quick해설 주어진 글은 [나]-[라]-[가]-[다] 순으로 나열되는 것이 문맥 흐름상 적절하다.

[상세해설] 우선 주어진 글의 첫 번째 문단은 소아청소년 비만이 증가하고 있으며 소아청소년에게 흔한 질환임을 밝히고 있으므로, 두 번째 문단에는 비만이 무엇인지 또 소아청소년 비만은 어떻게 진단하는지에 대한 설명인 [나]가 나오는 것이 가장 적절하다. 그리고 [나]의 부연 설명 문단인 [라]가 나와야 한다. [라]는 자세한 수치를 예로 들어 소아청소년 비만 진단의 기준을 제시하고 있기 때문이다. 그러고 나서 소아청소년 비만의 원인을 유전적 요인과 환경적 요인으로 설명하는 [가]가 나와야 한다. [가]에서 유전적 요인에 대해 이야기하고 있으므로 [가] 뒤에는 환경적 요인을 설명하는 [다]가 와야 한다.

10 ②　　　　　　　　　　　　　　　의사소통능력

Quick해설 주어진 글은 소아비만이 무엇인지 밝히고 그 원인과 합병증 등의 특징을 제시하고 있으므로, 주제로는 '소아비만의 개념과 특징' 정도가 적절하다.

[오답풀이] ① 소아비만에 대한 오해는 제시되어 있지 않다.
③ 우리나라의 소아비만 실태는 제시되어 있지만 전 세계의 소아비만 실태는 나와 있지 않다.
④ 소아비만을 예방하는 방법은 제시되어 있지 않다.

11 ④　　　　　　　　　　　　　　　의사소통능력

Quick해설 ④에 제시된 소아청소년 비만 개선을 위해 지방흡수억제제나 식욕억제제 등의 약물 치료 방법을 사용한다는 내용은 주어진 글과 상관없는 내용이며, [보기]의 의견을 반박하는 것도 아니므로 적절하지 않다.

[오답풀이] ① ,② 여섯 번째 문단을 보면 성인 동맥경화의 대부분은 어린 시절부터 시작된다는 점, 소아청소년 비만이 당뇨와 고혈압을 유발한다는 점을 알 수 있다. 또 이밖에도 소아청소년 역시 지방간 등의 성

인병을 겪을 수 있다고 제시되어 있다. 즉, 성인이 되어서 겪게 되는 성인병이 소아청소년 비만에서 비롯될 수 있음을 추론할 수 있고, 이러한 의견은 [보기]의 의견을 반박하는 근거가 된다.
③ [나] 문단을 보면 영아나 소아 때의 비만은 지방세포의 수가 늘어나는 경우가 많고, 성인비만은 지방세포의 크기가 커지는 경우가 많으며, 청소년 시기의 비만은 이 두 가지 유형이 섞여 있다고 했다. 즉, 이미 늘어난 지방세포의 개수는 성인 때 식이조절 등으로 체중을 감량한다 하더라도 개수는 줄지 않아 또다시 비만이 될 수 있는 위험성이 있다고 추론할 수 있다.

12 ②　　　　　　　　　　　　　　　의사소통능력

Quick해설 [나]는 피싱, 스미싱, 보이스피싱 등 사회공학 해킹의 대표적인 수법을 설명하고 있다.

[상세해설] [나]는 피싱, 스미싱, 보이스피싱 등 사회공학 해킹의 대표적 수법에 대해 설명하는 내용이므로, 소제목으로는 '사회공학 해킹의 대표적인 수법' 정도가 적절하다. 유형별 피해 현황은 주어진 글에서 확인할 수 없다.

13 ③　　　　　　　　　　　　　　　의사소통능력

Quick해설 주어진 글에 따르면 피싱과 스미싱은 접속을 유도하는 링크를 보내는 매체에 차이가 있다.
[오답풀이] ① 랜섬웨어의 '상당수'가 인터넷상의 개인정보를 바탕으로 사회공학을 활용해 이루어진다고 하였으므로 그렇지 않은 경우도 있음을 추론할 수 있다.
② 최근에는 보이스피싱을 통해 피싱 사이트로 유도하는 등 복합적인 수법이 쓰이기도 한다고 하였으므로 적절하다.
④ 사회공학을 이용한 해킹은 모두 '연구-관계 형성-공격-활용'의 단계를 거친다고 하였으므로 적절하다.

14 ②　　　　　　　　　　　　　　　의사소통능력

Quick해설 ㉠ 빈칸 앞은 최근 코로나19의 확산 상황을 악용한 스팸 메일과 문자가 급증하고 있다는 내용이며, 빈칸이 포함된 문장은 그 예시에 대한 내용이다.
㉢ 빈칸 앞은 사회공학을 이용한 해킹의 단계에 대한 내용이며, 빈칸이 포함된 문장 및 그 이후의 내용은 해당 단계를 예시를 통해 설명하는 내용이다.

따라서 ㉠, ㉢에는 예를 들어 설명한다는 의미의 부사인 '예컨대', '가령', '이를테면' 등이 공통적으로 들어간다.

[상세해설] ㉡ 사회공학을 통한 대표적인 수법인 피싱과 스미싱을 나열하여 설명하고 있으므로 '또한'이 들어 가는 것이 적절하다.
㉣ 빈칸이 포함된 문장은 인터넷상의 개인정보를 통해 사회공학 해킹이 이루어질 수 있으므로 주의해야 한 다는 내용이므로 빈칸에는 앞의 내용이 뒤의 내용의 이유나 원인, 근거가 될 때 쓰는 접속 부사인 '따라 서', '그러므로' 등이 와야 한다.

15 ②

Quick해설 주어진 보도자료는 개인정보를 보호하면서도 데이터 활용을 활성화하기 위해 가명처리 범위 확대 및 데이터 제공기관 책임 범위 명확화 등을 내용을 포함한 「보건의료데이터 활용 가이드라인」 개정안을 마련하였다 는 내용이다. 따라서 보도자료의 제목으로는 '보건의료데 이터 가명처리 방법 개선, 개인정보 보호하고 데이터 활용 활성화'가 가장 적절하다.

16 ④

Quick해설 NGS 기반 유전자 검사를 통해 생성된 FASTQ/ SAM/BAM/VCF 파일 및 검사기록지의 경우, 염기서열 및 메타데이터 내 주요 식별정보는 제거하거나 대체하는 방 식 등으로 가명처리하여 활용할 수 있다고 하였다.

[오답풀이] ① 가명정보 처리·활용 시 의도치 않게 특정 개인에 대한 식별정보가 포함되었다면 해당 정보의 처리를 즉시 중지하고, 지체없이 회수 및 파기해야 한다고 하였다.
② 유전체 데이터는 연구 목적으로 활용하더라도 데이터 접근 권한을 통제하고 폐쇄환경에서 활용해야 한다고 하였다.
③ 가명정보를 제공받은 자의 안전조치 미이행 등으로 가명정보 유출 등의 문제가 발생한 경우 그 해당 행 위자만 제재한다고 하였으므로 제공 의료기관은 처벌 대상에 해당하지 않음을 알 수 있다.

17 ②

Quick해설 ㉡ 진료기록 등 자유입력 데이터는 자연어 처 리기술 등을 활용하여 정형 데이터로 변환 후 식별정보 삭제, 대체 등의 방법으로 가명처리를 하여 활용해야 한다 고 하였다.

[오답풀이] ㉠ 유전체 데이터는 데이터 파일 형태, 즉 NGS 기반 유전자 검사를 통해 생성된 FASTQ/ SAM/BAM/VCF 파일 및 검사기록지의 경우 메 타데이터 및 염기서열에 대한 가명처리가 가능하다고 하였다.
㉢ 음성 데이터의 경우 관련 기술을 활용하여 문자열로 변환한 후 자유입력 데이터와 동일하게 식별정보 삭 제, 대체 등 가명처리하거나 필요 시 추가로 노이즈 방식 등을 활용하도록 규정한다고 하였다.

18 ③

Quick해설 ㉢ 주어진 자료는 민원 편의 개선 및 업무 효율 성을 높이기 위한 디지털창구 시스템 오픈에 관한 내용이 다. 따라서 식품영양성분 통합 DB 적용에 관한 내용은 흐 름상 적절하지 않으므로 삭제되어야 한다.

[오답풀이] ㉠ 디지털창구 시스템 오픈의 목적에 대해 밝 히고 있는 내용이므로 흐름상 적절하다.
㉡ 디지털창구 시스템 오픈 전과 후의 변화를 비교하여 설명하는 내용이므로 흐름상 적절하다.
㉣ 디지털창구 시스템의 완료 시점 및 확대 구축 등 향후 일정에 대해 설명하는 내용이므로 흐름상 적절하다.

19 ③

Quick해설 두 번째 단락에서 행정안전부의 연계를 통해 디지털창구 시스템에서 전자문서 수신, 기록물 보관을 모 두 원스톱으로 처리할 수 있다고 하였다.

[오답풀이] ① 세 번째 단락에서 디지털창구 시스템은 23년 7월부터 4개월간 시범운영 되었다고 하였다.
② 첫 번째 단락에서 11월에 지사, 출장소뿐만 아니라 5개 외국인민원센터에서도 디지털창구 시스템이 오 픈된다고 하였다.
④ 세 번째 단락에서 시스템 도입으로 종이기록물 생성, 보관, 폐기 등의 단순 행정업무가 감소하여 현장의 업무부담이 획기적으로 경감될 것으로 예상된다고 하

였다.

20 ④

Quick해설 네 번째 단락에서 AI OCR(문자인식 시스템)은 내년에 도입될 예정이라고 하였으므로, 시범운영 기간 동안 등록이 필수적이었다고 볼 수 없다.

[오답풀이] ① 두 번째 단락에서 디지털창구 시스템을 활용하면 신청한 지사가 아니더라도 모든 지사에서 민원처리 내역을 조회할 수 있다고 하였다.
② 두 번째 단락에서 가족관계증명서는 정부24의 전자문서지갑과 디지털창구 시스템을 연계하여 바로 디지털창구에서 확인하여 첨부할 수 있도록 구현했다고 하였다.
③ 두 번째 단락에서 자격·부과·보험급여 등 다빈도 서식 11종은 종이서식 대신 전자서식으로 수기서명 대신 전자서명으로 접수하여 처리할 수 있다고 하였다.

21 ④
수리능력

Quick해설 2019년에 보건소 수가 가장 많은 지역은 가장 적은 지역의 $\frac{569}{19} \fallingdotseq 29.9$(배)이므로 30배 미만이다.

[상세해설] 조사 기간 동안 보건소 수가 가장 많은 지역은 전남, 가장 적은 지역은 세종으로, 2017년에 $\frac{567}{18} = 31.5$(배), 2018년에 $\frac{569}{18} \fallingdotseq 31.6$(배), 2019년에 $\frac{569}{19} \fallingdotseq$ 29.9(배), 2020년에 $\frac{570}{19} = 30.0$(배), 2021년에 $\frac{572}{19} \fallingdotseq$ 30.1(배), 2022년에 $\frac{573}{19} \fallingdotseq 30.2$(배)이다.

[오답풀이] ① 2018년 보건소 수가 전년 대비 증가한 지역은 서울, 부산, 광주, 울산, 경기, 강원, 충남, 전북, 전남, 제주 총 10개이다.
② 전국 보건소 중 경북의 비중은 2020년에 $\frac{560}{3,571}$ $\times 100 \fallingdotseq 15.7$(%), 2021년에 $\frac{560}{3,587} \times 100 \fallingdotseq 15.6$(%)으로, 2021년에 전년 대비 감소했다.
③ 2019년 경기 보건소 수의 전년 대비 증감률은 $\frac{343-339}{339} \times 100 \fallingdotseq 1.2$(%), 제주는 $\frac{66-65}{65} \times 100 \fallingdotseq$ 1.5(%)이므로, 경기가 제주보다 낮다.

문제해결 Tip
② 2021년 전국 보건소 수는 전년 대비 증가했고, 경북 보건소 수는 전년 대비 동일하므로 비중은 전년 대비 감소했음을 계산없이 파악할 수 있다.
④ 조사 기간 동안 보건소 수가 가장 적은 지역은 세종으로, 2017~2018년에는 18개이고 2019~2022년에는 19개이다. 이에 대한 30배는 540개와 570개이므로 이 수치를 매년 보건소 수가 가장 많은 지역인 전남과 비교해보면 2019년에는 30배에 미치지 못한다는 것을 빠르게 파악할 수 있다.

22 ④
수리능력

Quick해설 2020년 보건소 수 상위 4개 지역은 전남, 경북, 경남, 충남이고, 이 지역들의 2018년 대비 2022년의 증감률은 충남이 1.2%, 전남이 0.7%, 경북이 -0.5%, 경남이 1%로, 충남이 가장 크다.

[상세해설] 2020년 보건소 수 상위 4개 지역은 큰 순서대로 전남, 경북, 경남, 충남인데, 이 지역들의 2018년 대비 2022년 보건소 수의 증감률은 다음과 같다.

- 전남: $\frac{573-569}{569} \times 100 \fallingdotseq 0.7$(%)
- 경북: $\frac{557-560}{560} \times 100 \fallingdotseq -0.5$(%)
- 경남: $\frac{421-417}{417} \times 100 \fallingdotseq 1.0$(%)
- 충남: $\frac{411-406}{406} \times 100 \fallingdotseq 1.2$(%)

23 ②
수리능력

Quick해설 2022년의 서울과 경기의 봉사활동 횟수 차이는 5,417-4,021=1,396(회)로 1,500회 미만이다.

[상세해설] 조사 기간 동안 서울과 경기의 봉사활동 횟수 차이는 다음과 같다.
- 2018년: 15,544-10,910=4,634(회)
- 2019년: 15,117-11,351=3,766(회)
- 2020년: 4,637-2,842=1,795(회)
- 2021년: 4,408-2,866=1,542(회)
- 2022년: 5,417-4,021=1,396(회)
따라서 2022년에는 1,500회 미만이다.
[오답풀이] ① 전국 봉사활동 횟수 중 서울의 비중은
2021년에 $\frac{4,408}{21,589} \times 100 \fallingdotseq 20.4$(%),

2022년에 $\dfrac{5,417}{27,289} \times 100 \fallingdotseq 19.9(\%)$이므로, 2022년에는 전년 대비 $20.4 - 19.9 = 0.5(\%p)$ 감소했다.

③ 강원과 세종의 연평균 봉사활동 횟수는 다음과 같다.

- 강원: $\dfrac{2,262 + 2,282 + 686 + 749 + 951}{5}$

$= 1,386(회)$

- 세종: $\dfrac{189 + 184 + 55 + 66 + 61}{5} = 111(회)$

따라서 강원이 세종보다 $1,386 - 111 = 1,275(회)$ 더 많다.

④ 2019~2021년 동안 봉사활동 횟수가 매년 감소한 지역은 서울, 인천, 전남, 제주 총 4곳이다.

24 ①

Quick해설 ㉠~㉣의 그래프 모두 옳게 나타내었으므로, 잘못된 그래프는 0개이다.

[상세해설] ㉠ 전국의 봉사활동 횟수는 다음과 같다.

- 2019년: $\dfrac{73,191 - 73,380}{73,380} \times 100 \fallingdotseq -0.3(\%)$
- 2020년: $\dfrac{20,591 - 73,191}{73,191} \times 100 \fallingdotseq -71.9(\%)$
- 2021년: $\dfrac{21,589 - 20,591}{20,591} \times 100 \fallingdotseq 4.8(\%)$
- 2022년: $\dfrac{27,289 - 21,589}{21,589} \times 100 \fallingdotseq 26.4(\%)$

㉡ 대전의 봉사활동 횟수는 다음과 같다.

- 2019년: $\dfrac{2,784 - 2,858}{2,858} \times 100 \fallingdotseq -2.6(\%)$
- 2020년: $\dfrac{797 - 2,784}{2,784} \times 100 \fallingdotseq -71.4(\%)$
- 2021년: $\dfrac{886 - 797}{797} \times 100 \fallingdotseq 11.2(\%)$
- 2022년: $\dfrac{1,043 - 886}{886} \times 100 \fallingdotseq 17.7(\%)$

㉢ 경남의 봉사활동 횟수는 다음과 같다.

- 2019년: $\dfrac{5,276 - 5,183}{5,183} \times 100 \fallingdotseq 1.8(\%)$
- 2020년: $\dfrac{1,445 - 5,276}{5,276} \times 100 \fallingdotseq -72.6(\%)$
- 2021년: $\dfrac{1,287 - 1,445}{1,445} \times 100 \fallingdotseq -10.9(\%)$
- 2022년: $\dfrac{1,792 - 1,287}{1,287} \times 100 \fallingdotseq 39.2(\%)$

㉣ 세종의 봉사활동 횟수는 다음과 같다.

- 2019년: $\dfrac{184 - 189}{189} \times 100 \fallingdotseq -2.6(\%)$
- 2020년: $\dfrac{55 - 184}{184} \times 100 \fallingdotseq -70.1(\%)$
- 2021년: $\dfrac{66 - 55}{55} \times 100 = 20.0(\%)$
- 2022년: $\dfrac{61 - 66}{66} \times 100 \fallingdotseq -7.6(\%)$

25 ③

Quick해설 조사 기간 동안 전국의 모자세대 기초생활수급자의 전년 대비 증감률이 가장 큰 해는 2020년이다.

[상세해설] 전국의 모자세대 기초생활수급자의 전년 대비 증감률은 다음과 같다.

- 2019년: $\dfrac{143,810 - 135,862}{135,862} \times 100 \fallingdotseq 5.9(\%)$
- 2020년: $\dfrac{163,950 - 143,810}{143,810} \times 100 \fallingdotseq 14.0(\%)$
- 2021년: $\dfrac{176,319 - 163,950}{163,950} \times 100 \fallingdotseq 7.5(\%)$
- 2022년: $\dfrac{179,653 - 176,319}{176,319} \times 100 \fallingdotseq 1.9(\%)$

[오답풀이] ① 2020년 서울 기초생활수급자 수가 전년 대비 증가한 가구특성은 소년소녀가정과 조손세대를 제외한 7가지이다.

② 조사 기간 동안 서울 부자세대 기초생활수급자는 일반세대의 2018년에 $\dfrac{5,894}{60,256} \times 100 \fallingdotseq 9.8(\%)$, 2019년에 $\dfrac{6,178}{65,323} \times 100 \fallingdotseq 9.5(\%)$, 2020년에 $\dfrac{6,863}{77,202} \times 100 \fallingdotseq 8.9(\%)$, 2021년에 $\dfrac{7,235}{84,131} \times 100 \fallingdotseq 8.6(\%)$, 2022년에 $\dfrac{7,003}{84,986} \times 100 \fallingdotseq 8.2(\%)$이므로, 8% 이상이다.

④ 전국 기초생활수급자 중 노인세대의 비중은 2018년에 $\dfrac{337,788}{1,165,175} \times 100 \fallingdotseq 29.0(\%)$, 2019년에 $\dfrac{391,096}{1,281,759} \times 100 \fallingdotseq 30.5(\%)$이므로, 2019년에는 전년 대비 $30.5 - 29.0 = 1.5(\%p)$ 증가했다.

26 ④

Quick해설 2018년 서울 기초생활수급자 중 모자세대의 비중은 $\dfrac{23,760}{197,278} \times 100 \fallingdotseq 12.0(\%)$, 그 외는 $100 - 12 = 88.0(\%)$이다.

[오답풀이] ① 2018년 서울 기초생활수급자 중 노인세대

의 비중은 $\frac{58,799}{197,278} \times 100 ≒ 29.8(\%)$, 그 외는 $100 - 29.8 = 70.2(\%)$이다.

② 2018년 서울 기초생활수급자 중 장애인세대의 비중은 $\frac{31,139}{197,278} \times 100 ≒ 15.8(\%)$, 그 외는 $100 - 15.8 = 84.2(\%)$이다.

③ 2018년 서울 기초생활수급자 중 소년소녀가정의 비중은 $\frac{311}{197,278} \times 100 ≒ 0.2(\%)$, 그 외는 $100 - 0.2 = 99.8(\%)$이다.

27 ②　　　　　　　　　　　　　　　　수리능력

Quick해설 [보기]의 수치들을 계산해보면 ㉠은 12.0, ㉡은 10.9, ㉢은 11.4이므로, 크기가 큰 순으로 나열하면 ㉠ > ㉢ > ㉡이다.

[상세해설] ㉠ 전국 직장어린이집의 2019년 대비 2022년 증감률은 $\frac{1,291 - 1,153}{1,153} \times 100 ≒ 12.0(\%)$이다.

㉡ 전국 직장어린이집 중 2020년에 부산과 인천이 차지하는 비중은 $\frac{57 + 76}{1,216} \times 100 = \frac{133}{1,216} \times 100 ≒ 10.9(\%)$이다.

㉢ 충북 직장어린이집의 2019년 대비 2021년의 증감률은 $\frac{39 - 35}{35} \times 100 = \frac{4}{35} \times 100 ≒ 11.4(\%)$이다.

28 ③　　　　　　　　　　　　　　　　수리능력

Quick해설 강원, 경기, 전남 광주의 전년 대비 증감률을 구하면 다음과 같다.

(단위: %)

구분	2020년	2021년	2022년
강원	9.8	15.6	9.6
경기	6.0	2.5	3.1
전남	9.7	5.9	0.0
광주	-9.4	-6.9	0.0

따라서 A에 들어갈 지역은 강원, B에 들어갈 지역은 광주이다.

29 ④　　　　　　　　　　　　　　　　수리능력

Quick해설 2024년의 경우 치과병원과 종합병원의 전년 대비 증가량이 2개로 같으므로 치과병원이 종합병원보다 매년 높은 것은 아니다.

[상세해설] 2021~2024년 동안 전년 대비 증가한 치과병원 수와 종합병원 수를 확인하면 다음과 같다.

(단위: 개)

구분	2021년	2022년	2023년	2024년
치과병원	3	4	5	2
종합병원	2	3	4	2

2023년까지는 전년 대비 증가한 치과병원 수가 종합병원 수보다 많지만, 2024년은 동일하므로 매년 높은 것은 아니다.

[오답풀이] ① 진료비와 급여비는 2021~2023년 동안 모두 전년 대비 증가하였다.

② 요양기관이 두 번째로 많은 해는 2023년이며, 2023년 진료비와 급여비의 차이는 $1,125,000 - 845,000 = 280,000$(억 원)으로, 28(조 원)으로, 27조 원 이상이다.

③ 작성기준일이 24.09.30.이므로 표에 제시된 2024년 급여비는 2024년 1~3분기 동안을 의미한다. 이를 4분기로 고려할 경우 2024년 전체 급여비는 $654,000 \times \frac{4}{3} = 872,000$(억 원)이 된다. 따라서 급여비는 2024년까지 지속적으로 증가할 것으로 예상할 수 있다.

30 ③　　　　　　　　　　　　　　　　수리능력

Quick해설 2020년에 진료비는 전년 대비 5.0% 증가하여 882,000억 원, 급여비는 전년 대비 2.0% 증가하여 663,000억 원이다. 이를 토대로 2019년의 값을 계산하면 다음과 같다.

・진료비: $\frac{882,000}{1 + 0.05} = 840,000$(억 원)

・급여비: $\frac{663,000}{1 + 0.02} = 650,000$(억 원)

따라서 2019년의 진료비와 급여비의 차액은 $840,000 - 650,000 = 190,000$(억 원) $= 19$(조 원)이다.

31 ①

Quick해설 한방병원과 한의원이 한방기관에서 차지하는 비중을 계산하면 다음과 같다.

구분	한방병원	한의원	한방기관 합계
2024년	600개 (3.9%)	14,700개 (96.1%)	15,300개
2023년	580개 (3.8%)	14,800개 (96.2%)	15,380개
2022년	540개 (3.6%)	14,500개 (96.4%)	15,040개
2021년	550개 (3.7%)	14,400개 (96.3%)	14,950개
2020년	480개 (3.2%)	14,600개 (96.8%)	15,080개

따라서 옳게 나타낸 그래프는 ①이다.

32 ②

Quick해설 2018년 충청의 식중독 발생 건수는 $358-(54+19+10+32+5+1+6+3+77+12+50+57+10)=22$(건)이다.

[상세해설] 2018년 전체 식중독 발생 건수는 358건이고, 충청을 제외한 지역의 식중독 발생 건수는 $54+19+10+32+5+1+6+3+77+12+50+57+10=336$(건)이다. 따라서 2018년 충청의 식중독 발생 건수는 $358-336=22$(건)이다.

[오답풀이] ① 2020년 울산에서 발생한 식중독 발생 건수는 4건이고, 2020년 울산의 원인균 규명률은 75.0%이다. 따라서 원인병원체 규명 건수는 $4\times0.75=3$(건)이다.

③ 2019년에 원인균 규명률이 가장 낮은 지역은 16.7%인 제주이다.

④ 2020년 전국의 식중독 환자 수는 전년 대비 $\frac{4,029-2,534}{4,029}\times100≒37$(%) 감소하였다.

33 ③

Quick해설 2021년 대전의 인구수는 $12\div8\times1,000,000=1,500,000$(명)이고, 울산의 인구수는 $5\div4\times1,000,000=1,250,000$(명)이다. 따라서 2021년 대전의 인구수와 울산의 인구수의 차는 $1,500,000-1,250,000=250,000$(명)

$=25$(만 명)이다.

[상세해설] 인구 백만 명당 식중독 환자 수는 '식중독 환자 수÷인구수×1,000,000'임을 이용하여 구한다. 주어진 자료를 보면 2021년 대전의 식중독 환자 수는 12명, 울산의 식중독 환자 수는 5명인데, 2021년 대전의 인구 백만 명당 식중독 환자 수는 8명이므로 2021년 대전의 인구수는 $12\div8\times1,000,000=1,500,000$(명), 2021년 울산의 인구 백만 명당 식중독 환자 수는 4명이므로 2021년 울산의 인구수는 $5\div4\times1,000,000=1,250,000$(명)이다. 따라서 2021년 대전의 인구수와 울산의 인구수의 차는 $1,500,000-1,250,000=250,000$(명) $=25$(만 명)이다.

34 ①

Quick해설 전국의 식중독 발생 건수당 환자 수는 2018년에 $\frac{11,343}{358}≒32$(명), 2019년에 $\frac{4,029}{280}≒14$(명), 2020년에 $\frac{2,534}{164}≒15$(명), 2021년에 $\frac{5,156}{243}≒21$(명)이다. 따라서 옳게 나타낸 그래프는 ①이다.

[오답풀이] ② 2019년 전체 식중독 발생 건수당 환자 수가 12~13명 정도이므로 옳지 않다.

③ 2020년 전체 식중독 발생 건수당 환자 수가 2019년보다 적으므로 옳지 않다.

④ 2021년 전체 식중독 발생 건수당 환자 수가 20명 미만으로 나타나므로 옳지 않다.

35 ④

Quick해설 조사 지역 중 유일하게 300개 이상 차이나는 지역은 서울로, 증감폭은 $8,973-8,617=356$(개)이다.

[상세해설] 2021년 병상 수의 전년 대비 증감폭은 다음과 같다.

- 서울: $8,973-8,617=356$(개)
- 부산: $3,621-3,656=-35$(개)
- 대구: $3,923-3,800=123$(개)
- 인천: $1,379-1,406=-27$(개)
- 광주: $2,736-2,797=-61$(개)
- 대전: $2,982-3,018=-36$(개)
- 울산: $157-157=0$(개)
- 세종: $399-259=140$(개)

- 경기: $9,186-9,107=79$(개)
- 강원: $3,382-3,565=-183$(개)
- 충북: $2,919-2,815=104$(개)
- 충남: $3,369-3,572=-203$(개)
- 전북: $3,515-3,554=-39$(개)
- 전남: $4,678-4,746=-68$(개)
- 경북: $4,690-4,516=174$(개)
- 경남: $6,213-6,365=-152$(개)
- 제주: $1,429-1,467=-38$(개)

[오답풀이] ① 조사 기간 동안 병상 수 상위 3개 지역은 경기, 서울, 경남으로 매년 동일하다.

② 조사 기간 동안 부산 병상 수와 충남 병상 수 차이는 다음과 같다.
- 2018년: $4,009-3,601=408$(개)
- 2019년: $3,957-3,451=506$(개)
- 2020년: $3,656-3,572=84$(개)
- 2021년: $3,621-3,369=252$(개)
- 2022년: $3,585-3,301=284$(개)

따라서 차이가 100개 미만인 해는 2020년뿐이다.

③ 2020년 병상 수의 전년 대비 증감률은 경북이 $\dfrac{4,516-4,481}{4,481}≒0.8(\%)$, 경남이 $\dfrac{6,365-6,340}{6,340}×100≒0.4(\%)$로, 경북이 경남보다 크다.

36 ③ 　　　　　　　　　　　　 수리능력

Quick해설 전국 의료기관 병상 수에서 서울이 차지하는 비중의 전년 대비 증감폭은 2019년에 $13.3-13.0=0.3$(%p), 2020년에 $13.6-13.3=0.3$(%p), 2021년에 $14.1-13.6=0.5$(%p), 2022년에 $14.1-13.9=0.2$(%p)이다. 따라서 증감폭이 가장 큰 해는 2021년이다.

[상세해설] 조사 기간 동안 전국 의료기관 병상 수 중 서울이 차지하는 비중은 다음과 같다.
- 2018년: $\dfrac{8,333}{63,924}×100≒13.0(\%)$
- 2019년: $\dfrac{8,283}{62,240}×100≒13.3(\%)$
- 2020년: $\dfrac{8,617}{63,417}×100≒13.6(\%)$
- 2021년: $\dfrac{8,973}{63,551}×100≒14.1(\%)$
- 2022년: $\dfrac{8,749}{63,133}×100≒13.9(\%)$

이를 토대로 전년 대비 증감폭을 구하면, 2019년에 $13.3-13.0=0.3$(%p), 2020년에 $13.6-13.3=0.3$(%p), 2021년에 $14.1-13.6=0.5$(%p), 2022년에 $14.1-13.9=-0.2$(%p)이다. 따라서 증감폭이 가장 큰 해는 2021년이다.

37 ④ 　　　　　　　　　　　　 수리능력

Quick해설 ④의 2022년 그래프는 2020년에 대한 수치를 나타낸 그래프로, 옳게 나타내면 다음과 같다.

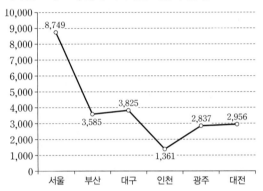

38 ② 　　　　　　　　　　　　 수리능력

Quick해설 조사 기간 동안의 12월과 1월의 평균 약국 진료비는 다음과 같다.

- 12월: $\dfrac{161,842+157,233+173,125+196,718}{4}$ $=172,229.5$(천만 원)

- 1월: $\dfrac{152,516+156,882+142,061+164,319}{4}$ $=153,944.5$(천만 원)

따라서 12월은 1월보다 $172,229.5-153,944.5=18,285$(천만 원) 더 많다.

[오답풀이] ① 2021년 3월의 약국 청구 건수는 전월 대비 $\dfrac{36,930-29,363}{29,363}×100≒25.8(\%)$ 증가했다.

③ 2022년 약국 진료비는 매월 전년 동월 대비 증가했다.

④ 약국 진료비는 매년 12월에 가장 많다.

39 ③

Quick해설 2022년 8월 약국 청구 건수의 2019년 동월 대비 증감률은 $\frac{43,255-39,421}{39,421} \times 100 ≒ 9.7(\%)$, 2022년 2월 약국 진료비의 2019년 동월 대비 증감률은 $\frac{154,607-125,683}{125,683} \times 100 ≒ 23.0(\%)$이다. 따라서 두 증감률의 합은 $9.7+23.0=32.7(\%)$이다.

40 ②

Quick해설 4월의 약국 청구 건수 1건당 진료비는 다음과 같다.

- 2019년: 154,428÷47,249≒3.3(만 원)
- 2020년: 138,898÷31,534≒4.4(만 원)
- 2021년: 160,522÷37,780≒4.2(만 원)
- 2022년: 180,638÷44,018≒4.1(만 원)

따라서 옳게 나타낸 그래프이다.

[오답풀이] ① 10월의 약국 청구 건수 1건당 진료비는 다음과 같다.

- 2019년: 156,255÷45,151≒3.5(만 원)
- 2020년: 144,435÷33,861≒4.3(만 원)
- 2021년: 161,984÷37,130≒4.4(만 원)
- 2022년: 177,035÷41,441≒4.3(만 원)

③ 9월의 약국 청구 건수 1건당 진료비는 다음과 같다.

- 2019년: 144,476÷41,014≒3.5(만 원)
- 2020년: 154,312÷35,160≒4.4(만 원)
- 2021년: 159,136÷35,263≒4.5(만 원)
- 2022년: 179,317÷40,978≒4.4(만 원)

④ 1월의 약국 청구 건수 1건당 진료비는 다음과 같다.

- 2019년: 152,516÷43,825≒3.5(만 원)
- 2020년: 156,882÷45,320≒3.5(만 원)
- 2021년: 142,061÷30,449≒4.7(만 원)
- 2022년: 164,319÷35,949≒4.6(만 원)

41 ④

Quick해설 제8조에 따르면 임원의 연봉은 여성가족부와 협의 조정하고 제9조에 따르면 직원의 연봉은 연봉기준표에 따른다고 하였으므로, 모두 원장이 정한다는 것은 옳지 않다.

[상세해설] 제8조에 따르면 임원의 연봉은 임원 연봉기준표 범위 내에서 여성가족부와 협의 조정하고, 제9조 제1항에 따르면 직원의 연봉은 직원 연봉기준표 범위 내에서 매년 협의 조정하되, 이에 필요한 사항은 원장이 따로 정한다.

[오답풀이] ① 제10조에 따르면 채용, 승진, 징계처분, 휴직, 복직 및 퇴직 등에 따른 연봉 및 기타 수당은 인사발령 일자를 기준으로 계산하여 지급하며, 보수의 일할 계산은 그 달의 일수로 나누어 계산한다.

② 제10조 제4항 제1호에 따르면 재직 중 공무로 사망하여 면직된 경우 그 달 1일자로 면직되는 경우가 아니면 면직된 날이 속하는 달의 보수 전액을 지급받을 수 있다.

③ 제17조에 따르면 출산전후휴가 중 최초 60일은 통상임금을 지급한다. 다태아의 경우에는 75일을 유급으로 하고 통상임금이 지급된다.

42 ③

Quick해설 보수를 지급받을 수 있는 경우는 ㉠, ㉡, ㉢, ㉢으로 총 4개이다.

[상세해설] ㉠ 제10조 제4항 제2호에 따르면 면직된 달의 1일자로 면직되는 경우가 아니면 면직된 날이 속하는 달의 보수 전액을 받을 수 있다.

㉡ 제11조 제2항 제2호에 따르면 연봉 계약기간 중일지라도 기책정된 연봉액의 결정사유가 허위, 부정한 방법 등으로 왜곡된 경우 연봉을 지급하지 않는 것이 아니라 조정할 수 있다.

㉢ 제14조에 따르면 연봉조정이 안 된 경우는 연봉 만료일부터 연봉조정기간까지 진흥원에서 통보한 연봉액을 지급받게 된다.

㉢ 제16조 제2호에 따르면 인사규정에 따른 휴직이며, 휴직 기간이 1년 이하이므로 연봉의 70퍼센트를 지급받을 수 있다.

[오답풀이] ㉣ 제16조 제1, 2호에 해당하는 경우가 아니므로 휴직기간에 대한 보수를 지급받을 수 없다.

43 ②

Quick해설 평일에 D과장을 제외한 나머지 세 명의 의사 모두 오전에 진료하는 날이 3일, 오후에 수술하는 날이 3일씩이다. 따라서 오전의 진료 일정과 오후의 수술 일정은 동일하다.

[오답풀이] ① 4월 15일이 수요일이므로 1일도 수요일이다. 따라서 4월의 토요일은 4일, 11일, 18일, 25일이다. D과장의 토요일 휴무일은 셋째 주인 18일이므로 병원 내부 공사 일정인 15~18일과 겹친다.

③ 기타 안내 사항에 따르면 예약 또는 재진 환자의 경우 곧바로 진료실로 찾아가 진료를 받을 수 있다고 하였다.

④ 평일의 진료 시간은 점심시간 이전이 3시간 30분, 점심시간 이후가 4시간이고, 접수 가능 시간은 각각 이보다 30분씩 짧은 3시간, 3시간 30분이다.

44 ② 문제해결능력

Quick해설 4월 15일이 수요일이라고 했으므로 달력을 그려 A과장과 C과장의 오전 수술 일정을 확인해 보면 다음과 같다.

일	월	화	수	목	금	토
			1 ×	2 A, C	3 ×	4 C ×
5	6 C	7 A	8 ×	9 A, C	10 ×	11 A, C
12	13 C	14 A	15 공사	16 공사	17 공사	18 공사
19	20 C	21 A	22 ×	23 A, C	24 ×	25 A ×
26	27 C	28 A	29 ×	30 A, C		

이때 수요일과 금요일은 A과장과 C과장이 모두 오전 수술 일정이 없으므로 K씨가 원하는 시간에 수술을 받을 수 없다.

[오답풀이] ① 공사가 예정되어 있는 18일을 제외한 4일, 11일, 25일에 수술 가능하므로 모두 3번 있다.

③ 평일 중 원하는 시간에 수술을 받을 수 있는 요일은 월요일과 화요일이다.

④ 24일 금요일은 A과장과 C과장 모두 오전 수술 일정이 없으므로 수술을 받을 수 없다.

45 ③ 문제해결능력

Quick해설 관리형 시범사업 지역은 일차의료 만성질환관리 시범사업 지역과 일치한다고 하였다. 따라서 관리형 시범사업은 109개 시·군·구를 대상으로 한다.

[오답풀이] ① 전남 목포시는 관리형 시범사업 지역에 해당한다.

② 점검평가 포인트는 연간 평가 2회 이상 참여 시 참여 기간이 종료될 때 1만 점이 지급된다.

④ 예방형은 누구나 참여할 수 있는 것이 아닌, 대상 지역의 일반건강검진 수검자 중 건강위험그룹(BMI, 혈압, 혈당)을 대상으로 한다.

46 ③ 문제해결능력

Quick해설 항목별 총 적립포인트를 모두 더하면 5,000＋5,000＋2,800＋24,000＋24,000＋16,000＋10,000＝86,800(점)인데, 총 적립 한도는 80,000점이라고 하였으므로 A씨에게 적립된 총 포인트는 80,000점이다.

[상세해설] 자료에 따라 항목별 총 적립포인트를 계산하면 다음과 같다.

항목		달성 여부 및 일수	총 적립 포인트
참여 여부	참여 신청	○	5,000점
	케어플랜	○	5,000점
총 출석일(로그인)		280일	2,800점
목표 걸음 수 달성 일		240일	24,000점
총 유효 자가측정 횟수		2×4×12＝96회	24,000점
총 교육 참여 횟수		4회	16,000점
총 점검평가 참여 횟수		2회	10,000점

항목별 총 적립포인트를 모두 더하면 5,000＋5,000＋2,800＋24,000＋24,000＋16,000＋10,000＝86,800(점)인데, 총 적립 한도는 80,000점이라고 하였으므로, A씨에게 적립된 총 포인트는 80,000점이다.

47 ② 문제해결능력

Quick해설 ⓒ '3. 지원 내용'에 따르면 의료비 지원이 적용되는 진료 횟수나 지원 금액에 제한은 없다고 하였다.

[오답풀이] ㉠ '1. 지원 대상'과 '4. 신청 절차'에 따르면 2019년 1월 1일 이후 보호종료자이면서 건강보험 직장가입자에 해당하므로 신청 대상에 해당한다.

ⓒ '1. 지원 대상'에 따르면 의료급여수급자나 차상위 본인부담경감 대상자는 이미 낮은 본인부담률이 적용되므로 지원에서 제외된다고 하였다.

48 ③　　　　　　　　　　　　　　　　문제해결능력

Quick해설 '3. 지원 내용'에 따르면 자립준비청년 의료비 지원 대상자는 요양급여비용의 14%만 부담하면 되므로, 요양급여비용 총액이 20만 원인 경우 지원 대상자가 부담할 금액은 200,000×0.14=28,000(원)이다.

49 ④　　　　　　　　　　　　　　　　문제해결능력

Quick해설 청년마음건강지원 서비스는 방문 신청 또는 온라인 신청이 가능하다. 온라인으로 신청하는 경우 복지로에서 이용 신청이 가능한데, 차세대 사회보장 정보시스템과의 연계 일정에 따라서 진행되며 '추후 일정 안내'라고 기재되어 있다. 따라서 정확한 상담 일정을 어디서 확인해야 하는지 명확하게 대답할 수가 없다.

[오답풀이] ① A형은 서비스 가격인 60,000원에 본인 부담금 10%만을 지불하면 되고, B형은 70,000원에 본인부담금 10%만을 지불하면 된다.

② 청년마음건강지원 서비스 신청권자는 본인, 친족 또는 법정 대리인, 담당 공무원(직권 신청)이다. 이때, 친족은 민법 제777조에서 배우자, 8촌 이내의 혈족, 4촌 이내의 인척이라고 하였으므로, 이종사촌이 대신 신청해 줄 수 있다.

③ 청년마음건강지원 서비스를 신청하면 3개월(10회)간 주 1회의 심리상담서비스를 지원받을 수 있고, A형, B형에 따라 전문상담교사로부터 심리상담을 받을 수 있는지의 여부를 확인할 수 있다.

50 ③　　　　　　　　　　　　　　　　문제해결능력

Quick해설 ⓒ 청년마음건강지원 서비스 B형을 주 1회씩 10회 지원받았을 때의 정부지원금은 7×0.9×10=63(만 원)이므로 60만 원 이상이다.

ⓒ 상담심리학을 전공하고 석사 2년의 실무경력이 있는 사람에게 심리상담 서비스를 받았다면 A형 서비스를 받은 것이다. 이때, 3개월간 10회의 서비스를 받았으므로 본인부담금(지불액)은 6×0.1×10=6(만 원)이다.

[오답풀이] ㉠ 자립준비청년은 서비스 유형에 관계없이 본인부담금이 면제된다.

㉣ 청년마음건강지원 서비스는 사전·사후검사를 포함한다고 하였으므로, 사전검사 이후 3회의 심리상담서비스를 지원받았을 때의 서비스 가격은 총 6×4=24(만 원)이다.

51 ③　　　　　　　　　　　　　　　　문제해결능력

Quick해설 이용자는 서비스를 이용하기 위해 개인정보활용동의서, 서비스제공계약서 등의 관련 서류를 작성한 후 상담기관을 직접 선택할 수 있다.

[오답풀이] ① 서비스 지원 기간은 3개월(10회)이다. 그런데 사후검사 결과에 따라 서비스가 연장될 수 있다고 하였으므로 최대 3개월이라고 할 수 없다.

② 일반청년은 우선 지원대상에서 3순위에 해당할 뿐, 서비스를 이용하지 못하는 것은 아니다.

④ 본인부담금 납부는 서비스 제공기관(상담기관)에 직접 하게 되어 있고, 납부 후에 영수증을 발급받을 수 있다.

52 ①　　　　　　　　　　　　　　　　문제해결능력

Quick해설 잠복결핵감염 검진 사업의 검진목표 대비 검사자 수는 $\frac{56,804}{41,000} \times 100 = 138(\%)$이므로 적절하다.

[상세해설] '돌봄시설 종사자 잠복결핵감염 검진 사업-사업 현황'에 따르면 검진목표는 41,000명이고 검사자 수는 56,804명이다. 따라서 잠복결핵감염 검진 사업의 검진목표 대비 검사자 수는 $\frac{56,804}{41,000} \times 100 = 138(\%)$이다.

[오답풀이] ② '잠복결핵감염 검진 및 치료 안내-잠복결핵감염 치료-치료 대상'에서 잠복결핵감염은 감염성 질환이 아니라고 하였으므로 적절하지 않다.

③ '돌봄시설 종사자 잠복결핵감염 검진 사업-사업 내용'에 따르면 흉부 X선 검사는 잠복결핵감염 검사 양성자에게 활동성결핵을 배제하기 위해 진행하므로 적절하지 않다.

④ '돌봄시설 종사자 잠복결핵감염 검진 사업-사업 현황'에 따르면 검진 사업 결과 잠복결핵감염자이지만 결핵환자는 아닌 사람은 총 14,645명이므로 적절하지 않다.

53 ③　　　　　　　　　　　　　　　　문제해결능력

Quick해설 임시일용직 근로자이면서 고용계약 기간이 1년 미만인 경우가 취약계층 종사자에 해당하므로, 1년인 경우는 해당하지 않는다.

[상세해설] '돌봄시설 종사자 잠복결핵감염 검진 사업-사업 내용'에 따르면 취약계층 종사자는 임시일용직 근로자로 고용계약 기간이 1년 미만인 사람이다. 따라서 고용계약 기간이 1년인 경우 취약계층 종사자에 해당하지 않음을 알 수 있다.

[오답풀이] ① '잠복결핵감염 검진 및 치료 안내-잠복결핵감염 개요'의 참고 자료에 따르면 발열 증상이 나타나는 결핵은 잠복결핵이 아니고, 일반 결핵인 경우 감염병의 예방 및 관리에 관한 법률 및 결핵예방법에 따른 의무로 신고를 해야 하므로 적절하다.

② '잠복결핵감염 검진 및 치료 안내-치료비 지원'에서 결핵발병 고위험 성인 및 전염성 결핵환자의 접촉자는 잠복결핵감염 검사 결과 양성 여부와 관계없이 치료비를 산정특례(건보재정)로 적용한다고 하였으므로 적절하다.

④ '돌봄시설 종사자 잠복결핵감염 검진 사업-사업 현황'에 따르면 검진 사업 결과 잠복결핵감염 양성자 14,654명(양성률 25.8%)을 확인했으므로 잠복결핵감염 결과가 음성인 사람은 $100-25.8=74.2(\%)$임을 알 수 있다.

54 ③　　　　　　　　　　　문제해결능력

Quick해설 잠복결핵감염 검진 의무 대상자에 해당하는 사람은 ㉠, ㉡, ㉣, ㉤으로 총 4명이다.

[상세해설] '잠복결핵감염 검진 및 치료 안내-잠복결핵감염 검진-의무검진 대상'에 따르면 결핵 발생위험과 발생 시 집단내 전파위험이 큰 집단시설 종사자를 「결핵예방법」에서 의무검진대상으로 규정하고 있다.

㉠ 초등학교에서 근무하는 영양사는 「초·중등교육법」 제2조에 따른 학교' 종사자에 해당한다.

㉡ 유치원에서 근무하는 유치원 보조교사는 「유아교육법」 제7조에 따른 유치원' 종사자에 해당한다.

㉣ 안과에서 근무하는 간호사는 「의료법」 제3조에 따른 의료기관' 종사자에 해당한다.

㉤ 어린이놀이터 관리자는 「아동복지법」 제52조에 따른 아동복지시설' 종사자에 해당한다.

55 ②　　　　　　　　　　　문제해결능력

Quick해설 '2. 도입배경'에서 기존 아이사랑카드 소지자도 카드 교체 없이 어린이집에서 계속 사용 가능하다고 하였으므로, 기존 아이사랑카드 소지자는 아이행복카드로 교체하지 않아도 어린이집 유아학비를 결제할 수 있다.

[오답풀이] ① '6. 결제방법'에서 스마트폰 결제는 아이사랑포털에 회원 가입 시에 가능하다고 하였으므로 누구나 별도의 절차 없이 결제할 수 있는 것은 아니다.

③ '6. 결제방법'에서 정부지원 보육료와 부모부담금 총액이 동시에 결제되지만 부모에게는 부모부담금만 청구된다고 하였다.

④ '4. 발급 신청장소'에서 아이행복카드는 주소지 읍·면·동 주민센터에서 발급받을 수 있다고 되어 있다. 그러나 복지로(http://www.bokjiro.go.kr)를 통한 온라인 신청도 가능하다고 하였다.

56 ②　　　　　　　　　　　문제해결능력

Quick해설 ㉠ '5. 발급 신청서류'에서 경우에 따라 난민인정증명서가 필요하다고 하였다. 즉, 난민으로 인정되면 아이행복카드를 발급받을 수 있음을 알 수 있다.

㉡ 아이행복카드를 발급받으려면 적어도 사회복지서비스 및 급여 제공(변경) 신청서와 바우처카드 발급 신청 및 개인신용정보의 조회·제공·이용 동의서의 2개 서류를 제출해야 한다.

㉣ '4. 발급 신청장소'에서 장애아보육료를 지원 받으려는 비등록 장애아의 경우 방문신청만 가능하다고 하였다. 따라서 아직 등록되지 않은 장애아의 보육료를 지원받으려면 반드시 주소지 주민센터를 방문해야 한다.

[오답풀이] ㉢ '5. 발급 신청서류'에서 카드연결계좌 통장 또는 통장사본은 확인만 하면 되고 제출하지는 않는다고 하였다.

57 ④　　　　　　　　　　　문제해결능력

Quick해설 ④의 경우 A씨는 총 $6+1+10=17$(만 원)의 할인 혜택을 받을 수 있다.

[상세해설] A씨는 지난달에 아이행복카드로 18만 원을 결제하였으므로 전월 이용실적을 만족하여 이번 달 할인 혜택을 받을 수 있다. 이번 달 옥션에서 세 차례에 걸쳐

각각 120만 원, 20만 원, 300만 원어치의 물건을 구입한 다면 건당 5%의 할인율을 적용하여 $120 \times 0.05 = 6$(만 원), $20 \times 0.05 = 1$(만 원), $300 \times 0.05 = 15$(만 원)의 할인을 받을 수 있다. 그러나 건당 최대 10만 원의 할인 한도가 있으므로 총 $6 + 1 + 10 = 17$(만 원)의 할인 혜택을 받을 수 있다.

[오답풀이] ① A씨가 지난달에 아이행복카드로 50만 원을 결제하여 전월 이용실적을 만족하므로 이번 달 할인 혜택을 받을 수 있다. 그런데 이번 달에 약국에서 구입한 약 값이 3만 원 미만이므로 할인 혜택이 적용되지 않는다.

② A씨가 지난달에 아이행복카드로 8만 원을 결제하여 전월 이용실적을 만족하지 못하므로 이번 달에는 할인 혜택을 적용받을 수 없다.

③ A씨가 지난달에 아이행복카드로 11만 원을 결제하여 전월 이용실적을 만족하므로 이번 달 할인 혜택을 받을 수 있다. 이번 달 옥션에서 세 차례에 걸쳐 각각 240만 원, 180만 원어치의 물건을 구입한다면 5%의 할인율을 적용하여 $240 \times 0.05 = 12$(만 원), $180 \times 0.05 = 9$(만 원)의 할인을 받을 수 있다. 그러나 건당 최대 10만 원의 할인 한도가 있으므로 총 $10 + 9 = 19$(만 원)의 할인 혜택을 받을 수 있다.

58 ④ 　　　　　　　　　　　문제해결능력

Quick해설 금연 껌은 금연보조제에 해당하는데, 신청자가 약국에 금연보조제에 대한 사용안내 비용을 지불할 경우 그 금액은 400원이라고 제시되어 있다.

[오답풀이] ① 신청자가 의료급여수급자 또는 저소득층인 경우에는 진료 및 상담료가 전액 지원되어 지불한 돈이 없으므로 금연프로그램을 모두 이수했을 시에 돌려받을 지원금액도 없다.

② 금연치료 지원사업 접수처는 관할지사 또는 고객센터라고 하였는데, 고객센터는 유선접수만 가능하다고 하였으므로 고객센터에는 방문이 불가하다.

③ 이수 조건을 보면 6회 상담이 완료 또는 치료제별 투약일수 만족이라고 되어 있으므로, 금연보조제나 금연치료의약품을 구입하지 않더라도 금연프로그램을 이수할 수 있음을 알 수 있다.

59 ② 　　　　　　　　　　　문제해결능력

Quick해설 금연치료의약품인 바레니클린은 본인부담금이 정당 220원이다. 따라서 20정을 투약받았을 때 지불해야 하는 금액은 $220 \times 20 = 4,400$(원)이다.

[오답풀이] ① 의료급여수급자 또는 저소득층인 신청자는 진료 및 상담료가 전액 지원되므로 무료로 금연단독 진료를 받을 수 있다.

③ 신청자는 8~12주 기간 동안 6회 이내의 진료·상담과 금연치료의약품 또는 금연보조제 구입비용에 대하여 지원금을 받게 된다. 그리고 이를 이수하면 본인부담금을 환급받을 수 있다.

④ '2. 제공기관 및 지원대상' 항목에서 '예정된 차기 진료일로부터 1주 이상 의료기관을 방문하여 진료받지 않은 경우 프로그램 탈락으로 간주하여 1회차 지원 종료'라고 하단에서 주의를 주고 있다. 따라서 업무 때문에 2주간 참여 의료기관에 방문하지 못하면 금연 프로그램에서 탈락하게 된다.

60 ④ 　　　　　　　　　　　문제해결능력

Quick해설 최씨가 현재까지 지불한 본인부담금은 진료 및 상담 금액 $4,500 + 2,700 \times 4 = 10,800$(원), 부프로피온 $100 \times 21 \times 5 = 10,500$(원), 약국 금연관리료 1,600원이므로, 총 $10,800 + 10,500 + 1,600 = 22,900$(원)이다.

[상세해설] 5주 동안 매주 수요일마다 병원에 방문하여 진료 및 상담을 단독으로 받았으므로 최초진료 비용은 4,500원이고, 그 이후 4번의 유지상담 비용은 $2,700 \times 4 = 10,800$(원)이다. 그리고 5번에 걸쳐 약국에서 부프로피온 21정씩을 처방받았으므로 금연치료의약품에 해당하는 비용은 $100 \times 21 \times 5 = 10,500$(원)이다. 추가로 처음 처방받았을 때 약사에게 복약지도를 받았으므로 약국 금연관리료로 1,600원을 지불하였다. 따라서 최 씨가 현재까지 지불한 본인부담금은 $10,800 + 10,500 + 1,600 = 22,900$(원)이다.

01	02	03	04	05	06	07	08	09	10
②	③	③	④	④	①	④	④	①	②
11	12	13	14	15	16	17	18	19	20
③	④	②	③	④	④	②	④	③	②

01 ②

[상세해설] 국민건강보험법 제76조(보험료의 부담)

① 직장가입자의 보수월액보험료는 직장가입자와 다음 각 호의 구분에 따른 자가 각각 보험료액의 100분의 50씩 부담한다. 다만, 직장가입자가 교직원으로서 사립학교에 근무하는 교원이면 보험료액은 그 직장가입자가 100분의 50을, 제3조 제2호 다목에 해당하는 사용자가 100분의 30을, 국가가 100분의 20을 각각 부담한다.

  1. 직장가입자가 근로자인 경우에는 제3조 제2호 가목에 해당하는 사업주

  2. 직장가입자가 공무원인 경우에는 그 공무원이 소속되어 있는 국가 또는 지방자치단체

  3. 직장가입자가 교직원(사립학교에 근무하는 교원은 제외)인 경우에는 제3조 제2호 다목에 해당하는 사용자

② 직장가입자의 보수 외 소득월액보험료는 직장가입자가 부담한다.

③ 지역가입자의 보험료는 그 가입자가 속한 세대의 지역가입자 전원이 연대하여 부담한다.

④ 직장가입자가 교직원인 경우 제3조 제2호 다목에 해당하는 사용자가 부담액 전부를 부담할 수 없으면 그 부족액을 학교에 속하는 회계에서 부담하게 할 수 있다.

02 ③

[상세해설] 국민건강보험법 제10조(자격의 상실 시기 등)

① 가입자는 다음 각 호의 어느 하나에 해당하게 된 날에 그 자격을 잃는다.

  1. 사망한 날의 다음 날

  2. 국적을 잃은 날의 다음 날

  3. 국내에 거주하지 아니하게 된 날의 다음 날

  4. 직장가입자의 피부양자가 된 날

  5. 수급권자가 된 날

  6. 건강보험을 적용받고 있던 사람이 유공자등 의료

보호대상자가 되어 건강보험의 적용배제 신청을 한 날

03 ③

[상세해설] 국민건강보험법 제41조(요양급여)

① 가입자와 피부양자의 질병, 부상, 출산 등에 대하여 다음 각 호의 요양급여를 실시한다.

  1. 진찰·검사

  2. 약제(藥劑)·치료재료의 지급

  3. 처치·수술 및 그 밖의 치료

  4. 예방·재활

  5. 입원

  6. 간호

  7. 이송(移送)

04 ④

[상세해설] 국민건강보험법 제3조의2(국민건강보험종합계획의 수립 등)

② 종합계획에는 다음 각 호의 사항이 포함되어야 한다.

  1. 건강보험정책의 기본목표 및 추진방향

  2. 건강보험 보장성 강화의 추진계획 및 추진방법

  3. 건강보험의 중장기 재정 전망 및 운영

  4. 보험료 부과체계에 관한 사항

  5. 요양급여비용에 관한 사항

  6. 건강증진 사업에 관한 사항

  7. 취약계층 지원에 관한 사항

  8. 건강보험에 관한 통계 및 정보의 관리에 관한 사항

  9. 그 밖에 건강보험의 개선을 위하여 필요한 사항으로 대통령령으로 정하는 사항

05 ④

[상세해설] 국민건강보험법 제63조(건강보험심사평가원)

① 심사평가원은 다음 각 호의 업무를 관장한다.

  1. 요양급여비용의 심사

  2. 요양급여의 적정성 평가

  3. 심사기준 및 평가기준의 개발

  4. 제1호부터 제3호까지의 규정에 따른 업무와 관련된 조사연구 및 국제협력

  5. 다른 법률에 따라 지급되는 급여비용의 심사 또는 의료의 적정성 평가에 관하여 위탁받은 업무

6. 그 밖에 이 법 또는 다른 법령에 따라 위탁받은 업무

7. 건강보험과 관련하여 보건복지부장관이 필요하다고 인정한 업무

8. 그 밖에 보험급여 비용의 심사와 보험급여의 적정성 평가와 관련하여 대통령령으로 정하는 업무

06 ①

[오답풀이] 국민건강보험법 제63조(업무 등)

① 심사평가원은 다음 각 호의 업무를 관장한다.

1. 요양급여비용의 심사

2. 요양급여의 적정성 평가

3. 심사기준 및 평가기준의 개발

4. 제1호부터 제3호까지의 규정에 따른 업무와 관련된 조사연구 및 국제협력

5. 다른 법률에 따라 지급되는 급여비용의 심사 또는 의료의 적정성 평가에 관하여 위탁받은 업무

6. 그 밖에 이 법 또는 다른 법령에 따라 위탁받은 업무

7. 건강보험과 관련하여 보건복지부장관이 필요하다고 인정한 업무

8. 그 밖에 보험급여 비용의 심사와 보험급여의 적정성 평가와 관련하여 대통령령으로 정하 는 업무

07 ④

[오답풀이] 국민건강보험법 제75조(보험료의 경감 등)

① 다음 각 호의 어느 하나에 해당하는 가입자 중 보건복지부령으로 정하는 가입자에 대하여는 그 가입자 또는 그 가입자가 속한 세대의 보험료의 일부를 경감할 수 있다.

1. 섬·벽지(僻地)·농어촌 등 대통령령으로 정하는 지역에 거주하는 사람

2. 65세 이상인 사람

3. 「장애인복지법」에 따라 등록한 장애인

4. 「국가유공자 등 예우 및 지원에 관한 법률」 제4조 제1항제4호, 제6호, 제12호, 제15호 및 제17호에 따른 국가유공자

5. 휴직자

6. 그 밖에 생활이 어렵거나 천재지변 등의 사유로 보험료를 경감할 필요가 있다고 보건복지 부장관이 정하여 고시하는 사람

08 ④

[상세해설] 국민건강보험법 제99조(과징금)

⑥ 보건복지부장관은 약제를 요양급여에서 적용 정지하는 경우 또는 과징금 부과 대상이 된 약제가 과징금이 부과된 날부터 5년의 범위에 따른 과징금을 납부하여야 할 자가 납부기한까지 이를 내지 아니하면 국세 체납처분의 예에 따라 징수한다.

09 ①

[상세해설] 국민건강보험법 제70조(보수월액)와 국민건강보험법 제71조(소득월액)

제70조(보수월액) ① 직장가입자의 보수월액은 직장가입자가 지급받는 보수를 기준으로 하여 산정한다.

제71조(소득월액) ①직장가입자의 보수 외 소득월액은 제70조에 따른 보수월액의 산정에 포함된 보수를 제외한 직장가입자의 소득(이하 "보수 외 소득"이라 한다)이 대통령령으로 정하는 금액을 초과하는 경우 다음의 계산식에 따른 값을 보건복지령으로 정하는 바에 따라 평가하여 산정한다.

(연간 보수 외 소득 − 대통령령으로 정하는 금액)_1/12

10 ②

[상세해설] 국민건강보험법 제42조(요양기관)

① 요양급여(간호와 이송은 제외)는 다음 각 호의 요양기관에서 실시한다. 이 경우 보건복지부장관은 공익이나 국가정책에 비추어 요양기관으로 적합하지 아니한 대통령령으로 정하는 의료기관 등은 요양기관에서 제외할 수 있다.

1. 「의료법」에 따라 개설된 의료기관

2. 「약사법」에 따라 등록된 약국

3. 「약사법」 제91조에 따라 설립된 한국희귀·필수의약품센터

4. 「지역보건법」에 따른 보건소·보건의료원 및 보건지소

5. 「농어촌 등 보건의료를 위한 특별조치법」에 따라 설치된 보건진료소

11 ③

[상세해설] 국민건강보험법 제56조의2(요양비등수급계좌)
① 공단은 이 법에 따른 보험급여로 지급되는 현금(이하 "요양비등"이라 한다)을 받는 수급자의 신청이 있는 경우에는 요양비등을 수급자 명의의 지정된 계좌(이하 "요양비등수급계좌"라 한다)로 입금하여야 한다. 다만, 정보통신장애나 그 밖에 대통령령으로 정하는 불가피한 사유로 요양비등수급계좌로 이체할 수 없을 때에는 직접 현금으로 지급하는 등 <u>대통령령으로 정하는 바에 따라 요양비등을 지급할 수 있다.</u>

12 ④

[오답풀이] 국민건강보험법 제41조(요양급여)
① 가입자와 피부양자의 질병, 부상, 출산 등에 대하여 다음 각 호의 요양급여를 실시한다.
　1. <u>진찰·검사</u>
　2. <u>약제(藥劑)·치료재료의 지급</u>
　3. <u>처치·수술 및 그 밖의 치료</u>
　4. <u>예방·재활</u>
　5. <u>입원</u>
　6. <u>간호</u>
　7. <u>이송(移送)</u>

13 ②

[상세해설] 국민건강보험법 제79조(보험료등의 납입 고지)
① 공단은 보험료등을 징수하려면 그 금액을 결정하여 납부의무자에게 다음 각 호의 사항을 적은 문서로 납입 고지를 하여야 한다.
　1. <u>징수하려는 보험료등의 종류</u>
　2. <u>납부해야 하는 금액</u>
　3. <u>납부기한 및 장소</u>

14 ③

[상세해설] 국민건강보험법 제4조(건강보험정책심의위원회)
① 건강보험정책에 관한 다음 각 호의 사항을 심의·의결하기 위하여 보건복지부장관 소속으로 건강보험정책심의위원회(이하 "심의위원회"라 한다)를 둔다.
　1. 종합계획 및 시행계획에 관한 사항('심의'에 한정함)
　2. 요양급여의 기준
　3. 요양급여비용에 관한 사항
　4. 직장가입자의 보험료율
　5. 지역가입자의 보험료율과 재산 보험료부과점수당 금액
　6. 그 밖에 건강보험에 관한 주요 사항으로서 대통령령으로 정하는 사항
② 심의위원회는 위원장 1명과 부위원장 1명을 포함하여 25명의 위원으로 구성한다.
③ <u>심의위원회의 위원장은 보건복지부차관이 되고, 부위원장은 제4항 제4호의 위원 중에서 위원장이 지명하는 사람이 된다.</u>
④ 심의위원회의 위원은 다음 각 호에 해당하는 사람을 보건복지부장관이 임명 또는 위촉한다.
　1. 근로자단체 및 사용자단체가 추천하는 각 2명
　2. 시민단체(「비영리민간단체지원법」 제2조에 따른 비영리민간단체를 말함), 소비자단체, 농어업인단체 및 자영업자단체가 추천하는 각 1명
　3. 의료계를 대표하는 단체 및 약업계를 대표하는 단체가 추천하는 8명
　4. 다음 각 목에 해당하는 8명
　　가. 대통령령으로 정하는 중앙행정기관 소속 공무원 2명
　　나. 국민건강보험공단의 이사장 및 건강보험심사평가원의 원장이 추천하는 각 1명
　　다. 건강보험에 관한 학식과 경험이 풍부한 4명
⑤ 심의위원회 위원(제4항 제4호 가목에 따른 위원은 제외한다)의 임기는 3년으로 한다. 다만, 위원의 사임 등으로 새로 위촉된 위원의 임기는 전임위원 임기의 남은 기간으로 한다.
⑥ 심의위원회의 운영 등에 필요한 사항은 대통령령으로 정한다.

15 ③

[오답풀이] 국민건강보험법 제42조의2(요양기관의 선별급여 실시에 대한 관리)
③ 보건복지부장관은 요양기관이 선별급여의 실시 조건을 충족하지 못하거나 자료를 제출하지 아니할 경우에는 해당 <u>선별급여의 실시를 제한할 수 있다.</u>

16 ④

[상세해설] 국민건강보험법 제90조(행정소송)

공단 또는 심사평가원의 처분에 이의가 있는 자와 제87조에 따른 이의신청 또는 제88조에 따른 심판청구에 대한 결정에 불복하는 자는 「행정소송법」에서 정하는 바에 따라 행정소송을 제기할 수 있다.

17 ②

[상세해설] 국민건강보험법 제43조(요양기관 현황에 대한 신고)

㉠ 요양기관은 요양급여비용을 최초로 청구하는 때에 요양기관의 시설·장비 및 인력 등에 대한 현황을 건강보험심사평가원에 신고하여야 한다.

㉡ 요양기관은 신고한 내용이 변경된 경우에는 그 변경된 날부터 15일 이내에 보건복지부령으로 정하는 바에 따라 심사평가원에 신고하여야 한다.

18 ③

[오답풀이] 국민건강보험법 제20조(임원)

① 공단은 임원으로서 이사장 1명, 이사 14명 및 감사 1명을 둔다. 이 경우 이사장, 이사 중 5명 및 감사는 상임으로 한다.

② 이사장은 「공공기관의 운영에 관한 법률」 제29조에 따른 임원추천위원회(이하 "임원추천위원회"라 한다)가 복수로 추천한 사람 중에서 보건복지부장관의 제청으로 대통령이 임명한다.

③ 상임이사는 보건복지부령으로 정하는 추천 절차를 거쳐 이사장이 임명한다.

④ 비상임이사는 다음 각 호의 사람을 보건복지부장관이 임명한다.

  1. 노동조합·사용자단체·시민단체·소비자단체·농어업인단체 및 노인단체가 추천하는 각 1명

  2. 대통령령으로 정하는 바에 따라 추천하는 관계 공무원 3명

⑤ 감사는 임원추천위원회가 복수로 추천한 사람 중에서 기획재정부장관의 제청으로 대통령이 임명한다.

⑥ 제4항에 따른 비상임이사는 정관으로 정하는 바에 따라 실비변상(實費辨償)을 받을 수 있다.

⑦ 이사장의 임기는 3년, 이사(공무원인 이사는 제외한다)와 감사의 임기는 각각 2년으로 한다.

19 ③

[상세해설] 국민건강보험법 제17조(정관)

① 공단의 정관에는 다음 각 호의 사항을 적어야 한다.

  1. 목적

  2. 명칭

  3. 사무소의 소재지

  4. 임직원에 관한 사항

  5. 이사회의 운영

  6. 재정운영위원회에 관한 사항

  7. 보험료 및 보험급여에 관한 사항

  8. 예산 및 결산에 관한 사항

  9. 자산 및 회계에 관한 사항

  10. 업무와 그 집행

  11. 정관의 변경에 관한 사항

  12. 공고에 관한 사항

② 공단은 정관을 변경하려면 보건복지부장관의 인가를 받아야 한다.

국민건강보험법 제18조(등기)

공단의 설립등기에는 다음 각 호의 사항을 포함하여야 한다.

  1. 목적

  2. 명칭

  3. 주된 사무소 및 분사무소의 소재지

  4. 이사장의 성명·주소 및 주민등록번호

20 ②

[상세해설] 국민건강보험법 제97조(보고와 검사)

② 보건복지부장관은 요양기관에 대하여 요양·약제의 지급 등 보험급여에 관한 보고 또는 서류 제출을 명하거나, 소속 공무원이 관계인에게 질문하게 하거나 관계 서류를 검사하게 할 수 있다.

국민건강보험법 제116조(벌칙) 제97조제2항을 위반하여 보고 또는 서류 제출을 하지 아니한 자, 거짓으로 보고하거나 거짓 서류를 제출한 자, 검사나 질문을 거부·방해 또는 기피한 자는 1천만원 이하의 벌금에 처한다.

01	02	03	04	05	06	07	08	09	10
④	④	④	④	①	①	②	④	①	④
11	12	13	14	15	16	17	18	19	20
④	③	②	④	③	④	③	④	④	②

01 ④

[상세해설] 노인장기요양보험법 제52조(등급판정위원회의 설치)

㉠ 등급판정위원회는 위원장 1인을 포함하여 15인의 위원으로 구성한다.

㉡ 사회복지사업법에 따른 사회복지사는 공단 이사장의 위촉으로 등급판정위원회 위원이 될 수 있다.

㉢ 등급판정위원회 위원의 임기는 3년으로 하되, 한 차례만 연임할 수 있다. 다만, 공무원인 위원의 임기는 재임기간으로 한다.

㉣ 의료법에 따른 의료인은 공단 이사장의 위촉으로 등급판정위원회 위원이 될 수 있다.

02 ④

[상세해설] 제23조(장기요양급여의 종류)

① 이 법에 따른 장기요양급여의 종류는 다음 각 호와 같다.

　1. 재가급여

　　가. 방문요양: 장기요양요원이 수급자의 가정 등을 방문하여 신체활동 및 가사활동 등을 지원하는 장기요양급여

　　나. 방문목욕: 장기요양요원이 목욕설비를 갖춘 장비를 이용하여 수급자의 가정 등을 방문하여 목욕을 제공하는 장기요양급여

　　다. 방문간호: 장기요양요원인 간호사 등이 의사, 한의사 또는 치과의사의 지시서(이하 "방문간호지시서"라 한다)에 따라 수급자의 가정 등을 방문하여 간호, 진료의 보조, 요양에 관한 상담 또는 구강위생 등을 제공하는 장기요양급여

　　라. 주·야간보호: 수급자를 하루 중 일정한 시간 동안 장기요양기관에 보호하여 신체활동 지원 및 심신기능의 유지·향상을 위한 교육·훈련 등을 제공하는 장기요양급여

　　마. 단기보호: 수급자를 보건복지부령으로 정하는 범위 안에서 일정 기간 동안 장기요양기관에 보호하여 신체활동 지원 및 심신기능의 유지·향상을 위한 교육·훈련 등을 제공하는 장기요양급여

　　바. 기타재가급여: 수급자의 일상생활·신체활동 지원 및 인지기능의 유지·향상에 필요한 용구를 제공하거나 가정을 방문하여 재활에 관한 지원 등을 제공하는 장기요양급여로서 대통령령으로 정하는 것

　2. 시설급여: 장기요양기관에 장기간 입소한 수급자에게 신체활동 지원 및 심신기능의 유지·향상을 위한 교육·훈련 등을 제공하는 장기요양급여

[오답풀이] 노인장기요양보험법 제23조(장기요양급여의 종류)

④ 통합재가서비스를 제공하는 장기요양기관은 보건복지부령으로 정하는 인력, 시설, 운영 등의 기준을 준수하여야 한다.

03 ④

- A씨: 제67조 제3항 제2호에 따라 최대 1천만 원의 벌금을 내야 한다.
- B씨: 제69조 제1항 제4의2에 따라 과태료 처분을 받을 수 있으나, 벌금을 내지는 않는다.
- C씨: 제67조 제2항 제1호에 따라 최대 2천만 원의 벌금을 내야 한다.
- D씨: 제67조 제1항 제2호에 따라 최대 3천만 원의 벌금을 내야 한다.
- E씨: 제69조 제1항 제2의2에 따라 과태료 처분을 받을 수 있으나, 벌금을 내지는 않는다.

따라서 내야 하는 벌금의 총합은 6천만 원이다.

04 ④

[오답풀이] 노인장기요양보험법 제7조(장기요양보험)

④ 공단은 「외국인근로자의 고용 등에 관한 법률」에 따른 외국인근로자 등 대통령령으로 정하는 외국인이 신청하는 경우 보건복지부령으로 정하는 바에 따라 장기요양보험가입자에서 제외할 수 있다.

05 ①

[상세해설] 노인장기요양보험법 제24조(가족요양비)

① 공단은 다음 각 호의 어느 하나에 해당하는 수급자가 가족 등으로부터 방문요양에 상당한 장기요양급여를 받은 때 대통령령으로 정하는 기준에 따라 해당 수급자에게 가족요양비를 지급할 수 있다.

1. 도서·벽지 등 장기요양기관이 현저히 부족한 지역으로서 보건복지부장관이 정하여 고시 하는 지역에 거주하는 자

2. 천재지변이나 그 밖에 이와 유사한 사유로 인하여 장기요양기관이 제공하는 장기요양급여를 이용하기가 어렵다고 보건복지부장관이 인정하는 자

3. 신체·정신 또는 성격 등 대통령령으로 정하는 사유로 인하여 가족 등으로부터 장기요양 을 받아야 하는 자

노인장기요양보험법 제25조(특례요양비)

① 공단은 수급자가 장기요양기관이 아닌 노인요양시설 등의 기관 또는 시설에서 재가급여 또는 시설급여에 상당한 장기요양급여를 받은 경우 대통령령으로 정하는 기준에 따라 해당 장기요양급여비용의 일부를 해당 수급자에게 특례요양비로 지급할 수 있다.

06 ①

[오답풀이] 노인장기요양보험법 제11조(장기요양보험가입 자격 등에 관한 준용)

① 장기요양보험가입 자격 등에 관한 준용은 「국민건강보험법」에 따라 장기요양보험가입자·피부양자의 자격취득·상실, 장기요양보험료 등의 납부·징수 및 결손처분 등에 관하여 이를 준용한다.

07 ②

[오답풀이] 노인장기요양보험법 제31조(장기요양기관의 지정)

㉠ 장기요양기관을 운영하려는 자는 시, 군, 구청장의 지정을 받아야 한다(제31조 제1항).

㉢ 장기요양기관을 지정한 때 지체 없이 지정 명세를 공단에 통보해야 한다(제31조 제4항).

㉣ 장기요양기관의 지정절차와 관련하여 그 밖에 필요한 사항은 보건복지부령으로 정한다(제31조 제6항).

08 ④

[상세해설] 노인장기요양보험법 제3조(장기요양급여 제공의 기본원칙)

① 장기요양급여는 노인 등이 자신의 의사와 능력에 따라 최대한 자립적으로 일상생활을 수행할 수 있도록 제공하여야 한다.

② 장기요양급여는 노인 등의 심신상태·생활환경과 노인등 및 그 가족의 욕구·선택을 종합적으로 고려하여 필요한 범위 안에서 이를 적정하게 제공하여야 한다.

③ 장기요양급여는 노인 등이 가족과 함께 생활하면서 가정에서 장기요양을 받는 재가급여를 우선적으로 제공하여야 한다.

④ 장기요양급여는 노인 등의 심신 상태나 건강 등이 악화되지 않도록 의료서비스와 연계하여 이를 제공해야 한다.

09 ①

[오답풀이] 노인장기요양보험법 제13조(장기요양인정의 신청)

① 장기요양인정을 신청하는 자는 공단에 보건복지부령으로 정하는 바에 따라 장기요양인정신청서에 의사 또는 한의사가 발급하는 소견서를 첨부하여 제출하여야 한다. 다만, 의사소견서는 공단이 등급판정위원회에 자료를 제출하기 전까지 제출할 수 있다.

10 ④

[상세해설] 노인장기요양보험법 제46조(장기요양위원회의 구성)

① 장기요양위원회는 위원장 1인, 부위원장 1인을 포함한 16인 이상 22인 이하의 위원으로 구성한다.

② 위원장이 아닌 위원은 다음 각 호의 자 중에서 보건복지부장관이 임명 또는 위촉한 자로 하고, 각 호에 해당하는 자를 각각 동수로 구성하여야 한다.

1. 근로자단체, 사용자단체, 시민단체(비영리민간단체 지원법 제2조에 따른 비영리민간단체를 말한다), 노인단체, 농어업인단체 또는 자영자단체를 대표하는 자

2. 장기요양기관 또는 의료계를 대표하는 자

3. 대통령령으로 정하는 관계 중앙행정기관의 고위공무원단 소속 공무원, 장기요양에 관한 학계 또는 연구계를 대표하는 자, 공단 이사장이 추천하는 자

③ 위원장은 보건복지부차관이 되고, 부위원장은 위원 중에서 위원장이 지명한다.

④ 장기요양위원회 위원의 임기는 3년으로 한다. 다만, 공무원인 위원의 임기는 재임기간으로 한다.

11 ④

[상세해설] 노인장기요양보험법 제33조(장기요양기관의 시설·인력에 관한 변경)

① 장기요양기관의 장은 시설 및 인력 등 보건복지부령으로 정하는 중요한 사항을 변경하려는 경우에는 보건복지부령으로 정하는 바에 따라 특별자치시장, 특별자치도지사, 시장, 군수, 구청장의 변경지정을 받아야 한다.

② 제1항에 따른 사항 외의 사항을 변경하려는 경우에는 보건복지부령으로 정하는 바에 따라 특별자치시장, 특별자치도지사, 시장, 군수, 구청장에게 변경신고를 하여야 한다.

③ 변경 지정, 변경 신고를 받은 특별자치시장, 특별자치도지사, 시장, 군수, 구청장은 지체 없이 해당 변경사항을 공단에 통보해야 한다.

12 ③

[상세해설] 노인장기요양보험법 제37조의4(행정제재처분 효과의 승계)

② 행정제재처분의 절차가 진행 중일 때에는 다음 각 호의 어느 하나에 해당하는 자에 대하여 그 절차를 계속 이어서 할 수 있다.

1. 장기요양기관을 양도한 경우 양수인
2. 법인이 합병된 경우 합병으로 신설되거나 합병 후 존속하는 법인
3. 장기요양기관 폐업 후 3년 이내에 같은 장소에서 장기요양기관을 운영하는 자 중 종전에 위반행위를 한 자(법인인 경우 그 대표자를 포함한다)나 그 배우자 또는 직계혈족

13 ②

[오답풀이] 노인장기요양보험법 제59조(전자문서의 사용 비용 명세서 및 자료의 기록·관리)

① 장기요양사업에 관련된 각종 서류의 기록, 관리 및 보관은 보건복지부령으로 정하는 바에 따라 전자문서로 한다.

③ 정보통신망 및 정보통신서비스 시설이 열악한 지역 등 보건복지부장관이 정하는 지역의 경우 전자문서·전산매체 또는 전자문서교환방식을 이용하지 아니할 수 있다.

노인장기요양보험법 제60조(자료의 제출 등)

① 공단은 장기요양급여 제공내용 확인, 장기요양급여의 관리·평가 및 장기요양보험료 산정 등 장기요양사업 수행에 필요하다고 인정할 때 다음 각 호의 어느 하나에 해당하는 자에게 자료의 제출을 요구할 수 있다.

1. 장기요양보험가입자 또는 그 피부양자 및 의료급여수급권자
2. 수급자, 장기요양기관 및 의료기관

14 ④

[상세해설] 노인장기요양보험법 제63조(청문)

특별자치시장·특별자치도지사·시장·군수·구청장은 다음 각 호의 어느 하나에 해당하는 처분 또는 공표를 하려는 경우에는 청문을 하여야 한다.

1. 제37조제1항에 따른 장기요양기관 지정취소 또는 업무정지명령
2. 삭제
3. 제37조의3에 따른 위반사실 등의 공표
4. 제37조의5제1항에 따른 장기요양급여 제공의 제한 처분

노인장기요양보험법 제37조(장기요양기관 지정의 취소 등)

① 특별자치시장·특별자치도지사·시장·군수·구청장은 장기요양기관이 다음 각 호의 어느 하나에 해당하는 경우 그 지정을 취소하거나 6개월의 범위에서 업무정지를 명할 수 있다. 다만, 제1호, 제2호의2, 제3호의5, 제7호, 또는 제8호에 해당하는 경우에는 지정을 취소하여야 한다.

3의5. 폐업 또는 휴업 신고를 하지 아니하고 1년 이상 장기요양급여를 제공하지 아니한 경우

노인장기요양보험법 제37조의3(위반사실 등의 공표)

① 보건복지부장관 또는 특별자치시장·특별자치도지사·시장·군수·구청장은 장기요양기관이 거짓으로 재가·시설 급여비용을 청구하였다는 이유로 제37조 또는 제37조의2에 따른 처분이 확정된 경우로서 다음 각 호의 어느 하나에 해당하는 경우에는 위반사실, 처분내용, 장기요양기관의 명칭·주소, 장기요양기관의 장의 성명, 그 밖에 다른 장기요양기관과의 구별에 필요한 사항으로서 대통령령으로 정하는 사항을 공표하여야 한다. 다만, 장기요양기관의 폐업 등으로 공표의 실효성이 없는 경우에는 그러하지 아니하다.

  1. 거짓으로 청구한 금액이 1천만원 이상인 경우
  2. 거짓으로 청구한 금액이 장기요양급여비용 총액의 100분의 10 이상인 경우

노인장기요양보험법 제37조의5(장기요양급여 제공의 제한)

① 특별자치시장·특별자치도지사·시장·군수·구청장은 장기요양기관의 종사자가 거짓이나 그 밖의 부정한 방법으로 재가급여비용 또는 시설급여비용을 청구하는 행위에 가담한 경우 해당 종사자가 장기요양급여를 제공하는 것을 1년의 범위에서 제한하는 처분을 할 수 있다.

15 ③

[상세해설] 노인장기요양보험법 시행령 제11조(장기요양급여 종류별 장기요양요원의 범위)

요양보호사는 수급자에 대한 돌봄 서비스를 제공하는 전문가의 역할을 수행한다. 따라서 수급자의 돌봄에 필요한 신체활동(산책, 운동 등), 가사 활동(세탁, 청소, 요리 제공 등)은 가능하지만 수급자의 돌봄과 직접적인 관련이 없거나 수급자외(가족 등) 타인의 일상을 위한 업무, 사적인 것 등은 제외된다.

16 ④

[상세해설] 노인장기요양보험법 제55조(심사청구)

① 장기요양인정·장기요양등급·장기요양급여·부당이득·장기요양급여비용 또는 장기요양보험료 등에 관한 공단의 처분에 이의가 있는 자는 공단에 심사청구를 할 수 있다.

② 제1항에 따른 심사청구는 그 처분이 있음을 안 날부터 90일 이내에 문서로 하여야 하며, 처분이 있는 날부터 180일을 경과하면 이를 제기하지 못한다. 다만, 정당한 사유로 그 기간에 심사청구를 할 수 없었음을 증명하면 그 기간이 지난 후에도 심사청구를 할 수 있다.

③ 제1항에 따른 심사청구 사항을 심사하기 위하여 공단에 장기요양심사위원회(이하 "심사위원회"라 한다)를 둔다.

④ 심사위원회는 위원장 1명을 포함한 50명 이내의 위원으로 구성한다.

⑤ 이 법에서 정한 것 외에 심사위원회의 구성·운영, 그 밖에 필요한 사항은 대통령령으로 정한다.

노인장기요양보험법 제56조(재심사청구)

① 심사청구에 대한 결정에 불복하는 사람은 그 결정통지를 받은 날부터 90일 이내에 장기요양재심사위원회(이하 "재심사위원회"라 한다)에 재심사를 청구할 수 있다.

② 재심사위원회는 보건복지부장관 소속으로 두고, 위원장 1인을 포함한 20인 이내의 위원으로 구성한다.

③ 재심사위원회의 위원은 관계 공무원, 법학, 그 밖에 장기요양사업 분야의 학식과 경험이 풍부한 자 중에서 보건복지부장관이 임명 또는 위촉한다. 이 경우 공무원이 아닌 위원이 전체 위원의 과반수가 되도록 하여야 한다.

④ 재심사위원회의 구성·운영 및 위원의 임기, 그 밖에 필요한 사항은 대통령령으로 정한다.

17 ③

[오답풀이] 노인장기요양보험법 시행규칙 제32조(재가 및 시설 급여비용의 산정방법 및 항목)

③ 방문목욕은 방문 횟수를 기준으로 산정한다.

18 ④

[상세해설] 제69조(과태료)

① 정당한 사유 없이 다음 각 호의 어느 하나에 해당하는 자에게는 500만원 이하의 과태료를 부과한다.

  2. 제33조를 위반하여 변경지정을 받지 아니하거나 변경신고를 하지 아니한 자 또는 거짓이나 그 밖의 부정한 방법으로 변경지정을 받거나 변경신고를 한 자

를 받은 경우 그 차액

　3. 장기요양급여의 월 한도액을 초과하는 장기요양급여

2의2. 제34조를 위반하여 장기요양기관에 관한 정보를 게시하지 아니하거나 거짓으로 게시한 자

2의3. 제35조 제3항을 위반하여 수급자에게 장기요양급여비용에 대한 명세서를 교부하지 아니하거나 거짓으로 교부한 자

　3. 제35조제4항을 위반하여 장기요양급여 제공 자료를 기록·관리하지 아니하거나 거짓으로 작성한 사람

3의2. 제35조의4 제2항 각 호의 어느 하나를 위반한 자

　4. 제36조 제1항 또는 제6항을 위반하여 폐업·휴업 신고 또는 자료이관을 하지 아니하거나 거짓이나 그 밖의 부정한 방법으로 신고한 자

4의2. 제37조의4 제4항을 위반하여 행정제재처분을 받았거나 그 절차가 진행 중인 사실을 양수인 등에게 지체 없이 알리지 아니한 자

　6. 거짓이나 그 밖의 부정한 방법으로 수급자에게 장기요양급여비용을 부담하게 한 자

　7. 제60조, 제61조 제1항 또는 제2항(같은 항 제1호에 해당하는 자는 제외한다)에 따른 보고 또는 자료제출 요구·명령에 따르지 아니하거나 거짓으로 보고 또는 자료제출을 한 자나 질문 또는 검사를 거부·방해 또는 기피하거나 거짓으로 답변한 자

　8. 거짓이나 그 밖의 부정한 방법으로 장기요양급여비용 청구에 가담한 사람

　9. 노인장기요양보험 또는 이와 유사한 용어를 사용한 자

② 다음 각 호의 어느 하나에 해당하는 자에게는 <u>300만원 이하의 과태료</u>를 부과한다.

　1. 제33조의2에 따른 <u>폐쇄회로 텔레비전을 설치하지 아니하거나 설치·관리의무를 위반한 자</u>

　2. 제33조의3제1항 각 호에 따른 열람 요청에 응하지 아니한 자

19 ④

[상세해설] 노인장기요양보험법 제40조(본인부담금)

③ 다음 각 호의 장기요양급여에 대한 비용은 수급자 본인이 전부 부담한다.

　1. 급여의 범위 및 대상에 포함되지 아니하는 장기요양급여

　2. 수급자가 장기요양인정서에 기재된 장기요양급여의 종류 및 내용과 다르게 선택하여 장기요양급여

20 ②

[오답풀이] 노인장기요양보험법 제13조(장기요양인정의 신청)

② 거동이 현저히 불편하거나 도서·벽지에 거주하여 의료기관을 방문하기 어려운 자 등 대통령령으로 정하는 자는 <u>의사 소견서를 제출하지 아니할 수 있다.</u>

직업기초능력 응용모듈

01	02	03	04	05	06	07	08	09	10
①	②	④	③	③	②	③	③	④	①
11	**12**	**13**	**14**	**15**	**16**	**17**	**18**	**19**	**20**
③	④	④	③	②	①	④	③	③	③
21	**22**	**23**	**24**	**25**	**26**	**27**	**28**	**29**	**30**
③	②	④	③	③	②	④	②	②	②
31	**32**	**33**	**34**	**35**	**36**	**37**	**38**	**39**	**40**
③	④	②	③	②	③	④	②	④	①
41	**42**	**43**	**44**	**45**	**46**	**47**	**48**	**49**	**50**
①	②	③	③	③	①	②	④	②	②
51	**52**	**53**	**54**	**55**	**56**	**57**	**58**	**59**	**60**
②	②	④	②	④	①	①	①	①	④

01 ①
의사소통능력

Quick해설 주어진 보도자료에서는 국민건강보험공단이 사용량-약가 연동 협상으로 134개 품목의 약가를 인하하였다고 내용을 주요 골자로 서술하고 있다.

[상세해설] 첫 번째 단락에서 국민건강보험공단은 사용량-약가 연동 협상을 모두 완료하였고 합의 약제의 약가는 9월 5일자로 일괄 인하될 예정이라고 하였으며, 세 번째 단락과 네 번째 단락에 걸쳐 사용량과 약가 연동에 대한 내용을 서술하고 있으므로 전체 내용을 아우르는 제목으로 적절하다.

[오답풀이] ② 세 번째 단락에서 이번 협상의 가장 큰 쟁점은 코로나19 관련 약제 협상이라고 하였으나 전체 내용을 포괄할 수 없으므로 적절하지 않다.

③ 두 번째 단락에서 협의의 결과로 연간 약 281억 원의 건강보험 재정 절감이 예상된다고 하였으나 전체 내용을 포괄할 수 없으므로 적절하지 않다.

④ 네 번째 단락에서 공단의 약제관리실장이 코로나19라는 국가적 위기에서 적극 협조해준 제약사의 어려움에 공감과 고마움을 표한다고 하였으나 전체 내용을 포괄할 수 없으므로 적절하지 않다.

02 ②
의사소통능력

Quick해설 첫 번째 단락에서 '22년도 청구금액이 '21년도 청구금액 대비 '60% 이상 증가한 경우'에 제약사와 공단이 협상을 통해 약가를 인하하는 제도라고 하였으므로 적절하지 않다.

[상세해설] 첫 번째 단락에서 '22년도 청구금액이 '21년도 청구금액 대비 '60% 이상 증가한 경우' 또는 '10% 이상 증가하고 그 증가액이 50억 원 이상인 경우'에 제약사와 공단이 협상을 통해 약가를 인하한다고 하였으므로 22년도 청구금액이 21년도 청구금액 대비 60% 이상 증가한 경우 그 증가액이 30억 원이라도 약가를 인하할 수 있다.

[오답풀이] ① 세 번째 단락에서 합의안 도출 과정에서 제약업계의 의견을 전향적으로 수용하여 기존 수급 모니터링 감기약뿐 아니라 항생제까지 보정 대상에 포함하였다고 하였으므로, 이번 합의안 도출 이전에는 항생제가 보정 대상에 포함되지 않았음을 알 수 있다.

③ 마지막 단락에서 약품비 지출 효율화 및 필수 약제의 안정적 공급은 공단 약제관리실의 존재 이유라고 하였으므로, 국민건강보험공단 약제관리실은 필수 약제의 안정적 공급을 위한 업무를 담당하고 있음을 알 수 있다.

④ 두 번째 단락에서 올해는 국민 다빈도 사용 약제가 협상 대상에 다수 포함되어 국민 약 절반에 이르는 약 2천 2백만 명의 환자가 약품비 완화 혜택을 볼 것으로 예상된다고 하였으므로, 약품비 완화 혜택을 받는 대상은 2천만 명 이상으로 예상됨을 알 수 있다.

03 ④
의사소통능력

Quick해설 빈칸 ㉣ 앞에서 의약품 및 의약외품을 60종까지 구비하고 있다고 하였고, [보기]의 내용은 '의약품 조제가 불가능하기 때문에 누구나 약국에서 구매가 가능한 일반의약품만 비치되어 있다.'이므로, 문맥상 [보기]의 내용이 들어갈 위치는 ㉣이 가장 적절하다.

04 ③
의사소통능력

Quick해설 첫 번째 문단을 보면 공단은 산업안전보건법상 보건실 설치 의무 대상 기관이 아니라고 제시되어 있다.

[상세해설] 첫 번째 문단에서 공단은 산업안전보건법상 보건실 설치 의무 대상 기관이 아니었다고 하였고, 이후

공단이 산업안전보건법상 보건실 설치 의무 대상 기관이 되었다는 언급이 없으므로 적절하지 않은 내용이다.

[오답풀이] ① 두 번째 문단에서 2023년 개소해 한 달간 시범운영을 거친 보건실은 2023년 11월 16일 본격적인 운영을 시작했다고 하였다.

② 다섯 번째 문단에서 보건실의 시범운영 기간 동안 감기 환자가 50%를 차지했고, 소화불량, 생리통, 두통 환자가 그 뒤를 이었다고 하였다.

④ 세 번째 문단에서 두통이나 어지럼증 등으로 안정이 필요하거나 약물 복용 후 경과 관찰이 필요한 경우에는 최대 한 시간까지 보건실 내에 마련된 안정실을 이용할 수 있다고 하였다.

05 ③   의사소통능력

Quick해설 개방형 익명DB에 치료재료코드는 중분류단위로 구축되어 있다.

[상세해설] '[붙임] 바이오헬스 산업계 대상 익명DB 제공 사업설명회 참고자료−주요내용'에서 개방형 익명DB는 국내 급여 의약품·의료기기의 전반적인 시장 경향을 파악할 수 있도록 주성분코드(성분단위)·치료재료코드(중분류단위) 등으로 구축되었다고 하였으므로 주성분코드가 성분단위로 구축되어 있음을 알 수 있다.

[오답풀이] ① 두 번째 단락에서 사업설명회 안내문 및 참석신청서는 공단 대표 홈페이지 및 자료공유서비스 홈페이지에서 확인할 수 있다고 하였다.

② 첫 번째 문단에서 이번 사업설명회는 건강보험 빅데이터를 활용하고자 하는 제약사, 의료기기 기업, 디지털 헬스케어 기업 등을 대상으로 기획되었다고 하였다.

④ '[붙임] 바이오헬스 산업계 대상 익명DB 제공 사업설명회 참고자료−주요내용'에서 맞춤형 익명DB는 건강보험 빅데이터를 활용하여 산업계의 신청 내용에 따라 구축한 익명DB라고 하였다.

06 ②   의사소통능력

Quick해설 2001년 관련 내용은 주어진 자료를 통해 확인할 수 없으므로 적절하지 않다.

[상세해설] '[붙임] 바이오헬스 산업계 대상 익명DB 제공 사업설명회 참고자료−설명회 개요−주요내용'에 따르면

건강보험 빅데이터는 건강보험 자격, 보험료, 보험급여, 건강검진, 장기요양 등 공단이 업무를 수행하는 과정 중 발생되는 데이터 중 일부를 연구용DB로 구축한 자료로, 2002년부터 현재까지의 자료를 전국민 코호트 형태로 구축하였다고 하였으므로 2002년 이전의 자료는 확인할 수 없음을 알 수 있다.

07 ③   의사소통능력

Quick해설 세 번째 문단에서 2018년에 복지부에서 '지역사회 통합돌봄 기본계획'을 발표하고 공단의 직접 참여와 지원을 요청함에 따라 조직이 신설되었다고 하였다. 따라서 자발적으로 시작했다고 한 C의 발언은 옳지 않다.

[상세해설] 세 번째 문단에서 살던 곳에서의 건강한 노후 생활을 위한 기반 마련을 위해 2018년 복지부가 '지역사회 통합돌봄 기본계획'을 발표하고 공단의 직접 참여와 지원을 요청함에 따라 2019년 5월 임시조직이 신설됐고, 올해 시범사업의 운영방향에 맞춰 조직 명칭을 '의료요양돌봄연계추진단'으로 변경, 운영하게 되었다고 하였다. 따라서 자발적이라는 표현은 적절하지 않다.

[오답풀이] ① 첫 번째 문단에서 국민건강보험공단은 한국형 노인 의료·돌봄 통합 지원 모델 정립을 위한 시범사업을 시행하고 있다고 하였고, 두 번째 문단에서 이 사업이 노인이 병원이나 시설이 아닌 살던 곳에서 건강하게 생활할 수 있도록 주거, 보건의료, 요양, 돌봄 서비스를 통합적으로 제공하는 사회서비스 정책이라고 하였다.

② 세 번째 문단과 다섯 번째 문단에서 국민건강보험공단이 데이터를 바탕으로 체계를 정립하는 등의 업무를 수행하고 있다고 하였다.

④ 네 번째 문단에서 국민건강보험공단이 안정적인 제도화를 위해 공단−지자체 공동업무 시스템 구축, 홍보, 교육, 통계 관리 등의 업무를 수행하고 있다고 하였다.

08 ③   의사소통능력

Quick해설 노인 1인 가구의 가파른 증가와 국민들의 노후 불안에 대한 내용인 ⓒ은 노인 돌봄을 설명하고 있는 이 글의 흐름상 적절하지 않다.

[상세해설] ⓒ의 앞 문단에서는 한국형 노인 의료·돌봄 통합지원 서비스의 시범사업의 추진 현황에 대해 서술하

고 있고, ⓒ이 포함되어 있는 문단에서는 의료, 장기요양 또는 복지서비스의 통합적 지원의 필요성에 대해 서술하고 있다. 따라서 '세계에서 가장 빠르게 늙어가는 나라, 노인 1인 가구의 가파른 증가 등 국민이 생각하는 노후는 매우 불안하다.'는 문장은 글의 흐름상 적절하지 않다.

09 ④　　　　　　　　　　　　　　　의사소통능력

Quick해설 마지막 문단에서 암관리법을 개정하여 청소년 암환자와 가족이 거주지 인근에서 안정적으로 치료받을 수 있게 한다고 하였다.

[상세해설] 마지막 문단에서 암관리법 개정을 통해 국가나 지자체가 소아청소년 암진료 체계구축에 필요한 비용을 지원할 수 있는 근거 규정을 마련했다고 하였고, 이는 소아청소년 암환자와 가족이 거주지 인근에서 안정적으로 치료받을 수 있는 환경을 조성하고자 신설한 것이라고 하였다.

[오답풀이] ① 세 번째 문단에서 올해 1월 1일 이후 출생한 둘째 이상 아동의 첫만남이용권 지원액을 상향 지급한다고 하였고, 그 금액이 300만 원(둘째 이상)이라고 하였으므로 둘은 동일한 금액을 지원받을 수 있다.

② 일곱 번째 문단에서 통합재가서비스의 법적 근거를 신설했다고 하였고, 통합재가서비스는 방문요양·목욕·간호·주야간보호·단기보호 등 수급자가 원하는 서비스를 하나의 장기요양기관에서 편리하게 이용할 수 있는 서비스라고 하였다.

③ 여섯 번째 문단에서 장애 등록을 하지 않아도 장애가 있다고 예외적으로 인정해 지원할 수 있는 아동의 연령을 9세 미만으로 확대했고, 이에 따라 장애가 예견되는 아동에 대한 서비스가 강화되었다고 하였다.

10 ①　　　　　　　　　　　　　　　의사소통능력

Quick해설 빈칸 ⓐ~ⓒ에 들어갈 말을 확인하면, ⓐ에는 '또한', ⓑ에는 '특히', ⓒ에는 '더불어'가 오는 것이 적절하다.

[상세해설] ⓐ 앞 문장에서는 '첫만남이용권'에 대한 내용을 서술하고 있고, 뒷 문장에서는 이 외에 다른 지원 내용을 서술하고 있으므로 앞 문장의 내용에 내용을 더하는 '또한'이 적절하다.

ⓑ 앞 문장에서는 둘째 아이부터 지원금을 인상하여 지원함으로써 다자녀 출산 가정의 양육 부담 완화에 기

여한다는 내용을 서술하고 있고, 뒷 문장에서는 지원 내용 중 중요한 내용을 뽑아 서술하고 있으므로 '특히'가 적절하다.

ⓒ 앞 문장에서는 취약계층을 위한 법적 근거를 마련했다는 내용을 서술하고 있고, 뒷 문장에서는 이에 더해 추가적인 트라우마 대응에 대한 교육 및 훈련을 추가했다는 내용을 서술하고 있으므로 '거기에다 더하여'라는 의미를 갖는 '더불어'가 적절하다.

11 ③　　　　　　　　　　　　　　　의사소통능력

Quick해설 75세 이상이 운전면허를 갱신하려면 고령자 교통안전교육을 이수해야 하는데, 기존의 방법인 교육장(대면 교육) 또는 온라인 교육(비대면) 중 하나를 선택하면 된다고 하였다.

[오답풀이] ① 2020년에는 75세 미만인 사람 중 '20년 갱신(적성검사) 대상자(58만 4천여 명)의 갱신 기간 종료일을 '20년 말까지 연장하였고, 75세 이상은 '21년 말까지 연장했다고 하였다. 그러나 추가 조치 이후에는 '21년 상반기 갱신 대상자 모두 갱신 기간 종료일을 '21년 6월 말까지 최대 6개월을 일괄 연장했다고 하였다.

② 75세 이상은 치매진단검사를 받은 후 결과지를 제출하면 면허시험장에서 실시하는 '인지능력 자가진단' (1시간)을 면제할 수 있도록 시행규칙이 개정되었다고 하였다.

④ 2021년 1월 4일부터 교육장의 인원이 분산될 수 있도록 개선한다고 하였다.

12 ④　　　　　　　　　　　　　　　의사소통능력

Quick해설 치매진단검사를 받지 않고 면허 갱신을 할 경우, 고령운전자 의무 교육을 온라인으로 받았을 때 도로교통공단 안전교육부가 아니라 시험장 방문 후 민원부에서 실시한다고 제시되어 있다.

[오답풀이] ① 고령운전자가 운전면허를 갱신하기 위해서는 치매진단검사를 치매안심센터에서 받으면 된다고 하였다.

② 치매진단검사를 치매안심센터에서 받은 경우 결과지를 교통안전교육기관 제출용으로 발급받아 지참하면 된다고 하였다.

③ 고령자 의무 교육은 안전운전 통합민원 고령운전자

교육장에서 오프라인으로 교육받거나 도로교통공단 이러닝 센터에서 온라인으로 받을 수 있다고 하였다.

13 ① 의사소통능력

Quick해설 '건강보험 지불제도 개혁'에서 평가를 과정지표 중심에서 성과지표 위주로 재정비할 계획이라고 하였다.

[상세해설] '건강보험 지불제도 개혁'에 따르면 '투입·구조·과정지표' 위주에서 '성과지표' 중심으로 평가지표를 재정비한다고 하였으므로, 건강보험 지불제도 개혁을 통해 평가를 과정지표 중심에서 성과지표 위주로 재정비할 계획임을 알 수 있다.

[오답풀이] ② '건강보험재정 효율적 관리'에 따르면 유튜버 등 새로운 형태의 소득에 대한 보험료 부과방식을 검토한다고 하였다.

③ '의료서비스 지원체계 개선'에서 글로벌 공급망 위기가 발생하더라도 보건안보를 유지하기 위해서는 필수 의약품 등 안정적 공급체계 확보가 중요하다고 하였다. 이에 꼭 필요한 의약품 등을 안정적으로 공급할 수 있도록 국산 원료의 사용을 유도한다고 하였으므로 국산 원료를 사용한 의약품은 글로벌 공급망 위기가 발생하더라도 안정적으로 공급할 수 있음을 알 수 있다.

④ 두 번째 문단에 따르면 제2차 국민건강보험 종합계획은 2024년부터 2028년까지 5년간의 계획이라고 하였다.

14 ③ 의사소통능력

Quick해설 전년도에 95만 원의 보험료를 납부한 가입자의 연간 의료 이용이 현저히 적다면 $950,000 \times 0.1 = 95,000$(원)의 바우처를 지원받을 수 있다.

[상세해설] 첫 번째 문단에서 연간 의료 이용이 현저히 적은 가입자에게는 전년도에 납부한 보험료의 10%에 해당하는 금액을 연간 12만 원 한도의 바우처로 지원한다고 하였다. 따라서 전년도에 95만 원의 보험료를 납부한 가입자가 연간 의료 이용이 현저히 적다면 $950,000 \times 0.1 = 95,000$(원)의 바우처를 지원받을 수 있다.

[오답풀이] ① '의료 혁신 지원'에 따르면 개인정보 보호를 확실히 하면서도 공익적·과학적 연구와 자기 주도 건강관리를 위한 건강보험 데이터 개방·활용은 확대할 것이라고 하였다.

② '의료서비스 지원체계 개선'에서 '급성기-회복기-만성기의 질병 단계별 의료전달체계 구조'를 확인하면 회복기 의료는 상급종합 의료기관의 진료가 아닌 전문재활의료기관 진료임을 확인할 수 있다.

④ 박○○ 복지부 제2차관의 발언에 따르면 필수의료 등 국민의 생명·건강과 직결되나 충분히 공급되지 못하고 있는 영역에는 5년 동안 10조 원 이상을 집중 지원하겠다고 하였으므로 연간 평균 2조 원을 지원할 계획임을 알 수 있다.

15 ② 의사소통능력

Quick해설 '산모·신생아 건강관리 지원 사업'은 의료비를 지원하는 것이 아닌, 전문 건강관리사가 가정을 방문해 산모 회복 및 신생아 돌봄을 지원하는 서비스이다.

[오답풀이] ① 건강보험 복지 정책은 단순한 의료비 지원을 넘어 건강검진, 금연·비만 예방 프로그램, 재난적 의료비 지원, 산모·신생아 건강관리 등 다양한 서비스를 포함한다.

③ '재난적 의료비 지원 사업'은 특정 질환에 한정되지 않고, 본인 부담 의료비가 가구 소득의 일정 비율을 초과하면 지원될 수 있다.

④ '건강검진 사업'은 건강보험가입자(직장가입자, 지역가입자, 피부양자)를 대상으로 한다.

16 ① 의사소통능력

Quick해설 ㉠은 장기요양보험서비스에 지원 대상에 해당하는 사항으로, 재난적 의료비 지원 사업과는 무관하다.

17 ④ 의사소통능력

Quick해설 '예방적 건강관리 사업'에서는 비만 예방 프로그램을 제공하지만, 목표 달성 실패 시 건강보험료가 할증된다는 내용은 제시되어 있지 않다.

[오답풀이] ① '본인 부담 의료비가 가구 소득의 일정 비율을 초과하는 경우 지원'된다고 명시되어 있으므로 추론 가능하다.

② 건강검진과 생활습관 개선 프로그램이 함께 제공된다고 언급되었으므로 추론 가능하다

③ '건강관리사가 방문하여 산모 회복 및 신생아 돌봄을 지원'한다고 명시되어 있으므로 추론 가능하다.

18 ③

Quick해설 주어진 글을 문맥에 맞게 나열하면 [다]－[마]－[나]－[라]－[가] 순이 적절하다.

[상세해설] 주어진 글은 염증성 장질환에 대해 설명하는 내용이다. 먼저 염증성 장질환에 대한 개념을 설명하고 있는 [다] 문단이 나오는 것이 적절하다. [다] 문단에서 궤양성 대장염과 크론병에 대해 설명하고 있으므로, 이에 대해 설명하고 있는 [마] 문단과 [나] 문단이 순서대로 나오는 것이 적절하다. 다음으로 염증성 장질환의 진단과 치료 방법에 대해 설명하는 [라] 문단이 나와야 하며, 약물 치료와 함께 지켜야 하는 생활 습관을 설명하는 [가] 문단으로 글을 마무리하는 것이 적절하다. 따라서 '[다]－[마]－[나]－[라]－[가]' 순으로 나열하는 것이 적절하다.

19 ④

Quick해설 [가] 문단에서 트랜스지방과 포화지방은 염증 반응을 일으킬 수 있으므로 이들 성분이 다량 함유된 패스트푸드, 인스턴트식품, 인공감미료, 육류 등의 섭취는 줄이는 것이 좋다고 하였다. 따라서 육류 섭취를 늘려야겠다는 D환자의 발언은 적절하지 않다.

[오답풀이] ① [나] 문단과 [마] 문단에서 대장의 벽은 점막층, 점막하층, 근육층, 장막층 등 4개 층으로 구성돼 있는데 궤양성 대장염은 가장 안쪽 층인 점막층과 점막하층에 염증이 생기며 염증 부위가 연속된다고 하였고, 크론병은 궤양성 대장염과 달리 염증 부위가 연속되지 않고 여러 부위에 떨어져 발생한다고 하였다. 따라서 A환자의 발언은 적절하다.
② [나] 문단에서 과거에는 서양에서 많이 발병했지만 최근에는 식습관, 생활 환경 등이 서구화되면서 아시아에서도 환자가 급증하고 있다고 하였다. 따라서 B환자의 발언은 적절하다.
③ [가] 문단에서 신체 면역력을 높이기 위해서는 적절한 운동과 충분한 수면을 지켜야 한다고 하였다. 따라서 C환자의 발언은 적절하다.

20 ③

Quick해설 ⓒ의 다음 문장을 보면 염증성 장질환의 치료 방법으로 약물 치료와 수술 치료가 있다는 내용이 제시되므로, ⓒ의 내용은 글의 흐름상 적절하지 않다.

21 ③

Quick해설 2020년 54세 이하 퇴원환자는 319＋280＋389＋566＋908＝2,462(천 명), 55세 이상 퇴원환자는 1,355＋1,150＋1,249＝3,754(천 명)이므로, 전자는 후자보다 3,754－2,462＝1,292(천 명) 적다.

[오답풀이] ① 2017년 75세 이상 퇴원환자의 전년 대비 증감률은 $\frac{1,247-1,136}{1,136} \times 100 ≒ 9.8(\%)$, 퇴원율의 전년 대비 증감률은 $\frac{41,212-40,320}{40,320} \times 100 ≒ 2.2(\%)$이므로, 전자가 후자보다 크다.

② 연령별로 2018년 퇴원율의 전년 대비 증감폭을 구하면 다음과 같다.
- 0~14세: 10,080－10,028＝52(명)
- 15~24세: 6,186－6,047＝139(명)
- 25~34세: 7,065－6,493＝572(명)
- 35~44세: 8,714－8,524＝190(명)
- 45~54세: 12,466－12,136＝330(명)
- 55~64세: 19,014－18,967＝47(명)
- 65~74세: 28,090－27,699＝391(명)
- 75세 이상: 42,128－41,212＝916(명)

따라서 증감폭이 가장 큰 연령대는 75세 이상이다.
④ 모든 연령에서 2020년 퇴원율은 2016년 대비 감소했다.

22 ②

Quick해설 2021년의 연령별 인구는 순서대로 6,137,032(명), 5,611,719(명), 6,974,323(명), 7,614,827(명), 8,632,537(명), 8,175,443(명), 4,982,804(명), 3,583,706(명)이므로 옳게 나타낸 그래프는 ②이다.

[상세해설] [표2]에 제시된 퇴원율은 인구 10만 명당 퇴원환자 수이므로, '인구수＝$\frac{\text{퇴원환자 수}}{\text{퇴원율}} \times 100,000$'을 통해 연령별 인구수를 확인하면 다음과 같다.
- 0~14세: $\frac{292 \times 1,000}{4,758} \times 100,000 ≒ 6,137,032(명)$
- 15~24세: $\frac{272 \times 1,000}{4,847} \times 100,000 ≒ 5,611,719(명)$

- 25~34세: $\dfrac{402 \times 1,000}{5,764} \times 100,000 ≒ 6,974,323$(명)

- 35~44세: $\dfrac{567 \times 1,000}{7,446} \times 100,000 ≒ 7,614,827$(명)

- 45~54세: $\dfrac{892 \times 1,000}{10,333} \times 100,000 ≒ 8,632,537$(명)

- 55~64세: $\dfrac{1,329 \times 1,000}{16,256} \times 100,000 ≒ 8,175,443$(명)

- 65~74세: $\dfrac{1,217 \times 1,000}{24,424} \times 100,000 ≒ 4,982,804$(명)

- 75세 이상: $\dfrac{1,251 \times 1,000}{34,908} \times 100,000 ≒ 3,583,706$(명)

23 ①

수리능력

Quick해설 광역시는 부산, 대구, 인천, 광주, 대전, 울산인데, 이 중 2021년 자원봉사 인증요원의 전년 대비 증감률이 가장 높은 지역은 부산이다.

[상세해설] 광역시 중 2021년 자원봉사 인증요원의 전년 대비 증감률을 구하면 다음과 같다.

- 부산: $\dfrac{2,047-1,864}{1,864} \times 100 ≒ 9.8$(%)

- 대구: $\dfrac{1,427-1,380}{1,380} \times 100 ≒ 3.4$(%)

- 인천: $\dfrac{1,450-1,379}{1,379} \times 100 ≒ 5.1$(%)

- 광주: $\dfrac{1,941-1,799}{1,799} \times 100 ≒ 7.9$(%)

- 대전: $\dfrac{1,419-1,376}{1,376} \times 100 ≒ 3.1$(%)

- 울산: $\dfrac{971-924}{924} \times 100 ≒ 5.1$(%)

따라서 증감률은 광주가 아닌 부산이 가장 높다.

[오답풀이] ② 조사 기간 동안 대구 자원봉사 인증요원이 인천보다 많은 해는 2019년, 2020년, 2022년 총 3개년이다.

③ 2020년에 자원봉사 인증요원은 모든 지역에서 전년 대비 증가했다.

④ 2018~2021년 동안 전국 자원봉사 사회복지 인증요원이 전년 대비 증가한 해는 2019년, 2020년, 2021년이므로, 이 해의 증가율을 구하면 다음과 같다.

- 2019년: $\dfrac{21,055-20,301}{20,301} \times 100 ≒ 3.7$(%)

- 2020년: $\dfrac{23,922-21,055}{21,055} \times 100 ≒ 13.6$(%)

- 2021년: $\dfrac{25,556-23,922}{23,922} \times 100 ≒ 6.8$(%)

따라서 증가율이 가장 큰 해는 2020년이다.

24 ③

수리능력

Quick해설 전국 자원봉사 인증요원 중 사회복지 인증요원의 연도별 비중은 순서대로 81.7%, 86.3%, 86.0%, 86.1%, 86.0%, 87.1%이므로, 전년 대비 '증가－감소－증가－감소－증가'의 추이를 갖는다. 따라서 그래프에는 ＋1, －1, ＋1, －1, ＋1로 나타내어야 하므로, 이를 옳게 반영한 그래프는 ③이다.

[상세해설] 연도별 전국 자원봉사 인증요원 중 사회복지 비중을 구하면 다음과 같다.

2017년: $\dfrac{36,173}{44,250} \times 100 ≒ 81.7$(%)

2018년: $\dfrac{20,301}{23,535} \times 100 ≒ 86.3$(%)

2019년: $\dfrac{21,055}{24,479} \times 100 ≒ 86.0$(%)

2020년: $\dfrac{23,922}{27,797} \times 100 ≒ 86.1$(%)

2021년: $\dfrac{25,556}{29,722} \times 100 ≒ 86.0$(%)

2022년: $\dfrac{19,596}{22,510} \times 100 ≒ 87.1$(%)이다.

따라서 전국 자원봉사 인증요원 중 사회복지 인증요원 비중의 전년 대비 증감 추이는 '증가 – 감소 – 증가 – 감소 – 증가'이므로 그래프의 값은 ＋1, －1, ＋1, －1, ＋1로 나타내어야 한다.

25 ③

수리능력

Quick해설 공급금액이 1조 원 이상인 급여의약품은 상위 6위권이므로, 이들의 합계는 1,679,000＋1,498,000＋1,225,000＋1,070,000＋1,036,000＋1,025,000＝7,533,000(백만 원)＝7조 5,330(억 원)이다. 따라서 7조 6천억 원 이상은 아니다.

[오답풀이] ① 상위 5위의 공급금액 누적비가 33.2%이므로 금액 상위 100대 효능군별 공급금액의 33% 이상을 차지함을 알 수 있다.

② 상위 30위의 공급금액 누적비가 85.5%이므로 30위권 밖의 공급의약품은 $100-85.5＝14.5$(%)를 차지함을 알 수 있다.

④ 상위 10위의 공급금액 비중이 3.1%로 3% 이상을 차지하므로, 나머지 1~9위 역시 각각 3% 이상을 차지함을 알 수 있다.

문제해결 Tip

③은 정확한 값보다 크기를 비교하는 것이므로 상위 6위권의 합을 구할 때, 조 단위와 억 단위의 자리를 끊어서 대략적으로 더하여 비교할 수 있다.
- 1.6조+1.4조+1.2조+1.0조+1.0조+1.0조=7.2조 원이고, 7.6조 원에 0.4조(400십억) 못 미친다.
- 79십억+98십억+25십억+70십억+36십억+25십억=333십억 원 < 400십억 원이다. 그러므로 7.6조 원 이상이 될 수 없다.

26 ②
수리능력

Quick해설 ⓒ 상위 30위권 내에서 급여의약품 공급금액의 차가 가장 적은 순위는 15~16위 438,000−437,000 =1,000(백만 원), 29~30위 144,000−143,000= 1,000(백만 원)이다. 즉, 가장 적은 차액인 경우가 10억 원(=1,000백만 원)이므로 상위 30위권 내에서는 한 단계 낮아질 때마다 적어도 10억 원 이상은 감소했음을 알 수 있다.

[오답풀이] ⓐ 금액 상위 100대 효능군별 현황에서 품목수 16,800개는 상위 30위권의 합을 의미하는 것이 아니라 전체를 의미한다. 상위 30위권의 품목수의 합은 2,200+800+500+1,500+800+1,200+700+100 +600+500+400+600+600+200+500+300+ 150+50+50+400+200+250+50+150+100+ 300+250+80+100+70=13,700(개)이므로, 전체에서 상위 30위권 품목수 합계를 빼면 16,800− 13,700=3,100(개)이다. 따라서 혈압강하제(2,200)보다 품목수가 더 많은 품목이 있을 수 있다.

ⓑ 총 공급금액 196,160억 원(=19,616,000백만 원)은 상위 100대 효능군별 현황 전체 값을 의미하는 것이지 상위 30위권의 총 공급금액을 뜻하는 것이 아니다. 따라서 상위 30위까지의 누적비를 확인해 보아도 30위권이 100%가 되지 못하는 것을 통해 계산을 하지 않고도 파악할 수 있다.

27 ④
수리능력

Quick해설 2019년 아동복지시설 입소자 상위 4개 지역인 서울, 대전, 대구, 인천의 연평균 퇴소자와 입소자의 차이는 서울이 147명, 대전이 21명, 대구가 17명, 인천이 13명이다. 따라서 서울이 가장 크다.

[상세해설] 2019년 아동복지시설 입소자 상위 4개 지역은 서울, 대전, 대구, 인천이고, 4개 지역의 연평균 입소자 수는 다음과 같다.

- 서울: $\dfrac{1,982+1,807+1,639+1,291+1,246}{5}$ =1,593(명)

- 대전: $\dfrac{302+239+365+282+272}{5}$=292(명)

- 대구: $\dfrac{165+207+270+197+211}{5}$=210(명)

- 인천: $\dfrac{172+210+186+131+201}{5}$=180(명)

4개 지역의 연평균 퇴소자는 다음과 같다.

- 서울: $\dfrac{2,039+1,834+1,894+1,451+1,482}{5}$ =1,740(명)

- 대전: $\dfrac{352+236+378+303+296}{5}$=313(명)

- 대구: $\dfrac{176+214+277+225+243}{5}$=227(명)

- 인천: $\dfrac{203+209+222+146+185}{5}$=193(명)

따라서 4개 지역의 연평균 퇴소자와 연평균 입소자 차이는 서울이 1,740−1,593=147(명), 대전이 313−292= 21(명), 대구가 227−210=17(명), 인천이 193−180= 13(명)이므로 차이 값은 서울이 147명으로 가장 크다.

28 ③
수리능력

Quick해설 2018년 아동복지시설 전체 퇴소자 수는 1,451 +295+225+146+133+303+29=2,582 (명)이다. 이를 토대로 지역별 비중을 구하면 다음과 같다.

- 서울: $\dfrac{1,451}{2,582}\times100≒56(\%)$

- 부산: $\dfrac{295}{2,582}\times100≒11(\%)$

- 대구: $\dfrac{225}{2,582}\times100≒9(\%)$

- 인천: $\dfrac{146}{2,582}\times100≒6(\%)$

- 광주: $\dfrac{133}{2,582}\times100≒5(\%)$

- 대전: $\dfrac{303}{2,582}\times100≒12(\%)$

• 울산: $\dfrac{29}{2,582} \times 100 \fallingdotseq 1(\%)$

따라서 옳게 나타낸 그래프는 ③이다.

[오답풀이] ① 주어진 그래프는 인천의 입소자와 퇴소자 수를 나타낸 그래프이다.
② 주어진 그래프의 2018년의 값은 입소자 수를 나타내고 있다.
④ 주어진 그래프는 2016년 입소자 수 비중을 나타내고 있다.

29 ④
수리능력

Quick해설 2021년 상반기에 세종에 근무하는 장기요양기관 종사자 수는 117＋9＋13＋43＋8＋1,672＋4＝1,866(명)이다. 이 중 요양보호사의 비중은 $\dfrac{1,672}{1,866} \times 100 \fallingdotseq 89.6(\%)$으로 90% 미만이다.

[오답풀이] ① 물리(작업)치료사는 2017년 대비 2019년에 $\dfrac{2,350-2,024}{2,024} \times 100 \fallingdotseq 16.1(\%)$ 증가하였다.
② 2021년 상반기에 경남에 근무하는 영양사는 전체 영양사의 $\dfrac{94}{1,136} \times 100 \fallingdotseq 8.3(\%)$이다.
③ 서울에 근무하는 사회복지사는 전체 사회복지사의 $\dfrac{4,123}{32,220} \times 100 \fallingdotseq 12.8(\%)$이다.

30 ①
수리능력

Quick해설 의사, 간호사, 물리치료사, 영양사 중 2017년 대비 2018년의 종사자 증감률이 가장 작은 직종은 의사이다.

[상세해설] 의사, 간호사, 물리치료사, 영양사의 2017년 대비 2018년의 종사자 수 증감률을 구하면 다음과 같다.
• 의사: $\dfrac{2,210-2,198}{2,198} \times 100 \fallingdotseq 0.5(\%)$
• 간호사: $\dfrac{2,999-2,791}{2,791} \times 100 \fallingdotseq 7.5(\%)$
• 물리(작업)치료사: $\dfrac{2,122-2,024}{2,024} \times 100 \fallingdotseq 4.8(\%)$
• 영양사: $\dfrac{1,160-1,132}{1,160} \times 100 \fallingdotseq 2.4(\%)$
따라서 증감률이 가장 작은 직종은 의사이다.

31 ③
수리능력

Quick해설 2017년, 2018년, 2020년의 장기요양기관 종사자 비율은 옳게 제시되어 있는 반면, 2019년의 경우 사회복지사, 간호사, 간호조무사, 영양사의 수치가 잘못 제시되어 있다.

[상세해설] 2019년의 요양보호사를 제외한 장기요양기관 종사자 수는 492,125－444,525＝47,600(명)이다. 이에 따른 직종별 비중을 구하면 다음과 같다.
• 사회복지사: $\dfrac{26,395}{47,600} \times 100 \fallingdotseq 55(\%)$
• 의사: $\dfrac{2,358}{47,600} \times 100 \fallingdotseq 5(\%)$
• 간호사: $\dfrac{3,312}{47,600} \times 100 \fallingdotseq 7(\%)$
• 간호조무사: $\dfrac{12,054}{47,600} \times 100 \fallingdotseq 25(\%)$
• 물리치료사: $\dfrac{2,350}{47,600} \times 100 \fallingdotseq 5(\%)$
• 영양사: $\dfrac{1,131}{47,600} \times 100 \fallingdotseq 2(\%)$
따라서 2019년의 그래프는 옳지 않다.

32 ④
수리능력

Quick해설 경남과 부산의 헌혈 건수의 차이는 2020년에는 전년 대비 줄었지만 2021년에는 다시 증가하였다.

[상세해설] 조사 기간 동안 경남과 부산의 헌혈 건수의 차이는 다음과 같다.
• 2019년: 213,561－132,957＝80,604(건)
• 2020년: 197,302－131,089＝66,213(건)
• 2021년: 194,786－124,647＝70,139(건)
따라서 2020년에는 전년 대비 줄었지만 2021년에는 다시 증가하였다.

[오답풀이] ① 2019년에 경기의 헌혈 건수는 전북의 $\dfrac{211,170}{108,903} \fallingdotseq 1.9(배)$이다.
② 조사 기간 동안 전혈헌혈의 비중은 다음과 같다.
• 2019년: $\dfrac{1,962,045}{2,613,901} \times 100 \fallingdotseq 75.1(\%)$
• 2020년: $\dfrac{1,835,060}{2,435,210} \times 100 \fallingdotseq 75.4(\%)$
• 2021년: $\dfrac{1,847,184}{2,426,779} \times 100 \fallingdotseq 76.1(\%)$

따라서 전혈헌혈의 비중은 전년 대비 매년 늘어나고 있다.

③ 2020년 서울의 헌혈 건수는 $222,024+190,301+231,788=644,113$(건)으로, 63만 건 이상이다.

33 ②

Quick해설 2019년 대비 2021년 서울의 지역별 감소율을 구하면 다음과 같다.

• 서울중앙: $\frac{251,035-216,484}{251,035}\times100≒13.8(\%)$

• 서울남부: $\frac{214,734-176,386}{214,734}\times100≒17.9(\%)$

• 서울동부: $\frac{259,856-230,555}{259,856}\times100≒11.3(\%)$

따라서 감소율이 큰 순서로 나열하면 서울남부>서울중앙>서울동부 순이다.

34 ③
수리능력

Quick해설 A지역은 충북, B지역은 제주이다.

[상세해설] A지역은 증가율이 연속 음수이고, B지역은 증가율이 연속 양수이다. 먼저 주어진 자료에서 헌혈 건수가 연속 증가한 지역은 인천과 제주인데, 그 증가율을 구하면 다음과 같다.

(단위: %)

구분	2020년	2021년
인천	4.2	1
제주	15.8	0.9

이에 따라 B지역은 제주이다. B가 제주이므로 선택지에 제시된 충북과 부산의 증가율을 계산하면 다음과 같다.

(단위: %)

구분	2020년	2021년
충북	-9	-1.4
부산	-7.6	-1.3

따라서 A지역은 충북이다.

35 ②
수리능력

Quick해설 2021년 외래진료 인원의 전년 대비 증감률은 서울이 2.5%, 경기가 3.6%이므로 서울이 경기보다 낮다.

[상세해설] 서울과 경기의 2021년 외래진료 인원의 전년 대비 증감률은 다음과 같다.

• 서울: $\frac{14,259-13,914}{13,914}\times100≒2.5(\%)$

• 경기: $\frac{15,187-14,660}{14,660}\times100≒3.6(\%)$

따라서 2021년 외래진료 인원의 전년 대비 증감률은 서울이 경기보다 더 낮다.

[오답풀이] ① 2022년 서울과 경기의 외래진료비 합은 $18,412+16,798=35,210$(십억 원), 나머지 15개 지역의 진료비 합은 $78,578-35,210=43,368$(십억 원)이므로, 전자는 후자보다 $43,368-35,210=8,158$(십억 원) 적다.

③ 조사 기간 동안 외래진료 인원이 가장 많은 지역은 경기, 가장 적은 지역은 세종으로, 2019년에는 $\frac{15,203}{434}≒35.0$(배), 2020년에는 $\frac{14,660}{444}≒33.0$(배), 2021년에는 $\frac{15,187}{474}≒32.0$(배), 2022년에는 $\frac{16,287}{542}≒30.0$(배)이다. 따라서 매년 30배 이상이다.

④ 2021년 외래진료 인원이 전년 대비 증가한 지역은 울산과 전남을 제외한 15개이다.

36 ③
수리능력

Quick해설 2022년의 외래진료 인원 1명당 외래진료비는 경기가 1.03백만 원, 서울이 1.21백만 원, 부산이 1.33백만 원, 경남이 1.12백만 원으로, 부산이 가장 크다.

[상세해설] 2022년의 외래진료 인원 상위 4개 지역은 경기, 서울, 부산, 경남이고, 각 지역의 외래진료 인원 1명당 외래진료비는 다음과 같다.

• 서울: $\frac{18,412}{15,232}≒1.21$(백만 원)

• 경기: $\frac{16,798}{16,287}≒1.03$(백만 원)

• 부산: $\frac{5,446}{4,102}≒1.33$(백만 원)

• 경남: $\frac{4,294}{3,818}≒1.12$(백만 원)

따라서 1인당 외래진료비가 가장 큰 지역은 부산이다.

37 ④
수리능력

Quick해설 ㉠, ㉢, ㉣의 비중이 잘못 나타나 있으므로, 잘못 나타낸 그래프는 3개이다.

[상세해설] ㉠ 2019년 서울 외래진료 인원의 비중은 $\frac{14,774}{64,797} \times 100 ≒ 22.8(\%)$, 그 외가 $100-22.8=77.2(\%)$이다.

㉢ 2021년 세종 외래진료 인원의 비중은 $\frac{474}{62,897} \times 100 ≒ 0.8(\%)$, 그 외가 $100-0.8=99.2(\%)$이다.

㉣ 2022년 광주 외래진료 인원의 비중은 $\frac{2,047}{67,066} \times 100 ≒ 3.1(\%)$, 그 외가 $100-3.1=96.9(\%)$이다.

[오답풀이] ㉡ 2020년 대구 외래진료 인원의 비중은 $\frac{3,037}{61,611} \times 100 ≒ 4.9(\%)$, 그 외가 $100-4.9=95.1(\%)$이다.

문제해결 Tip

㉢ 2021년 전국 외래진료 인원의 1%는 600명 이상이므로 세종의 비중은 1% 미만이다.

38 ②

수리능력

Quick해설 위생용품 수입액 상위 10개 수입량 중 상위 5개 수입량 합계는 2019년에 $50,718+4,263+11,097+20,702+3,588=90,368$(톤), 2020년에 $45,603+4,445+22,972+13,555+3,359=89,934$(톤)이다. 따라서 2020년 수입량은 전년 대비 감소했다.

[오답풀이] ① 위생용품 수입액 상위 5개 항목의 수입액 합계는 2020년에 $16,106+3,949+2,965+2,585+1,199=26,804$(만 달러), 2021년에 $16,666+5,912+3,286+3,245+1,321=30,430$(만 달러)이므로 증감률은 $\frac{30,430-26,804}{26,804} \times 100 ≒ 13.5(\%)$이다.

③ 2022년 일회용 종이냅킨 수입액은 전년 대비 $\frac{316-265}{265} \times 100 ≒ 19.2(\%)$ 증가했다.

④ 조사 기간 동안 매년 수입액 상위 5위 내인 위생용품은 일회용 기저귀, 세척제, 일회용 컵, 일회용 젓가락 총 4개이다.

39 ②

수리능력

Quick해설 6~10위 항목의 수입액 합계가 전체에서 차지하는 비중을 구하면, 2019년에 $\frac{1,934}{24,021} \times 100 ≒ 8.1(\%)$,

2020년에 $\frac{2,801}{29,605} \times 100 ≒ 9.5(\%)$, 2021년에 $\frac{3,381}{33,811} \times 100 ≒ 10.0(\%)$, 2022년에 $\frac{4,991}{34,942} \times 100 ≒ 14.3(\%)$이다. 따라서 큰 순서대로 나타내면 2022년 > 2021년 > 2020년 > 2019년 순이다.

[상세해설] 2019~2022년의 위생용품 수입액 상위 10개 항목 중 6~10위를 차지한 항목의 수입액 합계는 다음과 같다.

• 2019년: $843+630+177+164+120=1,934$(만 달러)
• 2020년: $1,172+1,045+250+194+140=2,801$(만 달러)
• 2021년: $1,280+1,126+454+265+256=3,381$(만 달러)
• 2022년: $1,758+1,504+1,140+316+273=4,991$(만 달러)

따라서 비중을 구하면 2019년에는 $\frac{1,934}{24,021} \times 100 ≒ 8.1(\%)$, 2020년에는 $\frac{2,801}{29,605} \times 100 ≒ 9.5(\%)$, 2021년에는 $\frac{3,381}{33,811} \times 100 ≒ 10.0(\%)$, 2022년에는 $\frac{4,991}{34,942} \times 100 ≒ 14.3(\%)$이다.

40 ①

수리능력

Quick해설 2020~2022년의 위생용품 수입액 상위 10개 항목 수입액과 수입량의 전년 대비 증감률을 옳게 나타낸 그래프는 ①이다.

[상세해설] 위생용품 수입액 상위 10개 항목 수입액의 전년 대비 증감률은 다음과 같다.

• 2020년: $\frac{29,605-24,021}{24,021} \times 100 ≒ 23.2(\%)$
• 2021년: $\frac{33,811-29,605}{29,605} \times 100 ≒ 14.2(\%)$
• 2022년: $\frac{34,942-33,811}{33,811} \times 100 ≒ 3.3(\%)$

또한, 위생용품 수입액 상위 10개 항목 수입량의 전년 대비 증감률은 다음과 같다.

• 2020년: $\frac{99,073-99,095}{99,095} \times 100 ≒ 0.0(\%)$
• 2021년: $\frac{106,898-99,073}{99,073} \times 100 ≒ 7.9(\%)$

- 2022년: $\dfrac{105{,}191-106{,}898}{106{,}898}\times100≒-1.6(\%)$

41 ①
문제해결능력

Quick해설 '1. 요양원 입소'에서 대부분의 요양원 및 공동생활가정의 입소 비용은 동일하다고 한 것은 등급에 따른 수가를 기준으로 하기 때문이다. 다시 말해, 장기요양등급이 같을 때, 요양원 입소 비용이 동일하다는 말이므로 등급에 따라 비용은 다르다. 특히, '3. 시설급여 이용 비용'에서 장기요양등급에 따라 비용이 다른 것을 확인할 수 있다.

[오답풀이] ② 기초생활수급자라 하더라도 식사재료비, 상급침실료, 이·미용비, 계약의사 진료비 및 약제비 등의 비급여 항목에 따라 비용이 발생할 수 있다.

③ '2. 장기요양 3, 4등급의 이용'의 항목 ③에 따르면 치매 증상이 확인된 경우 장기요양등급이 4등급이라도 시설급여를 이용할 수 있다.

④ '2. 장기요양 3, 4등급의 이용'에서 '장기요양등급이 3등급 또는 4등급인 경우에도 요양원(시설급여)을 이용할 수 있다. 다만, 국민건강보험공단 장기요양보험에 '장기요양 급여종류·내용변경신청'을 하고 시설급여를 인정받아야 한다.'라고 하였다.

42 ②
문제해결능력

Quick해설 [보기]의 각각의 경우에 대하여 본인부담 총액을 계산해 보면 다음과 같다.

㉠ 일반대상자이면 본인부담률이 20%이므로 장기요양등급이 1등급인 경우 요양원 1일 비용이 $78{,}250\times0.2=15{,}650$(원)이다. 따라서 6개월을 이용하는 A 씨의 본인부담금 총액은 $15{,}650\times30\times6=2{,}817{,}000$(원)이다.

㉡ 본인부담율이 8%이므로 장기요양등급이 4등급인 경우 노인요양공동생활가정 1일 비용이 $58{,}830\times0.08≒4{,}706.4$(원)이다. 따라서 12개월을 이용하는 B 씨의 본인부담금 총액은 $4{,}706.4\times30\times12=1{,}694{,}304$(원)이다.

㉢ 본인부담율이 12%이므로 장기요양등급이 2등급인 경우 요양원 1일 비용이 $72{,}600\times0.12=8{,}712$(원)이다. 따라서 10개월을 이용하는 C 씨의 본인부담금 총액은 $8{,}712\times30\times10=2{,}613{,}600$(원)이다.

㉣ 일반대상자이면 본인부담률이 20%이므로 장기요양등급이 5등급인 경우 노인요양공동생활가정 1일 비용이 $58{,}830\times0.2=11{,}766$(원)이다. 따라서 8개월을 이용하는 D 씨의 본인부담금 총액은 $11{,}766\times30\times8=2{,}823{,}840$(원)이다.

따라서 본인부담금 총액이 가장 적은 경우는 ㉡이다.

43 ③
문제해결능력

Quick해설 자동차재산 기준 개선사항에 따르면 다인·다자녀 가구의 승용자동차의 경우, 배기량 기준이 1,600cc 미만에서 2,500cc 미만으로 완화되었다. 따라서 다른 조건이 동일하다면 2,000cc 자동차를 소유한 다자녀 가구는 일반재산 소득환산율 적용되어 소득인정액이 감소할 것이다.

[오답풀이] ① 승합자동차의 경우 차령 10년 이상 또는 가액 500만 원 미만이어야 하는데 두 조건 모두 만족하지 않으므로 적용 대상이 아니다.

② 두 번째 단락에서 자동차재산 기준 완화로 생계급여 혜택을 받는 가구가 늘어날 전망이라고 하였다.

④ 1,500cc 생업용 승용자동차의 경우, 개선 전 자동차 가액 50% 재산범위 제외되는 것이지 재산 산정 대상에서 제외되는 것은 아니다.

44 ④
문제해결능력

Quick해설 배기량 1,998cc인 A 씨의 자동차는 개선 전 배기량 기준을 초과하여 차량가액이 100% 월 소득으로 환산되므로 ㉠은 1,000만 원이며, 개선 후 재산 산정에서 100% 제외되므로 ㉡은 0원이다.

[상세해설] 생업용 자동차의 경우, 개선 전에는 1,600cc 미만 승용자동차 1대에 대해 자동차 가액 50%를 재산범위에서 제외하고 나머지 50%에 대해 일반재산 환산율이 적용되며, 개선 후에는 2,000cc 미만 승용자동차 1대의 자동차 가액 100% 재산 산정에서 제외된다. 따라서 배기량 1,998cc인 A 씨의 자동차는 개선 전 배기량 기준을 초과하여 차량가액이 100% 월 소득으로 환산되므로 ㉠은 1,000만 원이며, 개선 후 재산 산정에서 100% 제외되므로 ㉡은 0원이다.

45 ②
문제해결능력

Quick해설 경증 질환(52개)으로 상급종합병원 또는 종합병원 외래 진료 시 발급된 원외 처방에 의해 약국 조제 시 본인 부담률이 차등 적용된다고 하였으므로, 요양급여비용 총액의 30%가 아닌 질환도 있다고 볼 수 있다.

[오답풀이] ① 일반 환자의 경우 모든 요양급여비용에 대하여 정해진 요율이 적용되지만, 의약 분업 예외 환자의 경우 요양급여비용에서 약값에 해당하는 부분을 제외하고 약값에 해당하는 부분은 정해진 요율보다 다소 낮은 요율이 본인 부담금으로 적용되므로, 총 요양급여비용은 일반 환자보다 의약 분업 예외 환자가 더 낮은 요율을 적용받는다고 할 수 있다.
③ 미등록 희귀난치성 질환자는 요양급여비용 총액의 30~60%를 지불하고, 한의원에서 외래 진료를 받은 환자는 요양급여비용 총액의 30%를 지불한다고 명시되어 있으므로, 미등록 희귀난치성 질환자가 항상 더 낮은 요율의 요양급여비용을 지불한다고 볼 수 없다.
④ 장애인 만성 질환자는 등록 희귀난치성 질환자 및 정신과 입원 진료의 경우가 아니라면 일반 차상위 건강보험 만성 질환자와 동일하게 요양급여비용 총액의 14%를 지불하는 것으로 명시되어 있다.

46 ③   문제해결능력

Quick해설 요양급여 수급자 A~D의 본인 부담금을 구하면 다음과 같다.
- A: 진찰료 10만 원+(요양급여비용 15만 원-진찰료 10만 원)×0.6=13(만 원)=130,000(원)
- B: 요양급여비용 15만 원×0.45=6.75(만 원)=67,500(원)
- C: (요양급여비용 15만 원-약값 3만 원)×0.4+약값 3만 원×0.3=5.7(만 원)=57,000(원)
- D: 요양급여비용 20만 원×0.3=6(만 원)=60,000(원)
따라서 본인부담금이 가장 적은 환자는 57,000원인 C임을 알 수 있다.

47 ①   문제해결능력

Quick해설 • 갑: 65세 이상 노인 가구에 해당되며, 과표재산이 6천만 원 이하 구간에 해당하므로 경감 등급 1등급에 해당되어 30%의 경감률이 적용된다.
• 을: 등록 장애인이며 장애 등급이 3등급이고, 과표재산이 13.5천만 원 이하이므로 경감 등급 2등급에 해당되어 20%의 경감률이 적용된다.

• 병: 55세 이상 여자 단독 세대 구성원이며, 과표재산이 13.5천만 원 이하 구간에 해당하므로 경감 등급 3등급에 해당되어 10%의 경감률이 적용된다.
따라서 경감률이 높은 순으로 나열하면, 갑-을-병이다.

48 ②   문제해결능력

Quick해설 소득금액은 제40조의2 제2항의 규정에 의한 종합소득, 농업소득이며, 종합소득에 포함된 연금소득 중 장애연금 및 유족연금은 제외된다고 규정되어 있다.

[오답풀이] ① 65세 이상 노인 가구의 적용 대상에서는 '가입자 중 65세 이상 노인이 있는 세대'라고 규정되어 있으므로 세대원 중 만 65세 이상 노인이 1명이라도 있으면 보험료를 경감받을 수 있다.
③ 장애인 경감을 받기 위해서 필요한 구비 서류는 장애인 등록증이며, 이는 반드시 행정 기관에서 발급받은 것이어야 한다.
④ 70세 이상 노인 가구의 적용 대상을 보면, '70세 이상 노인 가입자만 있는 세대(부부인 경우 배우자가 70세 이하라도 인정 가능)'라고 규정되어 있으므로 부부 중 한 명만 만 70세가 넘어도 보험료 할인이 적용된다.

49 ④   문제해결능력

Quick해설 중증장애인근로자 출·퇴근비용 지원을 받기 위해서는 필요한 서류는 신청서와 근로계약서 외에 통장 사본도 있으므로 적절하지 않다.

[상세해설] '[중증장애인근로자 출·퇴근비용 지원 사업 안내 세부내용]'에 따르면 중증장애인근로자 출·퇴근비용 지원을 받기 위해서는 필요한 서류는 신청서와 근로계약서, 통장사본임을 알 수 있다.
[오답풀이] ① 첫 번째 문단에 따르면 최저임금적용제외자는 장애로 근로능력이 현저히 낮아 인가 후 최저임금 적용이 제외된 자라고 하였으므로 적절하다.
② 첫 번째 문단에 따르면 이 사업은 지난 2021년에 시범 도입하였으며, 지난해 지원 대상을 최저임금적용제외자에서 기초생활수급 및 차상위계층까지 확대했다고 하였으므로 적절하다.
③ '[중증장애인근로자 출·퇴근비용 지원 사업 안내 세부내용]'에 따르면 출퇴근 교통비는 전용카드 발급 후 사용한 내역에 대해 공단에서 정산 후 익월에 지급받

게 되므로 적절하다.

50 ②

Quick해설 A씨가 지급받게 될 지원 금액은 3,000＋12,380 ＋21,850＋2,800＋2,600＋18,600＝61,230(원)이다.

[상세해설] '[중증장애인근로자 출·퇴근비용 지원 사업 안 내 세부내용]－지원내용'에 따르면 버스, 지하철, 기차, 택시(장애인콜택시 포함), 자차 및 직계, 동거가족의 유류 비, 유료도로 이용료가 지원됨을 알 수 있다. 이에 따라 A씨가 5월 21일 사용한 비동거가족 소유 차량 유류비를 제외한 모든 사용액은 지원 사업 대상에 해당하고, 사용 금액은 3,000＋12,380＋21,850＋2,800＋2,600＋18,60 0＝61,230(원)으로 7만 원 미만이므로 A씨가 지급받게 될 지원 금액은 61,230원이다.

51 ②

Quick해설 '3. 직원의 자격 기준'에서는 시설장, 사회복지 사, 물리치료사, 요양보호사에 대해서 법이 정하는 자격을 지닌 사람이어야 함을 언급하고 있다. 그런데, 노인요양시 설에 근무하는 이외의 직원들(사무국장, 사무원, 조리원, 위생원, 관리인 등)에 대해서는 명시되어 있지 않으므로 모든 직원이 법에서 정하는 자격을 지닌 사람이어야 하는 것은 아니다.

[오답풀이] ① '2. 시설 상세 요건'의 (4)에서 노인요양시설 안에 두는 치매전담실에는 '공동으로 사용할 수 있는 화장실과 간이욕실(세면대를 포함한다. 이하 같다)을 갖출 것. 다만, 침실마다 화장실과 간이욕실이 있는 경우에는 그렇지 않다.'라고 언급하고 있다. 따라서 침실마다 화장실과 간이욕실이 있는 경우에는 공동으 로 사용할 수 있는 간이욕실이 없을 수 있다.
③ '4. 인력배치기준'을 통해 알 수 있다.
④ '1. 시설 기준'을 통해 알 수 있다.

52 ②

Quick해설 ㉠ '4. 인력배치기준'에서 사무원은 입소자 50명 이상인 경우로 한정하므로 입소자 정원이 30명 인 시설 A에서는 사무원을 두지 않을 수 있다.
㉡ 입소자 정원이 30명 이상이므로 '1. 시설 기준'에 따라 세탁장 및 세탁물 건조장을 두어야 한다. 따라서 세탁

장이나 세탁물 건조장을 설치하지 않은 시설 B는 기준 에 맞지 않는다고 볼 수 있다.
㉢ '2. 시설 상세 요건'의 (3)에서 '식품위생법상 1회 50명 이상(종사자 포함)에게 식사를 제공하는 경우 집단급 식소 신고대상이므로 설치신고 전 관할 시·군·구 식 품위생 담당과 문의하여 관련 준수사항 확인 필요'라 고 명시하였다. 즉, 관할 시·군·구 식품위생 담당과 문의하여 관련 준수사항을 확인하고 설치신고한 시설 C는 기준에 맞는다.
㉣ 입소자 정원이 200명이면 의사는 1명 이상, 간호사는 입소자 25명당 1명이므로 8명, 조리원은 입소자 25명 당 1명이므로 8명, 위생원은 입소자 100명 초과할 때 마다 1명 추가이므로 2명 있어야 한다. 따라서 시설 D 는 기준에 맞는다.

53 ④

Quick해설 중증외상으로 진단받은 자는 등록하지 않고 사 유발생 시 병·의원에서 즉시 산정특례가 적용되므로 적 절하지 않다.

[상세해설] '[붙임 1]－(대상)'에 따르면 뇌혈관, 심장질환, 중증외상은 등록하지 않고 사유발생 시 병·의원에서 즉 시 산정특례가 적용됨을 알 수 있다.
[오답풀이] ① '산정특례 대상 신규 희귀질환 확대'에 따르 면 산정특례 확대 대상에 포함되는 신규 희귀질환자 도 비급여, 100분의 100 본인부담항목 및 선별급여 등은 적용 대상 제외이므로 적절하다.
② '간질환에 의한 응고인자 결핍(D68.4) 산정특례 등록 기준 개선'에 따르면 중증 간질환 환자의 산정특례 등 록기준을 개선하여 임상적 출혈의 구체적인 기준이 제시되었으므로 적절하다.
③ '산정특례 대상 신규 희귀질환 확대'에 따르면 건강보 험 본인일부부담금 산정특례제도가 적용 전 본인부담 률은 입원 20%, 외래 30〜60%이고, 산정특례 적용 시 입원·외래 0〜10%이므로 본인부담률이 최대 60%p 낮아짐을 알 수 있다.

54 ②

Quick해설 특정기호 V901인 질환 중 27개 질환이 2024년 기준 산정특례 대상으로 확대되었으므로 옳지 않다.

[상세해설] [붙임 1]에서 특정기호 V901인 질환은 기타염색체이상질환임을 알 수 있고, '산정특례 대상 신규 희귀질환 확대'에 따르면 기타염색체이상질환 중 2024년 기준 산정특례 대상으로 확대된 질환은 27개이므로 옳지 않다.

[오답풀이] ① '[붙임 1]−(적용범위)'에 따르면 산정특례를 적용받은 심장질환과 중증화상 환자의 본인부담률은 5%로 동일함을 알 수 있다.

③ '간질환에 의한 응고인자 결핍(D68.4)' 산정특례 등록기준 개선'에 따르면 간질환 환자의 후천성 출혈장애인 '간질환에 의한 응고인자 결핍'은 '혈우병'과는 별개의 질환으로 그동안 산정특례 고시상 혈우병의 하위 질환으로 분류되어 있었다고 하였으므로 2024년 이전에는 간질환에 의한 응고인자 결핍이 혈우병과 별개의 상병으로 구분되지 않았음을 알 수 있다.

④ '[붙임 1]−산정특례 대상 희귀질환'에 따르면 유병인구가 2만 명 이하이지만 비교적 명확한 진단기준이 있는 질환을 희귀질환이라 한다고 하였으므로 적절하다.

55 ④ 문제해결능력

Quick해설 체질량지수가 28.0kg/m²인 사람은 체질량지수가 주의 범위에 속하므로 체질량지수를 한 단계 낮출 수 있다. 따라서 혈압 또는 공복혈당을 두 단계 낮추더라도 개선지원금을 최대 1만 5천 원 지원받을 수 있다. 건강예방형 중 실천형의 경우, 실천지원금이 최대 3만 원이므로 실천형 지원금은 연 최대 4만 5천 원 지원받을 수 있다.

[오답풀이] ① 건강생활실천지원금제 중 건강예방형은 만 20~64세만 참여 가능하지만, 건강관리형은 나이에 대한 조건이 없다.

② 건강예방형 중 개선형은 실천지원금이 걸음 수는 연 최대 1만 원, 건강관리 프로그램 역시 연 최대 1만 원이므로 연 최대 2만 원이다.

③ 강원도 원주의 경우 두 가지 시범 사업을 모두 실시한다.

56 ① 문제해결능력

Quick해설 실천형 실천지원금 중 일일 걸음 수 지원금이 18,000원, 건강관리 프로그램 참여 지원금이 10,500원이다. 사업 참여 전 혈압은 위험이고, 공복혈당은 주의로 모두 주의군 이상이고, 사업 참여 후 체질량지수는 1단계,

혈압은 2단계 낮추었으나 공복혈당은 낮추지 못하였으므로, 개선지원금은 받지 못한다. 따라서 총 지원금은 28,500원이다.

[상세해설] 일일 걸음 수가 8,000~9,999보인 경우 일당 80원이고, 10,000보 이상인 경우 일당 100원이다. 따라서 걸음 수에 대한 지원금은 $(160 \times 80) + (70 \times 100) = 19,800$(원)이다. 한편 걸음 수에 대한 실천지원금은 연 최대 18,000원 적립되므로, 지원금은 18,000원이다.

건강관리 프로그램은 대면 프로그램 이수 시 회당 1,000원, 비대면 프로그램 이수 시 회당 500원을 적립하며, 한 주에 1회만 적립 가능하다. 따라서 건강관리 프로그램 참여에 대한 지원금은 $(3 \times 1,000) + (15 \times 500) = 10,500$(원)이다.

사업 참여 전 체질량지수는 32.1kg/m²(위험), 혈압은 142/82mmHg(위험), 공복혈당은 120mg/dL(주의)이다. 사업 참여 후 체질량지수는 26.3kg/m²(주의), 혈압은 116/72mmHg(안전), 공복혈당은 108mg/dL(주의)이다. 즉, 기존에 혈압과 공복혈당이 모두 주의 이상이므로 혈압과 공복혈당을 모두 1단계 이상 낮추어야 지원금을 받을 수 있다. 그런데 공복혈당의 경우, 단계를 낮추지 못하였으므로 지원금을 지급받지 못한다.

그러므로 A 씨의 지원금은 실천지원금만 적립되며, 받을 수 있는 지원금은 $18,000 + 10,500 = 28,500$(원)이다.

57 ① 문제해결능력

Quick해설 개선형 실천지원금 중 일일 걸음 수 지원금이 8,400원, 건강관리 프로그램 참여 지원금이 9,500원이다. 사업 참여 전 혈압과 공복혈당이 모두 위험으로 모두 주의군 이상이고, 사업 참여 후 체질량지수는 2단계, 혈압은 2단계, 공복혈당은 1단계 낮추었으므로, 개선지원금은 20,000원이다. 따라서 총 지원금은 37,900원이다.

[상세해설] 일일 걸음 수가 8,000~9,999보인 경우, 일당 80원이고, 10,000보 이상인 경우, 일당 100원이다. 따라서 걸음 수에 대한 지원금은 $(80 \times 80) + (20 \times 100) = 8,400$(원)이다.

건강관리 프로그램은 대면 프로그램 이수 시 회당 1,000원, 비대면 프로그램 이수 시 회당 500원을 적립한다. 대면 프로그램을 먼저 참여하는데, 대면 프로그램 5주 참여 시 비대면 프로그램 12주 중 3주는 대면 프로그램과 동일 주에 참여하게 된다. 즉, 한 주에 1회만 적

립 가능하므로 비대면 프로그램은 12주에서 중복된 3주를 제외한 9주에 대한 지원금을 받으므로 건강관리 프로그램 참여에 대한 지원금은 $(5 \times 1,000) + (9 \times 500) = 9,500$(원)이다.

사업 참여 전 체질량지수는 $30.3kg/m^2$(위험), 혈압은 145/82mmHg(위험), 공복혈당은 142mg/dL(위험)이다. 사업 참여 후 체질량지수는 $24.1kg/m^2$(안전), 혈압은 117/78mmHg(안전), 공복혈당은 115mg/dL(주의)이다. 즉, 기존에 혈압과 공복혈당이 모두 주의 이상이고, 체질량지수와 혈압은 2단계, 공복혈당은 1단계 낮추었으므로 20,000원을 지원받는다.

그러므로 B씨가 받을 수 있는 지원금은 $8,400 + 9,500 + 20,000 = 37,900$(원)이다.

58 ①

Quick해설 ㉠ 직장가입자가 납부하는 보수월액 보험료의 상한액은 3,911,280원이다. 따라서 2023년 1년간 납부하게 되는 보수월액 보험료 최대액수는 $3,911,280 \times 12 = 46,935,360$(원)이므로 4,600만 원 이상이다.

㉡ '군부대가 소재하는 지역에 거주하거나 근무하는 직장가입자인 군인에 대하여는 그 가입자 보험료액의 100분의 20을 경감합니다.'라고 하였으므로 30%가 아니라 20%를 경감받을 수 있다.

[오답풀이] ㉢ 3개월 이상 국외에 체류하는 경우로서, 국내에 거주하는 피부양자(배우자 및 직계존·비속 등)가 없으면 직장가입자는 건강보험료를 면제받을 수 있다고 하였다. 따라서 국내에 피부양자가 없는 직장가입자가 6개월 이상 해외 파견 근무 중이면 건강보험료를 면제받는다.

㉣ '3. 보험료율'에서 '국외에서 업무에 종사하고 있는 직장가입자에 대한 보험료율은 위 보험료율의 100분의 50으로 합니다.'라고 하였고, 위 보험료율은 일반 직장가입자의 1만분의 709를 의미한다. 따라서 상한액과 하한액 범위 내에서 같은 조건의 국내 직장 근로자와 국외 직장 근로자가 모두 건강보험료를 납부해야 하는 경우 건강보험료의 차이는 2배인 것을 알 수 있다.

59 ③

Quick해설 이 부장의 건강보험료를 보수월액보험료와 소득월액보험료로 구분하여 확인하면 다음과 같다.

- 보수월액보험료: 연봉이 8,400만 원이므로 보수월액은 $8,400 \div 12 = 700$(만 원)이다. 이때 보험료율이 7.09%이므로 보수월액보험료는 700만 원 $\times 0.0709 \times 0.5 = 248,150$(원)이다.

- 소득월액보험료: 보수외소득은 월 400만 원으로 연 $400 \times 12 = 4,800$(만 원)이다. 이때, 연간 보수외소득이 연간 2,000만 원을 초과하므로 이 부장이 내야 하는 소득월액은 $(4,800 - 2,000) \div 12 = 233.3333$(만 원), 즉 233만 3,333원이다. 따라서 소득월액보험료는 $2,333,333 \times 0.0709 = 165,433$(원)이다.

따라서 이 부장이 매달 내야 하는 건강보험료는 $248,150 + 165,433 = 413,583$(원)이다.

60 ④

Quick해설 한 대리의 건강보험료를 보수월액보험료와 소득월액보험료로 구분하여 확인하면 다음과 같다.

- 보수월액보험료: 연봉이 5,760만 원이므로 보수월액은 $5,760 \div 12 = 480$(만 원)이다. 따라서 보수월액보험료는 480만 원 $\times 0.0709 \times 0.5 = 170,160$(원)이다.

- 소득월액보험료: 보수외소득은 월 180만 원으로 연 $180 \times 12 = 2,160$(만 원)이다. 보수외소득이 연간 2,000만 원을 초과하므로 한 대리가 내야 하는 소득월액은 $(2,160 - 2,000) \div 12 = 13.3333$(만 원), 즉 133,333원이다. 따라서 소득월액보험료는 $133,333 \times 0.0709 = 9,453$(원)이다.

그런데 한 대리의 경우 국외에서 업무에 종사하고 있는 직장가입자이므로 건강보험료가 50% 경감된다. 따라서 한 대리가 부담하여야 하는 월 건강보험료는 $(170,160 + 9,453) \times 0.5 = 89,807$(원)이다.

01	02	03	04	05	06	07	08	09	10
①	②	②	③	④	④	③	②	①	③
11	12	13	14	15	16	17	18	19	20
④	②	④	④	③	④	④	④	④	③

01 ①

[상세해설] 국민건강보험법 제41조의3(행위·치료재료 및 약제에 대한 요양급여대상 여부의 결정 및 조정)

① 요양기관, 치료재료의 제조업자·수입업자 등 보건복지부령으로 정하는 자는 요양급여 대상 또는 비급여 대상으로 결정되지 아니한 요양급여에 대한 행위 및 치료재료에 대하여 요양급여 대상 여부의 결정을 보건복지부장관에게 신청하여야 한다.

② 「약사법」에 따른 약제의 제조업자·수입업자 등 보건복지부령으로 정하는 자(이하 "약제의 제조업자 등"이라 한다)는 요양급여대상에 포함되지 아니한 제41조 제1항 제2호의 약제(이하 이 조에서 "약제"라 한다)에 대하여 보건복지부장관에게 요양급여대상 여부의 결정을 신청할 수 있다.

③ 보건복지부장관은 정당한 사유가 없으면 보건복지부령으로 정하는 기간 이내에 요양급여대상 또는 비급여대상의 여부를 결정하여 신청인에게 통보하여야 한다.

④ 보건복지부장관은 신청이 없는 경우에도 환자의 진료상 반드시 필요하다고 보건복지부령으로 정하는 경우에는 직권으로 행위·치료재료 및 약제의 요양급여대상의 여부를 결정할 수 있다.

⑤ 보건복지부장관은 요양급여대상으로 결정하여 고시한 약제에 대하여 보건복지부령으로 정하는 바에 따라 요양급여대상 여부, 범위, 요양급여비용 상한금액 등을 직권으로 조정할 수 있다.

⑥ 요양급여대상 여부의 결정 신청의 시기, 절차, 방법 및 업무의 위탁 등에 필요한 사항, 제3항과 제4항에 따른 요양급여대상 여부의 결정 절차 및 방법, 제5항에 따른 직권 조정 사유·절차 및 방법 등에 관한 사항은 보건복지부령으로 정한다.

02 ②

[상세해설] 국민건강보험법 제4조(건강보험정책심의위원회)

② 심의위원회는 위원장 1명과 부위원장 1명을 포함하여 25명의 위원으로 구성한다.

③ 심의위원회의 위원장은 보건복지부차관이 되고, 부위원장은 제4항 제4호의 위원 중에서 위원장이 지명하는 사람이 된다.

④ 심의위원회의 위원은 다음 각 호에 해당하는 사람을 보건복지부장관이 임명 또는 위촉한다.
1. 근로자단체 및 사용자단체가 추천하는 각 2명
2. 시민단체(「비영리민간단체지원법」 제2조에 따른 비영리민간단체를 말한다. 이하 같다), 소비자단체, 농어업인단체 및 자영업자단체가 추천하는 각 1명
3. 의료계를 대표하는 단체 및 약업계를 대표하는 단체가 추천하는 8명
4. 다음 각 목에 해당하는 8명
   가. 대통령령으로 정하는 중앙행정기관 소속 공무원 2명
   나. 국민건강보험공단의 이사장 및 건강보험심사평가원의 원장이 추천하는 각 1명
   다. 건강보험에 관한 학식과 경험이 풍부한 4명

⑤ 심의위원회 위원(제4항 제4호 가목에 따른 위원은 제외한다)의 임기는 3년으로 한다. 다만, 위원의 사임 등으로 새로 위촉된 위원의 임기는 전임위원 임기의 남은 기간으로 한다.

⑥ 심의위원회의 운영 등에 필요한 사항은 대통령령으로 정한다.

03 ②

[상세해설] 국민건강보험법 제41조의2(약제에 대한 요양급여비용 상한금액의 감액 등)

① 보건복지부장관은 약사법 제47조 제2항의 위반과 관련된 제41조 제1항 제2호의 약제에 대하여는 요양급여비용 상한금액의 100분의 20을 넘지 아니하는 범위에서 그 금액의 일부를 감액할 수 있다.

② 보건복지부장관은 요양급여비용의 상한금액이 감액된 약제가 감액된 날부터 5년의 범위에서 대통령령으로 정하는 기간 내에 다시 감액의 대상이 된 경우에

는 요양급여비용 상한금액의 100분의 40을 넘지 아니하는 범위에서 요양급여비용 상한금액의 일부를 감액할 수 있다.

③ 보건복지부장관은 요양급여비용의 상한금액이 감액된 약제가 감액된 날부터 5년의 범위에서 대통령령으로 정하는 기간 내에 다시 약사법 제47조 제2항의 위반과 관련된 경우에는 해당 약제에 대하여 1년의 범위에서 기간을 정하여 요양급여의 적용을 정지할 수 있다.

④ 요양급여비용 상한금액의 감액 및 요양급여 적용 정지의 기준, 절차, 그 밖에 필요한 사항은 <u>대통령령으로 정한다.</u>

04 ③

[상세해설] 국민건강보험법 제3조(정의)

1. '근로자'란 직업의 종류와 관계없이 근로의 대가로 보수를 받아 생활하는 사람(법인의 이사와 그 밖의 임원을 포함한다)으로서 공무원 및 교직원을 제외한 사람을 말한다.

2. '사용자'란 다음 각 목의 어느 하나에 해당하는 자를 말한다.
   가. 근로자가 소속되어 있는 사업장의 사업주
   나. 공무원이 소속되어 있는 기관의 장으로서 대통령령으로 정하는 사람
   다. 교직원이 소속되어 있는 사립학교(「사립학교교직원 연금법」 제3조에 규정된 사립학교를 말한다. 이하 이 조에서 같다)를 설립·운영하는 자

3. '사업장'이란 사업소나 사무소를 말한다.

4. '공무원'이란 국가나 지방자치단체에서 상시 공무에 종사하는 사람을 말한다.

5. '<u>교직원이란 사립학교나 사립학교의 경영기관에서 근무하는 교원과 직원을 말한다.</u>

05 ④

[오답풀이] 국민건강보험법 제69조(보험료)

③ 보험료를 징수할 때 가입자의 자격이 변동된 경우에는 변동된 날이 속하는 달의 보험료는 <u>변동되기 전의 자격을 기준으로 징수한다.</u> 다만, 가입자의 자격이 매월 1일에 변동된 경우에는 변동된 자격을 기준으로 징수한다.

④ 직장가입자의 월별 보험료액은 다음 각 호에 따라 산정한 금액으로 한다.
   1. 보수월액보험료: 제70조에 따라 산정한 보수월액에 제73조 제1항 또는 제2항에 따른 보험료율을 곱하여 얻은 금액
   2. <u>보수 외 소득월액보험료: 제71조 제1항에 따라 산정한 보수 외 소득월액에 제73조 제1항 또는 제2항에 따른 보험료율을 곱하여 얻은 금액</u>

⑥ 월별 보험료액은 가입자의 보험료 평균액의 일정비율에 해당하는 금액을 고려하여 <u>대통령령으로</u> 정하는 기준에 따라 상한 및 하한을 정한다.

06 ④

[상세해설] 국민건강보험법 제4조(건강보험정책심의위원회)

① 건강보험정책에 관한 다음 각 호의 사항을 심의·의결하기 위하여 보건복지부장관 소속으로 건강보험정책심의위원회를 둔다.
   1. 종합계획 및 시행계획에 관한 사항(<u>의결은 제외한다</u>)
   2. 요양급여의 기준
   3. 요양급여비용에 관한 사항
   4. 직장가입자의 보험료율
   5. 지역가입자의 보험료율과 재산보험료부과점수당 금액
   5의2. 보험료 부과 관련 제도 개선에 관한 다음 각 목의 사항(의결은 제외한다)
      가. 건강보험 가입자(이하 "가입자"라 한다)의 소득 파악 실태에 관한 조사 및 연구에 관한 사항
      나. 가입자의 소득 파악 및 소득에 대한 보험료 부과 강화를 위한 개선 방안에 관한 사항
      다. 그 밖에 보험료 부과와 관련된 제도 개선 사항으로서 심의위원회 위원장이 회의에 부치는 사항
   6. 그 밖에 건강보험에 관한 주요 사항으로서 대통령령으로 정하는 사항

07 ③

[상세해설] 국민건강보험법 제119조(과태료)

③ <u>다음 각 호의 어느 하나에 해당하는 자에게는 500만</u>

원 이하의 과태료를 부과한다.

    4. 행정처분을 받은 사실 또는 행정처분절차가 진행 중인 사실을 지체 없이 알리지 아니한 자

④ 다음 각 호의 어느 하나에 해당하는 자에게는 100만 원 이하의 과태료를 부과한다.

    3. 정당한 사유 없이 건강보험증이나 신분증명서로 가입자 또는 피부양자의 본인 여부 및 그 자격을 확인하지 아니하고 요양급여를 실시한 자

따라서 빈칸에 들어갈 금액의 합은 $500 + 100 = 600$ 이다.

08 ②

[상세해설] 국민건강보험법 제99조(과징금)

⑧ 제1항부터 제3항까지의 규정에 따라 징수한 과징금은 다음 각 호 외의 용도로는 사용할 수 없다. 이 경우 제2항 제1호 및 제3항 제1호에 따라 징수한 과징금은 제3호의 용도로 사용하여야 한다.

    1. 제47조 제3항에 따라 공단이 요양급여비용으로 지급하는 자금

    2. 「응급의료에 관한 법률」에 따른 응급의료기금의 지원

    3. 「재난적의료비 지원에 관한 법률」에 따른 재난적의료비 지원사업에 대한 지원

⑨ 과징금의 금액과 그 납부에 필요한 사항 및 과징금의 용도별 지원 규모, 사용 절차 등에 필요한 사항은 대통령령으로 정한다.

09 ①

[상세해설] 국민건강보험법 제7조(사업장의 신고)

사업장의 사용자는 다음 각 호의 어느 하나에 해당하게 되면 그 때부터 14일 이내에 보건복지부령으로 정하는 바에 따라 보험자에게 신고하여야 한다. 제1호에 해당되어 보험자에게 신고한 내용이 변경된 경우에도 또한 같다.

1. 직장가입자가 되는 근로자·공무원 및 교직원을 사용하는 사업장이 된 경우

2. 휴업·폐업 등 보건복지부령으로 정하는 사유가 발생한 경우

10 ③

[오답풀이] 국민건강보험법 제41조의4(선별급여)

① 요양급여를 결정함에 있어 경제성 또는 치료효과성 등이 불확실하여 그 검증을 위하여 추가적인 근거가 필요하거나, 경제성이 낮아도 가입자와 피부양자의 건강회복에 잠재적 이득이 있는 등 대통령령으로 정하는 경우에는 예비적인 요양급여인 선별급여로 지정하여 실시할 수 있다.

② 보건복지부장관은 대통령령으로 정하는 절차와 방법에 따라 선별급여에 대하여 주기적으로 요양급여의 적합성을 평가하여 요양급여 여부를 다시 결정하고, 요양급여의 기준을 조정하여야 한다.

국민건강보험법 제42조의2(요양기관의 선별급여 실시에 대한 관리)

③ 보건복지부장관은 요양기관이 선별급여의 실시 조건을 충족하지 못하거나 자료를 제출하지 아니할 경우에는 해당 선별급여의 실시를 제한할 수 있다.

④ 선별급여의 실시 조건, 자료의 제출, 선별급여의 실시 제한 등에 필요한 사항은 보건복지부령으로 정한다.

11 ④

[상세해설] 국민건강보험법 제88조(심판청구)

① 이의신청에 대한 결정에 불복하는 자는 건강보험분쟁조정위원회에 심판청구를 할 수 있다. 이 경우 심판청구의 제기기간 및 제기방법에 관하여는 제87조 제3항을 준용한다.

② 심판청구를 하려는 자는 대통령령으로 정하는 심판청구서를 처분을 한 공단 또는 심사평가원에 제출하거나 건강보험분쟁조정위원회에 제출하여야 한다.

③ 규정한 사항 외에 심판청구의 절차·방법·결정 및 그 결정의 통지 등에 필요한 사항은 대통령령으로 정한다.

12 ②

[상세해설] 국민건강보험법 제20조(임원)

① 공단은 임원으로서 이사장 1명, 이사 14명 및 감사 1명을 둔다. 이 경우 이사장, 이사 중 5명 및 감사는 상임으로 한다.

② 이사장은 임원추천위원회가 복수로 추천한 사람 중에

서 보건복지부장관의 제청으로 대통령이 임명한다.

③ 상임이사는 보건복지부령으로 정하는 추천 절차를 거쳐 이사장이 임명한다.

④ 비상임이사는 다음 각 호의 사람을 보건복지부장관이 임명한다.

1. 노동조합·사용자단체·시민단체·소비자단체·농어업인단체 및 노인단체가 추천하는 각 1명

2. 대통령령으로 정하는 바에 따라 추천하는 관계 공무원 3명

⑤ 감사는 임원추천위원회가 복수로 추천한 사람 중에서 기획재정부장관의 제청으로 대통령이 임명한다.

⑥ 비상임이사는 정관으로 정하는 바에 따라 실비변상(實費辨償)을 받을 수 있다.

⑦ 이사장의 임기는 3년, 이사(공무원인 이사는 제외한다)와 감사의 임기는 각각 2년으로 한다.

13 ④

[상세해설] 국민건강보험법 제115조(벌칙)

① 가입자 및 피부양자의 개인정보를 누설하거나 직무상 목적 외의 용도로 이용 또는 정당한 사유 없이 제3자에게 제공한 자는 5년 이하의 징역 또는 5천만 원 이하의 벌금에 처한다.

② 다음 각 호의 어느 하나에 해당하는 자는 3년 이하의 징역 또는 3천만 원 이하의 벌금에 처한다.

1. 대행청구단체의 종사자로서 거짓이나 그 밖의 부정한 방법으로 요양급여비용을 청구한 자

2. 업무를 수행하면서 알게 된 정보를 누설하거나 직무상 목적 외의 용도로 이용 또는 제3자에게 제공한 자

③ 공동이용하는 전산정보자료를 목적 외의 용도로 이용하거나 활용한 자는 3년 이하의 징역 또는 1천만 원 이하의 벌금에 처한다.

④ 거짓이나 그 밖의 부정한 방법으로 보험급여를 받거나 타인으로 하여금 보험급여를 받게 한 사람은 2년 이하의 징역 또는 2천만 원 이하의 벌금에 처한다.

⑤ 다음 각 호의 어느 하나에 해당하는 자는 1년 이하의 징역 또는 1천만 원 이하의 벌금에 처한다.

3. 제93조(근로자의 권익보호)를 위반한 사용자

국민건강보험법 제116조(벌칙)

보고 또는 서류 제출을 하지 아니한 자, 거짓으로 보고하거나 거짓 서류를 제출한 자, 검사나 질문을 거부·방해 또는 기피한 자는 1천만 원 이하의 벌금에 처한다.

14 ④

[상세해설] 국민건강보험법 제4조(건강보험정책심의위원회)

④ 심의위원회 위원은 다음 각 호에 해당하는 사람을 보건복지부장관이 임명 또는 위촉한다.

1. 근로자단체 및 사용자단체가 추천하는 각 2명

2. 시민단체(「비영리민간단체지원법」 제2조에 따른 비영리민간단체를 말한다. 이하 같다), 소비자단체, 농어업인단체 및 자영업자단체가 추천하는 각 1명

3. 의료계를 대표하는 단체 및 약업계를 대표하는 단체가 추천하는 8명

4. 다음 각 목에 해당하는 8명

가. 대통령령으로 정하는 중앙행정기관 소속 공무원 2명

나. 국민건강보험공단의 이사장 및 건강보험심사평가원의 원장이 추천하는 각 1명

다. 건강보험에 관한 학식과 경험이 풍부한 4명

15 ③

[상세해설] 국민건강보험법 제87조(이의신청)

① 가입자 및 피부양자의 자격, 보험료등, 보험급여, 보험급여 비용에 관한 공단의 처분에 이의가 있는 자는 공단에 이의신청을 할 수 있다.

② 요양급여비용 및 요양급여의 적정성 평가 등에 관한 심사평가원의 처분에 이의가 있는 공단, 요양기관 또는 그 밖의 자는 심사평가원에 이의신청을 할 수 있다.

③ 이의신청은 처분이 있음을 안 날부터 90일 이내에 문서(전자문서를 포함한다)로 하여야 하며 처분이 있은 날부터 180일을 지나면 제기하지 못한다. 다만, 정당한 사유로 그 기간에 이의신청을 할 수 없었음을 소명한 경우에는 그러하지 아니하다.

④ 제3항 본문에도 불구하고 요양기관이 심사평가원의 확인에 대하여 이의신청을 하려면 통보받은 날부터 30일 이내에 하여야 한다.

⑤ 규정한 사항 외에 이의신청의 방법·결정 및 그 결정의 통지 등에 필요한 사항은 대통령령으로 정한다.

16 ③

[상세해설] 국민건강보험법 제54조(급여의 정지)
보험급여를 받을 수 있는 사람이 다음 각 호의 어느 하나에 해당하면 그 기간에는 보험급여를 하지 아니한다. 다만, 제3호 및 제4호의 경우에는 제60조에 따른 요양급여를 실시한다.
2. 국외에 체류하는 경우
3. 「병역법」에 따른 현역병(지원에 의하지 아니하고 임용된 하사를 포함한다), 전환복무된 사람 및 군간부후보생에 해당하게 된 경우
4. 교도소, 그 밖에 이에 준하는 시설에 수용되어 있는 경우

17 ④

[상세해설] 국민건강보험법 제41조의2(약제에 대한 요양급여비용 상한금액의 감액 등)
① 보건복지부장관은 「약사법」 제47조 제2항의 위반과 관련된 제41조 제1항 제2호의 약제에 대하여는 요양급여비용 상한금액의 100분의 20을 넘지 아니하는 범위에서 그 금액의 일부를 감액할 수 있다.
② 보건복지부장관은 제1항에 따라 요양급여비용의 상한금액이 감액된 약제가 감액된 날부터 5년의 범위에서 대통령령으로 정하는 기간 내에 다시 제1항에 따른 감액의 대상이 된 경우에는 요양급여비용 상한금액의 100분의 40을 넘지 아니하는 범위에서 요양급여비용 상한금액의 일부를 감액할 수 있다.
③ 보건복지부장관은 제2항에 따라 요양급여비용의 상한금액이 감액된 약제가 감액된 날부터 5년의 범위에서 대통령령으로 정하는 기간 내에 다시 「약사법」 제47조제2항의 위반과 관련된 경우에는 해당 약제에 대하여 1년의 범위에서 기간을 정하여 요양급여의 적용을 정지할 수 있다.

18 ④

[상세해설] 국민건강보험법 제81조의3(체납 또는 결손처분 자료의 제공)
① 공단은 보험료 징수 및 제57조에 따른 징수금의 징수

또는 공익목적을 위하여 필요한 경우에 「신용정보의 이용 및 보호에 관한 법률」 제25조 제2항 제1호의 종합신용정보집중기관에 다음 각 호의 어느 하나에 해당하는 체납자 또는 결손처분자의 인적사항·체납액 또는 결손처분액에 관한 자료를 제공할 수 있다. 다만, 체납된 보험료나 부당이득금과 관련하여 행정심판 또는 행정소송이 계류 중인 경우, 제82조 제1항에 따라 분할납부를 승인받은 경우 중 대통령령으로 정하는 경우, 그 밖에 대통령령으로 정하는 사유가 있을 때에는 그러하지 아니하다.
1. 이 법에 따른 납부기한의 다음 날부터 1년이 지난 보험료 및 그에 따른 연체금과 체납처분비의 총액이 500만 원 이상인 자
2. 이 법에 따른 납부기한의 다음 날부터 1년이 지난 부당이득금 및 그에 따른 연체금과 체납처분비의 총액이 1억 원 이상인 자
3. 재정운영위원회의 의결을 받아 보험료등을 결손처분한 금액의 총액이 500만 원 이상인 자

19 ④

[상세해설] 국민건강보험법 제53조(급여의 제한)
① 공단은 보험급여를 받을 수 있는 사람이 다음 각 호의 어느 하나에 해당하면 보험급여를 하지 아니한다.
1. 고의 또는 중대한 과실로 인한 범죄행위에 그 원인이 있거나 고의로 사고를 일으킨 경우
2. 고의 또는 중대한 과실로 공단이나 요양기관의 요양에 관한 지시에 따르지 아니한 경우
3. 고의 또는 중대한 과실로 제55조에 따른 문서와 그 밖의 물건의 제출을 거부하거나 질문 또는 진단을 기피한 경우
4. 업무 또는 공무로 생긴 질병·부상·재해로 다른 법령에 따른 보험급여나 보상(報償) 또는 보상(補償)을 받게 되는 경우
② 공단은 보험급여를 받을 수 있는 사람이 다른 법령에 따라 국가나 지방자치단체로부터 보험급여에 상당하는 급여를 받거나 보험급여에 상당하는 비용을 지급받게 되는 경우에는 그 한도에서 보험급여를 하지 아니한다.
③ 공단은 가입자가 대통령령으로 정하는 기간 이상 다음 각 호의 보험료를 체납한 경우 그 체납한 보험료를 완납할 때까지 그 가입자 및 피부양자에 대하여

보험급여를 실시하지 아니할 수 있다. 다만, 월별 보험료의 총체납횟수(이미 납부된 체납보험료는 총체납 횟수에서 제외하며, 보험료의 체납기간은 고려하지 아니한다)가 대통령령으로 정하는 횟수 미만이거나 가입자 및 피부양자의 소득·재산 등이 대통령령으로 정하는 기준 미만인 경우에는 그러하지 아니하다.

1. 제69조 제4항 제2호에 따른 보수 외 소득월액보험료
2. 제69조 제5항에 따른 세대단위의 보험료

④ 공단은 제77조 제1항 제1호에 따라 납부의무를 부담하는 사용자가 제69조 제4항 제1호에 따른 보수월액보험료를 체납한 경우에는 그 체납에 대하여 직장가입자 본인에게 귀책사유가 있는 경우에 한하여 제3항의 규정을 적용한다. 이 경우 해당 직장가입자의 피부양자에게도 제3항의 규정을 적용한다.

20 ③

[오답풀이] 국민건강보험법 제48조(요양급여 대상 여부의 확인 등)

① 가입자나 피부양자는 본인일부부담금 외에 자신이 부담한 비용이 요양급여 대상에서 제외되는 비용인지 여부에 대하여 심사평가원에 확인을 요청할 수 있다.

② 제1항에 따른 확인 요청을 받은 심사평가원은 그 결과를 요청한 사람에게 알려야 한다. 이 경우 확인을 요청한 비용이 요양급여 대상에 해당되는 비용으로 확인되면 그 내용을 공단 및 관련 요양기관에 알려야 한다.

③ 제2항 후단에 따라 통보받은 요양기관은 받아야 할 금액보다 더 많이 징수한 금액(이하 "과다본인부담금"이라 한다)을 지체 없이 확인을 요청한 사람에게 지급하여야 한다. 다만, 공단은 해당 요양기관이 과다본인부담금을 지급하지 아니하면 해당 요양기관에 지급할 요 양급여비용에서 과다본인부담금을 공제하여 확인을 요청한 사람에게 지급할 수 있다.

④ 제1항부터 제3항까지에 따른 확인 요청의 범위, 방법, 절차, 처리기간 등 필요한 사항은 보건복지부령으로 정한다.

01	02	03	04	05	06	07	08	09	10
②	④	④	④	③	②	④	②	①	④
11	12	13	14	15	16	17	18	19	20
②	①	③	④	①	④	④	④	①	③

01 ②

[상세해설] 노인장기요양보험법 제32조의2(결격사유)
다음 각 호의 어느 하나에 해당하는 자는 제31조에 따른 장기요양기관으로 지정받을 수 없다.

1. 미성년자, 피성년후견인 또는 피한정후견인
2. 「정신건강증진 및 정신질환자 복지서비스 지원에 관한 법률」 제3조제1호의 정신질환자. 다만, 전문의가 장기요양기관 설립·운영 업무에 종사하는 것이 적합하다고 인정하는 사람은 그러하지 아니하다.
3. 「마약류 관리에 관한 법률」 제2조 제1호의 마약류에 중독된 사람
4. 파산선고를 받고 복권되지 아니한 사람
5. 금고 이상의 실형을 선고받고 그 집행이 종료(집행이 종료된 것으로 보는 경우를 포함한다)되거나 집행이 면제된 날부터 5년이 경과되지 아니한 사람
6. 금고 이상의 형의 집행유예를 선고받고 그 유예기간 중에 있는 사람
7. 대표자가 제1호부터 제6호까지의 규정 중 어느 하나에 해당하는 법인

02 ④

[오답풀이] 노인장기요양보험법 제35조(장기요양기관의 의무 등)

① 장기요양기관은 수급자로부터 장기요양급여신청을 받은 때 장기요양급여의 제공을 거부하여서는 아니 된다. 다만, 입소정원에 여유가 없는 경우 등 정당한 사유가 있는 경우는 그러하지 아니하다.

② 장기요양기관은 장기요양급여의 제공 기준·절차 및 방법 등에 따라 장기요양급여를 제공하여야 한다.

③ 장기요양기관의 장은 장기요양급여를 제공한 수급자에게 장기요양급여비용에 대한 명세서를 교부하여야 한다.

④ 장기요양기관의 장은 장기요양급여 제공에 관한 자료

를 기록·관리하여야 하며, 장기요양기관의 장 및 그 종사자는 장기요양급여 제공에 관한 자료를 거짓으로 작성하여서는 아니 된다.

⑤ 장기요양기관은 면제받거나 감경받는 금액 외에 영리를 목적으로 수급자가 부담하는 재가 및 시설 급여비용을 면제하거나 감경하는 행위를 하여서는 아니 된다.

⑥ 누구든지 영리를 목적으로 금전, 물품, 노무, 향응, 그 밖의 이익을 제공하거나 제공할 것을 약속하는 방법으로 수급자를 장기요양기관에 소개, 알선 또는 유인하는 행위 및 이를 조장하는 행위를 하여서는 아니 된다.

⑦ 장기요양급여비용의 명세서, 기록·관리하여야 할 장기요양급여 제공 자료의 내용 및 보존기한, 그 밖에 필요한 사항은 보건복지부령으로 정한다.

03 ④

[오답풀이] 노인장기요양보험법 제31조(장기요양기관의 지정)

㉠ 재가급여 또는 시설급여를 제공하는 장기요양기관을 운영하려는 자는 보건복지부령으로 정하는 장기요양에 필요한 시설 및 인력을 갖추어 소재지를 관할 구역으로 하는 특별자치시장·특별자치도지사·시장·군수·구청장으로부터 지정을 받아야 한다.

㉡ 장기요양기관으로 지정을 받을 수 있는 시설은 노인복지시설 중 대통령령으로 정하는 시설로 한다.

㉢ 특별자치시장·특별자치도지사·시장·군수·구청장은 장기요양기관을 지정한 때 지체 없이 지정 명세를 공단에 통보하여야 한다.

㉣ 재가급여를 제공하는 장기요양기관 중 의료기관이 아닌 자가 설치·운영하는 장기요양기관이 방문간호를 제공하는 경우에는 방문간호의 관리책임자로서 간호사를 둔다.

㉤ 장기요양기관의 지정절차와 그 밖에 필요한 사항은 보건복지부령으로 정한다.

04 ④

[오답풀이] 노인장기요양보험법 제37조의4(행정제재처분 효과의 승계)

① 제37조 제1항 각 호의 어느 하나에 해당하는 행위를 이유로 한 행정제재처분(이하 "행정제재처분"이라 한

다)의 효과는 그 처분을 한 날부터 3년간 다음 각 호의 어느 하나에 해당하는 자에게 승계된다.

1. 장기요양기관을 양도한 경우 양수인
2. 법인이 합병된 경우 합병으로 신설되거나 합병 후 존속하는 법인
3. 장기요양기관 폐업 후 같은 장소에서 장기요양기관을 운영하는 자 중 종전에 행정제재처분을 받은 자(법인인 경우 그 대표자를 포함한다)나 그 배우자 또는 직계혈족

05 ③

[상세해설] 노인장기요양보험법 시행령 제29조(과태료의 부과기준)

㉠ 변경신고를 미실시하거나 부정한 방법으로 변경지정을 받은 경우(2차 위반): 100만원

㉡ 폐쇄회로 텔레비전을 설치하지 않은 경우(1차 위반): 100만원

㉢ 장기요양기관에 관한 정보를 게시하지 않은 경우(2차 위반): 100만원

㉣ 노인장기요양보험 또는 이와 유사한 용어를 사용한 경우(3차 위반): 200만원

따라서 과태료의 합은 $100 \times 3 + 200 = 500$(만 원)이다.

06 ②

[상세해설] 노인장기요양보험법 제37조의3(위반사실 등의 공표)

① 보건복지부장관 또는 특별자치시장·특별자치도지사·시장·군수·구청장은 장기요양기관이 거짓으로 재가·시설 급여비용을 청구하였다는 이유로 제37조 또는 제37조의2에 따른 처분이 확정된 경우로서 다음 각 호의 어느 하나에 해당하는 경우에는 위반사실, 처분내용, 장기요양기관의 명칭·주소, 장기요양기관의 장의 성명, 그 밖에 다른 장기요양기관과의 구별에 필요한 사항으로서 대통령령으로 정하는 사항을 공표하여야 한다. 다만, 장기요양기관의 폐업 등으로 공표의 실효성이 없는 경우에는 그러하지 아니하다.

1. 거짓으로 청구한 금액이 1천만원 이상인 경우
2. 거짓으로 청구한 금액이 장기요양급여비용 총액의 100분의 10 이상인 경우

07 ④

[상세해설] 노인장기요양보험법 제31조(장기요양기관의 지정)

① 재가급여 또는 시설급여를 제공하는 장기요양기관을 운영하려는 자는 보건복지부령으로 정하는 장기요양에 필요한 시설 및 인력을 갖추어 소재지를 관할 구역으로 하는 특별자치시장·특별자치도지사·시장·군수·구청장으로부터 지정을 받아야 한다.

② 장기요양기관으로 지정을 받을 수 있는 시설은 노인복지시설 중 대통령령으로 정하는 시설로 한다.

③ 특별자치시장·특별자치도지사·시장·군수·구청장이 제1항에 따른 지정을 하려는 경우에는 다음 각 호의 사항을 검토하여 장기요양기관을 지정하여야 한다. 이 경우 특별자치시장·특별자치도지사·시장·군수·구청장은 공단에 관련 자료의 제출을 요청하거나 그 의견을 들을 수 있다.

④ 특별자치시장·특별자치도지사·시장·군수·구청장은 장기요양기관을 지정한 때 지체 없이 지정 명세를 공단에 통보하여야 한다. 재가급여를 제공하는 장기요양기관 중 의료기관이 아닌 자가 설치·운영하는 장기요양기관이 방문간호를 제공하는 경우에는 방문간호의 관리책임자로서 간호사를 둔다.

⑥ 장기요양기관의 지정절차와 그 밖에 필요한 사항은 보건복지부령으로 정한다.

08 ①

[상세해설] 노인장기요양보험법 제56조(재심사청구)

① 심사청구에 대한 결정에 불복하는 사람은 그 결정통지를 받은 날부터 90일 이내에 장기요양재심사위원회(이하 "재심사위원회"라 한다)에 재심사를 청구할 수 있다.

② 재심사위원회는 보건복지부장관 소속으로 두고, 위원장 1인을 포함한 20인 이내의 위원으로 구성한다.

③ 재심사위원회의 위원은 관계 공무원, 법학, 그 밖에 장기요양사업 분야의 학식과 경험이 풍부한 자 중에서 보건복지부장관이 임명 또는 위촉한다. 이 경우 공무원이 아닌 위원이 전체 위원의 과반수가 되도록 하여야 한다.

④ 재심사위원회의 구성·운영 및 위원의 임기, 그 밖에 필요한 사항은 대통령령으로 정한다.

09 ①

[상세해설] 노인장기요양보험법 제69조(과태료) ② 다음 각 호의 어느 하나에 해당하는 자에게는 300만원 이하의 과태료를 부과한다.

1. 폐쇄회로 텔레비전을 설치하지 아니하거나 설치·관리의무를 위반한 자
2. 열람 요청에 응하지 아니한 자

10 ④

[상세해설] 노인장기요양보험법 제11조(장기요양보험가입 자격 등에 관한 준용)

「국민건강보험법」 제5조(적용대상 등), 제6조(가입자의 종류), 제8조부터 제11조(자격의 취득 시기 등, 자격의 변동 시기 등, 자격의 상실 시기 등, 자격취득 등의 확인)까지, 제69조(보험료) 제1항부터 제3항까지, 제76조부터 제86조(보험료의 부담, 보험료의 납부의무, 보험료의 납부기한, 보험료 등의 납입 고지, 연체금, 보험료 등의 독촉 및 체납처분, 체납보험료의 분할납부, 고액·상습체납자의 인적사항 공개, 결손처분, 보험료 등의 징수 순위, 보험료 등의 충당과 환급)까지 및 제110조(실업자에 대한 특례)는 장기요양보험가입자·피부양자의 자격 취득·상실, 장기요양보험료 등의 납부·징수 및 결손처분 등에 관하여 이를 준용한다. 이 경우 "보험료"는 "장기요양보험료"로, "건강보험"은 "장기요양보험"으로, "가입자"는 "장기요양보험가입자"로 본다.

11 ②

노인장기요양보험법 제22조(장기요양인정 신청 등에 대한 대리)

② 다음 각 호의 어느 하나에 해당하는 사람은 관할 지역 안에 거주하는 사람 중 장기요양급여를 받고자 하는 사람 또는 수급자가 장기요양인정신청 등을 직접 수행할 수 없을 때 본인 또는 가족의 동의를 받아 그 신청을 대리할 수 있다.

1. 「사회보장급여의 이용·제공 및 수급권자 발굴에 관한 법률」에 따른 사회복지전담공무원
2. 「치매관리법」에 따른 치매안심센터의 장(장기요양급여를 받고자 하는 사람 또는 수급자가 치매환자인 경우로 한정)

12 ①

[오답풀이] 노인장기요양보험법 제36조(장기요양기관의 폐업 등의 신고 등)

① 장기요양기관의 장은 폐업하거나 휴업하고자 하는 경우 폐업이나 휴업 예정일 전 30일까지 특별자치시장·특별자치도지사·시장·군수·구청장에게 신고하여야 한다. 신고를 받은 특별자치시장·특별자치도지사·시장·군수·구청장은 지체 없이 신고 명세를 공단에 통보하여야 한다.

13 ③

[상세해설] 노인장기요양보험법 제35조(장기요양기관의 의무 등)

① 장기요양기관은 수급자로부터 장기요양급여신청을 받은 때 장기요양급여의 제공을 거부하여서는 아니 된다. 다만, 입소정원에 여유가 없는 경우 등 정당한 사유가 있는 경우는 그러하지 아니하다.

② 장기요양기관은 제23조제3항에 따른 장기요양급여의 제공 기준·절차 및 방법 등에 따라 장기요양급여를 제공하여야 한다.

③ 장기요양기관의 장은 장기요양급여를 제공한 수급자에게 장기요양급여비용에 대한 명세서를 교부하여야 한다.

④ 장기요양기관의 장은 장기요양급여 제공에 관한 자료를 기록·관리하여야 하며, 장기요양기관의 장 및 그 종사자는 장기요양급여 제공에 관한 자료를 거짓으로 작성하여서는 아니 된다.

⑤ 장기요양기관은 제40조제2항에 따라 면제받거나 같은 조 제4항에 따라 감경받는 금액 외에 영리를 목적으로 수급자가 부담하는 재가 및 시설 급여비용(이하 "본인부담금"이라 한다)을 면제하거나 감경하는 행위를 하여서는 아니 된다.

⑥ 누구든지 영리를 목적으로 금전, 물품, 노무, 향응, 그 밖의 이익을 제공하거나 제공할 것을 약속하는 방법으로 수급자를 장기요양기관에 소개, 알선 또는 유인하는 행위 및 이를 조장하는 행위를 하여서는 아니 된다.

⑦ 제3항에 따른 장기요양급여비용의 명세서, 제4항에 따라 기록·관리하여야 할 장기요양급여 제공 자료의 내용 및 보존기한, 그 밖에 필요한 사항은 보건복지

부령으로 정한다.

14 ③

[상세해설] 노인장기요양보험법 제4조(국가 및 지방자치단체의 책무 등)

① 국가 및 지방자치단체는 노인이 일상생활을 혼자서 수행할 수 있는 온전한 심신상태를 유지하는데 필요한 사업(이하 "노인성질환예방사업"이라 한다)을 실시하여야 한다.

② 국가는 노인성질환예방사업을 수행하는 지방자치단체 또는 「국민건강보험법」에 따른 국민건강보험공단(이하 "공단"이라 한다)에 대하여 이에 소요되는 비용을 지원할 수 있다.

③ 국가 및 지방자치단체는 노인인구 및 지역특성 등을 고려하여 장기요양급여가 원활하게 제공될 수 있도록 적정한 수의 장기요양기관을 확충하고 장기요양기관의 설립을 지원하여야 한다.

④ 국가 및 지방자치단체는 국·공립 장기요양기관을 확충하기 위하여 노력하여야 한다.

⑤ 국가 및 지방자치단체는 장기요양급여가 원활히 제공될 수 있도록 공단에 필요한 행정적 또는 재정적 지원을 할 수 있다.

⑥ 국가 및 지방자치단체는 장기요양요원의 처우를 개선하고 복지를 증진하며 지위를 향상시키기 위하여 적극적으로 노력하여야 한다.

15 ①

[상세해설] 노인장기요양보험법 제6조의2(실태조사)

① 보건복지부장관은 장기요양사업의 실태를 파악하기 위하여 3년마다 다음 각 호의 사항에 관한 조사를 정기적으로 실시하고 그 결과를 공표하여야 한다.

노인장기요양보험법 제37조의3(위반사실 등의 공표)

① 보건복지부장관 또는 특별자치시장·특별자치도지사·시장·군수·구청장은 장기요양기관이 거짓으로 재가·시설 급여비용을 청구하였다는 이유로 제37조 또는 제37조의2에 따른 처분이 확정된 경우로서 다음 각 호의 어느 하나에 해당하는 경우에는 위반사실, 처분내용, 장기요양기관의 명칭·주소, 장기요양기관의 장의 성명, 그 밖에 다른 장기요양기관과의 구별에 필요한 사항으로서 대통령령으로 정하는 사항을

공표하여야 한다. 다만, 장기요양기관의 폐업 등으로 공표의 실효성이 없는 경우에는 그러하지 아니하다.

　　2. 거짓으로 청구한 금액이 장기요양급여비용 총액의 100분의 10 이상인 경우

③ 보건복지부장관 또는 특별자치시장·특별자치도지사·시장·군수·구청장은 제1항 및 제2항에 따른 공표 여부 등을 심의하기 위하여 공표심의위원회를 설치·운영할 수 있다.

노인장기요양보험법 제54조(장기요양급여의 관리·평가)

② 공단은 장기요양기관이 장기요양급여의 제공 기준·절차·방법 등에 따라 적정하게 장기요양급여를 제공하였는지 평가를 실시하고 그 결과를 공단의 홈페이지 등에 공표하는 등 필요한 조치를 할 수 있다.

16 ④

[상세해설] 노인장기요양보험법 제7조(장기요양보험)

① 장기요양보험사업은 보건복지부장관이 관장한다.

② 장기요양보험사업의 보험자는 공단으로 한다.

③ 장기요양보험의 가입자(이하 "장기요양보험가입자"라 한다)는 「국민건강보험법」 제5조 및 제109조에 따른 가입자로 한다.

④ 공단은 제3항에도 불구하고 「외국인근로자의 고용 등에 관한 법률」에 따른 외국인근로자 등 대통령령으로 정하는 외국인이 신청하는 경우 보건복지부령으로 정하는 바에 따라 장기요양보험가입자에서 제외할 수 있다.

17 ④

[상세해설] 노인장기요양보험법 제34조(장기요양기관 정보의 안내 등)

① 장기요양기관은 수급자가 장기요양급여를 쉽게 선택하도록 하고 장기요양기관이 제공하는 급여의 질을 보장하기 위하여 장기요양기관별 급여의 내용, 시설·인력 등 현황자료 등을 공단이 운영하는 인터넷 홈페이지에 게시하여야 한다.

② 제1항에 따른 게시 내용, 방법, 절차, 그 밖에 필요한 사항은 보건복지부령으로 정한다.

18 ④

[상세해설] 노인장기요양보험법 제59조(전자문서의 사용)

① 장기요양사업에 관련된 각종 서류의 기록, 관리 및 보관은 보건복지부령으로 정하는 바에 따라 전자문서로 한다.

② 공단 및 장기요양기관은 장기요양기관의 지정신청, 재가·시설 급여비용의 청구 및 지급, 장기요양기관의 재무·회계정보 처리 등에 대하여 전산매체 또는 전자문서교환방식을 이용하여야 한다.

③ 제1항 및 제2항에도 불구하고 정보통신망 및 정보통신서비스 시설이 열악한 지역 등 보건복지부장관이 정하는 지역의 경우 전자문서·전산매체 또는 전자문서교환방식을 이용하지 아니할 수 있다.

19 ①

[상세해설] 노인장기요양보험법 제48조(관리운영기관 등)

① 장기요양사업의 관리운영기관은 공단으로 한다.

② 공단은 다음 각 호의 업무를 관장한다.

　　1. 장기요양보험가입자 및 그 피부양자와 의료급여수급권자의 자격관리

　　2. 장기요양보험료의 부과·징수

　　3. 신청인에 대한 조사

　　4. 등급판정위원회의 운영 및 장기요양등급 판정

　　5. 장기요양인정서의 작성 및 개인별장기요양이용계획서의 제공

　　6. 장기요양급여의 관리 및 평가

　　7. 수급자 및 그 가족에 대한 정보제공·안내·상담 등 장기요양급여 관련 이용지원에 관한 사항

　　8. 재가 및 시설 급여비용의 심사 및 지급과 특별현금급여의 지급

　　9. 장기요양급여 제공내용 확인

　　10. 장기요양사업에 관한 조사·연구, 국제협력 및 홍보

　　11. 노인성질환예방사업

　　12. 이 법에 따른 부당이득금의 부과·징수 등

　　13. 장기요양급여의 제공기준을 개발하고 장기요양급여비용의 적정성을 검토하기 위한 장기요양기관의 설치 및 운영

　　14. 그 밖에 장기요양사업과 관련하여 보건복지부장관이 위탁한 업무

20 ③

[상세해설] 노인장기요양보험법 시행령 제13조의2(특별현금급여수급계좌의 신청 방법 등)

① 특별현금급여를 수급자 명의의 지정된 계좌로 받으려는 사람은 보건복지부령으로 정하는 특별현금급여수급계좌 입금 신청서에 예금통장(계좌번호가 기록되어 있는 면) 사본을 첨부하여 공단에 제출하여야 한다. 특별현금급여수급계좌를 변경하려는 경우에도 또한 같다.

② 공단은 다음 각 호의 어느 하나에 해당하는 경우에는 특별현금급여를 직접 현금으로 지급할 수 있다.

1. 특별현금급여수급계좌가 개설된 금융기관이 폐업, 업무정지 또는 정보통신장애 등으로 인하여 정상 영업을 못하는 경우

2. 수급자가 금융기관을 쉽게 이용할 수 없는 지역에 거주하는 경우

3. 그 밖에 제1호 또는 제2호의 경우에 준하는 불가피한 사유로 특별현금급여를 특별현금급여수급계좌로 이체할 수 없는 경우

법률 연습문제 100제

국민건강보험법

01	02	03	04	05	06	07	08	09	10
①	③	②	①	③	④	②	①	②	④
11	12	13	14	15	16	17	18	19	20
②	③	①	④	②	①	②	④	③	④
21	22	23	24	25	26	27	28	29	30
④	③	④	②	③	②	①	②	③	②
31	32	33	34	35	36	37	38	39	40
②	④	②	①	④	②	③	②	③	④
41	42	43	44	45	46	47	48	49	50
③	③	①	④	③	④	①	③	③	④

01 ①

[상세해설] 국민건강보험법 제3조(정의) 이 법에서 사용하는 용어의 뜻은 다음과 같다.

1. "근로자"란 직업의 종류와 관계없이 근로의 대가로 보수를 받아 생활하는 사람(법인의 이사와 그 밖의 임원을 포함한다)으로서 공무원 및 교직원을 제외한 사람을 말한다.

2. "사용자"란 다음 각 목의 어느 하나에 해당하는 자를 말한다.

　가. 근로자가 소속되어 있는 사업장의 사업주

　나. 공무원이 소속되어 있는 기관의 장으로서 대통령령으로 정하는 사람

　다. 교직원이 소속되어 있는 사립학교(「사립학교교직원 연금법」 제3조에 규정된 사립학교를 말한다. 이하 이 조에서 같다)를 설립·운영하는 자

3. "사업장"이란 사업소나 사무소를 말한다.

5. "교직원"이란 사립학교나 사립학교의 경영기관에서 근무하는 교원과 직원을 말한다.

02 ③

[상세해설] 국민건강보험법 제1조(목적) 이 법은 국민의 질병·부상에 대한 예방·진단·치료·재활과 출산·사망 및 건강증진에 대하여 보험급여를 실시함으로써 국민보

건 향상과 사회보장 증진에 이바지함을 목적으로 한다.

03 ②

[상세해설] 국민건강보험법 제3조의2(국민건강보험종합계획의 수립 등)
① 보건복지부장관은 이 법에 따른 건강보험의 건전한 운영을 위하여 건강보험정책심의위원회의 심의를 거쳐 5년마다 국민건강보험종합계획을 수립하여야 한다.

04 ①

[상세해설] 국민건강보험법 제7조(사업장의 신고) 사업장의 사용자는 다음 각 호의 어느 하나에 해당하게 되면 그때부터 14일 이내에 보건복지부령으로 정하는 바에 따라 보험자에게 신고하여야 한다. 제1호에 해당되어 보험자에게 신고한 내용이 변경된 경우에도 또한 같다.
1. 직장가입자가 되는 근로자·공무원 및 교직원을 사용하는 사업장이 된 경우
2. 휴업·폐업 등 보건복지부령으로 정하는 사유가 발생한 경우

05 ③

[상세해설] 국민건강보험법 제9조(자격의 변동 시기 등)
① 가입자는 다음 각 호의 어느 하나에 해당하게 된 날에 그 자격이 변동된다.
　1. 지역가입자가 적용대상사업장의 사용자로 되거나, 근로자·공무원 또는 교직원으로 사용된 날
　2. 직장가입자가 다른 적용대상사업장의 사용자로 되거나 근로자등으로 사용된 날
　3. 직장가입자인 근로자등이 그 사용관계가 끝난 날의 다음 날
　4. 적용대상사업장에 사유가 발생한 날의 다음 날

06 ④

[상세해설] 국민건강보험법 제10조(자격의 상실 시기 등)
① 가입자는 다음 각 호의 어느 하나에 해당하게 된 날에 그 자격을 잃는다.
　1. 사망한 날의 다음 날
　2. 국적을 잃은 날의 다음 날
　3. 국내에 거주하지 아니하게 된 날의 다음 날

　4. 직장가입자의 피부양자가 된 날
　5. 수급권자가 된 날
　6. 건강보험을 적용받고 있던 사람이 유공자등 의료보호대상자가 되어 건강보험의 적용배제신청을 한 날

07 ②

[오답풀이] 국민건강보험법 제12조(건강보험증)
① 국민건강보험공단은 가입자 또는 피부양자가 신청하는 경우 건강보험증을 발급하여야 한다.
④ 요양기관은 가입자 또는 피부양자에게 요양급여를 실시하는 경우 보건복지부령으로 정하는 바에 따라 건강보험증이나 신분증명서로 본인 여부 및 그 자격을 확인하여야 한다. 다만, 요양기관이 가입자 또는 피부양자의 본인 여부 및 그 자격을 확인하기 곤란한 경우로서 보건복지부령으로 정하는 정당한 사유가 있을 때에는 그러하지 아니하다.
③ 가입자 또는 피부양자는 주민등록증(모바일 주민등록증을 포함한다), 운전면허증, 여권, 그 밖에 보건복지부령으로 정하는 본인 여부를 확인할 수 있는 신분증명서로 요양기관이 그 자격을 확인할 수 있으면 건강보험증을 제출하지 아니할 수 있다.
② 가입자 또는 피부양자가 요양급여를 받을 때에는 건강보험증을 요양기관에 제출하여야 한다. 다만, 천재지변이나 그 밖의 부득이한 사유가 있으면 그러하지 아니하다.

08 ①

[오답풀이] 국민건강보험법 제20조(임원)
① 공단은 임원으로서 이사장 1명, 이사 14명 및 감사 1명을 둔다. 이 경우 이사장, 이사 중 5명 및 감사는 상임으로 한다.
② 이사장은 「공공기관의 운영에 관한 법률」 제29조에 따른 임원추천위원회가 복수로 추천한 사람 중에서 보건복지부장관의 제청으로 대통령이 임명한다.
③ 상임이사는 보건복지부령으로 정하는 추천 절차를 거쳐 이사장이 임명한다.
④ 비상임이사는 보건복지부장관이 임명한다.

09 ②

[상세해설] 국민건강보험법 제20조(임원)

④ 비상임이사는 보건복지부장관이 임명한다.

　1. 노동조합·사용자단체·시민단체·소비자단체·농어업인단체 및 노인단체가 추천하는 각 1명

　2. 대통령령으로 정하는 바에 따라 추천하는 관계 공무원 3명

⑤ 감사는 임원추천위원회가 복수로 추천한 사람 중에서 기획재정부장관의 제청으로 대통령이 임명한다.

⑦ 이사장의 임기는 3년, 이사(공무원인 이사는 제외한다)와 감사의 임기는 각각 2년으로 한다.

10 ④

[오답풀이] 국민건강보험법 제22조(임원의 직무)

① 이사장은 공단을 대표하고 업무를 총괄하며, 임기 중 공단의 경영성과에 대하여 책임을 진다.

② 상임이사는 이사장의 명을 받아 공단의 업무를 집행한다.

③ 이사장이 부득이한 사유로 그 직무를 수행할 수 없을 때에는 정관으로 정하는 바에 따라 상임이사 중 1명이 그 직무를 대행하고, 상임이사가 없거나 그 직무를 대행할 수 없을 때에는 정관으로 정하는 임원이 그 직무를 대행한다.

④ 감사는 공단의 업무, 회계 및 재산 상황을 감사한다.

11 ②

[상세해설] 국민건강보험법 제24조(임원의 당연퇴임 및 해임)

② 임명권자는 임원이 다음 각 호의 어느 하나에 해당하면 그 임원을 해임할 수 있다.

　1. 신체장애나 정신장애로 직무를 수행할 수 없다고 인정되는 경우

　2. 직무상 의무를 위반한 경우

　3. 고의나 중대한 과실로 공단에 손실이 생기게 한 경우

　4. 직무 여부와 관계없이 품위를 손상하는 행위를 한 경우

　5. 이 법에 따른 보건복지부장관의 명령을 위반한 경우

12 ③

[오답풀이] 국민건강보험법 제26조(이사회)

① 공단의 주요 사항을 심의·의결하기 위하여 공단에 이사회를 둔다.

② 이사회는 이사장과 이사로 구성한다.

③ 감사는 이사회에 출석하여 발언할 수 있다.

④ 이사회의 의결 사항 및 운영 등에 필요한 사항은 대통령령으로 정한다.

13 ①

[상세해설] 국민건강보험법 제27조(직원의 임면) 이사장은 정관으로 정하는 바에 따라 직원을 임면(任免)한다.

국민건강보험법 제28조(벌칙 적용 시 공무원 의제) 공단의 임직원은 「형법」 제129조부터 제132조까지의 규정을 적용할 때 공무원으로 본다.

국민건강보험법 제29조(규정 등) 공단의 조직·인사·보수 및 회계에 관한 규정은 이사회의 의결을 거쳐 보건복지부장관의 승인을 받아 정한다.

국민건강보험법 제30조(대리인의 선임) 이사장은 공단 업무에 관한 모든 재판상의 행위 또는 재판 외의 행위를 대행하게 하기 위하여 공단의 이사 또는 직원 중에서 대리인을 선임할 수 있다.

국민건강보험법 제31조(대표권의 제한)

① 이사장은 공단의 이익과 자기의 이익이 상반되는 사항에 대하여는 공단을 대표하지 못한다. 이 경우 감사가 공단을 대표한다.

14 ④

[상세해설] 국민건강보험법 제34조(재정운영위원회의 구성 등)

① 재정운영위원회는 다음 각 호의 위원으로 구성한다.

　1. 직장가입자를 대표하는 위원 10명

　2. 지역가입자를 대표하는 위원 10명

　3. 공익을 대표하는 위원 10명

15 ②

[상세해설] 국민건강보험법 제41조(요양급여)

① 가입자와 피부양자의 질병, 부상, 출산 등에 대하여 다음 각 호의 요양급여를 실시한다.

1. 진찰·검사
2. 약제(藥劑)·치료재료의 지급
3. 처치·수술 및 그 밖의 치료
4. 예방·재활
5. 입원
6. 간호
7. 이송(移送)

16 ①

[상세해설] 국민건강보험법 제41조의5(방문요양급여) 가입자 또는 피부양자가 질병이나 부상으로 거동이 불편한 경우 등 보건복지부령으로 정하는 사유에 해당하는 경우에는 가입자 또는 피부양자를 직접 방문하여 요양급여를 실시할 수 있다.

17 ②

[상세해설] 국민건강보험법 제41조의4(선별급여) ① 요양급여를 결정함에 있어 경제성 또는 치료효과성 등이 불확실하여 그 검증을 위하여 추가적인 근거가 필요하거나, 경제성이 낮아도 가입자와 피부양자의 건강회복에 잠재적 이득이 있는 등 대통령령으로 정하는 경우에는 예비적인 요양급여인 선별급여로 지정하여 실시할 수 있다.

18 ④

[상세해설] 국민건강보험법 제42조(요양기관)
① 요양급여(간호와 이송은 제외한다)는 다음 각 호의 요양기관에서 실시한다. 이 경우 보건복지부장관은 공익이나 국가정책에 비추어 요양기관으로 적합하지 아니한 대통령령으로 정하는 의료기관 등은 요양기관에서 제외할 수 있다.
1. 「의료법」에 따라 개설된 의료기관
2. 「약사법」에 따라 등록된 약국
3. 「약사법」 제91조에 따라 설립된 한국희귀·필수의약품센터
4. 「지역보건법」에 따른 보건소·보건의료원 및 보건지소
5. 「농어촌 등 보건의료를 위한 특별조치법」에 따라 설치된 보건진료소
노인요양시설은 노인복지법, 노인장기요양보험법상의 노인의료복지시설에 포함된다.

19 ③

[상세해설] 농어촌 등 보건의료를 위한 특별조치법 제16조(보건진료 전담공무원의 자격) ① 보건진료 전담공무원은 간호사·조산사 면허를 가진 사람으로서 보건복지부장관이 실시하는 24주 이상의 직무교육을 받은 사람이어야 한다.

20 ④

[상세해설] 국민건강보험법 제47조(요양급여비용의 청구와 지급 등)
① 요양기관은 공단에 요양급여비용의 지급을 청구할 수 있다. 이 경우 요양급여비용에 대한 심사청구는 공단에 대한 요양급여비용의 청구로 본다.
② 요양급여비용을 청구하려는 요양기관은 심사평가원에 요양급여비용의 심사청구를 하여야 하며, 심사청구를 받은 심사평가원은 이를 심사한 후 지체 없이 그 내용을 공단과 요양기관에 알려야 한다.
③ 심사 내용을 통보받은 공단은 지체 없이 그 내용에 따라 요양급여비용을 요양기관에 지급한다. 이 경우 이미 낸 본인일부부담금이 통보된 금액보다 더 많으면 요양기관에 지급할 금액에서 더 많이 낸 금액을 공제하여 해당 가입자에게 지급하여야 한다.
⑤ 공단은 가입자에게 지급하여야 하는 금액을 그 가입자가 내야 하는 보험료와 그 밖에 이 법에 따른 징수금과 상계(相計)할 수 있다.

21 ④

[상세해설] 국민건강보험법 제47조의4(요양급여의 적정성 평가)
① 심사평가원은 요양급여에 대한 의료의 질을 향상시키기 위하여 요양급여의 적정성 평가를 실시할 수 있다.
② 심사평가원은 요양기관의 인력·시설·장비, 환자안전 등 요양급여와 관련된 사항을 포함하여 평가할 수 있다.
③ 심사평가원은 평가 결과를 평가대상 요양기관에 통보하여야 하며, 평가 결과에 따라 요양급여비용을 가산 또는 감산할 경우에는 그 결정사항이 포함된 평가 결과를 가감대상 요양기관 및 공단에 통보하여야 한다.
④ 평가의 기준·범위·절차·방법 등에 필요한 사항은 보건복지부령으로 정한다.

22 ③

[상세해설] 국민건강보험법 시행령 제17조의2(재난적의료비 지원사업에 대한 출연 금액의 상한) 공단이 「재난적의료비 지원에 관한 법률」에 따른 재난적의료비 지원사업에 출연하는 금액의 상한은 전전년도 보험료 수입액의 1천분의 1로 한다.

23 ②

[상세해설] 국민건강보험 요양급여의 기준에 관한 규칙 제1조의2(요양급여 대상의 여부 결정에 관한 원칙) 보건복지부장관은 의학적 타당성, 의료적 중대성, 치료효과성 등 임상적 유용성, 비용효과성, 환자의 비용부담 정도, 사회적 편익 및 건강보험 재정상황 등을 고려하여 요양급여대상의 여부를 결정해야 한다.

24 ③

[오답풀이] 국민건강보험 요양급여의 기준에 관한 규칙 제2조(요양급여의 절차)
① 요양급여는 1단계 요양급여와 2단계 요양급여로 구분하며, 가입자 또는 피부양자(이하 "가입자등"이라 한다)는 1단계 요양급여를 받은 후 2단계 요양급여를 받아야 한다.
② 1단계 요양급여는 상급종합병원을 제외한 요양기관에서 받는 요양급여를 말하며, 2단계 요양급여는 상급종합병원에서 받는 요양급여를 말한다.
③ 제1항 및 제2항의 규정에 불구하고 가입자등이 다음 각호의 1에 해당하는 경우에는 상급종합병원에서 1단계 요양급여를 받을 수 있다.
1. 「응급의료에 관한 법률」 제2조제1호에 해당하는 응급환자인 경우
2. 분만의 경우
3. 치과에서 요양급여를 받는 경우
④ 상급종합병원에서 2단계 요양급여를 받고자 하는 때에는 상급종합병원에서의 요양급여가 필요하다는 의사소견이 기재된 건강진단·건강검진결과서 또는 요양급여의뢰서를 건강보험증 또는 신분증명서와 함께 제출하여야 한다.

25 ②

[오답풀이] 국민건강보험법 시행령 제23조(부가급여)
③ 공단은 제2항 각 호의 어느 하나에 해당하는 사람에게 다음 각 호의 구분에 따른 비용을 결제할 수 있는 임신·출산 진료비 이용권을 발급할 수 있다.
② 임신·출산 진료비 지원 대상은 다음 각 호와 같다.
　2. 2세 미만인 가입자 또는 피부양자의 법정대리인 (출산한 가입자 또는 피부양자가 사망한 경우에 한정한다)
⑧ 임신·출산 진료비의 지급 절차와 방법, 이용권의 발급과 사용 등에 필요한 사항은 보건복지부령으로 정한다.
④ 이용권을 발급받으려는 사람은 보건복지부령으로 정하는 발급 신청서에 사실을 확인할 수 있는 증명서를 첨부해 공단에 제출해야 한다.

26 ②

[상세해설] 국민건강보험법 제52조(건강검진)
① 공단은 가입자와 피부양자에 대하여 질병의 조기 발견과 그에 따른 요양급여를 하기 위하여 건강검진을 실시한다.
② 건강검진의 종류 및 대상은 다음 각 호와 같다.
　1. 일반건강검진: 직장가입자, 세대주인 지역가입자, 20세 이상인 지역가입자 및 20세 이상인 피부양자
　2. 암검진: 「암관리법」 제11조제2항에 따른 암의 종류별 검진주기와 연령 기준 등에 해당하는 사람
　3. 영유아건강검진: 6세 미만의 가입자 및 피부양자

27 ①

[상세해설] 국민건강보험법 제56조의2(요양비등수급계좌)
① 공단은 이 법에 따른 보험급여로 지급되는 현금을 받는 수급자의 신청이 있는 경우에는 요양비등을 수급자 명의의 지정된 계좌로 입금하여야 한다.
② 요양비등수급계좌가 개설된 금융기관은 요양비등수급계좌에 요양비등만이 입금되도록 하고, 이를 관리하여야 한다.
③ 요양비등수급계좌의 신청 방법·절차와 관리에 필요한 사항은 대통령령으로 정한다.

① 공단은 이 법에 따른 보험급여로 지급되는 현금을 받는 수급자의 신청이 있는 경우에는 요양비등을 수급자 명의의 지정된 계좌로 입금하여야 한다. 다만, 정보통신장애나 그 밖에 대통령령으로 정하는 불가피한 사유로 요양비등수급계좌로 이체할 수 없을 때에는 직접 현금으로 지급하는 등 대통령령으로 정하는 바에 따라 요양비등을 지급할 수 있다.

28 ②

[상세해설] 국민건강보험법 제63조(업무 등)
① 심사평가원은 다음 각 호의 업무를 관장한다.
  1. 요양급여비용의 심사
  2. 요양급여의 적정성 평가
  3. 심사기준 및 평가기준의 개발
  4. 제1호부터 제3호까지의 규정에 따른 업무와 관련된 조사연구 및 국제협력
  5. 다른 법률에 따라 지급되는 급여비용의 심사 또는 의료의 적정성 평가에 관하여 위탁받은 업무
  6. 그 밖에 이 법 또는 다른 법령에 따라 위탁받은 업무
  7. 건강보험과 관련하여 보건복지부장관이 필요하다고 인정한 업무
  8. 그 밖에 보험급여 비용의 심사와 보험급여의 적정성 평가와 관련하여 대통령령으로 정하는 업무
국민건강보험법 제4조(건강보험정책심의위원회)
① 건강보험정책에 관한 다음 각 호의 사항을 심의·의결하기 위하여 보건복지부장관 소속으로 건강보험정책심의위원회를 둔다.
  2. 요양급여의 기준
  3. 요양급여비용에 관한 사항

29 ③

[오답풀이] 국민건강보험법 제65조(임원) ① 심사평가원에 임원으로서 원장, 이사 15명 및 감사 1명을 둔다. 이 경우 원장, 이사 중 4명 및 감사는 상임으로 한다.
② 원장은 임원추천위원회가 복수로 추천한 사람 중에서 보건복지부장관의 제청으로 대통령이 임명한다.
③ 상임이사는 보건복지부령으로 정하는 추천 절차를 거쳐 원장이 임명한다.
⑤ 감사는 임원추천위원회가 복수로 추천한 사람 중에서 기획재정부장관의 제청으로 대통령이 임명한다.

30 ②

[상세해설] 국민건강보험법 제66조(진료심사평가위원회)
① 심사평가원의 업무를 효율적으로 수행하기 위하여 심사평가원에 진료심사평가위원회를 둔다.
② 심사위원회는 위원장을 포함하여 90명 이내의 상근 심사위원과 1천명 이내의 비상근 심사위원으로 구성하며, 진료과목별 분과위원회를 둘 수 있다.
③ 상근 심사위원은 심사평가원의 원장이 보건복지부령으로 정하는 사람 중에서 임명한다.
④ 비상근 심사위원은 심사평가원의 원장이 보건복지부령으로 정하는 사람 중에서 위촉한다.

31 ②

[상세해설] 국민건강보험법 제66조(진료심사평가위원회)
⑤ 심사평가원의 원장은 심사위원이 다음 각 호의 어느 하나에 해당하면 그 심사위원을 해임 또는 해촉할 수 있다.
  1. 신체장애나 정신장애로 직무를 수행할 수 없다고 인정되는 경우
  2. 직무상 의무를 위반하거나 직무를 게을리한 경우
  3. 고의나 중대한 과실로 심사평가원에 손실이 생기게 한 경우
  4. 직무 여부와 관계없이 품위를 손상하는 행위를 한 경우

32 ④

[상세해설] 국민건강보험법 시행규칙 제38조(부담금 등)
① 부담금은 보건복지부장관이 승인한 심사평가원의 예산에 계상(計上)된 금액으로 하되, 공단의 전전년도 보험료 수입의 1천분의 30을 넘을 수 없다.
② 수수료는 심사평가원 원장이 업무를 위탁한 자와 계약으로 정하는 금액으로 하되, 의료급여비용 심사에 관한 비용은 보건복지부장관이 정하는 바에 따른다.
③ 심사평가원은 부담금이 회계연도가 시작되기 전까지 확정되지 아니한 경우에는 전년도 부담금에 준하여 해당 연도 부담금을 징수하고 부담금 확정 후 정산한다.
④ 심사평가원은 부담금을 분기별로 징수하고, 수수료는 월별로 징수한다.

33 ①

[오답풀이] 국민건강보험법 제73조(보험료율 등)

② 국외에서 업무에 종사하고 있는 직장가입자에 대한 보험료율은 제1항에 따라 정해진 보험료율의 100분의 50으로 한다.

국민건강보험법 제71조(소득월액)

① 직장가입자의 보수 외 소득월액은 보수월액의 산정에 포함된 보수를 제외한 직장가입자의 소득이 대통령령으로 정하는 금액을 초과하는 경우 보건복지부령으로 정하는 바에 따라 평가하여 산정한다.

② 지역가입자의 소득월액은 지역가입자의 연간 소득을 12개월로 나눈 값을 보건복지부령으로 정하는 바에 따라 평가하여 산정한다.

③ 소득의 구체적인 범위, 소득월액을 산정하는 기준, 방법 등 소득월액의 산정에 필요한 사항은 대통령령으로 정한다.

34 ①

[상세해설] 국민건강보험법 제81조의4(보험료의 납부증명)

① 보험료의 납부의무자는 국가, 지방자치단체 또는 「공공기관의 운영에 관한 법률」 제4조에 따른 공공기관으로부터 공사·제조·구매·용역 등 대통령령으로 정하는 계약의 대가를 지급받는 경우에는 보험료와 그에 따른 연체금 및 체납처분비의 납부사실을 증명하여야 한다.

35 ③

[상세해설] 국민건강보험법 시행규칙 제51조(연체금 징수의 예외) 법 제80조제3항에서 "보건복지부령으로 정하는 부득이한 사유"란 다음 각 호의 어느 하나에 해당하는 경우를 말한다.

1. 전쟁 또는 사변으로 인하여 체납한 경우
2. 연체금의 금액이 공단의 정관으로 정하는 금액 이하인 경우
3. 사업장 또는 사립학교의 폐업·폐쇄 또는 폐교로 체납액을 징수할 수 없는 경우
4. 화재로 피해가 발생해 체납한 경우
5. 그 밖에 보건복지부장관이 연체금을 징수하기 곤란한 부득이한 사유가 있다고 인정하는 경우

36 ④

[상세해설] 국민건강보험법 시행령 제55조(이의신청위원회의 운영)

① 이의신청위원회의 위원장은 이의신청위원회 회의를 소집하고, 그 의장이 된다. 이 경우 위원장이 부득이한 사유로 직무를 수행할 수 없을 때에는 위원장이 지명하는 위원이 그 직무를 대행한다.

② 이의신청위원회의 회의는 위원장과 위원장이 회의마다 지명하는 6명의 위원으로 구성한다.

③ 이의신청위원회의 회의는 구성원 과반수의 출석으로 개의하고, 출석위원 과반수의 찬성으로 의결한다.

⑤ 이의신청위원회의 회의에 부치는 안건의 범위, 그 밖에 이의신청위원회의 운영에 필요한 사항은 이의신청위원회의 의결을 거쳐 위원장이 정한다.

37 ②

[상세해설] 국민건강보험법 시행령 제33조(보수에 포함되는 금품 등)

① 법 제70조제3항 전단에서 "대통령령으로 정하는 것"이란 근로의 대가로 받은 봉급, 급료, 보수, 세비(歲費), 임금, 상여, 수당, 그 밖에 이와 유사한 성질의 금품으로서 다음 각 호의 것을 제외한 것을 말한다.

1. 퇴직금
2. 현상금, 번역료 및 원고료
3. 「소득세법」에 따른 비과세근로소득. 다만, 「소득세법」 제12조제3호차목·파목 및 거목에 따라 비과세되는 소득은 제외한다.

38 ③

[상세해설] 국민건강보험법 시행령 제46조의5(보험료등의 체납처분 전 통보 예외) 법 제81조제4항 단서에서 "대통령령으로 정하는 경우"란 보험료등을 체납한 자가 다음 각 호의 어느 하나에 해당하는 경우를 말한다.

1. 국세의 체납으로 체납처분을 받는 경우
2. 지방세 또는 공과금(「국세기본법」 제2조제8호 또는 「지방세기본법」 제2조제1항제26호에 따른 공과금을 말한다. 이하 같다)의 체납으로 체납처분을 받는 경우
3. 강제집행을 받는 경우
4. 「어음법」 및 「수표법」에 따른 어음교환소에서 거래정지처분을 받는 경우

5. 경매가 시작된 경우
6. 법인이 해산한 경우
7. 재산의 은닉·탈루, 거짓 계약이나 그 밖의 부정한 방법으로 체납처분의 집행을 면하려는 행위가 있다고 인정되는 경우

39 ②

[상세해설] 국민건강보험공단 시행령 제47조의2(체납 또는 결손처분 자료의 제공절차)

② 공단은 법 제81조의3제1항에 따라 「신용정보의 이용 및 보호에 관한 법률」 제25조제2항제1호의 종합신용정보집중기관(이하 "신용정보집중기관"이라 한다)에 체납등 자료(법 제81조의3제1항 각 호 외의 부분 본문에 따른 체납등 자료를 말한다. 이하 이 조에서 같다)를 제공할 때에는 문서로 제공하거나 <u>정보통신망을 이용하여 전자적인 형태의 파일(자기테이프, 자기디스크, 그 밖에 이와 유사한 매체에 체납등 자료가 기록·보관된 것을 말한다)</u>로 제공할 수 있다.

③ 공단은 제2항에 따라 체납등 자료를 제공한 후 체납액의 납부, 결손처분의 취소 등의 사유가 발생한 경우에는 해당 사실을 그 사유가 발생한 날부터 15일 이내에 해당 체납등 자료를 제공한 신용정보집중기관에 알려야 한다.

④ 제2항 및 제3항에서 규정한 사항 외에 체납등 자료의 제공에 필요한 사항은 공단이 정한다.

40 ④

[상세해설] 국민건강보험법 시행령 제51조(과오납금의 충당 순서)

① 공단은 법 제86조제1항에 따라 같은 항에 따른 과오납금(이하 "과오납금"이라 한다)을 다음 각 호의 구분에 따라 각 목의 순서대로 충당해야 한다.
  1. 보험료와 그에 따른 연체금을 과오납부(過誤納付)한 경우
    가. 체납처분비
    나. 체납된 보험료와 그에 따른 연체금
    다. 앞으로 내야 할 1개월분의 보험료(납부의무자가 동의한 경우만 해당한다)

41 ③

[상세해설] 국민건강보험법 시행령 제60조(심판청구 결정의 통지) 분쟁조정위원회의 위원장은 심판청구에 대하여 결정을 하였을 때에는 다음 각 호의 사항을 적은 결정서에 서명 또는 기명날인하여 지체 없이 청구인에게는 결정서의 정본을 보내고, 처분을 한 자 및 이해관계인에게는 그 사본을 보내야 한다.
1. 청구인의 성명·주민등록번호 및 주소
2. <u>처분을 한 자</u>
3. 결정의 주문(主文)
4. 심판청구의 취지
5. 결정 이유
6. 결정 연월일

42 ③

[상세해설] 국민건강보험법 시행령 제43조(지역가입자의 세대 분리) 공단은 지역가입자가 다음 각 호의 어느 하나의 사람에 해당하는 경우에는 그 가입자를 해당 세대에서 분리하여 별도 세대로 구성할 수 있다.
1. 해당 세대와 가계단위 및 생계를 <u>달리하여</u> 공단에 세대 분리를 신청한 사람
2. 희귀난치성질환자등으로서 본인부담액을 경감받는 사람
3. 「병역법」 제21조 또는 제26조에 따라 소집되어 <u>상근예비역</u> 또는 사회복무요원으로 복무하는 사람
4. 「대체역의 편입 및 복무 등에 관한 법률」 제17조에 따라 소집되어 대체복무요원으로 복무하는 사람

43 ①

[상세해설] 국민건강보험법 시행령 제45조(보험료 경감 대상지역) 법 제75조제1항제1호에서 "섬·벽지(僻地)·농어촌 등 대통령령으로 정하는 지역"이란 다음 각 호의 어느 하나에 해당하는 지역을 말한다.
1. 요양기관까지의 거리가 멀거나 대중교통으로 이동하는 시간이 오래 걸리는 지역으로서 보건복지부장관이 정하여 고시하는 섬·벽지 지역
2. 다음 각 목의 어느 하나에 해당하는 농어촌지역
    가. 군 및 도농복합 형태 시의 읍·면 지역
    나. 「지방자치법」 제2조제1항제2호에 따른 시와 군의

지역 중 동(洞) 지역으로서 「국토의 계획 및 이용에 관한 법률」 제36조제1항제1호에 따라 지정된 주거지역·상업지역 및 공업지역을 제외한 지역

다. 「농어촌주민의 보건복지 증진을 위한 특별법」 제33조에 해당하는 지역

3. 요양기관의 이용이 제한되는 근무지의 특성을 고려하여 보건복지부장관이 인정하는 지역

44 ②

[상세해설] 국민건강보험법 시행령 제68조(소득 축소·탈루 자료의 송부 절차)

① 공단은 법 제95조제1항에 따라 다음 각 호의 어느 하나에 해당하는 경우에는 소득축소탈루심사위원회의 심사를 거쳐 관련 자료를 보건복지부장관에게 제출하고 국세청장에게 송부하여야 한다.

1. 법 제94조제1항에 따라 사용자, 직장가입자 및 세대주가 신고한 보수 또는 소득 등(이하 "소득등"이라 한다)이 다음 각 목의 어느 하나에 해당하는 경우

가. 국세청에 신고한 소득등과 차이가 있는 경우

나. 해당 업종·직종별 평균 소득등보다 낮은 경우

다. 임금대장이나 그 밖의 소득 관련 서류 또는 장부 등의 내용과 다른 경우

2. 다음 각 목의 어느 하나에 해당하는 경우로서 소득등의 축소 또는 탈루가 있다고 인정되는 경우

가. 법 제94조제1항에 따른 자료 제출을 하지 아니하거나 3개월 이상 늦게 제출한 경우

45 ③

[상세해설] 1. 속임수나 그 밖의 부당한 방법으로 보험급여를 받은 사람을 신고한 경우

징수금	포상금
1만 원 이상 1천만 원 이하	징수금×20/100
1천만 원 초과 2천만 원 이하	200만 원+[(징수금−1천만 원)×15/100]
2천만 원 초과	350만 원+[(징수금−2천만 원)×10/100] 다만, 500만 원을 넘는 경우에는 500만 원으로 한다.

46 ④

[오답풀이] 국민건강보험법 시행령 [별표 7]

1. 일반기준

가. 위반행위의 횟수에 따른 과태료의 부과기준은 최근 1년간 같은 위반행위로 과태료 부과 처분을 받은 경우에 적용한다.

나. 가중된 부과처분을 하는 경우 가중처분의 적용 차수는 그 위반행위 전 부과처분 차수의 다음 차수로 한다.

다. 보건복지부장관은 위반행위가 사소한 부주의나 오류로 인한 것으로 인정되는 경우 과태료 금액의 2분의 1 범위에서 그 금액을 줄일 수 있다.

2. 개별기준

나. 정당한 사유 없이 건강보험증이나 신분증명서로 가입자 또는 피부양자의 본인 여부 및 그 자격을 확인하지 아니하고 요양급여를 실시한 경우

47 ①

[오답풀이] 국민건강보험법 제100조(위반사실의 공표)

① 보건복지부장관은 관련 서류의 위조·변조로 요양급여비용을 거짓으로 청구하여 행정처분을 받은 요양기관이 다음 각 호의 어느 하나에 해당하면 그 위반 행위, 처분 내용, 해당 요양기관의 명칭·주소 및 대표자 성명, 그 밖에 다른 요양기관과의 구별에 필요한 사항으로서 대통령령으로 정하는 사항을 공표할 수 있다.

1. 거짓으로 청구한 금액이 1천 500만 원 이상인 경우

2. 요양급여비용 총액 중 거짓으로 청구한 금액의 비율이 100분의 20 이상인 경우

③ 보건복지부장관은 공표심의위원회의 심의를 거친 공표대상자에게 공표대상자인 사실을 알려 소명자료를 제출하거나 출석하여 의견을 진술할 기회를 주어야 한다.

48 ③

[상세해설] 장려금의 지급에 관한 기준 [보건복지부고시 제2022-18호]

제2조(정의) 이 고시에서 사용하는 용어의 뜻은 다음과 같다.

2. "약가차액"이란 약사가 대체조제한 의약품의 구입약가가 처방의약품의 상한금액보다 저렴하여 발생한 가격의 차액을 말한다.

3. "구입약가"란 「약제 및 치료재료의 비용에 대한 결정기준」에서 정한 요양급여에 사용된 약제의 구입금액을 말한다.

6. "실제약품비"란 사업대상기간의 원내·원외처방 약품비를 말한다.

7. "대체조제 장려금"이란 대체조제를 하여 약가차액이 발생한 약국에 지급하는 장려금을 말한다.

8. "사용장려금"이란 사용장려금 지급대상 약제를 처방한 요양기관에 지급하는 장려금을 말한다.

49 ③

[상세해설] 국민건강보험법 제115조(벌칙)
① 가입자 및 피부양자의 개인정보를 누설하거나 직무상 목적 외의 용도로 이용 또는 정당한 사유 없이 제3자에게 제공한 자는 5년 이하의 징역 또는 5천만 원 이하의 벌금에 처한다.
② 다음 각 호의 어느 하나에 해당하는 자는 3년 이하의 징역 또는 3천만 원 이하의 벌금에 처한다.
  1. 대행청구단체의 종사자로서 거짓이나 그 밖의 부정한 방법으로 요양급여비용을 청구한 자
  2. 업무를 수행하면서 알게 된 정보를 누설하거나 직무상 목적 외의 용도로 이용 또는 제3자에게 제공한 자
③ 공동이용하는 전산정보자료를 목적 외의 용도로 이용하거나 활용한 자는 3년 이하의 징역 또는 1천만 원 이하의 벌금에 처한다.

50 ④

[오답풀이] ④ 임의계속가입자의 신청 방법·절차 등에 필요한 사항은 보건복지부령으로 정한다.

노인장기요양보험법

01	02	03	04	05	06	07	08	09	10
③	①	①	④	②	④	②	①	②	①
11	12	13	14	15	16	17	18	19	20
④	④	①	①	①	①	④	④	④	①
21	22	23	24	25	26	27	28	29	30
④	②	④	④	②	③	④	③	③	③
31	32	33	34	35	36	37	38	39	40
④	④	④	④	②	④	②	②	④	①
41	42	43	44	45	46	47	48	49	50
③	②	③	②	④	④	④	③	②	③

01 ③

[오답풀이] 노인장기요양보험법 시행규칙 제4조(의사소견서 발급비용 등)
② 신청인이 발급의뢰서를 통하여 의사소견서를 발급받는 경우 그 발급비용은 다음 각 호와 같이 부담한다.
  1. 65세 이상의 노인이나 65세 미만의 자로서 노인성 질병을 가진 자: 100분의 20은 본인이, 100분의 80은 공단이 부담한다.

02 ①

[상세해설] 노인장기요양보험법 제42조(보고 및 검사)
① 법 제61조제1항 각 호 외의 부분에서 "그 밖에 보건복지부령으로 정하는 사항"이란 다음 각 호의 사항을 말한다.
  1. 장기요양급여를 받은 내용
  2. 장기요양급여 이용계약에 관한 내용
  3. 장기요양급여비용에 대한 명세서
② 법 제61조제4항에서 "보건복지부령으로 정하는 사항이 기재된 서류"란 다음 각 호의 사항이 기재된 현장조사서를 말한다.
  1. 조사기간
  2. 조사범위
  3. 조사담당자
  4. 관계법령
  5. 제출자료
  6. 그 밖에 해당 현장조사와 관련하여 필요한 사항

03 ①

[상세해설] 노인장기요양보험법 시행규칙 제36조(방문간
호지시서 발급비용 등)

② 방문간호지시서를 발급받는 경우 그 발급비용은 다음
각 호의 구분에 따라 부담한다.

1. 「의료급여법」 제3조제1항제1호에 따른 의료급여를
받는 사람: 지방자치단체가 부담한다.

2. 「의료급여법」 제3조제1항제1호 외의 규정에 따른
의료급여를 받는 사람: 100분의 10은 본인이,
100분의 90은 국가와 지방자치단체가 부담한다.

3. 소득·재산 등이 보건복지부장관이 정하여 고시하
는 일정 금액 이하인 자와 제34조에 따른 생계곤
란자: 100분의 10은 본인이, 100분의 90은 공단
이 부담한다.

4. 제1호부터 제3호까지의 수급자 외의 수급자:
100분의 20은 본인이, 100분의 80은 공단이 부담
한다.

04 ④

[상세해설] 노인장기요양보험법 시행령 제7조(등급판정기
준 등)

① 법 제15조제2항에 따른 등급판정기준은 다음 각 호와
같다.

1. 장기요양 1등급: 심신의 기능상태 장애로 일상생
활에서 전적으로 다른 사람의 도움이 필요한 자로
서 장기요양인정 점수가 95점 이상인 자

3. 장기요양 3등급: 심신의 기능상태 장애로 일상생
활에서 부분적으로 다른 사람의 도움이 필요한 자
로서 장기요양인정 점수가 60점 이상 75점 미만인
자

5. 장기요양 5등급 : 치매(제2조에 따른 노인성 질병
에 해당하는 치매로 한정한다)환자로서 장기요양
인정 점수가 45점 이상 51점 미만인 자

6. 장기요양 인지지원등급 : 치매(제2조에 따른 노인
성 질병에 해당하는 치매로 한정한다)환자로서 장
기요양인정 점수가 45점 미만인 자

05 ②

[오답풀이] 노인장기요양보험법 시행규칙 제37조(등급판
정위원회 소위원회 구성 및 운영)

① 영 제21조제3항에 따른 소위원회는 위원장 1명을 포함
하여 7명의 위원으로 구성하며, 등급판정위원회의 위
원 중에서 등급판정위원회의 의결을 거쳐 구성한다.

② 소위원회는 의사 또는 한의사가 1명 이상 포함되어야
한다.

③ 소위원회는 구성원 과반수의 출석으로 개의하고 구성
원 과반수의 찬성으로 의결한다.

④ 이 규칙에서 정한 것 외에 소위원회 운영에 필요한 사
항은 위원회의 의결을 거쳐 위원장이 정한다.

06 ④

[상세해설] 노인장기요양보험법 제47조의2(장기요양요원
지원센터의 설치 등)

① 국가와 지방자치단체는 장기요양요원의 권리를 보호
하기 위하여 장기요양요원지원센터를 설치·운영할
수 있다.

② 장기요양요원지원센터는 다음 각 호의 업무를 수행한다.

1. 장기요양요원의 권리 침해에 관한 상담 및 지원

2. 장기요양요원의 역량강화를 위한 교육지원

3. 장기요양요원에 대한 건강검진 등 건강관리를 위
한 사업

4. 그 밖에 장기요양요원의 업무 등에 필요하여 대통
령령으로 정하는 사항

③ 장기요양요원지원센터의 설치·운영 등에 필요한 사
항은 보건복지부령으로 정하는 바에 따라 해당 지방
자치단체의 조례로 정한다.

07 ②

[상세해설] 노인장기요양보험법 제6조(장기요양기본계획)

① 보건복지부장관은 노인등에 대한 장기요양급여를 원
활하게 제공하기 위하여 5년 단위로 다음 각 호의 사
항이 포함된 장기요양기본계획을 수립·시행하여야
한다.

1. 연도별 장기요양급여 대상인원 및 재원조달 계획

2. 연도별 장기요양기관 및 장기요양전문인력 관리
방안

3. 장기요양요원의 처우에 관한 사항

4. 그 밖에 노인등의 장기요양에 관한 사항으로서 대
통령령으로 정하는 사항

노인장기요양보험법 제6조의2(실태조사)

① 보건복지부장관은 장기요양사업의 실태를 파악하기 위하여 3년마다 다음 각 호의 사항에 관한 조사를 정기적으로 실시하고 그 결과를 공표하여야 한다.

1. 장기요양인정에 관한 사항

08 ①

[상세해설] 장기요양기관에 대한 업무정지명령에 갈음한 과징금 적용기준

2. 그 밖에 특별한 사유가 있다고 인정되는 경우

가. 지방자치단체장이나 국민건강보험공단이 직접 또는 민간에 위탁하여 운영하는 장기요양기관인 경우

나. 해당 장기요양기관에서 최초로 적발된 위반행위로서 업무정지기간이 30일 이하에 해당하는 경우

다. 장기요양기관의 폐업 또는 법인이 개설한 장기요양기관의 대표자 인격 변경 등으로 인하여 업무정지명령이 제재수단으로서 실효성이 없어 과징금 처분이 타당하다고 판단되는 경우

라. 2인 이상이 공동으로 개설한 장기요양기관 중에서 조사 대상기간 동안에 개설자 및 개설기간을 달리하는 등으로 인하여 각 개설자별 및 각 개설기간별로 부당금액이나 업무정지기간을 구분하여 산출하기 어려운 경우

09 ②

[상세해설] 국민건강보험법 시행령 제75조(포상금의 지급기준 등)

④ 공단은 포상금 지급 신청을 받은 날부터 1개월 이내에 신고인에게 별표 6의 포상금 지급 기준에 따른 포상금을 지급하여야 한다.

1. 속임수나 그 밖의 부당한 방법으로 보험급여를 받은 사람을 신고한 경우

징수금	포상금
1만 원 이상 1천만 원 이하	징수금×20÷100
1천만 원 초과 2천만 원 이하	200만 원+[(징수금−1천만 원)×15÷100]
2천만 원 초과	350만 원+[(징수금−2천만 원)×10÷100]

10 ①

[상세해설] 노인장기요양보험법 시행규칙 제28조의2(장기요양급여 제공 자료의 이관 등)

① 법 제36조제6항에 따라 장기요양기관의 장은 보존기간 중인 제27조제4항 각 호의 자료(제2호의 자료는 제외한다)를 폐업·휴업하는 경우에는 폐업일·휴업일까지, 지정 갱신을 하지 않는 경우에는 지정 유효기간 만료일까지 별지 제36호서식의 신청서, 장기요양급여 제공자료 이관 목록표 및 장기요양급여 제공자료 분실 및 훼손 목록표와 함께 공단에 이관해야 한다.

② 법 제36조제6항 단서에 따라 장기요양기관급여 제공자료를 직접 보관하려는 장기요양기관의 장은 별지 제36호서식의 자체보관 신청서를 휴업 예정일 전까지 공단에 제출해야 한다.

③ 공단은 제1항에 따른 신청서를 접수하는 때에는 이관 사실을 증명하는 접수증을 신청인에게 교부하여야 하고, 제2항에 따른 자체보관 신청서를 접수한 때에는 자체보관계획 등을 검토하여 자체보관을 허가할 수 있다.

노인장기요양보험법 제36조(장기요양기관의 폐업 등의 신고 등)

⑥ 장기요양기관의 장은 폐업·휴업 신고를 할 때 또는 장기요양기관의 지정 갱신을 하지 아니하여 유효기간이 만료될 때 보건복지부령으로 정하는 바에 따라 장기요양급여 제공 자료를 공단으로 이관하여야 한다. 다만, 휴업 신고를 하는 장기요양기관의 장이 휴업 예정일 전까지 공단의 허가를 받은 경우에는 장기요양급여 제공 자료를 직접 보관할 수 있다.

11 ④

[상세해설] 노인장기요양보험법 시행규칙 제27조(장기요양급여비용 명세서 및 자료의 기록·관리) ④ 장기요양기관의 장은 법 제35조제4항 및 제59조에 따라 다음 각 호의 장기요양급여 제공에 관한 자료를 문서 또는 전자문서로 기록·관리하고, 이를 장기요양급여가 종료된 날로부터 5년간 보존하여야 한다.

1. 장기요양 급여계약에 관한 서류
2. 장기요양급여비용 청구서 및 장기요양급여비용 청구명세서
3. 장기요양급여제공기록지 등 장기요양급여비용의

산정에 필요한 서류 및 이를 증명하는 서류
4. 방문간호지시서
5. 장기요양급여비용 명세서 부본

12 ④

[상세해설] 노인장기요양보험법 제3조(장기요양급여 제공의 기본원칙)

① 장기요양급여는 노인등이 자신의 의사와 능력에 따라 최대한 자립적으로 일상생활을 수행할 수 있도록 제공하여야 한다.

② 장기요양급여는 노인등의 심신상태·생활환경과 노인등 및 그 가족의 욕구·선택을 종합적으로 고려하여 필요한 범위 안에서 이를 적정하게 제공하여야 한다.

③ 장기요양급여는 노인등이 가족과 함께 생활하면서 가정에서 장기요양을 받는 재가급여를 우선적으로 제공하여야 한다.

④ 장기요양급여는 노인등의 심신상태나 건강 등이 악화되지 아니하도록 <u>의료서비스</u>와 연계하여 이를 제공하여야 한다.

13 ①

[상세해설] 노인장기요양보험법 시행규칙 제11조(단기보호 급여기간)

① 법 제23조제1항제1호마목에 따른 단기보호 급여를 받을 수 있는 기간은 월 9일 이내로 한다. 다만, 가족의 여행, 병원치료 등의 사유로 수급자를 돌볼 가족이 없는 경우 등 보건복지부장관이 정하여 고시하는 사유에 해당하는 경우에는 1회 9일 이내의 범위에서 연간 4회까지 연장할 수 있다.

② 제1항에도 불구하고 2017년 12월 31일 이전에 지정을 받은 장기요양기관 또는 설치 신고를 한 재가장기요양기관에서 단기보호 급여를 받는 경우에는 단기보호 급여를 받을 수 있는 기간을 월 15일 이내로 한다. 다만, 제1항 단서의 사유에 해당하는 경우에는 1회 15일 이내의 범위에서 연간 2회까지 그 기간을 연장할 수 있다.

노인장기요양보험법 제23조(장기요양급여의 종류)

① 이 법에 따른 장기요양급여의 종류는 다음 각 호와 같다.
  마. 단기보호: 수급자를 보건복지부령으로 정하는 범위 안에서 일정 기간 동안 장기요양기관에 보호하여

신체활동 지원 및 심신기능의 유지·향상을 위한 교육·훈련 등을 제공하는 장기요양급여

14 ①

[상세해설] 노인장기요양보험법 제4조(국가 및 지방자치단체의 책무 등)

① 국가 및 지방자치단체는 노인이 일상생활을 혼자서 수행할 수 있는 온전한 심신상태를 유지하는데 필요한 사업(이하 "노인성질환예방사업"이라 한다)을 실시하여야 한다.

② 국가는 노인성질환예방사업을 수행하는 지방자치단체 또는 「국민건강보험법」에 따른 국민건강보험공단(이하 "공단"이라 한다)에 대하여 이에 소요되는 비용을 지원할 수 있다.

③ 국가 및 지방자치단체는 노인인구 및 지역특성 등을 고려하여 장기요양급여가 원활하게 제공될 수 있도록 적정한 수의 장기요양기관을 확충하고 장기요양기관의 설립을 지원하여야 한다.

④ <u>국가 및 지방자치단체는 국·공립 장기요양기관을 확충하기 위하여 노력하여야 한다.</u>

⑤ 국가 및 지방자치단체는 장기요양급여가 원활히 제공될 수 있도록 공단에 필요한 행정적 또는 재정적 지원을 할 수 있다.

⑥ 국가 및 지방자치단체는 장기요양요원의 처우를 개선하고 복지를 증진하며 지위를 향상시키기 위하여 적극적으로 노력하여야 한다.

⑦ 국가 및 지방자치단체는 지역의 특성에 맞는 장기요양사업의 표준을 개발·보급할 수 있다.

15 ①

[상세해설] 노인장기요양보험법 제69조(과태료)

② 다음 각 호의 어느 하나에 해당하는 자에게는 <u>300만원 이하의 과태료</u>를 부과한다.
  1. <u>폐쇄회로 텔레비전을 설치하지 아니하거나 설치·관리의무를 위반한 자</u>
  2. 열람 요청에 응하지 아니한 자

16 ①

[상세해설] 노인장기요양보험법 제8조(장기요양보험료의 징수)

③ 공단은 제2항에 따라 통합 징수한 장기요양보험료와 건강보험료를 각각의 독립회계로 관리하여야 한다.

노인장기요양보험법 제9조(장기요양보험료의 산정)

① 장기요양보험료는 「국민건강보험법」 제69조제4항·제5항 및 제109조제9항 단서에 따라 산정한 보험료액에서 같은 법 제74조 또는 제75조에 따라 경감 또는 면제되는 비용을 공제한 금액에 같은 법 제73조제1항에 따른 건강보험료율 대비 장기요양보험료율의 비율을 곱하여 산정한 금액으로 한다.

② 제1항에 따른 장기요양보험료율은 제45조에 따른 장기요양위원회의 심의를 거쳐 대통령령으로 정한다.

③ 제1항에도 불구하고 장기요양보험의 특성을 고려하여 「국민건강보험법」 제74조 또는 제75조에 따라 경감 또는 면제되는 비용을 달리 적용할 필요가 있는 경우에는 대통령령으로 정하는 바에 따라 경감 또는 면제되는 비용의 공제 수준을 달리 정할 수 있다.

17 ④

[상세해설] 노인장기요양보험법 시행령 제21조의2(등급판정위원회 위원의 제척·기피·회피)

① 등급판정위원회 위원이 다음 각 호의 어느 하나에 해당하는 경우에는 해당 안건의 심의·의결에서 제척된다.

1. 위원 또는 그 배우자나 배우자였던 사람이 해당 안건의 당사자이거나 그 안건의 당사자와 공동권리자 또는 공동의무자인 경우
2. 위원이 해당 안건의 당사자와 친족이거나 친족이었던 경우
3. 위원이 해당 안건에 대하여 증언, 진술, 자문, 연구, 용역 또는 감정을 한 경우
4. 위원이나 위원이 속한 법인이 해당 안건의 당사자의 대리인이거나 대리인이었던 경우

18 ④

[상세해설] 노인장기요양보험법 시행규칙 제16조(장기요양급여 계약 등)

② 장기요양기관은 계약을 체결할 때에는 장기요양급여를 받으려는 수급자의 본인 여부, 장기요양등급, 장기요양인정 유효기간, 장기요양급여의 종류 및 내용, 개인별장기요양이용계획서, 본인부담금 감경여부 등을 확인해야 한다.

19 ④

[상세해설] 노인장기요양보험법 시행규칙 제44조(규제의 재검토) 보건복지부장관은 다음 각 호의 사항에 대하여 다음 각 호의 기준일을 기준으로 3년마다(매 3년이 되는 해의 기준일과 같은 날 전까지를 말한다) 그 타당성을 검토하여 개선 등의 조치를 해야 한다.

1. 보수교육: 2024년 1월 1일
2. 폐쇄회로 텔레비전의 설치·관리 기준: 2023년 6월 22일
3. 인권교육: 2022년 1월 1일

20 ①

[상세해설] 노인장기요양보험법 제24조(가족요양비)

① 공단은 다음 각 호의 어느 하나에 해당하는 수급자가 가족 등으로부터 방문요양에 상당한 장기요양급여를 받은 때 대통령령으로 정하는 기준에 따라 해당 수급자에게 가족요양비를 지급할 수 있다.

1. 도서·벽지 등 장기요양기관이 현저히 부족한 지역으로서 보건복지부장관이 정하여 고시하는 지역에 거주하는 자
2. 천재지변이나 그 밖에 이와 유사한 사유로 인하여 장기요양기관이 제공하는 장기요양급여를 이용하기가 어렵다고 보건복지부장관이 인정하는 자
3. 신체·정신 또는 성격 등 대통령령으로 정하는 사유로 인하여 가족 등으로부터 장기요양을 받아야 하는 자

21 ④

[오답풀이] 노인장기요양보험법 제69조(과태료)

② 다음 각 호의 어느 하나에 해당하는 자에게는 300만원 이하의 과태료를 부과한다.

1. 폐쇄회로 텔레비전을 설치하지 아니하거나 설치·관리의무를 위반한 자
2. 열람 요청에 응하지 아니한 자

22 ②

[상세해설] 노인장기요양보험법 제52조(등급판정위원회의 설치) ④ 등급판정위원회 위원은 다음 각 호의 자 중에서 공단 이사장이 위촉한다. 이 경우 특별자치시

장·특별자치도지사·시장·군수·구청장이 추천한 위원은 7인, 의사 또는 한의사가 1인 이상 각각 포함되어야 한다.

1. 「의료법」에 따른 의료인
2. 「사회복지사업법」에 따른 사회복지사
3. 특별자치시·특별자치도·시·군·구 소속 공무원
4. 그 밖에 법학 또는 장기요양에 관한 학식과 경험이 풍부한 자

⑤ 등급판정위원회 위원의 임기는 3년으로 하되, 한 차례만 연임할 수 있다. 다만, 공무원인 위원의 임기는 재임기간으로 한다.

23 ④

[상세해설] 노인장기요양보험법 시행규칙 제1조의2(외국인의 장기요양보험가입 제외절차 등)

① 「노인장기요양보험법」 제7조제4항에 따라 장기요양보험가입 제외를 신청하려는 외국인은 외국인근로자 장기요양보험 가입제외 신청서를 「국민건강보험법」에 따른 국민건강보험공단에 제출하여야 한다.

② 제1항에 따른 신청을 받은 공단은 「전자정부법」 제36조제2항에 따른 행정정보의 공동이용을 통하여 외국인등록사실증명을 확인하여야 한다. 다만, 신청인이 확인에 동의하지 아니하거나 확인이 불가능한 경우에는 외국인등록증 등 관련 서류를 첨부하도록 하여야 한다.

③ 제1항에 따라 신청한 외국인은 그 신청일에 장기요양보험가입자에서 제외되는 것으로 한다. 다만, 「국민건강보험법」에 따른 직장가입자 자격취득 신고일부터 14일 이내에 신청한 경우에는 그 자격취득일에 제외되는 것으로 한다.

노인장기요양보험법 제7조(장기요양보험) ④ 공단은 「외국인근로자의 고용 등에 관한 법률」에 따른 외국인근로자 등 대통령령으로 정하는 외국인이 신청하는 경우 보건복지부령으로 정하는 바에 따라 장기요양보험가입자에서 제외할 수 있다.

24 ③

[오답풀이] 노인장기요양보험법 시행규칙 제32조(재가 및 시설 급여비용의 산정방법 및 항목) 재가 및 시설 급여비용의 구체적인 산정방법 및 항목은 다음 각 호와

같다.
1. 재가급여
   가. 방문요양 및 방문간호: 방문당 제공시간을 기준으로 산정한다.
   나. 방문목욕: 방문횟수를 기준으로 산정한다.
   다. 주·야간보호: 장기요양 등급 및 1일당 급여제공시간을 기준으로 산정한다.
   라. 단기보호: 장기요양 등급 및 급여제공일수를 기준으로 산정한다.
   마. 기타재가급여: 복지용구의 품목별, 제공 방법별 기준으로 산정한다.

25 ③

[상세해설] [보기]에서 2024년도 국가지원보조금의 총금액은 9,000억 원(2,250억×4분기)이며 2025년도 국가보조지원금은 0.8% 증액된 9,072억 원이다.

26 ②

[상세해설] 노인장기요양보험법 제13조(장기요양인정의 신청)

① 장기요양인정을 신청하는 자는 공단에 보건복지부령으로 정하는 바에 따라 장기요양인정신청서에 의사 또는 한의사가 발급하는 소견서를 첨부하여 제출하여야 한다. 다만, 의사소견서는 공단이 제15조제1항에 따라 등급판정위원회에 자료를 제출하기 전까지 제출할 수 있다.

② 거동이 현저하게 불편하거나 도서·벽지 지역에 거주하여 의료기관을 방문하기 어려운 자 등 대통령령으로 정하는 자는 의사소견서를 제출하지 아니할 수 있다.

③ 의사소견서의 발급비용·비용부담방법·발급자의 범위, 그 밖에 필요한 사항은 보건복지부령으로 정한다.

27 ③

[상세해설] 노인장기요양보험법 제13조(장기요양인정의 신청)

① 장기요양인정을 신청하는 자는 공단에 보건복지부령으로 정하는 바에 따라 장기요양인정신청서에 의사 또는 한의사가 발급하는 소견서를 첨부하여 제출하여야 한다.

노인장기요양보험법 시행규칙 제10조(장기요양인정 신

청 등에 대한 대리) 법 제22조에 따라 장기요양급여를 받으려는 사람 또는 수급자를 대리하여 장기요양 인정 신청 등을 하려는 사람은 다음 각 호의 구분에 따라 대리인임을 증명하는 신분증 및 서류를 제시하거나 제출해야 한다.

1. 본인의 가족이나 친족 또는 이해관계인: 대리인의 신분증

28 ④

[상세해설] 노인장기요양보험법 제55조(심사청구)

① 장기요양인정·장기요양등급·장기요양급여·부당이득·장기요양급여비용 또는 장기요양보험료 등에 관한 공단의 처분에 이의가 있는 자는 공단에 심사청구를 할 수 있다.

② 제1항에 따른 심사청구는 그 처분이 있음을 안 날부터 90일 이내에 문서(「전자정부법」 제2조제7호에 따른 전자문서를 포함한다)로 하여야 하며, 처분이 있은 날부터 180일을 경과하면 이를 제기하지 못한다. 다만, 정당한 사유로 그 기간에 심사청구를 할 수 없었음을 증명하면 그 기간이 지난 후에도 심사청구를 할 수 있다.

③ 제1항에 따른 심사청구 사항을 심사하기 위하여 공단에 장기요양심사위원회(이하 "심사위원회"라 한다)를 둔다.

④ 심사위원회는 위원장 1명을 포함한 50명 이내의 위원으로 구성한다.

노인장기요양보험법 제56조(재심사청구)

② 재심사위원회는 보건복지부장관 소속으로 두고, 위원장 1인을 포함한 20인 이내의 위원으로 구성한다.

29 ③

[상세해설] 노인장기요양보험법 제37조의4(행정제재처분 효과의 승계)

① 제37조제1항 각 호의 어느 하나에 해당하는 행위를 이유로 한 행정제재처분(이하 "행정제재처분"이라 한다)의 효과는 그 처분을 한 날부터 3년간 다음 각 호의 어느 하나에 해당하는 자에게 승계된다.

1. 장기요양기관을 양도한 경우 양수인
2. 법인이 합병된 경우 합병으로 신설되거나 합병 후 존속하는 법인

3. 장기요양기관 폐업 후 같은 장소에서 장기요양기관을 운영하는 자 중 종전에 행정제재처분을 받은 자(법인인 경우 그 대표자를 포함한다)나 그 배우자 또는 직계혈족

30 ③

[상세해설] 노인장기요양보험법 제37조(장기요양기관 지정의 취소 등)

② 특별자치시장·특별자치도지사·시장·군수·구청장은 제1항에 따라 지정을 취소하거나 업무정지명령을 한 경우에는 지체 없이 그 내용을 공단에 통보하고, 보건복지부령으로 정하는 바에 따라 보건복지부장관에게 통보한다. 이 경우 시장·군수·구청장은 관할 특별시장·광역시장 또는 도지사를 거쳐 보건복지부장관에게 통보하여야 한다.

노인장기요양보험법 제33조(장기요양기관의 시설·인력에 관한 변경)

① 장기요양기관의 장은 시설 및 인력 등 보건복지부령으로 정하는 중요한 사항을 변경하려는 경우에는 보건복지부령으로 정하는 바에 따라 특별자치시장·특별자치도지사·시장·군수·구청장의 변경지정을 받아야 한다.

노인장기요양보험법 시행규칙 제11조의3(보수교육의 면제 대상 및 교육비용 등)

① 요양보호사 자격시험에 합격한 지 2년이 지나지 않은 사람에 대해서는 보수교육을 면제한다.

노인장기요양보험법 시행규칙 제11조(단기보호 급여기간)

① 단기보호 급여를 받을 수 있는 기간은 월 9일 이내로 한다. 다만, 가족의 여행, 병원치료 등의 사유로 수급자를 돌볼 가족이 없는 경우 등 보건복지부장관이 정하여 고시하는 사유에 해당하는 경우에는 1회 9일 이내의 범위에서 연간 4회까지 연장할 수 있다.

31 ④

[상세해설] 노인장기요양보험법 제28조의2(급여외행위의 제공 금지)

① 수급자 또는 장기요양기관은 장기요양급여를 제공받거나 제공할 경우 다음 각 호의 행위를 요구하거나 제공하여서는 아니 된다.

1. 수급자의 가족만을 위한 행위
2. 수급자 또는 그 가족의 생업을 지원하는 행위
3. 그 밖에 수급자의 일상생활에 지장이 없는 행위

32 ④

[상세해설] 노인장기요양보험법 제33조(장기요양기관의 시설·인력에 관한 변경)

① 장기요양기관의 장은 시설 및 인력 등 보건복지부령으로 정하는 중요한 사항을 변경하려는 경우에는 보건복지부령으로 정하는 바에 따라 특별자치시장·특별자치도지사·시장·군수·구청장의 변경지정을 받아야 한다.

② 제1항에 따른 사항 외의 사항을 변경하려는 경우에는 보건복지부령으로 정하는 바에 따라 특별자치시장·특별자치도지사·시장·군수·구청장에게 변경신고를 하여야 한다.

③ 제1항 및 제2항에 따라 변경지정을 하거나 변경신고를 받은 특별자치시장·특별자치도지사·시장·군수·구청장은 지체 없이 해당 변경 사항을 공단에 통보하여야 한다.

33 ③

[상세해설] 노인장기요양보험법 시행령 제29조(과태료의 부과기준) 법 제69조에 따른 과태료의 부과기준은 별표 3과 같다.

2. 개별기준

(단위: 만원)

위반행위	근거 법조문	과태료 금액		
		1차 위반	2차 위반	3차 이상 위반
가. 법 제33조를 위반하여 변경지정을 받지 않거나 변경신고를 하지 않은 경우 또는 거짓이나 그 밖의 부정한 방법으로 변경지정을 받거나 변경신고를 한 경우	법 제69조 제1항 제2호	50	100	200
1) 법 제33조의2에 따른 폐쇄회로 텔레비전을 설치하지 않은 경우		100	200	300
라. 법 제34조를 위반하여 장기요양기관에 관한 정보를 게시하지 않거나 거짓으로 게시한 경우	법 제69조 제1항 제2호 의2	50	100	200
하. 법 제62조의2를 위반하여 노인장기요양보험 또는 이와 유사한 용어를 사용한 경우	법 제69조 제1항 제9호	50	100	200

34 ④

[상세해설] 노인장기요양보험법 제40조(본인부담금)

③ 다음 각 호의 장기요양급여에 대한 비용은 수급자 본인이 전부 부담한다.

1. 급여의 범위 및 대상에 포함되지 아니하는 장기요양급여
2. 수급자가 장기요양인정서에 기재된 장기요양급여의 종류 및 내용과 다르게 선택하여 장기요양급여를 받은 경우 그 차액
3. 장기요양급여의 월 한도액을 초과하는 장기요양급여

35 ①

[상세해설] 노인장기요양보험법 제11조(장기요양보험가입 자격 등에 관한 준용) 「국민건강보험법」 제5조, 제6조, 제8조부터 제11조까지, 제69조제1항부터 제3항까지, 제76조부터 제86조까지, 제109조제1항부터 제9항까지 및 제110조는 장기요양보험가입자·피부양자의 자격취득·상실, 장기요양보험료 등의 납부·징수 및 결손처분 등에 관하여 이를 준용한다. 이 경우 "보험료"는 "장기요양보험료"로, "건강보험"은 "장기요양보험"으로, "가입자"는 "장기요양보험가입자"로 본다.

36 ④

[상세해설] 노인장기요양보험법 제63조(청문) 특별자치시장·특별자치도지사·시장·군수·구청장은 다음 각 호의 어느 하나에 해당하는 처분 또는 공표를 하려는 경우에는 청문을 하여야 한다.

1. 제37조제1항에 따른 장기요양기관 지정취소 또는 업무정지명령

2. 삭제 <2018. 12. 11.>

3. 제37조의3에 따른 위반사실 등의 공표

4. 제37조의5제1항에 따른 장기요양급여 제공의 제한 처분

노인장기요양보험법 제37조(장기요양기관 지정의 취소 등)

① 특별자치시장·특별자치도지사·시장·군수·구청장은 장기요양기관이 다음 각 호의 어느 하나에 해당하는 경우 그 지정을 취소하거나 6개월의 범위에서 업무정지를 명할 수 있다. 다만, 제1호, 제2호의2, 제3호의5, 제7호, 또는 제8호에 해당하는 경우에는 지정을 취소하여야 한다.

3의5. 제36조제1항에 따른 폐업 또는 휴업 신고를 하지 아니하고 1년 이상 장기요양급여를 제공하지 아니한 경우

노인장기요양보험법 제37조의3(위반사실 등의 공표)

① 보건복지부장관 또는 특별자치시장·특별자치도지사·시장·군수·구청장은 장기요양기관이 거짓으로 재가·시설 급여비용을 청구하였다는 이유로 제37조 또는 제37조의2에 따른 처분이 확정된 경우로서 다음 각 호의 어느 하나에 해당하는 경우에는 위반사실, 처분내용, 장기요양기관의 명칭·주소, 장기요양기관의 장의 성명, 그 밖에 다른 장기요양기관과의 구별에 필요한 사항으로서 대통령령으로 정하는 사항을 공표하여야 한다. 다만, 장기요양기관의 폐업 등으로 공표의 실효성이 없는 경우에는 그러하지 아니하다.

1. 거짓으로 청구한 금액이 1천만원 이상인 경우

2. 거짓으로 청구한 금액이 장기요양급여비용 총액의 100분의 10 이상인 경우

노인장기요양보험법 제37조의5(장기요양급여 제공의 제한)

① 특별자치시장·특별자치도지사·시장·군수·구청장은 장기요양기관의 종사자가 거짓이나 그 밖의 부정한 방법으로 재가급여비용 또는 시설급여비용을 청구하는 행위에 가담한 경우 해당 종사자가 장기요양급여를 제공하는 것을 1년의 범위에서 제한하는 처분을 할 수 있다.

37 ②

[상세해설] 노인장기요양보험법 제31조(장기요양기관의 지정)

① 제23조제1항제1호에 따른 재가급여 또는 같은 항 제2호에 따른 시설급여를 제공하는 장기요양기관을 운영하려는 자는 보건복지부령으로 정하는 장기요양에 필요한 시설 및 인력을 갖추어 소재지를 관할 구역으로 하는 특별자치시장·특별자치도지사·시장·군수·구청장으로부터 지정을 받아야 한다.

② 제1항에 따라 장기요양기관으로 지정을 받을 수 있는 시설은 「노인복지법」 제31조에 따른 노인복지시설 중 대통령령으로 정하는 시설로 한다.

④ 특별자치시장·특별자치도지사·시장·군수·구청장은 제1항에 따라 장기요양기관을 지정한 때 지체 없이 지정 명세를 공단에 통보하여야 한다.

⑥ 장기요양기관의 지정절차와 그 밖에 필요한 사항은 보건복지부령으로 정한다.

38 ②

[상세해설] 노인장기요양보험법 제59조(전자문서의 사용)

① 장기요양사업에 관련된 각종 서류의 기록, 관리 및 보관은 보건복지부령으로 정하는 바에 따라 전자문서로 한다.

② 공단 및 장기요양기관은 장기요양기관의 지정신청, 재가·시설 급여비용의 청구 및 지급, 장기요양기관의 재무·회계정보 처리 등에 대하여 전산매체 또는 전자문서교환방식을 이용하여야 한다.

③ 제1항 및 제2항에도 불구하고 정보통신망 및 정보통신서비스 시설이 열악한 지역 등 보건복지부장관이 정하는 지역의 경우 전자문서·전산매체 또는 전자문서교환방식을 이용하지 아니할 수 있다.

노인장기요양보험법 시행규칙 제27조(장기요양급여비용 명세서 및 자료의 기록·관리) ④ 장기요양기관의 장은 장기요양급여 제공에 관한 자료를 문서 또는 전자문서로 기록·관리하고, 이를 장기요양급여가 종료된 날로부터 5년간 보존하여야 한다.

39 ④

[상세해설] 노인장기요양보험법 제27조(장기요양급여의 제공)

① 수급자는 장기요양인정서와 개인별장기요양이용계획서가 도달한 날부터 장기요양급여를 받을 수 있다.

40 ①

[상세해설] 노인장기요양보험법 시행규칙 제38조(장기요양기관 평가 방법 등)

① 공단은 법 제54조제2항에 따라 장기요양급여의 종류별로 다음 각 호의 사항에 대하여 평가를 실시한다.
  1. 장기요양기관을 이용하는 수급자의 권리와 편의에 대한 만족도
  2. 장기요양기관의 급여제공 과정
  3. 장기요양기관의 운영실태, 종사자의 전문성 및 시설 환경
  4. 그 밖에 장기요양기관의 운영 개선에 관한 사항

41 ③

[상세해설] 노인장기요양보험법 제58조(국가의 부담)

① 국가는 매년 예산의 범위 안에서 해당 연도 장기요양보험료 예상수입액의 100분의 20에 상당하는 금액을 공단에 지원한다.

② 국가와 지방자치단체는 대통령령으로 정하는 바에 따라 의료급여수급권자의 장기요양급여비용, 의사소견서 발급비용, 방문간호지시서 발급비용 중 공단이 부담하여야 할 비용 및 관리운영비의 전액을 부담한다.

③ 제2항에 따라 지방자치단체가 부담하는 금액은 보건복지부령으로 정하는 바에 따라 특별시·광역시·특별자치시·도·특별자치도와 시·군·구가 분담한다.

④ 제2항 및 제3항에 따른 지방자치단체의 부담액 부과, 징수 및 재원관리, 그 밖에 필요한 사항은 대통령령으로 정한다.

42 ②

[상세해설] 노인장기요양보험법 시행규칙 제11조의4(보수교육의 실시)

② 보수교육실시기관의 장은 보수교육을 이수한 사람에게 요양보호사 보수교육 이수증을 발급해야 한다.

③ 보수교육실시기관의 장은 보수교육 대상자 명단과 대상자의 보수교육 이수 여부에 관한 서류를 3년간 보관해야 한다.

④ 보수교육실시기관의 장은 매년 12월 31일까지 다음 연도의 보수교육 계획서를 공단에 제출하고, 매년 1월 31일까지 전년도의 보수교육실적 보고서를 공단에 제출해야 한다.

⑤ 공단은 매년 2월 말일까지 전년도 보수교육의 실시 결과를 보건복지부장관에게 보고해야 한다.

43 ③

[상세해설] 노인장기요양보험법 시행규칙 제14조(장기요양급여의 범위 등)

① 법 제23조제1항에 따른 장기요양급여의 범위에서 제외되는 사항(이하 "비급여대상"이라 한다)은 다음 각 호와 같다.
  1. 식사재료비
  2. 상급침실 이용에 따른 추가비용: 노인요양시설 또는 노인요양공동생활가정에서 본인이 원하여 1인실 또는 2인실을 이용하는 경우 장기요양에 소요된 총 비용에서 제1호·제3호 및 제4호의 비용과 장기요양급여비용을 제외한 금액
  3. 이·미용비
  4. 그 외 일상생활에 통상 필요한 것과 관련된 비용으로 수급자에게 부담시키는 것이 적당하다고 보건복지부장관이 정하여 고시한 비용

44 ②

[상세해설] 노인장기요양보험법 시행령 제7조(등급판정기준 등)

② 장기요양인정 점수는 장기요양이 필요한 정도를 나타내는 점수로서 보건복지부장관이 정하여 고시하는 심신의 기능 저하 상태를 측정하는 방법에 따라 산정한다.

신체기능 영역	행동변화 영역
• 체위 변경	• 서성거림
• 옮겨 앉기	• 밖으로 나가기
• 대, 소변 조절하기	• 대, 소변 불결 행위

45 ②

[상세해설] 노인장기요양보험법 시행령 제13조의2(특별
현금급여수급계좌의 신청 방법 등)
② 공단은 법 제27조의2제1항 단서에 따라 다음 각 호의
어느 하나에 해당하는 경우에는 특별현금급여를 직접
현금으로 지급할 수 있다.
1. 특별현금급여수급계좌가 개설된 금융기관이 폐업,
업무정지 또는 정보통신장애 등으로 인하여 정상
영업을 못하는 경우
2. 수급자가 금융기관을 쉽게 이용할 수 없는 지역에
거주하는 경우
3. 그 밖에 제1호 또는 제2호의 경우에 준하는 불가
피한 사유로 특별현금급여를 특별현금급여수급계
좌로 이체할 수 없는 경우

46 ④

[상세해설] 장기요양급여 제공기준 및 급여비용 산정방법
등에 관한 고시
제2조(급여제공의 일반 원칙)
① 장기요양급여는 수급자가 가족과 함께 생활하면서 가정
에서 장기요양을 받는 재가급여를 우선으로 제공한다.
② 수급자 중 장기요양등급이 1등급 또는 2등급인 자는
재가급여 또는 시설급여를 이용할 수 있고, 3등급부
터 5등급까지인 자는 재가급여만을 이용할 수 있다.
다만, 3등급부터 5등급에 해당하는 자 중 다음 각 호
의 어느 하나에 해당하여 등급판정위원회로부터 시설
급여가 필요한 것으로 인정받은 자는 시설급여를 이
용할 수 있다.
③ 수급자 중 인지지원등급 수급자는 주·야간보호급여
(주·야간보호 내 치매전담실 포함), 단기보호급여 및
종일 방문요양급여와 기타재가급여만을 이용할 수
있다.

47 ④

[상세해설] 노인장기요양보험법 시행규칙 제11조의2(교
육기관 지정기준 및 절차 등)
① 방문간호 간호조무사 교육기관으로 지정받으려는 자
는 다음 각 호의 서류를 첨부하여 보건복지부장관에
게 제출하여야 한다.

1. 교수요원(전공 전임교수 및 실습지도 겸직교수)의
성명 및 이력이 기재된 서류
2. 실습협약기관 현황 및 협약 약정서
3. 교육계획서 및 교과과정표
4. 당해 방문간호 간호조무사 교육과정에 사용되는
시설 및 장비현황

48 ③

[상세해설] 복지용구 급여범위 및 급여기준 등에 관한 고
시
제1조의2(복지용구의 제공 기본원칙) 복지용구는 수
급자의 일상생활·신체활동 지원 및 인지기능의 유
지·향상에 필요한 용구로서 다음 각 호의 사항을 충
족하는 제품이어야 한다.
1. 수급자의 재가생활 자립을 지원하거나 수발자의
돌봄 부담을 완화시키는데 도움이 되는 제품
2. 수급자 또는 수발자가 손쉽게 조작하고 사용하기
에 편리하여, 가정에서 사용하는 것이 적합한 제품
3. 질병이나 질환의 치료, 재활 훈련, 신체 결손 보완
등의 목적이 아닌 요양 목적의 제품
4. 일회성이 아니며 지속적으로 사용 가능한 제품
5. 설비, 수도 공사, 구조 변경 등의 설치 공사 없이
사용 가능한 제품
6. 사용 시 신체상해 등 안전과 건강을 해칠만한 위험
도가 낮은 제품

49 ②

[상세해설] 노인장기요양보험법 제4조(국가 및 지방자치
단체의 책무 등)
① 국가 및 지방자치단체는 노인이 일상생활을 혼자서
수행할 수 있는 온전한 심신상태를 유지하는데 필요
한 사업(이하 "노인성질환예방사업"이라 한다)을 실
시하여야 한다.
② 국가는 노인성질환예방사업을 수행하는 지방자치단
체 또는 「국민건강보험법」에 따른 국민건강보험공단
(이하 "공단"이라 한다)에 대하여 이에 소요되는 비용
을 지원할 수 있다.
③ 국가 및 지방자치단체는 노인인구 및 지역특성 등을
고려하여 장기요양급여가 원활하게 제공될 수 있도록
적정한 수의 장기요양기관을 확충하고 장기요양기관

의 설립을 지원하여야 한다.

④ 국가 및 지방자치단체는 국·공립 장기요양기관을 확충하기 위하여 노력하여야 한다.

⑤ 국가 및 지방자치단체는 장기요양급여가 원활히 제공될 수 있도록 공단에 필요한 행정적 또는 재정적 지원을 할 수 있다.

⑥ 국가 및 지방자치단체는 장기요양요원의 처우를 개선하고 복지를 증진하며 지위를 향상시키기 위하여 적극적으로 노력하여야 한다.

⑦ 국가 및 지방자치단체는 지역의 특성에 맞는 장기요양사업의 표준을 개발·보급할 수 있다.

50 ③

[상세해설] 노인장기요양보험법 시행규칙 제27조의2(인권교육)

① 인권에 관한 교육(이하 "인권교육"이라 한다)에 포함되어야 하는 내용은 다음 각 호와 같다.

1. 노인의 인권과 관련된 법령·제도 및 국내외 동향
2. 장기요양기관에서 발생하는 인권침해 사례
3. 장기요양기관에서 인권침해가 발생했을 경우의 신고 요령 및 절차
4. 그 밖에 노인의 인권 보호 및 증진을 위하여 필요하다고 보건복지부장관이 인정하는 사항

MEMO

MEMO

2025 최신판

에듀윌 공기업
국민건강보험공단
NCS+법률 실전모의고사

고객의 꿈, 직원의 꿈, 지역사회의 꿈을 실현한다

에듀윌 도서몰
book.eduwill.net

· 부가학습자료 및 정오표: 에듀윌 도서몰 > 도서자료실
· 교재 문의: 에듀윌 도서몰 > 문의하기 > 교재(내용, 출간) / 주문 및 배송

꿈을 현실로 만드는
에듀윌

DREAM

공무원 교육
- 선호도 1위, 신뢰도 1위! 브랜드만족도 1위!
- 합격자 수 2,100% 폭등시킨 독한 커리큘럼

자격증 교육
- 9년간 아무도 깨지 못한 기록 합격자 수 1위
- 가장 많은 합격자를 배출한 최고의 합격 시스템

직영학원
- 검증된 합격 프로그램과 강의
- 1:1 밀착 관리 및 컨설팅
- 호텔 수준의 학습 환경

종합출판
- 온라인서점 베스트셀러 1위!
- 출제위원급 전문 교수진이 직접 집필한 합격 교재

어학 교육
- 토익 베스트셀러 1위
- 토익 동영상 강의 무료 제공

콘텐츠 제휴 · B2B 교육
- 고객 맞춤형 위탁 교육 서비스 제공
- 기업, 기관, 대학 등 각 단체에 최적화된 고객 맞춤형 교육 및 제휴 서비스

부동산 아카데미
- 부동산 실무 교육 1위!
- 상위 1% 고소득 창업/취업 비법
- 부동산 실전 재테크 성공 비법

학점은행제
- 99%의 과목이수율
- 17년 연속 교육부 평가 인정 기관 선정

대학 편입
- 편입 교육 1위!
- 최대 200% 환급 상품 서비스

국비무료 교육
- '5년우수훈련기관' 선정
- K-디지털, 산대특 등 특화 훈련과정
- 원격국비교육원 오픈

에듀윌 교육서비스 **공무원 교육** 9급공무원/소방공무원/계리직공무원 **자격증 교육** 공인중개사/주택관리사/손해평가사/감정평가사/노무사/전기기사/경비지도사/검정고시/소방설비기사/소방시설관리사/사회복지사1급/대기환경기사/수질환경기사/건축기사/토목기사/직업상담사/전기기능사/산업안전기사/건설안전기사/위험물산업기사/위험물기능사/유통관리사/물류관리사/행정사/한국사능력검정/한경TESAT/매경TEST/KBS한국어능력시험/실용글쓰기/IT자격증/국제무역사/무역영어 **어학 교육** 토익 교재/토익 동영상 강의 **세무/회계** 전산세무회계/ERP정보관리사/재경관리사 **대학 편입** 편입 영어·수학/연고대/의약대/경찰대/논술/면접 **직영학원** 공무원학원/소방학원/공인중개사 학원/주택관리사 학원/전기기사 학원/편입학원 **종합출판** 공무원·자격증 수험교재 및 단행본 **학점은행제** 교육부 평가인정기관 원격평생교육원(사회복지사2급/경영학/CPA) **콘텐츠 제휴·B2B 교육** 교육 콘텐츠 제휴/기업 맞춤 자격증 교육/대학취업역량 강화 교육 **부동산 아카데미** 부동산 창업CEO/부동산 경매 마스터/부동산 컨설팅 **주택취업센터** 실무 특강/실무 아카데미 **국비무료 교육(국비교육원)** 전기기능사/전기(산업)기사/소방설비(산업)기사/IT(빅데이터/자바프로그램/파이썬)/게임그래픽/3D프린터/실내건축디자인/웹퍼블리셔/그래픽디자인/영상편집(유튜브) 디자인/온라인 쇼핑몰광고 및 제작(쿠팡, 스마트스토어)/전산세무회계/컴퓨터활용능력/ITQ/GTQ/직업상담사

교육문의 **1600-6700** www.eduwill.net

• 2022 소비자가 선택한 최고의 브랜드 공무원·자격증 교육 1위 (조선일보) • 2023 대한민국 브랜드만족도 공무원·자격증·취업·학원·편입·부동산 실무 교육 1위 (한경비즈니스) • 2017/2022 에듀윌 공무원 과정 최종 환급자 수 기준 • 2023년 성인 자격증, 공무원 직영학원 기준 • YES24 공인중개사 부문, 2025 에듀윌 공인중개사 이영방 합격서 부동산학개론(2025년 2월 월별 베스트) 교보문고 취업/수험서 부문, 2020 에듀윌 농협은행 6급 NCS 직무능력평가+실전모의고사 4회 (2020년 1월 27일~2월 5일, 인터넷 주간 베스트) 그 외 다수 Yes24 컴퓨터활용능력 부문, 2024 컴퓨터활용능력 1급 필기 초단기끝장(2023년 10월 3~4주 주별 베스트) 그 외 다수 인터파크 자격서/수험서 부문, 에듀윌 한국사능력검정시험 2주끝장 심화 (1, 2, 3급) (2020년 6~8월 월간 베스트) 그 외 다수 • YES24 국어 외국어사전 영어 토익/TOEIC 기출문제/모의고사 분야 베스트셀러 1위(에듀윌 토익 READING RC 4주끝장 리딩 종합서, 2022년 9월 4주 주별 베스트) • 에듀윌 토익 교재 입문~실전 인강 무료 제공 (2022년 최신 강좌 기준/109강) • 2024년 종강반 중 모든 평가항목 정상 참여자 기준, 99% (평생교육원 기준) • 2008년~2024년까지 234만 누적수강학점으로 과목 운영 (평생교육원 기준) • 에듀윌 국비교육원 구로센터 고용노동부 지정 '5년우수훈련기관' 선정 (2023~2027) • KRI 한국기록원 2016, 2017, 2019년 공인중개사 최다 합격자 배출 공식 인증 (2025년 현재까지 업계 최고 기록)